本书系国家社会科学基金项目"恩斯特·布洛赫艺术哲学研究"
[项目编号：11BZX083] 的最终成果

更美好世界的梦
——恩斯特·布洛赫艺术哲学研究

金寿铁 著

中国社会科学出版社

图书在版编目（CIP）数据

更美好世界的梦：恩斯特·布洛赫艺术哲学研究 / 金寿铁著. —北京：中国社会科学出版社，2018.1
ISBN 978-7-5203-0888-5

Ⅰ.①更… Ⅱ.①金… Ⅲ.①布洛赫（1885-1977）—艺术哲学—哲学思想—研究 Ⅳ.①B516.59②J0-02

中国版本图书馆 CIP 数据核字（2017）第 210433 号

出 版 人	赵剑英
责任编辑	徐沐熙
责任校对	庞雪飞
责任印制	戴 宽
出 版	中国社会科学出版社
社 址	北京鼓楼西大街甲 158 号
邮 编	100720
网 址	http://www.csspw.cn
发 行 部	010-84083685
门 市 部	010-84029450
经 销	新华书店及其他书店
印刷装订	北京君升印刷有限公司
版 次	2018 年 1 月第 1 版
印 次	2018 年 1 月第 1 次印刷
开 本	710×1000 1/16
印 张	36
插 页	2
字 数	591 千字
定 价	166.00 元

凡购买中国社会科学出版社图书，如有质量问题请与本社营销中心联系调换
电话：010-84083683
版权所有 侵权必究

目　录

前言 …………………………………………………………………… (1)

第一章　希望视域下的艺术 ………………………………………… (1)
　第一节　伟大的生平与不朽的著作 ………………………………… (1)
　第二节　人类学基础与人的本质 …………………………………… (8)
　第三节　作为"原理"的"希望" ………………………………… (14)
　第四节　尚未存在的存在论：无—尚未—全有 …………………… (33)
　第五节　《希望的原理》：人类梦想与希望的百科全书…………… (48)

第二章　希望视域与先现美学 ……………………………………… (74)
　第一节　希望与世界图像 …………………………………………… (74)
　第二节　作为"先现"的艺术 ……………………………………… (86)
　第三节　自然主体与共同生产力 …………………………………… (109)
　第四节　恩斯特·布洛赫与德国表现主义 ………………………… (139)
　第五节　恩斯特·布洛赫与中国哲学 ……………………………… (158)

第三章　音乐作品与先现 …………………………………………… (178)
　第一节　自我相遇与先现的意义 …………………………………… (179)
　第二节　勋伯格与十二音技法 ……………………………………… (185)
　第三节　交响曲、奏鸣曲和赋格曲 ………………………………… (192)
　第四节　丧礼进行曲、安魂曲、《费德里奥》 …………………… (207)
　第五节　《乌托邦的精神》：哲学表现主义的
　　　　　"新狂飙突进" ……………………………………………… (221)

第四章　建筑与技术中的更美好世界 ……………………（246）
- 第一节　典范的建筑乌托邦意向：庞培壁画 ……………（246）
- 第二节　两种建筑典型：埃及金字塔与哥特式教堂 ……（257）
- 第三节　个别建筑范例与现代建筑模型批判 ……………（276）
- 第四节　未来城市规划：埃及式立体几何与哥特式
  装饰的结合 ……………………………………………（284）
- 第五节　意志与自然：技术乌托邦 ………………………（297）

第五章　绘画与歌剧中的理想国度 ………………………（317）
- 第一节　静物画、塞特拉和玫瑰小说：华托、伦勃朗、
  基洛姆·德·洛利斯 …………………………………（317）
- 第二节　美学中的愿望风景与前景：马奈、修拉、塞尚、
  高更、乔托 ……………………………………………（337）
- 第三节　歌剧和清唱剧中的奢华和仙境：《费加罗的婚礼》
  《阿伊达》《尼伯龙根的指环》………………………（356）
- 第四节　音乐精神中的无限前景：克莱斯特理想风景、
  西斯廷圣母像 …………………………………………（369）
- 第五节　风景、乌托邦和家乡：沙夫豪森莱茵瀑布、
  《理想风景》……………………………………………（375）

第六章　文学作品中的爱情图像 …………………………（398）
- 第一节　肖像画的魔力：帕米娜画像、
  《少年维特的烦恼》……………………………………（398）
- 第二节　相遇与婚姻：《佩雷格里纳之歌》《大海的女人》……（404）
- 第三节　婚姻乌托邦与爱的成像：《冬天的故事》
  《贝雅特丽采》…………………………………………（414）
- 第四节　象征形态中的白日梦：潘多拉的盒子 …………（422）
- 第五节　《痕迹》：现代童话 ………………………………（432）

第七章　舞蹈、电影和戏剧中的愿望图像 ………………（448）
- 第一节　芭蕾舞与表现主义舞蹈：《垂死的天鹅》
  《阿莱城姑娘》…………………………………………（449）

第二节	聋哑剧与哑剧:《美狄亚与伊阿宋》《巴黎的火焰》	(461)
第三节	梦的工厂:《色当战役》《亚洲风暴》	(470)
第四节	戏剧舞台与范例试验:布莱希特、斯坦尼斯拉夫斯基	(476)
第五节	席勒:"戏剧舞台作为道德机关"	(492)

结语　迈向更美好世界的艺术 ……………………………… (503)

附录一　"一个马克思主义者无权成为悲观主义者"
　　　　——与 J–米歇尔·帕尔米尔的谈话
　　　　　　　〔德〕E. 布洛赫/文　梦海/译 (518)

附录二　乌托邦是我们时代的一个哲学范畴 ……〔德〕E. 布洛赫/文　梦海/译 (535)

附录三　希望会成为失望吗?
　　　　——图宾根 1961 年开讲词
　　　　　　　〔德〕E. 布洛赫/文　梦海/译 (540)

附录四　恩斯特·布洛赫生平与著作年表 ……………… (547)

附录五　参考文献 ……………………………………………… (552)

附录六　本书作者关于恩斯特·布洛赫论著目录 ……… (560)

前　言

众所周知，在经典马克思主义作家当中，艺术和美学理论，特别是艺术哲学理论一直是一个薄弱环节。[①] 诚然，马克思、恩格斯也曾阐述过文学艺术与上层建筑乃至意识形态的相互关系，提出了文学艺术的一般标准，探讨了文学艺术创作的方法等，但是应当承认，限于时代条件和自身的理论旨趣，他们无暇或未及构建一门严格的艺术哲学意义上的文学艺术理论。由于这个缘故，继承和发展马克思、恩格斯的文学艺术思想，构建一门马克思主义的艺术哲学就成为20世纪马克思主义理论家们一项不可回避的理论课题。

在德国马克思主义哲学家恩斯特·布洛赫（Ernst Bloch, 1885—1977）的哲学思想中，艺术哲学和美学占有很大比重。通过批判地继承康德、黑格尔等人的美学思想，他构筑了"先现美学"（Ästhetik des Vor-Scheins）。他在《乌托邦的精神》（1918—1923）、《这个时代的遗产》（1935）、《主体—客体：对黑格尔的解释》（1962）、《希望的原理》（1959）等著作中都专门探讨了艺术哲学和艺术理论问题。《先现美学》二卷（1974）是他的艺术理论研究专著，汇集了他历年发表的重要艺术理论文章。此外，他的文学艺术作品还有《痕迹》（1930）、《间离》二卷（1962—1964）等。这些作品通过把文学艺术融合为创造性作品的中介和对象，形象地、直观地表达了他的希望哲学的根本主题。

1933年，纳粹上台，布洛赫被迫流亡美国，在美国流亡期间

[①] 事实上，作为国际共产主义运动的领袖，马克思、恩格斯毕生致力于阐述资本主义生产方式的运动规律以及无产阶级争取自身解放和整个人类解放的基本条件。在此意义上，列宁把马克思主义理论内容分为哲学、政治经济学和科学社会主义三个组成部分。参见列宁《马克思主义的三个来源和三个组成部分》，《列宁选集》第2卷，人民出版社1995年版，第309—314页。

（1938—1948），布洛赫"十年磨一剑"，终于成就了他的伟大的世纪之作——《希望的原理》三卷。这部著作共分五部分：第一部分——关于日常白日梦的"报告"（Bericht）；第二部分——关于世界内存在的诸条件的"基础"（Grundlegung）；第三部分——作为形象化愿望图像的"过渡"（Übergang）；第四部分——对更美好世界的"构造"（Konstruktion）；第五部分——人与世界的"同一性"（Identität）。

"我们是谁？我们来自何处，我们走向何方？我们期待什么，什么东西在迎接我们？"布洛赫对这些问题的回答就是《希望的原理》。在白日梦、艺术作品和社会乌托邦中，人类预先推定和描画了一个更美好的世界、一个更美好的社会。在大百科全书意义上，布洛赫汇集、解释和系统化了人类的伟大希望方案，这些方案涉及从绘画、雕塑、建筑、音乐、诗歌到童话、电影、旅游、时装、橱窗陈列、舞蹈，从宗教、神话到节庆、假期、集市等人类社会的各个领域、各种现象。通过对这些丰富多彩的人类活动和现象的研究，布洛赫令人信服地证明了，这些活动和现象都是人类希望在人类文明中呈现的各种表达方式。

F. 詹姆逊这样描写了《希望的原理》所显示的百科全书式的基本内容："这部著作从存在论入手，对人的时间的最核心、最关键部分进行分析，由此进一步扩展到生存心理学（恐惧、失望等现象的意义）、伦理学（关于传统理想价值中制度性存在的希望研究）、探究可能形态诸范畴的逻辑学、国家和社会组织领域里的革命战略的分析，凡此种种分析不仅趋向马克思主义的社会改革方案、未来的科学业绩，也趋向意识形态的文化批评，即趋向无所不包地说明旨在转换我们的对象关系的那些在技术学、艺术、神话、宗教中显现的乌托邦的原型。因此，在其构想上，《希望的原理》不能不是非体系的……其基本图式既可列举寥寥几页，亦可谈天说地，漫无边际地扩大；既可过分缩短，亦可无限拉长。"①

《希望的原理》既是 20 世纪一部人类希望和梦想的百科全书，又是 20 世纪一部优秀的长篇散文。那么，"希望"可以成为"原理"吗？在三卷本代表作《希望的原理》中，布洛赫认为，希望不是范畴而是原理，希望天生蕴含着一切存在的根源或词源，从而可用作规定宇宙万有的本

---

① 参见 F. 詹姆逊：《马克思主义与形式：20 世纪文学辩证理论》，新泽西，普林斯顿大学出版社 1971 年版，第 117 页。

质。对存在本质的诸多哲学追问中都包含着冲破当下矛盾和桎梏的渴望，都包含着趋向"更美好生活"的希望。布洛赫把这种希望置于自身哲学思维的核心，并且反复强调，希望不单单是属于人类，而是属于世界自身。

然而，希望回归哲学之路是一条漫长而曲折的路程。根据布洛赫的考察，迄今哲学把哲学的本质与"曾在的东西"（Ge-wesenheit）等量齐观，从而完全阻断了希望的出现之路。正是由于受到"回忆"（Anamnes）这个柏拉图紧箍咒的束缚，哲学不能理解或命名未来所固有的本质，而无可奈何地招致自身的贫困。① 在同一语境中，布洛赫把迄今的哲学家们与 M. 特伦提乌斯·瓦罗相提并论，据说，正是这位罗马古文物研究家在关于拉丁语法的最初尝试中，碰巧遗忘了"未来"（Futurum）这一题材。② 在迄今为止的哲学家那里，与希望对立的概念不是恐惧或绝望，而是"记忆"或"重新激活"。这一观点充分显示了布洛赫哲学的基本问题意识，即在"未来"这一扩展了的视域下解决生命的分裂图像问题。在布洛赫看来，指向过去的思维或现在中心论的思维并不能解决断绝了的日常经验。但是，在他那里，所谓"未来"的本真意义并不意味着通俗意义上的尚未到来的抽象时间。恰恰相反，未来属于具体的、历史的时间，它业已在以前的时间中闪烁自身的痕迹，并且在这种闪烁中能够发挥持续影响力。因此，布洛赫的思维过程始终立足于当下的生命，并阐明仅仅包含着当下生命的不同侧面。

特别是，艺术构成布洛赫哲学的核心思想，作为一种生命的特有存在方式，艺术承载着希望的核心轨迹。由于这个缘故，他的思想把艺术当作主要讨论对象，不仅如此，他的大部分哲学体系自身也受制于艺术。这样，对于理解他的哲学思想而言，通达艺术哲学的彼岸，阐明他的艺术思想的底蕴是必不可少的论题。布洛赫艺术哲学的核心概念是"先现"（Vor-Schein）③。首先，先现的意义与内在于世界过程的乌托邦的属性紧密相关，这一语境渊源于对"乌有之乡"词源意义的颠覆，即把乌托邦

---

① E. 布洛赫《希望的原理》，法兰克福/美因，苏尔卡姆普出版社1959年版，第16页以下。

② 同上书，第7页。

③ 德文 Vor-Schein，由 Vor 与 Schein 另加短线"-"组成，意思是"使某物预先显露出来"，即"预先显现"，本文试译作"先现"。

的意义视为"此岸生命"这一内在于客观的现实的可能性。

在布洛赫看来,艺术在主观方面预先显现"尚未被意识到的东西";在客观方面预先显现"尚未成功的东西"。布洛赫之所以赋予作为先现的艺术以这种意义,其前提在于他的哲学的希望构想及其现实理解和真理理解。的确,哲学的真理要求不是占有既定的现存图像,而是体现即将到来的未来图像。在此意义上,"先现"属于肯定的乌托邦论的框架。一方面,先现概念赋予艺术一种现实批判的否定原理;另一方面,先现概念赋予艺术一种更美好的未来图像的肯定原理。有鉴于此,本书旨在阐明艺术先现所蕴含的否定与肯定的双重视域。当然,这一主旨与 W. 阿多尔诺的艺术观不同,因为阿多尔诺把乌托邦与现实截然对立起来,认为唯有当彻底否定那个妨碍乌托邦功能的现实,乌托邦才能敞开自身的视域。

由此可见,"先现"概念承载着美的体验和自我反省的契机,即承载着对"艺术应该是什么"这一问题的答案。值得注意的是,在布洛赫那里,对乌托邦和希望问题的追问首先是对人和世界本质问题的追问。在这一前提之下,"尚未存在"(Noch-Nicht)这一辩证否定构成希望哲学的核心因素。纵观 2500 年的西方哲学史,"希望"或多或少是一个非哲学概念,然而,恰恰根据"尚未存在"这一过程思维,布洛赫赋予"希望"一种普遍的、唯物主义的意义,而这正是布洛赫哲学的根本旨趣所在,即率先阐明马克思主义思想的存在论基础。在此,希望既被规定为主观的东西,亦被规定为客观的东西。

与此同时,布洛赫把自身的哲学与传统的同一哲学严格区别开来。在传统哲学中,例如在谢林哲学中,所谓物质与心灵、主体与客体、意识与存在、理想与现实等的"同一"是消除了"无差异"的绝对同一,而在布洛赫哲学中,这一切"同一"仅仅作为生成(Werden)的视域而存在。这就是说,只有在人与世界的生成过程中,才能消除历史途程中出现的主客分裂乃至断裂现象。但是,如果"生成"的过程片面地为主体所支配,它就不是本真的同一性的回复。布洛赫主张主体与客体之间交往可能性的同一性,从而关注"生成"过程中不可避免的同一性以前的差异。如果说,阿多尔诺反对有关同一性的一切要求,主张一种"瓦解的逻辑"[①],那么,布洛赫则以"希望的原理"为中介,力图拯救可能的同一性范畴

---

① 阿多尔诺:《否定的辩证法》,张峰译,重庆出版社 1993 年版,第 141—143 页。

之内的非同一性。

本书第一章从人类学层面和存在论层面探究"希望"的主观意义和客观意义，由此阐明布洛赫艺术哲学的希望视域。在布洛赫那里，希望不仅是他的哲学思维的出发点，也是与他的全部艺术哲学息息相关的基本论题。根据生命解释学，布洛赫从直接的肉体生命中寻求人的本质，力图从人的具体冲动和情绪脉络中把握人与世界的本原关系。由此出发，布洛赫将最普遍的冲动——"饥饿"（Hunger）和最人性的情绪——"希望"思考为乌托邦意识的指针，其目标就是超越既定的、现存的"如此之在"（So-sein）。

然而，在他那里，只有借助于具体的"历史—社会"媒介才能阐明人的冲动和情绪内容，因此他的"希望"理念所蕴含的主观意义与盲目的乐观情绪或抽象的虚幻期待是截然有别的。在此，布洛赫希望哲学的党性原则乃是正确理解他的人类学原理，进而准确把握他的实践历史哲学观点的必要前提。根据布洛赫希望哲学的党性原则，"哲学将成为明天的良心，代表未来的党性，拥有未来的知识，或者将不再拥有任何知识。"[①]一方面，他的"尚未被意识到的东西"（das Noch-Nicht-Bewußt）这一独创性概念与"从无到有"的艺术意识的规定密切相关；另一方面，他的饥饿、希望、预先推定等论题与乌托邦意识的意向性与实践性的广阔视域密切相关。

本书第二章将围绕希望视域与先现概念，重点探讨布洛赫的"先现"（Vorschein）美学。在布洛赫那里，艺术先现是关于"艺术如何预示某物"这一根本问题的答案。"先现美学"不仅把艺术理解为乌托邦意识的显现，也把它理解为尚未形成的现实的象征。在艺术创作中，艺术家把尚未形成的、激荡于现实中的可能性预先塑造为现实的理念，从而艺术家对这种可能性的预取不仅仅是一种量的预取，而是艺术本身的预取，即开放现实可能性的预取。因此，在先现美学中，"幻想"这个人的核心素质不仅成为这个世界之中"趋势—潜势"的器官，更成为艺术一般的主客观条件。此外，本章还将考察表现主义艺术与自然美，尤其是布洛赫与德国表现主义艺术的关系以及他与G.卢卡奇关于表现主义的论争。

本书第三章至第七章将在希望视域下分别探讨音乐、建筑、绘画、歌

---

① E. 布洛赫：《希望的原理》，第5页。

剧、文学、舞蹈等诸领域中展现的更美好的世界，进而从人类文明史的视角揭示艺术的乌托邦功能。根据布洛赫的艺术哲学，从绘画、雕塑、建筑、音乐、诗歌到童话、电影、旅游、时装、橱窗陈列、舞蹈，从宗教、神话到节庆、假期、集市等人类社会的各种文明现象都是人类的伟大希望方案的不同表达方式。

简言之，根据布洛赫的艺术哲学理论，所谓"艺术"乃是艺术家在"新东西"（Novum）上打上"希望"的烙印，使其在现在中拥有未来的存在方式。显然，这种艺术评价不是获自对对象的静观知觉，而是获自对对象之中动态过程的捕捉。这时候，艺术带给贫乏的世界一种富于意义的展望。于是，艺术不是停留在现存的真理领域，而是通向未完成的真理。正因为如此，先现艺术不是以绝对理念或总体世界图像为前提，而是以无限可能性的实验室为前提。尽管先现尚未被确定，但是，凭借对可能之在的未来可能性的先行实验，它得以洞悉"被经历过的瞬间黑暗"（das Dunkel des gelebten Augenblicks）[1]。因此，艺术的乌托邦功能不仅表现在趋向最切近的"现在"和"这里"，更表现在趋向人与自然的"共同生产力"（Mitproduktivität）。

从日常生活和最素朴的事物体系中，艺术先现关注现存经验世界中异质的东西，致力于发现尚未显现的新东西。但是，这并不等于说，如此一来，一切艺术尝试都可被确认为新的东西。布洛赫用"真正的新东西"（sachlich Neues）一词界定了新东西的内涵，从而把新东西视为与质料事态相称的趋势性结果。这种结果也正是布洛赫所倡导的具体的乌托邦图像，并且在同一语境中，能够成为关于艺术的普遍的解释标准。正如布洛赫的全部思维所表明的一样，《希望的原理》《乌托邦的精神》中展开的艺术论大多是非体系的片段，这个片段上的人物、景物或者其他内容在时间和空间上都给人一种零星的、不连贯的感觉。但是，这种艺术论构想的意图恰恰在于引导我们突破单纯的个别学科领域，从而把艺术哲学的真知灼见纵深扩展到哲学真理问题的核心领域。

通过上述对布洛赫艺术哲学的全面系统考察，本书将聚焦所谓"尚未存在"的现在状态之上，即把艺术的真理问题确定在内在于现在的乌托邦的潜势上，由此深入阐明布洛赫艺术思想的实践意义：自然的独特内

---

[1] E. 布洛赫：《希望的原理》，第343页以下。

在图像和人的劳动生产方式以及人与自然的新的和解。作为具体的乌托邦图像，布洛赫的艺术先现概念蕴含着可寄希望于"未来"的人与自然的那种"共同生产力"。一方面，凭借艺术我们得以扬弃把自然仅仅视为征服对象的那种理性中心主义；另一方面，凭借艺术我们得以扬弃把存在仅仅视为无可逃避的厄运的那种彻头彻尾的宿命主义。

根据马克思主义的遗产理论、前假美学、"生产美学"等概念，布洛赫批判地继承了各个时代的人类精神文明成果，极大地丰富、发展和创新了马克思主义艺术理论，开辟了马克思主义艺术哲学的新的广阔视域：

第一，布洛赫艺术哲学的前提是"希望"，作为一种未来的期待意识，希望的本质特征是"尚未存在"（Noch-Nicht）。本书将从希望的人类学—存在论视域，阐明艺术的乌托邦功能，进而把艺术作为先现奠基在"尚未存在"的基础上，从中追寻艺术所承载的乌托邦的特殊功能和希望的核心轨迹。

第二，布洛赫的"先现美学"（Ästhetik des Vor-Scheins）概念标志着"人的自我相遇""人与世界的相遇"和"人与自然的共同生产力"。根据"先现美学"的概念，本书将着重考察人类文明各领域的乌托邦方案，阐明艺术是关于乌托邦意识的显现和尚未形成的现实的象征，是预先显示"尚未被意识到的东西"（das Noch-Nicht-Bewusste）和"尚未成功的东西"（das Noch-Nichit-Gewordene）的恰当场所。

第三，布洛赫的艺术哲学是一种"生产美学"，根据"生产美学"，本书将把艺术的生产过程规定为人与自然的"共同生产力"（Mitproduktivität），以此探索人与自然重新和解的可能性。

综上所述，布洛赫的艺术哲学是对马克思主义文艺理论的创造性贡献，其一系列思想观点对于我们构建21世纪"马克思主义的艺术哲学"具有重要的启发意义和借鉴意义：

第一，他的艺术哲学通过"趋势的乌托邦—现实主义美学"，不仅扬弃了以征服自然为取向的传统"理性中心主义"艺术观，也扬弃了以静观冥想为取向的传统"唯美主义"艺术观。

第二，通过"希望"这一"人类学—存在论"原理，他的艺术哲学证明了人类社会的各种文明现象都是人类的伟大希望方案的各种表达方式。

第三，通过艺术的乌托邦功能，他的"先现美学"指明了艺术是乌托邦意识的显现和尚未形成的现实的象征，艺术先现不仅保存和扩大"世界事件"和"世界形态"，而且从"深度的假象"和"广度的假象"中寻求自身的真理。

第四，通过"能生的自然"以及"自然主体"思想，他的"生产美学"令人信服地指明了自然主体与人的主体之间的交互作用关系，从而进一步拓宽了马克思"自然的人化和人的自然化"思想。

第一章

希望视域下的艺术

第一节 伟大的生平与不朽的著作

1885年恩斯特·布洛赫出生于德国莱茵地方工业城市路德维希港的一个中产阶层的犹太人家庭。他的父亲是铁道管理员，他从小天资聪颖，又富于叛逆精神。13岁时，他已经成为一个坚定的无神论者。此时，他潜心研读无神论和唯物论哲学，在笔记本上写下了第一篇哲学论文《无神论照耀下的世界全体》。适逢20岁，他在慕尼黑大学攻读哲学、物理学、音乐等，年仅22岁（1908年）就以《关于李凯尔特的批判讨论和现代认识论问题》[①]为题获得维尔茨堡大学哲学博士学位。

第一次世界大战期间，他因社会主义、和平主义立场被迫离开德国移居瑞士。1933年纳粹上台，布洛赫被迫流亡国外，辗转于瑞士、法国、捷克，于1938年移居美国。1948年，布洛赫终于结束在美国长达10年的漫长流亡生活，满怀希望，回到祖国的怀抱，以64岁高龄受聘为东德莱比锡大学教授。1955年他被授予东德民族奖，并当选为德国科学院正式会员。但是，作为一个马克思主义者，他发现东德并不是他心目中的"理想的社会主义"，他对东德的社会现实日渐感到失望。1957年东德当局把布洛赫定性为"偏离分子"和"修正主义者"，并把他的哲学宣布为"唯心主义、非马克思主义、修正主义哲学"。1961年，当东德修建柏林墙之际，他移居西德，以76岁高龄受聘为图宾根大学哲学系客座教授。1977年，布洛赫逝世，享年92岁。

[①] E. 布洛赫：《关于李凯尔特的批判讨论和现代认识论问题》，载 E. 布洛赫《趋势—潜势—乌托邦》，法兰克福/美因，苏尔卡姆普出版社1978年版，第55—107页。

1918年，他发表表现主义代表作《乌托邦的精神》，此书被誉为20世纪初哲学表现主义代表作。① 从风格上看，这部作品具有气吞山河、狂放不羁的狂想诗特征：语言晦涩、风格怪异，宣泄主观精神，描写直观意向，传达弥赛亚的预言，揭示永恒神奇的心灵内涵；从主题上看，这部作品反对战争、强权、剥削以及现存社会制度对个性的压抑，讴歌人类的觉醒和黎明，主张人性复归和道德重建，提出了"心灵、弥赛亚和启示录"的口号。

在此书"音乐哲学"一章中，布洛赫通过批判分析各个时期音乐史讨论和音乐表达形式，展开了关于音乐史和音乐理论的见解，从格利高利圣咏到瓦格纳的音乐，从意大利文艺复兴时期的牧歌到贝多芬、布鲁克纳、马勒的交响乐，其跨度之大、涉及之广，实属罕见。当然，就像在《希望的原理》等后期著作中一样，在此，他也是在"尚未存在的存在论"（die Ontologie des Noch-Nicht-Seins）视域下展开音乐哲学讨论的。音乐是一门"最年轻的艺术"，它表现语言所无法表达的东西，并赋予其生命和灵魂。音乐之所以被视为最内在、最直接的乌托邦艺术，是因为它的表现和形式本身始终朝向"尚未存在"。

1921年，布洛赫发表名著《作为革命神学家的托马斯·闵采尔》②。在此，他已经使用"革命神学"这一用语。鉴于50年之后基督教神学才使用"革命神学"的用语，足见布洛赫大胆的理论勇气和创新的思维方式。在此书中，布洛赫率先把16世纪德国平民宗教改革家、德国农民战争领袖和革命传教士托马斯·闵采尔誉为"革命神学家、卡尔·马克思的先驱"。

这部充满革命激情的宗教哲学作品不仅表明，布洛赫在1919—1920年间决定性地转向了马克思主义，也表明了他作为一个创造性的马克思主义哲学家对宗教的特殊立场和观点。布洛赫赞同马克思、恩格斯关于宗教作为市民社会意识形态上层建筑的论断，但是它反对正统马克思主义理论

---

① 参见 E. 布洛赫的《乌托邦的精神》第一版发表于1918年，修订新版发表于1923年，后来，他把这两个版本分别收录于自编全集第3卷和第16卷中，足见其对这部作品的重视和偏爱。参见 E. 布洛赫《乌托邦的精神》（1918），法兰克福/美因，苏尔卡姆普出版社1976年版；E. 布洛赫：《乌托邦的精神》（1923），法兰克福/美因，苏尔卡姆普出版社1964年版。

② E. 布洛赫：《作为革命神学家的托马斯·闵采尔》，法兰克福/美因，苏尔卡姆普出版社1969年版。

中流传甚广的见解：即宗教是迷信或"人民的鸦片"。像马克思、恩格斯一样，布洛赫也把教会视为一种反启蒙的信仰机构，但与马克思、恩格斯不同的是，他对宗教意识中所蕴含的"乌托邦形式"和"原始革命形式"抱有浓厚兴趣。

1929年布洛赫发表第三本著作：哲学—文学论集《痕迹》①，这是一部"现代童话"、一部后尼采式的中篇小说和箴言体故事、一部藏有日常生活故事和短篇小说的"小宝库"。这座宝库深藏不露，很少发光，但到处表现出哲学家的大作家天赋。作者往返于德国、意大利南部、法国乃至突尼斯，以自身特有的趣味、眼光和风格描述了其动荡不定的生活。但是，布洛赫的《痕迹》不是对一去不复返的青春年华的苦涩回忆，而是对新的人的相遇、新的友谊、新的哲学理论和意义境况的美好展望。

《痕迹》大都取材于"小人物""小事情"，但是，由于题材新颖，情节紧凑，这些故事让人忍俊不禁，引发读者阵阵好奇和惊异。然而，这种惊异（Staunen）与柏拉图哲学中的惊异有着截然不同的功能。在柏拉图那里，惊异乃是哲学思维活动的真正开端，而在布洛赫这里惊异显现为某种"不可思议和猛然觉醒"，同时动摇相对和谐的社会秩序。这种惊异必然导致某种批判意识和实践意识，而这种批判的实践意识本身又重新动摇科学秩序、政治秩序和社会秩序。

1935年，布洛赫在流亡途中发表了《这个时代的遗产》②，展开了他的关于法西斯主义的理论。与各种社会学的、经济学的和社会精神分析取向的法西斯主义解释尝试不同，布洛赫用一种大多数专家学者所忽视或无视的原理，即"非同时性"来解释法西斯主义这一现代政治现象。20世纪30年代，纳粹之所以上台执政是由于动员"非同时性"的力量，骗取广大中小资产阶级的支持，实现了"第三帝国"的神话，而左翼之所以失败是由于放弃了继续存在于"非同时性意识"中的市民阶层的革命可能性，没有辩证地、创造性地占据可利用的乌托邦领域。有鉴于此，布洛赫致力于一种三位一体、辩证统一的马克思主义的政治哲学实践：辩证法、具体的实践和对更美好的、人道的世界的预先推定。

这部作品的大部分论文完成于1933年，但其中最悠久的论文可以追

---

① E. 布洛赫：《痕迹》，法兰克福/美因，苏尔卡姆普出版社1969年版。
② E. 布洛赫：《这个时代的遗产》，法兰克福/美因，苏尔卡姆普出版社1962年版。

溯到1924年，而"前言"则是在1934年撰写于瑞士洛迦诺。在"充满紧张、矛盾和忧愤"的时代，《这个时代的遗产》以"同时性与非同时性"为题分析现代意识形态，精确区别各意识形态阶层，探寻法西斯崛起和左翼失败的原因，进而从日趋没落的市民社会精神世界观的垃圾桶中阐明具有历史实证和传统风格的文化遗产要素。

纳粹上台后，身为犹太人、社会主义者和马克思主义者，特别是批判知识分子，布洛赫被迫辗转于法国、奥地利、捷克等地，1938年最终移居美国。神学家莫尔特曼曾这样描述了布洛赫在美国的艰难时光："他生活在孤独之中。他对没有兄弟之爱的'费城'深感失望并为这个城市所唾弃。"在这孤独悲惨的生活中，布洛赫卧薪尝胆，"十年磨一剑"，终于完成了他长达1655页的代表作《希望的原理》①。此书不仅是关于人类愿望、憧憬、梦和希望的百科全书，也是从马克思主义观点重新审视文化史的里程碑作品。尤其重要的是，这部作品从无神论立场以及创新的马克思主义立场重新解释了基督教。

1945—1947年在美国流亡最后阶段，布洛赫撰写了另一部研究黑格尔的作品——《主体—客体：对黑格尔的解释》②。完成该书手稿之后，他曾与美国一家出版社联系出版事宜，但遭到该社傲慢的拒绝，后来这部手稿被译成西班牙文，于1949年在墨西哥出版。战后，1951年，这部手稿首次由东柏林建设出版社根据德文初版，时隔十年之后，此书由西德苏尔卡姆普出版社重版发行，除了"后记"外，布洛赫还为新版增写了第23节："黑格尔与回忆，反对回忆的魔力"。

在这部关于黑格尔的杰出作品中，布洛赫阐明了马克思主义关于遗产的观点。布洛赫不仅把黑格尔视为独一无二的哲学家，而且把他的哲学誉为一切百科全书式地世界化的辩证法的典范。然而，继承黑格尔的遗产绝不能像黑格尔右派那样继承其政治哲学，特别是国家学说的衣钵，而要像马克思一样继承其活生生的辩证法，扬弃"哲学的假问题、意识形态和所谓世界精神的唯心主义"。在此，根据黑格尔的《法哲学原理》，他强调一个国家的政府应当是代表理性并因而行使实质性权力的机关。但是，

---

① E. 布洛赫：《希望的原理》，法兰克福/美因，苏尔卡姆普出版社1959年版。
② E. 布洛赫：《主体—客体：对黑格尔的解释》，法兰克福/美因，苏尔卡姆普出版社1962年版。

如果一个国家的政府腐败堕落，蜕变为官吏们的暴政，那么人民将推翻旧政府，建立新政府。他从黑格尔"反动的作品"中继承某种革命因素，并把这些因素当作批判的武器辩证地抨击东欧各国官僚权威—政治国家的蜕变，对此，他不仅援引马克思的话作证，也援引黑格尔的辩证法作证。

1961年布洛赫移居西德，旋即发表了在东德期间完稿的一部马克思主义的法哲学著作：《天赋人权与人的尊严》①。这部著作一经发表就在西德乃至整个西方学界引起了巨大反响，被誉为马克思主义法哲学领域的拓荒之作，"具有里程碑式的意义"，但是在东德以及苏联东欧学界却因其所谓"非正统性"而受到了空前的冷遇。②

此书书名标明了三层含义：第一，尊严（Würde）是人权的核心，"直路的矫形外科"排除违法的暴力；第二，"天赋人权"（Naturrecht）是人权的传统形式；第三，社会主义必须继承天赋人权遗产。此书的主旨是历史地追问"权利"（Recht）问题，将"天赋人权"理念重新导入马克思主义理论，系统地阐明马克思主义人权原理，进而从苏东僵化的"正统马克思主义"中挽救权利思想本身。

在此书中，布洛赫努力追寻天赋人权的乌托邦功能，并且历史地、系统地展开了天赋人权的乌托邦功能。在他看来，所谓"人权"的核心问题就是天赋人权遗产的社会主义继承问题，他用下述五个命题概括了天赋人权的具体内涵、目标和意义：

第一命题：天赋人权问题是"现实的人道主义的"一个核心命题。

第二命题：天赋人权与社会乌托邦都具有乌托邦特征，对于塑造"直路"这一人的本质特征而言，二者都是绝对必要的。

第三命题：只有从具体的存在总体出发，才能构思和实现乌托邦。

第四命题：天赋人权的最高目标是确保人的尊严。

第五命题：人的尊严的内容和目标是自由，而这种内容和目标只有在某种具体的秩序之中才能实现，因为唯有这种具体的秩序才能把社会转变为一个"没有政治的城邦"（die polis ohne politeia）。

1968年，布洛赫发表了马克思主义宗教学巨著《基督教中的无神

---

① E. 布洛赫：《天赋人权与人的尊严》，法兰克福/美因，苏尔卡姆普出版社1961年版。

② A. 闵斯特：《恩斯特·布洛赫：一部政治传记》，柏林/维也纳，费罗出版社2004年版，第320页。

论》。早在《乌托邦的精神》中，布洛赫就强调末世论，亦即终极目标视域是推动人类世界的伟大动因。他的基本论点是，《圣经》不是上帝启示录，而是无神论启示录，亦即末世论视域里"隐匿之人"的启示。因此，布洛赫不是把《圣经》仅仅归结为一部宗教信仰经典，而是把《圣经》视为一部弥赛亚主义的革命著作，其核心是反抗与造反。然而，无论在历史中还是在现实中，基督教都是无神论的前提，因为只有基督教才能把宗教意向理念带到世界上，反之，也只有无神论者才能把基督教的那种可望而不可即的希望内涵揭示出来。在此意义上，他强调："只有一个无神论者才能成为一个真正的基督徒，只有一个基督徒才能成为一个真正的无神论者。"

对布洛赫来说，宗教遗产概念旨在说明"元宗教"（Meta-Religion）。元宗教并非"非宗教"，而是"宗教的遗产"，因为"元宗教"或"没有上帝的宗教"依然是一种宗教形式。宗教的核心是王国，而王国的本质特征是"没有上帝的王国"。创建一种"宗教无神论"（Religioeser Atheismus），这是迄今全部宗教史上的一次哥白尼式的转变，因为这意味着既与上帝信仰决裂，又超越费尔巴哈、尼采等人的宗教观去证实宗教的连续性。布洛赫宗教哲学的特殊立场在于：一方面，他的普遍的宗教概念，即"元宗教"；另一方面，布洛赫把这一概念理解成一种历史的概念。宗教的内核向来是同一个，即"希望"（Hoffnung），但它只是在布洛赫的希望学说中才可以被把握为一种纯粹的概念。应该说，提出"元宗教"概念和宗教无神论构想是布洛赫末世论意义寻求中最富有成果的挑战。

1972年，布洛赫发表了《唯物主义问题：它的内容和实质》[①]，这是一部不同凡响的新唯物主义的奠基之作。在此书中，布洛赫批判地吸取了"亚里士多德左翼"、文艺复兴乃至莱布尼茨、谢林、恩格斯等人的全部自然哲学素材，重新奠定了"物质"概念。在他看来，物质是一种"动态存在"，物质既是存在得以显现的"地平线"（Horizont），又是存在得以生成的"母腹"（Schoss）。在谢林那里，布洛赫了解到自然哲学的课题在于从自然本身的动态潜能中把握自然，进而把从有机体到人类意识的全部发展过程理解为某种"类似过程的物质"的组织作用。因此，对"隐

---

① E. 布洛赫：《唯物主义问题：它的内容和实质》，法兰克福/美因，苏尔卡姆普出版社1972年版。

德莱希"（Entelechie）概念不仅可以做唯心主义的解释，也可将其重构为唯物辩证法理论的一个逻辑的、存在论的组成部分。

在布洛赫的众多著作中，《世界的实验》[①] 一书占有特殊的位置，此书写作于1972—1974年间，是他的最后一部著作。当时，布洛赫已是年逾九旬的老人，人们以为这位垂暮之年的老人该说的都已经说过了，剩下的无非是写写回忆录，回顾和总结一生罢了。因此，1975年此书一经问世，就令世人着实大吃一惊。

《世界的实验》是一部新的范畴学说。在此书中，一方面，布洛赫借助于一套新的范畴体系重新启动传统逻辑范畴的静态结构，在"开放的体系"中阐明世界过程的方位价值，把预先推定的乌托邦内容和人道主义—革命实践导入范畴论之中，从而内在地修正了亚里士多德、康德的范畴学说；另一方面，布洛赫把范畴重新规定为纯粹理智与主观表象之间的中介机关，并把范畴重新表述为生成之中的存在的"过程形态"（Prozess-Gestalten），从而使范畴成为联结纯粹主观认识的直观形式与客观世界的认识内容的辩证纽带。

1967年布洛赫以其世纪之作《希望的原理》（1959）获得德国图书业和平奖；1969年他被授予南斯拉夫萨格罗布大学名誉博士学位；1975年被授予巴黎索邦大学、德国图宾根大学名誉博士学位；1977年，在他逝世前不久，《布洛赫全集》问世；1989年，在两德统一前不久，布洛赫在东德被恢复名誉。布洛赫一生勤奋写作，著作除《全集》16卷、《补充卷》1卷之外，还包括多部哲学史、政论方面的著作和大量书信。作为一位马克思主义者和具有世界声望的哲学家，布洛赫成就了自己的一生，他的著作已被译成包括斯拉夫文、波斯文、阿拉伯文、日文、韩文和中文[②]在内的多国文字。

恩斯特·布洛赫既是一位马克思主义者，又是一位20世纪最重要的哲学家之一。作为一位创新的马克思主义哲学家，布洛赫开启了马克思主义哲学的新的广阔视域，例如，马克思主义人类学、马克思主义自然过程哲学、马克思主义宗教哲学、马克思主义美学、马克思主义法哲学、马克思主义宇宙学、马克思主义遗产学、马克思主义历史哲学、马克思主义人

[①] E. 布洛赫：《世界的实验》，法兰克福/美因，苏尔卡姆普出版社1975年版。
[②] E. 布洛赫：《希望的原理》第一卷，梦海译，上海译文出版社2012年版。

的解放哲学、马克思主义社会主义哲学等等。① 在研究和借鉴国外马克思主义理论、创新和构筑 21 世纪我国马克思主义理论过程中，正确评估布洛赫哲学在 20 世纪精神史中的独特地位，特别是正确评估他对马克思主义传统所做的创新无疑具有重大的理论意义和现实意义。

第二节　人类学基础与人的本质

在布洛赫的哲学思想中，希望（Hoffnung）既是人类学概念，又是存在论概念。"我们是谁？我们来自何处，我们走向何方？我们期待什么，什么东西在迎接我们？"② 布洛赫对这些问题的回答就是《希望的原理》。

布洛赫哲学思维的出发点是对人的关注，由此出发，他从直接的生命基础重新追问人的本质。他对人的本质的追问不是停留在传统形而上学的框架上，或者仅仅满足于概念思维的外在知识和现成结论，而是直抵人类学基础，探究平凡的日常体验和肉体感觉。布洛赫认为，与自身的哲学任务相联系，新的唯物论不仅要阐明作为问题的人和作为尚未显现回答的世界，而且要阐明作为问题的世界和作为尚未显现回答的人。在《乌托邦的精神》中，他特别强调，追问我们自身以及追问尚未成就的家乡就是"我们的问题"（Wirproblem），就是乌托邦哲学的终极的根本目标。③

此外，布洛赫的早期著作大都是表现主义小品，短小精悍，脍炙人口，字里行间渗透着对日常生活的细腻描写和生动刻画。T. 柯尼弗认为，布洛赫哲学的灵感来源于表现主义艺术及其解释经验。基于这一理解，他认为，布洛赫的总体美学态度无异于眺望世界的表现主义直观，从而将其归结为非理性主义态度。④ 然而，本书认为，布洛赫的表现主义立场自始至终都根源于一种先现理念，而这种理念与古老而常新的人性理念，例如

---

① 关于恩斯特·布洛赫对马克思主义传统的创新，参见金寿铁《思想就意味着超越——恩斯特·布洛赫与马克思主义传统的创新》，吉林人民出版社 2006 年版。

② E. 布洛赫：《希望的原理》，第 1 页。

③ E. 布洛赫：《乌托邦的精神》（1923），法兰克福/美因，苏尔卡姆普出版社 1964 年版，第 260 页。

④ H. 佩措尔德：《新马克思主义美学 I：布洛赫—本雅明》，杜塞尔多夫，施万出版社 1974 年版，第 124 页。

"爱、谦卑、尊敬、纯洁、和平、兄弟情谊"等是紧密联系的。因此，柯尼弗将布洛赫的总体美学态度归结为一种非理性主义是不妥当的、也是没有根据的。

特别是，布洛赫的早期著作《痕迹》(1930)集中观察了朴素的日常生活和特殊经验。布洛赫恰恰通过这种艺术题材，从理性角度重新反省既定事物的先验体系，积极协调人与自然的关系，进而在具体的生命视域下，促使人与自然从相互反目、相互对立的状态转变成相互协同、友好合作的状态。这样，布洛赫的哲学人类学理念不仅成为贯穿他全部存在论和历史哲学的一条主线，也成为他艺术哲学的初始意义和根本旨趣。换言之，布洛赫在普遍生命分析和人的直接存在规定中寻求乌托邦存在论的根据和历史哲学的合法性。

在这一根本哲学构想下，布洛赫把生命的首要事态理解为"匮乏"（Mangel）。借助于"匮乏"这一直接的生命事态的规定，可以显现希望哲学特有的维度和底蕴。因为在此所谓"匮乏"不是意味着"单纯的无"，而是意味着当时必不可少的"某物的匮乏"。因此，作为人与对象世界关系的直接事态，"匮乏"标明一种初始的、根源的人类学范畴。一方面，布洛赫把这种初始的匮乏状态表述为"经历过的瞬间黑暗"（Dunkel des gelebten Augenblicks），并将其表达如下：人借以感受生命中最高幸福的瞬间乃是黑暗，这种瞬间之所以黑暗，是因为在瞬间中实现了的渴望朦胧不清、不甚明了。由于当下瞬间的极度匮乏状态，生命的主体还不能确切地洞悉自身存在的当下本质。布洛赫把这种人的朦胧的生存体验表述为"实现的忧郁"（Melancholie des Erfüllens）或"实现的窘迫"。生活在"现在"（Jetzt）和"在此"（Hier）的瞬间就被规定为某种笼罩在当下的直接的、非透明性和黑暗之中的东西。布洛赫指出，这种生命乃是"尚未在此""亦未显现出来的"东西。"现在"和"在此"拥有世界存在的一切不协调图像，并作为最为缺乏体验的东西存在下去。这是因为：

> 并不是最遥远的东西而是最切近的东西处在黑暗之中。因为这是最切近的东西、最内在的东西。在这最切近的东西中，恰恰隐藏着此在之谜的结节。①

---

① E. 布洛赫：《希望的原理》，第 341 页。

但是，在布洛赫看来，这是面对黑暗瞬间的恼人的空虚和匮乏，但这种空虚和匮乏并不是永远都无法认识的自在之物。这东西只不过是"依然"保留在黑暗之中而已，此在之谜恰恰藏匿在这一瞬间之中。所以，一方面，"黑暗"暗示此在世界尚未获得自身的固有本质；另一方面，"黑暗"证实渴望到达终极本质的那个乌托邦意志早已内在于瞬间之中。值得注意的是，在此，"经历过的瞬间黑暗"并非纯粹个人的主体体验，而是对客观黑暗的真实描写，是对世界和历史自身理解的规定。这是因为黑暗的实质内容不仅构成人的自我理解的匮乏，也构成世界自身的匮乏。在此意义上，哈贝马斯强调，从根本内容上看，布洛赫的"经历过的瞬间黑暗"与马克思的历史哲学观点十分吻合。在马克思那里，历史开始于一种事实性强制（Gewalt），即人的本性受制于外部世界的物质存在条件。这样说来，历史恰恰植根于"异化"这一黑暗之中，世界历史就是人类扬弃并克服这种异化（黑暗）的过程。① 一旦人意识到某物的匮乏，他就积极谋求某物，它就朝向特定的对象行动，这时候他就到处都与尚未形成的世界相遇，到处都能感受到对"尚未被意识到的东西"的惊讶。从对世界的惊讶中，人意识到自身的"无知"（Nicht-Wissen），并探寻克服这种无知的具体途径。此外，通过这一探寻过程，人开始扬弃自身单纯的此在状态：

> 在此，哲学返回到我们即将遭遇的神秘的生命，返回到柏拉图以后所决定的、以事态和开端所明确了的那个惊讶，但是，迄今哲学究竟在多大程度上忠实于这个开端指向的方向呢？几乎没有一个哲学家抱有第一个答案之后就成为问题的惊讶。②

布洛赫把初始"惊讶"（Staunen）视为与世界自身的客观排列图像相对应的主观相关物。这样，在"惊讶"中尚未知晓的是，对于未来的含蓄知觉以及试图摆脱不安状态的超越意志。正因如此，匮乏和"惊讶"

---

① J. 哈贝马斯：《理论与实践》，法兰克福/美因，苏尔卡姆普出版社1978年版，第160页以下。
② E. 布洛赫：《痕迹》，法兰克福/美因，苏尔卡姆普出版社1969年版，第217页。

等人类学的规定就能够奠定乌托邦意识的超现实定位。

综上所述，在布洛赫那里，"包罗万象的冲动存在"（Umfängliches Triebwesen）① 乃是借以把握人的存在本质的主题。他的"冲动论"不仅揭示了人的自发的世界构成的客观意义，也揭示了"希望"这一人类学—存在论范畴所蕴含的主观意义。然而，在他看来，冲动并不以意识和表象为前提，它犹如潮水般地不断"冲向我们"（ein Stoß in uns），真实地体现人的直接的生命实体。这一点也充分体现在他对弗洛伊德、阿德勒、荣格等人基本冲动理论的批判上，这些人的基本冲动理论都以某一个别的、僵化的冲动（里比多、权力意志、无意识等）为研究对象，以偏概全，不及其余，进而极其反动地把这种冲动加以僵化乃至物化。与此不同，布洛赫的"冲动论"展现出丰富多样的文化层次和变化无穷的历史面貌：

> 在此，既不再存在某种"原初的"冲动，也不再存在某种"原始的人"（Urmensch）或"年老的亚当"（alten Adam）。在僵硬的基本冲动研究意义上，所谓"人的本性"在历史之流中历经数百次的栽培和翻耕。由于外部的栽培和内在的改良，在植物栽培和家畜饲养中，可以保持原始的种类，但是，在人之中并不存在原始的种类。②

各个时代都存在不同的、占主导地位的基本冲动，发现这样一种冲动并非一件难事。例如，在资本主义社会，对职业的冲动达到了登峰造极的地步，其程度和范围远远超出了以往任何一种社会。此外，后资本主义出现了所谓"破纪录"这一新的冲动，这种追求更高速度的冲动与迷恋高额利润的病态欲望息息相关。因此，作为一种神秘偶像，某一个别的、孤立的基本冲动折射出特定社会中的阶级利害关系。例如，每个人在社会和阶层中所处的地位不同，从而每个人对里比多这一基本冲动的感受也就不同。因此，根据人们所处社会和阶层地位的不同，他们对所谓"里比多"

---

① E. 布洛赫：《希望的原理》，第49页。
② 同上书，第75页。

（Libido）这一基本冲动刺激的感受也会不同，从而有关解释也就多种多样。①

里比多、权力意志、无意识等冲动无不受到特定历史条件的限制，并在特定历史条件中变化。与此相对照，"饥饿"（Hunger）乃是最值得信赖的普遍冲动，它无所不在、无时不有，普遍存在于各种社会形态和各个历史阶段。人类有史以来就一直有饥饿现象，一直有人吃不饱肚子，人类一直在同饥饿作斗争。婴儿之所以呱呱落地就寻找母亲的乳房，并非因为里比多冲动（性冲动）而是因为饥饿冲动；一个成年人即使没有性生活至少也能维持一段生命，但是，如果一个人连续几天饿肚子，得不到维持生命所必需的营养，他就会很快死亡。饥饿冲动是自我保存的冲动，在一切变化无常的冲动之中，只有这种冲动才是人的最基本的冲动，因为只有这种冲动才使其他冲动开始进行工作：

> 如果我们只考虑性爱侧面而不考虑经济侧面，就不能正确地把握人类历史。如果我们忽视经济和经济基础，只会导致出于里比多的世界解释和里比多的歪曲现象。因此，在此我们不得不表述一个重要的现实问题：即经济利益。经济利益问题同样不是这个世界上的唯一问题，但是最基本的问题。②

因此，历史生活的首要基础是物质生产领域。只要人活着，他就时时刻刻都能感受到直接的、催逼性的饥饿冲动，为了活下去，他就必须摆脱这种"非有"（Nicht-Haben）的不堪忍受的匮乏状态。从历史上看，人是一种"匮乏存在"，他饥肠辘辘，食不果腹，不得不为填饱肚子而疲于奔命，因此，这种挥之不去的饥饿也就成了人从事劳动的动因。劳动改变了人，在获取生活必需品的劳动中，渐次形成了人的核心。在劳动中，人有

---

① 在此，布洛赫还强调，"里比多""权力意志""原始狄俄尼索斯"等冲动对人的肉体的依附关系，因此，如果离开人的肉体而侈谈诸如此类的基本冲动，就势必把这些概念绝对化为一种神秘概念。参见 E. 布洛赫《希望的原理》，第71页。

② 布洛赫认为，精神分析学家到处省略饥肠辘辘的"饥饿"冲动，这充分暴露出他们的精神分析是中产阶层阶级利益的集中体现。精神分析学家的所谓"基本冲动"仅仅表达了人的冲动的一部分，而且，从严格意义上讲，这些冲动都谈不上是基本冲动。参见 E. 布洛赫《希望的原理》，第73页。

可能获取某物，创造物质生活条件，满足饥饿的食物需要，所以，满足饥饿冲动的劳动是推动历史过程的根本动因。换言之，饥饿是"非有"的存在类型，作为一种潜在的生命存在，人必须从事对象性劳动，获取物质生活必需品，以克服自身存在的匮乏状态：

> 旨在满足需求的欲望乃是历史灯标上的一束火花，但是，按照变化不定的满足需求的方式，这种需求本身也显现出各种各样的存在方式。从历史的角度观察，人类冲动结构中最终起决定作用的是经济利益，但是，众所周知，即使经济利益的各种形态和不断变化也都表现在生产和交换方式之中。的确，人是想要自我保存的人，人本身就是历史地变化不定的存在。人通过摄取食物生产自身，通过当时的经济形态和自然关系得以共同生产。当然，饥饿是最可信赖的冲动，是相对最普遍的、永久的基本冲动。①

但是，在布洛赫那里，作为一种根本而普遍的冲动，饥饿并不是抽象的人类学的绝对虚构。相反，在他那里，饥饿是社会—历史生活的具体写照，同时又是社会历史发展的缩影，从而成为他的哲学思维的唯物主义基础。正因如此，在饥饿这一基本冲动的规定之下，布洛赫不是一味地强调不堪忍受的匮乏状态，而是强调试图满足匮乏的创造性冲动。在漫长的历史进程中，人始终忍饥挨饿，彷徨苦闷，但是，正是这种饥饿不仅成了劳动的决定性媒介，而且成了改变人的强大力量。

然而，我们也不应把"饥饿"理解为单纯的生存欲望。对此，布洛赫解释说："饥饿不是从生物学的自我保存视角缩小历史，而是（从人类学视角）显示思维对物质匮乏的依存性。"② "饥饿"旨在扬弃与生命的现实匮乏息息相关的各种内外关系，在此意义上，饥饿是一种具体的历史期待。饥饿不仅是自我保存的冲动，也是自我扩张的冲动。饥饿本身包含着某种朝向革命实践的自我意识，即朝向更美好生活的自我意识。从"饥饿"中滋长出对邪恶的东西的"否定"（Nein）和对更美好的东西的

---

① E. 布洛赫：《希望的原理》，第76页。
② E. 布洛赫：《图宾根哲学导论》，法兰克福/美因，苏尔卡姆普出版社1970年版，第12页。

"肯定"（Ja）。用布洛赫的话来说，在饥饿的状态中，这一否定—肯定的革命旨趣不但炸毁匮乏的"监狱"，甚至改变饥饿自身的面貌。①

由上所见，作为一种根源状态，匮乏绝不停留在直接的、孤立的生命状态中。由于这个缘故，布洛赫的人类学与历史哲学的基础认识是紧密结合在一起的。只有从历史—社会关系中，我们才能准确地理解当时匮乏状态的实际的、具体的内容。正如 M. 霍克海默指出的那样，哲学人类学不应追问人的本性本身，而应追问阻碍实现人的本性的社会条件。② A-F. 克里斯顿认为，在布洛赫的"饥饿"这一基本冲动的背后不仅隐藏着"从自身超越自身（über-sich-gehen）、走向他人（zum-anderen）并返入自身（In-sich-hinein-gehen）的质料过程，也隐藏着通过对自身意志的高扬而通达世界过程的最初规定。"③

这样看来，"作为匮乏的第一个表现，饥饿在匮乏中拥有一个结节"④，即拥有"从无到有"这一希望的初始意义。布洛赫的人类学观察把存在的当下规定视为人的存在状态，把此在的超越性视为匮乏及其克服。正如人并不能体验自身的死亡一样，人也不能体验自身的直接存在。因此，"我在。但是我并不持有我自身"，这句《痕迹》中的开场白的既是对匮乏的如实陈述，也是对"饥饿"的明确指示。

第三节 作为"原理"的"希望"

如前所述，人是"无所不包的冲动存在"，对人的本质的追问必须考虑到这一人类学的规定。但是，人只有通过某种"感受"，即通过某一特定的情绪状态，才能接受自身的直接冲动。换言之，在人之中，各种冲动不是一成不变的，也不是无媒介地表现的，而是澎湃激荡、生生不息，并且由于主体独特的情绪和思维而受到抑制从而做出改变。因此，布洛赫从情绪学说中，特别是，从"希望"中导出冲动对对象世界的实际反应和具体作用过程。只要从人类学的希望维度提出并考察人的本质，人的冲动

---

① E. 布洛赫：《希望的原理》，第 84 页。
② H. 佩措尔德：《新马克思主义美学 I：布洛赫—本雅明》，第 55 页。
③ A-F. 克里斯顿：《恩斯特·布洛赫的质料形而上学》，波恩，赫尔伯特·格伦德曼出版社 1979 年版，第 226 页。
④ E. 布洛赫：《图宾根哲学导论》，第 210 页。

学说就必然建立在人的乌托邦意识的基础之上。按照布洛赫的人类学观点，冲动恰恰是借助于外化而进入主观—客观的实质关系中。但是，冲动一旦脱离特定的对象，就会仅仅停留在单纯的"状态"（Befinden）和"情调"（Stimmung）之中，因此，只有与当时的特定对象相联系，从现状上（zuständlich）被感知时，冲动才可被称作"情绪"（Affkt）。①

布洛赫的情绪研究聚焦于人的内在冲动本身，他把"时间性"视为情绪学说的新规定。一切情绪都是"现状性的东西"，都处于时间视域之中。② 这就是说，在某个特定概念之前，情绪就已经存在于时间之中，它以两种不同的方式显现：其一是"充满了的情绪"（gefüllte Affekt）；其二是"期待的情绪"（Erwatungs-Affekt）：

> 充满了的情绪（例如，贪婪、崇敬等）在冲动意向（Triebintention）上是瞬间性的，而在冲动对象（Triebgegenstand）方面是辽阔的。在此，所谓"冲动对象"并不意味着当时个人所能达到的东西，而是意味着业已存在于世界中的东西。相比之下，在冲动意向上，期待的情绪（例如，恐惧、害怕、希望、信任等）是极其辽阔的，其冲动意向不仅能为当时的个人所通达，而且也并非已广泛地存在于世界之中。③

首先，所谓"充满了的情绪"指向现在这一限定时间中的个别对象。由于"充满了的情绪"立足于当下，且仅仅专注于眼前某一匮乏对象，所以它就排除了对其他未来的关注。布洛赫把这种情绪的本性界定为一种投射"非本真未来"的方式。与此相反，所谓"期待的情绪"指向作为存在本质视域的未来，期待现存的东西中尚未存在的东西。布洛赫把这种"充满了的情绪"的属性称作"非本真的未来"。与此相反，期待情绪不论是否定的情绪还是肯定的情绪都指向现在不存在的东西。换言之，期待情绪通过自我的新的排列乃至构成，预先推定新的东西、不在那里的东

---

① 海德格尔认为，此在总是受制于"情调"（Stimmung），但是，在布洛赫看来，海德格尔所谓"情调"并不包含任何冲动特征。因此，海德格尔的情调乃至情操听命于无望的期待，最终沉沦于丧失了一切生存关切的虚无主义。参见 E. 布洛赫《希望的原理》，第76页以下。
② E. 布洛赫：《希望的原理》，第163页。
③ 同上书，第82页。

西，从而能够构成一种"真正的未来"（echt Zukunfut）①。

由此可见，在此，"未来"被划分为非本真的东西与本真的东西。但是，这种划分并不意味着在布洛赫的时间意识中，所谓"未来"仅仅意味着没有到来的以后的日子，而是意味着通过历史交往而能够现实化的时间。只有通过创造"真正新的东西"（ein sachlich Neues）才能开辟真正未来的维度。因此，这种未来的维度源自新东西的创新，而与重复性再生产和单纯的记忆完全无涉。事实上，未来的新东西不仅存在于现在，也残存于尚未得到清偿的过去之中。不仅如此，这种新东西还具有借以在现在的视点中正确地预先推定的那种认识的可能性。正如布洛赫一再强调的那样，在这些期待情绪之中，最重要的情绪就是"希望"：

> 在一切情绪活动以及只有人才能到达的情绪中，希望是最人性的东西。与此同时，希望与最辽阔的、最明亮的视域相关联。②

在布洛赫看来，作为一种期待情绪，希望最具体地显现尚未实现的自我同一性这一本质冲动。从时间性视角来看，希望恰恰是在现在中使人意识到与内在于一切情绪中的"尚未形成的东西"的关系。当然，填满"饥饿"的冲动不是更接近流逝的过去，而是更接近即将到来的未来。此时，对人最为持续地起作用的期待情绪就不是害怕或恐惧这一否定的情绪，而是希望这一肯定的情绪。因为被压抑的、不自由的害怕和恐惧是一种否定的、受动的、消极的东西，只能赋予我们一种灰心丧气、妄自菲薄的悲观、绝望和虚无。相反，趋向更美好生活的希望总是植根于"最辽阔、最明亮视域"，积极推动人的生活，赋予我们一种信心、勇气和力量。正是由于这个缘故，饥饿这一根本冲动就能在期待情绪中扩大为对实现抱有期待的一种自我冲动。

这样看来，布洛赫冲动学说和情绪学说的主旨就在于从人类学视角阐明旨在超越当下的主体侧面。而且，借助于此，布洛赫把主体对当下的超越性进一步深化为一种战斗的乐观主义的乌托邦的意识。但是，这里的希望主题与盲目的乐观情绪截然有别。在1961年图宾根开讲词《希望会成

---

① E. 布洛赫：《图宾根哲学导论》，第227页。
② E. 布洛赫：《希望的原理》，第83页以下。

为失望吗?》中，布洛赫从人类学—存在论视角重新界定了"希望"的具体内涵，指出希望不仅会成为失望，而且会成为深痛的失望：

> 希望绝对会成为失望，第一，因为希望向前敞开着，向未来的事物走去，它指的又不是业已存在的事物。由于此，希望不是把重复置于变幻不定的事物之上，而是真正处于飘忽不定之中，因此之故，希望既与可变事物相关，也与偶然事物相关，没有偶然事物，就不存在新事物。由于这一应得的部分，偶然也足以被规定，它是已经敞开的事物，同时又是继续敞开的事物。此外，希望至少在其中拥有自身的领域，为此付出冒险代价，而不是坐在终老财产上。第二，但是，与此同时，希望与失望密不可分地联系在一起；希望必定会失望，因为作为具体地中介过的东西，它永远都不会与固定的事实相中介。这些事实（Tatsachen）及其内行性反正都是某一历史事件的主观物化因素或客观物化阻塞。但是，正因为这个理由，由于只是不可收回的事实，亦即业已形成的存在，这一进程乃是历史的、类似过程的进程。因此，在一个尚未存在的领域里，一个还在持续的悬而未决中，尤其在终极内容中，不仅希望情绪与作为对称物的畏惧在一起，而且希望方法论更与对称物回忆在一起。①

换言之，希望与可失望性直接相关；希望在自身中当然包含挫败的麻烦：希望不是确信（Zuversicht）。在任何地方，希望也没有被挫败，但在任何地方希望也没有被赢得。因此，希望是紧挨着历史过程和世界过程的悬而未决的状态。因此，希望处于充满了客观的—现实的—可能性的惯用语句中，不仅作为潜在的拯救者围住了现存事物，也作为危险围住了现存事物。因为可能事物首先不是业已完满的制约性，而是部分的制约性。由此可见，唯当这种制约性是以现有的现实事物为基础（因而曾以某种现实为基础）时，可能的事物才是可靠的。毫无疑问，这种无保证性意味着没有什么东西是绝对可靠的。因为部分制约性并不是条件性，所以每一个期望，尤其是每一个抱有希望的期待都必然含有非理性的因素。因为第一，希望不是确信，希望与可失望性直接有关，希望本身就包含有麻

---

① E. 布洛赫：《文学论文集》，法兰克福/美因，苏尔卡姆普出版社 1965 年版，第 387 页。

烦、迂回、挫折、失败等因素；第二，希望总是对一种尚未实现、尚未成为现实的东西的期待。希望是一种向前的开放状态，希望不是与既定的现存事物相联系，而是与未来的尚未存在的事物相联系。

总之，作为一种"途中存在"（Unterwegssein），希望乃是构成人的本质的固有的紧张状态。布洛赫通过对小小白日梦乃至已知的希望（docta spes）的现象学分析，直抵人的本质的深渊。对于他的希望理念来说，最重要的莫过于"居于核心位置的根本的不满足"、本质上未填满的对现实的认识。在此意义上，希望不仅构成直面未来的情绪结构的原型，本身也包含着对未知的东西的害怕和恐惧。尽管害怕和恐惧等否定情绪也指示否定的内容，但它们并不完全阻断人们对未来的视觉。与此相对照，柏拉图意义上的"回忆"却用过去的东西去代替"尚未存在的东西"，把属于未来的一切东西都统统归结为业已形成的东西，从而历史地阻断了希望的出现。如前所述，哲学的贫困恰恰始于这一"回忆说"的重重束缚。因为在布洛赫看来，世界仍然处在尚未达到自我同一性的状态中，所以，对他来说，世界的本质部分取决于即将到来的未来。

正因如此，哲学的根本主题是人类尚未到达的"家乡"（Heimat）。根据他的家乡观，所谓"家乡"是指扬弃了迄今所有异化的终极历史状况。家乡的实际出现不是在历史之始，而是在历史之末，即当人类从根源上把握了社会和此在之时，才会出现人类梦寐以求的、从未到达过的那个新家乡。① 在同一语境中，在《希望的原理》的《前言》中，布洛赫指出，"问题是学习希望"。于是，希望的发现正是主体的新的存在论的发现，而这种新的存在论是完全彻底地建立在历史的、人类学的基础之上的。

尽管希望是最人性的情绪，但是由此并不能断言希望就是人的本质的构成原理。布洛赫认为，为了使希望成为构成人的本质的第一原理，还必须通过冲动和情绪把人与对象世界中介起来，由此把人与对象世界的关系一并纳入意识领域中。因此，布洛赫反对近代认识论将意识分析仅仅局限在对意识自身的体系分析上，而是要求从生命视角理解意识的现实状态，"把尚未被意识到的东西"（das Noch-Nicht-Bewußt）这一新概念导入认识论，进而把希望与旨在超越当下的乌托邦意识紧密结合起来。他认为，意

---

① E. 布洛赫：《希望的原理》，第1655页。

识只有为情绪和冲动所中介时,才能发挥自身的力量,从而他自身才能作为第一性(Erste)的东西存在。① 但是,肯定冲动和情绪为意识的本原力量,并不等于抛弃意识的合法性和自律性。毋庸置疑,我们的冲动和情绪同样因意识而改变。布洛赫强调,意识的发生和展开过程必然伴随现实的冲动和情绪,但他并不否定意识本身的内容和作用,而是否定仅仅承认意识的绝对"自身力量"(Selbstmacht)的那种传统先验论。

通过"梦"这一未来的预感形式,特别是,通过把自身的"白日梦"(Tagtraum)概念与弗洛伊德的"夜梦"(Nachttraum)概念对立起来,布洛赫阐述了情绪、冲动与意识的相互关系。弗洛伊德不仅把夜梦当作精神分析的对象,而且把夜梦视为梦的相位,然而,在布洛赫看来,夜梦仅仅显示一种"退行特征"(Regressionen)。因为夜梦追溯被压抑愿望的根源,把人的意识沉潜于过去之中,从中固守各种逻辑以前的形象。在夜梦中,自我受到审查和歪曲,仅仅以象征性的伪装显现自身的模样。在夜梦中,"现实原则"昏昏欲睡、玩忽职守,仅仅呈现"不再被意识到的东西"(das nicht-mehr-Bewußt)。对于布洛赫来说,夜梦是现实生命的目标内容的阻断者,因而根本不能胜任未来预见形式的最起码的要求。究其原因,弗洛伊德的夜梦中的"无意识"一味地沉潜于远古时代的沉积物之中,压根就缺少一种未来的预先推定因素。

与此相反,白日梦中的自我则始终处于清醒状态,不仅保持自身的自由活动,而且还时时关注周围的世界和他者。白日梦梦想尚未形成的东西或尚未填满的东西,追求趋向更美好状态的乌托邦的图像。布洛赫这样描述了白日梦的体验:

> 当聆听音乐时,白日梦也浮现在我们的意识中。尽管我们看不到这东西,但它响彻在扩张世界的空间之中,因此,恰恰通过动态的强烈表现,清醒的梦成为扩张了的世界本身。②

在《认识与旨趣》中,J. 哈贝马斯对比分析了布洛赫的白日梦与弗洛伊德的夜梦之间的本质区别:

---

① H. 佩措尔德:《新马克思主义美学Ⅰ:布洛赫—本雅明》,第57页。
② E. 布洛赫:《希望的原理》,第106页。

根据弗洛伊德的观点,夜梦本质上不同于白日梦。这是因为通过自由的夜的活动,白天曾经存在的冲动活动业已发生了变化。为了弄清夜梦的属性,白日梦仅仅显现为正相反对的类型……白日梦的本质是让人通过想象来感受幸福感,它无需现实的任何同意就重新创造快感。①

在弗洛伊德那里,白日梦被归结为个人发展阶段上一时的发育现象,从而被视为通过现实原则而加以摒弃的青年时代的偶发现象。简言之,白日梦只不过是夜梦的例行练习或偶然症候而已。因此,在弗洛伊德的精神分析中,所谓"无意识"的实质就是阻断敞开的意图交往和思想交往。

通过把白日梦的本质特征界定为"尚未被意识到的东西",布洛赫决定性地将白日梦与夜梦区别开来。概言之,夜梦预示着过去之中业已填满的"不再被意识到的东西",而白日梦则预示着一种尚未确定的、预先推定未来的意识,其核心内容是"尚未被意识到的东西"。

白日梦的最后的心理确定性正是"尚未被意识到的东西",对此,我们需要加以详细解释。迄今,这一确定性完全在概念范围之外,不仅如此,还没有任何心理学探究过无意识的另一侧面,即白日梦向前的黎明特征。这种无意识从未被记录下来,尽管它是准备新东西和生产新东西的固有空间。……因此,只有尚未被意识到的东西才是未来更美好生活的前意识,才是新东西的心理出生地。②

按照布洛赫的观点,人之中存在着对新东西的某种"前意识"(Vor-Bewußte)。从渊源上看,这种前意识与束缚于既定意识概念的"无意识"(Unbewußte)截然有别:前意识不是发生在无意识的地下室里,而是发生在意识的最前线。作为预先推定的意识,前意识具有指向某物的意识的基本形式,从而能够期待和意向尚未形成的可能性。在此意义上,布洛赫

---

① J. 哈贝马斯《认识与旨趣》,法兰克福/美因,苏尔卡姆普出版社1968年版,第262页。
② E. 布洛赫:《希望的原理》,新泽西,普林斯顿大学出版社1971年版,第131页。

把莱布尼茨的"微知觉"（petites perceptions insensibles）誉为伟大的发现。但是，在他看来，莱布尼茨那里，"没有被意识到的东西"这一概念最终为业已到达的意识所扩张或消融，以至于在获取新的意识中归于失败。例如，在水泄不通、千丝万缕的世界关联中，微知觉仅仅被视为存在于意识的预感大厅（Ahnensaal）中的朦胧不清的月光，以至于有关规定得不到"预先推定"这一充满日光的本质特性。[①]

与"尚未被意识到的东西"相称，布洛赫把这种基于前意识空间的新东西的发现与创造活动的预先推定机关（Organon）命名为幻想（Phantasie）。幻想通过预先推定的诸图像而具体化，而白日梦作为幻想的典型场所通常显现在青年时代、转折时期和创造性生产中。在此，通过艺术创作，布洛赫重新勾勒了白日梦的创新属性，有力地驳斥了弗洛伊德所谓白日梦仅仅是夜梦的症候或前阶段的说法。白日梦是"新的精神的分娩室"，是艺术幻想的"原材料"（Rohmaterial）。如果考虑到新东西的生产或创造与生产领域息息相关，那么艺术就是把白日梦加以形象化的最佳场所。在此意义上，艺术领域无非是显现日常白日梦中敞开着的主体的表达方式，进而追求其内在根源的领域。正是由于这个缘故，布洛赫不仅把白日梦视为艺术的前阶段，而且把白日梦视为与乌托邦意识相适应的人类学概念。关于这一点，我们还要在艺术意识的乌托邦功能中详加讨论。

只要清醒之梦（Wachtraum）包含着真正的未来，那么它就朝向尚未被意识到的东西，即朝向现实中尚未形成的、尚未填满的乌托邦。[②] 因此，在希望哲学中，尚未被意识到的东西绝不会还原为无意识概念，相反，在希望哲学中，"尚未被意识到的东西"的领域及其固有的逻辑学被视为指向未来的最本原的意识侧面。布洛赫把这种意识等同于日益增强的乌托邦意识，把它当作推动艺术、文化乃至全部人类史的伟大动力。恰恰通过对"尚未被意识到的东西"的意识，乌托邦意识才发挥出一种预先推定的作用。对此，F. 詹姆逊指出，"尚未被意识到的东西"的发现是"对未来存在论的描写，是对地平线彼岸的、看不见的、向我们施加影响

---

① E. 布洛赫：《希望的原理》，第 150 页以下。
② 同上书，第 128 页。

的存在论的描写"①。

对"尚未被意识到的东西"的发现，布洛赫本人是这样描述的："在这个时代的目标中，特别值得一提的是通过创造性劳动克服了一条巨大的界限。这条界线就是所谓'尚未被意识到的东西'这一转折点。这里有着卓绝的努力、阴森的黑暗、碎裂的浮冰，寂静的大海和平坦的航道。在此形成无穷无尽的突破，出现人迹罕至的大地。这大地需要人，同时需要巡礼者、罗盘和大地的深度。"那么，希望这一期待情绪是怎样被引入意识的呢？按照布洛赫的情绪学说，"尚未被意识到的东西"是新意识的策源地，正是通过发现"尚未被意识到的东西"，不仅情绪而且表象和思维也都获得了一种乌托邦功能的肯定地位。换言之，即将到来的意识部分承载着"希望"的乌托邦特征，即本真的未来。并且，希望凭借自身的乌托邦特征由情绪侧面一跃上升为认识侧面。因此，希望主观侧面的核心含义便是"认识类型的思维方向"（Richtungsakt Kognitiver Art）：

> 期待情绪提供路线，而预先推定的表象想象力就在这条路线上从事活动。于是，想象力就在肯定的期待情绪方面构筑自身的愿望之路。尽管指向想象力的、带有美丽风景的愿望之路要比希望之路单调乏味，但是，这条路要比非愿望之路或畏惧之路更明晰、更为人所爱、更有活力。人们力图从黑暗走进明亮。意味深长的是，两种类似未来的意向，即期待情绪和期待表象都延伸到某种尚未被意识到的东西里面。也就是说，这两种意向都被刻画为某种本身尚未充满的但预先推定的意识类型。②

希望就这样赋予了预先推定的意识以方向并能动地参与现实的认识作用。如果肯定意识的力量是以冲动和情绪为媒介的，那么指向未来的乌托邦意识就只能与希望这一最为持续的期待情绪联系在一起。布洛赫把这种联系称作"理智能力内的期待情绪，期待情绪内的理智能力，即已知的希望。"③ 同时，他指出，希望哲学包容希望的"行为—内容"（Akt-In-

---

① F. 詹姆逊：《马克思主义与形式》，新泽西，普林斯顿大学出版社1971年版，第129页。
② E. 布洛赫：《希望的原理》，第127页以下。
③ E. 布洛赫：《希望的原理》，第166页。

halt)和"历史—内容"(Geschichts-Inhalt):所谓希望的行为内容就是有意识地阐明作为肯定的乌托邦的功能的预先推定,而希望的历史内容则是百科全书式地阐明历史表象和现实判断中人类希望和梦想的图像。在布洛赫那里,历史被视为不断地验证人类乌托邦希望的过程,从而希望成为历史哲学的主题。

从人类学原理出发,布洛赫把希望与认识置于同一视域。这种尝试旨在重塑认识论,把认识从系统的逻辑论或空洞的唯名论的束缚下解放出来。因此,布洛赫并未刻意探究理性概念或知性概念本身。不仅如此,在白日梦中,理性与幻想不是相互排斥、相互分离,而是相互渗透、相互趋向。在乌托邦功能构成之内,理性与幻想相互中介,两者都以未来的超越性为前提。根据布洛赫的座右铭——"思维就意味着超越"(Denken heißt Überschreiten)①,所谓"尚未被意识到的东西"的领域与其说是一种新的认识能力范畴领域,不如说是位于直接的时间视域上的与未来毗邻的意识状态领域。在此,人是来自乌托邦的生物,作为一种初始存在的意识类型,乌托邦意识无异于"尚未被意识到的东西"。

在这种人类学语境中,布洛赫把主体理解为预先推定乌托邦宾词的"超越界限的主导人物"(Leitfigure)。照此说来,每一个单个的人都是这一潜在宾词的载体,即通过自身的特殊性通达普遍性、共同性,即创造主体不是被理解为受制于个别生命力冲动的意志,而是被理解为弘扬非同时性事态的意志。在此,凭借自身的表征和象征作用,一方面,主体的外化过程再现尚未显现的自我同一性;另一方面,主体的外化过程表现使客观事态的变化成为可能的那个潜在性。两者越是趋同一致,主体就越是能够成为有意识的历史的创造者。

值得注意的是,布洛赫所倡导的乌托邦意识是建立在客观的、现实的基础之上的,即在辩证过程中,"尚未被意识到的东西"与对象性的此在(Dasein)处于相互重叠、相互交叉状态。而且,在现实批判和现实超越性意识中,乌托邦意识并不归结为某一种,这一点可从希望哲学的存在论基础特征中清楚地加以把握。因此,在考察希望哲学的存在论侧面时,我们有必要深入探究预先推定意识中的主客观关系的底蕴。

在代表作《希望的原理》(1959)中,布洛赫这样追问人的生存境

---

① E. 布洛赫:《希望的原理》,第2页。

况:"我们是谁?我们来自何处,我们走向何方?我们期待什么,什么东西在迎接我们?"① 在最后一部著作《世界的实验》(1972)中,布洛赫同样表达了类似的思想:"我们存在,但我们并不持有我们自身,因此,我们永远也不知道我们是什么。"② 由此出发,他进一步追问:"我是我自身吗?"他的回答是:"我不是我自身,而是某物。"那么,这个某物又是什么?这个某物标示自我(Ich)所特有的意识行为结构,对此,布洛赫用"现在和在此"(Jetzt und Hier)加以命名。

作为自我的意识行为结构,"现在和在此"标明人的时间定向和空间方位,即"此时此地",从而构成全部认识论的起点。正是在"现在和在此"中,通过内在骚动、搏动、挣扎、"寂静的发酵"等,自我感受到某些激越难耐的渴望(Drang),例如动力、阻力、活动、周遭等。尽管我们并不能详尽地规定这些渴望的本质,但我们知道,它们与身体(Leib)是联系在一起的,因为"人不是为活而活,而是因为他活着才活"③。

渴望首先表现为"谋求"(Streben),这一谋求尚不明确自身的目标,它仅仅被自我感受为某种"渴念"(Sehen)。在空虚中,这一谋求如坠五里雾中,跌跌撞撞,东奔西跑,找不到出口,不晓得如何减轻痛苦。但是,在外部领域里,一旦出现某一模糊的目标,这种谋求旋即变成某种寻求中的渴望、渴念。换言之,在外部领域里,一旦某一目标具体化,自我就与特定的"冲动"(Trieb)发生关系。

自我感受到的冲动即是各种"情绪"(Affekte),这些情绪一旦到达外部领域里的特定目标,它们就得到暂时的满足和片刻的安宁。布洛赫把指向具体的外部目标并得到具体的满足的冲动称作"追求"(Begehren)或"热望"(Begierden)。追求或热望是冲动所固有的。人能够支配可能性,能够想象各种更美好的目标,并且通过"愿望"(Wünschen)来实现这些目标。这个愿望是"意志"(Willen)的前哨,只要在愿望中看出自身的目标,这个意志就可以被理解为趋向行为的意志、趋向实现的意志。在此,愿望是被动的,它自身并不包含任何活动、积极性、行为等因素,甚至愿望自身的表达方式也是被动的、不可实现的。与此相反,意志是积

---

① E. 布洛赫:《希望的原理》,第1页。
② E. 布洛赫:《世界的实验》,法兰克福/美因,苏尔卡姆普出版社1975年版,第12页。
③ E. 布洛赫:《希望的原理》,第49页。

极的、活动的，甚至能够通过愿望来设定外部领域的目标，并用现实的条件来衡量外部领域。

概言之，自我的意识行为结构是"现在和在此"。作为"某物"，自我是具有渴望的某物，在心理层面上，自我的渴望具体展现为谋求、追求等情绪衍生物。其中，谋求与单纯的渴念相对照；追求与目标明确的愿望和意志相对照。因此，自我的意识行为是建立在生物体的身体性基础之上的，即这种行为不能脱离人自身的身体而存在。人的活动领域首先是自身的身体，对于自身的物质体验不仅是其他日常持久体验的基础，也是所有短暂的、超越的体验的基础。这是因为人首先是一个物质生物，而所有后来发展起来的"精神功能"仅仅是人的物质本性的功能而已。一方面，人通过身体"活力"（Kraft）组织全部意识行为；另一方面，人通过"基本冲动"（Grundtrieb）奠定全部身体活动。

根据布洛赫的人类学观点，人类真正的基本冲动是"自我保存的冲动"（Selbsterhaltungstrieb），而在自我保存的冲动中，只有"饥饿"（Hunger）才是最可信赖的冲动，因为饥饿是建立在"经济利益"，亦即"身体的经济利益"基础上的。尽管饥饿不是人的唯一冲动，但它具有压倒一切的决定性力量，它直接地与自身的载体结合在一起。

"饥饿的扩大"不仅意味着直接的冲动，而且意味着冲动的满足，即情绪。一切情绪都受到心脏的特殊影响。心脏使情绪充溢特殊的"心理之血"（psychisches Blut）。因此，在情绪锁定的具体对象进入外部领域之前，情绪就已具有可生存的某种内部温度。情绪的基本特征是高度的"非及物性"（Intransivität），从而情绪的强度主要不是来自外部领域中既定对象的冲动，而是来自自身内部的能动的冲动，这一点尤其表现在情绪自身所指的特殊意向性中。情绪作为某种紧张状态而存在，正是从这种紧张状态中，产生了人的初始追求和冲动。饥饿主要是在自身中"到处翻寻的"情绪，同样，作为最能动的意向，所有情绪主要是在自身中发酵的"自我状态"（Selbstzustände）的情绪。

S. 克尔凯郭尔（Soren Aabye Kierkegaard，1813—1855）把"心情"（Gemüt）理解为"自身生存的理解"，与此相对照，布洛赫把"心情"理解为自身生存的"原始状态"，因为在心情中，对情绪领域的知性反思成为自我认识的必要条件，从而为以后的自我认识做准备。由此出发，布洛赫把冲动意向的"可实现性"（Appetitus）当作整理各种情绪的标准。

根据这一标准，布洛赫首先区分了"充满了的情绪"（Gefüllte Affekte）与"期待的情绪"（Erwartungsaffekte）。所谓"充满了的情绪"是指其对象业已存在，即使个人可望而不可即，它也至少存在于"手头"世界中，例如妒忌、贪婪、崇敬等。与此相对照，所谓"期待的情绪"是指其对象不仅个人不可企及，而且也不存在于"手头"世界中，例如害怕、希望、信仰等。

作为意向活动，情绪的能动性大都与时间有关，但是，充满了的情绪与期待的情绪在其意向内容和对象上具有显著差异。前者仅仅拥有有限的未来，就是说，在其对象中并不发生任何新东西，与此不同，后者则拥有真正的未来，尽管这种未来尚未存在，其对象也尚未在场。与充满了的情绪相比，期待的情绪对事实性的时间视域是完全开放的，因为这种情绪具有无可比拟的、高强度的预先推定（Antizipation）。尽管期待的情绪有时也包含虚假的未来，甚至也指向陈腐的、众所周知的存在对象，但这种情绪的重要形态，例如"白日梦"总是朝向时间视域走来。

进言之，期待的情绪又划分为两类：肯定的期待情绪与否定的期待情绪。肯定的期待情绪只有两种：希望（Hoffnung）和确信（Zuversicht）。"希望使害怕化为乌有，确信使人坚定地应对绝望。"[1] 否定的期待情绪则包括害怕（Furcht）、痛苦（Leiden）、压抑（Unterdruckung）、奴役（Sklaverei）等等。在此，布洛赫把希望提高为人类学的基本原理和范畴，把希望视为最人性的情绪和最辽阔、最明亮的发展视域。[2]

在期待领域里，特别是在希望领域里，人们酝酿、拟定计划，以便平息那永不满足、永远变换不息的饥饿。人抗议不满足，期待更好的东西，从而把饥饿变成一种爆炸性的力量，用以摧毁匮乏的"监牢"。饥饿这一匮乏（Entbehrung）意味着渴念和探求，意味着思维和行动。于是，人的"自我保存的冲动"就过渡到"自我扩大的冲动"，个人存在就过渡到社会存在。人从事劳动，投身革命，废除被压迫、被奴役的社会关系，把一个更美好生活的梦变成现实。

广义上，人的每一项活动都旨在满足饥饿，消除匮乏，但是，人的每一项活动都受到以想象力为基础的引导。马克思曾写道："蜜蜂建筑蜂房

---

[1] E. 布洛赫：《希望的原理》，第 126 页。

[2] 同上书，第 83—84 页。

的本领使人间的许多建筑师感到惭愧。但是,最蹩脚的建筑师从一开始就比最灵巧的蜜蜂高明的地方,是他在用蜂蜡建筑蜂房以前,已经在自己的头脑中把它建成了。劳动过程结束时得到的结果,在这个过程开始时就已经在劳动者的表象中存在着,即已经观念地存在着。"① 据此,布洛赫得出下述结论说:

> 在生命的一切领域里,一个建筑工人在了解自身的计划之前,他必定在内心中计划好了计划本身。在实现自己的计划之前,他预先推定杰出的、决定性的、激励性的某种向前的梦。②

但是,在此,布洛赫明确区分了夜梦(Nachtträume)与白日梦(Tagträume)。在夜梦方面,他原则上接受弗洛伊德(Sigmund Freud, 1856—1939)的梦的理论。根据弗洛伊德的理论,他重申:夜梦的主要功能在于满足被压抑的愿望,夜梦具有下述三种特点:第一,在夜梦中,清醒自我的审查功能受到削弱;第二,在夜梦中,被引诱的梦幻同化具有白日梦清醒状态的因素;第三,在夜梦中,由于梦的现实和实践目标,做梦者与外部世界的联系被阻断。按照布洛赫的理论,白日梦具有如下四种特点:第一,在做梦者那里,依然保持着自我;第二,做梦者具有引导自身幻想的能力;第三,白日梦的主要倾向是改造现存的世界;第四,在白日梦中,幻想被坚持到底,直到超越客观情况而远远伸展到未来。

作为一种"向前的梦",作为最强烈地指向未来的意识,白日梦是一种预先推定的"演习领域",标志着人的最重要的首创性和能动性(Aktivität)。白日梦预先获取并提高与人相关的未来视域。社会乌托邦乃至美好的乌托邦、甚至被神化的愿望也都仅仅在白日梦中才有固定的住处,因为乌托邦的革命旨趣首先需要"白日梦"这一改造世界的知识:

> "这个世界多么丑恶,怎样才能改天换地,使这个世界变得更美好?"但是,这一点并不取决于死守科学的启发式方法,而是仅仅取决于坚持恰当的白日梦,即在理论和实践领域里,坚持改造世界的白

---

① 马克思:《资本论》第一卷,人民出版社2004年版,第208页。
② E. 布洛赫:《希望的原理》,第85页。

日梦。①

白日梦，即向前的梦、清醒的梦、改造世界的梦，亦即马克思意义上的"一旦认识便能真正掌握的世界的幻想"。

人的能动性来自人的基本冲动，并且受制于人的基本冲动。因此，布洛赫根据对基本冲动的解释来把握精神分析理论。对弗洛伊德来说，性冲动（Geschlechtstrieb）是人的最主要的、最强烈的冲动，而后期弗洛伊德则提出了与性冲动相对称的死亡冲动（Todestrieb）。性冲动领域乃是意识所不可企及的本我（Es），所谓本我即"里比多"（Libido），这是弗洛伊德借以构筑精神分析理论的第一个心理层面；第二个层面是自我（Ich），所谓自我是"现实化的本能"，其基本功能是调解认识和关系；第三个层面是超我（Über-Ich），所谓"超我"是道德化的自我，它包括通常所说的"良心""自我理想"两个方面。

弗洛伊德认为，"全部精神分析都建立在性冲动与自我之间的严格区分上。"自我是冲动的检察官，当这种冲动与价值体系取向的道德要求不相符合时，它就受到全面压制直至被压抑到无意识层面上，在神经症患者那里，这种被压抑的冲动成为神经症紧张和情结的根源。精神分析的任务在于，让神经症患者意识到自身病痛的被压抑根源，揭穿被压抑愿望的乔装打扮，使症状的无意识愿望变成有意识的愿望，从而消除症状。

在此，精神分析的主要方法是梦的分析，因为在梦中，自我沉沉入睡，未曾意识到的性欲愿望便得到尽情满足。此外，对艺术作品的分析也是精神分析的一个重要方法，因为按照弗洛伊德的分析，艺术作品是幻想领域里未满足的性冲动的升华。精神分析的本质特征是回溯过去，从中发现沉潜于无意识中的性冲动事件，例如儿童期的性创伤。这样看来，无论神经症情结中的消极压抑，还是艺术作品中的积极升华，归根结底都渊源于未被满足的性冲动。因此，在布洛赫看来，精神分析的基本构成要素是某种"退行"的东西，即过去的东西：

> 精神分析的无意识从来都不是尚未被意识到的东西、某种进步的要素，而是由退行组成的东西。与此相应，这种无意识的意识化标明

---

① E. 布洛赫：《希望的原理》，第106页。

是某种过去的东西，这就是说，在弗洛伊德的无意识中并没有任何新东西。①

弗洛伊德的弟子阿德勒（Alfred Adler，1870—1937）创立了所谓的"个体心理学"。他把"权力意志"（Wille zur Macht）视为人的基本冲动，他认为人的本性就是"统治和征服"。据此，他把包括性欲在内的一切生活内容都从属于权力意志，把一切生活意义都转译成赢得权力，进而把权力看成是个体自身成就的曲线。他甚至把母系到父系的家庭关系变迁确认为个体方面的胜利。按照他的个体心理学理论，"自负""虚荣心""男性抗议"等都是权力冲动借以表现的情绪。但是，就像伤口上的肿胀的皮肤一样，仿佛这是针对未来身体伤害的一种保护性预防措施。例如，在两只肾脏中，如果有一只受损，那么另一只就发挥双倍的功能，从而心灵的自卑感就从自我那里得到过度补偿。这种补偿部分地通过伪装和虚构来进行，于是在阿德勒那里，权力意志就成为"假象意志"（Wille zum Schein）。

阿德勒从里比多中驱逐了"性"，并用个体权力取而代之，从而他的冲动概念通向了自叔本华到尼采的那条越发鲜明的资本主义道路，并且这一概念规定还从意识形态和精神分析学视角反映了这条道路。有鉴于此，布洛赫把弗洛伊德到阿德勒的发展路线刻画为"商人的炎热白天掩盖了生活人及其里比多的炎热黑天"②。

弗洛伊德的另一个弟子荣格（Carl Gustav Jung，1875—1961）别出心裁，把"陶醉冲动"（Rauschtrieb）置于基本冲动的首位。对于他来说，里比多是"一切基本冲动的原始单位"。从饮食享受到圣餐仪式，从萨满教的冒泡的嘴到弗拉·安吉利科的狂喜陶醉，到处都能找到里比多的踪影。但是，与弗洛伊德不同，荣格不想借助于意识来扬弃无意识，恰恰相反，他致力于将里比多及其无意识内容完全还原为史前时代的东西。按照他的观点，在无意识中仅仅居住着氏族史的原始回忆和想象，荣格把这种回忆和想象虚假地命名为"原型"（Archytypen）。他认为，现代人的所有愿望图像都渊源于几百万年前的"洪积世"的漫漫长夜里，因此现代人

---

① E. 布洛赫：《希望的原理》，第61页。
② 同上书，第64页。

必须回溯现代与古代的关系，回忆和追寻所谓史前时代被遗忘的原始"记忆痕迹"。荣格竟然把太古之"夜"渲染得如此五彩缤纷，熠熠生辉，以至于在它面前，人的意识黯然失色，自叹弗如。作为"光的蔑视者"，荣格极力贬低人的意识。

荣格认为，现代人即有意识的人的神经症渊源于遥远的太古时代。在现代社会的强制化作用下，个体人格的形成仅仅是表面现象，披上了一层纯粹的假面具。在个体人格中，最重要的是生命的压制（Druck），而这种压制来源于深远的、富于魔力的远古的地层，即源于"洪积世"（Diluvium）。因此，他根据德国生物学家 R. 塞蒙（Richard Semon，1859—1918）的"记忆痕迹"（Engramme）概念，要求个体转向"集体性"（Kollektivität）这一原始开端，通过民族共同体和"心理综合学"（Psychonsythese），自觉地退行（Regression）到远古的集体无意识之中，以恢复对生物体质料的记忆想象。因此，荣格的精神分析不是前进到白天的日光中，而是一再后退到史前历史的黑夜里。

布洛赫一针见血地指出："荣格的心理综合学逃避当下，憎恨未来，寻求原始时代。这与词源学上所意味的东西一样，即与过去的神秘结合（reli-gio）。在极度兴奋的萨满巫师的嘴与艾克哈特大师的宗教神秘主义之间，似乎并无任何本质区别。当然，萨满巫师更好；因为不言而喻，最粗野的迷信比启蒙运动更占优势；因为荣格的集体无意识在女巫妄想中比在纯粹理性中流出更浓的血。"①

归纳起来，布洛赫对精神分析基本冲动概念的批判聚焦于以下几点：

1. 精神分析把冲动理解为独立于身体的东西，进而把冲动神秘化、绝对化。

2. 精神分析把冲动视为永恒不变的价值，从而忽视了冲动的经济社会制约性乃至民族制约性。

3. 精神分析缺乏社会学的分析，即没有根据阶级条件区别冲动及其意向性。②

---

① E. 布洛赫：《希望的原理》，第 67 页。
② E. 布洛赫：《希望的原理》，第 55—71 页。

据此，布洛赫特别在下述双重意义上，把弗洛伊德、阿德勒、荣格的精神分析理论视为一种反动理论。

第一，在理论上，这三种精神分析理论都阻塞了人的精神生活的进步空间。布洛赫称赞弗洛伊德把人的"精神现实"理解为一个不断运动、不断变化的过程，这一观点展示了新的"精神活动场所"，从而率先给19世纪中叶以来的西方经验主义的思维方式打开了一个缺口。但是，他认为，弗洛伊德的精神分析用"退行"概念来解释梦和幻想，完全背离了"乌托邦意识"和"预先推定意识"，陷入了"主观考古学的"泥沼。① 布洛赫并不否认"性冲动"是人的基本冲动之一，但是他强调指出，绝不能脱离生存及其经济条件来谈论性冲动。因为人类的性冲动既是他的遗传和生理结构的产物，也是他的生存环境的内外因素的产物。在弗洛伊德那里，无意识是可控制的东西，而且只要它是从个人角度获得的某种东西，那么它就局限在个人周围。与此相对照，荣格则向无意识致敬，千方百计地把它驱赶到黑暗之中，并使其完全定居在古代集体之中。此外，针对一切观察到的东西，例如"雾、神功、禁忌等到处摇晃的生命力"等，他都采取了无限制的宽容态度。

第二，在实践上，布洛赫把精神分析理论视为资本主义利益层面上的理论。例如，弗洛伊德的精神分析借助于源于市民阶层的"患者资料"发展起来；阿德勒的个体心理学则借助于"权力意志"径直为资本主义提供了尔虞我诈、飞黄腾达的个性范例；荣格的心理综合学则借助于"集体无意识"催生了"法西斯主义的幻术"和"神秘主义的奶瓶"。

总之，在弗洛伊德、阿德勒，特别是在荣格那里，人的基本冲动根本没有作为"经济社会条件的变数"来加以讨论。最重要的是，精神分析学家的所谓"基本冲动"并非严格意义上的基本冲动，而是局部的、片面的冲动。精神分析学家的所谓各种冲动并不能决定性地说明"饥饿"这一人的基本冲动。"饥饿乃是精神分析学到处加以省略的基本冲动。然而，作为求生的朴素冲动，'饥饿冲动'先于精神分析的所谓冲动。饥饿冲动是自我保存的冲动，在一切变化无常的冲动中，也许只有这种冲动才是人的最基本的冲动，因为只有这种冲动才使其他冲动开始进行工作。"②

---

① 梦海：《布洛赫著作中的精神分析批判》，载《江苏行政学院学报》2003年第4期。
② E. 布洛赫：《希望的原理》，第71页。

理由很简单，一旦一个人不摄取营养，他就会很快丧生。相比之下，人即使没有爱情和"性享受"至少也能活过一会。特别是，即使不满足于"权力冲动"，我们也能生活下去。尤其是，即使不返回到所谓50万年前祖先们的"无意识"中，我们也不会死亡。正是由于这个缘故，布洛赫从人类学角度揭示了"饥饿"这一人的最根本的内在冲动，并以百科全书式的泛文化观点阐明了人类的希望图像。

根据布洛赫的情绪学说，"饥饿"是人的最基本的"自我保存冲动"，人的预先推定能力、充满幻想的想象能力都是建立在"饥饿"基础上的。人活着、思考着、行动着，这本身就是一种贫困。这贫困即是饥饿，即是憧憬和探求。作为"否"（Nicht）的贫困驱使人们劳动，驱使人们祈祷。因此，在人类学结构上，人是存在之内的"否一般"（das Nicht überhaupt），即匮乏存在或非存在。但是，这时的非存在并不是"无"（Nichts），而是可被扬弃为存在的那个存在之内的"否"，是尚未的存在。因此，布洛赫不是把"否"看作某种一成不变的终极物，而是看作一种从"无"通向"全有"（Alles）的"尚未"（Noch-Nicht）。人是一种尚未的匮乏存在（Mangel Wesen），在人类学意义上，正是这种"否一般"使人意识到自身的贫困和冲动，使人超越自身单纯的事实存在，向他人、向世界开放。

所谓"预先推定的意识"（das antizipierende Bewusstsein）是指"白日梦"，是指"向新事物前进的黎明"，它有助于人们发现"尚未被意识到的东西"（das Noch-Nicht-Bewusste）和"尚未形成的东西"（Noch-Nicht-Gewordene）。作为一种指向未来的意识，这一预先推定的意识是建立在"尚未存在的存在论"（die Ontologie des Noch-Nicht-Seins）[①] 基础上的。因此，布洛赫把预先推定的意识宣布为"我们的力量以及诸如此类的命运"。确信和希望是预先推定的一对最重要的类型。在所有人的情绪中，希望是最人性的、最卓越的（pax exellence）情绪。在最基本的类似冲动的萌芽中，希望已经是超出单纯的类冲动的东西，它已经吸收了充满幻想的想象能力以及思想上的预先推定能力。人活着，也就希望着，想象的人（homo imaginosus）也就是希望中的人（homo sperans）。作为人类学范畴的希望最清楚地表达了走向人类更美好未来的意图，因为在希望中包

[①] E. 布洛赫：《图宾根哲学导论》，法兰克福/美因，苏尔卡姆普出版社1970年版，第210—310页。

含着朝着"尚未存在的东西"的方向上人的积极因素、人的行动。

预先推定并不意味着静观,更不意味着消极地等待某种东西,相反,强大的推动其实来自希望。在希望中,人成为"人之为人",世界成为"世界之为人"的家乡。因此,预先推定的意识旨在实现人的理想,旨在改造社会并把一个更美好世界的梦想变成现实,即实现马克思意义上的"人的自然化和自然的人化"。对此,布洛赫写道:

> 预先推定是青年人的状况、转折时期的状况和创造性的状况,其中造就着迄今未曾有过但却应该出现的新事物,因为这一点变得可能的了。一种是尚未被意识到的东西,与此相适应的是在客观方面尚未形成的东西,二者都属于可能性之列。而这种可能性的基础是能动的人,是处在可能性之中的人,也就是尚未成为自身合适内容的世界基本质料。[①]

清醒梦想、希望和预先推定与社会劳动、概念构成和意识构成一道奠基我们人类学特性的基础,从而一同形成历史唯物主义的基本范畴。因此,E. 曼德尔强调,"梦—希望—预先推定"不仅是恩斯特·布洛赫对历史唯物主义范畴的创造性贡献,也是他对马克思主义的范畴乃至革命的现实政治范畴的创造性贡献。[②]

第四节 尚未存在的存在论:无—尚未—全有

布洛赫的希望哲学是一门博大的哲学人类学和世界形态的新的形而上学。如上所见,布洛赫希望哲学的"希望"(Hoffnung)概念具有两层含义:一方面,希望是人的意识中的乌托邦功能;另一方面,希望是人的意识的客观关联功能,即尚未形成的事物的先现。作为"已知的希望"(docta spes),希望指明一种具体的未来关系。那么,奠定这种具体的未

---

① E. 布洛赫:《趋势—潜势—乌托邦》,法兰克福/美因,苏尔卡姆普出版社 1978 年版,第 281 页。

② E. 曼德尔:《作为历史唯物主义范畴的预先推定和希望——恩斯特·布洛赫对历史唯物主义的创造性贡献》,《现代哲学》2009 年第 2 期。

来关系的根据是什么？在众多哲学著述中，布洛赫都提出和阐明了希望哲学的"形而上学"根据，他称之为"尚未存在的存在论"（die Ontologie des Noch-Nicht-Seins）。

在布洛赫看来，自然界和人类历史的长远目标是建立在劳动基础之上的"自然的人化和人的自然化"，"无—尚未—全有"这一公式恰恰揭示了自然界和人类历史是一个从无到有的内在目的论过程。布洛赫希望哲学的存在论是"尚未存在的存在论"，这是完全不同于传统形而上学存在论的一种新的世界形态的存在论。传统形而上学存在论是一种业已完成了的东西的存在论，而尚未存在的存在论是尚未存在的东西的存在论。尚未存在的存在论的功能在于，一方面，预先推定"尚未被意识到的东西"；另一方面，预先推定"尚未完成的东西"。

布洛赫把尚未存在的疑难（Aporien des Noch-Nicht-Sein）喻作一种渐渐地、充分地明亮起来的全部现实问题的灌木丛，其必不可少的澄明公式是：S还不是P（主词还不是宾词）。当布洛赫使用主词（Subjekt）和宾词（Praedikat）概念时，首先把二者分离开来，然后再把它们中介起来。但是，在他那里，主词与宾词的分离仅仅是方法论层面上的，在逻辑—存在论层面上，二者仍处于不可分割的联系之中。因此，原则上我们不可把二者机械地割裂开来，或者非此即彼地把某一要素加以孤立化。尽管二者的方法论分离有助于尽可能地澄清个别规定，但就问题本身而言，这种分类也许是不适当的。

布洛赫对主词（Subjekt）的界定旋即导致规定哲学思维的核心取向，使得主词概念一分为三，并以三种形态反映在语言表述中：作为个人（Individuum）的主体、作为社会（Gesellschaft）的主体和作为自然（Natur）的主体。这三种主词规定构成一个统一体。

布洛赫运用的个体主词首先指称乌托邦的主词，即指称旨在"超越界限的典范"[①]。因此，他对那些典范的人，例如艺术家和科学家抱有浓厚兴趣，认为这些人站在历史的前卫，渴望向前推进新事物。与此相对照，在普通人那里，布洛赫发现了一种被扭曲的或堕落的主词形象。在他看来，个别的人是一般的、共同的、潜在的宾词的载体，而这个宾词则透

---

① E. 布洛赫：《希望的原理》，法兰克福/美因，苏尔卡姆普出版社1959年版，第1175页。

过所有特殊性而意指更多的东西,即本身唯有从普通概念出发才得以解释的东西:

> 在任何时候人都缺少自我,那是不可想象的。每一个个别的人在自身范围内并不都是十分软弱或无足轻重的。在自身稳固的基础上,愿望酷似直路。在每一个人之中,通常都拥有某种被挫败的意愿,但是每一个人既不依赖于自身所想望的东西,也不依附于自身所想望的东西。①

那么,个人中的共同因素是什么?对此,布洛赫指出:"创造性的主体恰恰代表着普遍意义上的规范因素,然而他的魔力并不是个人生命的压制,而是事物本身的暴力和尚未同一的、假设性的崇高;在标志和象征中,他的自我表达不仅表明为距离,而且表明为最深刻的主体。即使是精神上典范的人也仅仅代表某种部分地恰当的、某种象征性地典范的东西,但这东西本身却体现了尚在遮蔽中的内在人的同一性。"② 简言之,个人的共同因素体现在创造主体的规范因素中,而这种规范因素代表着"尚未的"同一性。

由于强调主体的普遍因素,即在个体中或多或少明确地具体化的共同因素,布洛赫的主词规定就渐渐过渡到第二主体,即社会主体。社会主体首先表现为一个活动场所,在此场所中,诸个体表现出某种无可逃避、纠缠不清的关系。"我充满疑虑,重新归于单纯的自我。我会可怜又可怕地成为一种单纯的共性。今天,这种绝对有效的自我存在源自企业主。但是,这种赤裸裸的、空洞的自我也是非一自我,就像黑夜长长的计量器所显示的一样。作为发狂的自我,这种自我对企业主是适用的。因此,集体本身能够独立于单个的人,超越和摆脱个人,但绝不是与个人相争而从中得利。"③

乍听起来,这段话简直令人一头雾水,不知所云。那么,布洛赫为什

---

① E. 布洛赫:《希望的原理》,第 1134 页。
② E. 布洛赫:《客观幻想:哲学论文集》,法兰克福/美因,苏尔卡姆普出版社 1969 年版,第 209 页。
③ E. 布洛赫:《希望的原理》,第 286 页。

么用这种近乎混乱的术语来标明单个的人的归属呢？究其原因，在他那里，集体与个体是一个聚合体，其组成部分相互交织、相互重叠在一起，正是这种交织重叠使得二者在概念上纠缠不清，以至于"你中有我，我中有你"。因此，在不同场合下，他将主体术语一词多用，既用来刻画单个的人，又用来刻画集体。在这一语境下，他有意识地刻画了主体因素所特有的典型方面，即可变性：

> 主体因素具有……不可完结的、面向事物的潜能，主体潜能不仅与生成中的事物相吻合，也与历史中现实化的事物相吻合。人们越是意识到自身是历史的创造者，就越是变得与历史相吻合。①

然而，在自然与社会的统一中，传统马克思主义哲学把社会视为历史的唯一主体，进而把存在论的优先权全盘归诸社会。其结果，自浪漫主义时代以来的自然主体就被搁置一旁，无人问津。为此，布洛赫努力追溯自亚里士多德、巴拉塞尔士、伯麦、斯宾诺莎、谢林以来的全部自然科学传统，从而重新刻画了自然主体概念。对他来说，自然是自然辩证法的发动机，是发展的原始动因。自然不仅基于人的历史，也基于其自身过程，即借助暗码、象征和比喻来标明通向隐匿目标的道路：

> 尽管劳动着的人是经验—有机体存在，他首先表现为经验—社会存在，然而，甚至无可置疑的人类历史主体也不是业已实现的现存的主体。因此，作为假设性地刻画的自然—主体就更是［发展的］资质和潜势了；因为自然中的动力学主体概念乃是最后的同一现象的主管当局，即表明一般实在中尚未显现的事实—动机（最内在的物质动因）。②

应该说，重新发现自然主体，以此重构自然—人—社会的统一体，这是布洛赫哲学的创造性贡献。对此，M. 瓦尔泽意味深长地写道："他（布洛赫）怀念正在消逝的质的自然概念，想望物质的法则，渴望其现实

---

① E. 布洛赫：《希望的原理》，第286页。
② 同上书，第786页。

化的信仰。他憎恶那种为人们相对地意识到的法则,因为这种法则本身仅仅作为惯例、命名来理解自然,仅仅论及自然的各种联系和静力学的盖然性。然而,他超越马克思的地方在于,他渴望自然主体,他想把自然主体看作是与人中介的主体;必须克服资产阶级驯兽师的观点(席勒之钟),必须发现能生的自然,必须从抽象的相对法则中解救出创造性的物质,而且为了共同生产性也要使其得到解放。当然,'自然的主体'包裹在一种伟大的匿名之中,这就像理应与这种自然主体相中介的人的本真所望之核包裹在一种伟大的匿名之中一样。"①

布洛赫也把自然用作物质(Materie)的同义词。他的自然哲学概念就是把自然当作特有的主体揭示出来。事实上,早在人的历史发生之前,自然主体的历史就已经承载典范的建筑物与建筑乌托邦意向,而人的历史只不过是自然史发展中的一个质的崭新阶段而已。由于此,自然主体不仅是他的著作《唯物主义问题》的主题,也是其他著作的主题。恰恰借助于自然主体,他论证了物质概念,也论证了无神论观点。在《唯物主义问题》一书中,他把自然规定为主体,而把人规定为这一主体的实质(Substanz):

> 物质是某种实质的母腹,即自我分娩的母腹。这就是说,物质是发达的、明晰的和富于能力的母腹。这个酝酿着的母腹正是物质之中的主体,而在物质中形成的花朵和果实(在黑暗而艰难的、多次落空的过程之途上)乃是这一主体的实质。②

值得注意的是,在这段黑格尔式的晦涩语言中,布洛赫诗意地揭示了不同主体的规定之间的关系问题:物质中形成的这个花朵和果实的图像恰恰暗示其物质动因的充足规定,即人是自然的一部分,也就是说,他完全受自然发展的制约。不过,在自然与人的关系中,布洛赫并不否认人是有意识的、积极的和现实化的主体,否则,他在《唯物主义问题》一书的

---

① M. 瓦尔泽等:《关于恩斯特·布洛赫》,法兰克福/美因,苏尔卡姆普出版社1965年版,第11页。

② E. 布洛赫:《唯物主义问题,它的历史和实质》,法兰克福/美因,苏尔卡姆普出版社1972年版,第375页。

封面上就不会写上如下关于"新唯物主义"的宣言:"新唯物主义也许不仅仅是把人作为问题,把世界作为尚在期待中的答案来理解,而是首先把世界作为问题,把人作为尚在期待中的答案来理解。"在这段话中,不仅包含了关于人的自由和自决,而且也暗示了人的自由和自决并非早已实现,而是有待实现,因此,只有借助 S 与 P 之间的中介因素,人才能成为有意义的主体。

总之,在布洛赫的主体规定中,自然主体占有重要地位,因为自然具有时间和意义方面的优先性。物质构成人类历史的基础,而且在一定意义上领先于人类历史:

> 世界作为过程乃是一个实验,这个实验旨在解决始终且到处驱动着的起源问题。如上所述,这个未解决的问题被标明为处于生存事实之中的世界之结;这样,世界就在自身直接的此—在中重新创造每一个瞬间,而且这种持续不断的创造同样显现为世界之保存,即世界过程。开端起点和起点逐点,起源和世界根据意味着世界过程恰恰位于尚未凸显的、原地不动的那个现在和在此之中。从严格意义上讲,这个起源本身尚未产生,尚未从世界过程中产生出来。①

在此,布洛赫把人的主体进一步转换成人的使命,以此来探讨起源(Ursprung)这一物质过程的匿名,但是在他看来这一匿名本身却是尚未知晓的自然的本质。与此相对照,主体作为个体的主体和作为社会的主体位于内在于人本身又外在于人的隐匿的生存之核中。于是,他的主体概念便获得了马克思自由王国意义上的公式:"人化的自然和自然化的人。"这个自由王国的公式意味着在理论和实践两方面均得到中介的 P。

世界过程及其起源问题把我们自然而然地引向对"宾词"的描述。首先,让我们关注一下布洛赫是怎样看待这个宾词的。对此,我们可从某种否定的意义形式中,获得一种肯定的答复:"在每一个迄今为止的规定中,否(Nicht)都把某物显现为不安宁的否定,因而这某物意味着:这

---

① E. 布洛赫:《希望的原理》,第 358 页。

个宾词并不是自身主词的最终的恰当规定。"①

宾词仿佛是自身主词的最终的规定，但事实并非如此。因为这个宾词在其三种规定中尚在酝酿着，在黑暗中驱动着，因而主词的真正规定还一直缺席着：S 还不是 P。换言之，用宾词尺度衡量当下尺度显然是不真实的，因为，这个真实与主词还不一致。那么，在肯定的意义上，P 是什么？对此，布洛赫并没有给出一个统一的回答，特别是早期著作中的 P 与后期著作中的 P 有重大区别。在《乌托邦的精神》（1918/1923）中，布洛赫受到表现主义运动的鼓舞，热情呼唤新人、新世界，焦急地期待世界末日的逼近，企盼弥赛亚王国的破晓。世界危在旦夕，千钧一发。但是，在他那里，"世界的紧要关头绝不意味着这个世界连同其书籍、教堂、体系的不可避免的终结。"②

显然，他的早期著作表明，他不是把主体概念与自然相提并论，而是把它与上帝，即终极的、真正的、未知的、超越诸神的上帝相提并论。这个上帝是我们一切秘密的揭露（Enthuellung），现在他还"活着"，尽管他没有被"加冕"，没有被"客体化"；正像弥赛亚的拉比所言，他在"哭泣"，他到底在做什么，这个问题既无法"显现"，也无法摆脱；他就在我们一切的至深之处存在并活动着，即作为"我在，我将在"而存在并活动着；他就在我们每一个人的心中作为"被经历到的生存的黑暗"，作为自身相遇之前的黑暗，作为最终揭示自身真实面貌之前的黑暗，作为恢复那真实本质本身之前的黑暗而存在并活动着。

在同一时期的著作《作为革命神学家的托马斯·闵采尔》（1921）中，我们也能发现这种神学信念的痕迹。其中，布洛赫把宾词理解为"拯救"（Heil），他渴望这种拯救骤然而至。两个政治事件，即第一次世界大战和十月革命对这种拯救信念的形成起了决定性作用。

然而，在后期著作中，布洛赫的宾词概念表现出强烈的无神论特点。在《希望的原理》中，布洛赫的宗教末世论声调依然带有某种预言家的色彩，但他不再期待弥赛亚王国的日益逼近。尤其是，他的上帝概念发生了决定性的变化，他断然拒斥了其中不存在人的那个"上面"（Oben），

---

① E. 布洛赫：《乌托邦的精神》（1923），法兰克福/美因，苏尔卡姆普出版社 1969 年版，第 249 页。

② 同上。

提出了希望的宗教无神论命题:

> "上帝并不存在,但上帝将存在。"这个未来的上帝与未来的真正的人是相等的。在此意义上,耶稣基督是革命的典范。耶稣基督被指定为这个上面的人子,在其上帝的超人性中,耶稣基督恰恰在场为琐罗亚斯德和佛陀。耶稣基督不是指定为现存的人,而是指定为人的可能性的乌托邦,他为我们做出了捍卫人的本性、倡导末世论博爱的榜样。这个曾经是神秘的、外围的上帝变成了基于人的、人的理想的焦点,他们云集在他的名字之下。①

在他的后期著作中,他依然用缺席的宾词概念刻画末世(Eschaton)因素,亦即借以消除主客异化的末世因素。但是,在此,宾词概念的内涵业已发生了哥白尼式的转变,人最终成为如同上帝一样的历史的宾词:"你们将和上帝一样[Eritis sicut Deus]。"在后期著作《基督教中的无神论》(1968)中,他以最异端的方式对《圣经》予以无神论的解释。他的著名论断:"只有一个无神论者才能成为一个好的基督徒,只有一个基督徒才能成为一个好的无神论者"②,从"元宗教"(Meta-Religion)视角提出了宗教无神论设想,以此暗示了宗教的革命性人类学化,承诺了只有无神论者才能获得至善。

布洛赫并没有刻意描绘末世的终极状态和标志,而是仅仅指出了迈向至善的若干路标,他也称之为结局(Omega)、终极物(Ultimum)、同一性、王国、家乡等。尽管在具体的乌托邦方案中,他看到了这种目标的方向,但他并不知道这一目标本身,因为谁也没有拿到通向家乡的钥匙。新事物依然还是缺席着,未来还在遥远的异国他乡。因此,他拒绝任何一种界定尝试。

如上所述,在主词概念的描述中,布洛赫解析出三重规定,即作为自然的、作为社会的和作为个人的规定。对《希望的原理》等后期著作而言,这三位一体的规定不仅普遍适用,而且重新显现在宾词概念中。但

---

① E. 布洛赫:《希望的原理》,第 1487 页。
② E. 布洛赫:《基督教中的无神论》,法兰克福/美因,苏尔卡姆普出版社 1968 年版,第 15 页。

是，在此，上帝主体已转变为自然主体。

布洛赫用上帝宾词或自然宾词来标明在最终目标中显示的王国，亦即历史之末的末世。其实，一种启示录的、预言家的、无神论的态度几乎无异于想象，分歧仅仅在于其所期待的拯救到时的不同。在《乌托邦的精神》中，布洛赫写道：

> 在这毁灭性的深夜里，只有优秀的、沉思的、关键性的人才能把明天拉过来：在他那里，如果不纯洁的剩余物坚强有力，如果他把对弥赛亚的呼唤公之于众，那么他将会造成拯救之手，就会保证行将到来的恩宠，就会唤起生气勃勃的、充满恩典的安息日王国的力量，就会在胜利中立刻耗尽并克服野蛮的、撒旦式的、令人窒息的弥赛亚的激情。①

在《希望的原理》中，他的这种对"弥赛亚的呼唤和对恩宠的希望"已经消失殆尽；他转而寄希望于自然，把拯救的力量归因于自然主体。就像马克思在《经济学—哲学手稿》中所表明的一样，在他那里，自然业已复兴并成为一种明媚的"感性的自然"，从而自然主体不仅仅是一个认识论的假定，更是一个存在论的根据。

自20世纪30年代转向马克思主义以后，布洛赫大力倡导"复兴堕落的自然"，致力于研究人与自然的一种新的"协同关系"（Synergismus）。他确信，自然物质创造了人。那么，在漫无边际的无机物的传播之中，物质为什么恰巧形成了在质上崭新的东西呢？物质为什么能够形成一种新的合法可能性和新的人际关系，进而克服静力学的惰性发展，向动力学的动态发展突破呢？对此，布洛赫不是借助"上帝之手"，而是借助"物质—母腹"做出了回答。对他来说：

> 物质既是思辨地自我创造的物质，也是自身形态的母腹和未完成的地平线。②

---

① E. 布洛赫：《乌托邦的精神》（1923），第339页。
② E. 布洛赫：《希望的原理》，第469页。

物质是万物之母，作为创造的母腹（子宫），物质孕育一切、分娩一切，即形成了宇宙、人和人类历史。由此可见，物质的运动是一种向前的运动，但这种辩证的一贯性、现实的可能性同未知的诸条件错综复杂地纠缠在一起，这种联系如此抽象，宛如一种幻想。但是，令人称奇并拍案叫绝的是，在这种极其抽象、徒劳无益的幻想中，运动着的物质竟然走出迷宫，发现了自身发展的"前室"（Vorraum）和自身塑造的"铅版"（Stereotypie）：社会—历史的质。因此，物质不是一位"匆匆过客"，也不是一种"过眼烟云"（Vorbei），而是一种基质，是持续环绕全部人类历史的"地平线"（Horizont）。在物质这一汪洋大海中，自然总体表现出循环运动的"铅版浇铸术"，它浇铸了宇宙，浇铸了人，浇铸了人类社会和历史。这简直就是奇迹，那么何以可能呢？为此，布洛赫以巨大的理论勇气，向上回溯至亚里士多德、巴拉塞尔士、伯麦、谢林的著作，向下回溯至恩格斯的著作。

布洛赫关于社会和个人的宾词概念（Praedikatsbegriff）是与自然的预先推定的本性联系在一起的。人是迄今自然物质过程的最高阶段，是自然物质在地球上开出的最美的智慧之花。有鉴于此，布洛赫首先致力于揭示在中介暗码中显露出来的那个自然的质。这方面，需要一种社会形式："社会主义"（Sozialismus）。对于布洛赫来说，社会主义是一种新型的社会，它不仅使非异化的人与自然的关系成为可能，也使非异化的人与人的关系成为可能。在真正的社会主义中，在无阶级的社会中，布洛赫看见了通向自由王国（Reich der Freiheit）的最初阶段。这是一个崭新的阶段，其中不再存在任何时间性的"宾词"：

> 这个总体内容的来源不再由新事物范畴标明，而是由终极物范畴标明，而且恰恰在这个终极物方面终止重复性。然而，唯有通过对重复的终止，才能以诸如终极物一类的同一尺度描绘最终的、最高的新奇性，重复（在一切前进性的新事物中始终代表趋势目标）才一而再，再而三地提升为最终的、最高的、最根本的重复：同一性。就此而言，在终极物中，新奇性出于所有迄今为止的事物，凭借总体飞跃而径直凯旋，但是，这种飞跃乃是向终止的新奇性的飞跃，或者向同

一性的飞跃。①

从人类学层面上看，布洛赫对第三宾词的规定尤其值得注意。社会由个人组成，但个人又具有自然本性，因此，尚在期待中的自然主体的真理就完全能够渗透个人。一方面，在外在于人的自然中，自然主体以暗码、象征和比喻等形式显露其"真实特性"；另一方面，在瞬间黑暗的人的生存中，自然主体隐匿其"真实之核"，并且在预先推定意识的虚构中显露其本来面貌。对布洛赫来说，在"现在时间"（Jetzzeit）中存在着原始根据，即显示出不为一切事件所触动过的最初根据：

> 刚刚经历到的瞬间恰恰指明正在实现着的那个自身——非有。而且，恰恰是这个在实现中尚未到达的东西如此出类拔萃，使得此时此地实现了的东西相形见绌、黯然失色。因此，在其中隐藏着"否—尚未—把握此刻"（Nicht-Noch-nicht-Carpe diem）这一原则性的解决方案，但并不包括任何浪漫主义因素：业已实现的东西被装得满满的，而且很容易稍纵即逝，因为正在实现着的东西本身中存在某种尚未实现的东西。②

由于"尚未存在"的反映形式彰显了这一潜在之核，宾词规定也就达到了人的宾词规定：人不只是他所持有的东西。换言之，人多于自身，人犹如上帝。"宗教批判把宗教带回到人的愿望，然而这种还原最终把人带回到最大的、最根本的、永远都不会微不足道的愿望，因此所谓愿望本身无非是对人的本性的意向。这本性难免会遭到失败，而这种失败神话般地被设想为地狱，但是，愿望的无失败却神话般地被设想为上帝的形成。"③ 在早期著作中，布洛赫接受了瞬间黑暗这一神学—动机主题。在《乌托邦的精神》中，他把这个隐匿的本性与支配手套的手相比拟，把黑暗瞬间称作神的火花：

---

① E. 布洛赫：《希望的原理》，第 233 页。
② 同上书，第 221 页。
③ E. 布洛赫：《乌托邦的精神》（1923），第 361 页。

> 因此，我们，只有我们才能凭借进程承载其终末之火花。在时间中，瞬间黑暗一旦发动起来，就会受到各种各样的干扰和阻碍。从一开始，这个黑暗，这个随时都被意欲的东西就从未被揭示的那个当下昂首走出来。①

但是，在布洛赫的后期无神论概念框架中，瞬间黑暗（das Dunkel des Augenblickliches）得到了历史性的重新定位，从而包含了新的现实价值内容。

在布洛赫有关主体的描述中，自然、社会和个人这三个宾词规定三位一体，构成一个辩证的统一体。然而与这种重合的宾词规定形成鲜明对比的是，布洛赫也谈论失败（Scheitern）、虚无（Nichts）的可能性。但是，他把失败的部分性毁灭看作新东西的助产士。失败乃成功之母。"因此，正像寻求一切的某物一样，这个否（Nicht）在死亡和形成中同样与虚无发生某种关系。这就像一与全体有关一样。"但是，总体虚无同样威胁终极失败这一绝对否定的宾词："所以，最后就留下绝对虚无与绝对全有之间的转折性抉择：绝对虚无是被克服的乌托邦的失败；绝对全有——在自由王国的先现中——是被克服的乌托邦的实现，或者是如同乌托邦的存在。"②

如前所述，在方法论上，S与P这两种因素是分离的，有关的考察也是单独进行的，但现在有必要思考一下二者的统一与差异，从而进一步描述二者的中介性要素，以便恰当地克服S与P的人为的孤立性。事实上，S和P彼此并非处于一种外在的联系中，而是处在一种内在的联系中。在主词因素中，宾词规定早已被赋形，并以否定形式和肯定形式存在，即作为实现的瞬间的缺乏和显现而存在。

S与P的统一与差异构成布洛赫哲学的本质内容。不仅在他的主要著作《希望的原理》中，这一主题范围一目了然，在其他著作中，也同样包含了基于不同视点的基本思维的同一张力、同一紧迫。在宗教、艺术和哲学中，甚至在习以为常的梦中，布洛赫觉察到了内在性（Inwendigkeit）的外在显现。内外相互趋向、相互渗透：一方面，未完结的、人的主体的

---

① E. 布洛赫：《乌托邦的精神》（1923），第310页。
② E. 布洛赫：《希望的原理》，第364页。

显现是建立在酝酿着的自然主体的基础之上的；另一方面，在表现人的外在性（Auswendikeit）的过程中，自然主体的"质"得到鲜明的反映和塑造。

因此，S与P之间的差别不再存在于概念规定上，而是存在于人的主体的内在侧面与外在侧面之间。人的内在侧面涉及单个人的共同规定，即不仅涉及个人，也涉及社会。因此，如果没有个人与社会这两方面不可分离的主词规定，那么也就无法分清人的内外侧面。在此，两种观察角度都围绕主体—客体关系而展开。只有不断接触客体，扩大人与自然的接触面，人才能在一种天地人情的和谐氛围中得到全面发展，而且只有在不断改造社会的同时改造人自己，他才能实现主客合一，才能实验宾词。这宾词不在遥远处，而在瞬间黑暗中，在现在—时间中，它正在翘首企盼自身的解答是什么：

> 内在的东西能够外在化，同样，外在的东西也能够内在化。在这种情形下，这种内在—外在、外在—内在的东西在理论上是十分乌托邦式的，以至于它本身在乌托邦的可能性领域里，同样可以描述一种乌托邦的界限概念。①

哲学家的性格是他的守护神，哲学家的风格是他的武器。许多哲学家喜欢用格言和警句来标识自己哲学的基本特征，布洛赫更是别出心裁，他用最简练的公式表述了自身哲学的根本思想："S还不是P"（主词还不是宾词）。对此，他解释说："S还不是P，S的P尚未达到，主词的宾词是尚未得到解决的东西的替代物，亦即本质上尚未得到解决的什么代表着生存的事实。在此，有这么多是（Bin）和是（Ist），但它们都尚未持有自身。在此，这一是的全部序列一下子被浓缩为存在论的统一：否＝零点，尚未＝乌托邦，无或者全有＝实质。"②

不言而喻，按照形式逻辑，通常的逻辑判断是：S是P。这就是说，

---

① E. 布洛赫：《主体—客体：对黑格尔的解释》，法兰克福/美因，苏尔卡姆普出版社1962年版，第108页。
② E. 布洛赫：《图宾根哲学导论》，法兰克福/美因，苏尔卡姆普出版社1970年版，第219页。

一个静态的、固定的主词（S）总是为某一宾词（P）所有。例如，人（S）是善的（P）。不过，自黑格尔提出关于人和世界的发展观以后，这一古典逻辑就遭到了第一次挑战。布洛赫接受了黑格尔辩证逻辑意义上的发展观，但是他反对黑格尔将人和世界的发展加以纯粹目的论的解释，即每一个主体在其开初萌芽中就已经预设了后来的全部发展过程。

与黑格尔不同，布洛赫强调，发展是一个过程，主体即实体这个命题只是在发展过程中渐次形成的。照此推论，上述命题："人还不是善的"，意味着在人身上还看不到与其相称的人性。他指出，不仅在人身上尚未发现可能的人性，在整个世界（或自然）中也尚未发现其真正的本质。因此，新的形而上学与具体的乌托邦的统一就是马克思意义上的"自然的人化"（自然意图）和"人的自然化"（人的目的）。唯当人与自然和谐统一、共生共长时，才会出现形式逻辑意义上的"S 是 P"。这时人们才能说道："人是善的。"

在布洛赫那里，人是一个尚未完成的存在。用他的话来说，"我在。但是我并不拥有我自己。因此我们才处于形成过程之中。"① 于是，我们业已总是但却永远不能占有的那个"在"（Bin）重新成为布洛赫哲学创作的出发点。就我们的思维而言，"在"作为生存之在是某种神秘莫测的先行存在。因此，并非我思故我在，而是我在故我思。"在"是一种生生不息的冲动性存在，对此我们不能借助于"倒退性反思"使之固定化，而只能借助于"前反思性转向"使之上升为"预先推定意识"。

恰恰在这一"预先推定意识"中蕴含着对更美好生活的梦，即"希望的原理"。希望的原理是人的本质规定，其根据是人的内在的、不可剥夺的生存方式（Daseinsformen）。"希望是与期待相对应的情绪，希望反对恐惧和害怕，因此它是一切情感活动中最富于人性的情绪，它同时关涉到最辽阔、最明亮的未来视域。"② 只要人活着，他也就在希望着。因此，人类所具有的最重要的人类学核心特征是"希望"（Hoffnung）。

但是，布洛赫进一步认为，人的生存之"在"不是封闭的、自给自足的小宇宙，而是"世界过程"（Weltprozess）这一总体过程中的一个因素。就像人的历史一样，世界过程也充满着各种尚未完结的趋势和潜势。

---

① E. 布洛赫：《图宾根哲学导论》，第 13 页。
② E. 布洛赫：《希望的原理》，法兰克福/美因，苏尔卡姆普出版社 1959 年版，第 83 页。

自然界和人类历史的长远目标是建立在劳动基础上的"自然的人化和人的自然化"。S 还不是 P，进而言之，他用"无—尚未—全有"（das Nichts-das Noch-Nicht-das Alles）来表示这种从无到有的内在目的论过程。在自然界和人的统一中，人作为自然实体和自我意识的承担者，具有一种存在论的优先权。人、世界和物质自然的理念应该作为人与自然发展的既定目标和创造历史的最高标准。

众所周知，M. 海德格尔曾把整个西方形而上学的存在论讽刺为一种"无根的存在论"，为了扭转形而上学的任务，道出"存在"中那个不可名状的东西，后期海德格尔自觉地逃遁到上古时期神话学的思维中去，并大力回溯古代哲学神秘主义传统。① 然而，在布洛赫看来，尽管海德格尔以克服西方形而上学为己任，但他由于不是向前看，而是向后看，不是把"存在"奠基在未来而是奠基在过去，以致热衷于"太古知识考古学"，最终还是落入柏拉图"回忆说"的窠臼，重蹈传统形而上学存在论的覆辙。总之，此在不是存在之家，语言不是存在之家，回忆也不是存在之家。因为存在不是现存的、完成的存在，而是尚未被意识到的、尚未完成的存在，所以存在论的公式不是 A＝a，而是 S 还不是 P。

因此，布洛赫与传统形而上学的存在论实行最彻底的决裂，进一步将自身希望哲学的存在论命名为"尚未存在的存在论"，这是完全不同于传统形而上学存在论的一种新的存在论：

> 因为尚未存在的存在论是过程—类形态存在者与作为当前中介了的开始之在的存在的永久关系，在人的辛劳和世界的辛劳这一存在者中，这个唯一被觉察到的存在拥有自身的尝试性的中介。②

传统形而上学的存在论的弊端在于：总是跳不出旧形而上学的框框，总是追本溯源地探究既定的、现存的存在的本质。"因为这种存在论无论在什么地方都是一种关于业已完成了的东西的存在论，但是在乌托邦的存

---

① 梦海：《存在不是什么——论海德格尔的否定存在论》，载《社会科学》2002 年第 3 期，第 38—41 页。

② E. 布洛赫：《图宾根哲学导论》，法兰克福/美因，苏尔卡姆普出版社 1970 年版，第 217 页。

在论中,即在不断表露自身的尚未存在的存在论中,整个世界并没有真正终结的东西。"①

S 还不是 P,这一尚未存在的存在论的功能在于:一方面,预先推定"尚未被意识到的东西";另一方面,预先推定"尚未完成的东西"。前者从主观层面赋予我们以希望,后者则从客观层面赋予我们以希望。世界是一个实验,人必须给这个实验照路。S 还不是 P,这是存在论上的一次"哥白尼式的转变",它通向一种真正的伦理学:

> 在这方面,包含着一种真正的真理伦理学,即包含着一种不再是个人的、不再是沉思的真理伦理学,而是从必然王国向我们的自由王国飞跃的真理伦理学,亦即理论上再三斟酌的、实践上敢做敢当的真理伦理学。②

归根结底,在布洛赫那里,存在是"尚未的存在",存在论是尚未存在的存在论,世界是永恒的实验台,世界过程是生生不息的变化过程。因此,存在被理解为"尚未"(Noch-Nicht),而世界的实验(Experimentum)则被理解为整个世界本身的现实实验,世界的范畴关系被理解为"理论—实践关系"或"历史主体的自我把握"。

第五节 《希望的原理》:人类梦想与希望的百科全书

《新约圣经》曰:"如今常存的有信、有望、有爱:这三样,其中最大的是爱。"③ 爱是无可比的,信望皆不如爱。哲学家 L. 费尔巴哈也曾讴歌爱的不朽意义和陶冶作用。在他看来,爱是一种崇高的宗教感情:"爱就是上帝本身,爱使人成为上帝",爱是上帝与人、精神与自然的真正统一。不仅哲学家,文学家也常常赞美爱的力量和不朽。例如,列夫·托尔

---

① E. 布洛赫:《图宾根哲学导论》,法兰克福/美因,苏尔卡姆普出版社 1970 年版,第 354 页。
② E. 布洛赫:《世界的实验》,法兰克福/美因,苏尔卡姆普出版社 1975 年版,第 253 页。
③ 参见《新约圣经》,哥林多前书,13 章。

斯泰就曾说道:"人靠什么生活,不是面包,不是牛奶,而是爱。"但是,也有人宁愿以"信"为本,常常把信仰、信念、信心等看作人生座右铭。例如,20世纪英国哲学家B. 罗素就把"信"当作生活的原动力:"勿怯弱沮丧,须坚毅刚勇,弗论奔向何处,上帝与汝同在。"

与此相对照,20世纪德国哲学家恩斯特·布洛赫则以"望"为本,把希望视为"更美好生活的梦",揭示了希望的人类学—存在论内涵,奠定了希望的形而上学,从而获得了20世纪"希望哲学家"的雅号。

"希望"（Hoffnung）一词标志着某种期待情绪。在希腊语 Ελπίδα 中,在拉丁语 spes 中,希望意味着某种愿望的实现。从心理学上看,希望是指指向未来的某种强烈的"情绪"（Emotion）;从历史哲学上看,希望是指历史过程的某种终极目标;从神学上看,希望是指与人生态度息息相关的某种神学德性。由此可见,希望概念涉及各个领域,内涵不尽相同。

但是,归结起来有一点是共同的,那就是希望不是与现实的既成事实相联系,而是与未知的未来事实相联系。在消极的意义上,希望通常被认为一种盲目的期望,意味着把人的期待意识一厢情愿地加以主观化、理想化,以致诱人陷入理论脱离实际、好高骛远、盲目乐观的泥潭。然而,在积极的意义上,希望却是乌托邦的基本原理,作为想象的形而上学,希望照明未来视域、纵览全体,构成各种未来思想的理论基础。特别是,在存在论上,由于希望关乎某种形而上学的绝对者,并赋予人们以这一体验的根据,希望便能够作为乌托邦动因激励人们立足当下、回首流逝的过去、展望即将到来的未来。

然而,希望是依附于存在的,有了存在就有了希望。作为乌托邦动因的希望理念并非人类一朝一夕的奇思妙想,而是贯穿全部西方思想史的哲学主题之一。众所周知,古希腊哲学家柏拉图著有《理想国》,近代 F. 培根著有《大西岛》,Th. 莫尔著有《乌托邦》,T. 康帕内拉著有《太阳城》等;现代哲学家也对"希望"大书特书,乐此不疲,其中,代表作有 G. 马塞尔的《旅人》[①]、J. 皮珀尔的《希望论》[②]、H. 金默尔勒的《希望的

[①] G. 马塞尔:《旅人》,巴黎,1945年。
[②] J. 皮珀尔:《希望论》,奥尔滕,1935年。

未来意义》①、A. 埃德迈尔的《希望的视域》②，等等。然而，在众多"希望"之书中，布洛赫的《希望的原理》③ 可谓卓尔不群，一枝独秀，无论在理论体系上，还是在内容上，都包容并超出了所有现代的希望哲学。因此，一旦人们谈论希望，就免不了谈论《希望的原理》；一旦谈论希望哲学家，就免不了谈论布洛赫。

但是，在正式介入布洛赫"哲学与希望"的问题之前，有必要对希望概念再作些预备性的背景考察。从形式意义和内容意义上看，一方面，希望（spes）是"作为纯粹作用的希望"（spes qua）；另一方面，希望是"作为被期待目标的希望"（spes quae），前者意味着指向未来现实的热情，相当于非个人的，亦即一代人乃至整个人类的先验情绪，而这种情绪具有不安宁因素，它不顾计划、诊断、评价等客观尺度，始终趋向绝对而不确定的目标；后者则指单个人对未来的无穷无尽的盼望，这种盼望仅仅与未来视域中的可能性相联系，而与现实的既成事物完全无涉。宗教、哲学或艺术皆渊源于这一未来与当下之间的张力。

从上述希望概念出发，哲学进一步追问如下三个问题：第一，希望是不是关于存在、自然和历史的存在论—形而上学范畴？第二，如果希望不是基于现实的学问，那么如何区别布洛赫哲学意义上的"已知的希望"（docta spes）与妄想、幻觉和错误？第三，如果希望是对既定现实的超越，那么希望是否意味着盲目热情、非理性或者反理性？这三个问题均可从基督教和马克思主义角度作出具体的解答，而这种解答均关乎希望概念，因为希望概念原本就是哲学的边缘概念，本身含有诸如末世论、拯救、革命、乌托邦一类的因素。

在《圣经》里，"希望"意味着对未来的一种乐观期待。在《旧约圣经》里，上帝与希望是同义词。希腊哲学家们在"准备乃至关怀"的意义上使用"希望"（Ελπίδα）一词，而以色列人则在耶和华神的"诚实乃至忠义"的意义上使用希望一词。以色列民族的尘世事业就是服从神、听从神的旨意，从而走向一个牛奶和蜂蜜如同泉水涌流的国度。在此，希望意味着许诺，即可以让人静静入睡的"希望之乡"。但是，在广义上，

---

① H. 金默尔勒：《希望的未来意义》，波恩，1974 年。
② A. 埃德迈尔：《希望的视域》，雷根斯堡，1968 年。
③ 梦海：《能生的自然和自然主体》，《自然辩证法研究》2006 年第 5 期。

希望则被表述为信仰、忍耐、期待，亦即"信、望、爱"。尤其是，信仰（Glaube）与愿望一脉相承、难解难分，因为按照圣经信仰，愿望（希望）的必要条件始终是对耶稣基督的信仰体验。显然，这种希望仅限于基督徒，故不具有普适性。如果有人不信仰耶稣基督，那么异教徒就没有希望，就没有得救。因此，基督教的希望仅仅存在于耶稣基督的复活中，存在于创世主的永生之中。在此，希望与理性是截然对立的。

总之，圣经里的希望存在于在场的神与不在场的神之间的紧张对峙之中，存在于确信不移的信仰与尚未实现的希望之间的紧张对峙之中。因此，在圣经里，希望总是变幻不定的，不仅回归内在要素而被特殊化，甚至还被修正或取代，其结果，作为基督教的德性，希望丧失其本真的意义，历史神学也难免陷于无根基的危机之中。在此，高举基督教批判旗帜的当推费尔巴哈、马克思、尼采、弗洛伊德等，而在现代社会背景下，基督教神学推陈出新，衍生出了 J. 莫尔特曼等人的"希望神学""未来神学""政治神学""解放神学"等五花八门的新的神学。

现代哲学，特别是从 G. 卢卡奇到法兰克福学派的新马克思主义哲学从宗教批判出发，反对基督教末世论的希望概念，拒斥幻想的、超越的希望原则，要求把希望问题从彼岸世界拉回到现实世界，从而使其获得一种现实的认知价值。

对马克思主义哲学来说，从来就没有什么救世主，通向幸福的钥匙掌握在人手里。人只有通过劳动，在改造自然和社会的过程中不断由必然王国向自由王国飞跃，才能发现希望的本真意义和价值。归根结底，希望不是植根于某种盲目的来世信念，而是植根于现实的理论与实践的统一。换言之，从社会现实的可能性观点出发，乌托邦（希望一般）恰恰通过理论联系实际，使那种内在于当下又超出当下的希望转变为现实自身的实体。

按照新马克思主义的观点，希望与体系本质上是互不相容的范畴，因为希望是激昂的、沸腾的不安定因素，而体系则是审视的、宁静的、稳固的原理和同一性。有鉴于此，M. 霍克海默在探讨理性实现与哲学功能之间的关系时，就竭力排除了"希望"范畴。在分析晚期资本主义结构时，Th. W. 阿多尔诺也没有接受这类希望范畴。同样，H. 马尔库塞在揭示当代单向度社会的虚假幸福时，也把希望范畴搁置一旁。J. 哈贝马斯也不例外，他对"希望"范畴同样兴趣索然，而仅仅致力于揭露与实践无关的玄想和思辨,进而把"理论与实践统一"看作自身哲学的唯一目标。

但是,布洛赫与众不同,别出心裁,把希望视为人类展望未来、纵览全体的原理和范畴。在他看来,人类是不能没有希望的,没有希望,就没有梦,没有梦就没有努力,就没有成功,就会归于灭亡。按照他的希望哲学观点,马克思主义恰恰表达了一种"已知的希望"(docta spes, begriffene Hoffnung),即辩证—唯物主义地理解了的希望,因为马克思主义让世界的未来前景掌握人类,并动员人类积极投身于社会变革和政治变革去造就世界的未来前景,因此只有马克思主义的社会主义原则才能提供世俗的更美好生活的梦想和要求。在此意义上,马克思主义就是一种"希望哲学"①,而希望哲学代表着一种"想象的良知和想象的希望的形而上学"。

于是,布洛赫独辟蹊径,直抵深层,从新马克思主义的社会哲学角度重构希望因素,奠定了"希望的原理"这一世界形态的新的形而上学。在哲学的贫乏时代,正是通过希望哲学,布洛赫全面扩充了世界内容,详细说明了世界内容的象征形象和模型形态,从而使形而上学重新成为真理与现实。②

那么,布洛赫希望哲学所产生的历史背景又是怎样的呢?20 世纪 20年代,德国哲学舞台风起云涌、潮起潮落,实证主义、黑格尔主义、新康德主义等传统哲学思潮开始退潮,代之而起的是生命哲学、存在哲学、新马克思主义文化批判等新思潮。与此相呼应,这个时期哲学的主题已不是传统哲学的形而上学问题,例如,哲学的本质是什么;绝对真理是什么,神的存在是什么;还有源自现实社会的人生问题,例如,生命的渴求是什么,人生的意义和价值是什么,怎样建立一种理想社会?如此等等。

正是在这种时代精神背景下,20 世纪之初,德国出现了三位富于事业心(Engagement)的思想家:E. 布洛赫、G. 卢卡奇、W. 本雅明。三人身世相似,后来都有留亡国外的经历,而且情投意合,共同致力于新马克思主义的文化批判,通过对现代人和现代工业社会的深层文化异化进行了深刻剖析,梦想建立一种人道的理想社会。这个时期,布洛赫的代表作《乌托邦的精神》(1918/1923)既是一部表现主义著作,也是一部存在主

---

① E. 布洛赫:《希望的原理》,法兰克福/美因,苏尔卡姆普出版社 1959 年版,第 5 页。
② S. 马库恩:《恩斯特·布洛赫》,汉堡,赖因贝克 1977 年,第 122 页。

义著作，从中折射出布洛赫本人的多幅形象：作家、马克思主义者、启示宗教家、和平主义者、音乐爱好者、人权拥护者等。

从哲学渊源上看，布洛赫全部哲学思维的基础是德国唯心论哲学，康德、费希特、谢林，特别是黑格尔和马克思，对他的思想形成起了决定性作用。此外，柏拉图的厄洛斯（Eros）概念、亚里士多德的物质概念、莱布尼茨的倾向概念、康德的实践理性概念、黑格尔的辩证法概念构成了他的哲学思想的核心内容。另外，在文学方面，受到 B. 布莱希特、W. 本雅明、A. 德柏林（Doeblin）、F. 海贝尔（Hebbel）、H. 曼等人的强烈熏陶；在政治领域，跟马克思以及傅立叶、圣西门、欧文等社会主义者关系密切；再者，在音乐领域，十分推崇 J. 勃拉姆斯。在宗教领域，高度重视中世纪异端者托马斯·闵采尔。[①]

概言之，在布洛赫的哲学中，基督教的弥赛亚主义要素、辩证法哲学要素、人类理想社会的梦以及幻想式自由文笔等要素不可分割地交织在一起。

纵观布洛赫的哲学创作，旅行具有特殊意义。如果说康德故土难离，一生未曾离开过柯尼斯堡，那么布洛赫则一生居无定所，四海为家。对于他来说，旅行不仅是地理体验，也是通向世界之路的精神的奥德赛。1905年他于路德维希港中学毕业，之后就开始了漫长的"世界旅行"。他先后求学于慕尼黑、维尔茨堡、柏林、海德堡等地。随后，他历险漂泊，奔波于苏黎世、维也纳、巴黎、布拉格、纽约、坎布里奇等地。

1948年，他终于结束了长达10年的美国流亡生活，回到德意志民主共和国的莱比锡大学任教。但是，东德的现实令他越来越感到失望，他发现，东德的社会主义并不是他心目中的社会主义。[②] 1961年，他移居西德图宾根，在这座历史悠久的大学，在这座荷尔德林、谢林和黑格尔的故地找到了最后的归宿。然而，这里同样不是他的理想之乡。他自始至终都是一个坚定不移的理想主义者，这注定了他孤独一生，到处漂泊，寻求他梦中的新故乡。

[①] E. 布洛赫：《作为革命神学家的托马斯·闵采尔》，法兰克福/美因，苏尔卡姆普出版社1969年版。

[②] 恩斯特·布洛赫在前东德的遭遇，参见 A. 闵斯特《恩斯特·布洛赫：一部政治传记》，柏林/维也纳，费罗出版社2004年版，第275—301页。

毋庸讳言，布洛赫是一个彻头彻尾的持异论者：他是两德分裂前的持异论者，美国和苏联的持异论者，前东德的持异论者，西德的持异论者，传统社会主义社会的持异论者，资本主义社会的持异论者。也许，他死之后又成了天国的持异论者。但是，应当承认，他永远是一个人道主义者。作为一个持异论者，他之所以为当代精神世界所引人注目，并非因为他带给人们以非和平的不安宁、不和谐，而是因为他给人们指出了第三条向度，即指向未来的希望哲学。

因此，我们必须明确如下事实：第一，他是马克思主义者，但他不是庸俗的马克思主义者，而是创造性的马克思主义者；第二，他是无神论者，但他不是朴素无神论者，而是末世论启示宗教的无神论者，亦即拒斥上帝王国的犹太人；第三，他是当代哲学家，但他又是设计具体未来的现代的未来启示哲学家。

对于哲学家来说，风格是一种武器，而风格首先表现在哲学家自身的独特语言中。在20世纪德国哲学家中，就锤炼一套创造性的哲学语言而言，独领风骚的人除了 M. 海德格尔，也许就当属布洛赫了。

众所周知，海德格尔在《存在与时间》（1927）中展开了基础存在论的此在分析，创造了适于人的此在问题的一套主观思维语言，例如，"Zeitlichkeit zeitigt"、"Die Sprache spricht" 等。反之，布洛赫则通过音乐，以及反自然主义—印象主义的表现主义文学，创造了一套适合于未来人的形而上学语言。所谓"表现主义"（Expressionismus）运动系20世纪初欧洲，特别是德国（1910—1924）流行的一种新文化运动，它渊源于19世纪末20世纪初梵·高（Vincent Willem van Gogh, 1853—1890）、高更（Paul Gauguin, 1848—1903）、蒙克（Edvard Munch, 1863—1944）、恩索尔（James Ensor, 1860—1949）等人的艺术概念。①

表现主义作家用"激情"创作，表现主义作品反映了早期资本主义工业社会的各种社会矛盾和异化现象，以感性语言直观地再现了在传统与权威之间挣扎、搏斗、呐喊的现代人的心灵世界。这个文学思潮的特点是：一方面，摆脱缺乏人性美的语言逻辑，强调更强烈、更自然地构思人的内心深处的语言表现，为此使用一种更富于人格表现力的具体词汇

---

① 恩斯特·布洛赫与德国表现主义运动的关系，参见梦海《对新人、新世界的呼唤》，载《文艺研究》2006年第2期。

（如父亲、妻子、儿子、女儿等）；另一方面，这个文学运动还走出象牙之塔，试图改造世界，建设一个理想社会，由此发展成一场声势浩大的政治运动或社会主义运动。表现主义运动与同时代流行的其他现代主义思潮相比，具有强烈的社会批判精神。表现主义运动将批判矛头直接指向战争、强权和剥削以及现存社会制度对个性的压抑，故有"新狂飙突进"之称。第一次世界大战之后，这个运动的许多代表人物纷纷转变为共产主义者。

布洛赫的哲学语言恰恰植根于这一表现主义文学语言之中，但其中还掺杂着辩证法语言、无神论语言、唯物论语言和弥赛亚理想主义语言等。事实上，这种动态的、未完结的多维语言与他哲学的基本特征（反体系性、实验性、开放性、未来性、创造性等）是完全吻合的。因此，在他的语言表达中，到处回响着暴风雨般的怒吼声、诗一般的抑扬顿挫、半笑话和欢呼声；到处充满着对人的未来的暗示的、启示的、格言的、隐喻的象征表达；到处充溢着对未来宗教的可传达的、可讨论的、现象学的独特表达。

但是，较之海德格尔的哥特式的晦涩语言，布洛赫的语言却生动得多，振奋得多。不过，两者语言的根本差异在于，海德格尔仅仅以思辨语言表达了人的此在自身，而布洛赫则以象征语言表达了未来人的存在，并在辩证启示关系中表达了社会存在。因此，布洛赫的语言乃是社会人的内在灵魂的表现，带有强烈的弥赛亚启蒙主义要素和革命要素。语言是思维的直接现实，在此意义上，他的哲学语言属于一个更美好的未来人类社会这一本质思维，因而是对现存资本主义和苏联—东欧各国社会主义社会固有矛盾的控告语言，是关于新家乡、新社会的自律语言。布洛赫哲学的艰涩难懂恰恰在于其语言的自律性和复杂性：即用短小精悍的文体动中求静，静中求动，表现人类心灵深处支离破碎的绝望与悲哀，以此指明尚未到来的、美好的人类新家乡。

如果说海德格尔通过批判新康德主义而确立了自身的"基础存在论"，那么布洛赫则通过接受马克思主义而在自身的未来希望哲学中超越了马克思主义。布洛赫全盘接受了黑格尔哲学和马克思哲学，但他始终处于两者之间的紧张对峙之中。黑格尔哲学是一种唯心的、思辨的、封闭的、完美主义的理想哲学，马克思哲学则是实践的、物质的、实验的、发展的哲学；黑格尔追求人类社会中某种抽象而绝对的东西，马克思则追求人类社会中某种具体而现实的东西；黑格尔借助于思辨探求业已完成的、绝对的事物，马克思则借助于劳动探求社会经济关系中尚未完成的事物和生成过程中的现实问题。简言之，黑格尔哲学是一种指向过去或现在的哲学，马克思哲学是一种指向未来的哲学。在某种意义上，布洛赫哲学既是黑格尔哲学与马克思哲学的综合，更是对二者的超越。

布洛赫既接受了黑格尔的动态辩证法概念，又接受了马克思的未来哲学概念，同时把犹太教的神秘主义要素、音乐哲学要素融入人的理想图像之中，从而奠定了一种自然的人类哲学和人类的自然哲学，亦即"自然的人化和人的自然化"的哲学。

在谈到布洛赫哲学对当代精神世界的影响时，I. 费切尔写道："这属于布洛赫效应史的悖论，他今天对神学的影响比对马克思主义的影响更广泛，更持久。"[①] 这话不错。当代一大批神学家，如 J. 莫尔特曼[②]、W. D. 马尔施（Marsch）、W. 潘伦贝格、P. 许茨（Schuetz）等人都曾强有力地介入布洛赫哲学，同布洛赫进行了广泛而深入的对话。这一现象绝非偶然，究其原因，在布洛赫本人那里，弥赛亚思想、基督教默示思想与黑格尔、马克思思想是辩证地固结在一起的。不仅如此，布洛赫又是基督教的持异论者、无神论的持异论者，主张一种基督教之内的无神论，强调唯有在基督教的持异论者中，才能够发现基督教的真谛。

布洛赫的末世论的宗教哲学表明一种矛盾真理，即否定性的创造性。人并非终结于人，神也并非终结于神，矛盾不是终结于矛盾，否定也不是终结于否定。相反，否定意味着真理。人和世界并非一成不变的存在，而是持续发展的可能存在，即趋势—潜势之中的实验性的存在。因此，人不能故步自封，安于现状；人不能丧失自我，丧失本真存在，否则，人不啻行尸走肉。

作为一种指向未来的哲学，布洛赫的希望哲学对神学的意义在于，它以辩证否定的方法描绘了人的未来，揭示了建设一种尚未形成的本真宗教和社会的可能性。"神"不在天上，不在彼岸，而在政治变革和社会变革

---

① I. 费切尔：《伟大的独往独来者》，载《关于恩斯特·布洛赫》，法兰克福/美因，苏尔卡姆普出版社 1968 年版，第 107 页。
② J. 莫尔特曼：《希望神学：关于基督教末世论后果与论证研究》，慕尼黑，皇帝出版社 1964 年版。

之中。所谓"神的启示"是通过人类解放和实现社会主义的理想而实现的。在此，希望哲学预告了真正的社会主义，承诺了一个没有阶级、没有剥削的人类社会和新生活的理想之乡。这个新的理想之乡，不是五彩缤纷的肥皂泡，不是空中楼阁和画饼充饥，而是意味着永恒理想的具体实践。

但是，在布洛赫看来，迄今为止，马克思意义上的真正的社会主义压根就没有开始，甚至人类历史还处于某种前历史阶段。至于苏联—东欧的社会主义，不过是本真的民主社会主义的曲解和否定，与马克思意义上的社会主义毫不相干，故充其量是一种腐败堕落的社会主义。这样，在布洛赫那里，对人的本质的追问就合乎逻辑地转变为对乌托邦问题的追问。

《希望的原理》撰写于作者美国流亡时期（1938—1948），此书第1卷、第2卷于1954年由东德建设出版社出版，1959年西德美因河畔法兰克福苏尔卡姆普出版社完整出版了3卷本《希望的原理》。

"我们是谁？我们来自何处，我们走向何方？我们期待什么，什么东西在迎接我们？"布洛赫对这些问题的回答就是《希望的原理》。

布洛赫的希望哲学最初萌发于《乌托邦的精神》（1915—1917）[①] 一书。从形式上看，正如 M. 普鲁斯特的《追忆逝水年华》（1913）一样，这部著作也是 20 世纪之初的一部表现主义代表作，但从内容上看，这部著作却从存在哲学和历史哲学角度探讨了辽阔而陌生的世界内容的范例，例如音乐问题、自我相遇问题、社会问题和元社会问题（例如，死亡与启示录）等。

此书第一段开宗明义，提出了自我存在和我们存在问题："现在，这就够了。现在我们必须从头做起。生命就在我们手中。生命本身早就空空如也。这种生命毫无意义，不过是行尸走肉……因此，我们需要形成共同体，借助于此，我们才能找到实践的正当性，找到生命的正当性，团结一致，拥有时间。我们专注于此，割断虚幻之路，寻求并呼唤尚未存在的东西，把房屋建在蓝天里、建在我们自身的心坎里，在纯粹事实消逝的地方，我们探求真理。"[②] 简言之，"新生活开始了"。

尽管这部著作的主题并不是纯粹的哲学反思，但重要的是它用一种预

---

① E. 布洛赫：《乌托邦的精神》（1918/1923），法兰克福/美因，苏尔卡姆普出版社1964年版。

② E. 布洛赫：《乌托邦的精神》（1923），第 11—13 页。

言者的语言明确无误地传达了弥赛亚的信息。在此，旗帜鲜明地批判了希腊的尺度和埃及的几何学，前者系小生命（Kleines Leben）；后者系死亡的结晶。在此，马克思和约翰启示录构成一幅壮丽的社会主义图像和弥赛亚主义图像，从而普遍的人的自我相遇与末世论的全体趋于一致，基督教、犹太教和社会主义浑然天成、融为一体。特别是，在此，所谓"旧罐子"并非空洞无物，而是蕴含形而上学的内容。世界历史是一个整体，对此必须从可能的终结上加以理解，而每一个个体恰恰在这个整体中揭示可能的终结。布洛赫的《希望的原理》最充分地表现了这一主题。

但是，在布洛赫那里，历史植根于人和自然，而人和自然是一切历史的基础。因此，首先我们需要了解一下《唯物主义问题》（1936—1937）①一书中他的存在论的唯物论。一方面，这部著作阐明了自前苏格拉底到现代哲学（前苏格拉底哲学—苏格拉底、柏拉图、亚里士多德哲学—经院哲学—启蒙主义哲学—德国唯心论哲学—现代哲学和现象学）的全部物质概念的历史及其意义；另一方面，这部著作阐明了古往今来物质自身的普遍概念究竟意味什么。换言之，这部著作不是探讨唯物主义本身的历史，而是探讨从古希腊哲学到恩格斯的《自然辩证法》乃至现代物理学的关于物质界说的思辨讨论。

除此之外，此书展开了存在与意识、先验性问题以及上层建筑与下层建筑的关系问题，提出了崭新的"物质地平线"（Horizont der Materie）概念。物质是基质、母腹，作为"可能性中的存在"，物质总是像地平线一样远远地拥抱着我们。物质是开放的、向前发展的存在，作为尚未完成的"隐德莱希"（Entelechie），物质停留在两个世界序列中：人类历史与宇宙自然。因此，物质不是固结于经验的、素朴的静态唯物论状态之中，而是在思辨的、过程的、动态的唯物论中向前形成其映像。② 于是，布洛赫终于在"尚未的存在"（Noch-Nicht-Sein）这一趋势中找到了物质的最终目标及其可能成就。

早在少年时代的著作《关于力及其本质》中，布洛赫就已经把物质

---

① E. 布洛赫：《唯物主义问题，它的历史与实质》，法兰克福/美因，苏尔卡姆普出版社 1972 年版。

② 梦海：《乌托邦—物质之弓》，《哲学研究》2006 年第 2 期。

称作无穷无尽的"母腹"(Schoss),从中孕育和形成了一切形态、显现了一切现实。在此,他接受了亚里士多德的物质概念,把物质标识为一种"动态存在"(Das Dynamei on),这一物质母胎是包罗万象、无穷无尽的质的自然,而这种自然恰恰是一切可能历史的基础,正是在自然这一基础上才能够形成有意识的人类劳动。因此,人不是远离自然的无意识存在,而是自然自身的一部分。由此可见,布洛赫既是黑格尔主义者,又是亚里士多德的推崇者,更是谢林同一哲学和恩格斯自然哲学的追随者。按照恩格斯的自然哲学观点,人作为可能的目的,即作为类,是自然辩证法的产物,人被赋予了今后有待去完成的使命,而在自然中又正好具备了借以完成这一使命的机遇。

因此,布洛赫全盘接受了恩格斯唯物论的基本命题:"用世界本身来说明世界",但他同时又把这个世界理解为"历史地运动的世界",亦即"不断向高水平的组织提升的世界"。因为物质运动的形式是多种多样的,呈现出"一种连续的非连续性,一种辩证的非连续的连续性:从机械的、化学的、有机的运动上升到经济—历史运动"。迄今为止,劳动者是物质运动的最高形式,这是量变到质变这一辩证发展法则的范例。[①] 所以,布洛赫把马克思主义理解为一种总体唯物论,并在此基础上,确立了自己的新哲学体系。在他那里,这个哲学体系便是《希望的原理》——"更美好生活的梦"。《希望的原理》撰写于作者美国流亡期间(1938—1948)。在美国,布洛赫曾打算以"一个更美好生活的梦"为题出版此书,但在这片"乌托邦坟茔"的国度上,他终究未能如愿以偿。

此书第一、二卷首先由东德建设出版社出版,1959 年西德法兰克福—美因河畔苏尔卡姆普出版社重新出版了全书,同年,东德建设出版社出版了第三卷。布洛赫把这部书题词献给了他的儿子,但他把这部著作的完成首先归功于妻子卡萝拉。布洛赫毕生都对卡萝拉充满了感激和爱慕之情,亲切地称她为"道德—政治上的战友"。对他来说,卡萝拉意味着"爱、协助和友谊",意味着风雨同舟、患难与共。的确,在漫长而孤立的流亡生涯中,假如没有妻子的友谊和关怀,他就绝不能渡过难关也绝不会完成这部宏伟的、内容丰富的著作。1934 年,他们在维也纳结婚;1938 年两人带着儿子扬(Jan)逃往美国。

---

① 梦海:《能生的自然和自然主体》,《自然辩证法研究》2006 年第 5 期。

但是，在此书中，与柏拉图、亚里士多德和黑格尔不同，布洛赫并未凝神专注于存在中业已形成的现象或永恒既定的现象。因为在他看来，历史不是确定的，而是发展的，甚至历史期待着某种动因性的契机，包含着形式的多样性和进一步发展的永恒可能性。进而言之，不但物质本身，自然和历史在质上也总是向新事物敞开着的；未来中的一切现实形态都起源于自身的动态存在，是一种趋势—潜势；包括前意识、无意识在内的人的一切意识都是对物质自身的反思，是对尚未存在者、尚未完成者的映象。

在他那里，"尚未"（das Noch-Nicht）的反映形式是预先推定、乌托邦、客观幻想等，但这一系列反映形式却完全不同于妄想或梦想。如果说妄想和梦想植根于任意主观世界，那么尚未的反映方式则既植根于人的主观性，同时植根于客观世界的倾向性和潜在性中。对象世界是一个未完成的、不完满的世界，恰恰是从对这种未完成实在的主观不满出发，乌托邦等尚未的反映形式转化为一种能动地变革世界的物质力量。这时，人们就能享受更美好的生活，就能以清晰的意识做白日梦。布洛赫把"白日梦"，即"向前的梦""清醒的梦"称作"一个更美好生活的梦"（The Dreams of a Better Life）"希望的原理"（Das Prinzip Hoffnung）等。

在此意义上，他的希望哲学的宗旨就是要预先推定一个更美好生活的梦，即没有贫困、剥削和压迫的社会制度。在他看来，作为人类学范畴的希望最清楚地表达出走向人类发展更美好未来的意图，因为在希望中包含有朝着"尚未存在的事物"的方向上的人的积极因素，人的行动。换言之，"希望"作为宇宙发展和人类社会发展的内在动力，在人与自然、人与社会的相互作用中把一切都组织为一个整体或"总体"，使之奔向理想的目的地。

那么，希望到底是什么？在布洛赫那里，广义上，希望是指人的意识特性，是指内在于客观现实总体中的根本结构；狭义上，希望是辩证地已知的希望，即尚未意识到的、尚未到来的真正的家乡。这种希望哲学生活在未来，内在于未来思维，内在于社会存在。因此，他在《希望的原理》中宣称："哲学将拥有明天的良知，未来的党性，希望的知识。"

这是一部鸿篇巨制，洋洋洒洒，共 1655 页，对此，我们可分五个部分来解读。第一部分系称作"报告"（Bericht）的"小小白日梦"。"小孩梦想当汽车司机，梦想当糖果店老板。梦想周游世界，梦想每一天都吃香甜的糖果。"① 在此，布洛赫形象地表达了内在于人的生命中的某种动态要素和贫困要素。人之初，呱呱落地，赤身裸体，一无所有。他（她）的第一个行动就是寻找母亲的乳房，迫于痛苦和贫困，婴儿挣扎着，哭喊着。即使到了成年，人们也因缺少某物而时常感到贫困如洗。贫困是一种否定性，它催人不安宁，催人思维，催人行动，催人由个人存在转向社会存在。可是，此时的否定性并非意指"无"（Nicht），而是意指双重自我否定意义上的"否"（Nicht）。"否"意味着"非有"（Nicht-Haben），意味着内在于人的对占有的零（Zero）。

人活着，思考着，行动着，这本身就是一种贫困。这贫困即是饥饿，即是憧憬和探求。作为"否"的贫困驱使人们劳动，驱使人们祈祷。因此，在人类学结构上，人是存在内的"否一般"（Das Nicht ueberhaupt），即匮乏存在或非存在。这时的非存在不是"无"，而是可被扬弃为存在的那个存在内的否，是尚未的存在。易言之，布洛赫不是把"否"看作某种终极物，而是看作一种"尚未"。人正是一种尚未的匮乏存在（Mangel Wesen），正是这种人类学意义上的"否一般"使人意识到自身的贫困和冲动，使人超越自身单纯的事实存在，从而向他人、向世界开放。

由此，我们转入第二部分的内容："预先推定的意识"（Das antizipierende Bewusstsein）。所谓"预先推定的意识"是指白日梦，是指"向新事物前进的黎明"，它有助于人们发现"尚未被意识到的东西"这一希望的场所。如前所述，作为匮乏和贫困的存在，人是一种充满努力、向往和渴望的冲动存在（Triebwesen）。在布洛赫看来，作为这种冲动存在，人的根本冲动是饥饿，除了饥饿，任何东西都不能震撼人类。

饥饿是人的内心世界的最根本的冲动，这不仅是他的人类学的一个根本论点，也是他个人生活体验的真实写照。在美国流亡期间，迫于生计，布洛赫不得不在餐馆打零工，因此，在他看来，饥饿（Hunger）是人的最根本的冲动，与饥饿相比，弗洛伊德深层心理学的"里比多"（Libido）、海德格尔基础存在论的"畏"（Angst）等都显得十分奢侈肤浅，不啻纸上谈兵。因此，他的根本结论是，必须从唯物辩证法的现实结构出发，通过政治变革和社会变革来解决"饥饿"这一人的根本冲动。

在布洛赫之前，C. G. 荣格、S. 弗洛伊德率先探讨了人的根本冲动问

---

① E. 布洛赫：《希望的原理》，法兰克福/美因，苏尔卡姆普出版社1959年版，第21页。

题。荣格关注个体人格发展问题、个体—集体无意识问题、意识设定的形态等问题,最终使人深深埋进无意识之中。与此相对照,弗洛伊德则专注于人的深层心理,让人意识到无意识,并从无意识之中解脱出来。前者指向还原目标,最终成为催生法西斯主义的精神分析学家;后者则确认市民阶级性,最终成为指向无意识解放的精神分析学家。

在这两者中,布洛赫着重探究了弗洛伊德关于梦的分析,但他并没有沉湎于弗洛伊德的无意识精神分析,而是通过更美好生活之梦的分析,重新奠定了梦的解释学。如果说弗洛伊德的梦是夜梦、完结之梦、无意识之梦、自身内部的封闭之梦、被遗忘的压抑之梦,亦即作为"不再被意识到的东西"(das Nicht-Mehr-Bewusste)的梦的分析,那么布洛赫的梦则是白日梦、未完成之梦、有意识之梦、关于人类历史的开放之梦、亚伯拉罕之梦、约瑟之梦、更美好生活的梦,亦即"尚未被意识到的东西"(das Noch-Nicht-Bewusste)的梦的解释学。

换言之,弗洛伊德的夜梦根源于现代人日益深化的深层无意识心理,而布洛赫的白日梦则根源于未来人的本真自由和根源同一性。因此,这种白日梦绝非个人主义的蒙昧之梦,而是"世界改善之梦"。作为预先推定的历史意识,白日梦激励人们在开放意识中指向尚未被意识到的、尚未形成的希望世界,因而它是内在于人的意识之中的现实可能性,亦即历史乌托邦的内容。

按照布洛赫的观点,作为一种指向未来的意识,这一预先推定的意识是建立在"尚未存在的存在论"(die Ontologie des Noch-Nicht-Seins)[①]基础上的。但是,这种存在论与传统形而上学的存在论有着本质区别。众所周知,传统形而上学一直把"存在"确定为事物的本质,仅仅思辨地追问"存在是什么",与此相反,尚未存在的存在论则追问未来人的生活是什么,从而把存在论奠定在历史过程中的、物质运动中的、社会变革中的趋势—潜势之上,即奠基在本原的希望之上。

这一希望的存在论哲学可分两方面来考察:一方面,预先推定"尚未被意识到的东西";另一方面,预先推定"尚未形成的东西"(Noch-Nicht-Gewordenen)。前者从主观层面赋予我们以希望,后者则从客观层面

---

① E. 布洛赫:《图宾根哲学导论》,法兰克福/美因,苏尔卡姆普出版社1970年版,第210—310页。

赋予我们以希望。从学理角度上看,希望的主观层面是人的内心憧憬、期待或关于未来的梦的解释学(Hermeneutik),而希望的客观层面是关于社会和劳动的历史趋势学。两者无处不在,无时不有,但是两者都必须处于可能的运动状态、可能的开放状态,否则两者均归于消逝无踪。

归根结底,根据"尚未存在的存在论",存在是尚未的存在论,世界是永久的实验台,世界过程是永不止息的变化过程。世界的两个层面,即尚未被意识到的东西的解释学与尚未形成的东西的趋势学内在于主观与客观、理论与实践的辩证法中,从而分别构成第一辩证法和第二辩证法。在布洛赫那里,第三辩证法是"趋势—潜势—乌托邦",这是第一、第二辩证法的进一步综合。第三辩证法意味着尚未形成的"至善"本身,意味着趋势—潜势之内的人道主义(Humanismus)这一终极的现实可能性指标。

围绕这一辩证关系,布洛赫从"青年人、转折期和创造性"状况中寻求"尚未被意识到的东西"和"尚未形成的东西"。就趋势—潜势而言,"尚未被意识到的东西"原本就与世界过程的现实相一致,故它与"尚未形成的东西"是密不可分的。在这一存在方式里,"前卫""新事物""终极物"等概念被用以规定希望的主观层面和客观层面。[①]

所谓"前卫"(die Front)意味着某种"动态物质的最尖端存在",亦即某种朝着历史最尖端瞬间和乌托邦而开放的存在。所谓"新事物"(das Novum)是指乌托邦的某种视域,它存在于"尚未被意识到的东西"和"尚未形成的东西"的实际可能性中,并与诸如担忧、准备、确信、幸运、基督降临节意识一类的情绪联系在一起。在此意义上,新事物与主体体验是分不开的,它"首先在心灵上关涉爱,在情绪中还关涉情感"。一方面,新事物标明"乌托邦视域"(Horizont der Utopie),再现历史的进步性创见;另一方面,新事物探索展开着的、尚未完成的总体目标,并照明其过程。最后,所谓"终极物"(das Ultimum)是促使事物达到本真同一性的至高的新奇性(die hoechste Neuheit),亦即终极的上升。这一新事物的实现有赖于超乎迄今一切事物之上的总体飞跃。

最后,与上述范畴相关的具体概念是物质(Materie)。物质与预先推

---

① E. 布洛赫:《希望的原理》,法兰克福/美因,苏尔卡姆普出版社 1959 年版,第 227—235 页。

定、自然与未来都是统一在辩证唯物主义和历史唯物主义基础之上的：
"没有物质就没有（现实的）预先推定的基础，没有（现实的）预先推定
就无法把握物质的视域。"① 换言之，物质与乌托邦是固结在一起的：没
有物质的乌托邦是空的；而没有乌托邦的物质则是盲的。

在上述三个范畴之上，布洛赫又添加了"可能性"范畴。所谓"可能性"（Möglishkeit）范畴是世界存在的最高形式，旨在澄明一切实际存在的事物。对此，布洛赫解释说："人不仅是在历史中形成了自身的现实，而且是至今尚未形成的万有的实际可能性；物质也同样是潜在于自身怀抱并通过过程而出离物质的一切形态的实际可能性。"由此看来，"可能性"是指世界自身的存在状态，是指新事物的未来存在状态，是与世界过程的进程一同发生的存在状态。

概言之，为了扭转形而上学的任务，布洛赫跳出旧形而上学的框框，重新奠定了"尚未存在的存在论"，其基点不是传统形而上学的"存在"（das Sein），而是希望的形而上学的"否"（das Nicht）。在他那里，"否"显现为"尚未"，"饥饿"显现为未完成的前卫世界里的创造力量。因此，"否"本身显现为一种否定，表现为对某一现存事物之规定的不满和不安宁。因为绝对虚无是与乌托邦的虚妄固结在一起的，而绝对全体是与乌托邦的实现固结在一起的，所以"尚未"就意味着某种处在虚无与全体这两者之间的新事物。布洛赫用下述公式表述了这一关系："主词还不是宾词"（S ist noch nicht P）。这一公式精确地表达了布洛赫希望哲学和"尚未存在的存在论"的核心思想。

按照他的这一公式，就像人的历史一样，世界过程也充满着各种尚未完结的趋势和潜势。自然界和人类历史的长远目标是建立在劳动基础上的"自然的人化和人的自然化"，而这一过程是一种从无到有的内在目的论过程，即"无—尚未—全有"（das Nichts-das Noch-Nicht-das Alles）。进言之，自然界和人是统一的，但在这一统一中，人作为自然实体和自我意识的承担者，具有一种存在论的优先权。人、世界和物本身的理念应该作为人与自然发展的既定目标和创造历史的最高尺度。

《希望的原理》的第三部分内容是"过渡"（Uebergang），即"显现于反映之中的诸理想"。广义上，各种陈列、童话、旅行、电影、戏剧等

---

① E. 布洛赫：《希望的原理》，第 273 页以下。

便是这种理想的具体痕迹。在此,布洛赫拒斥虚假希望的低俗之梦,主张一种真正希望的乌托邦形态。为此,他试图在年集、马戏、童话、杂志等理想形式中寻找真正的希望要素。如果说"尚未存在的存在论"是人类意识中希望的主观内容,那么这些理想就是人类现实中希望的客观内容,而这种客观内容在人的现实生活里,特别是在社会生活和历史生活里用活生生的实例证明了人类绚丽多姿的希望图景。

《希望的原理》的第四部分内容是"构造"(Konstruktion),即作为新事物希望证据的"一个更美好世界的草图"。乌托邦是人类与社会发展的原动力。布洛赫十分重视"医学乌托邦",因为它对消除人类的身心疾患具有重要意义。但他更加重视政治乌托邦和社会乌托邦,因为它们指向一个更美好的世界,一个更美好的社会。为此,他回溯自柏拉图以来的各种乌托邦主义者,广泛探讨了奥古斯丁、托马斯·莫尔、康帕内拉、欧文、傅立叶、蒲鲁东等人的政治乌托邦和社会乌托邦。不仅如此,他还进一步考察了地理乌托邦、建筑乌托邦、艺术乌托邦、歌剧乌托邦、文学乌托邦、哲学乌托邦等。此外,他还根据当代工业文明,重点分析技术乌托邦,展开了技术的划界性批判,提出了"可能的自然主体的共同生产率"(Mitproduktivität eines möglichen Natursubujekts)或"具体的同盟技术"(Konkrete Allianztechnik)[①]思想。

从一开始,布洛赫就努力把他的乌托邦设想与以往的乌托邦理解区别开来,进而把他的"具体的",或者是"现实的"乌托邦与以往的"抽象的"乌托邦主义对立起来。按照他的观点,"乌托邦是破坏和打碎现有社会或准备打碎它的那些集团的想法,并梦想一个更美好的世界,一个更美好的社会"。因此,"具体的乌托邦"不是怪论,而是"同趋势和潜势的一致,但是趋势在这里是领先的,相对地被实现着,并辩证地得以贯彻"。

他的一个基本论断是,"马克思主义并非不是乌托邦,而是一种具体的乌托邦的新事物"[②],是理论与实践、近期目标与长远目标的高度统一。

---

① E. 布洛赫:《希望的原理》,法兰克福/美因,苏尔卡姆普出版社1959年版,第802页以下。

② E. 布洛赫:《向乌托邦告别吗?》,H. 格克勒编,法兰克福/美因,苏尔卡姆普出版社1980年版,第76—82页以下。

然而，他也清醒地意识到，迄今为止，地球上的任何国度都尚未把这一真正马克思主义意义上的具体的乌托邦付诸实践。因此，必须阐明乌托邦的历史，使之导向具体的乌托邦的实践，从而创造一个更美好的未来世界，唯其如此，人类才有可能开启人类历史的新篇章。

为此，布洛赫通过考察康德、黑格尔美学的"假象"（Schein）概念，创造性地展开了希望美学概念：人的完美世界的内在"先现"[①]。布洛赫的"先现美学"（Aesthetik des Vorschein）不仅把艺术理解为乌托邦意识的显现，而且把它理解为尚未形成的现实的象征。如果艺术家把尚未形成的、激荡于现实之中的可能性预先塑造为现实的理念，那么这种可能性就不仅仅是一种量的预取，也是艺术本身的预取，即开放现实可能性的一部分。因此，"幻想"（Phantasie）这一人的核心能力不仅仅成为世界中隐蔽趋势的"器官"，更成为艺术一般的主观—客观条件。

最后，作为这种"社会乌托邦"的范例，布洛赫列举了犹太复国主义。但是，他并不是主张一种资本主义的犹太复国主义，而是主张一种类似 M. 黑斯（Moses Hess）所提倡的社会犹太复国主义的乌托邦。他反对民族的犹太复国主义，而赞成国际主义的、真正人道主义的犹太复国主义。如果现实的以色列是美国的亚洲前哨基地，那么以色列无疑是阻碍本真的人道主义的法西斯国家。唯当犹太复国主义不再是片面的、纯粹民族主义的犹太复国主义，而是世界性的、开放的犹太复国主义时，才会闪现"真正的犹太故乡"的曙光。

《希望的原理》的第五部分，即最后部分的内容是"同一性"（Identität）。所谓"同一性"是指业已实现的人的生活理想，如道德、音乐、死亡理想、宗教、早晨的国度、自然、至善等。诸如此类的愿望是人的本真希望，它显现本原的历史之末的完满状态。然而，这些理想并非是抽象的，而是具体的，需要经过人类世世代代的努力才能实现。在布洛赫的心目中，这种具体的人的形象乃是浮士德、奥德赛、唐·吉诃德、唐·吉奥凡尼（Don Giovanni）等。

与这些生活理想截然对立的是"死亡"（Tod），因为死亡是最极端的非乌托邦。但是，希望图像也关乎死亡理想，即关乎复活、天国和永生，死亡作为此在的毁灭并不是人的命运，而是拓宽了生命的乌托邦意义。作

[①] E. 布洛赫：《希望的原理》，法兰克福/美因，苏尔卡姆普出版社1959年版，第198页。

为尚未形成的生存，人的生存永远享有"生成和消亡的治外法权"，作为业已形成的生存核心，更享有"死亡的治外法权"（Exterritoriaet zum Tod）。在布洛赫看来，人的最高希望显现在"神根本"（Gott-Hypostase）这一宗教之中。为了最高的希望，人必须从"总体性希望"之中寻求最完满的本质。

"哪里有希望，哪里就有宗教。"因此，问题不在于在宗教与非宗教之间作出选择，而是在有神的宗教与无神的宗教之间作出选择。有鉴于此，布洛赫试图扬弃有神论和无神论，重建"没有神的希望王国"，创建一种"宗教无神论"，将宗教建立在对没有神的弥赛亚王国的信仰之上。宗教无神论也是一种宗教，布洛赫称之为"元宗教"（Meta-Religion），其实质是"进行没有超越者的超越活动"。不是信仰天国之神，而是信仰尘世人的理想；不是创立上帝的王国，而是创立人的王国。一方面，宗教无神论旨在克服现代精神世界中庸俗无神论者和虚无主义者的悲观绝望；另一方面，宗教无神论旨在克服有神论宗教的迷信和虚妄不实。在此意义上，布洛赫把哲学原理转变为宗教哲学，试图重新奠定人类学乃至宗教末世论："不是显现业已完成的目标，而是显现现在才能够形成的承诺目标；不是显现可视的自然神，而是显现看不见的、正义的自然神和正义国度的自然神。"[①]

耶稣是谁？按照宗教无神论的观点，耶稣是承诺了尘世的肥沃土地的人，是完成了乌托邦的人，是叛逆了父亲上帝的人。耶稣不是上帝之子，而是人，但他不是当下的人，而是人类的理想，或者是作为尚未出现的"善本身"的唯一之人。因此，"没有无神论，弥赛亚主义就没有任何位置"[②]。宗教（Religion）本身意味着迷信，然而，基督教中的无神论却意味着真理。"宗教招致持异论者，这是宗教的最佳方面。"进言之，"只有一个无神论者才能成为一个真正的基督徒，只有一个基督徒才能成为一个真正的无神论者"[③]。这表明，凡是有希望的地方就有宗教，就有无神论。这在双重意义上预示了弥赛亚思想的激情："神不在，但神将在"（Gott

---

[①] E. 布洛赫：《希望的原理》，第1454页。
[②] 同上书，第1413页。
[③] E. 布洛赫：《基督教中的无神论：论"出埃及记"和王国的宗教》，法兰克福/美因，苏尔卡姆普出版社1969年版，第24页。

ist nicht, aber er wird sein)。布洛赫宗教末世论的使命是进行"没有超越者的超越活动",创建"宗教无神论"(religioeser Atheismus),构筑"没有上帝的王国"(Reich ohne Gott),由于这一全新的未来历史哲学思想,他被誉为20世纪最重要的思想家之一。[①]

《希望的原理》的最后内容是"卡尔·马克思与人性"问题。在此,布洛赫围绕人与自然的趋势—潜势,展开了人的本性的全部丰富性。在任何地方,人都还生活在前历史中,在任何地方,万物都还处于世界之创造之前,所以他的根本结论是未来取决于人,取决于劳动着的人。

那么,行文到此,我们不禁要问:希望会变成失望吗?新的希望是什么?1948年布洛赫结束了美国的流亡生涯,但他谢绝了西德法兰克福大学的聘请,理由是他从未想过"为资本主义社会效劳"。1949年他欣然接受东德莱比锡大学的聘请,任哲学教授,这里的生活赋予布洛赫以第一次希望。

起初,他跟前东德当局还算相安无事。1955年,正值70岁生日之际,他被授予东德民族奖和祖国建设功勋奖,随后他又被选为德国科学院正式会员。他的功绩在于,"他积极投身于反对帝国主义势力、军国主义势力及其反民主势力的斗争,在于无私献身于真正的社会主义建设,在于勇敢捍卫世界和平"。

但是,自1956年以来,东德当局就开始非难布洛赫,攻击他的哲学是与马克思主义政治理念背道而驰的一种"修正主义"哲学。1957年前东德德国统一社会党总书记W. 乌布利希在德国统一社会党第30次代表大会上,借口"哈里希反革命事件",含沙射影地批判了布洛赫,随后他被当局宣布为"修正主义者"。不久,当时的持异论者W. 哈里希和布洛赫的弟子G. 策姆便以反党、反社会主义的罪名分别被判处10年和4年徒刑。此外,布洛赫的弟子R. 洛伦茨、G. 茨韦伦茨等也被当局拘留。

当时,东德学界率先攻击布洛赫哲学的是德国统一社会党党员、辩证唯物论教授R. O. 格罗普。1957年格罗普在《论坛》杂志上发表"神秘

[①] 梦海:《没有超越者的超越活动——论恩斯特·布洛赫哲学中超越者与内在者的扬弃》,《马克思主义与现实》2007年第3期。

主义的希望哲学与马克思主义格格不入"一文，攻击布洛赫是意识形态的"煽动政治家"，诋毁其理论是"反唯物主义、假辩证法、半吊子学问和非理性之义"①云云。他还断言，"布洛赫是误导青年的持异论者，其希望哲学是一种反马克思主义的世界拯救说，其根本动机是宗教本性"。同年，布洛赫被勒令退休，妻子也被迫下岗，从那以后他在东德学界销声匿迹。只是因为布洛赫是一位具有世界声誉的哲学家，所以东德当局未敢对他下毒手，但当时他已被置于东德国家安全部工作人员的严密监视之下，他的电话经常受到骚扰，他不准授课，不准跟学生见面，东德国家安全部门甚至为以后的审判收集了所谓的"诉讼材料"。

1961年8月13日，布洛赫移居西德图宾根，找到了新的希望。同年9月他作了图宾根大学客座教授第一次演讲："希望会变成失望吗？"② 他怀着沉痛的心情说道："希望会失望，而且会变成失望，甚至希望在其名誉上也是如此；否则，它也许就不是希望。"这是因为第一，希望是开放的，它并不寓于现存事物之中，而是寓于未来的事物之中；第二，希望是具体的、被中介的东西，它不同于确定不移的事实。因此，"希望与可失望性是直接联系在一起的：希望具有挫败本身的不可靠性；希望不是确信"。但是，希望总是革命的，如果没有希望，那么任何行动都是不可能的。"一个马克思主义者无权成为悲观主义者。"因此，经历了一段彷徨苦闷之后，他并没有抛弃希望，甚至没有抛弃希望的目标。所不同的是，他审视、斟酌了希望本身的阻碍、拖延、拐弯、挫败等因素，重构了希望的"预先推定的意识"（das antizipierende Bewusstsein）。

布洛赫是一位时代哲学家，他始终站在自身时代的前列。对于他来说，生活就是哲学，哲学就是要对人类的命运和前途负责。他以身作则，常常站在风口浪尖上表达自己的理论观点，对于政治问题他毁誉不惧，直言不讳。他无法过一种逍遥的隐士生活，政治责任感和事业心使他一再由大学讲坛回到现实舞台上来。他总是以现实为本，提出超前的预言，因此遭到各种非议，但他从不气馁，他的勇气、骨气和责任感，使他敢为天下

---

① 参见 R. O. 格罗普：《神秘主义的希望哲学与马克思主义格格不入》，载《论坛》1957 第 6 期。

② E. 布洛赫：《希望会成为失望吗？1961 年图宾根开讲词》，载 E. 布洛赫《文学论文集》，法兰克福/美因，苏尔卡姆普出版社 1965 年版，第 385—398 页。

先。他特别强调青年一代的觉醒意识，抗议德国的反犹运动，抨击核武器生产，反对国家"紧急状态法"（Notstandsgesetz），谴责美国的越南战争和以色列的攻击性，批判斯大林主义的恐怖，反对波兰、捷克的反犹运动，等等。1966年10月30日，时年81岁高龄的布洛赫参加了反对国家"紧急状态法"大游行，在法兰克福罗默尔贝格广场（Roemerberg）上，冒着仲秋之寒，站了两小时之久。①

有朝一日，人类必定生活在自由的国度之中，生活在新家乡中，这是布洛赫心中不可磨灭的希望。正是出于这一希望，他从具体现实出发，从人类学角度揭示了"饥饿"这一人的最根本的内在冲动，并以百科全书式的泛文化观点阐明了人类的希望图像；正是出于这一希望图像，他把持异论者视为真正基督教的肯定因素，并从辩证统一中解释了人、社会和自然；也正是出于这一希望，他既追求未来人类的理想社会，又设定了现实的总体人性。

总而言之，如下述等式所示，布洛赫希望哲学的基础是："S 还不是 P" ＝无与全体之间的尚未＝尚未的真正的人的自由向度；或曰："尚未存在的存在论" ＝尚未的辩证同一性＝尚未到来的未来的"新家乡"（Neue Heimat）。人总是渴望希望，而希望总是人性的。由此可见，布洛赫希望哲学的根本结论不是存在论，而是"人类学"。就此而言，布洛赫的希望哲学也是需要重新讨论的。在此，我们不要忘记，事实上，"希望"原本就不是存在论范畴，而是人类学范畴。

那么，人类如何通向新家乡呢？布洛赫写道："人到处都还生活在前历史中，所有的一切作为某种完善的东西都还处于创世之前，现实的起源不在于开始而在于结束，而且这种起源始于社会和此在天翻地覆之时，亦即始于根源上把握了社会和此在之时。但是，社会的根源乃是劳动着的、创造的、改造现实的和超越现实的人。当人领会这一根源，同时无放弃、无异化地把存在奠定在真正的民主之上时，世界中就会出现某种只在童年时代出现而尚无人到达过的地方：家乡。"② 简言之，民主是不可逾越的现实，是通向新家乡的先决条件，当人类奠定了真正的民主时，人类就能

---

① S. 马库恩：《恩斯特·布洛赫》，汉堡，赖因贝克1977年版，第106页。
② E. 布洛赫：《希望的原理》，法兰克福/美因，苏尔卡姆普出版社1959年版，第1628页。

够想望新的家乡。因此，民主与社会主义是不可分割地、循环地联系在一起的："没有无民主的社会主义，没有无社会主义的民主。这是决定未来的相互作用形式。"① 然而，真正的民主即社会主义民主既不是现存的西方"资本主义民主"，更不是苏联—东欧的"国家社会主义民主"，而是康德、马克思、罗莎·卢森堡意义上的尚未到来的民主，即未来世界公民共同体的民主，"人的社会的形式"的民主。

布洛赫被誉为第二次世界大战后德国最重要的马克思主义哲学家和对马克思主义传统做出创新的人物。布洛赫的独特人格魅力在于，他既是一位 20 世纪的顶尖哲学家，又是一位马克思主义者。从 20 世纪西方哲学史上看，恩斯特·布洛赫与最重要的哲学家马丁·海德格尔、路德维希·维特根斯坦、卡尔·雅斯贝尔斯、让—保罗·萨特、伯特兰、罗素处于伯仲之间。回眸 20 世纪西方精神史，最具独创性的西方马克思主义者当属罗莎·卢森堡、卢卡奇、葛兰西和布洛赫，但是相比之下，前三人都是党内理论家，其影响主要局限在左翼知识分子圈子内，只有布洛赫是一位享有世界性声誉的哲学家，他的《希望的原理》一书的效应远远超出左翼知识分子范围而渗透到整个 20 世纪西方精神史中：从音乐科学到神学，从语言科学到法哲学，从表现主义艺术到蒙太奇，到处都能找到布洛赫思想的踪影。②

布洛赫的希望哲学是一门博大的哲学人类学，也是一门世界形态的新的形而上学。他的希望哲学不仅百科全书式地描述了人类的希望思想和希望图景，而且全面系统地扩展和丰富了 20 世纪唯物主义思想；他的希望哲学把人道主义与反法西斯主义紧密地联系起来，不仅象征性地表达了人类渴望摆脱贫困、压迫和剥削的梦想，也表达了建设一个更美好的、更人性的世界的可能性。对布洛赫来说，世界过程乃是"希望的素材"，而他把这一素材解释得有声有色，他仿佛是一位卓越的作曲家，为一支管弦乐团谱曲，而这支乐团把地球上的所有歌手联合在一起，唱起了雄浑激昂的

---

① E. 布洛赫：《天赋人权与人的尊严》，法兰克福/美因，苏尔卡姆普出版社 1961 年版，第 232 页。

② B. 施密特：《作为一个马克思主义的恩斯特·布洛赫》，载 B. 施密特编《恩斯特·布洛赫〈希望的原理〉的材料》，法兰克福/美因，苏尔卡姆普出版社 1978 年版，第 15 页以下。

希望之歌。①

布洛赫《希望的原理》表达了人类对一个没有剥削、压迫和异化的世界的希望。《希望的原理》的宗旨在于阐明人类精神史的中心在于预先推定一个更美好生活的梦，即一个没有剥削、贫困和压迫的社会制度，而作为人类学—存在论范畴的"希望"则集中体现了人类走向更美好未来的意图。在白日梦、艺术作品和社会乌托邦中，人类预先推定和描画了一个更美好的世界、一个更美好的社会。在大百科全书意义上，布洛赫汇集、解释和系统化了人类的伟大希望方案，这些方案涉及从绘画、雕塑、建筑、音乐、诗歌到童话、电影、旅游、时装、橱窗陈列、舞蹈，从宗教、神话到节庆、假期、集市等人类社会的各个领域、各种现象。通过对这些丰富多彩的人类活动和现象的研究，布洛赫令人信服地证明了这些活动和现象都是人类希望在人类文明中的各种表达方式。

《希望的原理》不仅是一部关于人类梦想和希望的百科全书，也是一部马克思主义传统的创新之作。《希望的原理》极大地丰富了20世纪唯物主义思想，深刻地阐明了马克思主义关于"人的天性财富发展"的动因问题。《希望的原理》乃是马克思主义的创新之作，展现了马克思主义哲学的新的广阔视域，例如，马克思主义人类学、马克思主义自然过程哲学、马克思主义宗教哲学、马克思主义美学、马克思主义伦理学、马克思主义法哲学、马克思主义宇宙学、马克思主义遗产学、马克思主义历史哲学、马克思主义人的解放哲学、马克思主义社会主义哲学，等等。

《希望的原理》既是一部世纪哲学著作，又是一部优秀散文作品，荣获1968年德国图书业和平奖。自出版半个多世纪以来，这部不朽著作已被译成包括波斯文、阿拉伯文、日文和韩文在内的多国文字。在20世纪众多哲学家中，最富于独创性哲学语言的当属海德格尔和布洛赫，但是，与海德格尔的哥特式哲学语言不同，布洛赫凭借音乐和表现主义文学，率先把历史辩证法的存在论表现为未来人类的形而上学，从而开了"表现主义哲学"之先河。

20世纪西方世界是人性严重扭曲、精神普遍衰退的世纪，与听天由命、悲观绝望和虚无主义相反，布洛赫的希望哲学是一种面向未来、积极

---

① A.闵斯特：《恩斯特·布洛赫：一部政治传记》，柏林/维也纳，费罗出版社2004年版，第429页以下。

进取、富于挑战的思想。在此意义上，他的哲学思想远远超出了 20 世纪西方哲学史。

进入 21 世纪以来，全球恐怖主义泛滥，种族冲突加剧，世界充满了信仰和意识形态冲突、生态危机、革命性转变。面对新世纪的趋势和挑战，布洛赫《希望的原理》一书所阐明的一系列中心思想，例如，"未来的预先推定""向前的梦""具体的乌托邦"（konkrete Utopie）"直路"（aufrechter Gang）"天赋人权与人的尊严"（Naturrecht und Menschliche Wuerde）等重新成为国际学界关注的中心问题，并在文学研究家、哲学家、法学家、历史学家和其他社会科学家中间再次引起了富有意义的讨论。

面对新世纪的趋势和挑战，《希望的原理》能够帮助我们建立新的人的自我理解，并更好地理解当下世界，从而有助于纵览人类文明史全体，眺望未来、勾画未来。今天，我们研讨《希望的原理》，思考《希望的原理》，履行《希望的原理》乃是承诺我们的未来，并承诺这个未来的新人。

第二章

希望视域与先现美学

第一节 希望与世界图像

"希望"一词源自人类学的理念,即"人是来自乌托邦的生物",那么希望何以成为一切存在的原理,其根据是什么?换言之,"希望"能够成为"存在"的原理吗?这无疑是直接关涉布洛赫思维有效性的一个最根本的提问。为了回应这个问题,布洛赫一方面考察希望哲学的相关物——"世界图像"(Weltbild);另一方面考察希望哲学的存在论特征,即"尚未存在的存在论"(die Ontologie des Noch-Nicht-Seins),以便从主观—客观两方面揭示希望的存在论意义。在后期著作中,布洛赫尤其专注于"尚未存在的存在论"和自然过程哲学,因为在他看来,对乌托邦一般存在论的规定也就是对存在论自身的规定。与此相适应,他的早期著作的关注点,即主体的生存体验和乌托邦精神,就移入以现实的主客中介为核心的世界形态的形而上学。

对布洛赫来说,"尚未被意识到的东西"无非是主体的一种有意识的再现,即预示某一时代、某一世界中存在着"尚未形成的东西"(Das Noch-Nicht-Gewordene)[1]。由此可见,尽管布洛赫在哲学思维中优先分析了预先推定意识,但在存在与意识的关系上,他却始终坚持存在先于意识的唯物论立场。然而,布洛赫也坚决反对机械唯物论,因为这种唯物论把意识归结为存在的单纯反映,否认存在与意识之间的辩证统一关系,否认存在与意识的联系和转化,否认人的意识的能动性、创造性。在存在与意识的关系上,与唯心论、机械唯物论相对立,布洛赫通过"尚未"

---

[1] E. 布洛赫:《希望的原理》,第143页。

(Noch-Nicht)这一现实因素证明了两者的辩证统一过程。存在与意识相互作用、相互趋向：一方面，存在包含着尚未被意识到的东西的潜势；另一方面，意识预先推定尚未形成的东西的趋势。于是，世界存在被视为尚未完成的过程，通过洞察这一存在的现存事态，乌托邦意识（意识的本质部分）便决定性地获得了承载预先推定未完成的存在本质的功能。

"尚未"概念是布洛赫希望哲学的一块基石。根据他的"尚未"概念，现存的世界是"把尚未完成的现在与未完结的过去、尤其是可能的未来加以中介起来的过程"①。世界尚未到达自身的本质，因而世界是一个巨大的实验室，其中充满着各种指向同一性的非同一性。在近代哲学史上，黑格尔率先致力于作为过程的世界认识，但是，布洛赫通过批判黑格尔唯心论的辩证逻辑，校正了"过程"（Prozeß）概念。在此，布洛赫的批判聚焦在黑格尔思维的一根"软肋"上，即"曾在的东西"（Ge-Wesenheit）这一本质概念上。布洛赫指出，黑格尔的过程概念只不过是业已完成的完成时试题，并且被置于一种整理得井井有条的结构之中，因此，黑格尔的方法和体系不适于显现尚在进行中的，以及正在发酵中的世界的本质，从而严重阻拦了新的东西的出现。② 简言之，虽然黑格尔不时地暗示世界过程之中固有的否定可能性，但他未能一以贯之，将其坚持到底。进言之，在他那里，绝对精神的展开过程不仅无情地耗竭历史的发展范围，也绝对不容许源自质料此在之运动的那个新东西的维度。③ 但是，世界过程是一个客观物质进程，它既不是为逻辑所创造，也不是靠绝对理念来运动。

---

① E. 布洛赫：《希望的原理》，第225页。
② E. 布洛赫：《主体—客体：对黑格尔的解释》，法兰克福/美因，苏尔卡姆普出版社1962年版，第486页以下。
③ E. 布洛赫：《希望的原理》，第231页。在对H. 柏格森哲学的批判中，布洛赫进一步刻画了"新东西"（Neues）概念的基本特征："在柏格森那里，当作新东西而给出的是什么？那就是，反重复、反几何学、生命的热情以及借助于生命之流奔腾不息的直觉等。这一切生命力都是印象主义的、自由主义的和无政府主义的，但是，遗憾的是，这一切并非预先推定的。柏格森的生命热情乃是'像在转弯处不断改变方向的新东西一样的东西'。因此，在此不断渗入动态惊异的是所谓知觉（Intuition），然而，在纯粹的、恶的无限性中，在连续不断的新东西的变化中，并未遇见任何现实性的东西。一切东西一再重新开始的地方，也正是一切东西变得陈旧不堪的地方。因此，事实上，在柏格森的惊异之流中，一切东西都业已约定好，而且凝固成一成不变的公式。"

这样说来，作为乌托邦的相关概念和客观根据，尽管世界图像尚未显现自身最内在的本质内容（Was-Inhalt），但是，它到处都被理解为一种试图解决"同一性"这一根源问题的过程。① 这种世界图像可被概括为"匮乏"（Mangel）与"过剩"（Überschuß）的共存状态。也就是说，就"尚未形成的东西"而言，现存的世界是一种匮乏的状态，与此同时，在业已形成的东西中，它又是一种可能性充溢的过剩状态。借助于此，不仅可以克服关于世界存在的封闭的、静态的概念，而且也可以开启现在中孕育未来的希望的维度。

　　布洛赫把世界过程的具体实体阐明为"质料"（Materie）②，从而奠定了他的"唯物论乌托邦"的坚实基础。作为希望哲学的又一块基石，"质料"概念有力地支撑着具体的乌托邦的存在。布洛赫的质料概念渊源于阿维森纳、布鲁诺、早期谢林等亚里士多德的传统，他把这一传统与托马斯·阿奎那的"形象中心说"传统区别开来，称其为亚里士多德左翼（Aristotelische Link）。特别是，在后期著作《唯物主义问题》（1972）中，布洛赫从全部哲学史的视角集中探讨质料概念，把它概括为从必然王国到自由王国的趋势性"基质"（Substrat）。③ 在此，质料本身不仅是质料概念和乌托邦概念的基础，也是自然哲学和宇宙论（Kosmologie）的基础。在此，布洛赫拒斥传统的、机械的、封闭的、僵死的质料概念，转而构筑新的历史的、乌托邦的、辩证的质料概念。在他看来，质料不是一具僵死的"大木块"（Klotz），而是沸腾着一切可能性的第一创造原理：

　　　　所谓质料与亚里士多德质料定义的含义相称：不仅根据可能性之中的存在者（kata to dynaton），即根据条件当时历史地可显现的东西，亦即历史地、辩证地规定了的东西，而且可能性之中的存在者（存在）（dynamei on），即客观现实可能性的相关物或纯粹类似存在

---

① E. 布洛赫：《希望的原理》，第 166 页以下。
② 德文 "Materie" 一词也可译作物质。
③ 一方面，布洛赫从亚里士多德的质料概念中发掘出辩证因素，即质料是"可能性之中的存在"；另一方面，他批评亚里士多德的"可能性之中的存在"（dynamei on）概念并没有考虑到关涉形象世界的质料的固有运动，尽管这一概念有助于从个别的既定状态拯救质料的本质。参见 E. 布洛赫《图宾根哲学导论》，第 233 页以下。

的东西——这一切都是辩证过程的可能性基质。①

质料在自身的"母腹"（Schoß）中拥有历史的、现实的目标规定性，而这种规定性的显现途径正是世界过程。换言之，质料的运动依据自身的原理，从潜在的生命力展现"隐德莱希"（entelechial），即"无—尚未—全有"。质料的固有目标是一种潜势存在，而实现这个目标的运动则显现为一种趋势。在此，前者标明尚未实现的、客观的、现实的乌托邦的相关物；后者则标明现实中被阻挡、被压抑却一往无前的乌托邦的紧张关系。

布洛赫把这一质料的潜势和趋势看作具体乌托邦的两个基本要素。因此，只要主体重新觉察并传达质料的潜势和趋势，那么在任何地方都能准备乌托邦的地盘。这样看来，应当从此岸的世界过程出发理解质料的运动这一乌托邦的现实基础。因为一旦用先验的、绝对的概念取代质料的终极目标或形象，布洛赫的具体乌托邦理念就无异于抽象的理念图像。有鉴于此，布洛赫把质料的本原运动过程刻画为"没有超越者的超越运动"（Transzendirens ohne Transzendenz）②。

一方面，质料本身超越现存状态；另一方面，质料紧随作为全体的世界过程。在此意义上，质料的"超越性"并不意味着朝向目的论的彼岸世界的"垂直"超越，而是意味着在历史的、辩证过程的媒介中所规定的不同状态的迂回超越。布洛赫强调，质料的目的并非唯心论意义上永恒不变的形象，而是"趋势—潜势—乌托邦"意义上的世界过程及其客观基础的变化发展。这是通过潜势和趋势而不断发酵的过程，它仅仅受到"当时现存诸条件目标的"意向性引导。③ 因此，我们称作"具体的乌托邦的东西"是具有客观现实的可能性的东西，它与追求某种先验的根源和目的的虚妄尝试毫不相干。

如前所述，布洛赫把质料理解为同一的基质、世界的根据以及外部自然现象和内部意识的根据。此外，作为过程的世界是一个尚未完成的世界，因而它必须保持质料的运动状态，以便使自己从尚未健全的自我意志中解

---

① E. 布洛赫：《图宾根哲学导论》，第 233 页。
② E. 布洛赫：《唯物主义问题》，第 478 页。
③ E. 布洛赫：《图宾根哲学导论》，第 86 页。

放出来。布洛赫将这种质料与乌托邦的关系称之为"乌托邦—质料之弓"（Bogen zwischen Utopie und Materie）①。根据 R. 舍费尔的解释，一方面，"质料中的乌托邦"（Utopie in Materie）是向尚未存在者突进的潜在势力；另一方面，"乌托邦中的质料"（Materie in Utopie）是改变现存世界、创造新世界的梦的实力。他认为，理论上无法证明具体的乌托邦，即"质料中的乌托邦"与"乌托邦中的质料"之间的一致状态，从而他把这种一致状态归结为"至善"这一道德行为可能性的一种必要条件。② 借助于自我发展的质料动力或内核（Kern），"质料中的乌托邦"与"乌托邦中的质料"在同一的视域中形成一具长长的"蜿蜒之弓"（Bogen）③，世界过程就寓居在其中。"没有质料就没有（现实的）预先推定的基础，没有（现实的）预先推定就无法把握质料的视域。"④ 因此，质料成为预先推定的质料、向前的质料，它本身包含了趋向更美好世界的乌托邦希望。

这样，乌托邦的意义就不是"乌有之乡"或"空中楼阁"，而是生生不息、永不封闭的质料，即此岸世界中以具体阶段形式变化的世界过程。根据这种质料概念，布洛赫断言，不仅人之中存在希望，质料自身之中也存在希望。就像在人那里一样，质料也尚未到达自我同一性，为了到达自身的既定目标，质料的运动过程也把向前的希望当作自身的原理。⑤ 正是基于这一总体构想，希望上升为一切存在者的构成"原理"。在历史哲学语境中，布洛赫把这种无所不包的希望原理与马克思的下述名言紧密联系起来："世界早就在幻想一种一旦认识便能真正掌握的东西了。那时就可以看出，问题并不在于给过去和未来之间划下一条不可逾越的鸿沟，而在于实现过去的思想。而且人们最后发现，人类不是在开始一项新的工作，而是在自觉地从事自己的旧工作。"⑥ 希望哲学把马克思意义上的"世界之梦"的实现过程理解为"尚未形成的东西"与"尚未被意识到的东西"

---

① E. 布洛赫：《图宾根哲学导论》，第 232 页。
② R. 舍费尔：《哲学与天主教神学之间的交互关系》，科学图书公司，达姆施塔特 1980 年版，第 287 页。
③ 在此，德文 Bogen 一词也可译作曲线。
④ E. 布洛赫：《希望的原理》，第 273 页以下。
⑤ 布洛赫关于质料的根源性"渴望"（Sehnsucht）概念与 J. 伯麦和谢林关于质料的"非规定性"相联系。按照伯麦和谢林的观点，非规定性质料具有从潜在意志过渡到现实状态的渴望，通过考察这种激昂的渴望可以规定质料本身。
⑥ 《马克思恩格斯全集》第 1 卷，人民出版社 1977 年版，第 418 页。

的辩证关系。

一方面,在历史哲学领域里,质料概念表现为世界图像这一希望相关物的具体的实体;另一方面,在存在论领域里,质料概念表现为质料运动这一世界过程相关物的可能性。所谓"可能性"(Möglichkeit)意味着"质料运动作为过程从范畴视角显示的东西"①。在《希望的原理》第18章中,布洛赫就以"可能性范畴的层次"为题探究了可能性的多种多样的形态。他特别把"客观—现实的可能性"范畴看作关于存在方式的逻辑表现,在此,客观—现实(objective-real)这一界定标志着可能性范畴的最高层次。② 一般意义上,可能性指称形式上所许可的现实性的前阶段(Vorstufe),与此不同,所谓"客观—现实的可能性"意味着现实倾向中承载着自身终极目标的过程:

> 可能的东西不仅仅在形式上被认可,客观上可猜测或本身合乎客观地展现出来,而是在现实的东西本身中,具有某种承载未来的特性。这样,也就存在客体的实际的部分制约性,正是在这种制约本身中,这种部分条件表现自身的实际可能性。③

客观—现实的可能性起因于一时的、潜在的条件匮乏,但是,世界过程恰恰以这种可能性怀抱不可穷尽的质料的一切形象。因此,质料既是可能性中的存在(In Möglichkeit-Sein/dynamei on),又是不断突破当时的世界过程的存在。就此而言,可以说,质料的存在状态取决于以新东西(Neues)为取向的可能性。这样,布洛赫就把历史地显现的"客观—现实的可能性"界定为具体的乌托邦的相关范畴。于是,现实性的东西既不会局限在业已完结的调和的理念图像上,也不会局限在单纯的虚构假象上。在无数的可能性之中,现实世界只不过是一个片断(Fragment),就

---

① E. 布洛赫:《希望的原理》,第274页。按照布洛赫的分层说,可能性的第一层次是"形式的(formal)可能性"。作为"形式上可能的某种东西",形式的可能性使人的思维成为可能。与此相对照,"类似事实的和根据事实的(sachhaft-objektgemäß)可能性"则表现为一种假设性的判断或一种有疑问的判断。由此,布洛赫进一步推导出标明存在论特征的最高层次的可能性即"客观—现实的可能性"。

② E. 布洛赫:《希望的原理》,第258页以下。

③ 同上书,第271页。

像这个世界拥有神秘莫测的暗码一样,它拥有尚未形成的可能性。尽管朦胧不清、闪烁不定,但这个世界折射出承载着未来形象的那个可能性的痕迹和暗码。现实世界之所以呈现混乱和片断性,是因为世界过程本身包含着匮乏和过剩,但是现存质料的母腹却无时无刻都孕育着新东西的萌芽。显而易见,以绝对必然性为基点的传统形而上学体系并不能认识这种孕育中的新东西的萌芽,相反,只有通过可能性的层次才能将其融入"尚未存在的存在论"领域里。换言之,客观—现实的可能性为"尚未"的存在概念开辟道路,从而成为辩证唯物论存在论的根本范畴。同样,乌托邦的希望不是定位于业已完结的"迄今为止的存在者"(bischer Seiend)的存在论,而是定位于继续开放着的、重新被论证的"尚未存在者"(noch-nicht-Seiend)的存在论。

综上所述,质料范畴和可能性范畴标志着未来的预先推定要素即是世界自身的客观要素,二者充分表明希望能够自行扩张为存在自身的构成原理。于是,在希望哲学中,重新被规定的乌托邦的意义在于显示"在世界的最前线中,客观—现实的可能性所能实现的程度"①,在于显示人类与世界的希望相逢的场所。希望哲学的存在论自始至终守望着"新东西",为其妊娠、分娩和成长鸣锣开道、摇旗呐喊。布洛赫坚决反对把现实当作业已完结的、确定了的东西加以正当化或予以抛弃,因为只有在尚未形成的可能性中,我们才能发现梦寐以求而终未得到的那个世界的本质侧影。

布洛赫之所以重新提出新的存在论问题,旨在阐明内在于人类和世界的乌托邦希望的基础。在他那里,乌托邦来自人类对现实构造的新的存在秩序的期望,因此,必须从现实出发,才能明确阐明"尚未存在的存在论"的根本特征。这种存在论的现实阐明将有助于我们逼近与现实息息相关的艺术问题的地点。

"尚未存在的存在论"首先承认此在(或本质、生存规定)与存在之间横亘着一段距离(Distanz)②,由此进一步构筑架桥连接这段距离的"尚未"(noch-nicht)这一系词(Kopula)。③ 在此,布洛赫存在论的认识要求

---

① E. 布洛赫:《希望的原理》,第 237 页。
② E. 布洛赫:《图宾根哲学导论》,第 52 页。
③ M. 本泽把布洛赫的"尚未"概念誉为我们时代辩证艺术思维的大胆的突破性概念。参见 M. 本泽《恩斯特·布洛赫的散文和新的存在纲领》,载 M. 施密特编《关于恩斯特·布洛赫〈希望的原理〉的材料》,法兰克福/美因,苏尔卡姆普出版社 1977 年版,第 262 页。

一种对存在的根本态度变化，因为存在既不是既定的也不是现成的。在尚未清晰的新东西的前兆中，存在的本质仅仅借助于"将在"的潜在活动忽隐忽现未来的前景和征兆而已。在此意义上，既然存在的本质不在"曾在的东西"（Ge-Wesenheit）之中①，那么新的存在论就必须跳出传统形而上学的条条框框，立足于世界的最前线，通过客观—现实的可能性，在"尚未的存在"（Noch-Nicht-Sein）中重新规定存在的本质。进言之，"尚未的存在"是质的自我运动的载体，它只有在自我创造的广度中才能得到理解。

存在的直接当下状态为"否"（Nicht）所环绕，但是，此时的"否"并不是"单纯的否"，而是"不在那里"（Nicht-Da）。这样，否就意味着"某物"（Etwas）的匮乏，并同时为从匮乏走向"在那里"（Da）铺平道路。在此，"否"与其他根本冲动，例如，欲望、追求等，尤其是与饥饿一道构成人类学的基本概念。②作为最初的存在论问题，"否"到处都与"非有"（Nicht-Haben）发生关联，并不断形成各种辩证的、动态的时空所有。③布洛赫这样强调了"匮乏"或"否"并不是"无"（Nichts）的同义词：

> 首先我们必须尽可能严格地区分"否"与"无"，这两个概念之间包含着关于概念规定的全部冒险。"否"位于根源之中，它意味着依然空洞的、未规定的、未决定的东西，意味着趋向开始的出发点。反之，"无"乃是某种确定的东西。……"无"也不是像"否"一样的创造性冲动，而是毁灭性的破坏。经历过的瞬间黑暗与"否"有关，而否定性的惊讶则与"无"有关，就像肯定的惊讶与"全有"（Alles）有关一样。④

"否"不同于作为绝对否定的"无"，因为作为空洞的、未规定的东西，"否"位于世界过程的初始出发点上。布洛赫借用神学用语，即"经历过的瞬间黑暗"（das Dunkel des gelebten Augenblicks）表达了这种初始

---

① E. 布洛赫：《希望的原理》，第18页。
② 同上书，第356页以下。
③ E. 布洛赫：《图宾根哲学导论》，第247页。
④ E. 布洛赫：《希望的原理》，第357页。

意义，这是因为"尚未"和"黑暗"作为"尚未存在的存在论"的最初概念提示关于存在者的非同一性的直接经验，而在希望哲学中，存在恰恰被理解为一种自身包含着潜在同一性的非同一性的阶段。换言之，"尚未的存在"以存在论形态拥有这种潜在的同一性状态，即在成就同一性之前，它就以拯救非同一性为目标。

布洛赫把这种显现于过程之中的存在视为一种尚未存在的东西，并把具体的乌托邦视为判断这种存在的尺度。这样，具体的乌托邦就把存在的非同时性解释为自身扬弃过程中的"趋向同一化"的阶段。在此，尽管初始的"否"和"黑暗"并不允许乌托邦终极状态（Endzustand）的完满状态，但在其中，终极物（Ultimum）却像"轻微的笛子声音或迅雷不及掩耳的电光"一样闪现。① 由于这个缘故，"否"和"黑暗"属于存在的最初状态，从一开始，二者就显示出某种乌托邦目标设定的意义。

然而，在世界过程的侧面中，作为人类学意义上的初始性的"否"（Nicht）被理解为一种存在论上的"尚未"（Noch-Nicht）。在布洛赫看来，"尚未本质上是类似时间的东西（Zeithaft），承载着旨在实现未来的可能性的意志，因而赋予质料的运动以实质意义"②。在希望哲学中，乌托邦既是客体自身的规定性，也是"尚未"因素的必要前提。因此，作为一种过程否定，"尚未"这一存在论装置能够救济否定中的肯定或非同一性中的同一性。进一步讲，这种乌托邦因素既包含旨在超越悲惨现实的主体的实践意志，也包含旨在监视新世界的客体的变化意志。

另一方面，在世界的深渊中，"尚未"一边突破"主词是宾词"（S ist P）这一传统形式逻辑学的结构；一边寻求"主词还不是宾词"（S ist noch nicht P）这一新的质料逻辑学的结构。在《世界的实验》中，布洛赫一针见血地指出了传统形式逻辑学的严重弊端，为构筑新的质料逻辑学铺平了道路：

"是"（ist）带来对于存在概念的一种封闭的、静态的误解……

---

① E. 布洛赫：《乌托邦的精神》，法兰克福/美因，苏尔卡姆普出版社1964年版，第256页。
② E. 布洛赫：《图宾根哲学导论》，第227页。

主词则封锁当时的形成（Werden）场所。①

对这种形式逻辑结构的颠覆充分表明质料的所与自在（Ansich）状态及完备的自身概念之间存在着深刻的分裂，而构筑新的质料逻辑学必须以可能性范畴为前提。因为可能性范畴恰恰逻辑地表现未封闭的事态的本质和资料的现在状态。在此，质料的自身概念是通过整合尚未完成的总体成果而形成的。基于这一认识，布洛赫试图从未规定的未来的视域中展开黑格尔辩证法所提出的总体逻辑学。具体而言，存在这一主词（S）是质料的潜在核心、世界的源泉（Quell），存在者这一宾词（P）则唤起通过显现着的世界过程而展开的过程。宾词表现根据主词的创造意志所产生的本质内容。然而，这种本质内容并不是可还原为逻辑属性或绝对属性的性质。因为在新的质料逻辑学中，主词与宾词密不可分，宾词的规定已经孕育在主词之中。即主词拥有本原意志，能够持续不断地向外追求和扩张，从而通过宾词而显现为生成（Werden）。

在此意义上，希望哲学把世界过程理解为充满着对某物的趋势和潜势的永恒的生成过程。因此，世界这一主词蕴含着尚未显现的东西，而世界的进步就表现在使其脱颖而出的创造行为上。在此，为了理解布洛赫的进步概念，有必要简要考察一下时间性问题。早期布洛赫持一种弥赛亚—末世论的时间概念。力图在历史的终结之处发现"死而复生"的新的开端，后期布洛赫则转向历史唯物论，力图在世界内质料运动过程中规定"从无到有"的时间概念。不过，无论在早期著作中还是在后期著作中，布洛赫都坚持一种历史过程的时间概念。这种质的历史的时间概念与量的数学的时间概念相对立，换言之，与近代认识论的机械的时钟时间相对立。② 在布洛赫看来，历史时间是倾向性的、质的时间，其内容是相异的

---

① E. 布洛赫：《世界的实验》，法兰克福/美因，苏尔卡姆普出版社 1975 年版，第 40 页以下。

② 在此，布洛赫批判近代自然科学的量的、无复调的时间概念，谋求恢复质的有声有色的时间意识。在他看来，近代科学的核心理念是一切对象的数学化。例如，所谓"几何学的算术化"就是把几何学的性质还原为代数这一共同的要素。于是，时间概念仅仅象征量的差异，一切事件都被同质化。从而，量的时间的累积被视为进化的源泉。例如，达尔文和拉马克就把进化概念界定为自然基础的时间累积和堆。不仅如此，自然科学成果和启蒙主义哲学也建立在近代时间性概念前提之上，其基本理念与历史的、实践的目的概念联系在一起。

历史质料。因为世界过程不是同质的、空虚的时间堆积物，而是充满着各种可能性的多种多样、有声有色的复调（polyrhythmisch）结构。

世界过程充满了质的时间，贯穿了绝对的"全有"（Alles）的状态和绝对的"无"（Nichts）的状态。在某种意义上，乌托邦结构的进步概念所包含的"全有"和"无"的可能性也意味着历史的最终状态。绝对"全有"（Alles）的诸阶段具体表现为"家乡"（Heimat）、"到来"（Ankunft）、"同一性"（Identität）、"终极物"（Ultimum）等，这些阶段标志着人类思维和意志所追求的全部目的。在布洛赫看来，"全有"意味着人与世界的自身同一性的实现。[①] 一旦达到这个阶段，主体与客体之间将不再存在相互对立、相互矛盾；人与自然之间、本质与现象之间也将归于完全的和解。与此相反，"无"乃是物化的孤立化和历史过程的"徒劳"（Umsonst），它象征着一种无可挽回的完全的废墟状态。[②] 在布洛赫的历史哲学中，"尚未"这一当下的瞬间朝着两种可能性敞开大门：一方面，乌托邦意志历史性地指向终极性和解所成就的"全有"（Alles）的状态；另一方面，"乌托邦的封闭性挫折"指向历史的徒劳所招致的绝对的"无"（Nichts）的状态。

如果考虑到这种"敞开的二者择一"意义上的历史最终状态，那么就不能用庸俗的目的论的决定论或抽象的乌托邦主义来代替布洛赫的历史哲学思想。因此，鉴于不确定的历史现实，"希望"诉诸人与自然、现在与未来的实践原理。此外，希望哲学试图在"今天"之中发现旧的过去与即将到来的未来的质的差异，由此进一步深化其现在的意义。在布洛赫看来，历史趋势的决定性环节蕴藏于"经历过的瞬间黑暗"，即蕴藏于最切近的现在之中。因此，真正的乌托邦意识就被用来看穿最切近的"黑暗"。在同一语境中，布洛赫把"现在"（Jetzt）和"在此"（Hier）视为关于一切存在和形式的乌托邦的核心范畴。

---

① 布洛赫认为，《浮士德》对于终极乌托邦的同一性具有十分重要的意义。《浮士德》正是以"瞬间"拒绝和承诺为条件，叙述不间断地发生的主体—客体之间的相互作用。例如，浮士德敢为天下先，永不随波逐流，不断突破自身的有限主体框架，大胆迈向未知的开放世界，永不懈怠，与时俱进，永葆积极进取的精神状态。更可贵的是，他的至理名言："停留一下吧，你多么美呀！"把乌托邦的同一性升华为同一性的极点。

② E. 布洛赫：《希望的原理》，第364页。

为了恰好渗透到最近处，人们需要研磨历练的"乌托邦意识"这一最强烈的望远镜。因此，乌托邦意识是最直接的直接性，恰恰在这个直接性中，蕴藏着人的"存在状态"（Sich-Befinden）和"此在"（Da-Sein）的核心，同时还蕴藏着世界秘密的全部纽结。①

如同上述引文表明的那样，布洛赫的乌托邦构想是十分具体的。如果不谈"我们"和"现在"，那么乌托邦就什么也不是，唯有当暴露"现在"这一直接性时，乌托邦才具有自身的意义。并且，布洛赫强调，既然乌托邦需要进行无限的旅行，那么它就不会违背乌托邦意识。② 在此意义上，只要具体的乌托邦参与终极目的，那么它就能够为可到达的现在发挥作用。通过"尚未被意识到的存在论"，布洛赫极力主张现存世界的进步可能性。进言之，在具体的乌托邦结构中，这种进步可能性被规定为一种未封闭的"开放性"（Offenheit）。因此，布洛赫的历史观超越传统历史观的必然性体系和直线发展观，严重警告世界史中若隐若现的毁灭性的绝对"虚无"。但是，与霍克海默尔、阿多尔诺关于《启蒙的辩证法》的立论③不同，尽管布洛赫坚持现实批判原则，但他同时致力于推进并扩大新的历史进步和希望可能性。不仅如此，他要求彻底扬弃迄今迫使劳动者丧失主体性，个性遭到严重摧残、身心受到普遍扭曲的异化劳动。因为消灭和扬弃异化也是马克思的根本命题，是人类走向"自由人的联合体"、实现自由王国④，亦即尚未实现的世界过程的终极目标——"家乡"的必由之路。

总之，希望从目的意识的实践出发，要求人与自然的一种同一性体验。因此，在布洛赫那里，"所谓乌托邦就是在自身的形态中，试图到达'全有'的存在的一种实验意志。"⑤ 只要希望作为原理不抛弃自身的实现

---

① E. 布洛赫：《希望的原理》，第 11 页。

② 同上书，第 366 页。

③ 参见霍克海默尔、阿多尔诺《启蒙的辩证法》，重庆出版社 1994 年版，第 82 页。"理性彻底揭露出了客观作用的统一性和形式是混沌的物质的外表，并把它们对人的影响诅咒为奴役，直到观念的主体完全成为唯一无约束的、空洞的权威。"

④ 共产主义社会是自由人的"联合体"，是"以每个人的全面而自由的发展为基本原则的社会形式"。参见《马克思恩格斯全集》第 23 卷，人民出版社 1972 年版，第 649 页。

⑤ E. 布洛赫：《希望的原理》，第 388 页。

可能性，乌托邦的实验意志就会作为动因不断地进行试验和摸索。尤其值得注意的是，布洛赫在艺术领域里寻求这种乌托邦的实验室。在他看来，艺术恰恰以"尚未"为前提，中介"尚未被意识到的东西"与"尚未成功的东西"。在此意义上，布洛赫的艺术哲学可以被界定为乌托邦艺术论，通过这方面的考察，可以进一步领悟其在现实中获取的乌托邦的意义。

第二节 作为"先现"的艺术

按照布洛赫的艺术哲学，艺术是关于乌托邦意识的显现和尚未形成的现实的象征，艺术先现是关于"如何预示某物"这一根本问题的答案。"先现"（Vor-Schein）概念是布洛赫艺术哲学的核心概念，先现概念标志着"人的自我相遇""人与世界的相遇"和"人与自然的共同生产力"。人类本真的未来向度是通过人与人、人与世界、人与自然的相遇来实现乌托邦的未来图像的。作为未完成世界的实验室，艺术预示尚未完成的东西，艺术"先现"保存和扩大"世界事件"和"世界形态"，从"深度的假象"和"广度的假象"中寻求自身的真理。

换言之，从哲学上看，关于艺术的真理问题与美的假象的现存描写有关，进而与多层世界现实中的现实的实在程度有关，与现存客体的相关概念的场所有关。在闪闪发光的艺术方面，乌托邦作为客体的规定性与现实的可能性的存在程度一道到达证明（Bewährung）这一内涵特别丰富的问题。在此意义上，布洛赫把艺术真理归结为"艺术先现"：

> 对于艺术真理问题，可回答如下：在任何时候，艺术假象（künstelerischer Schein）都不是单纯的假象，而是一种笼罩在各种图像中的某种东西，亦即意味着仅仅在各种图像中方可标明的持续驱动的某种东西。在这种持续不断的驱动中，艺术夸张乃至虚构故事都描述令人感动的现存东西中本身徘徊不定的某种东西，并且描述有关现实的东西的意味深长的先现（Vor-Schein）。在此，所谓先现也正是某种内在地蕴含美的、用特殊方法可描述的东西。在此，我们照明在个人的、社会的和自然的进程方面从未注意到的那种习以为常的或触

目惊心的意义。①

因此，在布洛赫看来，重要的不是艺术作品的表面现象，而是艺术家或欣赏者的思想感情。人的愿望可以归结为一种图像，但在艺术创造者或欣赏者那里，这种愿望图像却表现为变幻无常的辩证图像。如果说卢卡奇关注的是艺术作品本身的存在论，那么布洛赫则关注创作意志和接受意志。

在形象、境况、情节和背景中，艺术把自身的素材推动到底，并以痛苦、幸福和意义等方式使这一切得到充分的表达。换言之，恰恰通过下述方式可到达先现本身：创作行为发生于辩证地开放的空间中的终极推动行为（Ans-Ende-Treibens）之中，从中一切美的对象都从美的角度得到表现。从美的角度得到表现，这意味着这种艺术图像比直接地、感性地或直接地、历史地显现的对象更加内在地成功的、更加精巧地形象化的、更为本真的艺术图像。

作为先现，这种精巧的形象化（Ausgestaltung）依然是假象，但它不是幻象，相反，艺术图像中显现的一切东西都朝着某种决断（Entschidenheit）显现，从而变得敏锐或增强，尽管这种决断很少表现在现实体验中，但它完全植根于主体之中。这一点使我们辨认出有牢固基础的意识，从而，使我们在剧院里观察到作为范例的教育机构。正像以歌德为例，席勒所界定的美的现实主义一样，"先现不是超越自然而是扩大自然"。美，甚至崇高就这样地代表着一种尚未形成的对象此在，代表着一种精细刻画的世界，在这个世界里，没有外在的偶然性、没有非本质性，更没有悬而未决性。

这样，布洛赫把从美学角度所尝试的"先现"的口号（Losung）进一步表述如下：

> 正如在基督教的、宗教的先现中所表现的一样，如果这个世界不是被毁灭并且末世论地归于消逝，那么这个世界岂能归于完善呢？在任何时候，艺术都通过自身个别的具体形态寻求这种完满性，即仅仅在这种具体的形态中，艺术才能寻求作为敏锐地直观到的特殊性这一

---

① E. 布洛赫：《希望的原理》，第 247 页。

全体的完满性。然而，宗教却在总体性中寻求乌托邦的完满性，而且，个体实物的拯救被纳入总体之中，例如，被纳入下述教义中："我重造一切。"在此，据信人得到重生，社会变成神的国度（Civitas dei），自然神化为天国。①

与此相反，艺术使一切变得圆满完整。作为"古典"艺术，艺术热爱"航行"，围绕所与的悬崖峭壁，沿着蓝色海岸自由航行，即使作为哥特艺术，它本身也总是包含着超越性、均衡性、同质性等特征。在开放的空间中，只有音乐才起到炸开现存的东西的作用，因此，与其他艺术自身不同，音乐本身也总是拥有某种古怪离奇的特性，仿佛它在美的或崇高的层面上旋即传达某种信息。

所有其他艺术都不是炸开这个世界，而是仅仅在世界的个别形态、个别境况、个别行为等方面，从事纯粹而纯洁的描述。因此，这种先现就有了充分的可见度。这样，艺术并非幻象，因为它活跃在业已形成的东西的某种延长线之中，活跃在更恰当地形态化的业已形成的东西的面貌之中。

在《乌托邦的精神》中，布洛赫把艺术的乌托邦功能，特别是音乐的乌托邦功能描述如下：

> 它是一个黎明，是对尚未出现但有朝一日会出现的东西的尚未被意识到的东西的知识。②

在此意义上，艺术是乌托邦意识的纯粹表现。艺术表达和预先推定作为现实可能性的现实中还在微睡的东西。因此，"想象力"（Einbildungskraft）概念和"先现"（Vor-Schein）概念是布洛赫乌托邦思维的核心概念。

众所周知，Th. W. 阿多尔诺的美学理论极力把艺术与乌托邦对立起来，拒斥艺术中任何肯定的乌托邦形象，进而把乌托邦归结为某种"背

---

① E. 布洛赫：《希望的原理》，第 248 页。
② E. 布洛赫：《乌托邦的精神》（1923），法兰克福/美因，苏尔卡姆普出版社 1964 年版，第 13 页。

信弃义的假象和自欺欺人的安慰"①。与此不同，按照布洛赫的艺术理论，艺术是关于乌托邦意识的显现和尚未形成的现实的象征，艺术家的"假象"不仅仅是单纯的假象，而是现实的先现图景。布洛赫认为，通过艺术所追求的图像可以预先显示乌托邦，因此，艺术是尚未形成的现实的象征，艺术先现是关于"如何预先显示某物"这一根本问题的答案。

纵观西方哲学史，"希望"（Hoffnung）或多或少是一个非哲学概念，作为马克思主义哲学家，布洛赫赋予希望概念以唯物论性质，旨在阐明马克思思想的存在论基础。按照布洛赫的"尚未存在的存在论"（die Ontologie des Noch-Nicht-Seins）②，世界充满着"尚未被意识到的东西"（Noch-Nicht-Bewußte）和"尚未形成的东西"（Noch-Nicht-Gewordene），即关于某物的趋势和潜势。乌托邦的核心范畴是"现在"和"在此"，乌托邦的理论和实践是重新创造今天意识到的世界过程的趋势。在此意义上，马克思主义哲学既是未来的哲学，也是过去中蕴含未来的哲学。在此，希望是一条实践原理，它把"自然树根"和"人类树干"置于同一视域中，永恒不息地驱动世界过程。在这一人类学—存在论构想中，艺术向我们预示"新的东西"，从而带给匮乏的世界一种充满期待的眺望，使未完成的真理寓居当下之中。

因此，艺术存在于尚未完成的世界过程之中。只有从"尚未存在的存在论"的语境中，才能准确地把握所谓"先现"艺术概念的底蕴。换言之，艺术预先推定正是在现实之中发酵的尚未形成的东西，因此，艺术能够预先蕴含任何自然质料的"希望"。

艺术作为"美的塑造"是如何超越单纯的享乐而指明一个"预先描绘的理想国度"的呢？为了解答这个问题，布洛赫首先关注的是乌托邦的艺术，这种艺术的使命就是形象地再现对象内部的激荡的运动，即指向未来的对象运动。根据这种动态的艺术观，布洛赫着力批判了近代美学概念的两个根本弊端："纯粹静观"和"对于单纯表象的冷漠满足"。在他看来，近代美学拘泥于美自身及其形式，对当下此在和未来此在熟视无

---

① Th. W. 阿多尔诺：《美学理论》，G. 阿多尔诺、R. 梯德曼编，法兰克福/美因，苏尔卡姆普出版社 1970 年版，第 55 页。

② 金寿铁：《无—尚未—全有——论恩斯特·布洛赫的"尚未存在的存在论"》，《自然辩证法通讯》2009 年第 2 期。

睹，以至于这种美学概念对于再现对象自身的本质的、生动的面貌来说是完全不适当的。因为艺术家一旦持这种僵死的机械论的美学观点，他就总是从美学角度把现存世界正当化，把世界的过程、趋势和潜势搁置一旁。

与此相反，乌托邦的艺术应在保持质料自身的真诚性（Ernst）的前提下，指明对生活世界的积极关怀和对未来的展望。如果艺术假象对质料特有的生命力麻木不仁、漠不关心，它就只能描写单纯的、平滑的表面关系。因此，在布洛赫那里，艺术素材（Stoff）与质料（Materie）这一世界过程的实体概念是固结在一起的：真正的"艺术熟练技巧的源泉被理解为质料的事态以及对其关怀备至的能力。"[①] 在此意义上，布洛赫把自身的美学称作"质料—内容—美学"（Materie-Inhalts-Ästhetik），并将自身的"质料—美学"与黑格尔的"形式—美学"（Form-Ästhetik）区分开来：

> 这样，黑格尔不是教导内容美学而是教导形式美学。只是到了现在才重新产生质料的意义。形式艺术科学仅仅趋向形式分析，而不把表现了的质料也计算在内。一幅画在色彩关系和空间分配中枯竭；一部音乐作品在其主题的运动形式和与之紧密相连的组织中枯竭。因此，艺术恰恰通过内容的匮乏，通过对被表现的或被表达的内容的漠不关心闪耀光芒。……与此相反，内容美学并不是依据其形式性分析和评价作品。……相反，内容美学尤其依据主体，亦即依据其仔细研究和详尽阐明的显现（Erscheinen）的尺度研究和评价艺术作品。但是，这不是康德意义上"对纯粹表现关系的无动于衷的满足"，而是黑格尔意义上"对于本质是本质性的那个假象"的规定。[②]

艺术作品的充实有赖于与质料自身的本质意义和趋向运动，适当的艺术形式在于通过预先推定意识与世界的相遇，努力寻求和保存当时显现的世界过程中的真理。这样，布洛赫就决定性地把对艺术内容和形式的规定与尚未完成的质料概念紧密联系起来。但是，如上所述，质料是预先推定

---

① E. 布洛赫：《希望的原理》，第250页。
② E. 布洛赫：《主体—客体：对黑格尔的解释》，法兰克福/美因，苏尔卡姆普出版社1962年版，第275页以下。

的存在，它本身预先包含着趋向自我完成的"希望"。布洛赫根据质料的固有意义，把自身的艺术理论定位在希望基础之上。于是，"质料"与"希望"提供了通向"先现"（Vor-Schein）概念的钥匙。

"艺术的假象乃是显而易见的先现。"① 换言之，艺术就是先现。在先现概念中，预先推定的"预先"（Vor）与"显现"（Schein）合成为"先现"，而这个先现与一切业已存在的现象是迥然不同的。这是因为艺术作品中的先现的目标并不是事后反映或重构既定对象，而是预先澄清尚未形成的东西，即"尚未存在"（Noch-Nicht-Sein）的本质。布洛赫这样刻画了先现的特征："在任何时候，艺术假象（künstelerischer Schein）都不是单纯的假象，而是一种笼罩在各种图像中的某种东西，亦即意味着仅仅在各种图像中方可标明的持续驱动的某种东西。在这种持续不断的驱动中，艺术夸张乃至虚构故事都描述令人感动的现存东西中本身徘徊不定的某种东西，并且描述有关现实的东西的意味深长的先现（Vor-Schein），在此，所谓先现也正是某种内含美的、用特殊方法可描述的东西。在此，我们照明在个人的、社会的和自然的进程方面从未注意到的那种习以为常的或触目惊心的意义。"② 艺术假象通常以虚构、描画、构成和塑造等形式确定实践目标，但是，艺术假象并不意味着感性存在的假象或抽象的绝对理念的假象，而是意味着"尚未成功的东西"的类似物，即"先现"。

在布洛赫看来，传统美学假象排除现实洞察，把艺术真理维系在绝对理念上，其结果，充其量显示当下瞬间中隐秘地显现的绝对理念的图像。因此，他首先斩断假象与绝对理念的脐带，继而赋予假象以"尚未存在"的特性。在此，假象作为艺术先现有了新的含义：艺术先现位于"运动的和现存的东西"之中，但是，它是尚未显现的存在的假象，是存在于世界之中同时尚未存在于世界之中的存在的假象。概言之，在布洛赫那里，艺术先现具有如下两个显著特点：第一，艺术先现与"审美假象"（ästhetischer Schein）相区别。在席勒、康德那里，所谓"审美假象"乃是一种"美的纯理性概念"，即凭借先验设定、推断或想象力的自由运

---

① E. 布洛赫：《希望的原理》，法兰克福/美因，苏尔卡姆普出版社 1959 年版，第 242 页以下。

② 同上书，第 247 页。

作，先验地为艺术设定一个可望而不可即的"本质"。① 相比之下，先现并不是一个先验的静态规定，而是一个客观现实的实现过程。一方面，艺术先现把自身的痕迹投射于现在和过去之中；另一方面，艺术先现展望未来，预先澄清未来存在的本质。第二，先现与纯粹的幻影（Illution）相区别。两者的本质区别在于对当下"生活"所持的态度：美学幻影是在不可企及的彼岸价值中寻求理想生活的形象；艺术先现则是在现实的此岸世界中寻求生活的本来面貌。艺术先现立足现在，眺望未来，"在现实的东西的视域中指明生活自身"②。因此，艺术先现不是游离于有限现实的抽象理念，而是出于生命界限而指向可实现的具体真理内容的客观幻想。

在黑格尔那里，"美就是理念的一种感性显现形式"③。布洛赫把黑格尔这一美学命题重构为客观现存过程总体性的一种认识方式，赋予这一命题某种新的可能性，进而把它刻画为艺术的真理特征。艺术是世界的获取形式，艺术通过假象媒介来中介认识，借助于此，艺术成为前概念地理解世界总体的一种方式和认识。艺术能够达到这一目的，因为艺术把认识的场所设定在形象性之中，从而把"开放性"（Offenheit）包括在这种设定之中。布洛赫向前推进了黑格尔的假象概念，把"假象"标明为乌托邦的率先行动，开启了假象概念的静态结构。艺术假象的功能是衡量自身的现实程度，从而以此衡量"自身客观关联的场所"④。因此，所谓美学真理问题就是如何描写美学的内在先现：

> 美学真理问题的解答是：艺术假象不仅到处都是纯粹假象，而是一种裹在图像里的假象；只有在图像中才能标明继续驱动的存在的意义，在此，夸张和虚构涉及某种运动——现存的存在本身，并描述现实存在的重要的先现，即能够特别地描述一种美学的内在先现。⑤

艺术是尚未形成的、可实现的未来的先现。因此，美学先现的功能在

---

① I. 康德：《判断力批判》，斯图加特，菲利普·雷克莱姆出版社 2001 年版，第 267 页。
② E. 布洛赫：《希望的原理》，第 948 页。
③ 黑格尔：《美学》第 1 卷，朱光潜译，人民文学出版社 1958 年版，第 142 页。
④ E. 布洛赫：《乌托邦的精神》（1923），第 141 页。
⑤ E. 布洛赫：《希望的原理》，第 247 页。

于解答:"世界怎样才能臻于完满?"① 大凡大功告成的作品之所以伟大,恰恰在于它预示了正在日益逼近的世界过程的趋势,然而,这种艺术杰作之所以能够预先推定尽可能准确的未来图像,恰恰在于它沐浴了"质料"的灿烂光辉,领受其在"前方边缘"(vordern Rand)上的光辉。"先现本身是完全可到达的,因为质料作为推进到终极目标的东西恰恰在其中分叉,并发生于开放的空间之中。"②

在此,艺术假象本身内含"实在之度"(Realitätgrad),所谓艺术的"真理问题"(Wahrheitsfrage)就由这个实在之度来裁决。但是,布洛赫认为,这种真理尺度不是取决于艺术自身,而是取决于作为艺术本源的社会。不过,艺术的本真使命是不断超越现实的阴暗,向着未来生活,一再追问人的自我同一性以及社会状况和行为的本质现实。通过这种过程,一切对象都可从美学角度加以表现,所不同的是,在此,"美学角度"与其说可以显示直接的感性现象或直接的历史现象,不如说可以显示内在地完成的人与自然的本质。换言之,艺术表象具有浓缩作用,它把未完成的经验世界中隐匿不见的本质能动地凝缩为某种"决定性"(Entscheidenheit)。此外,艺术表象还具有塑造作用,它从质料的原型烙印出发,能动地把尚未存在的东西预先推定为某种"趋势结果"。一方面,这一趋势结果形成乌托邦图像,即赋予意义的客体规定性(Objektbestimmtheit);另一方面,这一趋势结果形成美的形象,即赋予内容以客观而现实的可能性。这样,先现就赢得了"新东西"(Novum)这一独一无二的特性,其独特之处在于它不再意味着这个世界之中"无"(Nicht)的假象,而是意味着这个世界中现有的"剩余"。进言之,使先现成为可能的范畴正是位于世界过程最前方的"前线"(Front)。

布洛赫把"前线""新东西"和"终极物"(Ultimum)三个范畴理解为在"尚未存在的存在论"中形成世界过程的核心范畴。但是,对于阐明艺术作品而言,这三个范畴同样是行之有效的范畴。首先,所谓"前线"是指决定相继事件的现在的时间。在这个世界的最前线上,艺术恰恰能够预先推定尚未到来的新东西;其次,"新东西"是指"尚未被意识到的东西"和"尚未形成的东西"的总体内容,而艺术正是把这两者

---

① E. 布洛赫:《希望的原理》,第248页。

② 同上书,第947页。

统一起来的中介；最后，作为乌托邦的终极目标，"终极物"（Ultimum）是"新东西"的界限概念，它表明艺术所追求的新东西不是一成不变的循环往复过程，而是具体的乌托邦的创造过程。总之，按照布洛赫艺术观，艺术乃是新东西的辽阔实验领域，艺术在这个世界的"前线"上追求与"终极之物"的同一性。[①]

如上所见，作为乌托邦意识的显现，先现保存和扩大"世界事件"（Weltgeschehen）和"世界形象"（Weltgestalt）。先现的这一功能也正是布洛赫解决艺术的真理问题的基点。通过展望未来，艺术在超越自身存在的"深度假象"（Schein der Tief）和构想完成世界之幅度的"广度假象"（Schein der Weite）中寻求自身的真理。

但是，正如《乌托邦的精神》初版所表明的，布洛赫将先现把握为人与自然质料之间的互动概念。尽管先现直接通过人的内在性而外在化，但在其中却完整地包含着质料的展开过程。因此，在他看来，艺术先现的存在论视域同时贯穿人类史和自然史的展开过程，这种视域被视为超越存在和爆炸存在的定向：

> 这样，可以把从美学角度所尝试的先现的口号表述如下：正如在基督教的和宗教的先现中所表现得一样，如果这个世界不是被毁灭，并且末世论地归于消逝，那么这个世界岂能归于完善呢？在任何时候，艺术都通过自身个别的具体形态寻求这种完满性，即仅仅在这种具体的形态中，艺术才能寻求作为敏锐地直观到的特殊性这一全体的完满性。[②]

正是艺术的这一超越存在定向和爆炸存在定向驱动着艺术全力以赴、开拓创新，以求世界的圆满完成。先现的这一功能与艺术本性一脉相承，因为艺术的本性就是在存在的各个阶段为特定社会载体欣然开放思维和灵魂的空间。在这种开放的空间里，艺术超越既定的现实结构，从新的存在秩序方向爆炸这些内容。在此意义上，艺术的超越性与宗教末世论的超越性是相对立的。宗教末世论从这个世界的全面爆炸（"毁灭"）出发，谋

---

① E. 布洛赫：《希望的原理》，第 227—235 页。
② 同上书，第 248 页。

求末世论的完成("最后审判"),相比之下,艺术是一种"没有超越者的超越运动",尽管它致力于超越运动,但它依然停留在内在性之中。

那么,艺术追求这个世界的完成究竟意味着什么?若要回答这个问题,必须回溯意识所成就的乌托邦是什么?按照"尚未完成的存在论",这个世界是尚未完成的过程,它通过质料之核(Kern)追求自身的完成。但是,实际上,这个过程只要是过程,它就前途未卜,得不到"目的论确实性"的保证。同样,艺术的客观基础是有限的现实性本身,因而艺术所追求的世界的完成取决于世界的开放性和丰富性。由此出发,布洛赫强调,所谓艺术中的世界完成以及乌托邦的未来图像并非总体完结意义上的完成,而是艺术"片断"(Fragment)意义上的完成。"片断蕴藏在事物本身之中,它根据事物的未完成及其变化状态(rebus sic imperfectus et fluentibus)而属于世界本身。作为客观规定,具体的乌托邦是以作为对象规定的具体的判断为前提的,尽管作为片断,这种片断最终也一定会受到扬弃。"① 现实既不是密不透水,也不是固若金汤。相反,现实是支离破碎的片断,其中充满着残垣断壁和无数的"空房间"(Hohlraum)。审美假象植根于既成事实,追求似是而非的完成性和假定的总体性,与此不同,艺术先现植根于尚未存在的东西,通过自我完成来显示"不可完结的可能性"(Nichtendenkönnen)。

片断对于艺术创作至关重要,如果离开片断,美学想象力就会丧失自身的客观相关物。片断属于未完成的世界过程,但片断的本质乃至理念目标并没有被囚禁在封闭的体系之中。这就是说,片断是向前开放着的,这种开放性不仅揭露表面上完满性的虚假不实,也表现尚未形成的总体性的现实运动。片断显示终极乌托邦与现实之间的距离,同时指明可预测的新东西的可能性。布洛赫把片断潜势称作尚未到来但即将到来的"后来的片断"(nachträglich Fragment)。这样一来,艺术也就拥有了未完成的存在真理。布洛赫借助哥特式建筑、巴洛克艺术、米开朗基罗的绘画、歌德的诗作、贝多芬的歌剧等,令人信服地确证了伟大的片断艺术。

在布洛赫的艺术理论中,与上述先现概念遥相呼应的另一概念是"实验室"(Laboratorium)。布洛赫把这一概念表述如下:"在这条路线上有着美的真理问题的解答:艺术乃是一座实验室,同时又是必须付诸实现

---

① E. 布洛赫:《希望的原理》,第 255 页。

的各种可能性的庆典。"① 在《这个时代的遗产》(1935) 中，布洛赫把 B. 布莱希特的戏剧誉为实验室艺术的范例：

> 确切地说，在社会解放斗争中，这些构成物形成恰当的态度，并且总是新颖地形成这种态度。这些形成物乃是舞台实验室上的各种态度的实验。②

在此，借助于实验室，先现与乌托邦的希望被视为等同。于是，先现成为敞开的空间、成为可实现的东西，之所以如此，是由于它发现了历史质料过程的潜势和趋势。因此，艺术定向即超越存在和爆炸存在，是以具体的历史哲学为前提的，从而这种定向也蕴含着艺术真理内容和真理形成问题的具体线索。

作为先现，艺术指向"总体性中的完成"。因此，布洛赫不仅要求艺术能动地参与自身的真理领域，也要求其能动地参与世界过程的真理形成。在此意义上，G. 乌埃丁把布洛赫的艺术哲学称作"生产美学"，这个评价是适当的。③ 由此出发，布洛赫进一步把艺术的生产过程规定为人与自然的"共同生产力"（Mitproduktivität），以此来探索人与自然重新和解的可能性。这样，在令人痛苦的现实的匮乏中，布洛赫不是绝望地逃向艺术，而是积极地摸索新的艺术出发点。

布洛赫从否定原理和肯定原理这两方面寻求先现的乌托邦功能：一方面，作为否定原理，先现指明"刚刚经历过的瞬间黑暗"（Dunkel des gelebten Augenblicks）；另一方面，作为肯定原理，先现指明所期望的未来展望内容。

在布洛赫看来，所谓"艺术体验"恰恰发生在照明未来存在的那一瞬间。但是在他那里，对这种瞬间的艺术体验并不意味着旋即摆脱对现实的不满状态，从而，得到片刻的身心消遣。而是在世界过程之流中，积累和保持这一瞬间，以便积极参与"更美好生活"的构想。布洛赫把这种

---

① E. 布洛赫：《希望的原理》，第 249 页。
② E. 布洛赫：《这个时代的遗产》（扩充版），法兰克福/美因，苏尔卡姆普出版社 1969 年版，第 251 页。
③ G. 乌埃丁：《恩斯特·布洛赫论艺术中的假象与先现》，载 B. 施密特编《布洛赫〈希望的原理〉的材料》，法兰克福/美因，苏尔卡姆普出版社 1978 年版，第 482 页。

积极向上的艺术体验活动刻画如下:

> 艺术体验活动把这样一种剩余带入世界里,它不仅是造型的剩余,也是想象的剩余,即在行为和一定流程的世界之中,部分地消逝了的东西或对一般地尚未意识到的意义的清醒之梦。①

通过这种"想象的剩余"(ein einbildendes Plus),艺术的预先推定意识给世界史注入一股新鲜活力。对于尚未形成的东西的先现而言,想象(Phatasie)是适当的中介场所。想象对先现的中介方式与艺术创造过程的主客交互关系相一致,在此,"尚未意识到的东西"与"尚未形成的东西"之间的交互作用居于中心地位。按照布洛赫的观点,想象属于人的内心期待,想象不仅是人的意识活动的核心能力,而且也是世界中尚未显现的趋势的"器官"。尽管想象源自人类学的冲动,但它通过持续的主客中介过程获得尽可能正确的认识能力,因此,想象是一种"客观想象"(objektive Phantasie)。与康德、黑格尔等近代哲学家的美学理论不同,布洛赫另辟蹊径,从"自我相遇"(Selbstbegegnung)方面揭示想象的预先推定功能。在此,所谓"自我相遇"是指人心深处对乌托邦希望的最深切的认识过程。从单纯的装饰艺术到崇高的音乐,想象这一艺术意识方式到处都形成"内在垂直线"(interne Vertikal),并指明未来的希望图像。②由此可见,艺术先现无非是尽可能正确地预先推定质料运动的意识,这一点正是艺术假象的乌托邦功能所在。

先现乃是预先推定质料运动的意识。在《乌托邦的精神》中,布洛赫借助对哥特式建筑的描述进一步深化了这一观点:"一切神秘的尺度不在于太阳、几何学或占星术,而在于人自身的最深的内在性。"③ 但是,如果对这一引文作出纯粹人类中心主义或主观主义艺术意识的解释是不恰当的。因为创造性想象不是执着于感性理念或纯粹主观主义的世界图像,而是试图认识世界过程的潜势和趋势,所以这种想象本身属于某种质料性的东西。与随心所欲、恣意妄为的妄想不同,创造性想象的决定性根据是

---

① E. 布洛赫:《文学论文集》,法兰克福/美因,苏尔卡姆普出版社1965年版,第118页。
② E. 布洛赫:《乌托邦的精神》(1923),第13页。
③ E. 布洛赫:《乌托邦的精神》(1923),第39页。

"客观的现实可能性"。在艺术作品中,"与适当的行为相关的是世界之物的趋势,与适当的梦想相关的则是存在的趋势"。① 这样,艺术意识与发现质料核心事态(Sache)的潜势是结合在一起的。

通过批判继承中世纪 Th. 帕拉塞尔苏斯、文艺复兴时期 J. 伯麦,近代 F. W. J. v. 谢林以及马克思等人的自然观,布洛赫创造性地构想了"自然主体"(Natursubjekt)概念。在他看来,自然不是循环往复的被动客体,而是自身包含目的的、趋势的自然主体。② 作为"自然辩证法的发动机",自然主体独立于外部冲击或强制,具有自主地思考自身图像的意志。据此,布洛赫超出恩格斯《自然辩证法》中的相关解释,把能动的、生产的自然主体编入历史劳动过程之中。不仅如此,他还根据马克思"自然的复活"观点,重新解读"人的自然化和自然的人化"命题并赋予其新的意义:不是摆脱自然,而是赋予自然以自由。在此,人与自然的目的不是相互对立,而是相辅相成,从而乌托邦的世界图像是人与自然的和谐发展、共存共荣。究其原因,希望不仅是人的构成原理,同时也是自然的构成原理。针对自然的盲目物化,布洛赫开出了"希望"这副解毒剂,这是具有战略意义的。

布洛赫把自然与人的相互依存关系形象地比作树根(Wurzel)与树干(Stamm)的依存关系。自然作为树根是人栖息的地方,人作为树干则唤醒自然的潜势,使其"繁荣昌盛"(Blüte)。③ 自然没有人是昏睡的,人没有自然是空虚的,这一理念同样适用于艺术领域里的技术(Technik)。在技术时代,一方面,对技术的物化思维起因于它与资本主义的结构的亲缘性;另一方面,这种思维也与自然科学的数学计算性和资本主义生产分配过程相联系。作为资本主义的载体,技术不择手段地歪曲、阉割自然的固有目的,将其片面地抽象化,导致对自然的全面统治。用布洛赫的话来说,在资本主义普遍商品生产前提下,技术对自然的运作仅仅是运作自然的"死的方面"(tot Seite),在这种状态的近处,到处都有旨在威胁自然主体生命力的工具理性的"颠覆活动"(Umtrieb)。

有鉴于此,布洛赫辨明了作为真正艺术的技术概念与人之中划一的、

---

① E. 布洛赫:《文学论文集》,第 141 页。
② E. 布洛赫:《世界的实验》,法兰克福/美因,苏尔卡姆普出版社 1975 年版,第 218 页。
③ 同上书,第 199 页。

合法的技术概念之间的对立和界限。现在技术概念必须转变为"自然之中的协助分娩和新生的补充手段"①，进而技术必须转变为自然的助产婆和中介。不是作为自然的"扭曲者、颠覆者"，而是"作为朋友的自然之流、作为在微睡的创造性自然母腹中助产和中介的技术，这才是属于具体的乌托邦的东西。"② 于是，与具体的乌托邦理想相适应，人与自然重归于好，技术重新赢得了"同盟技术"（Technik der Allianz）。这一同盟技术概念既是对现代技术世界的反叛，也是对现代技术世界的反思，它仅仅存在于人与自然间交互发展、互利双赢的伙伴关系之中。劳动必须以同盟技术为基础，但是，这种劳动不应归结为人对自然的强权霸占或巧取豪夺，而应归结为人与自然一同梦寐以求的那个两者的普遍条件："家乡"（Heimat）。这样，布洛赫把世界理解为"人与自然的共同实验"，亦即"人与自然的相互建立过程"。同样，艺术的生产过程也是人与自然的"共同生产力"。艺术家的天职是拒斥现代自然科学中那种支离破碎、残缺不全的自然经验，呼吁一种人与自然相中介的全面的、总体的自然经验。

在关于"天才"的理论中，布洛赫从"生产美学"视角进一步明确了这些论点。在他那里，所谓"天才"（Genie）概念是主客关系的辩证统一，因而与纯粹理性存在或无意识的神性灵感拥有者毫无共同之处。用A. 闵斯特的话来说，在布洛赫那里，天才乃是生产性的"黑暗心理场所"，是"创造性的自然场所"。③ 为了表达新东西，天才不仅需要主观条件，也需要客观条件。天才只有把自身的素质与时代条件结合起来才能高瞻远瞩，引领时代潮流，成为突破（Durchbruch）尚未意识到的东西的存在。

与黑格尔不同，在布洛赫看来，艺术不是形而上学真理的反假象，更不是对过去状态的最高规定，而是尚在期待的某种成功状态的先现形态，因而艺术不是对过去事件的回忆，而是希望实践的兴奋剂和催生剂。"尚未被意识到的东西"日益逼近天才艺术家的意识，由此形成艺术创作的

---

① E. 布洛赫：《希望的原理》，第810页。
② 同上书，第813页。
③ A. 闵斯特：《布洛赫早期著作中的乌托邦，弥赛亚主义和启示录》，法兰克福/美因，苏尔卡姆普出版社1975年版，第147页。

三阶段：孵化、灵感、阐明。首先，在艺术家的创作过程中，发生某种充满预感的寻求，某种尚未明确的、渴望自身具体化的思想。这个正在酝酿着的、显露着的东西尚未明朗化，但它已走在半路上，以便渐渐明亮起来。在此孵化（Inkubation）阶段，这个被预感的东西、被寻求着的东西还根本没有获得概念，甚至没有称谓，本身只具有朦胧不清的外表。

接着，在艺术家的创造性过程中，突然发生某种明朗、清晰、闪电般的顿悟，布洛赫称之为"灵感"（Inspiration）。这是一道明亮夺目、振奋人心的"击中"（Einschlagen），是一束思想的闪电，是一朵令人豁然开朗的火花。但是，这灵感火花不是源于神秘而高超的力量，也不是源于对神秘根源的某种顿悟，而是源于某种特殊会面："灵感火花带位于一种特殊独创性，即创造性素质与某一时间素质的'会面'之中，而这种会面为思想内容、造型和贯彻提供决定性的特殊内容。"① 所谓"创造性素质"是指艺术家个人的主观条件，例如天赋、才能、爱好等，而"时间素质"则指客观外部条件，例如时代精神、具体的新东西等。艺术家的灵感就是这两方面条件的出色中介。就一个创造性过程的出现而言，时间、空间等外部条件是必不可少的，因为"巧妇难为无米之炊"，天才个体亦复如此：

> 在天才个体中，突破、经常的突发性强烈闪击，不仅让他获得了激情燃烧的素材，也让他获得了令人目光炯炯的素材，唯有从这种令人目眩的素材中才出现那种向思想突入的时间内容本身的新事物。②

随后，艺术家的创造性生产过程进入第三阶段，即"阐明"（Explilcation）。在此阶段，艺术家光靠纯粹的灵感闪现、突发性的新事物意识是无济于事的。重要的是，预先推定的主体意识突入现实的对象性之中。现实的预先推定是随现实—可能性的客观结构而一同出现的，因此，这也就决定了艺术创造行为第三阶段的方向和内容：阐明现实的预先推定。每一部伟大的、出色的作品都属于过程现实的映像和冲动。作为创造性行为，第三阶段充满了临产前的矛盾心理："充满痛苦""充满欢乐""劳神费

---

① E. 布洛赫：《希望的原理》，第139页。
② 同上书，第140页。

力"等，这种悲喜交加的临盆状态本质上可规定为"迄今尚未塑造之物的塑造"。①

艺术的预先推定意识导致形象化的新东西的出现，但是，这种事物本身并非实际在场，而只是作为先现存在。因此，在图像中，显现的东西常常朦胧不清，晦涩难懂，有待进一步解释和澄清。在解释这种显现图像时，布洛赫谈到了基本图像或幻想原型图像。原型图像表示人的意向和原始希望，自古以来这种意向和希望就出现在梦的形象之中，并且渴望被实现。因此，在各个时代无数人的脑海中，曾不断出现类似的、充满希望的愿望和梦想。在他们那里，这种愿望和梦想不是涉及远古的前逻辑表象，即史前时代人的残留记忆，而是涉及人的创造性"想象一般"，即与人的使命一脉相承的根本使命。在漫漫历史进程中，在变化无常的文化传承中，这一根本使命总是以不同形式具体化，借助所有历史的社会显现方式得以万古长存，这是因为一切原型表象都具有本质乌托邦形态，都指明某种未经确定的事物。

布洛赫强调，具体的乌托邦实践是指向希望的实践领域，因而不是一切原型（Archytypen）都适用于具体的乌托邦的实践。据此，他区别了两种原型：一种是"堕落的"原型；另一种是"未清偿的"原型。例如，浪漫主义、政治复古主义等属于堕落的原型，其特征是"退行"：要么通过重新辨认历史时代，堆积史料，编制既定事实；要么通过追忆以往历史时代的功能，试图恢复过时的社会秩序和阶层。反之，一切伟大的著作、神话、宗教等都属于"未清偿的原型"，其特征是"它们仅仅属于自身未清偿的真理的一部分，也就是说，属于现实中某种乌托邦趋势内容的遮蔽映像"②。与原型密切相关的是比喻（Allegorien）和象征（Symbole），布洛赫用"意义"概念来表达这两个概念的基本特征。

比喻和象征都意味着某物，从而指向事物。二者的区别在于，比喻致力于丰富多彩的原型形态，象征则致力于丰富多样的意义内容。因此，比喻与象征的本质区别在于多种多样的可能性（事实性）与形形色色的意义解释。但是，这一点不应被误解为比喻仅仅由感性或感性化的概念组

---

① 参见 H. 荷尔德林《东方之光》，载 H. 荷尔德林《多瑙河之源》《全集》6 卷，第 2 卷，斯图加特，1953 年版，第 129—133 页。
② E. 布洛赫：《希望的原理》，第 185 页。

成，而象征则始终植根于直接性。在比喻中，有时也不乏装饰性的、美学的象征化，但它的主要功能是一种复制尝试：即通过他物的意义来中介某一事物的意义。比喻意欲具体的乌托邦意向，在此，意义关系的建立不是借助于某种抽象，而是借助于某种诗化的原型。布洛赫把这种原型称作"自身意义关系中当时的譬喻环节。"

在此，布洛赫同样发现了比喻的乌托邦本质：比喻通过某个最终意义的原型来协调他者的意义，并且在和谐的联系中造成统一。换言之，比喻通过某种终极的意义原型来指向意义价值的视域，从而自身也变成某一意义视域里的影像。总之，在被中介的直接性意义中，比喻建立各式各样的统一，与此相对照，象征则增补某一整体的意义，从而直接地表达重要之物。

为了阐明艺术创作中比喻和象征的乌托邦作用，布洛赫导入了另一概念：暗码（Chiffer）。所谓"暗码"是指某一现实形状物，即"在跟原型固结在一起的比喻性或象征性中，亦即在客观地显露出来的意义中成形的现实事物"[①]。按照比喻的本质，比喻性暗码显现丰富多彩的润色的意义；象征性暗码则按照象征本质，显示那种作为透明的、显现的统一。借助于此，象征就在统一的意义特征中获得某种重要的约束特征。

在艺术和宗教领域里，象征本质上服务于单纯的、直接的表达，而这种功能尤其表现在一神教和一神论宗教中。因此，在象征中，预先推定的先现显示出精确的、易辨的、可陈述的特征，而在比喻中，预先推定的先现则显示出模糊的、难以解释的特征。除了由于自身的隐晦，还由于自身的隐秘显现，认识、领会比喻和象征的具体含义所牵涉的困难是多方面的。即使先现也需要加以解释。因此，重要的是，努力揭示比喻和象征中蕴含的"尚未从外壳中取出的、在开放与遮蔽之间的某种持续物"[②]。

世界是过程，世界本身尚处于酝酿之中、过程之中，作为过程现实，现实本身还处于自身真正规定的半路上。在解释过程现实这一根本思想时，布洛赫援引"隐德莱希"（Entelechien）概念来进一步论证了比喻和象征："这个在世界中活着的、发展着的隐德莱希全都是无数活着的、存

---

① E. 布洛赫：《希望的原理》，第 201 页。
② 同上书，第 202 页。

在着的比喻和象征。"① 这样，在实在中同样存在暗码，而这个实在不仅仅是以比喻和象征标志出现。因此，恰恰存在这样的现实—暗码，因为世界过程本身具有一种乌托邦功能，即借助于客观可能的物质而成为本质。在此，人的意识的规划和变革这一乌托邦功能仅仅是世界之中出没的曙光女神的那个最前台的、最活跃的岗位而已："在曙光女神出没的日日夜夜里，发生和存在一切现实的暗码，即过程形态。因此，比喻图形图像、象征目标图像把全部过去都显现为一种譬喻，但是又将其显示为具有本真的、现实的意义之路的东西。因此，每一个恰当的比喻同时也是一个现实映像，而在同样的范围内，一如在其意义取向中充满了客观乌托邦功能一样，在其意义造型中，也充满了现实—暗码。在此，象征与比喻的最后区别在于，它被证明是一种方程式譬喻的尝试性的通道，即内部与外部的尝试性的同一。"②

布洛赫大大拓展了乌托邦概念的内涵，作为乌托邦的功能，这一概念不再是任何文学的种类，而是在所有文学艺术形式中均可以发现其踪迹的美学先现。艺术作为审美乌托邦具有双重功能：一是对被描述的现实持批判态度；二是预先推定在自身中作为现实的可能性微睡的东西。因此，艺术真理成为先现。③

艺术作为先现奠基在"尚未存在"的基础之上，因此必须从新的存在论视域阐明艺术的乌托邦功能。如前所述，艺术先现是对未完成的存在本质的体验，在此意义上，唯有把现实批判与未来的预先推定统一起来，艺术先现才能发挥自身应有的乌托邦功能。这就是说，无论是没有未来展望的批判反省，还是没有新的创造的现实否定都与乌托邦的功能相距甚远。在此，我们不妨围绕20世纪初旷日持久的表现主义争论，集中考察一下艺术的乌托邦功能。这不仅因为布洛赫毕生捍卫表现主义艺术，也因为他的第一部著作《乌托邦的精神》本身就被誉为20世纪表现主义的杰作。④

---

① E. 布洛赫：《希望的原理》，第203页。
② 同上书，第202页以下。
③ 参见克劳斯·K. 伯尔格汉《过去中的未来：关于恩斯特·布洛赫的〈痕迹〉》，比勒费尔德，埃斯特西斯出版社2008年版，第77页。
④ 参见梦海《对新人、新世界的呼唤——恩斯特·布洛赫与德国表现主义》，载《文艺研究》2006年第2期，第28—36页。

德国"表现主义"（Expressionismus）是指20世纪初德国的绘画、文学和音乐领域的一种艺术流派。表现主义的最显著特征是对西欧理性中心主义和工具合理主义持强烈的不满和质疑。第一次世界大战后，德国艺术家们深感市民文化的分崩离析，呼吁创造与启蒙主义价值规范截然不同的新的价值规范。与这个时代要求相适应，表现主义拒斥既定的绘画技巧、破坏古典、声法和造型形式等，倡导一种充满激情的表现风格，开创了全新的艺术形式和艺术规范。在这种历史背景下，表现主义代表诗人哥特弗里德·本（Gottfried Benn）的"对表现主义忏悔"[①]一文直接触发了30年代德国的"表现主义争论"。在这篇论文中，哥特弗里德·本与纳粹一唱一和，并且牵强附会地把表现主义与纳粹扯在一起。当时左翼理论家之间的争论主要聚焦于布洛赫与G.卢卡奇两人的尖锐对立，因此，在此有必要简要回顾一下卢卡奇对表现主义所持的基本立场。

1934年，卢卡奇率先发表《表现主义的伟大与衰败》一文，激烈批判了表现主义，称其为建立在德国帝国主义意识形态基础上的颓废运动。按照他的说法，表现主义所标榜的和平主义和人道主义只不过是多情伤感的浪漫主义和非政治的精神主义的产物而已。也就是说，表现主义反映了小市民阶层面对晚期资本主义的软弱无力、无所适从的状态，这与清算腐朽没落的市民性毫不相干。不难看出，卢卡奇的这种批判首先是依据他的所谓"总体性"（Totalität）概念的。按照他的意识形态理论，艺术是现实的反映，艺术真理无非是"本质与现象的艺术统一"。用他的话来说：

> 一切伟大艺术的目的在于提供一幅现实的图像。在这幅图像中，现象与本质、个别状况与法则、直接性与概念的对立等统统归于消解，而且，这一切在艺术作品的直接印象中归于一致，并对接受者显现为统一的东西。[②]

从这种非此即彼的总体性原则出发，卢卡奇认为，表现主义乃至现代艺术所显示的各种艺术趋向仅仅是表面地、部分地反映了现实而已。特别

[①] 参见 G. 本《对表现主义忏悔》，《德国的未来》1933年11月5日。
[②] 参见 G. 卢卡奇《现实主义问题》，载《卢卡奇选集》第4卷，柏林，1955年，第324页。

是，在他看来，诸如表现主义的"独白"或超现实主义的"蒙太奇"一类的创作技巧充其量只是主观主义、无政府主义的幻觉，梦境和错觉的激情宣泄，根本无法反映错综复杂的社会关系。

但是，布洛赫则反唇相讥，反驳卢卡奇的立场是一种机械的、非辩证体系的产物。在《关于表现主义的讨论》（1938）① 一文中，他坚决驳斥了人们对表现主义风格取向的全盘否定，同时，他把批判矛头直指卢卡奇的"总体性"概念。在布洛赫那里，现实乃是永无完结的"片断"，因此在他看来，所谓总体性不可能通过既定现象和本质得到理解，而只能潜在于即将来临的未来状态的未完成的东西之中。现实并不像卢卡奇的完结的总体性一样千篇一律、一目了然，相反，现实多姿多彩，蕴含着无数"多样的旋律"，因此企图以总体性的同质性尺度把握现实只会招致扼杀具体真理的动态性。

究其根源，卢卡奇的总体性概念是一种普遍理念的产物，是过分设定现实关系的唯心论的产物，其要害是把未来的展望曲解为业已决定的世界图像。"客观现实形成着片断。卢卡奇持有客观主义地完结的现实概念，因此，他一边探讨表现主义；一边反对旨在破坏某种世界图像的一切艺术努力。由于此，他把破旧立新的一切艺术本身仅仅视为主观的东西。也正因如此，他把破坏的实验视为陷于堕落状态的东西。"②

布洛赫把晚期资本主义境况理解为衰败与上升之间的"辩证过渡期"，正因为这个时期为未来的东西（kunftigen）所震动，F. 马尔克、G. 凯勒、M. 夏卡尔、P. 毕加索等艺术家的光辉成就才显示为尚未存在的世界的乌托邦的先现。这样看来，现代的混乱、不确定和不成熟（Unreif）等特征正是伴随破旧立新、改天换地过程的必然产物。基于这一时代特征，布洛赫反对卢卡奇把表现主义运动归结为"小市民意识形态的艺术表达方式"，而是把它看作上层建筑的"前卫之流"，即一种渴望更美好的理想社会的艺术表达方式。表现主义运动率先通过个人在社会中的孤独、寂寞和死亡的感觉大胆揭示、暴露社会基本矛盾，其作品充满着"内在的家乡之梦"和"自我的源源不绝的乌托邦作用

---

① E. 布洛赫：《关于表现主义讨论》（1938），载 F-J. 拉德达茨《马克思主义与文学》第二卷，赖因贝克，罗沃尔特出版社 1969 年版，第 196 页。

② E. 布洛赫：《这个时代的遗产》（扩充版），第 227 页。

的重逢"。

表现主义倡导创作自由，推翻艺术创作的形式结构，强调运用"激情表现"，尝试各种破坏和变调，这一切都是旨在寻求"尚未形成的东西"的珍贵努力。例如，作为新的客观性，蒙太奇技巧不是破坏损伤了的旧表面或否定假设的总体性，而是渴望新的乌托邦的可能性。蒙太奇用过渡期的特性以及新的"片断图像"（Passagenbildung）和异化了的他者图像填满资本主义工作空间，从而能够捕捉迄今陌生地存在过的现实的空隙。①

布洛赫的另一个表现主义视角是他关于文化遗产（kulturelle Erbschaft）的观点。与文化遗产有关，表现主义"把不再被意识到的东西显现为尚未被意识到的东西，把很久以前消失了的东西显现为尚未出现的东西，并且把被掩埋的古代的东西显现为乌托邦的东西。"② 不言而喻，为了使真正新的东西参与历史自身，我们必须考虑到文化遗产。因为过去的伟大作品生活在超出自身的时代里，它摆脱了与它所处的场所联系在一起的意识界限的束缚，包含了新时代的意识形态的"剩余"（Überschuß）。布洛赫把这样的"剩余"称作我们借以立足的文化遗产的机体。在此，他区分了两种意识形态：即被歪曲的、虚伪的阶级意识形态与超越既定经验世界的、指向未来的世界观（Weltsicht）的意识形态，继承和接受作为剩余的文化遗产意味着赢得这样一种指向未来的世界观。

在布洛赫的艺术论中，对过去的这种解释学的态度鲜明地体现在他关于原型（Aechetyp）的论述中。布洛赫之所以力主接受原型，是因为在他看来，迄今未经清偿的过去并不是尘封的古董，而是希望的沉没物，即人类历史的积淀物。当然，文化遗产意义上的原型既不同于史前时期文献学的压缩经验，也不同于太古神话时代的单纯记忆。按照他的遗产观点，真正的乌托邦原型对象是在沧海桑田般的历史变化中，能够压缩性地表现一切状况特性的东西。因此，我们只有在世界史进程所积累的尚未被意识到的东西和尚未成就的东西中，才能发现原型与乌托邦功能的相遇。③ 在此，原型不仅被视为人的想象力的根本形象，也被视为质的自然的根本形

---

① 参见 E. 布洛赫《这个时代的遗产》（扩充版），第 260 页。
② E. 布洛赫：《希望的原理》，第 178 页。
③ 同上书，第 187 页。

象。因此，布洛赫认为，现代艺术的个别内容可以被整合在原型里。这样，对过去文化遗产的正确的解释学态度就是具体地再现尚未被清偿的希望图像。

未来既受孕于现在，也受孕于过去。特别是，像现代这样一个充满挑战和机遇的过渡期更需要从过去中继承规范性的批判原理，而表现主义则恰恰具有这种继往开来、面向未来的要求：

> 表现主义（从过去中）挖掘了新鲜的水和火，点亮了辽阔的光，至少是点亮了趋向光的意志，并且通过这种新造之光，使艺术的过去获得活力，闪耀光芒。不仅如此，过去更加当下地绽开，在深渊里同时代地熠熠生辉。[1]

作为一个作家和哲学家，布洛赫试图从上述表现主义特征中发现乌托邦人性的蛛丝马迹。可是，令人费解的是，卢卡奇这位富于创造性的马克思主义理论家却热衷于"贴标签""打棍子"，把表现主义归结为"小资产阶级的意识形态""帝国主义的上层建筑"等，进而把"表现主义的衰落"归因于所谓革命大众的成熟。与这种见解截然相反，布洛赫始终把表现主义视为对"新生活"的渴念，对"新人"的渴念：尽管表现主义未能达到完美的艺术形象化，且具有某种"客观拟古主义的阴影"，但是它所表现的永不止息的实验精神以及对前卫形式的追求却是扬弃传统惰性的新尝试。而且，这种尝试突破旧的狭隘的市民框架，追求更美好的生活，从而与新的人性创造相联系。就此而言，表现主义发现了一种健康的民众性，其范围"远远超出了迄今所知的表现，大大扩展了人之中的世界和世界之中的人的范畴"[2]。

布洛赫很早就通过克服历史图式主义和激进虚无主义的经验，提出了尚未存在的存在论过程及其目的论构想，但是，与当代颓废派艺术家的解释不同，他对现代艺术持一种积极的、肯定的态度。归根结底，乌托邦艺术是描画尚未存在之光所照射的新风景。现代艺术具有强烈的个性形式和表现性、创新性和"陌生化"等特征，这一切有助于我们预先推定乌托

---

[1] E. 布洛赫：《这个时代的遗产》（扩充版），第263页。

[2] 同上书，第160页以下。

邦艺术的无限的、新的可能性。有鉴于此，布洛赫以辩证的、内在的方式解释表现主义以及现代艺术，把乌托邦视为艺术的普遍解释尺度。所谓艺术的乌托邦功能不是把同时代的新的艺术尝试融入既定的艺术规范之中，而是敦促艺术不停地摸索一种尚未实现的预先推定的美学和"乌托邦的先现"（Vorscheins des Utopischen）。

综上所述，布洛赫"尚未存在的存在论"的基本命题是"S 还不是 P"（S ist noch nicht P）。因此，布洛赫不是把乌托邦看作完结的理念图像，而是看作从无到尚未，从"尚未"再到"全有"的实验过程。作为先现的艺术概念就以这种自然的固有图像和存在论为前提。艺术是预示"尚未被意识到的东西"和"尚未形成的东西的"卓越场所。先现是既在世界之中同时又不在世界之中的存在的假象，它同时包含着否定的原理和肯定的原理。艺术通过预先推定历史质料所指示的趋势和潜势，能动地参与世界过程中的真理形成。由此布洛赫把这种艺术的生产过程规定为人与自然的"共同生产力"，进而通过全面的、总体的自然经验的回复来摸索人与自然的和解理念。

艺术是关于乌托邦意识的显现和尚未形成的现实的象征。作为未完成世界的实验室，艺术预示尚未完成的东西，艺术先现保存和扩大"世界事件"和"世界形态"，从"深度的假象"和"广度的假象"中寻求自身的真理。在这一人类学—存在论构想中，艺术向我们预示"新东西"，从而带给这个匮乏的世界一个"眺望"，使未完成的真理寓居当下之中。艺术既置身于生活之中又超然于生活之上，这一美学口号蕴含着"内在超越性"，通过艺术创作，这种乌托邦先现的"自我相遇"得到最直接的表现。在此，"希望"乃是一条实践原理，它将不断突破世界过程的那个"自然树根"与"人类树干"置于同一的视域之中。

通过充分考虑自然所特有的内在图像和人类劳动的生产方式，布洛赫的艺术哲学重构了人与自然的相互关系。借助"希望的原理"，他的艺术哲学不仅能够扬弃把自然视为一种单纯的征服对象的理性中心主义的艺术观，也能够扬弃把人的思维理解为放弃存在自身的规定的艺术观。

第三节　自然主体与共同生产力

在《希望的原理》（1959）、《阿维森纳与亚里士多德左翼》（1963）、《图宾根哲学导论》（1970）、《唯物主义问题》（1972）、《世界的实验》（1975）等一系列著作中，布洛赫遵循马克思"感性的自然"概念[①]和恩格斯"世界是过程的集合体"思想[②]，在对哲学史进行广泛批判综合基础上，创立了"能生的自然"和"自然主体"思想，进一步丰富和拓宽了马克思主义的自然过程哲学。根据"能生的自然"和"自然主体"思想，布洛赫令人信服地阐明了自然主体与人的主体之间的交互作用关系，从而为马克思"自然的人化和人的自然化"[③]这一共产主义自由王国公式提供了必要的理论依据和经验证据。

在《唯物主义问题》（1972）中，布洛赫广泛钻研西方哲学史，从纷繁复杂、五花八门的自然哲学素材中，去粗取精、去伪存真，批判性地获取了物质概念的思维史。他的批判获取上溯古希腊米利都学派的自然哲学、中世纪泛神论、文艺复兴时期思辨的唯物主义，下至近代哲学和现代物理学问题等。他的"物质"（Materie）思辨的精髓或核心是亚里士多德的物质概念。正是从亚里士多德那里，他获得了自身"过程物质"（Prozeßmaterie）这一概念的动力和灵感。

亚里士多德把物质（又译作"质料"）界定为"可能性之中的存在"（In-Möglichkeit-Seins），从这一界定中，布洛赫进一步拓宽视野，直达底层，揭示了物质的双重内在关系：一是物质与辩证法的关系；二是物质与乌托邦的关系。首先，作为"可能性之中的存在"，物质不是僵死不变的静态的机械存在，而是活生生的、辩证的、动态的过程存在。物质不仅借助于自身而处于一种辩证过程之中，而且借助于人这一主体而处于一种辩证过程之中。因此，物质与辩证法是不可分割地联系在一起的：就物质而言，现实的可能性无非是"辩证的物质"。作为"万物的母腹"，物质不是僵死的"大木头物质"，而是"地平线物质""预先推定的物质""向

[①] 马克思：《1844年哲学经济学手稿》，人民出版社2000年版，第89页。
[②] 《马克思恩格斯选集》第4卷，人民出版社1995年版，第244页。
[③] 马克思：《1844年哲学经济学手稿》，人民出版社2000年版，第83页。

前的物质"。①

布洛赫把物质与辩证法联系起来，在物质思维史上首次提出了"辩证的物质"这一概念，这是他对马克思"质的物质"概念的全面继承和创造性发展。众所周知，在《神圣家族》中，马克思曾援引 J. 伯麦的物质概念，强调物质的"痛苦、源泉、质量"，肯定了 F. 培根意义上的物质的"趋向、生命力、紧张"，赞赏物质带着诗意的感性光辉对人的全身心发出微笑，与此同时，抨击了霍布斯等人的机械唯物主义用"理智"压抑人的感性活动，扼杀物质内部的感性力量，使其"失去鲜明的感性色彩而成为几何学家的空洞抽象"，以至于变成一种"片面的、反人性的东西"。②

但是，在布洛赫看来，物质不仅是"辩证的物质"，也是"历史的物质"。历史作为过程尚处在酝酿发酵阶段，即处于人与人的同一性、人与自然的同一性的趋势—潜势关系之中。因此，在这种悬而未决的历史过程中，物质通常表现为中介和"乌托邦"（Utopie）的基质：

> 作为可能性之中的存在（dynamei on）的身份，存在一种极其重要的乌托邦—物质之弓。其中包含着世界的实验前线上的每一种哲学。在此，物质尤其是向前的存在，而且，这种存在不仅是某物借以存在的尺度和条件的载体，更是客观—现实性一般的基质。当然，这种存在也包含着失败、徒劳、虚无等因素，但是借助于人的潜在的转轨和信息，它在世界过程中一定能够潜在地坚守关于家乡的极其精细的物质。③

换言之，物质是现实可能性的基质，但是作为物质的唯一特性，现实可能性本身远离那种缺乏历史观点的蠢人，而装载着最高的乌托邦事物。这样，通过重塑思辨唯物主义的物质概念，布洛赫把物质与乌托邦联系起来，用预先推定要素扩充了物质概念的内涵，使物质成为一种"向前的

---

① 参见梦海《乌托邦—物质之弓——论布洛赫的物质概念》，《哲学研究》2006 年第 2 期。
② 《马克思恩格斯全集》第 2 卷，人民出版社 1957 年版，第 163—164 页。
③ E. 布洛赫：《唯物主义问题》，法兰克福/美因，苏尔卡姆出版社 1972 年版，第 469 页。

存在"。

乌托邦作为具体的、现实的乌托邦之所以存在,仅仅是"因为世界的物质本身尚未结束,因为这个物质的过程既没有被挫败(乌托邦没有被扼杀),也没有获得胜利(没有预示乌托邦来临)。"① 物质是"乌托邦的物质",确切地说,物质表现为"具体的乌托邦":"乌托邦恰恰是一种具体的乌托邦,因为它与历史的、类似过程的历史指数相中介。"② 于是,物质与乌托邦循环地联系在一起,形成一种同生共存的、须臾不可分割的"物质—乌托邦之弓":

> 没有物质就没有(现实的)预先推定的基础,反之,没有辩证法就没有(现实的)预先推定的视域。③

在世界过程中,物质与人一道构成世界的结构性因素,从而物质与人一道居于世界的中心位置,即获得一种主体特征。据此,布洛赫历史性地突破了亚里士多德的物质定义,不是把物质归结为被动而消极的形式"隐德莱希",而是赋予物质概念以"动态存在""潜能一般"等含义,从而使物质成为既是思辨地自我创造的物质,也是自身形态的"母腹"(Mutterschoß)和尚未完成的"地平线"(Horizont)。换言之,物质作为一个母腹,作为预先推定的存在,拥有它自己的乌托邦,本身包含着意识的潜力,即主体性。

那么,为什么布洛赫另辟蹊径,别开生面,赋予物质以现实的威力呢?究其原因,两千多年来的西方哲学史受制于"主客分立"、物我两分的思维模式,一方面,把主体因素统统分派给人,使其变成了片面的、膨胀的、不可范围的主体;另一方面,完全剥夺了物质的主体因素,使其变成了自身没有任何主体因素的、任人摆布的"大木块",即赤裸裸的"客观实在"。其结果,人成为自然的主人,而自然则沦为人征服的对象。然而,在布洛赫看来,必须打破这种旧形而上学的"一主一客""非此即

---

① E. 布洛赫:《图宾根哲学导论》,法兰克福/美因,苏尔卡姆普出版社1970年版,第208页。
② 同上书,第209页。
③ E. 布洛赫:《希望的原理》,法兰克福/美因,苏尔卡姆普出版社1959年版,第273页以下。

彼"的思维模式，因为物质作为"向前的物质""未来的物质""预先推定的物质"，不可避免地成为一种尚需等待"什么"（Was）的一种实验室，或一种尝试性的自我规定。

想要正确对待人与物质的关系问题，就要根据物质的定义，确认物质的主体身份，赋予物质以与人同等的主体性，从而把物质规定为世界过程的本质性构造因素。也就是说，只有在物质与人同为主体这一理论前提下，才能确立人与物质之间平等和谐的尊严关系。否则，人永远是主体，物质永远是客体，而在这种不平等的"主奴关系"之下，人就好比屠夫，具有任意征服、宰割、瓜分、踩躏客体的特权，而物质好比羔羊，只有被征服、被宰割、被瓜分、被踩躏的义务。用布洛赫的话来说，自然与人的关系并不是"野兽"与"驯兽师"的关系。因此，布洛赫强调，自然主体（Natur-Subjekt）与人的主体（Mensch-Subjekt）的相互关系不仅仅是关于人的问题，而是作为过程现实本身的世界问题。

总之，布洛赫把辩证法要素融入物质概念，使物质第一次摆脱了机械论要素而恢复了固有的"感性光辉"，使其成为马克思意义上的那种运动变化的、"生动的、个性化的、自身固有的本质力量"；与此同时，布洛赫把预先推定要素融入物质概念，把物质与乌托邦联系起来，使物质第一次摆脱了传统思维中的主客二元对立，使其成为"物质—乌托邦之弓"，即一种"被验证的人—自然—物质"[①]。

布洛赫希望哲学的目标是实现人类梦寐以求却从未到达过的"家乡"。[②] 在他那里，所谓"家乡"（Heimat）就是马克思意义上的"自由王国"，即"人的自然化和自然的人化"。用他的话来说，"这是非物化客体与显现的主体、非物化主体与显现的客体之间的和谐之音"[③]。乌托邦的总体即自由王国，意味着人的自由，意味着同一性的家乡，在这个新家乡里，无论人对世界的关系，还是世界对人的关系都不是冷漠无情、陌生疏远的关系，而是交互作用、同生共存的关系。

世界乃是辩证地中介的过程现实，世界就在人与自然的交互中介中敞

[①] 参见金寿铁《只有创性的马克思主义才能领会我们的时代——恩斯特·布洛赫与马克思主义传统的创新》，《福建论坛》2008年第3期。

[②] E. 布洛赫：《希望的原理》，第1624页。

[③] 同上书，第277页。

开其可能性，发展其现实性。作为这样一种过程现实，世界奏响气势恢宏、绚丽多彩的人与物质的二重奏。在此，物质与人同样具有主体特征。在范畴学说中，布洛赫专门讨论了"承载主体的东西""类似主体的东西"等。就像马克思一样，他也特别关注"感性的物质"本身，例如，"骚动与喧哗的东西""趋向把握的冲动"某种"飘动之核"的不安宁等。

不过，布洛赫并没有停留在简单复述马克思的物质概念上，而是继续回溯西方哲学史，考察亚里士多德物质概念的演变。他注意到，亚里士多德的物质定义对后世影响很大，在其流传中衍生出两条发展分支：一条是以托马斯·阿奎那为代表的亚里士多德右翼；另一条是以阿威罗伊、阿维森纳、布鲁诺为代表的亚里士多德左翼。阿奎那从右的方面发展亚里士多德的物质定义，认为"物质的首要原理就是，物质拥有最大的潜力，同时又处在最不完善的阶段"〔oportet quod primum（principium）materiale sit maxime in potentia et ita maxime imperfectum.〕。

与此相对照，布鲁诺等从左的方面发展亚里士多德的物质定义，把物质称作"丰饶的、多产的母腹"。按照这一定义，物质是一种主动的创造力量，它不仅孕育生命，也分娩未来。也就是说，物质具有自身完满的内在塑造力，完全排除了诸如"神性潜能"等自身之外因素的影响。于是，物质作为一种富于创造性的灵魂（Nus）代替了那个"万能的造物主上帝"。根据这一物质规定，物质寓居在一切形式本身之中，同时寓居在自身的创造性运动之中。因此，物质同时是质料、形式和运动，用阿威罗伊的话来说："物质的造型或成形无非是潜能到现实的主动生成而已"（Generatio nihilaliud est nisi converti res ab eo, quod est in potintia ad actum.）。根据这一经典表述，布洛赫进一步推断说：

> 所谓发展就是从质料推断形式。具体说来，第一，身体对心灵具有根源性；第二，具体的、活动的理智对一般人类理智具有示范性；第三，质料对形式（或潜能对潜势）具有领先性。①

根据亚里士多德及其左翼的物质定义，布洛赫把"物质潜能说"扩展为自身全部物质概念和物质思辨的基础，决定性地把物质概念奠定在

---

① E. 布洛赫：《唯物主义问题》，第501页。

"尚未存在的存在论"（die Ontologie des Noch—nicht—Seins）这一新的形而上学的基础之上。

布洛赫的"自然主体"或"自然之中的主体之核"概念恰恰源自阿维森纳与亚里士多德左翼的"自然"概念：自然不是"所产的自然"（natura naturate）而是"能生的自然"（natura naturans）。按照这一自然概念，作为一种过程—动因，自然本身就是自我孕育、自我生产的母腹。自然按其潜能自我分娩，按其潜能自动地变成现实。因此，"所产的自然"是"能生的自然"的产物。在阿维森纳与亚里士多德左翼看来，这个自然的历史无非是"生成中的上帝"。对此，布洛赫运用马克思的"感性物质"与"质的自然"概念进行一番辩证唯物主义和历史唯物主义的改造，剔除其泛神论的神学残余，获取其辩证法的合理内核，创造性地提出了"自然主体"这一全新的马克思主义自然哲学概念：

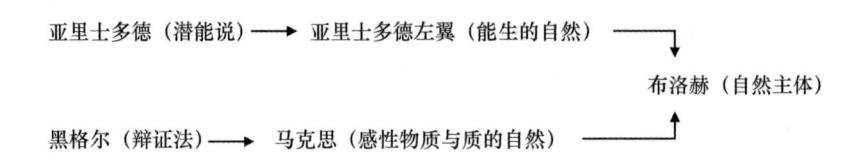

```
亚里士多德（潜能说） ──→ 亚里士多德左翼（能生的自然）──┐
                                                        ↓
                                                 布洛赫（自然主体）
                                                        ↑
黑格尔（辩证法） ──→ 马克思（感性物质与质的自然）──────┘
```

像马克思、恩格斯一样，布洛赫也强调人及其思维是物质发展进程中的"最高花朵"[①]。作为历史和文化的创造者，劳动着的人既是历史的"枢纽"，也是现实的"阿基米德点"。因此，在自然界和人的统一中，像马克思、恩格斯一样，布洛赫也强调，人作为自我意识的载体具有存在论的优先权。但是布洛赫同时强调，自然主体与人是两个彼此独立的主体，因为自然主体并不是"嫁接或杂种"的主体，而是原生或实生的主体。布洛赫一方面试图通过自身"尚未存在的存在论"[②] 来奠定自然主体的主体；另一方面，试图通过现象学的"先现"美学[③]以及"范畴学说"[④] 来

[①] 恩格斯：《自然辩证法》，人民出版社1971年版，第24页。

[②] 金寿铁：《无一尚未一全有——论恩斯特·布洛赫尚未存在的存在论》，《自然辩证法通讯》2009年第2期。

[③] 金寿铁：《艺术与乌托邦——论恩斯特·布洛赫的艺术观》，《马克思主义与现实》2010年第1期。

[④] 梦海：《世界的实验——论恩斯特·布洛赫的范畴学说》，《江苏社会科学》2007年第2期。

说明自然主体的根据。

按照布洛赫的范畴学说，世界作为过程现实以双重辩证关系显现：一方面，自然自身处于主客关系的中介过程中；另一方面，自然与社会处于同一性目的的辩证过程中。那么，究竟自然主体在什么地方并以什么方式显现在这一过程中呢？

自然不是一种静态的、沉寂的存在，而是一种类似过程的辩证—实验存在，其显现形态是造型、摘要形态（Auszug—Figuren）、尚未成功之在的预先推定，等等。正如我们在布洛赫的范畴学说中看到的那样，自然主体恰恰显现在这些辩证实验存在的"显现形态"之中。"量的和辩证的形态范畴也就是从象征方面理解和把握的范畴，同样也是在每一瞬间隐匿不见的、无处查明的世界的核心面孔。"① 在这一辩证关系中，布洛赫谈到了双重意义上的"现实暗码"（Realchiffren）：一方面是作为自然美现象的"现实暗码"；另一方面是作为自然的客观的、现实的目标对象的现实暗码。现实暗码不仅意味着意义深远的世界显现，也意味着尚未过程化的世界内涵。

只要"自然暗码"（Die Chiffern der Natur）依然是尚未存在的暗码，即表现为不确定的"类似客观乌托邦的比喻"和具体的"类似乌托邦的象征"，那么它就包含着某种存在论的特征，它就通向存在的通道。布洛赫之所以深挖自然的深层秘密，旨在从自然的主客关系中把握人的主客关系的类似特征，进而在这种共同性的基础上，构筑人与自然之间相互交往的桥梁。因此，辩证法存在于两个层面上，即人类历史层面和自然层面上。历史辩证法和自然辩证法都需要在新的辩证法中加以中介，以便创造自身的同一性。

如上所见，自然的原动力是辩证的过程，自然永不满足于业已形成的东西。在自身动因的驱动下，自然总是朝向未来的新事物，不断谋划更成功的、更出色的存在。这一辩证过程的核心动因就是自然本身中的"类似主体性"（Subjekthaft），或自然的主体核心。就像康德凭借理性的想象力推测人类历史的起源，假设一种"目的论的历史概念"② 一样，布洛赫

---

① E. 布洛赫：《世界的实验》，法兰克福/美因，苏尔卡姆普出版社1975年版，第219页。
② I. 康德：《人类历史起源的臆测》，载《历史理性批判文集》，斯图加特，雷克拉姆，1999年，第67—84页。

也凭借理性的想象力推测自然主体，假设一种自然主体概念。他本人也承认，他在"万不得已时，就总是借助于假设"①。既然自然过程哲学与劳动主体这一历史创造者是吻合的，那么，"自然中能否也存在一个主体，即作为自然辩证法发动机的主体？的确，这不只是将主体连同自然一同考虑进去，而是把自然主体考虑进去，尽管自然主体并不像历史中的主体一样显现自身，但它却恰恰在自然的辩证关系中寻求和显示的主体。"②

那么，当人们尚未在理论上意识到某物时，对其又如何预先推定呢？换言之，在现实暗码中，"现实"究竟有何意义？布洛赫开始着手解决这个棘手的疑难问题。他的一个基本论点是，人是来自自然的乌托邦生物，自然生成为人，"人本身始终是自然界的一部分"，因此，在终极全体一者（Eine）的意义上，人与自然是同一的。人与自然的同一性是人的主体与自然实体之间可能的中介过程。但是，"在此，自然不可能是纯粹客体，相反，它本身必然包含某种生长中的主体萌芽"。布洛赫不仅在人那里，而且在自然中也发现了一种异化的"包囊物"，但是，由于人与自然的同一性及其中介过程。这种异化物绝不会成为自然的"永恒命运"。

概而言之，布洛赫的"自然主体"学说包括下列内容：

> 第一，布洛赫假定一种自然—主体；第二，自然主体是世界的支撑性生产者；第三，自然主体在历史中以不同的方式实现自身；第四，自然主体本身尚未为人所知晓；第五，自然主体需要人的主体这一帮手；第六，只要揭示世界实验的终结，就开始王国实验的破晓；第七，作为被意识到的自然主体属于历史一般的终结。③

在世界过程中，人的主体与自然主体作为世界的主体构成因素息息相关、血肉相连，不仅一同显现世界过程的新东西（Neum），也互相促进其实现。最终，"同一性"，即"家乡"本身存在于自然的中介以及人的中介之中："归根结底，更美好的生活的梦意味着一个新的世界，也是一个

---

① E. 布洛赫：《世界的实验》，第128页。
② 同上书，第227页。
③ 同上书，第223页。

新的活动舞台，一个宇宙大地。"① 这是一种建立在世界过程理念之上的自由概念，在"希望的实践"（Praxis von Hoffnung）中，它直接地被带入世界之中，从而只要现实本身的条件能够代表家乡，这种自由概念就源自世界过程本身。这样，所谓自由就是希望的实践，它趋向它自身，它从必然性领域里跳出来，走在通向自由领域的路上。

在世界过程中，一方面，人与物质各有其独立价值和取向；另一方面，人与物质相互依存、相互需要。人的主体与自然主体（或物质主体）各有其不同的显现方式，但是，双方处于世界过程的同一层面上：休戚相关、唇齿相依。这一连带性导致双方主体特征的相对化：自然需要人，人也需要自然。作为世界过程的两大主体因素，人与自然处于同等显要位置。于是，自然过程哲学意味着从世界过程视角审视"自由"（Freiheit），将个人自由和社会自由归属于这一过程，使其为这个过程服务。自由不仅隶属于人的本质结构，也隶属于物质的本质结构，从而自由被人与物质这两方面相对化。因此，在人与自然的张力中，必须把自由视为某种必要界限之内的客观的、现实的可能性，就此而言，自由既归人所有，也归自然所有。

如前所述，布洛赫自然过程哲学的终极目标和意向就是马克思意义上的"人的自然化和自然的人化"。但是，人类实现这一目标和意向既不能借助于"现存的自然，也不能抛开自然。"② 自然本身是一个辩证的中介过程，但是，这种过程还必须由人的主体来提出并把握。也就是说，在自然的主动性上还必须添加人的主动性。与人的主体相比较，在世界过程中，这一主体预先取决于人的主体。在这一点上，重要的是预先推定幻想的积极作用。像马克思一样，布洛赫也强调人是自身历史的创造者，但他同时也强调世界在临产前的阵痛以及人的助产婆的作用，要求人与自然的和解与和谐。

布洛赫认为，通过马克思的"人化的自然和自然的人化"思想，人类进入了一个新的历史过程。在这一历史过程中，物质、自然和世界等已不再是"随时供人使用的东西"，而是保持其物质性的独立自主的领域。人通过这个领域解答自然之谜。因此，这一新的历史解释意味着人与自然

---

① E. 布洛赫：《世界的实验》，第230页。
② 同上。

的关系是一种相互中介、交互作用的关系,恰恰在这种互动关系中,自然被赋予了某物,而这个某物属于"历史的终结",或者属于"思想王国之下的始点和舞台"①。在与自然的交互作用中,人与自然结盟,并通过自然来认识自身的地位,创造人与自然同一性的必要前提。

布洛赫赋予自然一种独特生命(Eigenleben),从中推论出人与自然、人与社会的交互作用。在人与自然、人与社会的交互作用中,布洛赫明确排除了宗教神学意义上的"超越者"(Transzendenz)。在他看来,从来就没有什么"超越者",因为自马克思创立新哲学以来,超越者已被取消或"消灭",取而代之的是人,即一种"没有超越者的超越运动"。相对于自然而言,人具有某种独立性和优势,因为人具有特定的自由行动空间。比起自然,人具有"人性"这一优势,但是能否设想自然中也存在诸如此类的"人性"(humane)价值呢?布洛赫的回答是肯定的。因为在他看来,自然或许在乌托邦概念意义上"显示启示录中所隐藏的人性"②。因此,在他那里,共产主义宇宙学的新动因是"在自然中揭示那种在任何地方都尚未中介过的乌托邦—人性因素"③。

作为"向前的存在",物质具有孕育未来的动态机能作用;作为质的自然,自然是包含着主体因素的"能生的自然"。然而,在现代技术条件下,人们热衷于千篇一律、形式雷同的非欧几里得几何学和数字量化分析,用冷冰冰的数字把万事万物加以数据量化,以至于把一个富于感性色彩的物质变成了一个麻木不仁的"大木头物质",把一个富于动感的自然变成了一个"坟茔般死寂的自然"。因此,一方面,布洛赫努力恢复马克思"质的自然"概念,把"能生的自然"概念确认为自然法则和现实法则;另一方面,布洛赫努力应用马克思的"感性的自然"概念,创造性地构想了"自然主体"概念,并率先把它确认为人与自然和平共处的必要中介。

在布洛赫说来,为了建立一种人与自然相中介的理想社会,赢得一种创造性的物质和共同的生产率,人类必须树立"能生的自然"和"自然主体"思想,以便克服那种占统治地位的征服自然、统治自然的"驯兽

---

① E. 布洛赫:《世界的实验》,第228页。
② 同上书,第223页。
③ 同上。

师"观念。人是自然之子,是自然的一部分,人来自自然,又回归自然。人与自然之间有着一条永远割不断的"脐带",但是,布洛赫意识到,自人类步入现代社会之后,随着科学技术文明的不断扩张,人与自然的关系日渐松弛,自然渐行渐远,日益隐匿在深不可测的匿名之中:

> 迄今正如与自然主体相中介的人的本真希望隐匿在伟大的匿名之中一样,与人相中介的自然主体也隐匿在伟大的匿名之中。①

众所周知,在《资本论》第三卷中,马克思早就提醒人们注意保护生态环境,使人性的生存自然基础与人类对自然的新态度协调一致:"从一个较高级的社会经济形态的角度来看,个别人对土地的私有权,和一个人对另一个人的私有权一样,是十分荒谬的。甚至整个社会,一个民族,以至一切同时存在的社会加在一起,都不是土地的所有者。他们只是土地的占有者,土地的利用者,并且它们必须像好家长那样,把土地改良后传给后代。"② 在马克思的时代,自然环境和生态问题还不是迫在眉睫的问题,但马克思已经清楚地注意到了这个问题的征兆和轮廓。

人类步入 20 世纪以来,自然环境和生态问题成为全人类共同面对的问题:全球气候变暖,环境持续恶化,农业自然资源快速消耗、生物多样性减少,大气污染、酸雨、水污染、噪声污染、沙尘暴日趋严重,干旱、火灾、洪水、饥馑和瘟疫频繁爆发,如此等等。因此,抚今追昔,展望未来,布洛赫的"自然主体"思想无疑是马克思主义自然过程哲学的一个新的出发点。但是,像马克思一样,在布洛赫那里,这种出发点并不意味着把自然偶像化,一味思幽古之情,寻求所谓人间一片"净土"或遁入一种多愁善感化的"世外桃源",也不意味着到处"观光旅游",进行商业开发活动,而是意味着重新审视人与自然的关系,以存在论—人类学的高度重构人与自然的平等互助关系,进而尊重自然、敬畏自然、爱护自然,意味着人与自然和谐统一、融为一体。

总之,按照布洛赫的自然主体思想,自然主体不仅仅是一个假定,而

---

① M. 瓦尔泽:《操马克思恩格斯语言的预言家》,载《关于恩斯特·布洛赫》,法兰克福/美因,苏尔卡姆普出版社 1975 年版,第 11 页。
② 《马克思恩格斯全集》第 25 卷,人民出版社 1974 年版,第 875 页。

是一个存在论的根据。自然主体是作为自然辩证法发动机的主体,是世界的支撑性生产者,自然主体本身尚未为人知晓,自然主体需要人的主体这一帮手。这样,从理论与实践两方面,布洛赫的自然主体思想澄清了人与自然的关系不仅是主体与客体的关系,也是主体与主体的关系,从而为形成人与自然的"共同生产力"(Mitproduktivität),进而为建设一种人与自然和谐相处的未来新型社会提供了强有力的理论支撑,开辟了广阔的实践前景。①

自然过程哲学是布洛赫哲学创作的重要组成部分,在他看来,自然之美首先在于它是一个过程,是一个永无止息的运动和生成。因此,与大多数20世纪西方哲学家和西方马克思主义代表人物不同,布洛赫以巨大的理论勇气重构了自然过程哲学,积极采纳了自亚里士多德左翼、文艺复兴乃至莱布尼茨、谢林、恩格斯的全部自然哲学素材。根据"能生的自然""自然主体""地平线—物质"等概念,布洛赫重建了"向前发展的唯物主义",并追问了马克思主义的宇宙学问题,大力倡导了一种人道主义的宇宙学。

当走近自然时,人们通常在其物质性上,把自然夹在虎钳里,装腔作势地对它大喝一声:"安静!一旦我检查你,你就成为死的基质。"这不仅是20世纪大多数西方哲学家的自然观,也是一些西方马克思主义代表人物的自然观。例如,在《马克思主义与哲学》中,K. 科尔施曾极力强调人的实践统治下的自然的社会性和劳动的索取性,主张从社会的总体性出发对"社会自然界"进行一番脱胎换骨的全面改造活动。② 无独有偶,在《历史与阶级意识》中,G. 卢卡奇也受到这种人类至上主义的影响,极力冲淡自然过程概念,坚决否认自然界的辩证发展,甚至把自然辩证法非难为一种"神话学"③。

然而,对布洛赫来说,自然不会停息:"自然是过程,自然是主体,自然是潮流、溢出和运动。"这是一种源自亚里士多德左翼乃至文艺复兴传统的自然概念,是一种与马克思的"感性自然概念"不谋而合的自然概念。与卢卡奇等人的西方马克思主义的自然观不同,他的自然过程哲学

---

① 梦海:《能生的自然和自然主体》,载《自然辩证法研究》2006年第5期。
② 参见 K. 科尔施《马克思主义哲学》,法兰克福/美因,苏尔卡姆普出版社1966年版。
③ 参见 G. 卢卡奇《历史与阶级意识》,《卢卡奇选集》第2卷,诺伊维德,1968年版。

想要赋予自然以"自然内在者"（Naturimmanenz）的特点：

> 根据哲学的实现，根据无产阶级的实现，根据哲学的消灭……根据马克思主义哲学的特殊目光，无产阶级的消灭乃是自然本身之路。①

事实上，这番话从启蒙的自然哲学和文艺复兴的自然哲学出发，重新阐释马克思的社会和自然的人化概念，以便构筑一种外在于商品占有者的人的经济关系，使自然摆脱其价值形式，使人不再"仅仅占有自身在其中异化的陌生的劳动产品"，最终实现人与自然的同一、人与社会的同一、人与自身本质的同一。

自然过程哲学是布洛赫哲学创作的重要组成部分，他的自然过程哲学积极采纳了自亚里士多德左翼、文艺复兴乃至德国唯心主义哲学的全部自然哲学概念。

在西方哲学史上，J.伯麦第一个系统地描绘了自然情欲的辩证发展。在伯麦那里，布洛赫发现，自然的情欲乃是万物之母，它使一切存在者形而上学化。因此，人工商品，甚至矿物学也都获得了一种内在的发展法则，尽管它们恰恰为"对形式漠不关心的质料"所规定。对于伯麦来说，全部可视的世界是"一个真正的精子活动的根源"；每一个生命都渴念他者，上渴念下，下渴念上，因为上下相互决定。正如在情欲中一样，在这样的饥饿中，生命也是相互感受的；正如在尘世上看到的一样，"生命既渴望日月星辰，也渴望世界的精神"。生命始于对精神的渴望，与此相适应，生命在饥饿面前永远不得安宁。

在谢林那里，布洛赫注意到"自然之中的要旨"乃是"质的—潜在的剩余"。谢林把这个"文艺复兴时期所探索过的自然"，描写成一种"自然神秘主义"，亦即把自然感知为人神同形同性②。按照谢林的理解，我们称之为自然的东西乃是"一首诗"，这首诗隐藏在秘密的、奇妙的步伐之中。一旦能够揭开自然之谜，我们就能从中认识到令人迷惑不解的、

---

① E.布洛赫：《哲学论文集》，法兰克福/美因，苏尔卡姆普出版社1969年版，第289页。
② E.布洛赫：《图宾根哲学导论》，法兰克福/美因，苏尔卡姆普出版社1970年版，第235页。

自我寻求的、自我逃避的"精神的奥德赛";于是,自然就仿佛仅仅借助于感性世界的感官语言露面,仿佛仅仅通过半透明的烟雾流露出我们所谋求的幻想之乡。但是,这一自然和物质的人神同形同性包含着某种质的辩证法概念:正像在对自然的工业实践中自然找到了一种额外的实践功能一样,在对第一自然的人的劳动规定中自然也找到了一种终极目的论的类意志强度。在这一点上,来自自然的匮乏存在论的某种系统结构便丧失了其经济学的向度,并且在形而上学的冲动转向中被把握为一种"饥饿存在论"(Ontologie des Hungers)。

按照马克思的观点,德国唯心主义的自然概念是建立在劳动范畴基础上的,而在德国唯心主义中,历史与实践概念是连接在一起的。例如,在费希特的"活动"(Taetigkeit)概念和黑格尔的"劳动"(Arbeit)概念中,历史被赋予了人的解放意义。在费希特那里,自然作为市民财富是自我活动的阻碍与活动的场所,从而自然被降格为"无意志的"对象或自我实现自我的材料。自然的进步仅仅是精神的计划而已。但是,费希特并没有把自然置于一种奴役关系或敌对关系中。按照共同的计划,全部人种战胜自然,并且能够踏入一种更高的生命阶段,那时自然将成为人的活动的一方面。在康德那里,自然也不是仅仅束缚于合法性的物质性,因为自然本身是按照新陈代谢原则组织起来的,现在的自然界并不是至善至美的,它将为新的自然界所代替。因此,想要说明"微小的植物与昆虫",想要理解"遥远的星球及其结构",就不能借助于力学原则,而只能借助于其他探索方法,如目的论原则等。这方面,马克思也有过十分相似的表述:正是由于劳动,自然才成为扩大再生产的对象。但是,事物被赋予生命乃是"生动的劳动的条件"。自然拥有一种活生生的、内在的再生产法则,例如一棵树,它包含有自身特定的形式,因为这种形式是一种木料的形式。因此,自然不能被贬低为人的作品的一种"平庸的"前史,但也不能轻率地、否定性地被描述为"无意识的初级阶段"。如果自然发展的质的阶段早已被委托给了前意识自然的理性立法,那么一种"动态的序列"就不会隶属于辩证的和目的论的内在规定性。

费尔巴哈从"投射理论"(Projektionstheorie)出发,把彼岸世界的上帝揭露为恶的此岸世界的真理,从而赋予自然以神的品性。与此相对照,布洛赫则凭借全盘"人化"(humanisierung)废除了一种静态的物质基质。许多大哲学家总是把自然的复活视为自由的需要,而在星移斗转、光阴荏苒中，这种复活渐渐流逝为一种纯粹的潜在的可能性：

> 在阴森森的散发中，在暗无天日的无机界中，为什么物质恰恰为形成某种新事物而精疲力竭？在此，为什么一种新的合法性的可能性，一种新的人际关系对于无机界恰恰是静态的门闩。物质是一切形态的母腹，因而也是自然中的未来的母腹；物质本身绝不是过眼烟云，而是围绕一切人类史的存在。①

通过"辩证法的合法性的决定性的统一性"，物质与人的历史联系在一起。这一合法性（Gesetzmaessigkeit）假定了主体性，从而某种辩证法的创造性环绕物质的存在，历史就在肯定意义上拥有人的意识形成和发展。换言之，历史摆脱了作为否定性的劳动活动。

进言之，只有艺术才能把失去的自然自律从分析性的科学中拯救出来。在这方面，布洛赫十分推崇歌德，因为他把自然与这样的科学分离开来，从而把自然当作一个"特有的无所不包的意义"来保存，作为艺术和科学的对象，"这种意义是任何人都无法挤光的"。自然观察者势必拆开全体，穿透表面，摧毁内在之美，以图了解必然性，但是有机体的迷宫纵横交叉、错综复杂，许多漫步者未等握住其心灵就已疲惫不堪，败下阵来。像康德一样，歌德也认为，自然具有自我组织能力，无论在健康状态中还是疾病状态中，自然都具有"一贯的组织能力"，远远超出我们所有的概念、统摄。

然而，自然的基本知识却是艺术活动所必需的基本条件。像谢林一样，布洛赫也面对两难困境：一方面，自然乃是世界躯体（Weltkoerper）、世界灵魂（Weltseele），自然体现人神同形同性，自然神秘莫测；另一方面，艺术作品表现自然知识，在确定性科学中描述自然是适当的。像康德一样，布洛赫最终对自然知识进行了否定性概述，认为重新获取的知识设备和敏感性知识仪器是必不可少的，以便了解有组织的、主体的自然结构，以便按照黑格尔的意识方案，不仅认识自然之为"实体"（Substanz），也把握自然之为主体（Subjekt）。不过，布洛赫还是为解释能生的自然而苦思冥想：

---

① E. 布洛赫：《希望的原理》，法兰克福/美因，苏尔卡姆普出版社1959年版，第564页。

原因在于一个哲学家的有限个性，在于这个个性的短促生涯，在此强调了同一性过程中作为主管机构和暗码的多样细节。因为对于一个理论——它既与物质趋势一致，也与未完结的物质的趋势一致——来说，并不存在什么无法企及的"自然定单目录"。①

然而，这样的理论首先应该与一种非异化的自然和历史相比较。谢林早就注意到了自然的神秘性、冲动性和趋势性，因此，他的自然哲学有意识地回溯唯物主义的异端传统，径直把自然视为"世界的灵魂"（Seele der Welt）、"母亲—自然"（Mutte-Natur）、"形象—自然"（Gestalten-Natur）等。与这种"人神同形同性"的神秘主义自然概念相对照，在解释"能生的自然"时，布洛赫努力超越神秘主义传统，将自身的自然概念与马克思历史唯物主义的自然概念有机地联系起来。根据马克思"人化的自然"和"劳动者的人"的概念，布洛赫把一种冲动—动力学的自然概念导入了自然哲学之中，从而赋予"能生的自然"（natura naturans）这一概念以新的辩证的和历史的含义。按照这种能生的自然概念，自然不仅是无意识的最初阶段，也是人类事业的"前室"。正像在人类历史中存在劳动者一样，在自然史中也存在枢纽，即"自然力"（Naturkraft）——一种外在于人类事件的动因。

神秘主义乃至唯心主义传统提出了"能生的自然"概念，刻画了世界的质量图景。但是，恰恰在向自然的过渡中，迄今每一个唯心主义都遭受了可耻的挫败，因为无论在康德的《判断力批判》，还是在黑格尔的《哲学科学百科全书》中，自然只是理念的他在的形式，其实质只是一个外在的东西。但是，自然及其本质必须由人本身来领会，同时还必须从生物学、医学，部分地从心理学角度去理解。自然乃是一切内在世界的存在者和对象领域的统一的基础，对此，不仅需要做出原则上、经验上的描述，还需要做出一般认识论上的验证，即一元论的解释。因此，必须绕开纯粹精神的演绎，回溯至物质，挖掘自然的共同基础。对于布洛赫来说，"实际的可能性无非是辩证的物质"。自然物质构成了宇宙，也孕育了人

---

① E. 布洛赫：《主体—客体：对黑格尔的解释》，法兰克福/美因，苏尔卡姆普出版社 1962 年版，第 499 页。

和人类历史。作为自然的最高的智慧之花，人恰恰标志着"能生的自然"的最高的内在的实现度，而人的使命是改天换地，既改造环境，又改造社会，以此实现马克思意义上的"自然的人化和人的自然化"。但是，人并不因此远离自然，相反人永远是自然的一部分，自然永远像地平线一样远远地拥抱着人。

布洛赫强调，今天已不再存在毫无中介的他在领域，无机界、有机界乃至人的自然均处于普遍的联系之中，自然到处呈现出过渡和中间阶段。生物学中，某些僵化的层次理论无非是坚持陈腐的还原论图式，最终不得不让位于一种神秘的、整体论（Holismus）的自然哲学。像歌德的《浮士德》所云，这种自然哲学强调全体与万有的普遍联系："一如一切编织成整体／一者在整体中作用和生活／一如天力上升和下降／伸展金色提桶／鼓起幸运的翅膀／天地贯通／万有和谐。"从这一全体和万有的源泉中滋长出一种物质概念，它把机械的质量规定为生动的、萌发的力量组织，规定为冲动与效应的交换，并且为质的新事物的出现提供游戏空间和对立面空间。质的自然观的秘密存在于质的物质观的秘密之中。

由此可见，布洛赫的"自然"不是科学世界图景中所描述的那种同一物的永恒轮回，也不是实证主义所构想的那种僵死的、呆滞的自然，而是"能生的自然"、自我实现的自然，是一个不断新陈代谢、不断展现新形式和新阶段的过程。他按照"未来参与"（Participium futuri）的字面意义上理解自然，把自然视为尚未全部、尚未完全显现的现实和可能性的宝库，而每一个实现阶段又都产生前所未有的新的可能性。布洛赫把这种可能性比喻为孕育无限的"海洋"：

> 现实的东西为可能性的海洋所围绕，而且一再从这片海洋中上升到一个新的可能性部分，特别是从无机自然的物质中很可能拥有这种无或全有。①

物质恰恰在一片"虚无"中发酵，在不可测量的"尚未"中怀孕，在惊心动魄的"阵痛"中分娩、充实和统摄一切。布洛赫把如此把握的质的物质图景称作一幅"风景画或风景诗"，尽管它完全置身于物理学之

---

① E. 布洛赫：《图宾根哲学导论》，第 239 页。

外,但它又不完全外在于丰满的身体和自身的潜势。①

然而,自然还处于未中介的、外在于人的世界之中,即处在一种盲动的、假设的、站不住脚的泛神论状态之中。因此,只有通过非异化的劳动者的中介,才能把这一盲目的动因转变为具体的、人类可通达的动因。根据这一人道主义立场,布洛赫承认,在自然界中人具有存在论的优先地位,但他强调世界先于人,世界能够独立于人而存在,并且即使有朝一日人类不复存在,世界也将继续存在下去,从而问题在于人类救世史的根据,即人借以实现自然救世史的根据。自然创造了人,不仅创造了最发达、最精细的形式和意识,创造了自身的意识,而且通过对可能性的反思为目的论的预先推定,为目标明确的实现敞开了尚未兑现的可能性的全部空间。从无意识自然的偶然性与合法性的相互作用中,渐次发展出一种意识,即善、终极物和成功存在的可能计划。

因此,物质站在人的一边,与人结成协同关系。物质使用自身的最独特的器官形态和组织形态,即人这个普罗米修斯,以便应付未来、确定当今过程的有益的发展方向,从而拯救世界,而不是毁灭世界:

> 在如此领悟的物质中,人的希望内容的现象学和百科全书同样拥有其独立于纯粹的人的意识的客观内容;并不存在任何纯粹精神(顺便提一下,无论是斯宾诺莎还是莱布尼茨,其实体都不是纯粹精神)。这样,并不奇怪,在物质中,客观的可能性,新事物的唯一保证就拥有自身唯一的基质。②

布洛赫凝神专注于"乌托邦与物质之间的曲线"③,以便现实地、明确地表述这一"乌托邦—物质之弓"(Der Bogen Utopie-Materie)的末世论的前景。这里除了涉及量的技术的自然观外,还涉及质的自然观。质的自然观不仅对艺术、对我们的自然生活意义重大,而且指向人与自然的一种新型关系,即不再把自然置于生产力的剥削观点之下,而是把自然重构为未来人类的新"家乡"(Heimat)。作为全体,这样的自然在自身中与

---

① E. 布洛赫:《图宾根哲学导论》,第 235 页。
② 同上书,第 233 页。
③ 同上书,第 232 页。

人一道高扬主体，而这个主体本身则在万有的某种和谐状态中使自身的各个环节相互协调，浑然一体。这与天堂理念相距不远，实体乃是主体，自然的和谐乃是自我运动（毕达哥拉斯的思想），世界乃是类似过程的全部艺术品——这是一种终极的成功状态，一种世界的圆满状态，一种乌托邦意义上的自然史。为此，必须追寻康德的规则与莱布尼茨的能量—问题中关于自然主体与能生的自然的蛛丝马迹：

> 令人可疑的是，一种自然主体是否业已作为实现了的东西而存在，因此确定不移的是，必须使这一主体作为驱动装置保持开放状态，并且作为一种驱动装置，还必须在全体中有助于自身的实现。但是，在这一点上，现在出现——不包括所有康德的规则，在此不是目的论的"怀念"——莱布尼茨的能量—问题：这个问题被他称作"inquiétude poussante"［焦虑的扩展］。莱布尼茨把它规定为所有单子的核心强度，同时规定为所有单子核心本身的阐释趋势。因此，莱布尼茨能量方程式的深刻与那个单子的"内在化"是联系在一起的，并且在客观意义上，主体性意味着作为动态的自然规定。在莱布尼茨那里，尽管自然的主体问题为无数的个体单子所复数化，但是在这样一种不计其数中，所有这一切的原始形式，即古老的能生的自然却依然清晰可见。①

但是，在"能生的自然"概念中，布洛赫插入了一个趋势—潜势意义上的"自然主体"（Natursujekt）概念，率先把自然与人的乌托邦幻想（人道主义）联系起来，从而把人与自然的关系由主体—客体关系转变为主体—主体关系。这是布洛赫在存在论—认识论领域里所进行的人与自然关系的一次哥白尼式的转变，凭借这种转变，人与自然的关系由统治与被统治、剥削与被剥削的关系决定性地转变为一种平等和谐、协同互补的关系。恰恰由于这种自然主体概念，人与自然的交互作用及其辩证合法性才有可能为人与自然的现实同盟提供先决条件，而这种交互作用也正是恩格斯意义上的"自然政治"。

总之，根据"能生的自然"和"自然主体"概念，不仅人的历史，

---

① E. 布洛赫：《希望的原理》，第786页。

而且无机界乃至全部自然界都不是一具尸体，而是"一个辐射的造型，其实体有待塑造"①。布洛赫质的自然观旨在促进"人道的—物质结构的客观趋势研究"，以保证未完结世界过程中"预先推定的权限"。如果"预先推定"（Antizipation）属于物质此在方式的存在方式，那么绝对目标内容的尚未出现的根据就存在于发展中的物质本身之中，即在于物质及其"最后的此在方式中"②。应该说，这是一种辩证的自然观，也是一种人道主义的自然观。按照这种自然观，物质不是外在于人的视野的、不依赖于人的意识的"客观实在"，而是与宇宙、人和人类历史息息相关的"预先推定的物质"（Antizipation-Materie）、"向前发展的物质"（Vorwaerts Materie）、"地平线—物质"（Horizont-Materie）。正是由于这一"乌托邦—物质之弓"，宇宙学视域才不再出现在漫漫的人类学视域之中，而是成为宇宙过程的固定的理解视域，在这一视域中，人重新定位，意识到了自身在宇宙中的特殊地位，从而找到了与自身相匹配的位置。

物质是实体，是自然，我们可以从斯宾诺莎的有关实体概念中进一步领悟布洛赫的物质概念。他的物质概念具有泛神论的外表，因为物质最终不是被设想为物质粒子的复数，即世界作用关系的众多（Vielheit），而是被设想为世界的一个全体，即形而上学的总体，不仅世界里的一切是物质，而且世界本身也是物质，没有什么东西是在物质之外、物质之边或者物质之上的。物质也不需要任何造物主，因为物质具有自我创造性；物质是一个富饶而多产的母腹，从中不断产生出新的形式。

"是的，世界显现的全部尝试序列还是我们的现实物质，即作为终极物而不是作为'第一物'的物质的未完结的现象学。物质是一种辩证法的物质，物质在自身的非—有中飘动，通过乌托邦妊娠过程的拥有，物质仔细检验渐渐领悟的例题，即源自自身的存在论的存在，即实体—存在。……物质基质，我们特有的基质不是别的，而是在无数生成形态中、组织形式中借走的东西。"作为能生的自然、被生的自然，这个基质恰恰处在内容充实的幸福实验室中，处在火之上，火之内；终极物质，它是潜势中自我实现的世界根据。③

---

① E. 布洛赫：《图宾根哲学导论》，第 236 页。
② 同上书，第 227 页。
③ E. 布洛赫：《图宾根哲学导论》，第 226—234 页。

值得注意的是，在此，"终极物质"几乎都是用其他含蓄的规定来标明的，例如将其归入传统神学的上帝。因此，在谈论布洛赫物质概念的泛神论特点时，我们必须意识到，如果把某种泛神论坚持到底，就会在世界范围内完全废除上帝，这实际上意味着不再存在上帝本身。这一点既适用于斯宾诺莎的等式：上帝＝自然；也适用于莱布尼茨的等式：上帝＝最高单子。正因如此，伯麦、莱布尼茨、谢林等泛神论者常被指责为"唯物主义者"或"无神论者"。为此，布洛赫解释说，想要谈论唯物主义中的脱神话和世俗化，就必须主张"流亡中的神学"，因为唯有上帝变得多余时，才能用历史地理解了的、独立于上帝的物质特性来代替上帝。

那么，如何正确理解物质呢？关键在于，要历史地理解物质。物质不是一成不变，而是向前发展，在物质方面，时间不仅仅在量的水平上流逝，而是留下质的痕迹。作为世界基质和自然基质，物质尚未成为定局，其组织形式也不是不容改变，相反，物质时刻在自身中开放自己，以便为发现新形态、补充新的组织形式而开辟自己的道路。面对原子核聚变，难道谁还想排除无机物质所具有的这种可能性本身吗？从无机界渐次产生了有机界，从有机界渐次产生出意识，难道谁还想否定地球史上物质的这种划时代发展吗？事实上，一个活细胞质取决于一个有机分子。因此，布洛赫认为，世界质料充满了潜力（Potenz），其实质是辩证的物质：

> 实际的可能性无非是辩证的物质。一方面，实际的可能性仅仅是充分地、逻辑地表述物质条件、物质的开放性（物质——母腹的不可穷竭性）；另一方面，物质不仅仅是根据可能性的存在者（Kata to dynaton），即根据当时条件者的既定可能程度的存在者，而是可能性之中的存在者的动态存在，这个存在者——当然，在亚里士多德那里是被动的——是富饶的母腹，从这个丰产的母腹中可以无穷无尽地升起一切世界形态。①

只有从这种辽阔的生成视野中，才能想象到宇宙的漫漫过程不仅栖

---

① E. 布洛赫：《希望的原理》，第237页。

息于物质方面,而且还与物质一道发生。宇宙过程不可能脱离物质而进行,因为物质就是过程化现实的全部。在解释物质的特性时,布洛赫明确批判了爱利亚学派的自然哲学。爱利亚学派认为,神是不动的"一",存在是不动的"一",其要害是把"多"和"运动"从真理世界中排除出去,用一种"不动的推动者"来代替一个过程世界。布洛赫宁愿站在亚里士多德左翼一边,因为这一学派主张物质的自我运动,从而在存在论上,奠定了一种目的论的唯物主义。物质从自身中产生形式,它是整个自然界的母腹;物质是永恒运动着的,宁静不过是物质运动的特殊形式。

对于他来说,物质运动的开端源于这样一个命题:世界还走在本质—现象同一性的半路上。但是,只要世界上还存在着非现实化的潜力,就会存在莱布尼茨"力"的原理意义上的运动趋势。物质向世界开放,它始终处于不安宁状态,因为尚未实现其可能性。"现实就是过程,而这个过程是在当下、尚未完成的过去、特别是可能的未来之间错综复杂地中介在一起的。是的,一切现实的东西都在从事一种过程前卫乃至可能性,而一切可能性或许首先是个别的制约者,即尚未足够的或尚未清偿的限定者。"①

总而言之,物质是"预先推定的物质""尚未的物质",在物质中所发生的一切东西都涉及自身所固有的可能性的实现。由此,物质从自身中产生出了这一自我塑造的一个物质动因,即人。物质造就了人,这一可能性的实现是迄今物质自我运动的最高成就,也是物质作为唯一的、无所不包的世界基质的见证。

> 在历史中,历史的活动者即劳动者是自我领会者;在自然中,自我领会者是所谓能生的自然或物质运动的主体,这几乎还是一个鲜为人知的问题,尽管这个问题明显地与劳动者的自我领会相联系,并且与马克思的"人化的自然"要求步调一致。②

在此,布洛赫把人类学与历史哲学结合在一起,把人道主义学说与

---

① E. 布洛赫:《希望的原理》,第 225 页。
② 同上书,第 235 页。

自然哲学结合在一起。因为如果不回溯人及其历史，就不能构建一种完整的自然哲学；同样，如果不回溯物质自然中的基础，也就不能构建一种系统的历史哲学。换言之，在布洛赫哲学中，存在论具有无所不包的普遍性，正是从物质的开放性，即从质的物质规定中滋长出人的意向性。

但是，布洛赫的自然过程哲学把所有精神世界的产物，所有精神的客观化都被理解为物质的反映形态。这样，物质被释义为它自身及其对立面（意识的）的决定性的普遍者（Allgemeines），从而传统哲学旨在澄清意识形式的任务就获得了一种新的意义：反映物质本身的反映，即反映能动的物质的最高存在方式。在理论上，辩证唯物主义与历史唯物主义需要相互贯通、浑然一体，只有这样，二者才能在物质世界基质的趋势结构中牢固地奠定预先推定的意识。其实，所谓"预先推定的意识"（das antizipierende Bewusstein）现象业已部分地书写在物质的世界过程本身之上，这就是说，在历史的生存层面上，这种意识现象是通过对物质的反映来实现的。

形而上学一元论的威力无处不在，它包括现象的众多，一者和多者的原始辩证法正是在物质处自我发展的理念中、在一者的区别和鉴定中最终成为无所不包的大全的。这种"向前发展的唯物主义"是继恩格斯的《自然辩证法》之后，布洛赫对全部"亚里士多德左翼"传统所进行的又一次全面而系统的整合，是对马克思主义物质—自然概念的创造性发展：

> 简言之，"运动是物质的存在方式"，自然辩证法是"物质的自我运动和统一物的分裂"：因此，"人的精神"是"有机物的最高花朵"，同时是物质的最高的运动形式。物质不是一种厚的、死的质料，而是不断发展的运动内容……但是，恩格斯强调，其中存在各种过渡，存在独特的、大量的层次运动，例如电的，甚至机械的、化学的、有机的、经济的—历史的运动形式……简言之，人是迄今在少量有机物中存在的最高花朵，从而在大量无机物中，可能的花朵（在其他地方，马克思没有不间断地称作"自然的复活"）根本还不存在。趋向新事物的能力不仅规定辩证法与机械论之间的根本区别，也规定自然辩证法的结局，因此一种可怕的、全面松弛的、笼罩世界的

尸体未必就是唯一的效应。①

自然过程哲学不仅揭示了人类历史是自然史的一部分，而且还解释了人类历史有可能为不可避免的"熵"（热力学第二定律）所打乱。问题在于，以化石燃料为中心的现代能源文明发展到一定程度，熵（Entropy）就会登峰造极，进而瓦解其文明。现代社会的大危难在于，起因于熵的崩溃并非局限于某一特定领域，而是会波及全球各个领域，这将招致无可挽回的全球向度的崩溃。物理学通则不仅将废除自然存在，而且也将废除生命存在和历史存在。这个"能在"（Kann-Sein）商定了自然的机会。但是，人对人是最重要的，自然对人仅仅表现为一种独特的兴趣、意识的中介关系，这就是存在论上人类中心主义的自我中心说。人本身是自然史的一个辩证契机：仿佛是一种"理性的狡计"，由于此，自然为人这一新的、超越的存在敞开了大门。

因此，《希望的原理》这一未来哲学是建立在一种地地道道的形而上学唯物主义的基础之上的，它不仅寻求自身历史概念的合法性，也探究一种自然哲学的起源说。然而，在此同样提供了非同小可的差异。《希望的原理》的历史哲学强调过程的无限性、创造可能性的无穷性和历史视域的终极目标，勾画一种成功状态，即扬弃了异化状态的圆满性和同一性，亦即"自然化的人和人化的自然"。这种历史哲学不是着眼于一种调节理念，而是着眼于一种末世论。

另一个差异在于一种唯物主义的世界概念。因为这种世界概念把物质界定为一种无限的可能性之中的存在者，所以可能性领域得以保持开放。一种"出色的物质"，也许就是"熵"（Entropie）的终极状态，而历史意识却竭尽所能防止这一状态。但是，矛盾必须作为一种无限性加以永久化，并作为一种存在本身的基本范畴加以领会，但这样一来也就排除了乌托邦的出色激情。在《希望的原理》中，布洛赫充分意识到，对物质进行唯物主义分析时所牵涉的种种困难：

> 除了这种阶级社会、市民意识形态和假说性神话之外，还必须超出个别性——一般性范畴而立身于物质性本身之中……另一对难题是：

---

① E. 布洛赫：《唯物主义问题》，第367—371页。

新事物——自成一体（形成、宁静）；生成尝试（事物、本身还一头雾水）——稀奇。①

布洛赫承认这类"真正唯物主义的疑难与反疑难"的二律背反作用，在他的思维中，这样的二律背反乃是题中应有之义，是无法取消的。不过，他最终还是通过一种强有力的语言风格做出了和解姿态。"向前发展的物质"处于无限的过程之中，物质作为乌托邦实现的基础处于潜能之中，处于它能够达到也应当达到的那个目标趋势之中。作为一种开放性，物质还没有被设想得够大。物质是客观现实的可能性之中的存在，在此意义上，物质既是思辨地自我创造的物质，也是自身形态的母腹和未完成的地平线。根据可能性之中的存在，存在一种重要的乌托邦—物质之弓。领会这个物质—乌托邦是每一种哲学在世界实验的前卫上义不容辞的任务。

在此，尤其是领会向前发展的物质；而且这一点不仅仅是某物据以可能的尺度和承担者，而是一般客观现实可能性的基质，它肯定并包括挫败、徒劳、虚无等否定性因素。但在潜在阶段，某种微妙的物质就已经借助人的指向和信息而注定隐含了过程中的家乡。我们对物质的"无"和"全有"乃是终极潜势的边缘概念，然而，物质的内容却包含在自身的否定性之中，越是置身于某种肯定状态和先现状态，这种否定性就越发强烈。在这里，"表现出一种坠落的末世状态，在那里，则表现出一种充实乃至活动状态。"②

通过回溯马克思的辩证唯物主义，布洛赫把物质与辩证法联系起来，从而完成了自然物质概念的第一次扩充，通过重塑思辨的唯物主义，布洛赫把物质与乌托邦联系起来，从而完成了物质概念的第二次扩充。通过这两次扩充，布洛赫奠定了一种辩证唯物主义的和思辨唯物主义的物质概念："地平线—物质。"物质是动态的、向前发展的可能性，是万物的基质。物质的本质体现在两个层面上：第一，物质是"地平线"，即未来的可能性；第二，物质是"母腹"（Schoss），即创造的可能性。

由上所见，物质范畴是跨越世界的总体性范畴，它不仅关涉自然领

---

① E. 布洛赫：《希望的原理》，第116页。
② 同上书，第469页。

域，也关涉社会领域。在布洛赫看来，正如物质的社会性一样，社会的物质性作为业已形成的自然，也标志着一种自然的社会。但是，对这一论点，他不是用历史唯物主义原理论证，而是从逻辑概念角度论证，即用最具体的内容去概括每一种最抽象的概念。因此，正像 J. 伯麦的上帝概念一样，布洛赫的"金属""金属碎屑"或"法国人"等概念也要求一种最具体的内容。在现实历史进程中，物质的向前发展趋势代表无产阶级，而作为特殊的历史阶级，无产阶级的前途取决于世界尺度中全人类的解放，这样这个历史阶级也就成了被拉长了的物质之臂膀。由于无产阶级这一革命阶级的出现，物质的历史获得了新的历史维度和广度：无产阶级有朝一日将得到革命性的扬弃，从而无产阶级便作为历史母体就把自身的历史作用历史性地隶属于历史唯物主义之中。因此，科学社会主义的创始人把自身的历史观解释为一种"人道主义的唯物主义"①。

我们知道，对"物质本身"（Materie als solche），恩格斯曾发表过一段耐人寻味的话。他在《自然辩证法》中写道："实物、物质无非是各种实物的总和，而这个概念就是从这一总和中抽象出来的。"② 他还指出，物质这个名词无非是简称，我们就用这种简称把感官可以感知的许多不同的事物依照其共同的属性概括起来。按照这一观点，从这一实物的总和中抽象出来的共性不同于某一具体的实物。正像水果不等于樱桃、梨、苹果，哺乳动物不等于猫、狗、羊等一样。在布洛赫看来，恩格斯把物质归结为纯粹思维产物和抽象，这种观点实际上是代表市民自然科学的片面的量化观点，其要害恰恰是在千篇一律、毫无二致的数量表示中扼杀了具体的、生动的、个性的东西。

因此，布洛赫不仅注意吸收"辩证唯物主义观点"中那种有资质的、高水平的物质，而且还积极倡导历史唯物主义中那种作为历史动因的物质要素。黑格尔说："我们当然能吃樱桃和李子，但是不能吃水果，因为还没有人吃过抽象的水果。"但是，当恩格斯把物质解释为纯粹的思维产物和抽象（reine Gedankenschoepfung und Abstration）时，"恩格斯实际上改变了黑格尔的论点，以致'物质本身'不具有任何真理，不过，他倒也

---

① 参见马克思《1844年经济学哲学手稿》，人民出版社1985年版，第124页。
② 参见恩格斯《自然辩证法》，载《马克思恩格斯选集》第四卷，人民出版社1995年版，第343页。

同意较详细的物质规定，因而他的物质本身不是关涉抽象的法国唯物主义，特别是19世纪毕希纳、福格特、莫列绍夫等人的机械论的终曲"①。

因此，在论及某种脱离历史的物质时，布洛赫立即重新选定了马克思主义的思维目标。对于一种尚未存在的存在论而言，不仅需要一种"有水平的物质"，也需要一种"向前发展的"物质本身。这就是说，马克思的"向前发展的唯物主义"的特征在于一种"在历史深造中所领会的、有能力的世界质料"。这种唯物主义用一种特殊的物质武装自己，"对人、历史和未来而言，这物质具有时间，具有特殊的空间，是的，它作为历史运动的主体，作为未来载体本身乃是最高水平的物质"②。他大力复活一种普遍的、质的物质概念，旨在清算市民自然观的恶劣的片面性。对于他来说，构建向前发展的唯物主义概念，首先要重新领会自然和物质的具体内涵：

> 向前发展的唯物主义理论的可能性在于与自然建立最具体的关系，在于重新领会市民计算所衡量的自然，尤其是重新领会物质的能力、表现力。③

马克思、恩格斯的人道主义的唯物主义概念与无限发展的生产力和阶级斗争学说是联系在一起的，在这种唯物主义中，现实作为一种革命现实向思想突破。在马克思、恩格斯那里，物质概念日久弥坚，故绝不会在卢卡奇式的纯粹历史中介中蒸发殆尽；同样，物质概念也不会在一种粗俗的反映论的沉积物中僵化成伟大的历史古迹。布洛赫将为严格的自然辩证法观念打上了总体基质的烙印，对于这个总体基质而言，精神既是对物质关系的模拟性反映，又是进行深造的中介机关；马克思用"社会的"这一形容词标明了这个中介机关，从而驱散了纯粹"存在"的空洞的抽象性和虚假性。④

此外，布洛赫的自然辩证法观念还与希望现象学这一特殊的意识内容

---

① E. 布洛赫：《主体—客体：对黑格尔的解释》，第407页。
② 同上书，第221页。
③ 同上书，第387页。
④ E. 布洛赫：《痕迹》，法兰克福/美因，苏尔卡姆普出版社1969年版，第71页。

有关,由于此,他力主在存在论中,在最一般的概念中把握一切"物质的关系"。作为一种尚未的基质,布洛赫的生机论的—乌托邦的物质并没有被中介为一种自然过程哲学的统一,这一点可以回溯到他的青年时代的手稿:

> 力的哲学意味着物自体乃是唯能论的普遍意志,而世界的本质被描述为向每一个生活形态、向每一个沸腾的生命秘密突进的力量;物自体乃是客观幻想。①

于是,亘古如斯的存在者的秘密连同未来的总体性便烟消云散。在主客空间的乌托邦精神中,布洛赫把这一世界物质集中刻画为"宇宙—形而上学的本质"②,从而使之导向一种辩证的、质的宇宙学的"新的问题立场"。

在《乌托邦的精神》中,他把世界物质(Weltmaterie)仅仅规定为心灵的"宇宙自我认识过程",但在后期著作中,他将其规定为"共产主义的宇宙学"③"人道主义的宇宙学"。而在图宾根时期,他则根据《乌托邦的精神》要旨,干脆称之为"宇宙学的形而上学"(kosmologische Metaphysik)④。在宇宙论上,物质作为辩证法的化身不断扩展,成为一种"没有历史—宇宙更年期的"无限膨胀的基质。从这种辩证开放的宇宙过程出发,布洛赫用物质的多边形(Multiversum)概念代替了物质的宇宙(Universum)概念:

> 并不存在逻辑上可推导的前提统一,也没有原始因果链钩上的第一原因,没有基本质料(精神抽象或一种永恒的均质的物质),没有宇宙的基本质料,有的只是针对性的多元论,亦即一种多元性。⑤

---

① E. 布洛赫:《哲学论文集》,第 478 页。
② E. 布洛赫:《乌托邦的精神》(1923),法兰克福/美因,苏尔卡姆普出版社 1967 年版,第 296 页。
③ E. 布洛赫:《希望的原理》,第 138 页。
④ E. 布洛赫:《哲学论文集》,第 132 页。
⑤ E. 布洛赫:《主体—客体:对黑格尔的解释》,第 508 页。

布洛赫倡导马克思主义的宇宙学原理，努力构想一种没有"发展与熵的恶性循环"自然计划。事实上，这一计划内在地修正了马克思主义传统中的那种机械论的、僵死的宇宙概念。他一再反思"马克思主义宇宙学"问题，特别是一个激进的人道主义的宇宙学问题，因为对人的实践来说，这是一个开放的问题。然而，他感到疑惑不解的是，在尚未被理解的社会实践中，究竟在多大程度上可以把这个问题扩大到宇宙学领域？是否应该凭借市民社会的力量和自然力量，把一种革命理论作为尘世自由的对象加以形而上学化，即一种开放的存在论是否应当承认尚未开发的宇宙领域？

马克思的政治经济学批判旨在通过揭露资本的混乱现象，摧毁现存的世界图景的剩余。与此相对应，马克思主义的宇宙学要求一种"世界的质量图景"，即反对机械唯物主义的"世界的数量图景"，亦即不是像爱利亚学派、斯多亚学派、法国唯物论那样静态地、直观地、机械地、封闭地解释宇宙，而是像布鲁诺、库萨的尼古拉一样把宇宙解释为"动态的、无限的、开放的、永恒的"宇宙。但是，每一种解释性尝试都必须追问历史唯物主义的预设命题，即人道主义的宇宙学问题。

布洛赫把这一"人道主义的宇宙学问题"喻为隐匿不见的"暗码"（Chiffre），它不仅对有机自然界具有某种特殊意义，而且对我们这个地球的事务和意义内容同样具有举足轻重的意义。但是，在世界的沉默寡言中，这暗码及其意义是根本无法用语言表达的，因为它在世界的沉默中"麻木不仁、绝望透顶"。因此，布洛赫把"宇宙"概念作为一种"自身尚未显现的概念"重新带入了人类中心说中，进而把地球看作"宇宙的乌托邦本质"。一种新的马克思主义的人类学要求一门新的马克思主义的宇宙学，这是马克思主义的自然过程哲学的一种新的诉求：

> 因为没有任何一门新的马克思主义人类学不是没有马克思主义的宇宙学的。[①]

针对史无前例的地球的浩劫和对自然的无情剥削，人的实践被设想为

---

① E. 布洛赫：《这个时代的遗产》，扩充版，法兰克福/美因，苏尔卡姆普出版社 1962 年版，第 396 页。

一种宇宙之形（kosmomorphes）的关系，其目的是用一种人道主义的眼光来看待宇宙，并揭示宇宙中运动的、变化的人道主义因素。因此，在此意义上，布洛赫的自然过程哲学便获得了一种宇宙学的认识论向度，而这一向度是与人的具体的劳动过程固结在一起的：

> 在此，共产主义宇宙学到处都是问题区域，就像一种与可能的自然主体辩证地中介的人及其劳动到处都是问题区域一样。

换言之，追问马克思主义的宇宙学问题，就是把人与宇宙的关系领悟为人及其劳动与可能的自然主体的辩证中介过程。

自20世纪30年代转向马克思主义之后，布洛赫根据马克思"质的自然"概念和恩格斯"世界是过程的集合体"思想，把自然理解为一种"感性的自然界"，从而提出了"能生的自然""自然主体""地平线—物质"等概念。一方面，根据"能生的自然"概念，布洛赫从自然自身的动态潜能中把握自然，把从有机体到人类意识的发展理解为某种"类过程物质"的组织作用，从而为构筑马克思主义人道主义的宇宙学提供了理论依据；另一方面，根据"地平线—物质"概念，布洛赫阐明了人与自然的交互作用关系，从而为"自然的人化和人的自然化"这一马克思意义上的共产主义公式提供了理论依据。

自然是过程，自然是主体，自然是潮流、溢出和运动。自然不仅是无意识的最初阶段，也是人类事业的"前室"。自然主体不仅仅是一个假定，而是一个存在论的根据。自然主体作为自然辩证法发动机的主体，是世界的支撑性生产者，自然主体本身尚未为人知晓，自然主体需要人的主体这一帮手。这样，布洛赫的自然过程哲学，从理论与实践两方面澄清了人与自然的关系不仅是主体与客体的关系，也是主体与主体的关系，从而为形成人与自然的"共同生产力"，为建设一种人与自然和谐相处的未来新型社会开辟了广阔的前景。

应该说，构筑一种人与自然互动双赢的人道主义的宇宙学，是布洛赫对马克思主义传统的重大创新，是对马克思主义理论的新的创造性开拓。

进入21世纪以来，全球生态、气候环境持续恶化，全球范围内，崇尚自然、回归大自然、保护人文自然遗产的呼声日趋高涨。与这种趋势相呼应，布洛赫的自然过程哲学在国际学界重新受到了广泛关注，他的自然过程概念为当今哲学家、文学艺术家和自然科学家们提供了一个动态的社会对话平台。作为20世纪精神史上"出类拔萃的思想遗产"[①]，他的自然过程哲学思想不仅对于构筑新世纪人与自然的和谐、艺术与自然的同盟，而且对于建设劳动文化乃至继承人文自然遗产等也日益显示出重要的理论意义和实践意义。

第四节　恩斯特·布洛赫与德国表现主义

德国表现主义是指1910年至1920年间流行于德国绘画、文学和音乐领域里的艺术流派。恩斯特·布洛赫深受表现主义运动的影响，他的著作《乌托邦的精神》（1918）就具有表现主义文学的一般特征。布洛赫与表现主义作家之间不仅有着艺术风格上的类似之处，也有着思想动机上的相通之处。表现主义运动复活了一种新的、解放的人性，表现主义文艺的"主观性"原理体现了"狂飙突进时期"的人性内容和博爱内容。表现主义艺术开创了一种热情呼唤新人、新世界的伟大传统，而这一传统不仅是表现主义艺术家文艺创作的重要源泉，也是布洛赫哲学创作的重要源泉。

表现主义（Expressionismus）是一种艺术流派，约1900—1935年，在欧洲盛行一时，其艺术特点是高度的主观性，主张表现主观现实或内在现实，感情强烈，语言凝练，所使用的每一艺术手段都达到表现的极致。

挪威画家A.蒙克（1863—1944）、瑞典作家A.斯特林堡（1849—1912）被公认为表现主义文艺的先驱。蒙克深受梵·高和高更的艺术风格的影响，他擅长运用激烈的色彩和扭曲的线条，以爱情和死亡为主题，表达内心焦虑、恐惧以及对生活的悲观主义态度。其代表作《呐喊》创作于1895年，画面主体是一位瘦骨嶙峋的男人站在桥头呼叫，背面的湖面上有两只小船，两个人影从桥的远处走来。整个作品给人以凄凉、恐怖之感。这幅画是蒙克作为表现主义艺术大师的成名作。《呐喊》来自蒙克自己"心灵的地狱"，表达了人类心灵深处无可救赎的绝望与不安，是现代人类精神极度苦闷的象征。

斯特林堡的自然主义戏剧，如《父亲》（1887）、《朱丽小姐》（1887）、

[①] 参见H.法伦巴赫《恩斯特·布洛赫与马克思主义理论与哲学的统一》，载B.施密特编：《恩斯特·布洛赫哲学研讨会》，法兰克福/美因，苏尔卡姆普出版社1962年版，第75页。

《伴侣》(1888)、《死亡的舞蹈》(1900)等描写了扭曲变态的社会关系和充满极大痛苦的激情。1901年,斯特林堡又写了《梦的戏剧》,揭开了欧洲表现主义文学的序幕。这部剧本以无逻辑的梦魇的形式,描写天帝因陀罗的女儿为了解人类而来到人间,结果却发现瑞典是一所"疯人院"。人间充满邪恶、剥削和压迫,但这位天神的女儿认为人们痛苦的根源在于,人的欲望造成了人的堕落。她和被折磨的人们一起呼号,期望上天拯救苦难的灵魂。剧本表达了作者渴望摆脱痛苦的思想,但又由于极度痛苦而失去常态的绝望情绪①。

奥地利幻想作家弗兰茨·卡夫卡(1883—1924)的作品在表现主义文学运动中占有重要位置,他的作品表现了20世纪的忧虑并渗透了西方社会的异化。他的代表作《变形记》作于1915年:主人公格里高尔·萨姆一天起床奇怪地变成了一只甲虫,于是他的职业丢了,成了家里的累赘,从而从人的世界被踢了出来,变成"非人",最后在寂寞和孤独中悄然死去。小说深刻地揭示了世态炎凉,人与人之间一旦割断了利害关系的纽带,彼此就不能沟通。因此,"变形"是现代异化人的象征,作为艺术技巧,变形是一种间离手段:荒谬与怪诞。

德国表现主义是指1910年至1920年间流行于德国绘画、文学和音乐领域的一种艺术流派。就艺术风格而言,德国表现主义与"自然主义—印象主义的情调艺术"以及"美学新浪漫主义的幻想艺术"相对立,它致力于表达一种发自新的心灵状态的内心体验,彰显"主观主义"(Subjektivismus)原理和社会—伦理的"行动主义"(Aktionismus)原理。在德国,表现主义所向披靡,主宰了各种艺术。德国表现主义把艺术创作的形式结构完全推翻,提倡主观主义的创作自由。这一派艺术家认为,艺术的任务就是把作者个人内在世界的品质和特征淋漓尽致地表现出来,因而他们的作品不是依据客观世界的纯粹事实来进行描述,而是凭自己的"灵魂"来表现,并且特别强调运用"激情"。

没有表现就没有艺术,同样,没有激情也就没有艺术。表现主义作品大都通过表现奇异的、神秘的、有魔力的内心世界,通过升华个人在社会中的孤独、寂寞与死亡的感觉,大胆暴露社会的黑暗,揭示错综复杂的社

---

① 参见梦海《精神分裂症艺术家与作品》,载《德国哲学论丛》,中国人民大学出版社2001年版,第146—155页。

会关系。表现主义运动实际上是对艺术和社会中既有形式及传统的一种反抗，其起因是一种社会危机感，而这种社会危机在第一次世界大战期间以及其后不久达到了最严重的关头。

德国表现主义者反对把军队、学校、家长制家庭和皇帝当作确认的权威，公开表示站在劳苦大众一边，站在贫穷者、受压迫者、妓女、疯子和受苦的青年一边。表现主义运动赋予艺术创作者以崇高的地位，期望他们带头建立新秩序，尤其是培育一代新人。表现主义在视觉艺术中的发展最为有力，它从过去的艺术，即原始、朴素的艺术以及儿童艺术中得到借鉴。线条和色彩的运用不受自然的束缚，可以自由发挥以表达情感上的反应。浓重的画布颜色，强烈的色彩和明暗对比以及刺目的变形图像，是德国表现主义艺术的特点。

作为一个历史运动，表现主义在德国始于第一次世界大战之前。当时成立了两个艺术家团体：一个是"桥社"，1905年在德累斯顿创立；另一个是"青骑士"，1911年在慕尼黑创立。"桥社"成员有凯尔希纳、赫克尔、施密特－罗特鲁夫、佩希斯泰因和诺尔德等，他们组成了一个志在开辟艺术和生活的新途径的公社。对他们影响最深的是挪威的表现主义艺术先驱者蒙克的悲惨至极的作品，以及弗里德里希·尼采、华尔特·惠特曼和奥古斯特·斯特林堡的著作。

"桥社"画家采用一种原始的、粗野的绘画和素描手法，其浓重的、有时是断续的线条使人想起德国的早期木刻。事实上，"桥社"艺术家复兴了木刻艺术，他们刻印了许多木刻作品，其中大部分作品强烈地反映了当代极端平淡乃至令人绝望的生活。"青骑士"的最初成员是俄国人康定斯基和阿列克赛·封·雅夫伦斯基，德国人弗兰茨·马尔克、加布里埃·闵特尔和奥古斯特·麦克，瑞士人保罗·克利。这一派就整体来说对当代生活的困境并不太感兴趣，而较关心艺术的形式。由于他们只想在绘画中表现自然现象背后的精神世界，所以他们的组织也很松散，其领袖康定斯基大力倡导现代的非客观艺术，力图只用色彩和线条揭示人的精神世界。

表现主义戏剧1918年始于柏林，以上演恩特斯·托勒尔的《转变》为标志，该剧副标题为"一个人的搏斗"。在20世纪20年代，德国剧作家弗兰克·魏德金德（1864—1918）的作品在德国经常重演，对表现主义戏剧的发展产生了很大的影响。魏德金德认为，对人起决定作用的是本能的冲动，而不是社会。他反对统治阶级的虚伪道德，揭露它的腐朽生活方式，将自己作为"第五等级"置身社会之外。他在许多作品中率先用新的、接近表现主义的叙述方法，以充满浪漫主义的幻想去反对资产阶级的生活方式。悲剧《春之醒》（1891）富于抒情色彩，气氛活跃，讽刺表现力强烈，主题为肯定性教育。《地妖》（1895）和《潘多拉之盒》（1904），中心思想为揭露腐朽的社会道德。《封·凯特侯爵》（1901）则是一部悲喜剧，描写了一个半平民出身的新贵、野心家和大骗子最后成为资产阶级权贵的牺牲品的故事。

此外，德国表现主义剧作家还有卡尔·斯特恩海姆，恩斯特·托勒尔，乔治·凯泽，赖因哈德·索奇，华尔特·哈森克来弗，赖因哈特·戈林和弗里茨·封·温鲁等。德国表现主义作为一个运动曾盛极一时，并在1918年德国革命后成为官方文化。因此一些需要合作和资助的艺术种类，如戏剧、歌剧和电影等，在第一次世界大战以后，达到其表现主义的顶峰。

恩斯特·布洛赫（Ernst Bloch，1885—1977）深受表现主义运动的影响，他的第一部著作《乌托邦的精神》就被世人誉为20世纪表现主义的代表作。他回忆说：

> 我的《乌托邦的精神》一书完完全全被打上了表现主义敏感性的烙印。因为表现主义意欲一个崭新的世界，而人的创作目标就是创造一个新人，创造一个新世界，创造一种新的敏感性。在《乌托邦的精神》中，我用了十多页篇幅专门探讨了表现主义这一艺术和文学思潮。[①]

《乌托邦的精神》一书被誉为哲学表现主义的"新狂飙突进"、"革命浪漫主义与革命诺斯替主义的代表作"。此书初版于1918年，1923年又出了扩充新版，后来他把这两个版本一同收入自编《全集》里（第16卷、第3卷），足见其对作者思想所具有的特殊意义。此书具有表现主义

[①] E. 布洛赫：《一个马克思主义者无权成为悲观主义者》（1976），载 A. 闵斯特《直路的白日梦：与恩斯特·布洛赫的六次谈话》，法兰克福/美因，苏尔卡姆普出版社1977年版，第108页。

文学的一般特征：首先，形式上语言晦涩、风格怪异，宣泄主观精神，描写直观意向，传达弥赛亚主义的预言，揭示永恒神奇的精神内涵；其次，内容上线条接线条、印象叠印象，宗教与社会、艺术与道德、时代精神与人道主义等主题交相辉映，仿佛奏起了一首气势磅礴、绚丽多彩的生命交响曲。但是，此书所表达的乌托邦理念却是一种哲学上的危机思想，在这种思想中不仅有对危机的判断，也包含着一种解决方案，即"具体的乌托邦"。此书明确提出马克思主义是一种乌托邦，一种"具体的乌托邦"。马克思主义不是对未来社会作任何精确的预言，而是积极地参与社会改造的历史过程，从而与旧的幻想、抽象的乌托邦主义相对立。乌托邦并不意味着静观或消极等待，而是一种人们行动的强大推动力。概言之，乌托邦的功能是每个社会憧憬未来的依据，是在任何历史情况下都可能成为更好发展阶段的依据。

那么，布洛赫与表现主义到底有着一种怎样的关系？为了弄清这个问题，我们不妨先细细地咀嚼一段他的充满主观主义色彩的表现主义文字：

> 事物就以这种方式成为自身的内在居住者。与此相反，可视的世界看上去却日渐沉沦，其内在的涵义日渐虚化，开始沦为一种没有类型的东西。此时，这个世界内部的和外部的不可视的音乐就变成某种类似图像的东西：一个逐渐消失的正面、一种不断增强的丰满、一片森林的形成；事物的入流和回流都存在于自我结晶之林中，存在于创造性的、深沉的爆发之中；一切主观主义都存在于事情之中，存在于作为事情本身的事情的背后之中……在我们看来，这些雕塑品就像地球一样陌生。然而，从中我们展望我们的未来，犹如我们展望最深邃地伪装起来的形象装饰品；犹如终于觉察到自我的意欲和我们潜在的意欲，并且使其得到充分的实现，使其变成自我的当下；犹如在闪烁的庄严秘密之中，恬然寓居在我们隐秘的神的存在之中。①

这段话出自《乌托邦的精神》（1918/1923），其主题是：事物/世界/

---

① E. 布洛赫：《乌托邦的精神》（1923），法兰克福/美因，苏尔卡姆普出版社1964年版，第47—48页。

主观主义/雕塑品/未来/形象装饰品/自我的意欲/神的存在。全段高度浓缩，环环紧扣，一气呵成，行文富于主观幻想，注重韵律，雕琢细腻，比喻新奇，字里行间充满了神秘色彩；读起来，汪洋恣肆，行云流水，纵横驰骋，随心所欲，节奏富有音乐性，激情澎湃，遣词造句别具匠心，给人一种情感内敛、内心挣扎乃至呐喊的感觉。显然，想要准确地理解诸如此类的诗化的音乐语言，就必须考察其写作背景，弄清其语言风格的时代语境——"表现主义"。

就像同一时期 M. 普鲁斯特的《追忆逝水年华》（1913）一样，布洛赫的《乌托邦精神》一书也恰恰形成于表现主义思潮的鼎盛时期，人们完全有理由把这部著作视为表现主义的范例，视为人类想象力最深刻、最完美的成就之一。但是，令人奇怪的是，有关早期表现主义的一般文献却很少提及布洛赫的名字，直到 20 世纪 70 年代 H. H. 霍尔茨[①]等人才开始关注布洛赫的早期著作与表现主义运动之间内容—风格表达方式上的亲缘关系。不过，表现主义运动形态多样，内容驳杂，意见不一。因此，应在何种程度上把布洛赫视为德国表现主义作家和哲学家，这无疑是一个很棘手的问题。迄今有关的传记作品多半仅限于描述布洛赫与表现主义画家和诗人之间表面上的亲缘关系，而没有澄清他的一般哲学概念与表现主义风格之间的深层联系。

但是，问题在于迄今关于表现主义的思想内涵尚无定论。例如，在绘画和艺术中，表现主义仅仅是一种实验性的艺术冲动吗？表现主义仅仅是旨在反对可怜的、难堪的外部世界的一种新的"内在世界"的起义吗？表现主义仅仅是一种"反抗上帝"的文化—政治表达吗？或者，表现主义仅仅表达了青年人对市民社会的普遍厌恶和憎恨情绪，仅仅表达了青年人对"新人"形象的充满绝望的呼叫？如何看待许多表现主义作家的神秘主义的主观主义？如何看待他们的基本宗教情绪或政治上的行动主义这一基本心理状态？如何看待他们摧毁旧价值，回归新人，渴望"人类黎明"（Menschheitsdaemmerung）的意愿？

迄今所有这些问题都尚未得到充分解释，此外，还有"表现主义社会哲学"层面上的一些问题有待进一步说明。第一，许多文学表现主义代表

---

① H. H. 霍尔茨：《恩斯特·布洛赫未完成世界的哲学》，达姆施塔特/诺伊维德，1975 年版。

人物的作品和生活中那种充满激情的、富于召唤力的社会理念和特立独行的自我中心主义;第二,表现主义"人类拯救"的幻影与青年布洛赫"弥赛亚主义的乌托邦"概念之间的联系。在布洛赫哲学研究领域里,H. H. 霍尔茨率先引经据典,特别是根据布洛赫的"觉醒范畴"(Kategorien des Aufbruchs),证明了表现主义视域对布洛赫早期著作的深远影响。事实上,"觉醒"① 范畴是贯穿于《乌托邦的精神》《作为革命神学家的托马斯·闵采尔》二书中的一个主旋律,而布洛赫把这一范畴进一步命名为"青年人"(Jugend)、"时代转折"(Zeitwend) 和"创造力"(Produktivitaet):

> 在青年、时代转折和创造力中,尚未被意识到的东西被确定为目标表象,并且按照成熟条件的尺度得到实现。青年人勇往直前,在时代转折中,老年人累垮,在创造力中新事物被造就出来。一切得以实现的场所是"前卫"(Front),"前卫总是时间的最前面部分"。在前卫上,发生新事物,其中,偶尔鸟瞰那最终可到达的东西、最高的东西、终极物。这东西就是充满预感而难以言状的东西,它只有在进展中的过程中才会形成。在暂时的普遍性中,这一终极目标称作家乡、人类的黎明,人与人自身的同一(非异化)。如何到达,如何充分实现这一终极目标,并完整地形成人性,这方面尚未解决,因为我们仍然生活在纠纷和贫困状态中。②

就像所有表现主义作家的作品一样,布洛赫早期著作的一个主题是时代批判和当下批判,而在他那里,这种批判既是社会制度批判,也是社会意识形态批判。一方面,这种批判渴望新生活,敢于摧毁旧的价值秩序和社会秩序;另一方面,这种批判渴望新事物,焕发青春造反气息,敢于"拒斥市民社会的非人性"。市民社会的所谓"大公无私"的理念和理想,不过是伪装的、表面的意识形态,其实质是有意识地或无意识地唤起人们对幻想的、伪装的自私自利的冲动。现代高度文明世界的标志,是通过非人格化的、物化的和商品化的职业社会,通过无限的、无条件的机械化和虚无化而谋求纯粹的外在目标和有用性。作为对这一物化世界的反应,布

---

① 德文 Aufbruch,又译作启程、动身、起义等。
② H. H. 霍尔茨:《恩斯特·布洛赫未完成世界的哲学》,第55页。

洛赫的早期作品反映了现代人渴望从个人混乱和集体混乱中得到解救，以及渴望摆脱千篇一律的世俗日常生活的强烈愿望。

就像 E. 斯塔特勒（Ernst Stadler）、G. 海姆（Georg Heym）、J-R. 贝歇尔（Johannes R. Becher）、W. 哈森克列夫（Walter Hasenclever）等人的诗歌一样，布洛赫的《乌托邦的精神》也充满了一种对解救的渴望，即从令人窒息的无意义和邪恶的世界中得到解救的渴望，充满了一种对新世界的渴望，即一个创造之梦普照的世界，一个在神秘主义—形而上学层面上心灵的宇宙之流焕然一新的世界。只有在这个世界上，"我们"（Wir）才能通过真正的"自我相遇"（Selbstbegegnung）而现实地表现出来："但是，终于根据这一内在的垂直线展现出了广度、心灵的世界，展现出了乌托邦的、外部的、宇宙的功能，用以对准不幸、死亡和自然的躯壳。只是在我们之中还燃烧着这一心灵之光，幻想列车才为心灵世界而开动，为白日梦的解释而开动，为乌托邦原理的概念操作而开动。只因发现幻想列车，发现权利，我们才过得惬意、井然有序、从容不迫；我们勇往直前，我们开辟形而上学之路，召唤不存在的东西，把房屋建在蓝天里，把我们建在蓝天里，在那里寻求真正的、现实的事物，在那里纯粹事实变得无影无踪——新生活开始了。"①

在《乌托邦的精神》的其他段落中，还可以找到类似表现主义的社会—现实批判。例如，抨击德国的"腐败和不幸"，针砭"投机商"和"市侩"的时弊，斥责德国皇帝那种"敌视精神目标"的"令人厌恶的腐化和呆滞的昏暗"② 等。表现主义对日常生活的极度"厌烦"（ennui），对革命性震撼的渴望与街垒战和革命起义的意识是联系在一起的。在此，"令人窒息的压抑"和"平庸"被斥责为生命的谋杀者，迷惘的普遍性被痛斥为"精神的真正坟茔"；在此，揭露了"投机商的反应性欺骗"，斥责了小市民的"狭隘性"和"非宗教的破灭"，与此同时，也高度赞扬了"活生生地塑造的未来、都市和集体感"③。归根结底，不破不立，这一切社会批判和意识形态批判均渊源于表现主义的生命情绪的激情和"人类黎明"的信仰。

---

① E. 布洛赫：《乌托邦的精神》（1923），法兰克福/美因，苏尔卡姆普出版社 1964 年版，第 13 页。
② 同上书，第 11 页。
③ 同上书，第 12 页。

然而，布洛赫与表现主义的亲缘关系并不局限于上述社会—现实批判姿态的一致性方面，其实，这种亲缘性还可从早期著作的思维动机、主题关系、中心概念层次等方面得到更具体的证明。

如前所述，布洛赫从宗教哲学意义上继承了乌托邦概念（Utopiebegriff），而这一概念的特性和独创性在于，它把"觉醒范畴"与"经历到的拯救说""千年福王国说"（Chiliasmus）"启示录"（Apokalyptik）"千年福主义的世界末日"等期待情绪融为一体，使这一概念奠基在未来元宗教哲学基础之上①。然而，在许多表现主义作家的思想和诗作中都曾出现过这种弥赛亚主义（Messianismus）的乌托邦概念，这一概念常被用来描画一种幻景，也就是消灭暴政和非人性、实现人类的兄弟般的联盟，开辟自由、平等、博爱的未来"新时代"。例如，J-R. 贝歇尔的诗：《我学习，我时刻准备着》就充满了对新世界的无限憧憬和赞美之情：

新世界／我确切描画你的面容／一个特别的、一个细划的、一个精雕细刻的造型／良辰美景在我面前浮动／一个令人欢欣鼓舞的人类的幸福岛／新的、神圣的国家／我为人民之血、为神圣国家的血之血而布道／我为此灌输新的血液／我圆满塑造了新的国度／天堂开始了。②

从这首诗的字里行间，我们不难发现诗人所描画的未来图景与康帕内拉乌托邦国家小说之间的隐秘联系，也不难发现这首诗与托马斯·闵采尔的救世论乌托邦之间的内在联系。自古以来，诗歌是诗人唤醒未来的最好途径。因此，在此诗人凭借诗歌这一最原始的语言，通过重新中介布洛赫所描画的脆弱的当下社会—政治图景，力图把遥远的、飘忽不定的"未来之梦"带到当下的漫漫长夜之中。

同样，在 W. 哈森克列夫的赞美诗中，"政治诗人"的未来之梦显现为一种具体的乌托邦意识，而这种乌托邦意识与德国的政治—社会革命有着最内在的关系。在《政治诗人》中，他挥毫泼墨，奋笔疾书：

诗人不再在蓝色的港湾里梦想／他从庭院观看潮水般汹涌的人群／他

---

① H. H. 霍尔茨：《恩斯特·布洛赫未完成世界的哲学》，第56页。
② 参见 D. 鲍德编《表现主义诗歌》，斯图加特，1967年版，第95—96页。

的脚覆盖着腐烂的尸体/他的头随同人民高高抬起/他将成为人民的向导/他将声明/他的热情的话语将成为乐曲/他将创建伟大国家的联盟/人类的权利——共和国/议会兴旺/民族振奋/居住在辽阔的海洋之岸/和睦相处,彼此不再纠缠不清/在荒芜的地带,他们结下兄弟般的友情。①

这首诗表达了诗人的理念与使命。诗人与人民共命运、同呼吸;诗人走出蓝色港湾,扬帆起航,驶向无垠的海洋;诗人跟着人民前进,他成为人民的向导,与人民一道创建共和国,创建"伟大国家的联盟"。

另一个德国表现主义诗人伊万·戈尔（Yvan Goll）则热情讴歌"黄金时代",把"黄金时代"所预示的突破性表象看作一种乌托邦表象的先现。在他看来,这一突破性表象是人类的"逃逸之梦",是"金色希望",即使这一表象一再受到黑暗的急风暴雨的威胁,受到毁灭性的恶魔般的雷鸣电闪的威胁,甚至被野蛮思想所淹没、所扼杀。在《叙事诗:逃逸之梦》中,他满怀激情地写道:

地球的创痕/环绕受到重罚的主教的座堂/雷鸣般的大教堂和居间的小教堂/昏暗的钟翼所投影的波浪/哦,如此破碎的一个世纪的山脉/我们逃跑的乌云,酩酊的天的呼啸/我们步伐的浮动/每一声喃喃自语,每一句誓言和请求/但是,上帝被倾覆/花烛夜香磷浓浓/石制的玛丽亚手捧颤抖的儿子/在我们之中隐姓埋名地漫步/在十一月都市巨大的教堂中/钟楼逃避骨制的骷髅/钟表永恒地凝固停滞/灌木丛中,目光空虚、置若罔闻的猫头鹰/飘动的管风琴犹如苏醒的草原沙沙作响/飞舞的古钟犹如风中的群鸟/管风琴和古钟发出金色的希望回响/犹如云潮飘荡/有时雷电闪烁/犹如解放的新的和平日/但是,旋即心醉神迷/白炮凶杀的霹雳。②

这首诗的主题是表现主义的希望题材,其特征是从主观主义—宗教哲学角度来规定希望,把希望的具体内涵统统还原为压抑、沮丧和绝望的情绪。与此相反,在布洛赫的后期著作《希望的原理》中,"希望"被视为

---

① 参见 D. 鲍德编《表现主义诗歌》,斯图加特,1967年版,第113页。
② 参见 B. G-黑塞编《伊万·戈尔100首诗》,哥廷根,2003年版,第21页。

一切情绪中最明亮、最温暖的情绪。在他那里，希望是人类用以指导社会变革的核心范畴。由于希望，人类不断实现真正的人性，迈向这个世界的"家乡"（Heimat），也正是由于希望，人类不断改天换地，寻求未来人的"与自我同一的生成"（Mit-sich-selbst-identisch-Werden）。一方面，布洛赫继承了表现主义的那种"狂热的、充满希望的未来信念"，同时赋予这一信念以唯物辩证法和神秘主义的同一性思维，从而创建了一门具体的希望哲学；另一方面，布洛赫根据世界形态的新形而上学，即"尚未存在的存在论"（Die Ontology-Noch-Nicht-Seins）证实了表现主义的"批判与建构"的统一以及"启示录与乌托邦"的统一。

然而，在表现主义诗歌和戏剧中，到处都贯穿着一种与世界悲观主义的启示录相关的虚无主义。这种虚无主义源于对将来的彷徨苦闷，在这种心境之下，表现主义者往往看不到伟大的人生现实：爱的力量、英雄气魄、深刻的信仰。与此相反，在布洛赫的作品中，这一类虚无主义（Nihilismus）却是完全陌生的，即使在揭露资产阶级世界的虚伪和谎言时，他的作品也没有陷入世界悲观主义的虚无主义。

那么，在此意义上，可否把表现主义世界观的一般特征归结为一种虚无主义，并以此衡量这个时代的价值主题呢？答案是否定的。诚然，在表现主义作品中，例如在 G. 本（Gottfried Benn）的早期作品中，贯穿着一种激进的世界否定趋势，但这种趋势又总是被一种辩证的社会变革倾向，即乌托邦态度所压倒。但是，对布洛赫来说，虚无（nihi）并不是可操作的哲学范畴，充其量是构筑"尚未"（Noch-Nicht）的一个辅助概念。在"尚未"中，"尚"（noch）比"未"（nicht）具有明显的存在论优势，因而"尚未"作为哲学史上的新概念并不是指向"否"（Nicht）或"虚无"，而是指向"某物"（Etwas）。

在此，所谓"某物"是指有待证明者，其中包含某种类似趋势者，即"尚未的存在"（Noch-Nicht-Sein），而这个存在内含一种尚未查明的"乌托邦事物"（Utopisches）。在布洛赫新的存在论中，这一有待查明的乌托邦事物的本质恰恰是他与叔本华进行争论的实质所在[①]，也是借以击

[①] 参见 E. 布洛赫《悲观主义的正确与不正确：叔本华的魅力与后果（1965—1966）》，载 E. 布洛赫《向乌托邦告别吗？》（H. 格克勒编），法兰克福/美因，苏尔卡姆普出版社 1980 年版，第 11—39 页。

败"虚无"乃至每一个世界悲观主义态度的法宝。尽管在艺术风格上,布洛赫十分接近表现主义,但在人生观和世界观方面,他却反对诸如 A. 莫姆贝特(Alfred Mombert)、M. 赫尔曼-奈斯等人早期表现主义抒情诗中的那种浓厚的悲观主义的绝望态度,因为他对人和世界的基本态度是救世史上坚实的"希望形而上学"(Hoffnungsmetaphysik)及其"战斗的乐观主义"。

布洛赫希望形而上学的核心概念是"家乡"(Heimat)。但是,他的家乡概念与保守主义、民族主义的家乡概念却完全不同,他坚决反对赋予家乡以"土""血"和"种族"的特殊含义。在他那里,"家乡是一个消除了异化和自我异化的美好的农地,也就是一个带有葡萄种植的农地"[①]。因此,他的家乡是尚未存在的家乡,非现实的家乡。正像马克思的"自由王国"一样,他的家乡意味着扬弃异化,消灭人对人的统治,重新获取人与自然、社会与世界的同一性。尽管他的家乡概念中也含有 L. 蒂克、F. 封·H. 诺瓦利斯等人的浪漫主义因素,但他的家乡概念本质上与浪漫主义的家乡概念是完全对立的。在他那里,家乡是一个尚未兑现的家乡,因此,所谓"乡愁"一类的时髦用语既不属于他本人,也不属于他的作品。这也许正是他的"家乡"(Heimat)概念与 M. 海德格尔的家乡概念之间的最深刻的分歧所在。究其本质,没有一个浪漫主义者是一个席勒主义者或贝多芬主义者。

尽管如此,布洛赫仍然义无反顾,敢作敢当,始终作为一个表现主义的代言人出现。因为对他来说,作为 20 世纪最重要的艺术思潮,表现主义艺术具有根本的重要性。然而,他青年时代的朋友 G. 卢卡奇却十分蔑视表现主义,将其归入一种"颓废艺术"。卢卡奇一向偏爱新古典主义。在青年时代,他醉心于新古典主义代表人物保罗·恩斯特(Paul Ernst),欣赏其作品的宁静和秩序,结构和严格的形式,受其影响,他撰写了第一部美学作品《心灵与形式》。

卢卡奇对表现主义艺术缺乏理解,这种态度既是他跟布洛赫关系明显淡化的原因,也是他们的关系走向破裂的原因。对此,布洛赫回忆说:"当我在慕尼黑为表现主义欢欣鼓舞时,卢卡奇却在这一艺术中仅

[①] 参见 H. 迈尔《恩斯特·布洛赫与家乡》,载 K. 布洛赫/A. 赖夫《思想就意味着超越:纪念恩斯特·布洛赫(1885—1977)》,科隆,法兰克福/美因,苏尔卡姆普出版社 1978 年版,第 295 页。

仅注意到了'颓废',从而否认这一运动的任何价值。因为他原则上对艺术并不感兴趣,故我试图向他澄清表现主义绘画的意义;但是我没能说服他,我跟他解释说,表现主义的某些因素在塞尚和梵·高的绘画中就已经作为先驱者而存在,可是他断然否认这两位绘画大师会同意这类'伪币铸造房',甚至轻蔑地把表现主义绘画与'吉普赛人的撕破之弦'相提并论。"① 在布洛赫看来,弗兰茨·马尔克的画作"青骑士"是那个时代表现主义的杰作,极具艺术象征价值,然而卢卡奇却十分鄙视这幅画,称之为一无是处的"涂鸦"。

1937年,布洛赫发表《表现主义,现在瞥见》一文,深入探讨了20世纪表现主义的"衰落"现象:

> 自1922年以来表现主义受到了各种诽谤;罗斯克战役,对宁静和秩序的愿望,对既定收入可能性和表面稳定的欲望毁掉了表现主义的前程。这种欲望被称作"新的客观性";尽管这种客观性有时把过分夸张的梦想带回到世界中来,但是它对这个世界中的狂想却沉默不语,它确实成了粉饰性刻板刀的绘画。豪森斯泰因(Hausenstein)和其他艺术空谈者侈谈"稳定化",其结果,公众十分怀疑他们所提供的东西。绝大多数德国画家都见风使舵,趋炎附势。差不多只有克勒(Klee)这位奇异的梦想家坚定不移,忠于他的原则,他把表现主义的旗帜钉在旗杆上,但他不再把它当作旗帜,而是当作印有花押字的赤裸裸的手帕。此外,还剩下诸如本(Benn)一类的令人可疑的表现主义残余,他的伟大的表现意志早已想起了目前的原形质,但这种意志没有"远景的结果",终归虚无主义的意志。这样,表现主义在德国趋于毁灭,在同一个国度里,从前音乐和绘画是其最富于德国特色的表达方式。……甚至像卢卡奇一样的马克思主义者(对此并未沉默)也给表现主义贴上了大量浅薄的标签,例如,"小资产阶级反对派的表达方式","帝国主义的上层建筑",等等。但是,马尔克(Marc)、克勒、沙加尔(Chagall)和康定斯基(Kandinsky)等人从

---

① E. 布洛赫:《一个马克思主义者无权成为悲观主义者》(1976),载 A. 闵斯特编《直路的白日梦:与恩斯特·布洛赫的六次谈话》,法兰克福/美因,苏尔卡姆普出版社1977年版,第107页。

未置身于"小资产阶级"的陈词滥调之下,而这种市侩的陈词滥调至多应标明为发牢骚而已。……希特勒的最后攻击恰恰证明,即使是所谓"小资产阶级反对派"也并非总是可以蔑视的。这种攻击更表明,表现主义艺术——首先是被豪森泰因,现在大部分是被希特勒毁灭了——并不包含对敌人的任何辩护,也不包含帝国主义及其制度的任何意识形态。[①]

总之,德国表现主义渴望一种更美好的理想社会,但这一运动在 20 世纪 20 年代中期理想破灭的社会中失去了前进的动力,所以很快就衰落下来,但表现主义最后的破灭却归因于 1933 年纳粹的上台。

虽然布洛赫斥责个别表现主义画家在事业上的"背叛"行为,作为一个作家和哲学家,他也感到自己对表现主义的衰落负有责任,但他坚决驳斥了人们对表现主义的风格取向所进行的全盘否定和拒斥。在《表现主义的"伟大与衰败"》[②] 中,卢卡奇把表现主义绘画、艺术的表面总体价值归结为左翼社会主义—小资产阶级意识形态思潮的艺术表达方式。按照这一命题,他在意识形态—政治态度上持一种"未成熟的、阴郁的反资本主义"的矛盾心理,这种态度至多导致一种煽动性的反资本主义行动,但在法西斯主义的欺骗宣传面前却束手无策,只能坐以待毙。布洛赫并不否认,表现主义思潮的这一反资本主义态度具有"客观拟古主义的阴影",而且这"阴影方面源于一种主观主义的、尚未解决的冥府,阳光方面则源于对未来、王国和人的表达方式的专注"。但是,与卢卡奇不同,他并没有把表现主义归入一种"颓废艺术",相反,他有意识地把表现主义的拟古主义、狂热的主观主义与源源不绝的"奥西恩主义"(Ossianismus)和罗马式艺术风格相结合,同时试图把"梦的青春风格的自由""乌托邦的意志""原始之梦""未来之光"等思想内容统一起来,以便最终唱起一首表现主义的赞歌,即一首人性(Humanitaet)和博爱

[①] E. 布洛赫:《表现主义:现在一瞥》(1937),载 E. 布洛赫《这个时代的遗产》(扩充版),1962 年版,第 256—257 页。

[②] 参见 G. 卢卡奇《表现主义的"伟大与衰败"》,载《卢卡奇选集》第四卷,柏林/诺伊维德 1971 年版。

(Bruederlichkeit)之歌，一首主体取向的风格和运动之歌。①

"艺术是表现，不是再现。"表现主义作家描写理想，抒发强烈的个人感情，他们的作品凭借"自己的灵魂"来表现，并且特别强调运用"激情"。布洛赫肯定表现主义具有深刻的思想内容，追本溯源，这种思想内容体现了"狂飙突进运动"的人和现实的内容。表现主义艺术重视"狂飙突进时期"（1767—1785）的那种主观性（Subjektivitaet）原理，这种表达方法与布洛赫所推崇的艺术原则是一致的：强调艺术的时代精神，大力倡导绘画艺术的内容性和对象性，反对艺术创作中的纯粹形式主义和抽象主义的趋势。基于这一艺术原则，他明确拒绝了两种艺术流派：立体派和象征主义。立体派和象征主义的艺术原则是"崩溃"（Zerfall）的原理，亦即"高度的无对象性和无内容性"。

在《乌托邦的精神》（1923）中，尽管布洛赫承认立体派的某些艺术技巧，如"新的、中立的空间魔力"中的始终如一的立体的表达方式，但是他对立体派的一系列艺术原则持保留态度，如"偏爱总体几何学的、过分夸张的结构""浓缩的抽象性"和"无以复加的秩序"等②。不过，他厌恶立体派表达方式并非出于对形式实验或破碎绘画的反对，而是反对这种"流动的、形式的、图解的表达方式"的绘画概念的后果：即背离"纯粹的目的形式和工程师艺术"，阉割充满心灵激情的真实的主体性。因此，他认为，在艺术表达价值和艺术哲学意义上，古往今来的图解意义图形有理由为迄今这一纯粹绘画成就而欢欣鼓舞，因为这种绘画可以在一种"内在的家乡之梦"意义上，将人类成长中的建筑空间证实为一种自我相遇的"预先推定的表现"③。然而，所谓立体派的"雕塑艺术"或纯粹构造主义却恰恰缺少"自我相遇"（Selbstbegegnung）这一预先推定（Antizipation）的表现。布洛赫从自我相遇，亦即主体之在（An-sich-Sein des Subjekts）出发，高度评价表现主义的哲学意义：在表现主义绘画中，有着"自我的源源不绝的乌托邦作用的重逢"；在表现主义绘画表达方式中，有着那种"亲近我们自身的"零距离接触。在同一

---

① E. 布洛赫：《表现主义：现在一瞥》（1937），载 E. 布洛赫《这个时代的遗产》（扩充版），1962年版，第261页。
② E. 布洛赫：《乌托邦的精神》（1923），第44页。
③ 同上书，第45页。

性思维上，所有人类的搜寻—图解表达方式都必然谋求一种主体的同一性美学，即谋求尚未实现的预先推定的美学和"乌托邦先现"（Vorscheins des Utopischen）美学。

如果我们重温他的艺术基本范畴，也就不难理解，他何以在欣赏表现主义绘画的同时，还着重分析表现主义与印象主义的内在关系。乍看上去，在梵·高的印象主义绘画中，主观主义风格被割断，但仔细观察就会发现一种"不可思议的我们的亲缘性"，就会发现"像塞斯一样的亘古世界"跃然纸上，而在保罗·塞尚的风景画和静物画中，则孕育着一种"最内在的强烈""神秘的沉重"和"这个世界的风暴"。凡此种种，都先行包含了原始的表现主义表达素质，从而在风格史上为表现主义艺术铺平了道路。

鉴于两种艺术风格的内在联系和区别，布洛赫致力于阐明一种"回忆"（Anamnese）概念和心灵"充盈"（Fuellesteigerung）概念。在他看来，在表现主义的主观主义中，这两个概念尚不存在于纯粹个体感受和情感世界的层面上，因此，他试图通过比较梵·高的印象主义绘画的生存表现力与表现主义绘画的神秘而严酷的表达方式，揭示出这两个概念的思想内涵：

> 梵·高从我们这里表明，从我们这里说出了一件事情，这事情也激越地向我们诉说，表面上它不是人类的回声而仅仅是自身的回声，可是，我们现在突然从中听见了人类的回声，反过来，我们从新的表现主义那里也听到了卡斯帕尔－豪泽尔这一人类本性（Kaspar-Hauser-Natur）的回响；这本性仿佛把对象仅仅作为其固执来源的回忆标志来加以利用，或者这本性把对象仅仅作为其前进性回忆的保留和保存来加以利用。①

由此可见，布洛赫把表现主义视为"至深的主观主义内在性"的表达艺术，但是，对他来说，就像宇宙的"向外转向"和社会的"我们问题"（Wirproblem）一样，主观性超出了所有其他同时代的艺术流派，最终也超出了表现主义。表现主义暗示一种人类的"卡斯帕尔－豪泽尔－

---

① E. 布洛赫：《乌托邦的精神》（1923），第47页。

本性"①，由此，布洛赫开始接触到哲学的基本问题："不可构造的问题形态""普遍的自我相遇"等的艺术表达方式。②

布洛赫与表现主义运动的密切关系不仅表现在他与卢卡奇等人的争论中，也表现在他对 T. 多伊布勒（Theoder Daeubler）、F. 马尔克、W. 康定斯基等人，特别是对"青骑士"团体的评价上。他认为，这些作家和团体的功绩在于从"心灵的内在性"中"复活"了一种新的、解放了的人性。在表现主义艺术中，主体的单一性并非孤独个性的单一性，而是与宇宙和社会融为一体的单一性，其实质是"一种全新的、又是最古老的人性：爱、谦卑、尊敬、纯洁、和平、兄弟情谊"等。

如前所述，布洛赫不仅把乌托邦范畴理解为 20 世纪基本的艺术范畴，也将其理解为 20 世纪基本的哲学—政治范畴。在谈到《乌托邦的精神》一书的渊源时，他写道：此书书名取自法国启蒙主义思想家孟德斯鸠的《法的精神》（*L'Esprit des lois*）。法语的"Esprit"在德语中相当于"Geist"。本书开头是带有标题"意图"（Absicht）的一个小引言，它首先是反战的，但又包含一个结论，即追问：战争从何而来？"战争在波茨坦被促成，此外全都是谎言，这一切从何而来？因为我们不再有思想，因为我们早已不是诗人和思想家的人民，因为不再有任何原则性的东西。"③ 然而，一个民族不再有诗歌和思想，不再有精神和原则性，那么这个民族就会迷失方向，走向狂热，就会最终陷于堕落。

在反对帝国主义战争、争取和平方面，布洛赫与表现主义作家，特别是胡戈·巴尔（Hugo Ball，1886—1927）步调一致，在许多方面有着惊人的一致。这种一致性不仅表现在两人在第一次世界大战中对德帝国战争目的的道德谴责上，也表现在两人对德国道德—宗教复兴的想象力上，即不是出于教会的基督教而是出于神秘主义精神而对德国进行一场脱胎换骨的宗教革命，以此来革新德国。1918 年，布洛赫为瑞士《社会哲学与社

---

① 卡斯帕尔·豪泽尔（Kaspar Hauser，1812—1883），德国少年，他的身世曾成为 19 世纪最有名的神秘传说之一。据传他从小遭遗弃，1828 年被发现后，举止失措，语无伦次，虽从外貌看有 16 岁左右，但精神状态却仿佛一个 3 岁幼儿，而且没有衣食自理的能力。他的境况为世人所瞩目，于是，以此为题材的戏剧、小说、诗歌就大量涌现出来。

② E. 布洛赫：《乌托邦的精神》（1923），第 232 页。

③ E. 布洛赫：《将世界改造到可认识的程度》（1974），载 A. 闵斯特《直路的白日梦：与恩斯特·布洛赫的六次谈话》，法兰克福/美因，苏尔卡姆普出版社 1977 年版，第 37 页。

会理论杂志》撰写了一篇关于瑞士政治乌托邦的文章，明确批评了 M. 韦伯的民族主义观点，积极评价了胡戈·巴尔的和平主义和无政府主义观点，他后来满怀深情地回忆说：

> 我当时是和平主义者、激烈的反战者，并对德国持反对态度。在齐默瓦尔德会议上，人们争论不休，到底谁应对这场战争负有责任；这种争论代表下述意见：这关乎不同帝国主义列强之间的一场冲突，因而不能说某一列强比其他列强负有更多的责任。可是，在我看来，毫无疑问，这场战争首先是由德国推动的。①

两人都意识到，普鲁士—新教军国主义国家是普鲁士贵族阶层的化身，代表一种反乌托邦的绝对政治—国家权力机关，相比之下，法国却是启蒙运动和资产阶级大革命的国度，是圣西门等早期社会主义者的家乡。但是，在德国宗教共产主义之父，如托马斯·闵采尔、魏特林等人那里，布洛赫和表现主义作家同样发现了一种根深蒂固的宗教—道德之源。例如，胡戈·巴尔在《摧毁与重建》② 中，积极倡导文学艺术的神秘主义，要求进行一场道德—宗教革命，"用一种新的乌托邦王国取代现实王国"。这番话几乎是《乌托邦的精神》一书的翻版。

书中，布洛赫曾辛辣地批判了"非宗教的熄灭""非基督教的无精神性"等时代精神境况，同时要求把魏特林、巴德尔、托尔斯泰及其异教徒史的基督降临主义学说补充到马克思无阶级社会的乌托邦理念中去。③巴尔认为，为了打破帝国的狂热主义，一种"宗教生命观"是必不可少的。同样，布洛赫也高度评价托马斯·闵采尔领导的德国农民战争的乌托邦作用，称其为一种"精神革命""温暖的世界""人类内心之光"

---

① E. 布洛赫：《一个马克思主义者无权成为悲观主义者》（1974），载 A. 闵斯特《直路的白日梦：与恩斯特·布洛赫的六次谈话》，法兰克福/美因，苏尔卡姆普出版社 1977 年版，第 111 页。
② 参见 H. 巴尔《拆毁与重建》，载 S. 皮马森斯编《胡戈·巴尔年鉴》，科隆，彗星出版社 1980 年版，第 1—37 页。
③ E. 布洛赫：《乌托邦的精神》（1923），第 306 页。

等①。二人都提出了诸如"重建""革新""神秘主义革命"（Revolution mit Mystik）、"光""温暖""兄弟情谊"等道德—宗教的革命概念；二人都坚定地站在闵采尔、魏特林一边，反对路德式的国家忠诚，反对把皇帝当作权威，公开站在被压迫者和革命青年一边。

但是，在政治—社会—宗教的革新和重建上，二人也存在分歧。巴尔猛烈抨击黑格尔是大普鲁士国家的御用哲学家，指责他用"一种知识等级制"代替了"中世纪神秘主义化的等级制"，从而把柏林解释为"世界灵魂的住所"，把"玩世不恭的世界之城"吹捧为"上帝自我启示的顶峰"。反之，布洛赫则把黑格尔誉为"辩证方法的教师"，把黑格尔哲学看作取之不尽、用之不竭的哲学素材。此外，巴尔把神秘主义思想同世界苦行（Weltaskese）联系起来，并且把马克思主义当作革命哲学从这一神秘主义—宗教复兴思想中排除出去。与此相反，布洛赫则开始一种新的"哲学生活"，致力于"灵魂深处伦理精神的革新"，力图通过研究法国大革命和德国农民战争，把马克思主义与社会革命紧密地结合起来。他于1921年发表了《作为革命神学家的托马斯·闵采尔》一书，对比分析了宗教革命家闵采尔与社会革命家马克思之间的共同基础：弥赛亚主义和共产主义②。

综上所述，作为一个人、作为一个艺术家和哲学家，布洛赫长期生活在表现主义世界观的影响之下，并且长期在一种纵横四溢、不可范围的艺术情调中写作，在一种全宇宙的、主观主义的表现主义激情中思考。直至20世纪三四十年代，布洛赫才开始沿着表现主义继续前进，日益与马克思主义的辩证唯物主义哲学相结合，渐渐地抑制住了自身的"主观意图"的写作风格，开始转向一种"客观意图"的写作风格。然而，对他来说，表现主义具有根本的重要性，因为表现主义开创了一种热情呼唤新人、新世界的伟大传统，而这一传统不仅是表现主义艺术家文艺创作的重要源泉，也是自身哲学创作的重要源泉。

在回顾表现主义运动及其历史意义时，布洛赫满怀激情地写道："这整个世纪，特别是表现主义为一种伟大的渴念所激动，这渴念是一种对新生

---

① E. 布洛赫：《作为革命神学家的托马斯·闵采尔》，法兰克福/美因，苏尔卡姆普出版社1969年版，第229页。

② E. 布洛赫：《将世界改造到可认识的程度》（1974），载 A. 闵斯特编《直路的白日梦：与恩斯特·布洛赫的六次谈话》，法兰克福/美因，苏尔卡姆普出版社1977年版，第45页。

活的渴念，对一种新人创造的渴念——弗兰茨·马尔克的绘画、古斯塔夫·马勒的音乐所描画的令人热泪盈眶的新人肖像。我当时写的东西今天依然有效。《乌托邦的精神》总是真实的，而我一如既往地确信，乌托邦，还有政治乌托邦是我们时代的基本范畴。"① 究其根本，乌托邦的精神是人类改造现实的能动原则，也是人类发展必不可少的精神支柱和希望之源。

在文学史和哲学史上，柏拉图的理想国开了乌托邦之先河，自那以后一再出现过诸如此类的国家小说和乌托邦构想。然而，在17—19世纪的德国文学史和哲学史中，乌托邦概念却是个"异类"概念，因此布洛赫1917—1918年间的乌托邦转向显得格外引人注目，至少被视为德国文学史和思想史上的"非典型"现象。但是，布洛赫通过自成一体的德国理想主义传统，通过理性的体系结构，为乌托邦概念平反昭雪，把它重新置于一种创新的马克思主义的关系框架之中。托马斯·莫尔、康帕内拉、傅立叶等人的乌托邦概念把社会乌托邦与国家乌托邦的关系描写成水火不容、非此即彼的关系。与此不同，布洛赫的乌托邦概念指向一种乌托邦的存在论，致力于"预先推定的意识的乌托邦功能理论"②，从而在马克思的《费尔巴哈论》意义上把理论与实践辩证地联系起来。

于是，他的乌托邦概念不仅可以用来表现人类永恒的希望图景和具体的梦中形象，也可以用来表现人类发展的基本趋势和远景。

第五节　恩斯特·布洛赫与中国哲学

中国古代文化经典，尤其是孔子、老子的文本是人类思想文化的宝库，千古传颂，盛传不衰，具有永恒不朽的魅力。在现代德国哲学史上，除了像卫礼贤③一样享誉中外的著名汉学家之外，诸如马克斯·韦伯

---

① E. 布洛赫：《一个马克思主义者无权成为悲观主义者》（1974），载 A. 闵斯特编《直路的白日梦：与恩斯特·布洛赫的六次谈话》，法兰克福/美因，苏尔卡姆普出版社1977年版，第117页。

② E. 布洛赫：《希望的原理》，第49页以下。

③ 卫礼贤（Richard Wilhelm，1873—1930），原名为理查德·威廉，德国著名汉学家，被誉为中西文化交流史上"中学西播"的一位功臣。他除了将《论语》《道德经》《列子》《庄子》《孟子》《易经》《吕氏春秋》《礼记》等中国古代文化经典译成德文，还著有《实用中国常识》《老子与道教》《中国的精神》《中国文化史》《东方——中国文化的形成和变迁》《中国哲学》等众多作品。

（Max Weber，1864—1920）①、卡尔·雅斯贝尔斯（Karl Jaspers，1883—1969）②、马丁·海德格尔（Martin Heidegger，1889—1976）③ 等大牌思想家也都回归亚洲之路，力图从中国古代思想家孔子、老子的哲学中感受现代与古代的联系，吸取他们生活的源泉，找到存在的根据，恢复久违的家园之感。

但是，我们在此着重考察的是一个同样大名鼎鼎又鲜为人知的现代德国马克思主义思想家恩斯特·布洛赫（Ernst Bloch，1885—1977）与中国哲学的关系，特别是他的孔子观、老子观。在其代表作《希望的原理》（三卷本，1959）第五部《同一性：实现了的瞬间愿望图像（伦理、音乐、死亡图像、宗教、早晨的自然国度，至善）》中，布洛赫集中阐述了希望哲学的具体乌托邦构想。特别是，在第53章《投入星相神话、出埃及记、王国等宗教秘密的人的不断增强的努力；无神论与王国乌托邦》④ 中的《关于地上与天上的均衡以及不显眼的世界行程（道）的福音：孔子、老子》一节中，布洛赫专注于孔子和老子文本，试图确切地刻画中国伦理道德思想和东方生存智慧的精髓。

在布洛赫看来，生活在公元前6世纪的孔子（公元前551—前479）是一个生性正直、乐观向上、安贫乐道、诲人不倦、反对战争的伦理道德教师。⑤ 孔子倡导"中庸"这一价值哲学，率先把"礼"与"仁"的概念加以具体化。布洛赫把孔子思想中的"礼"理解为作为恭敬对象的礼仪规则（Anstandsregel），把"仁"理解为习惯或传统意义上的人性（Menschlichkeit）。⑥ 他对孔子的"礼""仁""中庸"学说印象十分深刻，因为这是完全不同于古代巴比伦、埃及和犹太宗教思想的一种宗教伦理思想。

---

① 参见 M. 韦伯《世界宗教的经济伦理》（第1部分：《儒教和道教》），图宾根，1920年版，1988年第9版。
② 参见 K. 雅斯贝尔斯《伟大的哲学家们》（1957），慕尼黑，R. 皮珀尔出版社1992年版。第7版。
③ 参见 M. 海德格尔《全集》第75卷，法兰克福/美因，维特里·奥克劳斯特曼，2000年版。
④ 参见 E. 布洛赫《希望的原理》，法兰克福/美因，苏尔卡姆普出版社1959年版，第1392—1550页。
⑤ 同上书，第1440页。
⑥ 同上书，第1439页。

在布洛赫看来，孔子所提倡的有节制的中庸态度（die mittlere Haltung）既是一种神圣的谦逊，也是一种出众的才能。作为中庸存在，一个慎重的人无非是致力于寻求人与人、人与社会、人与自然、人与宇宙的均衡。① 实际上，中庸态度源远流长、根深叶茂。在古老的意义上，中庸态度属于一种可敬的"市民"态度。自古以来，人民大众就采取远离冒险和战争的中庸态度。除了吓人的肉体惩罚之外，人们更赞同所谓中庸的礼仪行为。因为这是一种安抚大众、息事宁人的"灵丹妙药"，是比刑罚更有效的预防手段。自古以来，人们就喜欢一种经过检验的、甄选的、精确的砝码，并且十分恭维万物的尺度（Maß）或基准。

然而，孔子恰恰生活在"礼崩乐坏"的春秋末期，这个时期正是奴隶制的神权国家开始向宗法—中央集权的"法治国家"（Rechtsstaats）过渡的时期。当时中国已出现平民，逐渐形成某种新的统治阶层，由此产生了基本的地租形态。尽管当时还残存着建立在旧的宗法基础上的家庭形态，但贵族的世袭权限业已被废止。除了帝王之外，任何人的子女都无权承袭贵族身份。帝王及其官员，即有教养的新贵族不再以旧时代的"主人"标榜自身，而是以形式上获得解放的人民的"父母"自诩。随着时间的推移，宫廷的这种中庸立场就演变为一种待人接物的基准或尺度。

在此大背景下，孔子身体力行，积极推行德治和礼教，不仅倡导"中庸"这一美德，还要求走"中庸之路"，试图创立一种基于新的"宗法官僚政治"（Patrimoniabürokratie）的宗法—中央集权的法治国家。他大胆抛弃了贵族宗法遗产中的世袭身份制，而仅仅采纳了贵族社会中的和平主义（Pazifismus）和理性主义（Rationlismus）。孔子努力回溯中国古代伦理思想，试图从令人伤感的传统习俗中吸取人的高贵品格，并从鼓舞人心的"古代诸王之路"中重构纯朴的美德图像和人道的社会图像。作为"宗法—官僚政治新智慧"的教师，孔子谆谆教诲并大力提倡奴隶社会末期的帝王宗法为基础的中央集权国家之路，以实现他的"天下归仁、世界大同"的理想社会。孔子确信这是一次革命性的"改革"，而在布洛赫看来，这不啻是当时宗法—中央集权国家的一种"新的神学"。②

首先吸引布洛赫注意力的是孔子关于"天"与"神"的独特观点，

---

① E. 布洛赫：《希望的原理》，第 1438 页。

② 同上书，第 1439 页。

特别是，他对孔子的独树一帜的"鬼神论"印象深刻。究其原因，孔子的基本教义与他的希望哲学的主旨具有思想上的相似之处和相通之处。论语《述而》7：20："子不语怪力乱神"；论语《庸也》6：20："务民之义，敬鬼神而远之，可谓知矣"。① 对于这两句文本，布洛赫格外重视，因为在此孔子虽然没有否定鬼神的存在，但他强调鬼神并不能决定人类的未来。

从孔子的这一鬼神思想中，布洛赫悟出人的生命中并没有上帝的存在位置，人的命运掌握在人的手中。天上之神并不统治地上的人类，这一点正是天地均衡何以可能的根本条件。换言之，在布洛赫那里，未来人类的"新家乡"（Neue Heimat）这一理念与尚未形成的政治—社会的"至善"内容，即一个"没有上帝的王国"或"自由的王国"一脉相承、息息相关。

孔子倡导"君子三道"，号召君子避免"粗野和黑暗"，积极入世、永不懈怠，把一个邪恶的幽灵世界翻转为人的光明世界。与此相对照，布洛赫也倡导"至善"，要让世界的未来前景掌握人类，呼吁人类积极投身社会变革和政治变革中去造就世界的未来前景，把一个更美好生活的梦想变成活生生的现实。虽然两人生活在不同时代，历史背景殊异，但他们都是积极入世论者，都追求一个真善美的光明世界。在他们两人的心目中，这个光明的世界将是一个阳光灿烂、晴空万里的人间新家乡，从而成为一个充满人情味的人道主义的大同世界。

春秋末期，诸子百家争鸣，思想活跃，出现了一个属于自然神学传统的后期贵族诸神世界。在布洛赫看来，自然神学是对于神性的哲学思考，而在这种哲学思考中恰恰蕴含了典范的黄帝②德性和卓越的人性因素。孔子努力发掘自然宗教中的德性和人性，从而成了黄帝精神的倡导者，成了处理"中庸王国"（Reich der Mitte）的教师。他反对世袭身份制，推行学阀等级制，发扬光大了和平主义和理性主义理念。在这一点上，布洛赫

---

① E. 布洛赫：《希望的原理》，第 1439 页。
② 黄帝（Huang Ti, B. C. 2697—B. C. 2599），中华民族始祖，人文初祖，中国远古时期部落联盟首领，五帝之首。黄帝为少典之子，本姓公孙，长居姬水，因改姓姬，居轩辕之丘（在今河南新郑西北），故号轩辕氏，出生、创业和建都于有熊（今河南新郑），故亦称有熊氏，因有土德之瑞，故号黄帝。相传，他播种百谷草木，大力发展生产，创造文字，制作衣冠，建造舟车，发明指南车，定算数，制音律，创医学等，被后世尊奉为承前启后中华文明的先祖。

意识到，孔子的自然宗教与古代印度、埃及等的自然宗教具有本质差异：孔子的自然宗教是一种道德宗教，而印度、埃及的自然宗教则是一种巫术宗教。

一般而言，形形色色的自然宗教都以自然崇拜为其基本特征，倾向于富于魔法地（magisch）描述最高存在者，即把统治者和当权者神化为与日月山河、风雪雷雨等自然物和自然力一样具有巨大威力的神圣存在，进而对他们加以崇拜或美化，由此构成人类最早的宗教崇拜形式。

例如，古代爱尔兰人坚信强大的国王能够叱咤风云、呼风唤雨，驾驭自然、祝福自然。在古代墨西哥人那里，当统治者登基时，就发誓要让阳光普照、江河奔流、风调雨顺、大地肥沃。古代印度的当权者同样把施加于自然的自身影响力视为一种神圣的道德。例如，摩奴①法典中就这样写道：

> 在诸王无罪地活动的地方，人们无痛苦地出生并长久地生活下去。在那里，只要播下种子就会五谷丰登。孩子们从不夭折，所有后裔都安然无恙、茁壮成长。②

在古代巴比伦和埃及，尽管没有宗教创始人但有代表神的威严的统治者，这些统治者握有宗教大权，自称是神之子，以神的名义传达马杜克（Marduk）、霍鲁斯（Horus）、奥西里斯（Osiris）、雷（Rě）等诸神的祝福。

但是，孔子却提出了与这类自然宗教观截然不同的宗教观。孔子认为，黄帝的地位超乎地上一切自然神，他在冥冥之中，通过"天道"来维持天地之间的均衡。布洛赫格外重视这一点。黄帝是国家的中心，同时也是宇宙的中心。他独一无二、卓尔不群，其作用远非掌管山川城乡的自然神所能比拟。自然的变化源自黄帝的秩序，于是一旦国家秩序发生紊乱，就会出现凶年、洪水、地震等自然灾害以及不吉利的星座。③ 在布洛

---

① 摩奴（Manu），印度神话中的人类祖先，古印度《摩奴法典》的制订者。
② E. 布洛赫：《希望的原理》，法兰克福/美因，苏尔卡姆普出版社 1977 年版，第 1440 页。
③ 同上书，第 1441 页。

赫看来，孔子的理论功绩在于，他大胆超越统治阶级意识形态的灵光，甚至改变自然宗教的根本特征，从而不是把人的领域上升到天之上，而是把它重新置于天地之间的某一中心位置。

布洛赫很清楚，古代中国的宗教完全依附于自然神话，带有明显的图腾崇拜、祖先崇拜等自然神话素材的印记。例如，在仪式、法度、测量、音乐等领域里依然保存着浓厚的星相（astralisch）要素。但是，在布洛赫看来，孔子思想与巴比伦的占星术显然不能相提并论。例如，最古老的中国帝王兼任祭司掌管天文历法，并且他统领掌管宇宙运行周期、季节变化、历法观测等诸神。① 孔子恰恰把帝王和自然之间的尺度投射到人性的和谐力量中，从而使中国古代宗教完全摆脱了自然宗教中的巫术的、陶醉的部分。

因此，布洛赫从孟子的话："天不言，以行与事示之而已矣"（孟子《万章向上》5）中发现了儒教的主旨："天仅仅是天，地仅仅是地，天之中并没有天之外的东西，同样，在地中也没有地之外的东西。"他还根据中国古代《周易》："范围天地之化而不过……神无方而易无体"（《易经·系辞》），进一步论证说："对于中庸之国而言，无论在天上还是在地上都不存在任何多余的飞地。"但是，另一方面，布洛赫也很清楚，按照中国古代《周易》："天尊地卑，……乾道成男，坤道成女，乾知大始，坤作成物。"天为男，为阳，地为女，为阴。阴阳相合，万物即生。

没有阴阳就没有万物。"天地者阴阳形气之实体"。这意味着天地、日月、昼夜、寒暑、雷电、风雨、动静、男女、生死等都是永无止境的对立统一。总体上，阴阳趋向于终极宇宙和谐，形成宇宙这座巨大天平上的天地轴心。这也正是人类世世代代、祖祖辈辈梦寐以求的宇宙和谐本身。

但是，在人世间的顶端，有一个思维敏捷、敦厚能干、聪明坚毅的人，这个人就是拒斥一切自然神，仅仅追随"天意"（Gedanken des Himmels）的黄帝。孔子曰："黄帝取合己者四人，使治四方，不谋而亲，不约而成，大有成功，此之谓四面也。"据此，布洛赫指出：

---

① 相传，尧帝让羲氏和和氏经常观测日月星辰的运行，告知人们季节变化。此外，尧让羲仲负责春季事务，让和仲负责夏季事务，让和仲负责秋季事务，让和叔负责冬季事务。尧帝还让羲氏和和氏把一年定为三百六十六日、闰月和四季。参见《尚书·虞夏书》《尚书·尧典》。

黄帝绝不是神，但他却是源自东方思维体系的独特的最高统治者。一切西方宗教都显示出从最低级的神到最高级的神的金字塔式等级结构，并且经常显示出一条有神论的发展路线。①

与此相反，中国的诸神仅仅存在于自然之中，笼罩大自然的天上世界绝不意味着有神论的世界。因为在此形成天地世界的神与气都是同一的东西。②《诗经》倡导"天道"，即天的秩序。孔子从中悟出了非有神论范畴："世界必有其规则"，这成了他的中庸之道的最后堡垒。黄帝凭借"天道"这个规范来治理人与自然，使其恪守天道界限，安分守己、彼此相安无事。顺应天道乃是万物均衡乃至和谐的秘诀。布洛赫认为，在此，孔子偏离了最初的根本旨趣，复活了一种古老的星相神话（Astralmythos）。③ 在亘古如斯、地老天荒的漫漫宇宙历程中，在家庭、国家和自然的永恒和谐和循环回归中，人类世界自给自足、自行发展。

因此，天道虽需要教师，但并不盼望指导者。人处在天道之内，但同样无需指导者。布洛赫指出，这些事实既是中国宗教的典型特征也是它的界限。正是由于这个缘故，在中国并没有出现诸如近东、伊朗、印度的那种强有力的预言思想，而且任何一个中国的宗教创始人都没有孜孜探求普适于人与宇宙形态的某种健全的神圣性。

孔子死后几世纪，他被推崇为神。然而，在布洛赫看来，这并不意味着孔子进入了天堂，而是意味着他作为万世师表活在多神论的民俗信仰之中。与西方诸神硕大无朋的身躯相比，中国"神人"（Gottmensche）并不拥有任何实体，而且天本身也不具有供神栖息的任何空间。根据布洛赫的观点，"天"乃是一种非个人的—封闭的总体概念，它与道德的、物质的因素相关联。作为完成了的意识形态，天道从宗教理想的完满性中，反映静态家庭国家处之泰然的情绪。人性（仁）内在地接受这种天道。因此，布洛赫指出：

> 在孔子的思想中，星相神话并没有绝迹，而是从伦理宗教角度反

---

① E. 布洛赫：《希望的原理》，第1441页。
② 同上书，第1442页。
③ 同上。

映以家庭和官僚为中心的中国古代社会结构,从而收回到理性主义的"尺度—神话"这一宇宙形态中。①

作为一种和平的自然规则的尺度,孔子的道德—宗教观是超时空的:"无论什么地方的什么人,只要他遵循孔子的道德—宗教态度,即神圣的中庸概念,他就会决定性地为这种态度所深深吸引。"② 18 世纪大革命前夜的欧洲各国市民不仅向往"希腊七贤"③ 和创立中庸概念的亚里士多德的希腊,也开始关注孕育了孔子这个帝王之师、万世师表的神秘而遥远的国度——中国。从这些古代圣贤的格言中,特别是从孔子其人其说中,人们如饥似渴地汲取精神力量、生存智慧和革命思想,例如对克己(Sophrosyne)和尺度(Maß)的高度信任、对田园(Idylle)和牧歌(Arkadien)氛围的无限憧憬以及对世界进程中的乐观主义(Optimismus)的坚定信念。人们通过审视古代孔子的国度中所珍视的那种纯朴的美德和现世主义,试图以此纠正西欧社会的种种时弊和病症。④

有趣的是,布洛赫还试图在孔子的思想中寻求革命正当性的根据。他认为,孔子思想中蕴含着法国大革命所试图效法的"中庸之道"(Juste Milieu),这同时也是共产主义之道。⑤ 在他看来,孔子的中庸思想不仅能够为人类指明对正确的方向和尺度的信任,而且能够为人类传达穿过墨西

---

① E. 布洛赫:《希望的原理》,第 1442 页。
② 同上书,第 1443 页。
③ "希腊七贤",古代希腊七位名人的统称。他们分别是:普林纳(小亚细亚)的毕阿斯(Biass),斯巴达的契伦(Chilon),林都斯(罗得岛)的克利奥布拉斯(Kleoboulos),科林斯的佩里安德斯(Periandros),密提利那(列斯保岛)的庇达卡斯(Pittakos),雅典的梭伦和米利都的泰勒斯。梭伦的格言是:"避免极端";契罗的格言是:"认识你自己";泰勒斯的格言是:"过分执着稳健只会带来灾难";毕阿斯的格言是:"人多手脚乱";克利奥布拉斯的格言是:"凡事取中庸之道";庇达卡斯的格言是:"抓紧时机";佩里安德斯的格言是:"行事前要三思"。
④ 自 17 世纪,通过派往中国的耶稣会士,汉学开始在欧洲大陆渐渐传播开来。《大学》、《中庸》分别于 1662 年、1687 年被译成德文。1924 年德国汉学家卫礼贤首次把《易经》译成德文,并发表了历经 11 年研究的《易经》成果。除了卫礼贤之外,在德语国家对汉学颇有研究的还有马丁·布伯(Martin Buber, 1878—1965)、赫尔曼·黑塞(Hermann Hesse, 1877—1962)、卡尔·古斯塔夫·荣格(Carl Gustav Jung, 1875—1961)等。
⑤ 贝尔托·布莱希特(Bertolt Brecht, 1898—1956),德国马克思主义戏剧家,生前曾打算执笔关于孔子的作品,但未能如愿以偿。布洛赫间接地赞同布莱希特的下述警句:"资本主义是激进的,共产主义是非激进的。共产主义是中庸之道。"参见 E. 布洛赫《书信 1903—1975》,法兰克福/美因,苏尔卡姆普出版社 1985 年版,第 879 页。

拿海峡斯库拉暗礁①与卡律布狄斯旋涡之间危险航路的喜讯。由此可见，在此，布洛赫同时一并捕捉了孔子思想的激进性和保守性：

> 孔子的思想是革命的，因为它与时俱进，批判地反思现实；孔子的思想又是保守的，因为它立足当下，遵循持续不断的秩序。②

此外，布洛赫也注意到，孔子的思想为歌德和黑格尔所积极接受。歌德无限信任世界的"尺度"，无限信任有规则地赋予人的生命以重量的自然。黑格尔同样从孔子思想中推导出了"遵循理性的生命"（Leben nach der Vernunft）这一人生箴言。比起印度的吠陀或释迦牟尼哲学，黑格尔更深入地研究了中国的孔子哲学，这并非仅仅是因为他偏爱中国风格和韵味，而是因为孔子是一位恪守规则和尺度的积极的入世主义者，而释迦牟尼则是一个脱离常识和世俗轨道的世界逃避主义者。但是，孔子思想最终也超出宇宙道德法典而向宗教进一步展开延伸。布洛赫认为：

> 孔子的"天道"带有浓厚的宗教色彩，从中存在着某种不可名状的神秘要素。一旦人们把天道当作规范，那么其生命也必是规范性的东西。③

但是，这样一来，在孔子那里天道就变成一种悖谬现象，以至于有可能沦为诸如西欧占星术神话一类的东西。

在布洛赫看来，生活在公元前6世纪的老子（公元前580—前500）毕生超然冷漠，对宗法家庭体制下的中国道德文化抱有一种敌对态度，并且以隐逸情怀及其人格理想成就了汪洋恣肆、瑰丽多姿的《道德经》五

---

① 现实中的斯库拉（Skylla）是位于墨西拿海峡（意大利半岛和西西里岛之间的海峡）一侧的一块危险的暗礁，它的对面是著名的卡律布狄斯（Charybdis）大旋涡，希腊神话中关于斯库拉、卡律布狄斯和塞壬的传说很可能取材于墨西拿海峡的礁石、激流与旋涡。此处，布洛赫用"zwichen Skylla und Charybdis"一语，表示前有斯库拉暗礁，后有卡律布狄斯旋涡，即"骑虎难下，进退两难"，而孔子的"中庸思想"不偏不倚，特立独行，犹如浩瀚海洋中的灯塔，为航海者指明了前进的方向。

② E. 布洛赫：《希望的原理》，第1443页。

③ 同上书，第1443页以下。

千言：

> 老子性格内向、离群索居，居无定所、四处彷徨，他以恍惚迷离的心神成就了神秘莫测的"道"的哲学，向人们传达"无为"的福音。①

老子的《道德经》博大精深、寓意深奥。布洛赫感叹道：在东亚宗教基本范畴中，"道"（Tao）是最晦涩难懂的范畴，对此欧洲哲学—宗教概念不啻隔靴搔痒，难窥堂奥。道启示根据，但在其途程上并无任何可视的传达者。道是不可言状的东西，故老子本人也不知其恰当称谓。就隐而不显而言，道等于"无"，但道并非"无"本身。因此，求道之人"是以圣人为而不恃，功成而不处，其不欲见贤"。不过，无需详尽的语言陈述，道也可以很容易被理解。作为一种"智慧的宗教范畴"（Religionskategorie），道启示最深邃的安宁和和谐，而一个成就一切、遗忘一切的人就能感受到这种不可名状的安宁和和谐。不仅如此，道是一种渗入宇宙全体中的行为，它不仅把一切世俗的东西变成微小精巧的东西，同时也把它自己变成微小精巧的东西。于是，世界上的万事万物都作为一种寂静状态，无所意图、泰然处之。

布洛赫认为，就像在孔子那里一样，在老子那里，"中庸"（Mitte）和"尺度"（Maß）也都是有效的。② 但是，与孔子不同，老子的尺度并不适合于道德和占统治地位的政府体制。《道德经》77 章："天之道，损有余而补不足。"③ 显然，这里的平衡表明不同的秤盘和砝码，这与孔子的"正义"（Gerechtigkeit）大异其趣。对于孔子来说，重中之重是中庸这一普遍概念，因此在他那里，"有余"和"不足"仅仅是人的生命之秤上无数抽象的砝码之一。相比之下，对老子来说，中庸本身不甚重要，重要的是根据有余和不足来强调"道法自然"。

但是，布洛赫发现，与孔子相比较，老子的星相神话则无所不及，范

---

① E. 布洛赫：《希望的原理》，第 1444 页。
② 同上书，第 1445 页。
③ 同上。

围广泛得多。① 然而，值得注意的是，老子世界中的星相神话十分奇特，它仅仅承载着无处不在、无时不有的世界万物的轻微呼吸。老子所把握的宇宙并不扩张，但无边无际，它不可测量，但极其微小，它并不显示人的形象，但富于人的本性。这是一种"悖谬之梦"（Paradoxtraum）。

布洛赫把孔子规定为最虔诚的理性主义者，而把老子规定为最纯粹的神秘主义者。② 孔子善于吸取和利用过去的历史，从中推导出各种简便实用的尺度，相比之下，老子则把历史视为无用的累赘，因为从中显示出令人厌倦的贫乏性。对此，布洛赫援引《道德经》18 章为证："大道废，有仁义……国家昏乱，有忠臣。"此外，又援引《道德经》38 章为证："夫礼者，忠信之薄而乱之手，前识者，道之华而愚之始。"

> 在孔子看来，古代是构成现在的初始阶段，是世界过程得以生生不息的必不可少的阶段。他把历史上尘封的道德吸纳为一种规范。与此相反，老子却完全置身于历史之外，从不从历史中援引任何东西。对他来说，古代的东西充其量仅仅是生命的养料和道德概念的佐证，本身并不具有独立价值，甚至是被歪曲、被颠倒的东西。③

孔子格外重视统治（Herrschaft）、典范（Vorbild）、法令（Kodox）等政治道德因素，将其视为他的国家论乃至形而上学的基本主题。但在在老子那里，这一切都是多余的、有害的东西。人之中唯一保持不变的是正当性或正义，道活跃在这种正当性的本能之中，并借助于全世界的健全性而运行。进言之，道在某种"神秘的民主"（mystischen Demokratie）本能中维持生命力。《道德经》32 章："侯王若能守之，万物将自宾。天地相合，以降甘露，民莫之令而自均。"布洛赫为老子的这番话而欢欣鼓舞，激动之情溢于言表，因为这里闪耀着思想的闪光，充满着与宗法家庭国家权威意识形态截然不同的新鲜内容和神圣尊严。他欣喜地发现，老子的这一民主思想集伟大、崇高、质朴于一身，闪烁着星辰般的民主思想的闪光，无怪乎孔子的许多社会改革方案都部分地采纳了他的思想的真知

---

① E. 布洛赫：《希望的原理》，第 1445 页。
② 同上书，第 1446 页。
③ 同上。

灼见。

在老子那里，一切丰满的东西、宏伟的东西都显得遥不可及、孤独冷漠，只有温和的智慧的技巧才显示出充满诱惑性的面貌。道不仅存在于遥远的天上，也存在于脚下的地上。道的"寂静之神"（Stiller Gott）仿佛是交织着无政府主义与"法治国家"之间对立的意识形态。在"道自身安宁的核心空间"中，老子最明确地阐述了他的核心思想，即"无欲"（Nicht-Begehren）和"无为"（Nicht-Machen）。

诚然，孔子视情况也会附带称赞"无为"，但是他仅仅把无为当作一种治理国家的被动方式。与此相反，在老子那里，无为乃是根本思想，在道的国家中，无为而治，完全排除了人为的东西。这是因为人为的中介行为，亦即物理的行为不仅妨碍道的活动，也会干扰人们接受一切寂静，导致耗尽健康的生命本能和能量。在此，健康本身是一种自然行为，健康概念与疾病完全无涉。

布洛赫敏锐地发现，中国的风景画大都表现一种明亮的、清醒的道的沉默，但是这种静寂与那种无对象的佛教的沉默却截然不同。佛教所谓涅槃意义上的沉默乃是一种泯灭世界本身的深度睡眠，与此相对照，道的生存的沉默则是一种修养和意境，它向人们提供某种无所意图的梦的基础。老子死后，约公元 1200 年，李唐、马远、夏圭等画家纷纷以"寂静的世界象征"（Weltsymbole der Gestilltheit）为主题，致力于创作生存沉默意义上的道家风景画。在众多中国风景画中，老子非可视的道的呼吸就寓居在一种若即若离的无限—有限的意境中。

例如，道的世界时而表现为光秃秃的寒气逼人的枯树，时而表现为月亮初升时的朦胧景象，时而表现为围绕芦苇的一叶扁舟，时而表现为坐落在一棵树下的若有所思的屋檐。还有，一个站在山脚下的人默默地注视着湍急的瀑布或陡峭的岩石。但是，画中陷入沉思的人物连同古迹在内都只不过是道的世界的诸对象之一。尽管这一切都诉诸简洁遒劲的画笔，凝缩为一幅山水画，但从中人们却尽可体察蕴含在无限—有限之中的道的呼吸。

布洛赫明确指出，老子无为的宁静或寂静与欧洲"寂静主义"（Quietismus）不可相提并论。诚然，在东方智慧中也包含着某种毅然决然、怡然自得的寂静主义因素。但是，道的寂静状态（Ruhe des Tao）既天真又激进。道之所以天真，是因为其中蕴含着纯粹的健康状况（Gesundheit)。道坚信,必须恢复纯粹的理想思维;道之所以激进,是因为这种信任持续地与世界的行为发生联系。显然,这种积极入世的道的激进与被动接受神的命运的寂静主义不能混为一谈。

布洛赫强调,虽然老子立足在一个超越了自身时代的时代中,但是他的无欲、无为思想却在现存时代境况中,潜移默化地起着不可估量的示范作用。无为并非无所作为。无欲和无为同样能够作为某物的原因、导向、凝聚、融合、激励、约束和辐射等起作用。相反,人为的行为(Machen)只会揠苗助长、适得其反,毁灭生物体的自发性及其成就,例如,生动感(Lebendigkeit)、成熟(Reifung)、繁荣(Gedeihung)等。在此意义上,布洛赫单刀直入,径直把《道德经》38章中颇受争议、莫衷一是的那番话——"上德无为而无以为,下德无为而有以为。"——解释如下:

> 高尚的生命既没有行为又没有意图;低劣的生命既有行为又有意图。①

此外,在布洛赫看来,《道德经》48章——"取天下常以无事,及其有事,不足以取天下。"——同样表达了老子对机械的、抽象的人为行为的深恶痛绝,以及对无为、内敛、超脱的自然行为的推崇和憧憬。

值得注意的是,从老子的道和无为思想中,布洛赫不仅发现了"民主"思想的内核,还发现了"男女平等主义"思想的根据。在此,他特别重视老子对大地的鲜活的记忆。老子相信大地就是母亲。她慷慨哺育人类,保护人类。在老子的无为公式中,早已销声匿迹的母权制思想又重新发挥效应,从而唤起我们心中温存而宁静的自发性。布洛赫指出,老子凭借生命之道概念,率先大胆重构和升华了古代中国母权制时代源远流长的男女平等理念。

老子的"道"是太古之名,用来称呼孕育和生产世界的、具有动物

---

① E. 布洛赫:《希望的原理》,法兰克福/美因,苏尔卡姆普出版社1959年版,第1447页。

模样的永恒女性。通过道的概念，布洛赫把无欲和无为与希腊女神德墨特尔①联系起来。谷神（Geist der Tief）、玄牝（Ewig-Weibliches）、天下母就是天地之本（天地根）。

《道德经》6 章：
谷神不死，是谓玄牝。玄牝之门，是谓天地根。绵绵若存，用之不勤。②
《道德经》25 章：
周行而不殆，可以为天地母。③
《道德经》61 章：
大国者下流，天下之牝，天下之交也。牝常以静胜牡，以静为下。④

凭借与永不止息的世界脉搏的联合，老子的无为思想与某种一同起作用的自然的影响力融为一体，浑然天成。这样，道的思想就与作为母亲的自然休戚与共、唇齿相依，从而完全拒绝了与母亲自然背道而驰的抽象的技术。

老子的无为思想并不否定人的行为本身，它所否定的仅仅是人为的、人工的行为而已。在老子那里，革命是神圣而正当的行为。布洛赫把老子的革命公式概括如下：

道路业已开通，旅行行将完成。⑤

在此，道是指革命道路，旅行是指行走革命道路，旅行的完成意味着

---

① 德墨特尔（Demeter），意为"谷物之母"或"大地之母"，古希腊神话中掌管谷物的丰饶女神，克罗诺斯与瑞娅之女。
② E. 布洛赫：《希望的原理》，第 1447 页。布洛赫所引德文文本直译如下："精神的深度绝不会死亡。这是永恒的女性。永恒的女性一往无前，但同样坚持到底。永恒的女性毫不费力地停留在自身的效应中。"（Der Geist der Tief stirbt nicht, das ist das Ewig-Weibliche. Endlos drängt sich's und ist doch wie beharrend, in seinem Wirken bleibt es mühelos.）
③ 同上。
④ 同上。
⑤ 同上书，第 1448 页。

革命大功告成。因此，无为绝非无所作为。无为恰恰作为无为而对世界的能量施加具体的影响。

人生在世，必然遭遇强大而寂静的世界行为。老子无为的行为（为无为）意味着人的行为与世界行为的妥协。《道德经》51 章：

> 是以万物莫不遵道而贵德。道之生，德之贵，夫莫之命而常自然。①

万物、德性乃至自然大道都仅仅是自然无为而已。隐逸的茶香弥漫整个宇宙，人从永恒的宇宙中吸取无穷无尽的能量。在道的思想中，一切都归于完美的和谐统一，寻找不到任何暴力、野蛮、喧哗、骚动等行为的踪影。于是，在这个世界上，反对野蛮是人类最神圣的事业，也是一种坚定不移的信仰。老子的无为思想以道的活力维持生动的和平，他所倡导的诸如大地一样的女性领域恰恰象征着治理万物、拯救人类的非暴力领域。

德国汉学家卫理贤在其《老子道德经：关于意义与生命的古书》中，另辟蹊径，别开生面地把老子的"道"表现为黑格尔的"自为存在"（Für-sich-sein）。② 事实上，老子的道作为"宇宙的原始驱动力"不同于黑格尔作为辩证过程的"自为存在"。与黑格尔所谓"否定之否定"不同，道的概念并不意味着通过不断扬弃某一过程而达到自我否定、自我完善和自我发展。但是，有一点可以肯定，那就是道具有辩证过程。道可被理解为宇宙圆圈之中生生不息的变化、变异的辩证法。在此意义上，道正是自为存在的循环之流。道的世界中最为重要的是这样一个事实：柔弱的东西变成强大的东西，低贱的东西变成高贵的东西，可能的东西变成现实的东西。

道不是外在于这个世界，也不是超然于这个世界之上。道"无状之状"，但道中充满的东西并非是远离现实的东西。道是无，但道并不是毫无用处的虚无。据此，布洛赫把道与无的关系解读为有与用的关系。《道德经》11 章：

---

① E. 布洛赫：《希望的原理》，第 1448 页。
② 参见 R. 威廉《老子：道德经：意义与生命的古书》，耶拿，欧根·狄德利希出版社 1911 年版。

> 三十辐，共一毂，当其无，有车之用。埏埴以为器，当其无，有器之用。凿户牖以为室，当其无，有室之用。故有之以为利，无之以为用。①

存在与非存在相互趋向、相互渗透：存在赋予世界以所有，非存在赋予世界以必要性。非存在与宇宙并非毫无关系。尽管非存在指向"无意志"（Absichtlosigkeit），但它显然并不能与与世隔绝的佛教涅槃相提并论。

就像老子关于车辐的比喻一样，道是位于世界的中间，本身作为"无"而生动地起作用的某种东西。在老子那里，非存在处于一种矛盾状态：非存在与存在从未一致。他毋宁把非存在概念理解为某种隐匿在真正存在之中的东西。非存在概念本身意味着无味无香、处之安然。这样，道的空虚是无需选择的某种空虚。进言之，这种空虚是不被选择的空虚，是从选择收回自身的某种东西。《道德经》45章：

> 大盈若冲，其用不穷。……清静为天下正。②

作为一种充盈和寂静的东西，道的空虚就这样统辖宇宙全体。道既是摆脱了世界内容的东西，又是充满了世界内容的东西。布洛赫指出，老子把浩瀚宇宙与效法对象的内容传达为一种福音。《道德经》25章："人法地，地法天，天法道，道法自然。"③ 在老子那里，人、地、天、道之间的关系是宇宙和谐的基础。尽管道位于比天更高的地方，但它绝不是超越性的东西。"道"通过自身典范的一切余象，作用于人心。这样，道在人心中不断地分布、扩展，从而成为正当的东西的根源和规范。道是万物之母，也是万物之本。

从政治、神学视角看，道就是神。但是，布洛赫强调，绝对不可把"道"理解为诸如基督教式的"主人"（Herren）。他试举《道德经》以34章为证：

---

① E. 布洛赫：《希望的原理》，法兰克福/美因，苏尔卡姆普出版社1959年版，第1448页。

② 同上书，第1449页。

③ 同上。

衣养万物而不为主,可名于小,万物归焉而不为主,可名为大。以其终不自为大,故能成其大。①

在老子看来,统治者治理社会是与统治者的个人人格修行密切相关的,个人人格修行是小道,而以个人人格修行的小道去治理社会则能成就一番大道。"常无欲,以观其妙"是个人人格修行的核心,只要统治者个人没有个人的私欲,就不会把天下万物视为己有,从而也就会出现"万物归焉而不为主"的理想社会环境。

道源于幽深的宁静并复归于无物。《道德经》25 章:"大曰逝,逝曰远,远曰反。"② 在某种意义上,老子的这一表述类似于普罗提诺的"流溢说":一切东西都从最高存在"太一"溢出,而由此溢出的一切最终将无一例外地回归"太一"自身。老子也总是强调,道处于流溢之中,处于遥远的东西之中,处于回归自身之中。道停留在纯粹的静寂之中,停留在治理世界的母性基础之中。在此,人的本质被保存为某种自我同一的东西。一旦人的生命被设定在世界母性的基础上,它就会从中不断汲取源源不绝的生命力。这样,人的本质作为生长中的本质最终将复归于超自然的东西。广义上,人的悖论是指,人性的贯彻永远都无需人。就像"道"一样,人的历史也同一切事物一道消逝于人的广义悖论中。《道德经》41 章:

大器晚成,大音希声。③

这就是说,最大的器具最后完成,最大的声音没有声响。就像人们感觉不到健康的身体一样,人们也感觉不到这种最大的声音。在道之中,人

---

① E. 布洛赫:《希望的原理》,第 1449 页。事实上,老子只在《道德经》4 章中提及最伟大的统治者"帝":"吾不知谁之子,象帝之先。"王弼在《老子道德经注》中径直把"帝"解读为"天地"。但是,布洛赫很清楚,在老子那里,"道"并不意味着诸如"天帝"一类的东西。在此,帝究竟是天上之神还是古代黄帝之神乃是一个次要问题。重要的是,道比神悠久得多,这是至高之神的先决条件。世界行为并不具有人格激情,它并不需要主人。老子把自然本身理解为古老的文化,因而不需要任何统治和游戏自然的君主。

② E. 布洛赫:《希望的原理》,第 1449 页。

③ 同上书,第 1450 页。

丧失自身的主体。但是，自然是事物的永恒主宰，即使没有神，自然也能像神一样、隐秘地起作用。于是，对一切人性的东西的理解都无需人，对一切希望的理解都无需必需品，对一切生存的东西的理解都无需存在。

布洛赫希望哲学的主旨是把人类的希望思想与马克思主义革命思想结合起来，动员人类去建设一个"没有上帝的王国"，即马克思意义上的人的"自由王国"。作为一个马克思主义者，布洛赫首先是一个无神论者。在回忆童年思想进程时，他写道：

> 每当我受坚信礼，在圣坛上，背诵礼拜套语时，我都附带说三次：我是一个无神论者。①

一方面，作为一个批判的无神论者，布洛赫借助"颠覆解释学"，对西方基督教的有神论思想和价值进行了系统批判，把宗教的本质还原为人的本质，把"神"变成人；另一方面，作为一个宗教无神论者，他积极吸取世界各大宗教遗产的合理内核，特别是通过孔子、老子的文本，重建一种无神论宗教，即"元宗教"（Metareligion）。所谓"元宗教"不是关于神的信仰的传统宗教形式，而是一种没有神和彼岸世界的宗教遗产，即关于终极"向何—为何"问题的良心和至善的知识。"哪里有希望，哪里就有宗教。"② 对于布洛赫来说，宗教的核心始终是王国，但是王国的根本特征"不是神而是希望"。因此，元宗教与战斗的无神论是循环地固结在一起的：

> 只有一个无神论者才能成为一个真正的基督徒，反之，只有一个基督徒才能成为一个真正的无神论者。③

就希望王国而言，一个无神论者就是一个希望中的乌托邦存在。对西

---

① 参见金寿铁《真理与现实——恩斯特·布洛赫哲学研究》，同济大学出版社 2007 年版，第 20 页。
② E. 布洛赫：《希望的原理》，法兰克福/美因，苏尔卡姆普出版社 1959 年版，第 1044 页。
③ E. 布洛赫：《基督教中的无神论：关于出走和王国的宗教》，法兰克福/美因，苏尔卡姆普出版社 1968 年版，第 24 页。

方传统基督教信仰和价值的批判反省，促使布洛赫转向东方的生存智慧，努力从孔子、老子的文本中寻找新的宗教素材和希望灵感。从孔子、老子的文本中，布洛赫发现了东方的至善价值，这是一种基于"人"和"无为"概念的、拒斥彼岸或天国概念的新价值。这成了布洛赫宗教无神论思想的新的起点，借助于此，他得以把以神为中心的西方传统价值和基督教至善转变为以人为中心的世界普适价值和人类至善。

那么，布洛赫在孔子那里读到了什么？他读到：孔子关注天与人的相合，同时提出了人应当履行的行为规范（天道）；黄帝履行天意，不时授予他的部下惩罚自然神的权力。天地并非总是势不两立，而是通过阴阳对立统一形成一个和谐宇宙。天道是客观规则，天人互不干预，这就完全排除了各种匪夷所思的预言思想。黑格尔从天道中窥探到"理性的狡计"，海德格尔从天道中瞥见到"神性的恐怖"，雅斯贝尔斯从天道中看到"大全的包罗万象"。

与此相对照，布洛赫则从天道中见证了孔子中庸思想的革命含义：不是一味逃避世界、沉迷于对天的超越信仰，而是积极入世、实现人间的美好理想。在孔子看来，世上的主人不是神，而是遵循天道而生活的人。孔子认为，人性比神性更根本、更优先，他的这一人类中心主义思想与布洛赫所谓人类"至善"内容，即"没有上帝的王国"或"自由王国"不谋而合、如出一辙。在孔子那里，布洛赫看到了自古以来人类所渴求的崇高理想：一个没有上帝的自由的尘世生活。

那么，布洛赫在老子那里还读到了什么？布洛赫注意到，在孔子那里，存在旨在实现天意的黄帝和君子，但在老子那里，这种人为行为纯属画蛇添足、多此一举。从老子的"道"和"无为"思想中，布洛赫不仅发现了民主思想的内核，还发现了男女平等主义理念的根据。老子把大地视为哺育人类、保护人类的母亲。在老子的无为公式中，早已销声匿迹的太古母权制思想，重新发挥效应，从而唤起人们尊重女性、亲近自然的自发性。

从老子那里，布洛赫学到了既高于天又不是超越者的"道"，存在的根据是谷神和玄牝，其存在方式是无欲和无为。道比天高，但它绝不是某种超越的东西，相反，道的根据在于谷神和玄牝，作为山谷之源和受胎之源，二者恰恰在最低处拥有道的根据。作为谷神和玄牝的道的存在方式是无欲和无为，这一点鲜明地反映了太古母权制时代男女平等的意识形态。

通过参与无为一体的世界行为，老子的无为思想以最激进的方式履行革命使命，奉自然之命直接传达漫漫宇宙的福音。在布洛赫看来，老子这种与自然亲密交往的行为方式正是通向作为至善的"自由王国"的路标。

德国与中国远隔千山万水，布洛赫与孔子、老子所处的时代相距2500余年，但是，在他们之间，作为联结媒介的东西并不是时间的进程，也不是地域的分布，而是超历史、超地域的理性的空间。在此，前面与后面、东方与西方、老师与学生之间的关系不再起决定作用。只有在理性空间中，才能发现伟大思想家之间的相同地位和思维的相似性。孔子和老子的处世之道以及东方乌托邦思想成为布洛赫的希望哲学和具体乌托邦实践概念的一个理论来源，从而为他的宗教无神论命题做出了积极贡献。究其原因，中国宗教中的自然思想和无神论理念与布洛赫的"没有上帝的王国"和"自由王国"等主导概念①有着十分相似的意义结构。

---

① 参见金寿铁《"改变世界"的新哲学及其文化遗产——恩斯特·布洛赫对马克思〈关于费尔巴哈的提纲〉命题 11 的解读》，《中国社会科学》2010 年第 3 期。

第 三 章

音乐作品与先现

在维尔茨堡大学求学期间，布洛赫除了攻读哲学，还兼修物理学和音乐。由于天赋异禀、才华出众，他很快就通晓了音乐和音乐史。① 在音乐领域，对他影响最大的当推 R. 瓦格纳、E. 马勒和 A. 布鲁克纳。除了著述有音乐理论史方面的作品之外，布洛赫还发表了大量音乐史方面的文章。②

根据布洛赫的艺术哲学，在多种多样的艺术形式中，能够最直接地表现乌托邦功能的艺术乃是音乐。音乐是艺术中的艺术，是最高的艺术，因为音乐把人类希望自身当作讴歌内容。因此，布洛赫的著作到处都以音乐为主题，展开深度研究和富于启发性的讨论。但是，就像他关于绘画和音乐的讨论一样，他关于音乐的讨论也大都是零散的、不成体系的。这一事实表明，尽管他的音乐思想不拘一格、别开生面，但他无意像阿多尔诺③

---

① 在谈到自己的音乐才能与对音乐的理解时，布洛赫谦虚地回忆说："就音乐而言，我很早就有一种原初的兴趣；我学了钢琴，对此我感谢父母，他们让我上钢琴课，很长时间内，我最喜欢的音乐家是莫扎特。除了莫扎特，我几乎不认可任何其他音乐家，也许巴赫是一个例外。……但是，我的音乐并不怎么好；我对音乐的态度纯粹是接受的态度，我只能说，如果我不具有某种哲学天赋，我也许成了乐队指挥。我会演奏几乎所有总谱和钢琴精华，但是对我来说，从全面唤醒时期到沉默无语时期，在任何时候梦想成真的东西都并非仅仅是某种唯一的主题，并非仅仅是某种唯一的展开段，也并非仅仅是某种唯一的对位。也许我会成为一个中等的管弦乐队指挥，但是正如我所言，由于某种哲学才能，也就不存在竞争对手了。"参见 E. 布洛赫《将世界改造到可理解的程度（1974）》，载 A. 闵斯特《直路的白日梦：与恩斯特·布洛赫的六次谈话》，法兰克福/美因，苏尔卡姆普出版社 1977 年版，第 30—31 页。

② 参见金寿铁《真理与现实——恩斯特·布洛赫哲学研究》，同济大学出版社 2007 年版，第 22 页以下。

③ 参见阿多尔诺《新音乐哲学》，法兰克福/美因，苏尔卡姆普出版社 1975 年版。在此书中，阿多尔诺以现代音乐家 A. 勋伯格和 I. F. 斯特拉文斯基为研究重点，以"社会学的批判理论"构筑其"文化工业论"，表现出对资本主义文化工业的强烈的否定态度。

那样构建所谓新的音乐分析体系或理论。

在音乐与哲学的关系问题上,A. 叔本华率先把音乐誉为最高意义上的哲学,认为一旦阐明音乐所表现的一切,就能造就一门哲学。在布洛赫看来,音乐是哲学思维的主要反省对象,因此他不是致力于从哲学视角分析音乐,而是致力于从音乐视角思考哲学。因此,他把叔本华关于"音乐第一,哲学第二"的理念发挥至极致,从乌托邦的希望视角,进一步提升了音乐的乌托邦功能和学科地位。[①] 如果音乐果真高于哲学,那么为了确认布洛赫思维所提示的哲学与艺术的联结点,就必须深入考察音乐中显现的"先现"的意义。

第一节 自我相遇与先现的意义

布洛赫从小受父母熏陶,热爱音乐,熟练钢琴,尤其对歌剧情有独钟。如果欣然听从缪斯的召唤,他说不定成了一个卓然有成的乐队指挥或作曲家。1974 年 5 月在接受法国电视台"20 世纪文献"系列广播节目采访时,他深情地回忆了他与音乐的那份难以割舍的情缘:

> 记者问:为什么您除了学习哲学,还学习音乐和物理学?还有,您在这个时代中特别喜欢哪些作曲家?
>
> 布洛赫答:我之所以学习物理学是因为我对万有引力和气球感兴趣,再说发誓干一番事业的小伙子差不多都对物理学感兴趣。在我们年级,直到六年级我对物理学还一窍不通。此外,对黑格尔一无所知。但是,就音乐而言,我很早就有一种原初的兴趣;我学了钢琴,对此我感谢父母,他们让我上钢琴课,很长时间内,我最喜欢的音乐家是莫扎特。除了莫扎特,我几乎不认可任何其他音乐家,也许巴赫是个例外。但是到了 13 岁,由于一种特殊的经历,我对瓦格纳产生了一种深不可测的憎恨。就像今天在法国、英国和美国一样,当时,瓦格纳到处受到人们的器重。人们异口同声地谈论瓦格纳,把他与埃斯库洛斯、米开朗基罗相提并论。这种提法是十分流行的。但是,我不得不在宫廷的阿波奈门特广场——曼海姆

[①] 参见 E. 布洛赫《音乐哲学随笔》,P. 帕尔梅编,剑桥大学出版社 1985 年版,第 25 页。

国家剧院坐着消磨时光。在此上演了《众神的黄昏》,我不懂任何歌词,音乐就这样喧闹不停,这音乐令我反感。总之,这是十分可怕的。只是在最后,我才注意到,当舞台变得通红时——当众神的黄昏时——舞台蓦地变红了。我相信,剧场在燃烧,当发现某处在燃烧时,所有年轻人都兴高采烈,他们纷纷飞奔而去,想一睹为快,而我干坐冷板凳,纹丝不动,尽管剧场变得一片漆黑,铁幕已经降下。剧院的包厢侍者不得不把我赶了出来,而我这才发现这次火灾终止了。因此,这也是一次骗局。从此开始——不仅仅是由于火灾,而是由于喧闹——我对瓦格纳产生了极度反感:我根本不想在他那里听到什么,也不想在他那里理解什么。直至我跟父亲去观赏曼海姆一家教师歌唱协会的音乐会,情况也没有什么变化。在这场音乐会上,清一色来自南德意志的103个教师,个个挺着大肚子唱起了短小情歌、合唱曲、男中音和男高音等。那场面简直太可怕了!音乐会期间,主办方勉强提供了一杯清爽的啤酒。但是,结束时,音乐会演奏了我并不了解的取自《飞翔的荷兰人》的水手合唱曲。这里,我尤其感兴趣的是,水手舞蹈的段落,在此九度来临,在最近的八度中走向 A 大调,这情景让我记起了我最喜欢的卡尔·迈,记起了英国海盗传奇故事。后来,在维也纳,我为一部受到 A. 勋伯格启示的先锋派音乐作品写了一篇论文,论文题目叫《通过卡尔·迈营救瓦格纳》。因此,有段时期,当瓦格纳受到人们的鄙视时,他却博得了我和他人的重视。但是,我的音乐并不怎么好;我对音乐的态度纯粹是接受的态度,我只能说,如果我不具有某种哲学天赋,我也许成了乐队指挥。我会演奏几乎所有总谱和钢琴精华,但是对于我来说,从全面唤醒时期到沉默无语时期,在任何时候梦想成真的东西都并非仅仅是某种唯一的主题,并非仅仅是某种唯一的展开段,也并非仅仅是某种唯一的对位。也许,我会成为一个中等的管弦乐队指挥,但是,正如我所言,由于某种哲学才能,这方面也就不存在竞争对手了。①

---

① E. 布洛赫:《将世界改造到可理解的程度》(1974),载 A. 闵斯特《直路的白日梦:与恩斯特·布洛赫的六次谈话》,法兰克福/美因,苏尔卡姆普出版社1977年版,第30—31页。

在布洛赫的众多著作中，我们随处都可找到他关于音乐的讨论。例如，在他的代表作《乌托邦的精神》中，《音乐哲学》（*Philosophie der Musik*）一章就占全书很大篇幅。在这一章中，他展开自身关于音乐史和音乐理论的根本见解。当然，就像在《希望的原理》等后期著作中一样，在此，他也是在"尚未存在的存在论"的视域之下展开这一讨论的。音乐之所以被视为最内在的、最直接的乌托邦艺术，是因为音乐表现和形式本身始终朝向尚未出现在那里的存在。对此，布洛赫做出了这样一种耐人寻味的解释：

> 因为从一开始艺术就是某种乌托邦的东西、某种相对晚成的东西。在所有艺术中，音乐是最晚发展起来的艺术。直到中世纪末，才形成了我们一般借以辨别音乐概念的那个复音。在这之前，单音几乎在一切民族中传播开来。复音乃是某种典型的欧洲的东西。……音乐现在拥有其难以把握的拓扑斯，拥有其特别的到处（Überall）或无处（Nirgendwo），即与尚未升起的东西之间的一种直接的亲缘关系，亦即与属于某种说话的沉默之间的联系以及与属于某种沉默之间的说话的联系。①

由于音乐自身难以把握的"拓扑斯"（Topos），由于音乐"与某种说话的沉默以及与某种沉默的说话之间的联系"，无限地开放了的音乐好比面向乌托邦的探险，亦即面向我们自身的乌托邦的探险。因此，在音乐中，我们与自身相遇。布洛赫首先把"表现"视为音乐的空间宾词和时间宾词。在此，音乐的表现对象就是主观内在性，即主体强烈地意识到对某物的匮乏。上述引文表明，作为"面向乌托邦的探险，亦即面向我们自身的乌托邦的探险"，音乐描写表面之下的某一空隙，而这种空隙也正是梦想另一个世界之维度的人的希望。由于这个缘故，伟大的音乐作品有助于人们体验到尚未明晰地被意识到的存在的新侧面。

在《乌托邦的精神》一书中，音乐的乌托邦特性被表现为"自身相

---

① E. 布洛赫：《作为"绝对乌托邦"的白日梦、清醒之梦和音乐》，载 A. 闵斯特《直路的白日梦：与恩斯特·布洛赫的六次谈话》，法兰克福/美因，苏尔卡姆普出版社 1977 年版，第 137 页。

遇"（Selbstbegegnung）。布洛赫把这种"自身相遇"理解为艺术先现的首要因素。因为在欣赏者那里，音乐体验所赠予的隐秘的"自我相遇"一直扩展到与世界全体的相遇："我在。但是我并不拥有我自己。因此，我们才处于形成过程之中。"① 这就是说，音乐形象的回响不是停留在他者之中，而是贴近我之中并沁入自我的心中。音乐并不背离与我们一同陈述的、紧紧地围绕我们的那个自我同一性。用布洛赫的说法，乌托邦的音乐是呼唤"家乡"（Heimat）的回响，是源自人的直观和根源的象征性声音。② 一句话，在这种"自身相遇"的瞬间所谛听到的并不是派生于个别之音的空气的震动，而是通过我们自身而生成和激扬的肺腑之声。在此意义上，音乐不是在我之外歌唱，而是"在我之内歌唱"（Es-singt in mir），音乐把无形航船上的美梦带向自身相遇的海岸。

音乐的语言是什么？为什么所有的人都自以为理解这种语言，却迄今并不知道它究竟意味着什么，或者不知道这种旋律的意义是什么？我们何时才会明晰地理解这种语言？我们何时才能明晰地听懂贝多芬？布洛赫强调，一个人决不能单纯凭借形式的音乐结构来理解巴赫、贝多芬的伟大音乐，因为唯有当他具备把握无底深度的沉默的器官时，他们的音乐才会向他敞开心扉。③ 因此，在青年时代，他曾经以"内在谛听"（Hineinhören）的形式欣赏巴赫的《受难曲》和贝多芬的《奏鸣曲》，从中切身体验法国大革命的自由、平等、博爱精神。后来步入晚年，他依然以这种"内在谛听"的形式欣赏瓦格纳、马勒的浪漫主义音乐，从中感受到生命的渴望和热爱，领悟大地的不朽和永恒。正是在这种"内在谛听"中，主体与乌托邦的希望相知相遇，正是在这种对自身相遇的瞬间体验中，音乐的唯一本性，即超越既定语言框架却尚未完成的语言的固有本性趋于深化、高扬和升华。即自身尚处于沉默不语的内在的梦之中，这正是音乐表现的核心所在：

----

① E. 布洛赫：《图宾根哲学导论》，法兰克福/美因，苏尔卡姆普出版社1970年版，第13页。

② 参见 E. 布洛赫《乌托邦的精神》，第207页以下。

③ 参见 E. 布洛赫：《作为"绝对乌托邦"的白日梦、清醒之梦和音乐》（1976），载 A. 闵斯特编《直路的白日梦：与恩斯特·布洛赫的六次谈话》，法兰克福/美因，苏尔卡姆普出版社1970年版，第138页。

音乐音标与我们一道旅行,并且并不退回到与我们相疏远的或被禁止的自身的领域里。音乐仍然作为一种暗示存在下去,这是因为它通过象征得到表现。音乐的谜一样的语言在于它不是向我们表现业已决定了的某种东西,而是向我们表现无限开放着的某种东西。①

另一方面,个别之音构成整个音乐作品,它是我们所能思考的最模糊的客体,而且还被视为进入我们的耳朵并与我们内在地相结合的非物化的客体。与绘画色彩不同,这些个别之音并不是固定在某一场所内,而是指向无限的开放性(Offenheit)。因此,布洛赫不是在音乐的形式结构中,而是在音乐的"不可名状的"表现力中寻找这种非对象性特征。对他来说,重要的不是音乐的表现,而是作为表现自身的音乐。与此相关,布洛赫认为,音乐的本性就是预感自身特殊的语言时间,并朝着这一时间一往无前。这样,音乐语言是尚未公式化的语言,好似尚不知所云的"婴儿的嘟哝":

在音乐中,语言尚未到时,富于声音的沉默传给我们一种与我们想象的语言截然不同的语言。这种思想首次出现于表现主义中,而且它对于这个时代也恰如其分。②

音乐寻求既定语言所无法表现的新的语言形式,就此而言,音乐类似于渴望摆脱当下匿名性和黑暗的一种期待情绪。如前所述,一切情绪都包含着在未来之中解决自身问题的强烈意图,从而都与预先推定新东西的意识相遇。音乐比任何艺术都更加远离现存关系及其生成,它仅仅致力于总体地陈述当下瞬间所无法理解的东西。由此可见,音乐中包含着内在情绪和期待情绪之间的紧张与关系。根据布洛赫的观点,由于这种对期待情绪的表现力,音乐具有"抚慰"无数痛苦、愿望,"照亮"被压迫阶级心灵的特征。

在此意义上,以固定形式框架为标准去分析音乐是完全违背艺术的本

---

① E. 布洛赫:《乌托邦的精神》,第124页。
② E. 布洛赫:《希望的原理》,第1063页。

性的。与此相关，布洛赫批判了所谓音乐数学（Methematik）解析法。在此，两者的本质差异在于彼此不同的时间概念（Zeibegriff）。音乐不是科学，音乐属于辩证法，这是布洛赫的根本命题。与数学不同，音乐并没有任何不变的公式或可证明的确实性，相反，音乐具有辩证法这一历史过程的器官（Organ）。音乐把历史时间过程表现为与过程形象化相称的空间化的时间，并从历史性中，寻求自身恰当的表现契机。例如，我们根本无法从其形式音乐结构中领悟到巴赫或贝多芬的伟大音乐。只有那些具有卓越的感性器官的人，即能够把握音乐的深层沉默，并能够把握以这种沉默表现"由于自身的诗"（Poesis a se）的人，才有幸一窥堂奥，领悟他们伟大音乐的内涵。一切伟大的音乐都从这种"由于自身的诗"中寻找自身的终极意义和目的，以灿烂夺目的日光，照亮漫漫黑夜、生生不息的生命和跳动不已的心房。

显而易见，这种音乐之光的最终目的是照亮生命和未来、经历过的瞬间黑暗。在这一点上，作为"自身相遇"，音乐的先现只是尚未显现的世界的根源和历史地尚未到达的自我同一性的阶段。布洛赫认为，音乐的本质在于，通过表现"物自体"（Ding an sich）这一终极目的来唤起"现世的却尚未实现的乌托邦"（jedoch irdisch nicht realisierbare Utopie）。① 因此，音乐乃是对隐藏在当下瞬间中的自身相遇和我们相遇的一种隐秘的期待，是对内在于乌托邦的精神张力和思乡情怀的一种抒发或宣泄。

在布洛赫那里，音乐被视为一种内在的乌托邦艺术，这源于音乐所固有的"安慰特征"（Trostcharakter）和"泛滥"（Überschwemmung）特征。由于这一独特特征，音乐是"黑暗之中闪烁预见之光的一座星辰，是在回乡之途中响彻的一支慰藉之歌"。② 而且，这种音乐的超越特征正是对不受经验的东西所约束的另一个世界的体验。换言之，音乐拥有源自另一种逻各斯（logos）的元语言的权利。尽管我们尚未拥有这种元语言，音乐的表现同样具有这种来自另一个世界的客体—非规定性特征，但是，它所表现的这个世界可以说是寓居于对象核心之中的最内在的梦。③ 因此，

---

① 参见 H. 迈尔《音乐作为另一个星球的空气：恩斯特·布洛赫的音乐哲学和费鲁乔·布索尼音响艺术的新美学》，载于施密特《关于恩斯特·布洛赫〈希望的原理〉的材料》，第 470 页。
② E. 布洛赫：《乌托邦的精神》，第 151 页。
③ 参见 E. 布洛赫《希望的原理》，第 1258 页。

音乐不是定位于现存对象的既定意识,而是定位于尚未存在的对象的尚未被意识到的意识。

对音乐来说,任何定义都嫌太窄、太枯燥。既然音乐超出了经验上可证明的范围,那么想要完美地界定音乐也就是不可能的。根据布洛赫的理解,音乐的一切表现取决于尚未完成的世界自身。例如,旋律以抒情形式、赋格曲以叙事形式、奏鸣曲以辩证形式追求主体根据和世界根据的意义。在同一意义上,布洛赫认为,音乐的表现尚在发酵之中,并且具有绘画或诗歌所缺少的"只可意会、不可言传"的独特意义。但是,作为"自身相遇",音乐先现并不意味着缠绵悱恻、令人无法释怀的纯粹个人乡愁意识的神秘体验。相反,音乐的艺术性与超越性、内在性是紧密联结在一起的,全凭音乐发掘出的乌托邦的内在本性,我们才得以吸取"另一个星球的新鲜空气"[1](Luft von anderem Planeten)。

第二节 勋伯格与十二音技法

如前所述,音乐既是对某种期待情绪的直接表现,又是与乌托邦的精神相遇的"主观魔法"(Theurgie)的契机。[2]但是,从先现的观点上看,如果音乐仅仅局限在主观的情绪表现上,那么它就与艺术的乌托邦功能相去甚远乃至背道而驰。有鉴于此,布洛赫把音乐的主观性意义解释如下:

> 音乐的表现最贴近情绪解释学。但是,所谓音乐的主观性具有下述特殊意义,即音乐与发生自身的社会之镜有关,它不仅是这面社会之镜感应中的情绪之镜,也是自身发生的那个外部世界的总督(Statthalter)。[3]

用布洛赫的话来说,"在一道无形的巨大的地平线上,音乐无限地敞

---

[1] 参见 H. 迈尔《音乐作为另一个星球的空气:恩斯特·布洛赫的音乐哲学和费鲁乔·布索尼音响艺术的新美学》,载 M. 施密特编《关于恩斯特·布洛赫〈希望的原理〉的材料》,法兰克福/美因,苏尔卡姆普出版社 1978 年版,第 464 页。
[2] E. 布洛赫:《希望的原理》,第 1257 页。
[3] 同上。

开着、伸延着,尽管它受到动物般热气的威胁,它仍然以现实的可能的形象为客观基础"①。音乐素材并非无中生有、凭空捏造,相反,其产生和发展渊源于广阔的时代背景和鲜活的现实条件:

> 音乐素材被限制在同一的八度音,这只不过是几个世纪以前的历史的产物,两个主题相互斗争的奏鸣曲形式是以资本主义动态性为前提的。如果没有后期资本主义社会的衰退,那么所谓无调性音乐就是不可能的。不仅如此,如果没有自由竞争时代,源自十二音体系的不调和与动态关系的那种严格的变调和节奏也是不可想象的。②

众所周知,音乐历史悠久、源远流长,其素材不断得到积累和吸收,经历了沧海桑田般的变迁。进言之,音乐素材的变迁标志着历史过程本身的连续性。社会存在决定社会意识,音乐作品的意义取决于特定时代的社会条件。因此,布洛赫从物质生产力的水平中寻求这种变化的条件,根据社会生产力发展的水平,衡量欣赏者对音乐作品的接受程度。换言之,只有到达一定水平,音乐素材才能获得自身固有的生动感,才能栩栩如生地表现未来,展望未来。事实上,这种对"内在的超越性"的认识与唯物史观的基本原则一脉相承,即把社会诸关系理解为客观现实的可能性范畴。音乐的超越性意义在于,它不仅保存现实水平所认可的经验,也包容超出这种经验的"视域扩张"。

如上所见,音乐自身的乌托邦本性恰恰有助于欣赏者最直接地体验到这种超越性。因此,就理解音乐的本质而言,无论纯粹理论形式分析还是纯粹主观内在精神分析都是片面的、不充分的。与此不同,布洛赫从对"新东西"的乌托邦解释出发,赋予音乐史的重建以新的标准。在此意义上,新的音乐形式和素材样式呈现为"回春"(Verjüngung)这一人性表现形式。对此,布洛赫解释说:"音乐由于年轻化而丧失的并不是技巧和

---

① E. 布洛赫:《希望的原理》,第 1270 页。
② 参见 E. 布洛赫《音乐哲学随笔》,P. 帕尔梅(编),剑桥大学出版社 1985 年版,第 209 页。

熟练度，而仅仅是旧的学院风气。"① 究其原因，具有新结构的音乐作品拒斥过去的传统荣光，从中迸发出新的创新能量和与青春活力。布洛赫强调，与赋格曲的"宁静、结构性、整理（Sichtung）"等特征相比，贝多芬的奏鸣曲所展示的"两个主题的紧张"更加典范地表现出一种跌宕起伏、蔚为壮观的历史过程。奏鸣曲不仅凭借自身的动态性和过程性，还凭借宣告新东西"到来"（Ankunft）的信号表现出一种枯木逢春、起死回生的"回春"过程。②

在这种语境中，布洛赫特别关注奥地利作曲家 A. 勋伯格的音乐。1918 年布洛赫完成了《乌托邦的精神》，恰巧这一年勋伯格奠定了新的作曲技法十二音体系的基础。③ 意大利当代著名音乐史学家 E. 傅比尼在其所著《音乐美学史》中写道："《乌托邦的精神》从哲学视角描述了表现主义时代的痛苦噩梦，以及勋伯格所开辟的十二音技法这一新的秩序之路。"

勋伯格的创作可分为三个时期。1908 年以前为调性时期。这个时期主要受勃拉姆斯和瓦格纳的影响，其作品充满德国晚期浪漫主义音乐的气息，并把以瓦格纳为代表的半音化创作技法发展到了极限。例如弦乐六重奏《升华之夜》（1899 年、1917 年改编成弦乐队曲）、康塔塔《古雷之歌》（1900—1901）、交响诗《普莱雅斯和梅丽桑德》（1903）等。1908—1920 年前后为无调性时期。他开始探索一种新的无调性的音乐风格，这标志着他的创作进入一个新的阶段。在他的作品中，不同音高的各音调之间的结合，不再像传统音乐那样以某个音为中心，不协和和弦也不再像传统的音乐那样需要"解决"到协和和弦。

勋伯格选择采用无调性音乐风格是同他作品中的表现主义特征相联系

---

① 布洛赫从历史哲学视角解读音乐史，把音乐形式划分为三阶段：1. 无限地朝向自身的歌曲：舞曲、室内乐（endlosen vor-sich-hin-Singens：Tanzes, Kämmermusik）；2. 封闭的歌剧：喜歌剧、清唱剧（geschlosen Lied：Spieloper, Oratorium）；3. 开放的曲调：情节歌剧、交响乐（offenen Lied：Handlungsoper, Symphny）。参见 E. 布洛赫《乌托邦的精神》，第 64 页。

② E. 布洛赫：《乌托邦的精神》，第 171 页。

③ 十二音技法（twelve-tone technique），西方现代音乐的作曲技法之一。亦称十二音体系，它是将一个八度中 12 个半音各自作为平等的一员，因而废除了中心音的存在而进行作曲的一种技法。最早试验十二音技法的是 J. M. 豪埃尔，将十二音技法变成一种体系的是 A. 勋伯格，首次应用于 1921 年。他的目的是追求一种有组织原则的泛调性音乐。第二次世界大战后，十二音技法的影响迅速扩大，并被发展成序列音乐，成为西方现代重要的作曲技法之一。

的。他从表现主义美学思想中汲取灵感，先后创作了一批无调性作品，成为第一位放弃调性的作曲家。例如，单人剧《期待》（1909）、说白歌唱《月迷的皮埃罗》（1912）等。这些作品表现了诸如绝望、恐惧、紧张、痛苦等病态心理或情绪，音乐语言夸张、变形、怪诞。在《月迷的皮埃罗》中，勋伯格还发展了一种介于说话与歌唱之间的说白歌唱形式。无调性阶段的重要作品还有《五首管弦乐小品》（1909），戏剧配乐《幸运的手》（1913）等。1920年以后为十二音技法时期。经过长期的探索，勋伯格在无调性音乐的基础上，找到了一种组织音乐材料的新方法，形成了所谓十二音音乐。作曲家用半音阶中的12个音，自由组成一个音列，而音列既可以使用原形，也可以使用逆行、倒置、倒置逆行。这4种音列形式可移置于半音阶的任何高度，从而形成48种样式。音列中的各音（全部或部分）既可相继出现形成曲调，也可同时出现形成和弦，以此构成全曲。勋伯格后期基本上采用十二音技法进行创作，重要作品有《乐队变奏曲》（1926—1928）、《小提琴协奏曲》（1935—1936）、《钢琴协奏曲》（1942）、《华沙幸存者》（为朗诵、男声合唱及乐队而作，1947）、歌剧《摩西与亚伦》（1951）等。晚年，他偶尔也创作有调性的作品。

勋伯格创作了4部音乐戏剧作品：1909年的独幕独角音乐戏剧《期待》、1913年的独幕配乐戏剧《幸运之手》，均运用自由无调性写成。1930年的独幕歌剧《日复一日》则是严格的十二音体系作品。未完成的三幕歌剧《摩西与亚伦》创作于1931—1932年间，也是一部无调性的十二音音乐作品。这是一部带有清唱剧性质的歌剧，作品叙述了犹太人在摩西的率领下出走埃及的过程。剧中人物交替采用传统唱法、半念半唱的朗诵式行腔和有韵律的说白。摩西只有一个高潮迭起的唱段。这部歌剧的前半部分有很多引人入胜的表现，特别是狂乱的"金牛犊之舞"，但后半部分却很乏味，大部分篇幅在讨论宗教。虽然在戏剧性的发展上缺乏贯穿性，但音乐部分却具有高度的统一性。勋伯格的创作除早期作品外，大多高深莫测，难于被人理解，在当时经常遭到冷遇。即使在他死后世人对他的音乐的评价，也一直存在争议。

勋伯格的最大贡献在于继承、发展并最终打破了19世纪德国浪漫主义的音乐传统，系统地创建了序列主义的音乐理论和方法，从而完成了从浪漫主义音乐向现代音乐过渡的历史性使命。除了作曲之外，勋伯格毕生还以极大的热情和精力从事教学工作，培养了多位世界著名的作曲大师，是一位名副其实的音乐教育家。他的无调性音乐和十二音音乐对 20 世纪的音乐发展产生了巨大而深远的影响，最初在德国、奥地利，后来在法国、意大利、美国等国，众多作曲家都采用他的作曲方法。而他的学生 A. von. 韦伯恩和 A. 贝尔格等人进一步发展和完善了他的序列音乐理论。他的理论著作《和声学》（1911）、《音乐的思想与逻辑》（1934—1936，未完成）、《音乐创作基础》（1948）、《配器学》（1949）和《和声的结构功能》（1937—1948）以及论文集《风格与思想》（1950）等也都具有很高的学术价值。

在以主观性为标志的表现主义时代，勋伯格的音乐真能够超越纯粹主观性和狭隘的感情领域而表现一种崇高的形而上学理念内容吗？这是一个令人可疑的问题。众所周知，他的未完成歌剧《摩西与亚伦》取材于《圣经·出埃及记》，音乐采用他本人发明的十二音作曲技法写成，其主题充分表现了乌托邦与现实之间的距离。对此，勋伯格强调，"在歌剧现实中无法表现借以弥合两者距离的理念，即使这种距离有所表现，它在被表现的瞬间也已经无可挽回地进入衰退的过程。"[①] 因此，在勋伯格那里，这期间乌托邦理念依然是一种无法获取的东西，特别是用音乐表述这种理念更是力不从心的问题。十二音技法正是这种欲罢不能、欲止不甘的痛苦产物。

尽管如此，勋伯格仍然确信，从十二音技法出发，最终能够表现音乐的意义交往和乌托邦理念。就像在布洛赫的《乌托邦的精神》中一样，勋伯格也强调，通过音乐既可体验到当下此在的丧失，也可体验到另一个世界的前景以及借以实现这种前景的生命的动因。不过，布洛赫认为，勋伯格的"音乐面向乌托邦"这一主张并不意味着唯有音乐才能保存乌托邦，而是意味着音乐作为未完成的东西的象征更贴近"尚未的"乌托邦的存在。换言之，在勋伯格那里，所谓"旋律意味着某种新的、尚未填满的东西"：

> 十二音技法表现为绝望、过渡期、资产阶级的无望等情绪……但是，与总体虚无主义相区别，在这过渡时期，这种独一无二的音乐以

[①] 参见 E. 傅比尼《音乐美学史》，M. 哈特维尔英译本，麦克米伦出版公司 1990 年版，第 476—477 页。

其大胆和理性留下了神圣的伤痕。与此同时，这种音乐充满着时代的火焰所描画的否定或未定的图像。如果这一形象呈现为社会形象，那么勋伯格的艺术就成为比浸润了美的艺术更容易理解的东西。从现在起，旨在如此成就的音乐有必要与截然不同的德性结合在一起。在勋伯格的前奏曲中，我们所能找到的是光明磊落的创造之光。①

事实上，无调性音乐和十二音技法是音乐史上的革命性创举，它一举摧毁了二百年来西方音乐史上与调性音乐相关的和声结构的基础。勋伯格的音乐尝试不仅大胆突破了传统调性音乐的总体框架，也大胆冲破了同时代人的社会文化习俗。在此意义上，布洛赫把十二音技法视为旨在克服此在状态，谋求精神解放的音律构成。特别是，他通过全部使用某一八度音之内的十二音，凸显了所获质料的多种多样的动机及其关系所造成的丰富密度。换言之，十二音技法的解放性作用渊源于不遗余力地维护素材自身所固有的那种质的属性和永不止息的运动。

值得注意的是，在评估十二音技法的思想艺术成就方面，布洛赫与阿多尔诺之间存在显著差异。阿多尔诺认为，十二音技法的确立似乎解放了音乐主体，但是，当这种技法被固定起来的那一瞬间，它就旋即变为压制主体的一种新的体系。"的确，在十二音技法的规则中，没有什么东西不是必然地从作曲经验和自然素材的进步启示中发展而来。但是，这种经验由于主观感受性而采取某种妨碍特征。……曾经寻觅高度敏锐之耳的东西，现在却作为一种捏造的体系归于土崩瓦解。"② 与此相反，布洛赫认为，尽管勋伯格的音乐曲高和寡、深奥难懂，但它包含着过渡时期勇于创新的乌托邦的主体状态。这是因为在古典主义一统天下之际，他的音乐却敢为天下先，淋漓尽致地表现了时代的动态性、富于张力的氛围和有保留的未来的空间。因此，十二音技法所包含的"否定或未定"的状态意味着潜在的可能性，意味着从另一层次上的肯定的交往可能性。作为一种实验性技法，布洛赫不是从某种完结的对象性而是从预先推定的内容出发评估十二音技法，这也是他一以贯之的美学观点和评价标准。

这样看来，检验新的艺术形式的标准不是现存的社会实体，而是潜移

---

① E. 布洛赫：《希望的原理》，第1282页。
② 参见阿多尔诺《新音乐哲学》，第69页。

默化、行将来临的趋势—潜势。布洛赫进一步用"非同时性"（Ungleichzeitkeit）概念标明了这一标准。① 在此，"非同时性"的现实意义充分表现在艺术与社会的悖论关系中。一方面，艺术源于现实生活，因而艺术总是与产生自身的那个社会现实结合在一起；另一方面，艺术又与占统治地位的社会结构保持一定距离，因而艺术总是创造与现实相分离的"某种东西"。如上所见，这"某种东西"也正是唤起内在于"尚未的东西"，并承载另一个世界的"文化剩余"和"意识形态剩余"。在此意义上，布洛赫宣称，再没有比非对象性的音乐更能够充分地表现"现实过剩"的艺术了。音乐的非同时性并不是与现实格格不入的假象因素，而是通过预先推定内在于尚未显现的可能性而实现的自律性。正是由于这个缘故，布洛赫呼吁，新的作曲家应当成为新的预言家，应当赋予音乐以现实的优先权。②

总之，音乐所成就的乌托邦的意义是与结构动态性层面的开放视域密切联系在一起的。音乐的固有认识功能包含着一种呼风唤雨、叱咤风云的力量，它能够唤起我们自身乃至世界的根源和希望。一方面，布洛赫的这一见解不同于下述见解：乌托邦依靠音乐而存在；另一方面，他的这一见解也不同于下述见解：音乐中所成就的乌托邦只能是否定的、假象的东西。在音乐与乌托邦的关系上，布洛赫仅仅强调，这个世界到处都充满着"尚未"，从而这东西不应被视为"绝对的否"。因此，在音乐中，布洛赫苦苦寻求的乌托邦"并不是对久别的大地的乡愁的力量，而是对从未到达的大地的乡愁的力量"。③ 一句话，音乐是喷发于最内在的生存之核的先现，是形成于最辽阔视域的与世界的相遇。④

---

① T. 克奈夫认为，布洛赫误解了音乐的"非同时性"（Ungleichzeitkeit）概念。在他看来，关于音乐的非同时性原理之所以能够完成"文化循环"（Kulturzyklus），恰恰在于音乐的出现晚于其他艺术。换言之，从历史上看，不断"摇晃的音乐"（Schwankensang）要比其他艺术出现得晚。但是，布洛赫的基本观点是强调，仅凭社会学的发生学观点，并不能充分说明包括艺术在内的一切艺术发展史，因为唯有艺术的乌托邦本性才最明晰地表现出艺术的历史非同时性。参见 H. 佩措尔德《新马克思主义美学Ⅰ：布洛赫—本雅明》，第 114 页以下。

② 参见 E. 布洛赫《希望的原理》，第 1249 页。

③ 参见 H. 迈尔《音乐作为另一个星球的空气：恩斯特·布洛赫的音乐哲学和费鲁乔·布索尼音响艺术的新美学》，载 M. 施密特《关于恩斯特·布洛赫〈希望的原理〉的材料》，第 470 页。

④ 参见 E. 布洛赫《希望的原理》，第 1258 页。

第三节　交响曲、奏鸣曲和赋格曲

　　音乐包含着某种超越的、开放的东西，正是音乐所特有的这种开放性令人信服地表明，音乐艺术比任何其他艺术都更加明晰地告诉我们，迄今尚未完结的东西的内容关系。因为声音与我们一道前，音乐就是我们自身。就像富于严密性、客观性以及宇宙特性的造型艺术一样，音乐不仅与我们同行到坟墓，它也像优秀的文学作品一样，会超越坟墓而与我们一道延续生命力。音乐远远超越我们，究其原因，因为音乐中蕴含着新的、不再是教育的而是某种象征的东西。尽管音乐是从最遥远、最内在的星星中发出的光芒，它却低沉地、炽热地出现在我们生命的氛围中，出现在我们情感的沙漠中。

　　音乐中蕴含着人的愿望，通过音乐这种不可遏止的愿望即"不安"表现为尖锐的艺术形态。永远不得安宁的感情总是谋求超越既定的限界。E. T. A. 霍夫曼作品中乐队队长 J. 克莱斯勒一边演奏音乐，一边寻找朝思暮想的东西。这东西就是能够"点石成金"，一夜之间把所有树叶变成黄金的东西，即饥寒交迫的穷人所期待绝对的东西。布洛赫认为，法国作曲家、法国浪漫乐派的主要代表人物柏辽兹（Hector Louis Berlioz, 1803—1869）的《幻想交响乐曲——一个艺术家生涯中的插曲》最鲜明地体现了人的愿望，确切地说，体现了对性爱的无条件要求。

　　1827 年秋日某晚，柏辽兹在巴黎奥德翁剧院观看英国剧团演出莎士比亚悲剧，他深受感动，且爱上了饰演朱丽叶的英国演员 H. 斯密森，但却遭到拒绝。这使他极度苦闷，便化绝望为力量，着手创作《幻想交响曲》。1830 年，27 岁的柏辽兹终于完成这部表现个人爱情狂热、绝望、幻想的标题交响曲，副题为"一个艺术家生活的插曲"。全曲共分五个乐章。第一乐章这"梦幻、痛苦"：先是富于表情的广板，而后是热情的急快板，奏鸣曲式。1832 年作者在该曲的总谱上曾写下很长的文字，描述了一个神经衰弱、狂热而富于想象力的青年音乐家，在失恋时服毒自杀，因剂量不足，在昏迷中进入光怪陆离的幻境的情景。他还指出，贯穿全曲的"固定乐思"，标志着使音乐家神魂飘荡的恋人形象，在第一乐章中，这一主题的出现顿使阴暗、忧郁的情绪变得热情、明朗。第二乐章"舞会"。适中的快板，在华丽宴会的舞会上，艺术家遇到心爱的人。这是一段辉煌的圆舞曲，作者在乐队中首次采用了两架竖琴。第三乐章"田园景色"：慢板，以英国管与双簧管模仿乡间牧童的二重唱，使沉思中的艺术家产生热情和希望。"固定乐思"再次出现，他求之不得，十分痛苦。牧歌复现，远处天边传来了雷声。第四乐章"赴刑进行曲"：从容的快板。艺术家服毒后昏迷，以为自己杀死了情人，被判死刑。在描写押赴刑场时，"固定乐思"的出现，仿佛是对爱情的最后眷念。这里用了三个长号，两个低音号，四个定音鼓及其他打击乐器。第五乐章"女巫夜宴之梦"：快板，是一段群魔乱舞的回旋曲。圣咏叹主题"愤怒的日子"在低声部与钟声、舞蹈节奏融为一体，情人的主题又以怪诞不经的丑陋面貌重现。最后，乐曲在急速而狂热的舞蹈中结束。

在此，布洛赫首先注意到，从一开始，柏辽兹就有意识地把仙女西林克斯（Syrinx）设定为作品主题，使其作为少女主题贯穿全部五个乐章。与此相应，所有超越界限的登场人物都激情肆意、壮怀不已，满载着滚滚发酵的乌托邦素材。布洛赫指出，总体上看，在柏辽兹的所有作品中，这部青春作品并不是最优秀的作品。但是，如果从渴望视点上看，这部作品却是最意味深长的作品：

> 作曲家以扣人心弦、耸人听闻的方式勾勒"乌托邦的固定理念"（utopische idée fixe），径直把神奇的英雄形象和奇异的海伦形象引入作品构想之中。在此，柏辽兹感受到了与音乐无关的一种极端爱情，而这种对爱的刻骨铭心的感受恰恰成为他谱写幻想作品的直接动因。一个名不见经传的青年艺术家遇见了一个美丽绝伦的姑娘。他梦寐以求的姑娘竟活生生地出现在眼前。于是，在作曲家的心目中，美丽姑娘的形象与爱情主题并行不悖、难解难分。这正是热情主题，高尚而羞涩的爱的情感旋律。这种旋律并不是作曲家一时的心血来潮，而是日夜思念、无穷寻觅的产物。①

乍听起来，该交响乐的中间乐章与第一主题完全对立，但是，在这些乐章中，第二主题已有所收敛，它以温柔的声音倾诉性地表现了大胆的省略、宁静的睡眠和沉思默想的场景。然后，从某种华丽而跳跃式的演奏中

---

① E. 布洛赫：《希望的原理》，第1246页。

重现令人联想起初始主体的旋律。这旋律从碧绿的崇山峻岭渐渐沉入黑暗的低谷，而后化为一幅华丽而巨大的渴慕图像。起初，主题旋律以刺耳的声音表达一种鲜明的个性特点和象征意义，而后又陷入十分柔弱而伤感的靡靡之音。然而，在第一乐章的最后部分，作曲家重现 C 大调主题，试图表现一种难以名状的内心幸福感。但是，这种幸福感令人捉摸不定，就像遥远的星辰一样可望而不可即。于是，"星"（Stern）悄然离开第一乐章的"梦幻、痛苦"而进入诙谐曲"音乐会"以及独唱性的柔板"原野的场景"等。这之后，演奏进入最后的进行曲"赴刑"以及赋格曲"安息日之梦"。

在此，诙谐曲的旋律是一种舞蹈旋律，缓慢的柔板突变为孤独的宣叙调，令人联想起原野上空响彻的恋人之间的对话。好像让人听到恋人彼此倾诉的某种声音，但没有任何答复。万籁俱寂，于无声处听惊雷。在遥远的地平线上瞬间回荡起隆隆的雷声。在主题旋律与辽阔的、封闭的雷声之间有着一所庞大的空间，通过回肠荡气的柔板旋律，柏辽兹带给人们一种田园牧歌的情愫，但是，这种情愫如此匮乏稀罕，以至于仅仅见诸犹如中国风景画一类的神秘空间中。

第四乐章中的进行曲、第五乐章中的"巴克斯的盛宴"，特别是"震怒之日"（Dies irae）和"女巫夜宴"（Hexensabbat），令人联想起屠宰场上沾满鲜血、挥刀割肉的屠夫形象。最后，重又响起美妙婉转的爱的旋律。起初，由单簧管演奏的这支曲子唤起一种枯萎的、肮脏的、浅薄的感觉。但是，在最后乐章中，柏辽兹从全新的性爱视角出色地诠释了令他朝思暮想的那个恋人即"幸福之星"。在最后乐章"巴克斯的盛宴"中，在故意装成的鬼脸中，在"最后审判日"的讽喻中，在为死者敲响的丧钟里，这种心境之声不断纯化，得到淋漓尽致、活灵活现的表现。

从柏辽兹的《幻想交响曲》中，布洛赫揭示了音乐中所蕴含的永远年轻、永远不知满足的人的渴望：

> 填满音乐这一巨大通俗小说的素材正是人们尚未享用过的东西。我们的尚未（Noch-Nicht）乃至从未（Niemals）是从音响的空中之根伸延出来的最本真的此在。音乐就这样由空气所组成，并且形成确定不移的理念（idée fixe）。从音乐视角看，空气是一种热带丛林，对美的狩猎时常光顾此地。只有预言性的魔术师般的音乐家才能使人

屏住呼吸，凝神谛听美的旋律。①

作曲家柏辽兹恰恰富有这种魔术师的技能，他天才地把不可视的东西变成耀眼之音，把对消逝的西林克斯的哀叹表现为恶魔般的挽歌。在柏辽兹《幻想交响曲》的最后部分，那些早已丧失的东西，甚至无条件的东西也都化作天上的白云，高高地飘浮在上空，远离世间的无奈与悲哀。与其他交响乐相比，柏辽兹幻想交响曲的最后部分更强烈地表达了最深刻的爱情主题："爱是永远不得圆满的痛苦的经历，只有死亡才能让人得到解脱"：

> 在原野场景中，低沉地响彻的雷声暗示许多东西。尽管这低沉的雷声不可能成为爱的最终答复，但是不可发现的答复恰恰与这种意味深长的休止符相关。在傍晚的落日场景中，柏辽兹以优美的柔板描写空旷的原野，把广袤的原野场景描写为无限延伸的陌生化的音响。②

按照布洛赫的音乐理论，音乐的形式和风格是一定社会文化生活的产物，一定的历史条件和社会化生活制约着它的发展。作为音乐形式和风格，奏鸣曲和赋格曲也是一定社会文化生活的产物，并且随着社会条件的变化而起到新的作用。如果考虑到 19 世纪末 20 世纪初后期资本主义的特定历史条件，那么我们也许能够更好地理解 A. 勋伯格革命性的十二音技法。

声音旨在攫住听众的心灵，使其忘乎所以、高度紧张起来。不仅如此，声音还想望持续不断地震撼人心，并且余音绕梁。问题在于，音乐真的能够坚守以往的传统表现形式吗？过去的音乐带给现代人某种怀旧的安逸感，同时也带给现代人一种恍如隔世的不便感。在古典音乐中，现代人究竟能否坚守充满信任的协和和音与充满疑惑的不协和和音之间的紧张对峙乃至消解？

事实上，传统音乐的基本特征是"主音"（Tonik），但是，这种形式如今已变得陈腐不堪。尽管确实存在现代意义上的主音，但是与此相关的

---

① E. 布洛赫：《希望的原理》，第 1247 页。
② 同上书，第 1248 页。

社会呼吸、技术呼吸似乎已销声匿迹。如果说，古典浪漫主义调性音乐的总体性是以往世界的艺术表现，那么20世纪无调性音乐则是当今世界的艺术表现。从勋伯格的十二音技法入手，布洛赫力图透视音乐最前线领域发生的新的音乐尝试：

> 在音乐的最前线领域，人们扬弃基本音，而追求无调性音乐。于是，勋伯格的十二音技法便应运而生。1912年这位奥地利出身的美国作曲家创造了十二音技法。所谓十二音技法意味着不考虑音列结构而对等地利用十二音。勋伯格的小提琴协奏曲36号、弦乐四重奏4号、钢琴协奏42号等堪称十二音技法的典范。勋伯格重新利用音响材料，在终止部上不再使用和音。十二音技法不再与基本音直接相关。因此，当听众听现代音乐史时，根本接触不到基本音（例如，奏鸣曲）中和音的紧张及其终结。不协和和音与协和和音变得毫无意义。于是，变调与终止部之间的动态关系就归于消失，起而代之的是，宁静而严格地滑动的音列关系。①

经过调整的音阶得到保留，而十二音基本上已接近流传下来的八度音领域。因此，不再有四分之一音或八分之一音，有关音的类型意识完全归于消失。这样一来，基本顺序的多样性受到明显限制，所有声音都以崭新的方式被体系化。所有声音都一气呵成、密不可分，在持续反复之中，逐渐占上风。当然，由于音调反复，有时说不定会出现单调感。但是，这种忧虑却无伤大雅。因为在音阶中，所有十二音都可以自由变调。

对于缺乏现代音乐素养的人来说，这种单调感不免令人惶惑不安，瞬间引起某种无所适从感。的确，单调的音乐不免让人身心疲惫、昏昏欲睡。但是，布洛赫把这种音乐形式称作受到"新的客观性"（neue Sachlichkeit）影响的著名音乐。透过现象看本质，他从中悟出了某种被隐蔽的艺术表现，即"没有表现的"艺术。不过，现代人对这种新音乐依然感到一头雾水，勋伯格的音乐恰恰带给人们这种心灵的冲击。究其原因，这种"不知所云的"新音乐揭示了在任何习惯中都感受不到的未来的图像。简言之，勋伯格的十二音技法不仅表现了现代人对工业社会的不满或悲

---

① E. 布洛赫：《希望的原理》，第1280页。

伤，也表现了尚未实现的生命中的无限此在：

> 在完成十二音技法之前，勋伯格曾执笔《和声学》，在此他锐利地觉察到下述内容："旋律以新颖、无限性以及尚未充满的特性结束。"和谐感不再传达旅行的出发地点和目的地。并且，勋伯格所创十二音技法赋予一切音同等的权限，使得一切协和音成为可能，从而不再认知任何全体关联。与此相对照，在奏鸣曲形式的音乐中，华彩乐段、主旋律等具有固定不变的位置。通过十二音技法创作的音乐不再引入奏鸣曲形式中那种可以重新认知的主旋律。这种音乐本身就是存在本身的事件投影。①

勋伯格借助十二音技法表现了现代人的悲伤和不满。在"无调性"时代里，这种主体状态并不十分明确，但它绝不能受到拒绝或被剥夺。勋伯格的《期待》（作品 19 号）② 创作于 1909 年。在布洛赫看来，勋伯格的这部单人剧恰恰以"空房间"（Hohlraum）这一艺术手段，表现了现代人对未来的丰富情感和热切期盼：

> 十二音技法同样借助合理的构成原则，但它并没有排除人的情感。勋伯格的音乐不是机械音乐（Maschinen Musik）而是天气音乐（Wettermusik）。斯特拉文斯基③以人为的制作方式创作了类似古典主义的音乐。与此相比，勋伯格的音乐不是反映当代的、作为机械组织的艺术，他也不装扮成众人皆知的类似古典主义音乐。他的音乐毋宁

---

① E. 布洛赫：《希望的原理》，第 1281 页。
② 勋伯格的单人剧《期待》被誉为表现主义代表作，写的是一个女人穿过阴森森的森林寻找情人，而找到的却是情人的尸体的故事。全剧没有结构，没有旋律，没有主题。
③ 斯特拉文斯基（Lgor Feodrovich Stravinsky，1882—1971），美籍俄罗斯作曲家。作品众多，风格多变。其创作大致可分为三个阶段。早期作品有管弦乐《烟火》（1908）、芭蕾舞剧《火鸟》（1910）、《彼得鲁什卡》（1911）、舞剧《春之祭》（1913）等具有印象派和表现主义风格；中期作品如清唱剧《俄狄浦斯王》（1927）、合唱《诗篇交响曲》（1930）等具有新古典主义倾向，采用古老的形式与风格，提倡抽象化的"绝对音乐"；后期作品如《乌木协奏曲》（1945）、歌剧《浪子的历程》（1958）等则混合使用各种现代派手法如十二音体系、序列音乐以及点描音乐等。哑剧《士兵的故事》（1918）包含舞蹈、表演、朗诵以及一系列由 7 件乐器演奏的段落，却没有歌唱角色，由此可以看出其创作风格的汪洋恣肆、不可范围。

反映时代的空空如也的空间。实际上，一旦倾听勋伯格的音乐，我们就会感受到空房间里沸腾不息的氛围、鸦雀无声的动态特征以及渴望良久的某种东西，并且预先认识到一种延期的、姗姗来迟的未来。①

迄今人们错误地把勋伯格的新音乐视为一种陈腐的形式主义表现音乐，以至于他们认识不到他的音乐中所蕴含的崇高内容和时代气息。甚至人们走得更远，竟然把勋伯格音乐的基调视为"绝望"（Verzweiflung），即他的音乐集中体现了无可奈何花落去的资产阶级的绝望情绪。然而，布洛赫指出，这一切都是毫无根据的无稽之谈，其要害是缺乏时代危机感和拯救意识。事实上，勋伯格的音乐并未制造任何破坏性的否定情调，与总体虚无主义的音乐不同，他的音乐是一种健康向上的音乐。他的十二音技法就是试图在自由无调性音乐中寻找统一的理性基础。他的音乐以十二音技法为基础，无情揭开了我们时代心灵的伤疤，同时展望了悬而未决的或尚未决定的未来的闪光。

一切艺术都在特定的社会条件中生长、发展和灭亡。在此意义上，音乐必定与某一社会中的道德性发生关联。勋伯格的音乐蕴含着"遵循事物的变化状态"（rebus fluentibus）的东西，蕴含着真正适合于我们时代的道德重建的惊人之光。这正是蓄势待发、渐渐萌发的唯一动因，它促使新的音乐本质争妍斗艳、开花结果。试想，有一座空房间，那里面空空如也，但充满迷人的微光。当人们意识到新的音乐之前，它就已经显露出出类拔萃的一面。在音乐主体上，新音乐不仅与广阔无垠的内容相联系，也与飘忽不定的和音力量相联系。

勋伯格新音乐的显著特征是全面的"开放性"（Offenheit）。他的第一弦乐四重奏和第一室内管弦乐就充分表明了这种开放性。例如，在开始部分，动机就被消解，之后，它再也没有出现。动机关系成为音乐关系的载体，主题素材源自某一独特的思维胚细胞。三首钢琴曲，尤其是第三钢琴曲甚至终止了动机关系。在此，任何主旋律都不得重复，而是不断寻求新的旋律。在单人剧《期待》中，勋伯格毅然放弃了主旋律，起而开始尝试与此相反的音乐形式。

尽管笼罩在浓厚的音阶技术形象以及室内管弦乐曲不幸的神秘主义氛

---

① E. 布洛赫：《希望的原理》，第 1281—1282 页。

围中，但是十二音技法并不因此而丧失自身固有的开放性特征。对此，布洛赫这样描述说：

> 在勋伯格的音乐中，所有音列全都是反向的，从而有关音乐与主旋律的再现部相距甚远。在十二音技法中，奏鸣曲形式中的再现部归于完全终止。他的管乐五重奏是革新奏鸣曲形式的尝试。这一尝试有时也出现在小提琴和钢琴奏鸣曲中。在管弦乐变调曲中，勋伯格的实验尤为硕果累累。①

在历史悠久的各种音乐形式中，只有变奏曲或组曲（Suite）才没有圆圈而直线展开。例如，这些曲子出色地表现了音乐形式的新颖性、无限性以及充盈性。在这种"片段的无限性"中，恰恰发生与"震惊"（Schock）截然不同的奇特效应。这是当下新东西与远古的旧东西之间的戏剧性遭遇和激烈碰撞。在此，我们不是发现变奏技术，也不仅仅是发现某一纯粹对位复声音乐的激进释放，而是发现一种用以终结过去音乐形式的新音乐。

很久以来，奏鸣曲②的艺术尝试一直是旨在明确树立主旋律，坚持音列的既定顺序并重复这一顺序。不过，与莫扎特的赋格曲不同，除了英雄交响曲，贝多芬的音乐主旋律都是在全曲展开过程中辩证地呈现的。作为最后一个过渡时期的音乐家，马勒充分彰显了贝多芬音乐的这一特征。他的音乐在开始部分就完全终止了主旋律的展开和发展。由于这个缘故，马勒音乐中的丰富感情表现（Esspressivo）并不是指向某物，而是指向某一空间。以马勒的《第七交响曲》③为例：

---

① E. 布洛赫：《希望的原理》，第 1283 页。
② 奏鸣曲（Sonate）是一种乐器音乐的写作方式，此字源自拉丁文 sonare，意思是发出声响。在古典音乐史上，此种曲式根据各个乐派的不同风格而异。奏鸣曲式从古典乐派时期开始逐步发展并完善起来。19 世纪初，为各类乐器演奏的奏鸣曲大量出现，奏鸣曲遂成为西方古典音乐的主要表现方式。到了 20 世纪，作曲家依然创作供乐器演奏的奏鸣曲，但相对于古典乐派以及浪漫乐派的奏鸣曲，20 世纪的奏鸣曲在曲式方面已有了不同的面貌，亦称"奏鸣曲套曲"。奏鸣曲通常由三四个相互形成对比的乐章构成，用 1 件乐器独奏或 1 件乐器与钢琴合奏。
③ 马勒的《第七交响曲》创作于 1905 年，副标题为《夜之歌》。就像第一、第五、第六、第九交响曲一样，这部作品也被导入了歌曲。

在马勒的音乐中,众所周知的紧张情绪和情感表现消逝无踪。重复以及多半辽阔宽广的结尾(第七交响曲)栖息在新的领域,栖息在令人恍惚的领域。充满预示性的初始乐章时常长久地领先于主旋律分组,就像"某种不可知的东西从空中喷薄而出"。这样,在展开部分不仅包含无数与规则相违的要素,也形成诸多新的动机(第七交响曲第一乐章的第三部分以及最后部分)。结尾指向圣诞节,但是听众不仅能感受到欢乐的圣诞节氛围,也能感受到主降临的圣诞降临节氛围。马勒的音乐可理解为对某一理想的无穷无尽的接近。这是因为他的音乐本身就充满了一种强烈的唤醒意识,例如召唤、送行行列(Kondukten)、信号等。①

马勒的第七交响曲不仅是他的音乐生活中的重要章节,也是他所有音乐作品中最不同凡响的作品之一。这部交响曲的主题是"夜"与心灵的对话。为此,在这部交响曲中,马勒进行了一些大胆的实验,努力把不同凡响的管弦乐创作技法、带有异域风情的乐器演奏以及一些非常规的乐器组合融为一体,从而大大丰富和增强了这部作品的光与色彩。因此,布洛赫把马勒的这部交响曲比作"从遥远的大本营传遍的花腔电报"。②

马勒后期的一部扛鼎之作是《大地之歌》③,这部作品完成于1909年10月,表达了作者浓重的世纪末情绪。1911年11月20日作品首演于慕尼黑,而当时马勒业已逝世。这部作品随同无法解决的"延留音"(Vorhalt)一道永远向着一种未测定的永恒前进。在此,基本音一直保持

---

① E. 布洛赫:《希望的原理》,第 1283—1284 页。
② 同上书,第 1284 页。
③ 马勒的《大地之歌》(未编交响曲编号,原为第九,因不吉利而舍去),完成于 1908 年。当年,作者来到奥地利西一个叫布拉赫的村庄,面对终年白雪皑皑的阿尔卑斯山心潮起伏、感慨万千。他朗诵着德国作家汉斯·贝特格(Hans Bethge,1876—1946)翻译的唐诗《中国之笛》,东方诗人的不幸遭遇和悲壮情怀激起这位西方作曲家的内心强烈共鸣,他便精选了其中的七首唐诗,写成脍炙人口的《大地之歌》。这是一部加入人声的、作者称之为"为男高音、女低音(或男中音)声部与管弦乐队而写的交响曲"。其中,包括李白、王维、孟浩然的诗作,全曲共分六个乐章。第一乐章原诗:悲歌行(李白);第二乐章原诗:《效古秋夜长》(钱起);第三乐章原诗:《宴陶家亭子》(李白);第四乐章原诗:《采莲曲》(李白);第五乐章原诗:《春日醉起言志》(李白);第六乐章原诗:《宿业师山房待丁大不至》(孟浩然)。

下去，直到最后一瞬间才被放走。新的音乐不再持有浪漫主义的动态性。这一点表现在某种极端的外向性悖论中。但是，这并不妨碍马勒所倡导的新音乐同时指向人类尚未到达的故乡以及不可重复、不可多得的那种动态性。

于是，借助于新音乐的青春活力，历史地传承下来的古代音响重新响彻在这个世界上。诚然，过去的古典音乐对其爱好者来说，永远美妙动听，有着超时代的永久魅力，但受到历史背景的制约，过去的音乐并不具有"旧瓶装新酒"的功能，再也无法从新的视角传达时代精神和意义。因此，奏鸣曲形式的发展与乐器演奏方式的变革是紧密联系在一起的。1750年德国作曲家 J. A. 施塔密茨率先采用"渐弱"（diminuendo）、"渐强"（crescendo）等演奏技法，以期表现某种明亮的场面、变化不定的状况和幽暗场面等。其结果，奏鸣曲形式就朝着某种自由的方向发展。这个时期，钢琴演奏主要用于表现对照性的、快速的"阶段性动态"（Terrassendynamik）。此外，弦乐演奏主要用于表现"曲线动态"（Kurvendynamik）。

但是，过了很久以后，直到贝多芬，人们才意识到了与奏鸣曲形式相称的主题构成原则，即二重主题及其冲突。奏鸣曲从音乐视角升华了早期资本主义各种社会矛盾所呈现的敌对感情。奏鸣曲恰恰能够"辩证地解除一个胸怀中两个灵魂这一同时代的冲突"。① 从一开始，奏鸣曲形式就表现出与管弦组曲（例如巴赫的协奏曲、赋格曲等）截然不同的艺术特色。在奏鸣曲音乐中，除基本音的主旋律外，还有与此相对照的某种柔和的、可歌唱的副主题。布洛赫把奏鸣曲音乐的演奏视为一项创新性工作。因为奏鸣曲把音乐主题二元化，使它摆脱第一主题的束缚而逼近孤独领域。奏鸣曲音乐重塑基本音的类型，就像一个胜利者一样荣归故里，返回到第一主题。在此，布洛赫以贝多芬的《英雄交响曲》为例，分析了奏鸣曲主题的两种作用：

> 例如，在贝多芬的《英雄交响曲》中，主题（Thematik）的"两种原则"一同起作用。在音乐中，一方面，反映了不可调和的社会敌对感。我们可以把《英雄交响曲》中的壮烈音调理解成一种借

---

① E. 布洛赫：《希望的原理》，第1285页。

以炸毁阻挡人的自由的障碍物。另一方面，在《英雄交响曲》中，从音乐视角描写了法国大革命中出现的莫名的敌对感。由于这个缘故，《英雄交响曲》被视为首次意识到奏鸣曲形式的、最完备的交响曲。特别是，第一乐章中，贝多芬描写了奏鸣曲的新星一般的世界。在此，贝多芬并未探讨旨在自由地解放分化主体的某一行为者的英雄意志，相反，他从音乐视角制造了从悠久的深层部泛滥的残余物，即普罗米修斯的意志。我们在《英雄交响曲》中，能够接触到音乐家炉火纯青般的成熟，感受到从其他音乐家那里难以洞察的革命音乐的飞跃等。但是，贝多芬炉火纯青般的成熟是建立在他对巨人泰坦的合法描写基础上的。①

经过漫长岁月的流逝，奏鸣曲主体（Subjekt）逐渐转变为具有卓越的二重意义的热情主体。那么，奏鸣曲的真正主体是什么？从音乐技术上看，这个主体乃是推动全曲的动因（Kraftfaktor），即在主体中，从主题上发展所有可能性并将其形象化的动因。从音乐内容上看，所谓奏鸣曲主体就是"超越"（Überschreitung）这一贝多芬的范畴。思想就意味着超越，音乐特别是奏鸣曲，也意味着超越。尤其是，在奏鸣曲中，这种"超越"精确而典范地表现了主体动因：

> 在浮士德家族的音响媒介中，奏鸣曲主体胸怀大志、勇敢向前。但是，这个主体并不包含在诸如浮士德一类的市民阶级之中，而是天性使然，本身变成一套完整的旋律，获得某种高瞻远瞩的战略姿态。这样，奏鸣曲形式就获得了某种向前的特性。进入 20 世纪后，奏鸣曲形式一方面胜过浪漫主义以后的音乐；另一方面也胜过赋格曲。②

奏鸣曲除了散发各种激情燃烧的热情之外，还孕育着一种内在的革命紧张感。在奏鸣曲形式中，这种内在紧张感集中表现在互为对照的两个主旋律之中。如上所述，在新音乐中已不再出现这种类型的紧张对峙，为此，世纪之交的音乐家们不得不与时俱进、有所创新，获取新的

---

① E. 布洛赫：《希望的原理》，第 1285 页。
② 同上书，第 1286 页。

音乐类型。对于他们来说，仅仅接受奏鸣曲的外部特征还远远不够，他们必须锐意进取，大胆采用新的技法。即使丧失传统音乐中的优雅、紧凑、连贯等价值，他们也要不惜一切手段捍卫真正奏鸣曲中的火一般的革命热情：

> 在纯粹灾难性形式中，无调性音乐致力于保存紧张感。无调性音乐试图把趋势力量（Tendenzkraft）显现为节奏。在无调性音乐中，音调的悠久历史归于衰落，这时候，与音调的特性一同保存下来的正是节奏。即使乐曲的创作与韵律无关（在省略小节线的情况下），节奏也不会受其影响。节奏在复合节奏中工作。这是音乐家从原始音乐中接收过来的节奏，它并不依赖于消逝了的和音，并且外在于这种和音。①

甚至节奏（Rhythemus）也涉及某种特有的深层部的基本音，不过，这是迄今音乐理论中尚未查明的领域。一旦音乐家探明这个领域，他们就能通过奏鸣曲形式重新踏上旨在唤起巨大紧张感的声音探险之路。不仅如此，借助于此，音乐家还会发现奏鸣曲形式的非片段的、完整的侧面，即可以用主旋律的胜利命名的某种东西。新音乐不再重复从前的音响，因为它再生产可陶醉于主题胜利感的主要音的类型。那么，新音乐的未来和伟大性是什么？答案就在于它不再设定第一主旋律。作为自我生成的东西，新音乐认真思考尚未形成的东西以及终极无限要素。但是，在新音乐中，奏鸣曲的再现部分并不意味着某种旧的回归，而是意味着某种新的到达。这些要素关系重大，因为一旦舍弃这些因素，奏鸣曲中的某种革命紧张感就不具有任何意义。

奏鸣曲的全盛期出现在主旋律的再现上。为了准确地理解奏鸣曲，我们首先要把音乐的节奏与主要音联系起来。但是，奏鸣曲必须始终保持自身特有的"紧张"与"解除"两种功能。唯其如此，奏鸣曲才能永葆革命青春，始终站在高层次的、典范的音乐行列。于是，我们不仅会通过日臻成熟的音乐欣赏水平领会高雅奏鸣曲，而且会通过鲜活的文化遗产生产、重塑高雅奏鸣曲。

总之，作为一种典范的音乐形式，奏鸣曲源远流长，继往开来。除了

---

① E. 布洛赫：《希望的原理》，第 1286 页。

奏鸣曲，与"此在"（Da-Sein）以及音乐的"许可"（Gewährung）相关的是先于奏鸣曲的古老对位法的"直线复调音乐"，尤其是赋格曲。[①] 这是一种单调音乐，它将一种主旋律用作"领导者"（Dux）和"同伴者"（Comes）。在此意义上，可以说赋格曲是一种主旋律的"漫游"。这种漫游无限延伸，但决不中途二元化，即使在两个或三个主旋律中的二重赋格或三重复格中，也不会出现相互对立、死缠烂打的主旋律。换言之，在赋格曲的动态展开中，我们可以接触到一种没有飞跃和急躁的悠闲旋律。

当然，在赋格曲中，有时也会呈现轻微的紧张的和凝重的冷静感，不过，作为以往历史的产物，这种特征并不能充当当今音乐的富有约束力的规范。与奏鸣曲相对照，赋格曲不是领悟动态性，而是努力克服动态性。对此，布洛赫这样写道：

> 奏鸣曲推崇辩证的变化，而赋格曲则推崇价值。赋格曲唯有在奏鸣曲形式内才有摆脱过去的基础。它不具有任何令人抚慰的通奏低音。例如，赋风曲[②]只不过是接近赋格曲形式而已。当我们倾听赋格曲时，我们会感到某种令人不安的呆板性。只是在莫扎特的《魔笛》中，身披盔甲的男人们才利用赋格形式纵情合唱。这确实是令人瞠目结舌的神秘音律。在此，形成了一种新的音乐表现形式，它为《英雄交响曲》中的悲怆进行曲所继承。如果没有莫扎特的《魔笛》，那么在贝多芬的《英雄交响曲》中就不会出现惊人的进行曲。进行曲以赋风曲创作为基础，动态地表现了某种行列，这一点绝不能说成是赋格曲中的呆板性（Quietas in fuga）。[③]

[①] 赋格曲（Fuge）是复调乐曲的一种形式。"赋格"为拉丁文"fuga"的音译，原词为"遁走"之意。赋格曲在模仿的对位基础上，从16—17世纪的经文歌和器乐里切尔卡中演变而成，赋格曲作为一种独立的曲式，直到18世纪在德国作曲家 J. S. 巴赫的音乐创作中才得到了充分的发展。巴赫大大丰富了赋格曲的内容，力求加强主题的个性，扩大了和声手法的应用，并创造了展开部与再现部的调性布局，使赋格曲达到相当完美的境地。赋格曲的主要类型有单赋格曲、二重赋格曲、三重赋格曲等。

[②] 赋风曲（Fugato），通常指赋格曲的主旋律，它以自由的对位法创作，与赋格曲的合规则性无关。

[③] E. 布洛赫：《希望的原理》，第1287页。

如果赋格曲的使用涉及交响曲，那么其使用形式就首先反映某种焦虑不安的场面。例如，在《纽伦堡的名歌手》① 中，W. R. 瓦格纳用赋格音乐表达了登场人物的激烈打斗场面。此外，在《家庭进交响曲》② 中，R. 施特劳斯也用赋格音乐表达了混乱场面。在此，听众听到的歌声是赋格样式的最极端的音乐表现。与其他音乐形式一样，赋格形式音乐的成熟条件是开放性。因此，布洛赫强调，具有悠久历史的赋格本身"是艺术家的艺术，但不是教导赋格的老师"，赋格形式必须在音乐进程中随同领导者和同伴者一道摆脱流传至今的基本框架因素：

迄今巴赫赋格曲中的最后表现［人的期待情绪］尚未得到征服。尽管在巴赫的赋格曲中，存在的最后表现仍然留有心理余地，但这并不妨碍他们持有攻打天国的悖论。即使巴赫的赋格曲不具有偏激的极端因素，它也具有建设天国之塔的因素。因此，在其单调而附加的通奏低音中，赋格曲同样不具有不耐烦和焦躁情绪，从而它具有一个目标，确切地说，它是先于事物而被纠正的东西。③

在现代音乐中，奏鸣曲形式并未消失殆尽，相反，它在新的音乐形态

---

① 瓦格纳三幕歌剧《纽伦堡的名歌手》完成于 1867 年，但其序曲早在 1862 年就已完成。歌剧脚本为作曲家本人所作，取材于 16 世纪德国纽伦堡的一个民间故事。这部作品不仅是瓦格纳典范的歌剧之一，也是歌剧史上最著名的杰作之一。歌剧的序曲实际上是第一幕的前奏曲，音响以宽广的复调发展和铜管乐器为主，渲染辉煌灿烂的气势，给人留下生命力的欢跃洋溢、雄伟汪洋的印象，充满了"瓦格纳风格"。乐曲采用了奏鸣曲式，C 大调，中速，4/4 拍。首先，由整个乐队奏出威武雄壮的"名歌手主题动机"，表现以萨科斯等 12 位名歌手为代表的德国市民的骄傲形象。随后，长笛和双簧管依次在高音区奏出流丽抒情的旋律，表现主人公瓦尔特与叶娃的纯洁而真挚的爱情。以铜管乐器为主奏的辉煌的进行曲随后而至，描绘名歌手们精神焕发的行进队列。最后，歌剧在充满乐观情绪的高潮中结束。
② 理查德·施特劳斯《家庭交响曲》完成于 1904 年，当年 3 月 21 日他第一次到美国访问，在卡内基大厅由他本人指挥首次演出了这个作品。这首交响曲是一个庞大的乐章，共分为三个段落：1. 引子与诙谐曲；2. 柔半；3. 二重赋格与终曲。施特劳斯首先宣布，人们应该把这部作品当作纯粹音乐来欣赏，但是，后来，他为这部乐曲写了献词：《献给我亲爱的妻子和我们的儿子》，却产生了双重含义。根据作曲家第二年发表的关于《家庭交响曲》三个主题的说明来看，它描绘的分别是丈夫、妻子和孩子。
③ E. 布洛赫：《希望的原理》，第 1288 页。

中重放光芒。就像建筑学的对位法①一样，关于"音乐此在"以及"音乐中向我们许可的某种新东西"将作为最珍贵的优点继续保持下去。通过对位音乐，我们能够感受不是停留于时间中而是停留于空间的某种被修正的图像，即乌托邦的图像。值得注意的是，这一图像不是以实践的偶然现象出现，而是以空间的必然现象出现。

在音乐中，我们能够深深感受到某种遥远的、同时令人期待的存在。这一点尤其表现在帕莱斯特里纳②和谐的线性音乐中。这是把天使的灿烂快乐加以均衡地修正的结果。在艺术中，自由的秩序先于自由本身。因为无论在变化之前还是在变化之后，自由本身都找不到自身的独特性。变化、变样、氛围、分离、冲突、分化等本身还不是一种成功的存在，作为一个生成中的过程，它们仅仅存在于时间之中。但是，作为一种结果，开放的单声部旋律的歌唱显示出类似自由国度一样的空间要素。那么，在未来的音乐中，重要的东西是什么？在布洛赫看来，作为一种试验，无论奏鸣曲还是赋格都应创造某种艺术形象，以表现人的强烈愿望并构筑理想之塔：

> 在未来的音乐中，重要的首先是如下工作：上述单声部音乐的旋律一边形成圆圈；一边显现为某种艺术形象。但是，音乐应当通过新的试验以及片断性的努力，不断创造出某种扣人心弦的东西。这正是强烈的人的愿望的核心事项本身。在赋格曲中，始终蕴藏着某种无状况地渴望形成的主体。巴赫以及他之后的音乐家赋予赋格一种独特的功能，那就是在秩序王国中构筑一座永恒的理想之塔。③

两种音乐形式，即奏鸣曲和赋格曲暗示了同一的意志，即"反对既定命运的人的斗争"。这种斗争旨在翻身解放、当家作主，因此这种斗争

---

① "对位法"（Kontrapunkt），在音乐创作中，使两条或多条相互独立的旋律同时发声并且彼此融洽的技术。

② 帕莱斯特里纳（Ciovanni Piorluigi da Palestrina，1529—1594），意大利文艺复兴时期作曲家，被誉为文艺复兴时期最杰出的音乐家之一，文艺复兴时期复调音乐的集大成者，对天主教教堂音乐的发展也起过重要作用。帕莱斯特里纳曾创作了大量作品，主要是乐声作品、弥撒曲、田园牧歌等，最著名的作品有《马塞勒斯教宗弥撒》等。

③ E. 布洛赫：《希望的原理》，第 1288 页。

自始至终都是与克服既定悲惨状况及其命运联系在一起的。哪里有压迫，哪里就有反抗。即使在渐进的行板和柔板的宁静旋律中，也或多或少反映出主体的冲突性内容。奏鸣曲宁静的旋律令人联想起一支缓缓飞行的、美丽的"箭"，在这种情况下，音乐实体并不终止向听众慷慨馈赠某物，也不妨碍听众长久地驻足于美丽的新东西本身之中。

在奏鸣曲和赋格曲中，行板和柔板的音乐表现出一种振聋发聩的最强烈之音，促使听众恋恋不舍地停留于某种闻所未闻的空间之中。这一点不仅适用于奏鸣曲的主旋律，也适用于赋格音乐。例如，贝多芬槌键奏鸣曲中的柔板、A. 单调弦乐四重奏中的幸福的柔板、第九交响曲中的变调的柔板等，凡此种种都渗透着鲜明的主体意向空间。通过奏鸣曲和赋格曲柔板中的某种充满胜利感的主旋律的反复，通过至今已成功地完结的终止部，听众能够感受到一种伟大的乌托邦空间。在此意义上，布洛赫认为，"伟大的柔板是交响曲的真正的舞台。"① 因此，柔板并不是被音乐到处拖来拖去的边缘舞台，而是为音乐所引导的最后的舞台。柔板与听众所熟悉的终结部相遇，但并不传遍四方。相反，如歌的柔板诱使听众内心飞向尚未预期的地方，在这种展望中，听众感受到高潮的结尾部分。

在演奏最后飞行般的展望之前，柔板音乐就像"至善一样"内聚为最优秀的音乐。因此，在演奏过程中，伟大的柔板主旋律与登场人物的赞歌浑然一体、相得益彰。不仅如此，在宁静而乏力的终止部之后，宁静的柔板也可以导入高亢激昂的合唱。鉴于人类不朽的乌托邦精神，柔板音乐通过交响曲内部的合唱，比任何其他音乐都更有效地表达出酣畅淋漓、惊心动魄的感觉。

第四节　丧礼进行曲、安魂曲、《费德里奥》

音乐的"缓慢奇迹"不仅涉及最现实的对象，也涉及最深远的意义。音乐就像一列永不停息的列车，始终如一地默默向前，不仅超越当下的时光，也超越业已消逝的岁月。不仅如此，一旦接近某一终点，它就旋即照亮某个新的东西。就其功能而言，音乐有助于我们开采记忆宝库中的珍宝。例如，抚今追昔展望未来，对美好生活的强烈渴望就是这种无价之宝。优美的音乐使我们立刻回想起最遥远、最直接、最贴近的某物。与此

---

① E. 布洛赫：《希望的原理》，第 1289 页。

相比，绘画艺术和文学作品却姗姗来迟，它们只是后来才把音乐所显现的"强烈本质"渐渐加以艺术地形象化而已。

音乐不仅是生命的象征，也是死亡的造型。为此，布洛赫探讨了丧礼进行曲、安魂曲、死后出殡行列等音乐形式中所描写的死亡领域：

> 无论是受难进行曲还是安魂曲都需要光。但是，这种光并不是从外部闪烁的光。音忍受黑暗，同时寻觅自身的沉默。在漆黑漆黑的夜里，声音保持沉默，并采掘宝物。这时，音乐的氛围并不妨碍保持沉默。这时，音乐的氛围被理解为洞穴乃至洞穴之中的光。因此，受难曲和安魂曲不仅趋向盲人的幸福，也趋向死亡的深渊，并向旨在照亮死亡的那个渴望深层逼近。①

人固有一死，死亡把生命的意义和盘托出。在此意义上，布洛赫把死亡喻为最强大的"非乌托邦"（Nicht-Utopie）。但是，他仍然确信，音乐作为最强有力的乌托邦，能够抵御死亡的非乌托邦。历史上，众多音乐家从未把与生命格格不入的死亡的国度描写为漆黑一团、茫茫黑夜的国度，不仅如此，迄今也从未出现过专门探讨死亡的音乐。事实上，在这个世界上，夜是音乐的亲密使者，夜催生了通向光明的音乐。例如，安魂曲使人感受到地狱之河斯提克斯（Styx）上依然熊熊燃烧的希腊之火。即使在阴曹冥府，俄耳甫斯也忠于职守，为心爱的欧律狄克痴情地演奏竖琴。死人在死亡状态中聆听音乐，这听起来仿佛是一则美丽的传说。但是，在万般痛苦的瞬间，许多人能听得见天国中天使们的优美口哨以及萦绕于怀的天球的悦耳和音。

此外，就像希腊神话中所描述的一样，人们在弥留之际听得见微风中飒飒作响的埃奥尔斯琴甜美的声音。当然，谁也不知道死者能否听得见音乐。可是，活着的人至少能听得见音乐之中日益逼近的死亡之音。而且，音乐把死亡的空间中介为有限的场所。死亡的空间就位于不可视的素材、持续的倾向性以及非可视性领域的近处。死亡的音乐恰恰始于这个地方并朝向这个地方，命名那个阻断外部特征的宇宙。活着的人只能漠然地感受死亡的领域。这地方既不是纯粹的否定领域，也不是普遍的解脱或飞翔的

---

① E. 布洛赫：《希望的原理》，第 1289 页。

领域。即使在死亡的坠落中，音乐的运动也永无止息，持续不断地照亮死亡之旅，把死亡领域变成美好家乡或和谐惬意的环境：

> 音乐无动于衷，默默地朝着死亡行进。用《圣经》的话来说，音乐为了胜利而吞噬死亡。例如，恋歌起初渴望爱的结合，期盼有情人终成眷属。或者，恋歌在希望之中讴歌安慰，在安慰之中赋予希望。现在，恋歌作为创造性的死亡音乐向未来之夜行进，点亮一盏绝对不会受到任何拒绝或妨碍的明灯。在这种情况下，在死亡领域里，雨、暴风、云、闪电乃至节气都神奇地变成家乡，或者都神奇地变成一种和谐的环境。①

在关于死亡的音乐中，安魂曲不是以沉默的形态，而是以哀诉的形态出现。在安魂曲中，不仅试图通过哀诉克服死亡，还试图通过恐惧的魔法翻转一切。即使充满深切的悲痛，也包含沉着的意志和坚定的信念；即使周围世界笼罩着一片黑暗，也有巨大的精神力量在滋长、积蓄、增强。例如，巴赫（Johann Sebastian Bach, 1685—1750）于 1715 年创作的康塔塔②《来吧，你，甜蜜的死亡时刻》就充满着对死亡时刻的狂热想象和预感，充分表达了对故乡的浓重思念、对人的生命的最后的恐惧以及对复活的满怀热忱的希望。这首康塔塔豪放粗犷、气势澎湃、辉煌壮丽，必然的逻辑将这类曲目同"神圣""崇高""永恒""痛苦""死亡"等联系在一起。

对神的虔诚与对人类苦难的同情是巴赫创作的不竭源泉。事实上，巴赫不是恐惧死亡本身，而是唯恐被神抛弃，所以他一遍又一遍地在作品中复述对神的热爱、忠诚，祈求神的怜悯和收留。正是这种对永生的信仰，使得巴赫对死亡表现出热烈的祈盼和热爱。在巴赫看来，世间万物都是神

---

① E. 布洛赫：《希望的原理》，第 1290 页。
② 康塔塔（Kantata，英文亦作 Cantata）是一种供独唱、重唱、合唱及管弦乐队演出的作品，通常包含若干规模不大的乐章，17 世纪前后与歌剧同时在意大利发展起来。巴洛克时期的康塔塔有宗教和世俗两种类型，无论是宗教内容，还是世俗内容，都是由巴赫写出了它们最优秀的篇章。巴赫的宗教康塔塔在他的全部作品中占有重要地位。由于宗教康塔塔的内容与当日宣讲的福音书有关，每个礼拜日都需要一部新作。巴赫每年为莱比锡的几个康塔塔教堂提供约 58 部康塔塔，为此共创作 4—5 套，总数近 300 部，其中有 200 部左右流传至今。这些宗教康塔塔的格式基本相同，以一首规模较大的合唱曲开始，中间是一系列独唱或重唱的宣叙调和咏叹调，最后用四部合唱的众赞歌结束。巴赫的作品深沉、悲壮、广阔、内敛，充满了 18 世纪上半叶德国现实生活的气息。

的创造和恩赐，都在神的光辉沐浴之下，音乐所要歌颂的是这种神创造的和谐以及这种和谐之中对神之光的仰望。在巴赫看来，音乐是他通向天国，与神对话的阶梯。音乐本身就是天堂的奇迹。音乐是通过隐蔽的理性方式使人感受神的存在的道路。"学习哲学就是学习如何死亡，学习哲学就是学习如何飞向神"，巴赫把这句格言改写成："学习音乐就是学习如何死亡，学习音乐就是学习如何飞向神。"

在谈到巴赫音乐作品的特征时，布洛赫强调，巴赫的声音不是一味练习"音响绘画"（Tonmalerei），而是逐字逐句地创造"音响版画"（Tongraphik）。巴赫精心赋予本文这一可视的绘画以声音的符号。这样，巴赫使音乐作曲重新变成话语音响。事实上，在巴赫的康塔塔和受难曲中，行走的样子、昏倒的场面、下降的面貌以及登山的行列景观等各自变成雄伟的声音形象。借助于此，巴赫的音乐在某种"诞生的流动中"（fluxu nascendi），由听觉引导闪烁不定的光的运动场面：

> 在以声音变调的数百个曲子中，我们以康塔塔39号《在我们周遭的一切侧面，不幸抛掷十分沉重的鞭子》中被描写的面貌为例。在此，不仅有追求某物的向上升起的形象，也有救助某人的抚慰的手势。进言之，巴赫所固有的音乐特性，例如，某种闪烁不定的光的样子、被沉重的鞭子所缠绕的样子等都通过某种典型的运动形象而形象化为具体的人物形象。作为一种奇特的声音运动，巴赫的作品异乎寻常地脱离了事物的特性。音响以令人联想的方式传给我们一幅栩栩如生的画。响声绘画（Klangbild）向外表现的可视的东西正是尚在溢出的东西，即现在才逐渐形成的某种东西。①

不过，古典乐派的交响乐大都回避死亡主题，只是贝多芬的《英雄交响曲》（第三交响曲）才率先开启了交响乐死亡题材的先河，自他开始，柏辽兹、勃拉姆斯、布鲁克纳、马勒等人的交响曲都相继描写了关于死亡的情节。《英雄交响曲》的第二乐章《丧礼进行曲》是人类克服终极命运即死亡的象征，它以普罗米修斯死而复活的故事描写了人类对死亡这一无可逃避的命运的一种英雄式的超越。

---

① E. 布洛赫：《希望的原理》，第1297页。

1804年贝多芬完成《英雄交响曲》。这部交响黄的第一乐章描写的是希腊神话中普罗米修斯盗火给人间的传说；第二乐章是普罗米修斯被处死之后的丧礼进行曲；第三乐章是普罗米修斯复活与万民欢庆；第四乐章是伟大的变奏。布洛赫注意到，贝多芬是历史上第一个把《丧礼进行曲》[①]作为交响曲乐章的作曲家，在这首悲壮曲子中，他用极其悲怆激昂的声音描写了某种超越的领域，即死亡的领域：

> 在神的黎明中，某种超越的东西通过丧礼进行曲被转移到另一个世界里。贝多芬第一个从音乐视角解答了"向下的路与向上的路是同一的"这一赫拉克利特愿望之梦的悖论问题。在中间乐章，起初沉闷地被封闭的 c 小调幽暗之音渐渐变为 C 大调明亮之音。此时，双簧管演奏明亮的旋律，例如，三重奏舞曲，随后它重又变调为悲伤主题。在乐章结束之际，小提琴演奏起幸福主题，即甜蜜的装饰音。这时，小提琴的节奏逐渐趋缓，一边穿梭于两种声音之间，一边再现不可重复的幸福花腔。这时，我们能够感受到具有同一内容的两种显现：放弃与蔚蓝色。尽管如此，黑暗的显现并不为光明的显现所抛弃；黑暗的显现也不因光明而浅薄地被神化。因为在音乐快速行进之后，光明的显现就是唯一复归于最缓慢的小提琴的东西。在此，作为被破坏的东西，光明的显现本身就是回归于丧礼进行曲中的那种黑暗的东西。[②]

在新的更富于动感的音乐形态中，巴赫的这种音乐特性，把音响之画变成了一部部"欢乐的游戏"。除了谱写大量康塔塔，他还谱写了许多充满戏剧性元素的大型声乐作品，其中《马太受难曲》《b小调弥撒》是最有影响的作品。在这些作品中，巴赫作为一个虔诚的新教教徒，通过宗教

---

① 《英雄交响曲》第二乐章：《丧礼进行曲》全长 16 分钟。这一乐章由 A→B→A 三段体组成；A 再分解为 a→b→a→b→a，a 是丧礼的主题，b 是缓和的主题，再接下来的 a 是大提琴、小提琴的演奏，格外动人，扣人心弦。B 段的大调牵制 A 段小调音乐的凝重哀怨，压力解除了，它是由 c→d→c 组成，第二个 c 前半的最后 4 小节音乐渐趋缓慢；后半部分则是重要而精彩的音乐，带有赋格的复音对位，表现出坎坷不平；最后号角齐鸣，"神奇的号角响彻天空"则是安魂曲。最后 CODA 的第三部分，节奏恰如其分，如诉如泣。

② E. 布洛赫：《希望的原理》，第 1291 页。

音乐形式（受难曲、弥撒、经文歌等），抒发了对人类灾难、痛苦的深切怜悯和同情以及对和平与幸福未来的不可阻挡的渴望。与前人的作品相比，巴赫这种充满宗教内容与复调音乐思维的作品更为广阔地揭示了人的内心世界，但同时，他的音乐也从来没有脱离德国的音乐传统。《平均律钢琴曲集》是巴赫在"纯音乐"领域留下的重要遗产之一。作为一部具有德意志精神的作品，《平均律钢琴曲集》体现出了那种严谨的德国式思维。此外，巴赫的《法国组曲》《英国组曲》和六首《勃兰登堡协奏曲》等乐队作品，也都表达了作曲家对和平与美好生活的祈求与渴望。这些作品在德意志人民的内心深处激起了强烈的共鸣和反响。

在《丧礼进行曲》中，内在的深层概念与阴郁的坟墓之歌交织出现。在此，"深层"（Tiefe）也就是深不可测的死亡领域，而安魂曲恰恰把这个领域表现为"深远之处"（De Profundis），乃至至高无上的"太空"（Äther）。对死亡的艺术表现不是封闭，而是深化了黑暗而光明的图像。在安魂曲中，我们可以发现大量这方面的例子，例如，莫扎特《d 小调安魂曲》（1791）、柏辽兹的《纪念亡灵大弥撒》（1837）、C. 威尔第的《安魂曲》（1874）、G. 福莱的《安魂曲》（1887—1888）、L. 凯鲁比尼的《F 大调弥撒曲》（1809）、《C 小调安魂曲》（1816）等。

在教会文本中，安魂曲标志着死者从尘世被超度到天国的历程，被视为末世论地显现生命的归宿和彼岸世界的来世图像。据此，教会把安魂曲视为保持虔诚宗教信念的音乐手段，但是，大多数人并不相信这一套死亡与诅咒的教会文本。不过，在音乐领域里，死亡与诅咒一脉相承，依然讴歌生命力。正因如此，莫扎特、凯鲁比尼、柏辽兹、威尔第等纷纷创作了各领风骚的安魂弥撒曲。这些不朽的作品被千古传唱、万古流芳，以其深邃内容和伟大风格，永远扣人心弦、引人深思。在布洛赫看来，这些作品表里如一，绝无一丝"装饰"的痕迹，究其原因，是因为其主题"震怒之日"并不是天国和神化的主题，而是人类终极关怀的象征和对道德根据的解答。换言之，安魂曲音乐表达了人类对死亡这一"非乌托邦"的严正宣战和克服：

> 伟大的安魂曲音乐不是创造音乐艺术享受，而是让活着的人亲身感受死亡，使他笼罩在某种巨大的心灵冲击中。很久以前，人们就渴念千年王国，并对此抱有虔诚心，教会文本就源于这种心境。这一点

正是安魂曲音乐特有的原型,但这并不意味着盲目地服从短暂易逝的神学形态。在安魂曲中,音乐本身就是人的期待感的现实象征。①

在安魂曲中,音乐本身向来就包含着对死亡的某种极度伤心。因此,世界的末世论情结不是出现在教会的陈腐文本中,而是出现在安魂曲嘹亮的长号声中。尽管贝多芬从未谱写过一部完整的安魂曲,但是他的唯一的歌剧《费德里奥》就排除了任何模棱两可的意义,在总谱中留下了明确无误的安魂曲,即为皮萨罗留下了"震怒之日";为弗洛列斯坦留下了"神奇号角响遍四方"(Tuba mirum spargens sonum)。显然,这首安魂曲中的嘹亮号角,不是让我们去仰望虚无缥缈的神的天国,而是让我们去展望一个更美好的人间家乡。通过音乐,我们完全能够接近这种崇高的精神世界。进一步讲,通过音乐,也能够接近革命的精神世界。在音乐中,末世论的原型并未被阻断。凯鲁比尼《安魂曲》中的滚滚雷声意味着巨大宇宙的破裂之声,而用音乐表现这种声音时,它绝不仅仅指称外部自然现象。就像一早就已经被领悟了世界的终结一样,凯鲁比尼的音乐描写了万事万物的终结。

不仅如此,在柏辽兹和威尔第的安魂曲中,我们还可窥见某种十分残忍的、神秘的特点。对此,布洛赫解释说:在柏辽兹那里,这一特点出现在骑士吹起的末世论的长号上。这长号从天球的四面八方摄人心魄地传遍听众;同样,在威尔第那里,残忍而神秘的音乐也犹如炸弹爆炸声振聋发聩,承载着"震怒之日"中毫无基础地归于没落的呐喊。但是,威尔第的安魂曲主题富于人情味,声音温暖柔和,贯穿着富于古风韵味的赋格曲,其奉献场面显示出与众不同的艺术特征。在"神圣的典范天使米夏尔"(Signifer sanctus Michael)那里,这种奉献场面以 7 个拍子出现。并且,在没有描写任何胜利感的情况下,这种场面还轻轻地变奏为天国的旋律,徐徐地流动着希望的氛围。他的作品就这样同时描写绝望和拯救这一最后的巴洛克特征。在此,如果我们深究绝望和拯救的背景,那么这种情绪就不是与巴洛克艺术风格特点有关,而是与最后审判的神学有关。换言之,安魂曲中所表现的绝望和拯救与对死亡的意识乃至反抗死亡的意识是密切联系在一起的。尤其通过音乐这一艺术风格,这种意识得到了纯粹的

---

① E. 布洛赫:《希望的原理》,第 1293 页。

延伸。与迄今流传的教会文本不同，对死亡的意识以及反抗死亡的人的痛苦特别鲜明地出现在 J. 勃拉姆斯等德国作曲家的安魂曲中。① 在他们的音乐中，不仅凝聚着生生不息的生命之光，也凝聚着死而复生的复归之光。对此，布洛赫这样写道：

> 如果我们在乌托邦的真理中寻找音乐的落成典礼，那么，第一，我们可列举（如上所见）承载一切光辉的《费德里奥》；第二，在一定条件下，我们可以列举勃拉姆斯的《德意志安魂曲》。这部作品歌唱："大地并非我们永远驻足的城市，但是我们不断寻找未来的城市。"在这一合唱中，蕴含着寻找某物的脚步声、尚未为人知晓的某物的踪迹，蕴含着通向重新唤醒某物的道路。我们将在睡梦中变成灿烂的样子。当天使的最后号角吹响时，眨眼间死去的人们将复活为不灭之身。我们都会改变模样。在勃拉姆斯的《德意志安魂曲》中，使徒保罗的一番感人肺腑的话变成了神秘之歌，虔诚地响彻四方。歌声发自灵魂深处，最后与响彻云霄的天使的长号声融为一体，清晰地、长久地回荡在我们的耳畔。这样一来，我们就能够感受到地狱与胜利之间形而上学的对位法（Kontrapunkt），感受到从地狱重新融入胜利的对照之音。因此，如果内心深处没有备受压抑的激情，就根本无法理解勃拉姆斯的音乐。并且，他的音乐拥有无比珍贵的人的深蕴，面对勃拉姆斯的音乐，我们无法无动于衷地把人的意志一味地赞美为神。②

勃拉姆斯的《德意志安魂曲》继续援引《圣经》原文："主救赎的人们重归这片大地。他们欢呼雀跃，奔向锡安。在他们的头顶上笼罩着快乐、快乐、快乐，永恒的快乐。"③ 但是，在此，永恒快乐的音乐不是以

---

① 勃拉姆斯《德意志安魂曲》作品42号，这是直译，也可译作《一部德文安魂曲》。勃拉姆斯有意摈弃有关《安魂曲》的所有天主教规范和拉丁文的制式唱词，径直从马丁·路德的德文本《圣经》中节选经文。他的《德意志安魂曲》大胆超越传统的天主教《安魂曲》的礼仪性功用，更加亲切地传达了神的永生许诺和主耶稣的拯救之恩。

② E. 布洛赫：《希望的原理》，第 1293—1294 页。

③ 参见《旧约圣经》：《以赛亚书》51 章 11 节："耶和华救赎的民必归回，歌唱来到锡安；永乐必归到他们的头上。他们必得着欢喜快乐；忧愁叹息尽都逃避。"

含糊不清的和音连接，而是以很强的演奏变成 G 小调。因为就像康德对激情颇感棘手一样，勃拉姆斯对人的快乐也感到十分棘手。当然，他们二人都信奉新教，他们绝不可能全盘接受天主教传统。此外，既然勃拉姆斯把天国的生活视为一种有滋有味的生活，他也就不会迂腐地、愚蠢地描写这个世界。

显然，F. 尼采把勃拉姆斯音乐中的快乐视为一种"模糊的、苍白的快乐"，他这是一种出于偏见的误解。他的安魂曲所描写的快乐绝不是某种"超出一切快乐的十月之光"，相反，他的快乐是在"黑暗中烧得通红的快乐之光"，是永不熄灭的孩提般的"快乐之光"。尽管这种神秘的幸福深深隐匿在非和音中，但它比这个世界上的三和音具有更强烈、更深沉的表现力。

概而言之，根据布洛赫的音乐乌托邦观点，安魂曲的音乐表现如下内容：在安魂曲中，必然存在作为可能性的一种幼芽（Reis），这幼芽潜移默化、悄悄滋长，最终促成永恒的快乐之花处处盛开。尽管这种幼芽将继续生活在黑暗之中，但它与永恒的快乐内在地结合在一起。与最顽强的"非乌托邦"相比，它并不能保证确实的东西。然而，在安魂曲中，这种幼芽屡败屡战、不屈不挠，在自身特有的基础上，能够将对"非乌托邦"的否定进行到底。由于这个缘故，虽然这种幼芽仅仅形成随风飘散的一次性音响，但是，它却生生不息、死而复生，拥有永生不灭的生命力。我们一边聆听安魂曲，一边感受毁灭与死亡之上的某种东西，从而达到像希腊神话中"不死鸟"（phoinikas）一样的永生境界：

> 自古以来，音乐就能让人从压迫、死亡和厄运中感受到自由。……实际上，自由源自对压迫、死亡、厄运的突破，但是，自由却从未显现于某一可视的现象中。因此，只有关于毁灭的音乐才会显示出某种核心内容和现实意义，即因为尚未达到鼎盛期，也就不会中途毁灭。安魂曲教导我们"永不言败"（Non omnis confundar）。①

因为根据布洛赫的观点，尽管安魂曲中蕴含着死亡、毁灭和否定的因素，但也蕴含着"绝不抛弃尚未经历的东西"这一伟大箴言，因此，在

---

① E. 布洛赫：《希望的原理》，第 1294 页。

关于死亡和毁灭的音乐中，只要我们竖起耳朵悉心聆听，就可发现各种肯定的因素。就像 F. 荷尔德林所言："哪里有危险，哪里就有希望。"危险增长的地方，希望也增长。在安魂曲的黑暗之中，无数珍宝发射出耀眼的明亮之光，这些珍宝熠熠生辉、永不生锈。不过，在我们的众多家珍中，永远与我们同呼吸、共命运的当属音乐这一无价之宝，它是我们的意志、目标和希望的象征。就像这个百折不挠的世界，就像作为人类全力以赴的"至善"一样，安魂曲永远围绕神秘领域的周边旋转。

在许多音乐作品中，各种声音十分奇特地交织在一起，并同时指向某一目标。布洛赫以贝多芬的《费德里奥》[①] 为例，探讨了这种独一无二的音乐乌托邦效应。

开幕前奏的《费德里奥序曲》紧扣全剧的主题，突出表现了女主人公莱奥诺蕾的英雄性格，歌颂了她对爱情的忠贞和不屈精神。序曲的引子以两个对比的音乐形象，即莱奥诺蕾的果断、刚毅的动机和弗洛列斯坦的悲叹声音的交替更迭作为开端，紧接着，由弦乐颤音奏出的和弦烘托出牢狱中阴森、不祥的气氛。然后，在呈示部出现英雄性格的第一主题，显示出女主人公女扮男装，显示刚柔并济的精神风貌，在乐队全体演奏之后，机智而富于动势的第二主题展现出来，从中仿佛看到了她为援救丈夫而勇敢行动的矫健身影。展开部以第一主题的材料加以发展。轻柔缠绵的音响，显示出主人公的女性柔情，生动地刻画了莱奥诺蕾与弗洛列斯坦之间的真挚爱情。随后，呈示部的主题得到再现，引子中两个对比的音乐动机复出，但已不再是绝望的呻吟，而是细腻地表现了主人公在胜利时刻悲喜交加的复杂心理，并在凯旋般的辉煌音响中结束。歌剧的声乐别具匠心，例如在第一幕中，当莱奥诺蕾暗中得知皮萨罗要杀害自己丈夫的阴谋时，她情绪异常激动，唱了一段富于戏剧感染力的宣叙调，宣泄了她的满腔愤

[①] 贝多芬的唯一歌剧《费德里奥》1805 年初演于维也纳。全剧共有四首序曲，其中三首取名为《利奥诺拉》，一首为《费德里奥》。《利奥诺拉序曲》为第三首，是运用主题材料与结构概括地表现歌剧内容的第一部伟大的序曲，是全歌剧的缩影。贵族唐·弗洛列斯坦因反对暴政而身陷囹圄，政敌皮萨罗阴谋将他慢慢饿死在狱中。弗洛列斯坦的妻子莱奥诺蕾为营救丈夫，女扮男装，化名费德里奥混入监狱，充当狱卒的助手。由于她的照料，弗洛列斯坦幸免于死。最后，当正直的国务大臣来巡查监狱时，皮萨罗因惧怕阴谋败露而决意亲自杀害弗洛列斯坦时，费德里奥奋起举枪保护丈夫，使皮萨罗不能下手。随即，国务大臣到来，费德里奥宣示自己的身份，并为丈夫申诉冤情，终于使其一雪沉冤。

慨的情绪。接着她又唱了一段美丽、动听的咏叹调《来吧，希望》，表达了她对爱情的忠贞不贰和对未来美好希望的坚定信念。

《费德里奥序曲》为快板，E 大调，2/2 拍。这首序曲同这部歌剧所用过的四首序曲相比较，可以说是最紧凑、最充实又带有浓厚的戏剧气氛的一首。全曲采用了自由、清晰、流畅的形式，抒发充满戏剧性的序奏部和尾声。由全部管弦乐强力演奏的开头部分构成整个乐曲的基本动机，由此出发，音调进入对比性的柔板，由圆号奏出的旋律构成副动机。在序奏部，这个激动和优美的音乐对比再一次反复，经过转调，又回归到原调的快板，由圆号奏出轻柔的基本动机进入主部位。在主部位，耐人寻味的是，衍生出澎湃、辽阔的副主题，伴随着另一个有对比性的优美的副主题，引入一个力度很强的小结尾。大体经过同样的反复过程结束主题，然后以柔板进入一个插句，接着又是基本动机，潮水般的附点节奏蜂拥而至，进入急板的结尾部。凭借全体管弦乐的基本动机，这个生气勃勃的尾声进一步掀起富于戏剧性的慷慨激昂的高潮——对信、爱、望的热情"呼唤"：

> 在这部作品中，听众可以听见某种富于效应的呼唤（Ruf）。乍听起来，作品中的所有拍子都因这种呼唤而被注入空前的紧张感。在第一幕轻快登场的马塞利娜与雅基诺之间，已经充溢着情感的骚动。外面的敲打声与内心的心脏搏动相互渗透、交相辉映。一切东西都朝向未来。"我们由于辛劳而休息"，一切都起某种代理作用。守狱长罗科对女儿问道："你以为我猜不透你的内心吗？"就在这一瞬间，舞台场景凝缩为一种惊心动魄的场景，四个声音仿佛构筑主人公的内心世界。"我感到不可思议，这让我很揪心。"紧接着，响彻四重奏，进而与稍慢的行板（andante sostenuto）交融在一起。在漆黑漆黑的黑暗场所，这种声音歌唱着某种惊人的、奇迹般的东西。①

马塞利娜②为莱奥诺蕾而歌唱，在巨大的危险中，希望照亮自身的目

---

① E. 布洛赫：《希望的原理》，第 1295 页。
② 马塞利娜是守狱长罗科的女儿，她心中有了费德里奥这个女扮男装的莱昂诺拉，她为他热情歌唱。因此，她拒绝了年轻门卫雅基诺的求婚。

标。"请给我照亮灿烂夺目、五彩缤纷的光！/驱散乌云明亮地栖息的光！"莱奥诺蕾凭借这种明亮的光，一个人自言自语地嘀咕什么重要的事情。这是真正的希望咏叹调。在黑暗的音响律动中，她的咏叹调时而高亢激昂，时而低声委婉，时而激动万分，时而莫名地忧郁。她的歌声一直朝向辛劳的人们的星光运动。伴随着四重奏优雅的旋律，这星光聚焦在登场人物的惊讶面孔上。在马塞利娜的帮助下，莱奥诺蕾让罗科把他带到了监狱的最深处。这时，监狱长皮萨罗赫然登场，向罗科传达了杀害弗洛列斯坦的恶毒计划。尽管莱奥诺蕾偷听了这一切，但她万万没有想到，暗杀对象正是自己的爱人弗洛列斯坦。这时，女主人公莱奥诺蕾唱起了充满愤怒和希望的咏叹调。莱奥诺蕾的咏叹调，还有弗洛列斯坦和其他囚犯的合唱一同表达了对自由的向往和对幸福生活的渴望。这是一首爱与恨的歌，这歌声时而贴近，时而远离，时而悠扬舒缓，时而紧张激越：

> 每当我们听见这种音乐时，我们仿佛感到在这个世界上受到诅咒的人们向着明天的灿烂之光上升。但是，星星依然闪烁，依然高悬在弗洛列斯坦沸腾的陶醉中。这种陶醉本身也是莱奥诺蕾的陶醉。弗洛列斯坦一边注视某一幻影，一遍高呼："向着自由，向着天国的自由！"一方面，这种呼唤的终止部作为超人的嗓音得到了巨大的上升；另一方面，在人的乏力中，这种呼唤的终止部绝望地遭受破坏并消耗殆尽。在这个大地上，这可谓最粗野、最荒凉的冲突场面：皮萨罗对弗洛列斯坦唱道："凶手，一个凶手站在我面前！"然而，为了保护自己的恋人，莱奥诺蕾慌忙用自己的身体遮挡弗洛列斯坦，不惜披露自己的真相。这时，她把手枪对准皮萨罗，再次威胁要杀死他："只要向前一步，你就一命呜呼！①"

如果在这种造反精神以及英雄行为的空间中什么事情也不发生，那么开枪本身就会成为一种象征性的拯救行动。此外，从一开始，重要的第一音就是对渴求某物的人们的强烈呼唤以及对呼唤对象的回应。因此，在贝多芬的音乐中，必然存在与末世论相称的精神和行动的具体空间。第一音在安魂曲中，确切地说，就在《震怒之日》这一神秘的复活节中，发现

---

① E. 布洛赫：《希望的原理》，第 1295 页。

一种希望的象征。这象征正是"小号信号"(Trompetensignal)。最初，作为一种杀一儆百的警告之音，小号是由皮萨罗的部下从城堡吹响的。但是，后来作为大臣到来的一种喜讯，小号则是由信使从塞维利亚街道吹响的。两次小号声，象征着正义之善与邪恶之恶之间的斗争："魔高一尺，道高一丈"，邪不压正，正义最终会战胜邪恶。

不过，贝多芬别出心裁，赋予这种小号声一种新的含义，用"神奇号角响遍四方"取而代之。这样，小号声便创造性地赋予音乐以救世主来临的意义。小号声如摧枯拉朽的革命风雷激荡在监狱中，激荡在总督挥舞的火炬和令人眼花缭乱的光线中。恰恰在这个地方，贝多芬气势磅礴的音乐成为一种无条件的自由与欢乐的颂歌。因为恰恰在这个地方，凝聚着"拯救的一天"和"拯救的瞬间"。

但是，值得注意的是，马勒①在他改编的贝多芬《费德里奥》中，删去了描写监狱与自由这一最后场面的第一《莱奥诺蕾序曲》。马勒这样随心所欲、不择手段地改编作品，当时就已经遭到了各种非议。有趣的是，音乐理论家阿多尔诺对马勒在美国期间改编的莫扎特的《魔笛》和贝多芬的《费德里奥》大加褒扬和赞美之词。不过，布洛赫却不以为然，在他看来，贝多芬的歌剧《费德里奥》是一个整体，其中的《莱奥诺蕾序曲》绝非狗尾续貂、可有可无。因为这个序曲让听众浮现起某种惊心动魄的"乌托邦的记忆"。在小号声中，艺术地被融化的正是这种乌托邦的记忆，由此成就了一个希望的传说。在此，除了出现这种信号之外，不再出现其他场面。这以后的声音必须以急速演奏的、某种休息的旋律回答。小号声嘹亮地响遍四方。

---

① 马勒（Gustav Mahler，1860—1911），奥地利作曲家、指挥家，晚期浪漫主义代表作曲家之一。早期创作深受 A. 布鲁克纳的影响，后期创作主要受到 F. 舒伯特、R-A. 舒曼和 W-R. 瓦格纳等人的影响。马勒的大型管弦乐作品植根于德奥交响乐传统，以受到民族风格影响的晚期浪漫主义风格为表达形式。马勒最重要的音乐作品是 10 部交响曲和管弦乐伴奏的歌曲。在交响乐方面，马勒发展了由贝多芬首创的声乐交响曲形式（10 部交响曲中有四部含声乐：第二、第三、第四、第八），《第八交响曲》和交响声乐套曲《大地之歌》将这种形式发展到一个新的高峰。马勒的交响乐作品规模宏大，在长度和乐队的编制方面都史无前例，这使他的交响曲具有更多表现自己情感想法的空间。庞大的乐队，有时还包括场外乐队和大规模的合唱队。马勒致力于把合唱加入交响乐之中，以充分表现他的音乐中的崇高而深邃的哲理思想。在音乐风格上，他传承浪漫主义传统；在表现手法上，他不时显现 A. 勋伯格作品中的无调性因素。他的音乐是通向 20 世纪无调性音乐的桥梁，他善于把哲理与通俗、个性与民族性、浪漫与现代的音乐融会贯通、浑然天成。

虽然以同一的旋律做出回答，但是却神秘地发生变调。在同一的旋律中承载着某种与众不同的、遥不可及的世界。这世界必定是一个天翻地覆、柳暗花明的世界。在此，布洛赫联系《马赛曲》①，回溯 1789 年巴黎群众攻打巴士底狱，夺取革命政权的自由行为：

"巨大的瞬间就在那里。"现在，成就了的希望之星就寓居在这里。莱奥诺蕾一边解开缚在弗洛列斯坦身上的锁链，以便激越地唱道："哦！神，这是怎样的瞬间？"也许，贝多芬写这首惊人的曲子就是为了表达被形而上学地所强调的这句话。试想，起初飞跃性地到来的双簧管的旋律？这旋律恰恰表现了人的生命的真正实现。这正是静静地滞留的、瞬间时间所指称的"十分平静的音乐"（sostenuto assai）。争取未来自由的行为，即攻打新的巴士底狱的行为，这才是贝多芬作品《费德里奥》的底蕴。某种音乐素材源自人对自身同一性的寻求，而这种素材就在"十分平静的音乐"中填满了某一独特的领域。在最后的合唱中，急速的小号声烘托出莱奥诺蕾－玛丽亚等的战斗的欢呼声。这样，贝多芬的音乐蕴含着"千年王国主义"（chiliastisch）的思维。②

尽管 18 世纪末 19 世纪初西方音乐热衷于"拯救"（Rettung）这一主题，但是这种主题仅仅在外部素材上与贝多芬的歌剧主题具有相似之处。《费德里奥》是从黑暗走向光明的"拯救歌剧""解放歌剧"，突出表现了莱奥诺蕾反抗旧秩序的英雄性格，热情讴歌了女主人公的忠贞爱情和自我牺牲精神。与此相对照，《费德里奥》无情揭露了反面人物皮萨罗的冷

---

① 马赛曲（La Marseillaise），法国国歌。1792 年欧洲的统治者发动对法国的侵略战争，当时法国斯特拉斯堡（Strasbourg）工兵上尉李尔（Rouget de Liste, 1760—1836）为保卫边境的莱茵河部队一夜之间写成了此歌的歌词并谱曲。这首歌原名为《莱茵军战歌》（*le chant de guerre de l'a rmée du Rhin*）。当年 6 月，马赛的一营志愿兵在开赴巴黎时沿途高唱此歌，因此，这首歌后来就叫作马赛曲。歌词大意是："前进，前进，祖国的儿郎，那光荣的日子已经来临！专制暴政压迫着我们，我们祖国鲜血遍地！（重唱）听见没有，那残暴的敌人，在我们的土地上嗥叫！他们冲到我们身边，把我们的妻子和儿女杀掉。公民们，武装起来，投入战斗吧！前进，前进，万众一心把敌人消灭净！"

② E. 布洛赫：《希望的原理》，第 1296 页。

酷、阴险和狡诈，事实上，这个反面人物与希律王（Herod）①、盖斯勒（Geßler）② 以及冬天的恶魔和具有神秘直觉的恶魔本身都是一丘之貉，即杀人不眨眼的刽子手。

鉴于《费德里奥》辉煌的思想艺术成就，布洛赫把这部作品誉为"充满战斗和宗教气息的早晨黎明的音乐作品"。③ 这部作品并非仅仅包含着对单纯的性爱幸福的期待，而是包含着对迟早都会到来的新世界的信念。作为人的纯粹作品，贝多芬的音乐永放光芒，它预示了一个尚未出现的但却无限光明的世界。这样看来，音乐总体上位于"人类的界限"（Grenzen der Menschheit）之中。在这一界限中，人类以及业已到达的世界渐渐形成为新的东西。换言之，音乐动员新的语言，向我们传达某种呼唤的咏叹调。借助于此，人的面貌焕然一新，世界与人的渴望趋于一致。音乐表现中的秩序意味着一个"家"，由一个巨大的水晶组成的家，它象征着未来的自由之星，但是它必将是一个全新的地球。

第五节 《乌托邦的精神》：哲学表现主义的"新狂飙突进"

第一次世界大战期间（1914—1918），恩斯特·布洛赫与妻子艾尔泽·封·斯特里茨基（Else von Strizky）在加米施（Garmisch）、海德堡以及瑞士的因特拉肯（Interlaken）等地度过。在此期间，他完成了他的第一部重要作品《乌托邦的精神》④，布洛赫将这部作品题献给了他深爱的妻子艾尔泽。

《乌托邦的精神》被誉为20世纪初哲学表现主义代表作。从风格上看，这部作品具有气吞山河、狂放不羁的狂想诗特征：语言晦涩、风格怪异，宣泄主观精神，描写直观意向，传达弥赛亚的预言，揭示永恒神奇的心灵内涵；从主题上看，这部作品反对战争、强权和剥削，以及现

---

① 大希律王（Herod the Great, B.C. 37—4），以滥杀无辜、残暴著称的犹太国王。参见旧约圣经《马太福音》2章。
② 席勒的剧本《威廉·退尔》中的邪恶总督。
③ E. 布洛赫：《希望的原理》，第1297页。
④ 布洛赫的《乌托邦的精神》第一版发表于1918年，修订新版发表于1923年。后来，他把这两个版本分别收录于自编全集第16卷和第3卷中，足见其对这部作品的重视和偏爱。

存社会制度对个性的压抑，讴歌人类觉醒和黎明，主张人性复归和道德重建，提出了"心灵、弥赛亚和启示录"的口号。因此，布洛赫有理由把《乌托邦的精神》视为属于青年，属于政治和哲学的"新狂飙突进"①，而后世则把这部作品与同一时期 M. 普鲁斯特的《追忆似水年华》（1913）一道被誉为 20 世纪初一部"气势磅礴、绚丽多彩的生命交响乐"。②

《乌托邦的精神》创作于硝烟弥漫、炮声隆隆的第一次世界大战期间。席卷全欧洲的帝国主义战争给人类造成了深重的灾难和巨大生命财产损失，但是，《乌托邦的精神》一书的基调却是一种乐观主义的"清醒梦想"。作为一个和平主义者和战斗的乐观主义者，布洛赫对人类的前途充满信心和力量，他相信，人的命运掌握在人手中，告别过去意味着新的开始：

> 我在我这里，因此终于能够开始了。但是，这还微不足道，一切都将随风飘去。甚至美好之物也将黯然失色，因为人已经筋疲力尽。这生命犹如行尸走肉，毫无意义。然而，我们坚定不移，我们要成为生命的拳头和目标。现实稍纵即逝，周遭空空如也。但是重要的是我们抱有渴望，又有些知识，我们所缺乏的仅仅是行动……和乌托邦的原则概念。所以，我们必须寻求实践的正当性，投身到有组织的世间活动中去。我们要开辟梦幻之路，我们要把屋宇建造在蓝天里。在纯粹事实性消逝的地方，我们探求真理、寻求现实。③

1974 年，在接受法国记者 J. 马尚德的采访时，布洛赫坦言：《乌托邦的精神》一书的书名取自 18 世纪法国启蒙主义思想家孟德斯鸠（Charles de Secondat, Baron de Montesquieu, 1689—1755）的《法的精

---

① E. 布洛赫：《将世界改造到可认识的程度》（1974），载于 A. 闵斯特编：《直路的白日梦：与恩斯特·布洛赫的六次谈话》，法兰克福/美因，苏尔卡姆普出版社 1977 年版，第 170—171 页。

② S. 马库恩：《恩斯特·布洛赫》，汉堡，赖因贝克，1977 年版，第 26 页。

③ E. 布洛赫：《乌托邦的精神》（1923），法兰克福/美因，苏尔卡姆普出版社 1964 年版，第 11—13 页。

神》(*L'Esprit des lois*)①。他承认，这部作品具有青春之作的所有优点和缺点：如果它不是一部"革命诺斯替主义"的狂想诗，那么它就是一部"革命浪漫主义"的狂想诗。

从题材上看，"这是一部尝试性的首部大作，全书浸透着富于表现力的、虔诚的、玲珑剔透的巴洛克风格，并且带有一个面向心灵深处的核心对象：它在心灵的天井中编织音乐"②。但是，从内容上看，这是一部新狂飙突进大作：它反对战争和暴力，反对主人和奴役，反对异化和压迫，反对资产阶级的文化功利主义。但是，它绝不是愤世嫉俗、玩世不恭，也不是声嘶力竭的呼喊和辩论。恰恰相反，从一开始，它就把从生存论上领会的"自我相遇"置于现实的中心，追求人性复归，力求改变社会，从造型艺术、音乐和形而上学等维度构筑一种新的乌托邦哲学思维。

在《乌托邦的精神》中，宗教与社会、艺术与道德、时代与人道主义等主题交相辉映，呈现出20世纪初波澜壮阔、风雷激荡的时代精神图像。受20世纪初德国表现主义文艺思潮的影响，这部作品首次把哲学的"说理"功能与文学的"表现"功能有机地联系起来，并以最极端的反传统方式把各种不同的哲学、文学题材奇特地混合在一起，试图在宗教与哲学之间，理性主义哲学与生存主义哲学之间，在表现主义与神秘主义之间，在弥赛亚主义与社会主义之间左右逢源，寻求微妙的平衡状态。但是，值得称道的是，正是这种多种多样的文学哲学思潮的创作素材预设了后期著作的一系列哲学主题，特别是孕育了"尚未被意识到的东西"这一划时代的哲学主题，从而决定性地把乌托邦的愿望内容与"理想中的社会主义思想"有机地联系起来。

《乌托邦的精神》由若干部分组成：第一部分："意图"（Absicht）；第二部分："自我相遇"（Selbstbegegnung）；第三部分："音乐哲学"（Philosophie der Musik）；第四部分，即最后部分："卡尔·马克思、死亡和启示录"（Karl Marx, der Tod und die Apokalypes）。

此书开场白是标题为"意图"（Absicht）的小引言，借此布洛赫明确表明了这部作品不仅委婉地反对普鲁士、奥匈同盟国发动战争，而且鉴于

---

① E. 布洛赫：《将世界改造到可认识的程度》（1974），第37页。
② E. 布洛赫：《乌托邦的精神》（1923），第347页。

协约国的战争立场,也以富于论战性的笔调委婉而尖锐地反对其与资本主义的、帝国主义的关联。尽管这部作品首先是反战,但它又包含一个结论,即追问:"战争从何而来?战争在波茨坦被促成,此外全都是谎言,这一切从何而来?因为我们不再有思想,因为我们早已不是诗人和思想家的人民,因为不再有任何原则性的东西。"① 然而,在布洛赫看来,如果一个民族不再有诗歌和思想,不再有精神和原则性,那么这个民族就会迷失方向,从而走向狂热和战争,最终陷于堕落。

然后是一只"旧罐"(ein alter Krug)。布洛赫试举来自莱茵河地区的一只巴特曼旧罐子为例,探讨其中所发生的"自我相遇"。在黑暗中,很难探究这只罐子隆起的大肚子是什么样子。人们很想知道它被用来装什么东西:是香甜的饮料、开胃的泡菜还是风味卤肉?看上去,这只旧罐那胖乎乎的脸蛋十分可爱,令人联想起一连串孩子般天真好奇的问题。但是,面对这只古色古香的旧罐,我们猜不到里面究竟装什么东西、能装多少东西,至多只能回味早已遗忘的、令人陶醉的某种饮料的芳香气味。不过,如果我们长久地凝视这只罐子,就能在想象中勾勒出其特殊颜色和形状,由此体验到造型艺术中人的自我相遇:

> 我不会与每一个水坑一道变得空虚无望,也不会为了弄弯角落而与每一个轨道一道弯曲。不过,我可以像罐子一样形成自我,我作为一个棕色的罐子很奇特地成熟,与北部安菲拉陶瓷相反,这种成熟不仅仅是模仿或简单地设身处地,而是在此我作为我自身的部分得到实现,并始终在场,在我所享受的那个形象中,进一步教育我自己。②

因此,尽管这只罐子并非一件艺术品,本身并不具有任何艺术品特征,但是,我们却能感受到它很像一件艺术品,或者相信它会成为一件艺术品。当目不转睛地注视这只岁月沧桑、伤痕累累的罐子时,我们仿佛站在长长的、被阳光照射的走廊上,穿越时空隧道,追寻历史变迁的踪迹,感受到跳动着的历史脉搏和文化底蕴。这样,我们面对这只巴特曼旧罐,

---

① E. 布洛赫:《将世界改造到可认识的程度》(1974),第 37 页。
② E. 布洛赫:《乌托邦的精神》(1923),第 19 页。

就像站在一座栩栩如生的陈列橱窗前,窗户上有关罐子的每句话都隐藏着与之前发生和之后到达的东西的内在联系。

然后是"装饰图案的生产"。在此,布洛赫追问一个既普通又深奥的问题:"装饰图案"(Ornament)是什么?很久以前,古埃及建筑师们就将形形色色的有机体标本运用于建筑装饰中,例如,老鼠簕属植物、莲花、贝壳等。远古的树墩用于装饰石柱,洞穴用于装饰穹顶,岩石平板用于装饰柱顶过梁,如此等等。

但是,在埃及建筑中,装饰性图案时常以结晶形态出现,其理由何在?反之,在哥特式建筑以及随后的巴洛克建筑中,装饰图案则时常以充满躁动不安的、枝繁叶茂的、奋力向上的形态出现,其理由何在?在当代建筑中,为什么创造能力、装饰图案归于销声匿迹、荡然无存。在某一装饰图案中,我们所能感受到的"震惊"(Betroffenheit)包含着什么?在某一装饰图案中,我们自身的伪装形态又包含着什么?在建筑学中,这种匿名形态使我们遇见某种生成欲望和结晶欲望,例如,在埃及建筑乃至几乎所有埃及式的建筑中,这种匿名形态都让我们遇见哥特式建筑中登峰造极的那种"生成欲望、生命勃发感和复活感"。

那么,在哲学上,这种装饰图案的生产究竟意味着什么?古埃及建筑柱头上刻有美丽的莲花和纸莎草,太阳符号中刻有生动的蛇。在一座座构图严密的塑像设计中,生命迹象显得倍感压抑沮丧,毫无热情绽放之意,不过,人物轮廓依旧分明,线条依旧清晰可见,透露出一种与生俱来的霸气。每一个人物的身体都被描画得井井有条,每一个人物的活动都被定格在刻板的停留状态或立正姿态。甚至,有些人看上去,就像蹲坐的骨子一样,一动不动地摆在那里。对他们来说,静止就是他们的尊严、荣誉和骄傲。通过古代老鼠簕属图案或断裂的哥特式装饰石头,我们重温历史的沧桑岁月,从中发现我们自身的生命形式、我们自身的本质、我们人类的本质。因此,装饰图案生产绝不是单纯的装饰物生产,绝不是世俗意义上的简单的、平庸的装饰品生产,而是一种独特的"自我期待"(Sich-Entgegensehen)、"自我着手"(Sich-Entgegenschreiten)。

与康德、黑格尔等近代哲学家的美学理论不同,布洛赫从"自我相遇"(Selbstbegegnung)方面揭示想象的"预先推定"(Antizipation)功能。在此,所谓"自我相遇",是指人心深处最深切的对乌托邦希望的认识过程。第一,从单纯的装饰艺术到崇高的音乐,想象的预先推定到处都形成"内在垂直线"（interne Vertikal），并指明未来的希望图像。① 第二，"自我相遇"意味着"人的自我相遇""人与世界的相遇"和"人与自然的共同生产力"。人类本真的未来向度乃是通过人与人、人与世界、人与自然的相遇来实现乌托邦的未来图像。第三，作为未完成世界的实验室，艺术预示尚未完成的东西，艺术"先现"保存和扩大"世界事件"和"世界形态"，从"深度的假象"和"广度的假象"中寻求自身的真理。

> 人人垂头丧气，没有道路、没有目标。人们丧失了自身的自觉性、内涵和此在，他们的极性、定向力消逝无踪。这是虚无主义占上风的时代，但是，生活的挫折并不旋即导致伦理的、非凡的未知力量。唯有思维之梦才创造出自我聆听的、令人一目了然的现实事物。生命跟我们息息相关，可我们却不知她奔向何处。然而，在内容充实的冒险里，在开放的未完成的梦幻世界里，在撒旦封锁下的暗无天日里，新思想犹如一轮沐浴着朝霞的太阳喷薄而出。②

布洛赫用格言式的三段式概括了上述"新思想"："我在。但是我并不拥有我自己。因此我们才处于形成之中。"我在我这里——这一存在确定性是哲学思维的始基，从中开始一切富有意义的哲学思维活动；但是我并不拥有我自己——因为我永远也不能完全领悟："我是谁？我从何而来，我向何而去？"这一不可构造的形而上学问题；因此我们才处于形成之中——这是哲学思维的创造性发现：乌托邦意识预先推定未来的"尚未的存在"（Noch-Nicht-Sein）。

然后是第三部分："音乐哲学"。这部分更广泛地阐明下述问题：在音乐中，语言处于什么情况？为什么每个人都相信，他很懂音乐。尽管没有人知道音乐究竟意味着什么？但是，人们懂得音乐。或者，音乐意味着怎样一种旋律？为什么音乐与每一个文本相约而行？为什么它能够像一个天堂美女一样与每一个文本相约而行？在《乌托邦的精神》中，布洛赫把这些议题作为一个问题展开：通过关于音乐历史的一篇论文，通过观察个别的、伟大的典型作品以及一种系统的阐述，即一种音乐哲学、一种音

---

① E. 布洛赫：《乌托邦的精神》（1923），第 13 页。
② 同上书，第 211 页以下。

乐史学、一种音乐形式的语义学以及也包含旋律的语义学，通过结论性的结语断言："音乐是最年轻的艺术。"

当我们的艺术史处于漆黑深夜时，这门最年轻的艺术像青春焕发般闪亮登场了。无论如何，直到 14 世纪，它才得以尝试作为多声部的音乐。在其语言方面，这门最年轻的艺术不正是具有类似孩子本身的鲜嫩特征吗？音乐喃喃细语，就像一个孩子一样喃喃低语，这个孩子还没有找到言语。那么，何时在音乐中出现了语言？何时开始我们终于清楚地理解语言？何时开始我们终于以灵敏的听觉聆听贝多芬的音乐？同时，我们怎样倾听和理解一种口语？因其尚未确定的开放性，布洛赫把音乐视为乌托邦中的"探险"，即我们自身的乌托邦中的"远征"（Expedition）。因此，在音乐中我们重又听得出自我相遇。

然后是"不可构造的问题的形态"。人生在世，我们面对诸多问题，千头万绪、纷繁复杂，但是，其中一个却是具有核心深度的特殊问题："为什么有某物，而不是无？"在青春期，我们的脑海中就开始萦绕这个异乎寻常、匪夷所思的问题："世界头脑在何处？"尤其是，当我们长大成人，走进文学、科学和哲学等领域时，这个问题就变得越发挥之不去，无法排遣。它让我们倍感惊讶、困惑和无奈。这种惊异和困惑恰恰成为哲学思维活动的根源。在希腊哲学史上，不仅柏拉图说过，亚里士多德也说过"惊异"（thaumadzein），而这种惊异正是哲学的开端，它不断唤起一连串令人惊异的形而上学提问，把我们带入一个十分强大而陌生的领域。

"为什么有某物，而不是无？"——这是典型的形而上学问题，也是哲学的基本问题，玄之又玄，莫名其妙，令人一头雾水，百思不得其解。① 起初，布洛赫沿着传统形而上学的老路追问这个古老而常新的"世界之谜"（Welträtsel）。人是人自身，人试图追问人之外的世界全体，但是由于存在超越一切存在之物，这个追问永远都不会有最终的答复。因此，在"自我相遇"这一结论性章节中，布洛赫套用神学用语"刚刚经历过的瞬间黑暗"标明了这个超越一切存在者的地区，并从解释学视角探讨了这个强大而陌生的初始地域。

第一，"刚刚经历过的瞬间黑暗"（das Dunkel des gerade gelebten Au-

---

① E. 布洛赫：《关于乌托邦的精神》（1974），载 A. 闵斯特《直路的白日梦：与恩斯特·布洛赫的六次谈话》，法兰克福/美因，苏尔卡姆普出版社 1977 年版，第 166 页。

genblicks)、"现在和在此的黑暗"（das Dunkel des Jetzt und Hier）。这对概念恰恰表达了每一瞬间我们所处位置上我们绝对看不见的某种东西。唯有当这一瞬间成为过去或到来之前，即它尚未被期待之时，我们才对它拥有某种预感。第二，"尚未被意识到的知识"（das noch nicht bewußte Wissen）以及与此相适应的"尚未成功的东西"（das noch nicht Gewordene）。这两个乌托邦特性的简要说明都变成最切近的定义规定，但是二者都凝固在"尚未"（Noch-nicht）的范畴之中。这个范畴进入我们所有人的"白日梦"（Tagträume）中。

当一个小职员下班回家时，他就做白日梦，想要杀死上司。他也会有更美丽、更明亮的白日梦。这种白日梦并不是像弗洛伊德所言的那种夜梦的前阶段，而是涉及一个特有的领域；并不是涉及诸如弗洛伊德"无意识"一类的"不再"（Nichtmehr），而是涉及仍然还拥有某种存在的"尚未"（Noch nicht）。"尚未被意识到的存在者"和"尚未形成的存在者"这对概念关系到世界中基于某物的、作为趋势的某种东西：一方面，这东西还根本不在那里；另一方面，"尚未"蕴含着"尚未的存在"（Noch-nicht-Sein）。于是，"尚未的存在"就以存在论形态拥有这种潜在的同一性状态，即在成就同一性之前，它就以拯救非同一性为目标。

《乌托邦的精神》的最后部分是"卡尔·马克思、死亡和启示录，或关于世界之路及其内向性的外向性和外向性的内向性如何可能"，这一部分充分体现了1914—1915年的整个时代氛围，与当时的"青骑士"①、表现主义绘画和诗作风格完全吻合。在《巴黎手稿》中，马克思表达了类似的关系："人的自然化和自然的人化。""内向性"（Inwendig）应外向化，亦即自然化，但是，这种"外向性"（Auswendig）也应以同样的方

---

① 青骑士（Der Blaue Reiter），德国表现主义美术团体。1911年成立于慕尼黑。"青骑士"一词，出自W. 康定斯基在1903年创作的一幅画的标题，也取自康定斯基与F. 马尔克组织编写的出版物的名称。他们于1911年12月—1912年1月在慕尼黑的坦豪塞画廊举办首次画展，选取青骑士为标记，1912年以后所出版的年鉴也以此为名。在绘画创作中，该社团成员共同关注并广泛探索了画面形式。康定斯基以形态的组合和色彩的变化来创造画面的空间；马尔克通过动物的形式以寻求自身和他在画中所表现的周围世界之间的内在和谐关系；P. 克利则运用线条表现幻觉和幻境。1912年3月，第二次青骑士展览会在慕尼黑戈尔茨画廊举行。1914年随着第一次世界大战爆发，青骑士活动停止。1924年，由康定斯基、A. von 亚夫伦斯基、L. 费宁格尔和克利组织青色四人社，继续探索战前发展起来的艺术观念。青骑士对德国乃至欧洲的现代绘画起了推动作用。

式成为像这种内向性一样的东西。这个"像"（wie）是决定性的，它既反对主观唯心主义，也反对客观唯心主义：内向性外向性，只会适应于内向性。而且，这种情况不是单单通过我们的内向性而是通过所有人的内向性而出现在外向性之中。

在这一章中，对世界之路的描述很大程度上关系到"死亡"（Tod）这一最强大的反乌托邦。在此，作为出自乌托邦的反击，布洛赫把死亡安排为一种总体性的"中介"（Vermittlung）：死亡并不拥有最后决定权，相反，它拥有某种"治外法权"。由此，他把富于神秘主义色彩的启示录（Apokalypse）叙述如下："起源"（Genesis）不是出现在世界的开端，而是出现在世界的终结。真正的世界和真正的真理根本尚未出现。

因此，启示录、末世论（Eschatologie）、末世教义等与终极视域中的"终极目标"（Endziel）密切相关。但是，这个问题非常棘手，且充满危险，因此，必须使其从某种神秘主义的、神话学的状态中摆脱出来。尤其是，在此事关某种"中介"（Vermittlung），借助于此，一定会出现长远目标与短期目标的紧密结合。现在，直接性的某种中介就是问题和任务：我们必须在"世界过程"（Weltprozess）的中介中，查明这个既看不见，又无法把握的直接性，以便在"翻眼皮"中一窥其堂奥。① 由此可见，在世界的实验中，不仅发生一种自我相遇，而且发生一种世界相遇，这是世界与它自身的相遇。世界乃是它自身的独一无二的"实验"（Experiment），一种尚未成功，但也尚未挫败的实验。于是，就像启示录一语所表明的一样，《乌托邦的精神》一书就这样结束了。当然，本书也包含神学问题，但试图把它世俗化，使神学问题连同"终结"（finis）和"目的性"（Finalität）问题，乃至关于全体的目的和目标问题等统统站稳脚跟，立足在坚实可靠的基础之上。

但是，在16世纪的托马斯·莫尔以及17世纪的康帕内拉那里，人类梦寐以求的"渴望之岛"被安放在一座遥远而陌生的南太平洋岛上。后来，在18世纪末19世纪初伟大的乌托邦主义者傅立叶、圣西门那里，这种理想国度被安放在普遍的禁欲主义和粗陋的平均主义取向的协作移民区中。这样，具体的乌托邦的发现通道就几乎被切断了。只是后来率先通过批判迄今乌托邦主义化的抽象性，通过强有力地确认乌托邦功能的未来定

---

① E. 布洛赫：《关于乌托邦的精神》（1974），第169页。

位，马克思主义才重新开通了乌托邦通道，补充了自身最终的、具体可行的变革实践。

在此意义上，布洛赫在后期作品中一再重申："马克思主义并非不是一种乌托邦，而是具体的乌托邦的新事物。"这句话的措辞不是朝向《乌托邦的精神》，而是首次朝向《希望的原理》，不过，其基本意思业已包含在他的早期作品中。这个时期的作品同样适用于"具体的乌托邦"（konkreten Utopie）这一表面上的悖谬概念。作为想象的希望的形而上学，马克思主义"预先推定"一个尚未存在、尚未实际存在的无阶级社会，在这种预先推定中，不仅可以首次讨论终极问题，而且首次出现可中介的终极问题。在建设一个无阶级社会的过程中，现在与未来始终是结合在一起的。马克思主义立足现在，展望未来，把一个更美好世界的梦想变成活生生的现实。因此，在布洛赫看来，对于完整的哲学唯物主义的实践概念及其潜藏的意志决定来说，马克思主义的"理论—实践—中介"（Theorie-Praxis-Vermittlung）是必不可少的。

1974年，在接受意大利文译者弗兰西斯科·科佩洛蒂采访时，布洛赫简要描述了《乌托邦的精神》一书的基本结构：

> 全书以某种狂想诗的、简化的形式复述了一个基本内容：从意图出发，这一基本内容进入自我相遇的场所，以便重新容纳意图的内容，其行程可与交响乐的主体重复相比较。因此，见之于意图的一切都在末尾中重现一次。但是，这个过程应当通过下列途径加以充实和丰富：回溯长长的"自我相遇"一章、详细检查我们自身的历史及其作品、注视其中所蕴含的乌托邦，即尚未兑现的、我们翘首以待的、尚未到来的、充满威胁的东西。但是，我们人类站在带有侦探、预见要求的那个期望过程和奠定过程的"前沿"（Front）上，而且这个过程照亮我们脚前的路。[①]

作为一部20世纪哲学表现主义的开山之作，《乌托邦的精神》蜿蜒曲折，像迷宫一样深不可测，像多棱镜一样色彩斑斓，像多声部的大合唱一样充满了神秘魅力。但是，从主题动机上看，这部作品结构严谨，环环

---

① E. 布洛赫：《关于乌托邦的精神》（1974），第170页。

相扣，从头至尾贯穿着"反抗"与"希望"二重动机：第一，反抗腐朽的世界，反抗堕落的世界，反抗罪恶的世界，反抗非人性的世界。这个世界早就为赤裸裸的商业和自私自利，为狭隘的精神角逐、极端的民族主义和沙文主义而牺牲了纯洁而伟大的心灵，以致到处"编织吐毒汁的蝎子和毁灭的天使"；第二，寄希望于拯救，寄希望于永恒的生命，寄希望于横越宇宙的不朽，寄希望于心灵王国的不朽现实和神圣精神的普雷诺玛，即"源自世界迷宫的原状馈赠。"①

在《乌托邦的精神》中，布洛赫把"希望"（Hoffnung）与"王国意志"（Willen zum Reich）相提并论，进而把"心灵、弥赛亚、启示录"融合为"全体性中的觉醒行为"，创造性地构想了一种"乌托邦哲学"（die utopische Philosophie）。②

在《乌托邦的精神》一书中，布洛赫把开篇小引言的"意图"与胡塞尔的"意向性"（Intentionalität）严格区别开来。如果说，在胡塞尔那里，所谓"意向性"是指意识活动的指向性和目的性③，那么在布洛赫那里，所谓"意图"（Absicht）则是指内在于主体的特性，是从我们最内在的主观性中涌现的渴望。布洛赫觉察到，这一最深远的向度首先引导内心之路，即"自我相遇"：

> 我们时刻准备说出内心话。即使没有向外的目光，这话也仍然有效。而且，即使没有磁体、没有力量，这话在外面也富于吸引力，催促人们从世界的错误中突围出来。然而，最终沿着这条内向的垂直线，这话从深度中，从心灵的世界中传播开来。乌托邦的外部的、宇宙的功能持续反对贫困、死亡和物理本性的王国之壳。只有在我们之中还燃烧着火光，幻想列车为此火光开动，这列车为澄清清醒之梦的意义而开动，为运用乌托邦意义上的原则性概念而开动。④

只是到了开篇"意图"的结束句，作者才借助一种"清醒之梦"

---

① E. 布洛赫：《乌托邦的精神》（1923），第342页。
② 同上。
③ 参见胡塞尔《纯粹现象学通论》，李幼蒸译，商务印书馆1992年版，第560页。
④ E. 布洛赫：《乌托邦的精神》（1923），第13页。

（Wachtraum）的明晰提示语，预告了一种关于新人、新世界的乌托邦哲学。在此，乌托邦（Utopie）是人类改造世界的能动原则，也是人类发展必不可少的精神支柱和希望之源。因此，布洛赫不仅把乌托邦范畴理解为20世纪基本艺术范畴，也把它理解为20世纪基本的哲学—政治范畴。人既是乌托邦的生物，又是乌托邦的主体。于是，人被置于认识世界、变革世界的中心位置，从而乌托邦哲学首次把人的内向的主体性与实现乌托邦清醒之梦的现实想法紧密地结合起来。

在最后一章"卡尔·马克思、死亡和启示录，或关于世界之路及其内向性的外向性和外向性的内向性如何可能"中，怀着建立一个没有异化、没有主人和奴役、没有剥削和压迫的世界的目标，布洛赫把内向主体性的外向性问题与某种具体的乌托邦的内向世界的实践紧密联系起来。在此，他依然坚持一种内外同源性（Homologie）立场："如果外向性同时成为内向性，如果客体同时成为主体，那么内向性只能成为外向性。"在他看来，青年马克思关于"人的自然化和自然的人化"[①]的思想充分表达了这种内向—外向同源性思想的精髓。布洛赫之所以关注内向—外向同源性，旨在克服精神史上由来已久的主客、心物二元分立和对立，试图从哲学上重建主体要素与客体要素、唯心主义与唯物主义之间的辩证均衡、相互渗透关系。

但是，在《乌托邦的精神》中，布洛赫亲近黑格尔和谢林胜过亲近马克思，尽管他积极接受了社会主义的政治信息，但他还没有完全摆脱哲学唯心主义和克尔凯郭尔宗教生存思维的影响。在此，他带着对唯心主义和犹太神秘主义的浓厚兴趣小心翼翼、迂回曲折地接近哲学唯物主义和社会主义。与此同时，他不是直接从马克思的政治经济学批判视角，而是多半从道德批判视角激烈批判资本主义和市民社会。正因如此，布洛赫始终在两种主题即某种内向性形而上学与唯物主义实践哲学之间瞻前顾后、摇摆不定。其结果，一方面，他把哲学之根深深扎入浪漫主义土壤里，尤其是深深扎入克尔凯郭尔的宗教生存思维以及犹太神秘主义[②]土壤里；另一方面，他根据马克思《关于费尔巴哈的提纲》的第十一命题，试图调整

[①] 参见马克思《1844年经济学哲学手稿》，人民出版社2000年版，第87页。
[②] 这里特指卡巴拉教所谓"舍金纳"（Schechina，指上帝的内在荣耀），即人的精神与神性本质神秘合一的主题。

大众意识的解放行为，借助对现存世界的革命性改造，改天换地，建立他心目中的理想社会。

一方面，布洛赫对马克思怀有崇高的敬意，特别是，对其"理论—实践—中介"给予很高的评价："原则上，马克思从社会主义设想中剔除了那些纯粹偶然的、抽象的梦想，剔除了纯粹雅各宾派的狂热的恐怖气质。这样，社会主义恰恰在政治上、社会上成为问心无愧的实践，并成为名副其实的乌托邦的革命使命。"① 换言之，马克思代表历史视域的实际转变，代表社会主义思想的付诸实践，代表人类千百年梦想的实现。

但是，另一方面，他对马克思总是坦诚相见、不留情面，甚至有时持一种尖刻的批判态度：

> 在马克思那里，经济的发展必然制约着经济结构的变化，但在终极社会秩序中，马克思并未指明新人图像，并未指明爱与光的力量以及值得追求的独立性。在他那里，处处表现出对所有经济因素和现存存在的极度重视。但是，所有潜在的马克思主义的先验因素都趋向纯粹理性批判，而这种批判却根本没有涉及实践理性批判。这意味着，在马克思那里，把过分抑制的、连续的社会结构重新引进魏特林、巴德尔、托尔斯泰等乌托邦取向的爱的世界里，引进陀思妥耶夫斯基等人的相遇的威力乃至异教史的基督再生说里。于是，只有这种新的、激进化的和正统化的生活才是可理解的；于是，只有最精确的经济秩序和超然冷漠感才与政治神秘主义相联系并取得其合法性。② 换言之，在《政治经济学批判》中，马克思过分热衷于"纯粹理性批判"而忽略了"实践理性批判"，以至于麻痹了大众解放意识，耽搁了革命转变思想，或使之残缺不全。③

因此，在《乌托邦的精神》最后一章中，布洛赫不是从哲学的党性原则和世界变革理念出发，深入分析马克思的政治经济学批判理论，而是从

---

① E. 布洛赫：《乌托邦的精神》（1923），第 295 页。
② 同上书，第 303 页以下。
③ 参见梦海《论布洛赫的乌托邦哲学——兼论布洛赫与马克思主义的关系》，载《德意志思想评论》第三卷，同济大学出版社 2007 年版，第 260 页以下。

深奥的、神秘的宗教虔诚出发，集中探讨死亡和启示录。人生在世，死亡无疑是每个个体需要面对的最大挑战，因为人必有一死，这一无可逃避的事实早已赤裸裸地把人生的意义和盘托出。在此意义上，他也承认，"死亡是最凶恶、最令人恐惧的。死亡意味着凶神恶魔般地闪击每一个人"①。因此，"死亡"是最激进的反乌托邦，死亡敌视所有希望、所有意义发现。

众所周知，海德格尔在《存在与时间》（1927）中提出了"向死而在"这一生存论的死亡概念②。不过，在《乌托邦的精神》中布洛赫另辟蹊径，提出了"意义发现"这一乌托邦存在论的死亡概念。与海德格尔不同，布洛赫的死亡概念不是停留在死亡这一事实本身，而是超出死亡这一经验事实而沉思终极视域中的意义发现问题。对于他来说，死亡不仅涉及经验世界，也涉及超验世界：第一，人对死亡存在与此在结构的死亡还原感到惊讶；第二，"时间性"（Zeitlichkeit）总是跟随虚无面前的恐惧，而从这种虚无的彼岸中，时间性解救自身的意义；第三，作为世界过程的一部分，死亡指向心灵（精神）的"下留"（Verbleib）问题，即指向"灵魂不死"这一"大唯物论"问题。因此，在布洛赫看来，在人道主义的形式中，所谓"死亡"，既不意味着社会主义英雄人物意义上的"视死如归"、舍生取义，也不意味着海德格尔意义上的一切价值的"毁灭"。恰恰相反，在人道主义的形式中，特别是在马克思主义的人道主义中，死亡意味着无神论宗教的希望所在：死亡拓宽了乌托邦的生命不朽思想，加深了死亡所积淀的那个世界过程的意义。

《启示录》是《新约圣经》的最后一章，据信出自耶稣门徒约翰之笔，主要是预警未来，包括对世界末日的预言：例如，预示接二连三的大灾难，世界朝向毁灭发展的末日光景，描述最后审判，特别是耶稣的再来等。③ 鉴于《圣经·启示录》（Apokalypse）中的未来预警，布洛赫沉思并

---

① E. 布洛赫：《乌托邦的精神》（1923），第 320 页。
② M. 海德格尔：《存在与时间》（1921），图宾根，尼迈耶尔出版社 1979 年版，第 234 页。
③ 《启示录》是《圣经》各卷中最难理解的一卷，历来众说纷纭，大致可归为以下四类："过去解释法"（Preterist Interpretation）：此说认为本卷诸表征是指当时发生的事，所以已成过去，与现在并无关系。"历史解释法"（Historical Interpretation）：此说认为本书是用预言的手法，写下自当时至耶稣再来时的人类历史。各表征显示这段历史中陆续发生的事件。"未来解释法"（Futurist Interpretation）：此说认为本书第四章以下均为对未来的预言，这些预言将应验于未来七年大灾与千年王国时代。"精神解释法"（Spiritual Interpretation）：此说认为本书的一切表征都指示真神支配人类历史的原理与原则，而并非预言特定的事实。因此，当以原理或精神加以解释。

追问整体历史结构的末世结构及其终极意义，试图从中获得所谓"世界末日"的一种世俗的、宗教的和哲学的形式。在他看来，圣经《启示录》中的末世论具有双重含义：第一，自然灾难意义上，尘世的提前终结；第二，在犹太教—基督教意义上，意义实现中的世界的终结：

> 这大地开始徐徐沉陷，这大地看上去已不可企及。这里已听得见终结的警笛声：轻轻的、遥远的颤抖……在我们背后的某个地方，在地下已出现放射现象，二者不再是那个集物理本性于一身的熵。人们都知道，作为过程，世界犹如开端也有一个时间终结。总的毁灭性打击尚未出现，但令人毛骨悚然的侵入状态已经显露出来：素材死亡、材料疾病、人的空虚等。阴森森的、尚未被触动过的、尚未兴旺的自然正向所有中毒、爆炸敞开大门。我们与上帝一道受挫。不过，在我们与上帝之间，上帝才是唯一的法官，而这位法官的判决将是惊世骇俗、石破天惊的。①

这个世界究竟将终结于意义消解的"绝对徒劳"，还是终结于意义实现的"绝对一般"，这是尚难逆料的。因为世界是开放的，它还没有成功，但它也还没有失败。因此，世界是一个拯救实验室，我们无法一开始就从理论上确定世界的终结。不过，我们的希望取向、我们的乌托邦意义寻求却始终与积极的、末世的意义实现相联系，因而人类的一切其他视域就永葆其最后的存在合法性。

如果说，海德格尔此在分析的时间向度指向"有限性中的存在筹划"，那么，布洛赫乌托邦哲学的实践向度则指向"圆满性中的某种实现和现实化"、另一种"弥赛亚的未来"和"成熟的希望"。这是对一个人和劳动而言不再是商品的世界的希望，是对一个尽善尽美的世界新家乡的希望。无论是对人还是对科学而言，乌托邦和希望都是必不可少的，如果没有这二者，既不会有人类坚忍不拔的耐心（Gedeuld），也不会有科学持之以恒的努力。② 这样，"希望的乌托邦主义"就变成作为一种耐心概念的"时间的时间化"。在此，作为乌托邦希望的存在方式，时间已不是从

---

① E. 布洛赫：《乌托邦的精神》（1923），第333页以下。
② 同上书，第112页。

死亡出发所思考的时间,而是从希望出发所思考的时间。于是,一个人弥留之际,最重要的心醉神迷状态不是当下的死亡,而是未来的乌托邦。

在海德格尔那里,对死亡的恐惧是对"奔向死亡的存在"(Sein - zum - Tod)这一不可逆的生存命运的身心表达方式。与此相对照,在布洛赫那里,对死亡的恐惧是对"壮志未酬身先死,长使英雄泪满襟"这一悲壮心境的表达方式。在我们自身之中,某种本质性的生存使我们得以长久地忍受痛苦,使我们得以超越纯粹的肉体折磨而思考一种真正的乌托邦的"灵魂"(Seelengeist)。因此,开拓真正存在的死亡领域不应被理解为万劫不复的死亡,而应被理解为永无止息的"本真的"未来的一部分。①

> 这种心灵精神对此负有责任,那就是准许肉体感受如此剧烈的疼痛、如此虚弱无力的快乐、如此压力重重的艰难处境。但是,精神心灵也有一个理由,那就是至少在记忆中使那些快乐和有价值的东西、我们的生活中所赢得的元素变得更加准确、更富于实质性内容,并且紧紧抓住这一死后强大的、至高无上的形而上学的礼物。②

由于死后这一形而上学的伟大馈赠,乌托邦精神的"指派性"(Anwesenheit)就在自我相遇中普照死亡问题。于是,"我们的历史存在问题就兴奋若狂,以至于奋起反抗死亡、错乱以及世界的末日"。究其原因,是因为恰恰在我们之中,在我们已知的自我之中,发生一种革命性飞跃,在我们自身之中,拓展出一条"出埃及式的解放通道"。借助形而上学的挑战,死亡与我们之中发生的"内向之光"(inner Licht)一道,要求一种辽阔无际的形而上学的扩散,从而死亡检查我们所达到的生命的高度,最终强求一种"源自形而上学力量的灵魂转生的诞生"③。

毋庸讳言,在布洛赫关于死亡的解释中,时常掺杂着"灵魂转生""灵魂漫游扩散""纯粹道化人身"等宗教神秘主义暗示。这表明,在撰写《乌托邦的精神》期间(1915—1916),虽然作者对马克思怀有好感,

---

① E. 布洛赫:《乌托邦的精神》(1923),第114页以下。
② 同上书,第316页。
③ 同上书,第317页。

开始向马克思主义靠拢，但他还笃信灵魂不朽、复活、灵魂漫游等宗教教义。特别是，"卡尔·马克思，死亡和启示录"一章中的"灵魂漫游扩散的力量"一节充分证明，作者曾受到犹太教卡巴拉教义和诺斯替主义灵魂漫游教义的深远影响。例如，在最后一段中，他这样写道：

> 这样，直到最后灵魂都活在这里（Hier）与那里（Dort）之间共同负有责任的循环运动之中。这个那里并不是指真理中的对面。如果这个这里不是充分显现在真理之中，那么这个那里在真理中就没有对面。不仅如此，如果直到最后这里和那里都作为那个伟大的灵魂工具，乃至那个宇宙自我认识过程的器官起作用，那么我们就按照灵魂漫游学说的本真的诺斯替主义来描写迷失的、支离破碎的、未知的心灵上帝或神圣的精神。①

由此可见，在《乌托邦的精神》中，解救乌托邦、拯救末世论、社会革命论等多种哲学宗教思潮奇异地汇合在一起，浑然天成、融为一体，呈现一幅庞大而多彩的哲学—宗教幻影。就此而言，我们可以回溯布洛赫哲学 - 宗教思想的三重背景：第一，来自妻子斯特利茨基的诺斯替主义宗教精神的影响；第二，来自雅各布·伯麦（Jacob Boehme, 1575—1624）、海因里希·苏索（Heinrich Seuse, 1293—1366）等哲学神秘主义的影响；第三，1911—1913 年间，来自马克斯·舍勒（Max Scheler, 1874—1928）天主教思想的影响。

在《乌托邦的精神》中的"音乐哲学"② 一章中，布洛赫通过批判分析各个时期音乐史讨论和音乐表达形式，展开他自身关于音乐史和音乐理论的根本见解：从格利高利圣咏到理查德·瓦格纳的音乐，从意大利文艺复兴时期的牧歌到贝多芬、布鲁克纳、马勒的交响乐，其跨度之大、涉及之广，实属罕见。当然，就像在《希望的原理》③ 等后期著作中一样，在此，他也是在"尚未存在的存在论"（das Ontologie des Noch-Nicht-

---

① E. 布洛赫：《乌托邦的精神》（1923），第 326—327 页。
② 同上书，第 49—208 页。
③ E. 布洛赫：《希望的原理》，法兰克福/美因，苏尔卡姆普出版社 1959 年版，第 1243—1296 页。

Seins）的视域之下展开这一讨论的。音乐能够表现语言所无法表达的东西，并赋予其生命和灵魂。音乐之所以被视为最内在的、直接的乌托邦艺术，是因为音乐表现和形式本身始终朝着"尚未的存在"。

在音乐与哲学的关系问题上，A. 叔本华率先把音乐誉为最高意义上的哲学，认为一旦阐明音乐所表现的一切，就能造就一门全新的哲学。受其影响，布洛赫把音乐当作哲学思维的主要反省对象，他不是从哲学视角分析音乐，而是从音乐视角思考哲学。他把 A. 叔本华"音乐第一，哲学第二"的理念发挥到极致，从乌托邦的希望视角，进一步提升了音乐的乌托邦功能和学科地位。如果音乐果真高于哲学，那么为了确认布洛赫思维所提示的哲学与艺术的联结点，就必须深入考察音乐中显现的"先现"（Vor-Schein）的意义。

布洛赫音乐哲学的核心概念是"先现"①概念。首先，先现的意义与内在于世界过程的乌托邦的属性紧密相关，这一语境渊源于对"乌有之乡"词源意义的颠覆，即把乌托邦的意义视为"此岸生命"这一内在于客观现实的可能性。与其他艺术相比，音乐不仅是一门最年轻的艺术，也是一门最富于乌托邦先现的艺术：

> 在所有艺术中，音乐是最晚发展起来的艺术。直到中世纪末，才形成了我们一般地借以辨别音乐概念的那个复音。以前，单音几乎在一切民族中传播开来。复音乃是某种典型的欧洲的东西。……音乐现在拥有其难以把握的拓扑斯，拥有其特别的到处（Überall）或无处（Nirgendwo），即与尚未升起的东西的一种直接的亲缘关系，亦即与属于某种说话的沉默的联系以及与属于某种沉默的说话的联系。②

由于音乐自身难以把握的"拓扑斯"（Topos）特征，即"与某种说话的沉默以及与某种沉默的说话之间的联系"，无限开放了的音乐就好比面向乌托邦的探险，亦即面向我们自身的乌托邦的探险。在音乐

---

① 德文 Vor-Schein，由 Vor 与 Schein 另加短线一合成，意思是"使某物显露出来"。
② E. 布洛赫：《作为绝对乌托邦的白日梦、清醒之梦和音乐》（1976），载 A. 闵斯特编《直路的白日梦：与恩斯特·布洛赫的六次谈话》，法兰克福/美因，苏尔卡姆普出版社 1977 年版，第 138 页。

中，我们首先与自身相遇。因此，布洛赫把"表现"视为音乐的空间宾词和时间宾词。在此，音乐的表现对象就是主观内在性，即主体强烈地意识到自身对某物的匮乏。如上述引文表明，作为"面向乌托邦的探险，亦即面向我们自身的乌托邦的探险"，音乐描写表面之下的某一空隙，而这种空隙也正是梦想着另一个世界之维度的人的希望。由于这个缘故，伟大的音乐作品有助于人们体验到尚未被明晰地意识到的存在的新侧面，即希望。

显然，布洛赫关于音乐作品形成史的文章不同于其他音乐社会学文章和传统音乐科学论文，因为后者首先通过随时作证的意志，将音乐的主观表达方式以及表达结构、意志结构理论统统置于客观主义理论焦点中，从而使伟大的音乐作品放弃某种主观的音乐意志。当然，布洛赫对社会学语境中的音乐问题并非一概无动于衷、麻木不仁。问题在于，与 Th. W. 阿多尔诺唯物论取向的音乐社会学[①]不同，布洛赫的音乐哲学的目标不是弘扬社会学上公开宣称的音乐的社会功能和净化目标，而是在音乐艺术作品中，指明源自创造主体性的不同物化对象的历史发展过程。通过对比分析莫扎特与巴赫的音乐，布洛赫阐明了音乐作品中不同自我的对象化及其现实意义：

> 在莫扎特那里，是这个世俗的自我，而在巴赫那里，则是这个精神的自我是对象化的东西。……因此，在莫扎特那里，这种对象化的东西就是世俗地魔鬼化的东西。在巴赫那里，这种对象化的东西就是精神的、基督教的自我，即通过接近主观的、新教的信念可达到的善良自我或被解决的亚当。这正是从内部出发，照耀基督教行为意志之壳的东西，在此意义上，巴赫的音乐表达了争取心灵拯救的斗争，而在这种斗争中，爱和希望的层次经历……三种较高的活力：信仰、顿悟和启示录的诸阶段在某种并非崇高但更艰难、更明确的宗教现象学之内发生升华。[②]

---

① 参见 T. W. 阿多尔诺《新音乐哲学》，法兰克福/美因，苏尔卡姆普出版社 1975 年版。在此书中，阿多尔诺以现代音乐家 A. 勋伯格和 I. F. 斯特拉文斯基为研究重点，以"社会学的批判理论"构筑其"文化工业论"，表现出其对资本主义文化工业的强烈否定态度。

② E. 布洛赫：《乌托邦的精神》(1923)，第 75 页。

有鉴于此，音乐哲学毫不迟疑、义无反顾地考虑宗教动机，甚至有意识地接受宗教动机。例如，在巴赫和布鲁克纳那里，宗教是始终不变的音乐目的和动机。在他们那里，作为所有音乐构思的基本因素，声音（Ton）不再被看作简单的、可测量的音频细胞，而是看作首要秩序的建构性表达现象。因为，音声只有在我们之中才能开花、生长。我们压缩音声、加上质的色彩，并使其与其他音调掺和起来。唯有我们才是那个提升音声、甚至确定音声的动力，并且也只有我们才以我们的生命赋予音声以灵魂。这样，声音不仅自愿地继续催逼我们，还拥有某种根源性的运动，而这种运动则根据某一其他音声，接济强制性华彩段。只要踏上八度音、五度音、三度音之路，从而踏上第一旋律之路，音声就变得年轻，稳稳地架设时空桥梁，开辟相近的五度音，并且成功地设定自身：

  在和音当中，某些附点只是在数量上向外延伸，它们与我们是否感觉舒心并无关系。一种声音想变成音乐，它必须撩动发音者和听音者的激情，就如同那些对奥德修斯进行诉说的阴影，它们不是讲述自己，而是提出疑问的奥德修斯本人。[①]

根据布洛赫的情绪学说，一切情绪都包含着在未来解决自身问题的强烈意图，从而都与预先推定新东西的意识相遇。音乐寻求既定语言所无法表现的新的语言形式，即摆脱当下匿名性和黑暗的一种期待情绪。音乐比任何艺术都更远离现存关系及其生成，它仅仅致力于总体地陈述当下瞬间所无法理解的东西。由此可见，像一切积极的、肯定的情绪一样，音乐中包含着内在情绪和期待情绪之间的紧张与消解。由于这种对期待情绪的表现力，音乐"照亮"被压迫阶级的心灵，"抚慰"其痛苦，使其振作精神，为实现一个更美好的世界而奋斗。

音乐不是科学，音乐属于辩证法，这是布洛赫音乐哲学的根本命题。在此意义上，诸如音乐数学解析法一类的音乐分析法是完全违背艺术的本性的。音乐与科学的本质差异首先在于彼此不同的时间概念（Zeibegriff）。与数学不同，音乐并没有任何不变的公式或可证明的确实性，相反，音乐具有辩证法这一历史过程的器官（Organ）。音乐把历史时间过程表现为

---

① E. 布洛赫：《乌托邦的精神》（1923），第 183 页。

与过程形象化相称的空间化的时间,并从历史性中,寻求自身恰当的表现契机。例如,我们根本无法从其形式音乐结构中领悟到巴赫或贝多芬的伟大音乐。只有那些具有卓越的感性器官的人,即能够把握"自身之诗"(Poesis a se)及其深层沉默的人,才有幸一窥堂奥,领悟伟大音乐作品的内涵。一切伟大的音乐都从这种"自身之诗"中,寻找自身的终极意义和目的,并且全凭灿烂夺目的日光,照亮漫漫黑夜,抚摸生生不息的生命和跳动不已的心房。

> 音乐把我们带入温暖的、深邃的、内在的哥特式小室,在模糊不清的黑暗中,只有音乐还在照耀,是的,只有从音乐中还能到达假象,这假象照耀混乱,单纯存在者的徒劳力量,造物主盲目的、粗野的、受虐狂式的轻击轻拍。如果不使被上帝遗弃的存在本身的棺材化为乌有、分崩离析,上帝就不会劝诫死者而会劝诫王国的生物。而且,在最后的早晨,这个对我们而言几乎未知的、温暖如春的、深邃静谧的哥特式小室将成为同一个开放的天上王国。①

因此,音乐是对隐藏在当下瞬间的对自身相遇和我们相遇的一种隐秘的期待,是对乌托邦精神张力和思乡情怀的一种内在抒发或宣泄,是"响彻在回乡之途上的一支慰藉之歌"。进而言之,音乐的本质功能在于,通过表现"物自体"(Ding an sich)这一终极目的来唤醒"现世的却尚未实现的乌托邦"(jedoch irdisch nicht realisierbare Utopie):音乐是"从我们自身中唱出的旋律""从我们内向性中唱出的旋律""从我们内心深处像一团烈焰一样凝结而成的音乐表达形式",如此等等。

根据音乐所特有的这一"安慰"(Trostcharakter)和"泛滥"(Überschwemmung)特征,布洛赫把音乐视为一种内在的乌托邦艺术。正因为这一独特特征,音乐才能够成为"黑暗之中闪烁预见之光的一座星辰,成为在回乡之途中响彻的一支慰藉之歌"。② 音乐的这种超越特征正是对不受经验的东西所约束的另一个世界的体验。换言之,音乐拥有源自另一种逻各斯(logos)的元语言的权利。尽管我们尚未拥有这种音乐元

---

① E. 布洛赫:《乌托邦的精神》(1923),第 208 页。
② E. 布洛赫:《乌托邦的精神》(1923),第 151 页。

语言，但是，音乐所表现的世界却是栖息在对象的核心之中的最内在的梦。因此，音乐的表现方式具有来自另一个世界的典型的非对象性特征，音乐不是定位于现存对象之中的既定意识，而是定位于尚未存在的对象之中的尚未被意识到的意识。

对于音乐来说，任何定义都嫌太窄、太枯燥。既然音乐超出了经验上可证明的范围，那么想要完备地界定音乐就是不可能的。根据布洛赫的理解，音乐的一切表现都取决于尚未完成的世界自身。例如，旋律以抒情形式、赋格曲以叙事形式、奏鸣曲以辩证形式追求主体根据和世界根据的意义。一方面，作为独一无二的"主观魔法"（subjektive Theurgie），音乐的表达方式尚在发酵酝酿之中，并且它具有绘画或诗歌等艺术形式所缺少的"只可意会、不可言传"的独特意义。但是，另一方面，作为"自我相遇之镜"，音乐的本质结构并不意味着缠绵悱恻、令人无法释怀的对纯粹个人乡愁意识的神秘体验。相反，音乐的艺术性与超越性、内在性是紧密联结在一起的，全凭音乐所发掘出的乌托邦的内在本性，我们得以吸取"另一个星球的新鲜空气"（Luft von anderem Planeten）。

根据布洛赫的音乐哲学，在多种多样的艺术形式中，最直接地表现乌托邦功能的艺术乃是音乐。音乐是艺术中的艺术，是最高的艺术，因为音乐把人类希望自身当作讴歌的内容。音乐包含着某种超越的、开放的东西，正是音乐所特有的这种开放性令人信服地表明，音乐艺术比任何其他艺术都更加明晰地告诉我们迄今尚未完结的东西的内容关系。因为音声与我们一道前行，甚至音乐就是我们自身。就像富于严密性、客观性以及宇宙特性的造型艺术一样，音乐不仅与我们同行到坟墓，它也像优秀的文学作品一样，超越坟墓而与我们一道延续生命力。

综上所述，一方面，音乐是"自我相遇之镜"（Spiegel der Sebstbegegnung）[①]。音乐远远超越我们，因为音乐中蕴含着新的、不再是教育的而是某种象征的东西。尽管音乐是从最遥远、最内在的星星中发出的光芒，它却低沉地、炽热地出现在我们生命的氛围中，出现在我们情感的沙漠中。音乐中蕴含着人的愿望，通过这种不可遏止的愿望即"不安"，音乐表现为一种尖锐而炽热的艺术形态。音乐中永远不得安宁的感情总是谋

[①] 参见 A. 闵斯特《恩斯特·布洛赫早期著作中的乌托邦、弥赛亚主义和启示录》，法兰克福/美因，苏尔卡姆普出版社1982年版，第147页以下。

求超越既定界限，奔向一个更美好的世界，即"家乡"（Heimat）的先现。

另一方面，音乐是关于乌托邦意识的显现和尚未形成的现实的象征。作为"乌托邦先现的理想媒介"（ideale medium des Zum-Vorsheinbringens des Utopischen），音乐预示尚未完成的东西，音乐保存和扩大"世界事件"和"世界形态"，从"深度的假象"和"广度的假象"中寻求自身的真理。在这一人类学—存在论语境中，音乐向我们预示"新东西"，从而带给这个极度匮乏的世界一个"眺望"的机会，使未完成的真理寓居当下之中。音乐既置身于生活中，又超然于生活之上，这种音乐理论蕴含着某种"内在超越性"，通过音乐创作，这种乌托邦先现的"自我相遇"得到了最直接的表现。

布洛赫的音乐哲学不仅反对形形色色的官方音乐科学，也反对诸如阿多尔诺一类的现代音乐社会学。前者一再放弃音乐的"内在主观性"原则，拒斥终极关怀和乌托邦理念，始终怀着一种怀疑的眼光否定音乐形而上学及其历史；后者则把唯物主义加以神化、绝对化，极力贬低艺术形成过程中的"主观因素"，竭力夸大现存社会结构与音乐作品之间的同源关系。两者均与布洛赫"乌托邦主体主义"（utopische Subjetivismus）取向的音乐哲学相去甚远。

在《音乐哲学》中，年轻的布洛赫驱散官方音乐科学和现代音乐社会学的重重迷雾，正本清源、拨乱反正，重新凸显音乐艺术中相对弱化了的主观因素，恢复其固有的活力和效应。众所周知，法兰克福学派的哲学家们立志拟定一套更精确的现代美学概念工具，但是，既然他们彻底否定乌托邦概念[1]，极力淡化美学中的主观因素，进而否定音乐是心灵的寄托乃至精神表现的艺术化，他们也就只能作茧自缚、适得其反。在此，布洛赫承认自己像一个隐士一样，尚未扯断与唯心主义、浪漫主义和表现主义的脐带，但是，他通过讨论音乐语言的"真挚性"（Authentizität）和"人性"（Menschlichkeit），令人信服地阐明了音乐的本质结构：音乐是我们内心自由情感的宣泄，是人类对一个更美好世界的展望。就此而言，布洛赫已把他同时代的竞争者远远抛在了后面。

在《乌托邦的精神》中，布洛赫以不折不扣的"新狂飙突进"风格，

---

[1] 参见 H. 马尔库塞《五次演讲》，波士顿，灯塔出版社 1970 年版，第 63 页。

探求可中介的"终极问题",寻求一条永恒不变的预先推定之路。时隔半个世纪,他满怀深情地回忆说:"从二十九岁起,整整两年,我废寝忘食、挥毫泼墨——可以这么说,这部作品满载了源自过去的知识,满载了重大实例,同时也满载了这个时代思想氛围中的中间章节。从中,只是为了某种沉思的立场才分别设置了当下的不可理解性。对于沉思的科学性而言,最遥远的、落伍到家的东西被视为最可靠的、可识别的东西,因为这东西稳如泰山、岿然不动。然而,现在与未来二者始终结合在一起,我们既不能注视它们也不能沉思地处置它们。因此,对其完整的实践概念以及其中潜藏的意志决定来说,马克思主义的'理论—实践—中介'是必不可少的。"①

正如布洛赫所言,这部作品带有青春之作的所有优点和缺点:如果它不是一部"革命诺斯替主义"的狂想诗,那么就是一部"革命浪漫主义"的狂想诗。从题材上看,"这是第一部尝试性的大作,全书浸透着富于表现力的、虔诚的、玲珑剔透的巴洛克风格,并且带有一个面向心灵深处的核心对象:它在心灵的天井中编织音乐"②。但是,从内容上看,这却是一部新狂飙突进大作:它反对战争和暴力、主人和奴役、异化和压迫、资产阶级的文化功利主义,但它绝不是愤世嫉俗、玩世不恭,也不是声嘶力竭的呼喊和辩论。恰恰相反,从一开始,它就把从生存论上领会的"自我相遇"置于现实的中心,追求人性复归,力求改变社会,从造型艺术、音乐和形而上学等维度构筑一种新的乌托邦哲学思维。

自 1918 年《乌托邦的精神》问世以来,布洛赫为"理想中的社会主义"重新辨认出了"乌托邦"这一术语。他坚称自己是一位"马克思主义哲学家"。③《卡尔·马克思,死亡和启示录》一章,是一个带有巨大轨迹视图曲线的标题式剪辑。三十年后,在另一部世纪之作《希望的原理》的结论一章《卡尔·马克思与人性,希望的素材》④ 中,布洛赫进一步概括了他的希望哲学的根本思想。

在《希望的原理》中,他接续沿着《乌托邦的精神》一书的艺术

---

① E. 布洛赫:《关于乌托邦的精神》,第 170 页。
② E. 布洛赫:《乌托邦的精神》(1923),第 347 页。
③ B. 施密特:《作为马克思主义者的恩斯特·布洛赫》,载于 B. 施密特编《关于恩斯特·布洛赫〈希望的原理〉材料》,法兰克福/美因,苏尔卡姆普出版社 1978 年版,第 41 页。
④ E. 布洛赫:《希望的原理》,第 1602—1628 页。

哲学路径前进，通过批判康德、黑格尔美学的"假象"（Schein）概念，全面系统地阐发了"先现"（Vorschein）美学概念。[①] 他的"先现美学"不仅把艺术理解为乌托邦意识的显现，也把它理解为尚未形成的现实的象征。如果艺术家把尚未形成的、激荡在现实中的可能性预先塑造为现实的理念，那么这种可能性就不仅仅是一种量的预取，而是艺术本身的预取，即开放的现实可能性的一部分。因此，"幻想"这一人的核心素质不仅成为世界中潜势—趋势的器官，更成为艺术一般的主观客观条件。

艺术先现是关于"艺术如何预示某物"这一根本问题的答案。在白日梦、艺术作品和社会乌托邦中，人类预先推定和描画了一个更美好的世界。在大百科全书意义上，布洛赫汇集、解释和系统化了人类的伟大希望方案，这些方案涉及从绘画、雕塑、建筑、音乐、诗歌到童话、电影、旅游、时装、橱窗陈列、舞蹈，从宗教、神话到节庆、假期、集市等人类社会的各个领域和现象。通过这些研究，布洛赫令人信服地证明，这些活动和现象都是人类希望在人类文明中的表达方式。

[①] E. 布洛赫：《希望的原理》，第 198 页。

第四章

建筑与技术中的更美好世界

第一节 典范的建筑乌托邦意向:庞培壁画

古代壁画,描绘了各种漂亮典雅的房屋,古色古香、令人神往。在西方古代建筑类型中,遐迩闻名的当属庞培壁画(die Pompejanischen Wand)。[①] 庞培壁画乃是罗马时代的壁画,是古罗马悠闲动感生活的风景画、明信片。

庞培壁画样式大抵分为四种样式。第一样式又称装饰泥灰样式。主要是在墙面上用泥灰堆砌成各色大理石建筑构件,并用细石镶嵌成客厅的假门,突破了内部墙面的平板和单调。墙面涂以深红、黄、黑、白等颜色,色彩分外强烈而单纯。这种样式流行于公元前2—前1世纪初,源自希腊和地中海东部海岸。

第二样式又称建筑样式。主要是画出质感真实和透视感准确的建筑结构,如柱子、檐口等颜色,为造成错觉,在建筑结构留下的空间部分,描绘海洋、原野、房舍和人物,笔法自由,景物显得有生气,形体和色彩极端写实,使墙面好像开了窗,狭窄的室内空间变得宽敞而舒展。秘密仪式大厅堂的四面上、下两边画着建筑装饰,中间画有一个连续举行仪式的场面。红色背景,用明亮的黄色画人物。这是一个供奉酒神巴克斯的神秘仪式的记录。公元前1世纪建筑装饰逐渐趋于纤细、华丽,色彩起而并用

---

① 庞培(Pompeii),罗马古城,公元79年由于维苏威火山爆发而被掩埋,1748年后重新被发掘出来,许多壁画保存完好如新。其他地方的罗马绘画由于年代久远而被湮没,通过庞培壁画可以了解罗马绘画的概况。由于1世纪前罗马人崇尚希腊文化,仿效希腊美术,通过庞培壁画也可以推想已经失传的希腊壁画(约公元前480—前470)。罗马共和时期开始东征西讨,财富流入,贵族和富有的平民竞相奢侈,营造邸宅、别墅,壁画也就兴盛起来。

红、绿、金色，再往后，描画的台基、圆柱、檐口更加单纯化，空间感近乎消失，向装饰样式过渡。

第三样式又称装饰样式。迄今被发掘出来的部分壁画已无幻觉透视空间和写实的窗户景象。纤巧华丽的柱子，画得像金属蜡烛台，所以这种风格又称烛台风格。植物装饰占据很大比重。由于对埃及的征服，在壁画中常采用埃及的母题（狮身人面像、纸草花等）。在整个墙壁上镶有一些小幅画，画着神话故事、日常生活、喜剧或静物。某些局部镶嵌细沙碎石，做成装饰纹样。第三样式在墙面装饰方面臻于完美，例如，百年纪念之家、庞帕纽斯·海拉斯之家等都是这种样式的代表作。

第四样式又称幻想建筑样式。这种样式并不注重透视，造型也不太写实，只是利用想象组合建筑的构造成分。色彩极其豪华，采用黑、赤、金、褐、浅蓝等颜色，在鲜亮的色彩底子上画有裸体像，还有少数的植物、鸟禽间杂于建筑装饰之内。奇异的结构和华丽的色彩，造成了墙面的浮动感，浮动的墙面被划分出方块，上面画有神话故事，好像是一个大镜框镶嵌在墙面上。

庞培壁画的绘制风格比其装饰样式更富于变化。从画法上来看，第一种是侧光叠影的光线造型。例如，海克拉努姆城的一幅静物壁画，画着被折断的一枝桃树和一个玻璃缸，桃子和玻璃缸的体积感和质感全靠左上方光源造成的明暗投影而得以体现。第二种是线描造型。如庞培出土的壁画残片《巴克斯与维苏威火山》中的灌木、巨蛇等。第三种是平光立体造型，秘密仪式厅里的人物形象就是用这种手法塑造的。第四种是印象主义画法。所谓印象主义画法又称空气氛围感绘画，是罗马画家独创的一种手法。用颤抖的笔触描写乡村、港口、海岛以及小型人物，笔致潇洒遒劲，写意性强。画面整体效果颇像印象派画家描写天光水色的作品，所以有此称呼。

这一切变幻无穷、多姿多彩的庞培壁画技艺成就了辉煌灿烂、万古流芳的庞培绘画艺术成就。因此，布洛赫完全有理由把庞培壁画比作"挂在墙上的充满梦的城市"：

> 这是我们开始想象的旅行的好地方。各种令我们匪夷所思的前景、如梦如幻的风景画净化我们的心灵。令人心碎的美、海市蜃楼般的建筑物——使凝望这些壁画的人心驰神秘，叹为观止。他们简直惊

呆了，以至于很难相信这个地球竟能够容纳如此美丽的建筑物，现实世界中真的能够存在如此完美的杰作。①

在一幅令心旷神怡、引人遐想的油画上，一座波斯克里尔（Boscoreale）的别墅映入眼帘：漂亮多姿的庭院、令人惊异地缩小的柱式大厅、背后一组组错落有致的房屋。一部分建筑时而大胆巧妙地点缀风景的前景，时而被自然风景无奈地拥挤到后台背景。恢宏的建筑栏杆高耸入云，如山峰突兀，幅度很小的寺院却逶迤绰约、袅袅婷婷。这些建筑物清新雅致、飘逸时空，似乎嘲笑一潭死水般的静态规则。这些壁画色彩独特，物件优雅。当我们凝视这些建筑物时，我们的身子仿佛轻轻摇动，穿过白云而到处飘浮。但是，在布洛赫看来，迄今人们从未认真地注视庞培壁画所表现的"乌托邦面貌"（utopischen Zug），特别是对庞培壁画中所预先推定的后来建筑式样的风貌熟视无睹、无动于衷。尽管我们无法个别地确切捕捉这种面貌，但我们无法否认其中蕴含着一种可望而不可即的建筑乌托邦意向。

同样不可否认，在庞培壁画中出现过某种巴洛克的动机。例如，这里那里整列震动的柱子，被破坏的或看似奋力抵抗的山墙屋顶等。天际上，若隐若现的小树林和灌木丛等形象很接近洛可可艺术风格。也许，后来的洛可可画家们在坚持自己画风的前提下，尽可能地模仿了庞培特有的建筑风格。古代建筑艺术对庞培壁画的建筑风格一无所知。只是在古代罗马帝国叙利亚边境巴尔贝克（Baalbek）、佩特拉（Petra）等地才可窥见其一缕踪影。巴尔贝克的圆形寺院呈现出庞培壁画中那种引人注目的柱顶盘，而佩特拉建筑物上用岩石砌成的正面呈现出被截断的山墙的裂口，远远看上去，好似戴在回教徒头上的圆形头巾。但是，这些特征只是部分地流传到罗马。

庞培城没落很久后，在哈德良②统治时期，罗马建筑物上才渐渐呈现这种庞培建筑风格。这个时期，中小城市的人们开始在建筑物上挂满绚丽的壁画，从中折射出古色古香、回味无穷的庞培古韵。后来意大利建筑建

---

① E. 布洛赫：《希望的原理》，第 820 页。
② 哈德良（Publius Aelius Traianus Hadrianus, 76—138），罗马帝国五贤帝之一，据传，在位期间，曾多次寻访殖民地，推行和平政治。

筑和德国巴洛克建筑竟相效仿过去庞培画家们的绘画技法，例如二等分的山墙边缘以及极端夸张的正门等。实际上，庞培画家们曾经频繁使用过去的剧场舞台绘画模型。正是由于这个缘故，他们的画风流露出某种空洞而大胆的侧面：室内充满了柔和的亮光，给人一种仿佛悬浮在空中的感觉，从而使人享受到一种妙不可言的梦的游戏。

如果说绘画通过五颜六色的颜色表现想象中的建筑类型，那么童话则通过扣人心弦的故事情节展现梦幻般的建筑类型。在童话中，对异域的美丽建筑物的愿望图像，闪烁一种虚幻的、神秘的色彩。布洛赫以童话为例，描述了童话中显现的人的愿望建筑物：

> 至少在梦中，存在一种被禁闭的房屋。这所房屋被描画成无名建筑。在《一千零一夜》中，无数梦中的城邑以及驻足于梦境中的都市都纷纷粉墨登场。恰恰在这种梦幻般的故事情节中存在着建筑学的基础。与现实的建筑相比较，梦具有更丰富的建筑图景。在此，各种房屋被点缀得五彩缤纷，令人眼花缭乱，唤起一种乌有之乡的感觉。从中，白昼和黑夜浑然一体、难解难分。①

《一千零一夜》② 描写了充满宝石的塔克尼城（Takni）以及隐匿不见的世界。主人公夏丹一觉醒来，发现远处有什么东西在闪闪发光。看上去，它好像是天际的闪电，用雪白的食糖填满了天空。他一头雾水，搞不懂这究竟是什么。他万万没有料到，他梦寐以求的正是眼前的城堡。这地方离他所在的卡斯姆斯还有两个月的路程。塔克尼城的基础由红色玉石组成，城墙由黄金铸成，闪烁耀眼的金色。此外，到处耸立着众多尖塔，这些也都由纯金属形成。尖塔上镶嵌着不知谁从黑暗的大海中带来的奇异的石头。正是由于这个缘故，人们把这座城堡命名为塔尼克。

童话作家凭借丰富的想象力和夸张，把读者引向阿拉丁宫殿般的愿望

---

① E. 布洛赫：《希望的原理》，第 827 页。
② 《一千零一夜》（*Tausendeine Nacht*）是阿拉伯民间故事集。相传古代印度与中国之间有一萨桑国，国王山鲁亚尔生性残暴嫉妒，因王后行为不轨而将其杀死，此后每日都娶一个少女为妻，翌日早晨即杀掉，以示报复。宰相的女儿山鲁佐德为拯救无辜的女子，自愿嫁给国王，用讲述故事方法吸引国王，每夜故事讲到最精彩之处，天刚好亮了，使国王兴趣勃勃，爱不忍杀，允许她下一夜继续讲下去。她的故事一直讲了一千零一夜，国王终于被感动，与她白头偕老。

之城。一旦与这种惊人的城堡相遇，人们就会确信在这个世界上绝不会建造出比这更美丽的城堡。事实上，希腊和罗马的废墟城市一向是关于建筑和城市童话的重要素材，反之，虚构的童话建筑物象征着各个时代典范的建筑物类型。现存建筑物上华丽的装饰世界承载着过去辉煌建筑的本质部分，而小巧玲珑的艺术品则集中表现自身所特有的艺术样式的意志。例如，波斯雕刻实地反映了回教寺院的正门。圣体显示匣、弥撒室、房柱顶上的圆形防风盖子等比基督教教堂更富哥特式风格。一句话，对于文学精髓的形象化而言，地平线上刺目的回教寺院或基督教教堂可成为极好的童话创作素材。

对于各个时代的建筑类型而言，童话中的装饰世界同样具有极其深远的影响。在《一千零一夜》中，作者毫无顾忌地利用黄金宝石、象牙来建造篱笆、玻璃窗等。这种类型的童话装饰世界也出现在叙事诗中。例如，在沃尔拉姆·封·艾森巴赫①笔下的《提图埃尔》中，圣杯寺院是这个世界上独一无二的圣人遗骨博物馆。就像这座博物馆一样，整座博物馆也都用象牙宝石雕刻而成，其造型富丽堂皇，其素材神圣珍贵。墙壁和屋顶装饰着黄金和搪瓷，窗户用水晶和绿玉制成。天花板上浇铸了绿色的玻璃液体。尖塔的环形把手用红宝石制成，每逢夜间便熠熠生辉，把林间小径照得通亮，给那些迷路的人们指明方向。

童话里的建筑物大都属于哥特式虚构建筑，亦即空中楼阁。不过，这种充满宝物的东方异域古城与特定的历史空间有着紧密的联系。在这一空间背景中，东方作家随心所欲地、非同时性地援引故事情节，并且同时地规定富于魔力的心性。在梦一般神秘莫测的阿拉伯建筑物中至今还保存着古代宏伟建筑类型的残骸。也许，这正是穆罕默德以前，即早期阿拉伯时代的建筑废墟。这样看来，中世纪的所有"王宫乌托邦"（Palast-Utopien）都接受了拜占庭的皇宫乌托邦。就像传说中的宫殿一样，拜占庭宫殿富丽堂皇、雍容华贵，特别是自查理大帝以来，法兰克民族就一直把拜占庭宫殿视为一个奇迹。但是，自十字军战争以后人们就不再迷恋拜占庭的虚构建筑物，而仅仅浪漫主义地虚构东方建筑物，究其原因，是因为这个时期剧场建筑渐渐被笼罩在《一千零一夜》中那种巴格达"空中花园"

---

① 沃尔拉姆·封·艾森巴赫（Wolfram von Eschenbach, 1170—1220），德国骑士、诗人，被誉为是他的时代中最伟大的诗人，所著《提图埃尔》（*Titurel*）一首宫廷爱情叙事诗。

的气氛中。

尽管拜占庭帝国建筑流露出某种权利和尊严的外表，但其内容依旧散发出《一千零一夜》中那种逼人的东方古典美。童话中的建筑物就这样借助想象力伸入拜占庭帝国建筑物的历史空间中：

> 即使从今天的视角来看，这个世界上也没有摩尔式建筑物一样广泛吸收和发展东方童话乃至德国童话的建筑物。如果我们把建筑总体命名为凝固的音乐，那么摩尔式建筑物就突破了这种图像。因为它比具体化的童话更富于感官效应。因此，如果用欧洲人的流行语来表示，整个世界都由于这种建筑物而富于魔力、光芒万丈。①

伟大的童话是伟大建筑的素材，反之，伟大的建筑是伟大的童话的动因。布洛赫把童话与摩尔式建筑②之间的互动关系概括如下："童话中的建筑术"一而再，再而三地转入"建筑术中的童话"。这种特性尤其出现在欧洲人的视野中，从圣杯城堡到阿尔米达斯（Armidas）的魔法庭院，一切如梦似幻、美轮美奂，一种神秘的东方美的氛围令欧洲人人叹为观止、神魂颠倒。尽管这种魔力与阿拉伯宫殿童话并不完全吻合，但完全适用于异国巴洛克长篇小说中的城堡，甚至适用于莫卧儿王朝时期的易卜拉辛巴萨宫殿。

几个世纪以后，德国作家 L. A. v. 阿尼姆③发表《王冠的守护者》，首次用摩尔式玻璃点缀神秘的王冠之城，以乌托邦方式浪漫继承传说中的童话建筑，例如，圆形屋顶、石柱宫殿、蓝色与金色相混合的装饰图案等。此外，在 E. T. A. 霍夫曼笔下，林德霍斯特悠闲地居住在苍穹的天蓝色房间里，这种建筑图像与金色椰子树一道，从拿破仑一世时代就已经完整无

---

① E. 布洛赫：《希望的原理》，第 829 页。

② 摩尔式建筑物（Maurische Architektur），主要指 711—1492 年间，北非和西班牙、葡萄牙部分等地伊斯兰建筑类型。最好的建筑范例是 1338 年至 1390 年建造的科尔多瓦和阿罕布拉宫的拉·梅茨奎拉（La Mezquita）以及 1184 年建造的吉拉尔达（Giralda）。其他著名的建筑范例还包括 936—1010 年间建造的梅迪纳阿扎哈拉宫殿以及教会城市圣克里斯托·德拉鲁茨（San Cristo de la Luz）等。

③ 阿尼姆（Ludwig Achim von Arnm，1781—1831），德国后期浪漫主义作家，著有《少年魔笛》（1805—1808），《王冠的守护者》系作者的未完成之作。

缺地移入东方建筑方式中。在童话的神奇世界里，一切建筑物都被富于魔力的氛围所渲染浸润。借助于此，这些建筑物成为一个自身所特有的家，从而闪耀美丽迷人的海市蜃楼的光辉。

尽管童话中的家是一种虚构之家，但是在绘画中，建筑物却获得了新的重要功能。它不仅使画面的层次更分明、主题更突出、构图更整体、气韵更生动，而且它本身也渴望某种更频繁、更强烈的愿望建筑物。作为更美好世界的集中表现，建筑图像获得某种奇异的生命力。例如，前述庞培壁画中的城市图像已经预示了后期哥特式城市图像。此后，建筑学的远景见诸15世纪初巴洛克绘画中。德国画家丢勒和阿尔特多费尔①率先赋予绘画中的建筑以鲜艳明快的颜色。例如，在阿尔特多费尔的作品《受难者的沐浴》中，画面远景鲜艳夺目，空旷的文艺复兴别墅与夸张的阳台一道俯视大地。

从15世纪中叶起，欧洲出现了许多关于建筑的绘画。这个时期的梅姆林②尤其擅长描画建筑画，其作品预先推定了即将来临的欧洲各种建筑样式。作为杰出的建筑师，阿尔特多费尔早已生活在开化的文艺复兴时代，并且以自身的建筑作品和独特风格拉开了尚处于萌芽状态的意大利、德国文艺复兴的序幕。阿尔特多费尔对建筑的兴趣是人们对更美好的居住世界觉醒的一部分，这个觉醒产生于文艺复兴时期。他的绘画色彩如此艳丽、光芒四射、激动人心，承载着南欧闻所未闻的奇异建筑物。

17世纪，荷兰出现了矫饰派（Manierismus）艺术。例如，这个时期荷兰建筑师、画家和工程师H. V. 德·弗里斯（Hans Vredeman de Vries, 1527—1607）以及其他建筑师和画家就把自然主义和矫饰派艺术融为一体，创造了一幅幅鲜活的"建筑之画"（Architekturbild）。在此，可谓喧宾夺主，主角全无风头，建筑物成为唯一主题，而人物充其量是附加主题，以至于阿尔特多费尔的文艺复兴别墅就导致"西洋镜别墅"。在某种程度上，阿尔特多费尔把住屋封闭起来，赋予它一缕巴洛克式的光明，看

---

① 阿尔特多费尔（Albrecht Altdorfer, 1480—1538），德国画家、建筑师，作品大都以宗教、风景、历史等为素材，主要作品有《圣乔治》《多瑙河风景》《基督受刑》《亚历山大之战》等。

② 梅姆林（Hans Memling, 1430—1495），尼德兰画家，作品大都以圣经宗教为题材，艺术风格恬静优美，情景交融，主要作品有《圣乌尔苏拉遗物匣》《圣母子和马丁·凡·尼文霍夫》《耶稣受难图》《基督的降临和胜利》等。

上去，这个世界仿佛完全消融在画中的宫廷庭院、宫殿广场以及后期哥特式幻想教堂之中。布洛赫援引黑格尔的遗著，栩栩如生地描写了科隆大教堂①的鬼斧神工、灿烂夺目：

> 她［科隆大教堂］集雄壮与妩媚于一身——袅袅娜娜、亭亭玉立，其中蜿蜒延伸的线条好似一道耀眼的彩虹喷薄而出，又好似一只矫健的海燕展翅翱翔。这一切并非任何使用价值、娱乐的享受、满足了的欲望等，而是大厅内的广度、弯曲侧面的运动。这是超然卓绝的存在，它与使用价值毫无关系。这里是高耸入云的森林，它是精神的、丰富的艺术之林本身。②

对于现实的建筑物来说，绘画中的建筑只不过是"彩色的影子"而已。但是，在特定现实中，这种建筑参与某种业已变化了的状况。绘画中的建筑物呈现无数细微差别，有时显得十分脆弱、稍纵即逝，例如，画中的建筑物是静态的，建筑物本身并不具有恰当的形态，难以持久不变。然而，建筑之画的愿望之线（Wunschlinie）以及涉及童话中的虚构图像。换言之，建筑之画或壁画行为意味着把建筑形态加以虚构和形象化，例如，旨在包容一切建筑样式的大全之家、快乐之城、高塔、寺院等。尼德兰画家布鲁盖尔③把建筑之画归结为两种："巴比伦之塔"（Babylonischer Turm）与"所罗门寺院"（Salomonischertempel）。布鲁盖尔借助于巴比伦之塔，把最古老的建筑想象加以形象化。例如，他的扛鼎之作《通天塔》取材于旧约圣经《创世记》，以恢宏的构图来描绘"通天塔"，以云雾拦断来显示通天塔之高，以风俗画手法描绘人与物、人与环境关系，以细密

---

① 科隆大教堂（Kölner Dom）始建于1248年，几经波折于1880年最后完成，世界上最著名、最高大的教堂之一，素有欧洲最高尖塔之称。它除了有重要的建筑和艺术价值之外，还在于它是欧洲基督教权威的象征。在"二战"期间曾遭到部分破坏，近20年来一直在进行修复。1248年科隆大教堂在加洛林王朝希尔德大教堂的遗址上开始兴建；1560年教堂内大厅基本竣工。当年因德国宗教改革运动而中断工程，至1823年续建；1880年竣工。整个建造工程前后跨越六个多世纪，它是德国中世纪哥特式宗教建筑艺术的典范。
② E. 布洛赫：《希望的原理》，第829页。
③ 布鲁盖尔（Pieter Brueghel, 1525—1569），尼德兰画家，又称"农夫布鲁盖尔"，主要作品有《风景素描》《洗礼者约翰布道》《农民婚礼》和《农民舞蹈》《雪中猎人》《暗日》《牧归》《盲人》《冬猎》《绞刑架下的舞蹈》等。

建筑画的技巧功力，描绘了众多富有情节性的人物活动，借以揭示人战胜大自然的勇气和力量。

此外，他画了两幅普罗米修斯画，两幅都与巴洛克画风有关，画中到处都烘托着精雕细镂、富丽堂皇、气势宏大、富于动感的艺术境界，以至于观赏者能够切身感受到从舞台侧面飘逸的柔软而持久的余韵。在他的鹿特丹时期的油画中，画面上耸立着像古罗马大斗兽场一样高大的15层建筑，其边缘坐落着错落有致的丘陵城市和辽阔无际的大海。在他的维也纳时期的绘画中，整个画面都保存着圆形剧场的拱形建筑，四壁一律由巨大的岩石组成，周围镶嵌着穹隆、窗户、大门以及阳台等。整幅画以满腔的憎恨表达了一种亵渎神灵的傲慢，即坚固的城堡象征着桀骜不驯、灵性十足的魔鬼。

但是，在此具有叛逆性格的建筑物仅仅呈现着某种未完成的片断。正像希腊神话中，普罗米修斯和伊卡洛斯[①]象征一种未完成的事业一样，在此富于反抗和叛逆精神的建筑物也只能作为未完成的东西存在下去。就像布鲁盖尔的画所表现得一样，后来的画家们惯于把魔鬼的坚固城堡制作成为完成的片断。有时，他们还把这种坚固的要塞或城堡表现为人的意志的不朽纪念碑。在《朝霞，关于罪之初》中，同一时期的泛神论者 J. 伯麦把这种"创造意志"视为一种离经叛道的"傲慢的出路"（hoffärtigen Ausgang），但他并没有因此就全盘否定其中的光和朝向更高处的冲动。布洛赫强调，在此值得肯定的是，邪恶精灵的永恒反抗和叛逆精神，即一往无前，永不停留在任何未完成片段的伟大目标上：

  当邪恶的精灵［即金星］炽烈地点燃时，它就反抗父亲之神所践行的自然法。这种反抗正是与一切神性相违的根源。因为这种反抗孕育了点燃肉体的、讴歌某种胜利的人子。强大而粗野、黑暗而冷酷，烈火般的严酷，火炉般的通红……这时燃烧的神父就像一只高傲的猛兽一样。于是，他想到：他在神之上，他是独一无二者。他的邪恶的精灵不再停留在旧的东西上，他开始渴望比一切神性更高的存

---

① 伊卡洛斯（Ikaros），希腊神话中代达罗斯的儿子，当他与代达罗斯使用蜂蜡和羽毛造的双翼逃离克里特岛时，由于飞得太高，双翼上的蜂蜡遭受太阳照射融化，跌落水中而丧生，被埋葬在一个海岛上。相传，为了纪念伊卡洛斯，把人们埋葬伊卡洛斯的海岛命名为伊卡利亚。

在。不仅如此，他还渴望管辖一切神性以及一切王国。但是，在烈火中存在着光。新诞生的人能够成为邪恶的精灵、金星的遗产。由于神的恼怒，他成为主人，从他的自由意志中出现愿望建筑物，而这个愿望建筑物代表被排挤的邪恶精灵来支配世界。人建造通天塔触犯了天条，但其罪恶同样得到赦免。①

根据基督教精神，作为邪恶的精灵的化身，基督教徒与作为业已成就的特有空间的天国一道建造地上尘世之家。为了坚持快乐的精神，一切东西都应向上升腾，都应自我生成。从而，心灵躯体对某一人物绝不持有不快感，相反，它的心灵将存在于一切形成之中。伯麦笔下的神秘主义主体（Sujekt-Mystik）就这样接受了古老的"激愤者题材"，亦即"蓝天题材"（Himmelsblau-Motiv）。② 实际上，这种题材表现了生活在诸侯绝对主义时代的基督教徒、邪恶精灵与基督教本身之间、天国之路与天国之行之间错综复杂、爱恨交加的矛盾心理。因此，一方面，建造通天塔的人们象征向上的地狱审判官；另一方面，建造通天塔的人们象征某种反抗的天国向导。换言之，《通天塔》这幅画的主题反映了与神殊死抗争的人的愿望和意志。

在此意义上，布洛赫把伯麦的神秘主义精神理解为一种精神遗产。就像布鲁盖尔的"反抗之塔"（Trotzdem）一样，伯麦的神秘主义也表现了一种精神飞跃，无论布鲁盖尔充满敌意的"反抗之塔"，还是所罗门虔诚的"阿西西壁画"（Assisi-Fresken），都表达了同一个精神渴望——更美好世界的梦。如果说前者是黑色魔术的建筑术，那么后者则是白色魔术的建筑术。

与尼德兰阿西西壁画相对照，意大利乔托③学派的阿西西壁画另辟蹊径，勇于创新，表现了诸多不可理喻的颠覆性悖论。例如，画家在墙壁上描画了一系列"神的国度"（civitas Dei）。下部教堂的第一幅画：《耶稣

---

① E. 布洛赫：《希望的原理》，第 833—834 页。
② 参见金寿铁《自我、心灵和无神论——恩斯特·布洛赫与神秘主义遗产》，载《社会科学战线》2009 年第 11 期。
③ 乔托（Giotto di Bondone，1266—1337），佛罗伦萨画派的创始人，也是文艺复兴时期意大利艺术的伟大先驱者之一。他的阿西西壁画多以圣方济各为创作题材，代表作是教堂中的 28 幕壁画，例如，《基督下十字架》《犹大之吻》等。

回归父母》展现了十分奇异的欲望建筑物,某种向上的冲动充满了建筑物四壁:在蜿蜒逶迤的墙壁后面坐落着古怪的哥特式尖塔、硕大的城堡和洗礼堂并肩而立,这正是奇异的耶路撒冷,它既是尘世的圣地,又是彼岸的圣地。一座笨重而隆起的浸礼堂高耸入云,仿佛是通向天国的路标。与此相对照,下部教堂则画有另一幅画《王宫之梦》。但是,它看上去与传统建筑样式毫无共同之处。这幅画的主题从一开始就被移入一种极度陌生的幻影之中。主人向圣弗朗西斯展示一座宝库,里面堆满了各种闪闪发光的长矛和盾牌。这里的建筑闪耀着最后审判日的雷霆闪电,令人阴森可怖、毛骨悚然。整个画面一片漆黑,只有墙壁内的石柱和窗户依稀闪烁超尘脱俗的白光:

> 在此,酷似原型的所罗门寺院拔地而起、锋芒毕露。这东西既是基督教世界的范例原型,又是巴比伦之塔的绝对相关物。显然,画家受到《圣经》所述尺度的启发,在内心中唤起了一种奇妙的想象空间。也许由于这个缘故,这类寺院倾向于强调罗马样式和哥特样式,甚至强调拟古主义要素。这是一种源自耶路撒冷的建筑原型图像,令人兴趣盎然、回味无穷。①

乍看上去,这些图像惟妙惟肖、栩栩如生,仿佛置身于某个天国的耶路撒冷。远处的尖塔被镶嵌在明亮的玻璃窗上,看上去就像中世纪特鲁瓦城(Troyes)中的圣·马丁教堂一样,闪闪发光、冰清玉秀。通过遥远的基督教的"羔羊之光"(Licht des Lammes),天国的耶路撒冷把观赏者带入一个充满魔幻的四角世界和彼岸世界。

然而,在表现最高贵的基督教建筑方面,那些壁画图像从一开始就归于失灵。例如,扬·凡·艾克②曾在比利时根特教堂的祭坛上画了一幅壁画:《天国的耶路撒冷》。这幅画预先构思了建筑画的想象空间,但是,这种虚拟空间仅仅浮动在可望而不可即的地平线上。这表明图画空间赋予

---

① E. 布洛赫:《希望的原理》,第 835 页。
② 扬·凡·艾克(Jan Van Eyck, 1390—1441),尼德兰画家,早期尼德兰画派画家之一,也是 15 世纪北欧后哥特式绘画的创始人,创作题材多为风景、建筑和雕像等。主要作品有《阿尔诺芬尼夫妇像》以及上述《天国的耶路撒冷》(1432)等。

建筑象征一种不可范围的想象空间。换言之，建筑自身内部的乌托邦形态赋予哥特式建筑形态一种"碑石之外的城市"（urbs vivis ex lapidibus）这一超越意义。

第二节　两种建筑典型：埃及金字塔与哥特式教堂

古罗马建筑家维特鲁维奥[①]在他的建筑学名著《建筑十书》中，提出了评价建筑物的三大标准："坚固性"（firmitas）、"有用性"（utilitas）和"美的特性"（venustas）。通过绘画、诗篇、小说等文艺题材，我们尽可预先设计某个房屋的建筑设计图。没有形态就没有存在。因此，建筑乌托邦的内容也是与建筑形式一道成长起来的。就像一个做梦者一样，建筑工人在作业过程中也尽可能利用某种形式，以克服各种技术障碍。在建筑过程中，有效地引导建筑工人的东西正是"建筑之画"（Bild des Baus）。

在古代埃及，进驻工人行会就根据某种秘密流传的规则、尺度工作。对这种秘而不宣的建筑秘诀，布洛赫描述说：

  在各种建筑规则中，没有诡计的规则是十分罕见的。建筑工人行会曾使用所谓基本符号、石工的专门暗号以及单纯的符号。在这些标识、符号以及记号中，经常可以发现类似花招性暗码。[②]

通过某个专家的实践总结，"石匠符号"在建筑工程中潜移默化地发挥作用，并且作为工厂秘密被长久保存下来。从现代建筑技术上看，这些建筑规范尚不具备完善的质量验收规则，但是，中世纪砖瓦工所使用的数学体系已见诸一本建筑图书中。这本书叫作《关于哥特式尖塔正当性的小册子》，其中载满了当时运用过的各种数学公式。德国建筑学家 G. 塞

[①]　维特鲁维（Vitruvius, B. C. 84—B. C. 24），罗马建筑家，著有《建筑十书》，此书不仅载有古希腊建筑与建筑家的史料，还涉及城市规划、天文、气象徒步、军事设施、绘画、音乐戏剧等的重要内容。

[②]　E. 布洛赫：《希望的原理》，第 836 页。

姆佩尔①认为,"在建筑工程中,原材料、技术和目标等是唯一基础性决定事项"。但是,布洛赫则不以为然,因为他的这番议论完全抹杀了古代建筑物中所蕴含的其他艺术要素:

> 因为在过去的古代建筑之流中,存在一种不同于目的艺术的其他艺术意志。古代的建筑师首先渴望艺术。因此,除了原材料、技术和目标之外,古代建筑物还显示出所谓想象力等其他的艺术要素。这与当时人们所坚信不移的某种象征性典范相关,并且,作为建筑物的某种规范完满性起作用。正是这种象征性典范主导了建筑作业的实施。在事实之前,圆形就具有自身的梦和计划,不仅如此,象征性典范还赋予巨匠的规则以一种根本的规则。②

在古代建筑物中,建筑艺术所呈现的巨大意志与既定象征意向交相辉映、相得益彰。尤其是,在古代手工业建筑中,象征意向栩栩如生、呼之欲出。但是,令人叹为观止的是,古代建筑家仅凭三角尺和圆规,就试图接近作为典范想象中的此在建筑风格。受其启发,K. 施纳塞③曾致力于发掘古代建筑中所蕴含的乌托邦意向,但是遗憾的是,他只是浅尝辄止,未能深入发掘主体框架及其细节。

在布洛赫看来,无论浪漫主义还是实证主义都曲解了古代建筑艺术风格,其要害是阉割或贬低了古代建筑中所蕴含的真正的乌托邦意向。一方面,浪漫主义多愁善感、借题发挥,把"朝向天空"的哥特式尖塔解释为对彼岸世界的一种憧憬;另一方面,实证主义则对古代建筑中的乌托邦意向不屑一顾,甚至嗤之以鼻,这充分暴露出市民内心世界的自负和傲慢。然而,古代各民族的典范建筑处处渗透着强烈的象征意向,并透过既定建筑物及其艺术形态的进程而明确地表现出来。例如,古代克尔特民族的石柱、巴比伦的祭坛、金字塔、埃及的金字塔、人工选择的寺院、罗马

---

① 塞姆佩尔(Gottfried Semper, 1803—1879),德国建筑家、古典主义建筑理论家,1834年任德累斯顿美术教授,后主持设计维也纳重要建筑,主要作品有《科学、工业与艺术》《工程与工程技术艺术中的样式》等。
② E. 布洛赫:《希望的原理》,第 837 页。
③ 施纳塞(Karl Schnaase, 1798—1875),丹麦艺术史家,代表作为《古代人绘画艺术史》(1843—1864)。

的正方形市场以及斯拉夫的圆形市场等都在上层建筑中拥有各自的象征，并遵循特有的标准。这些基准完全不同于塞姆佩尔所谓"原材料、技术和直接目的"等标准。

那么，中世纪建筑工人究竟赋予了哥特式建筑物怎样的象征意义？根据布洛赫的考证，哥特式建筑①蕴含着"二元论的神秘直观的数字神话学和人物神话学"（dualisstische-gnostischer Zahlen-und Figurenmythologie）。在地中海沿岸国家，尤其在偏远乡村，这种象征神话得以活生生地保留下来，最后渐渐向北传播开来。如果说，中世纪哥特式建筑包含着某种源于神秘直观的超自然的占星术图像，那么古代希腊建筑则包含着各种此岸秩序世界的固有图像。这是因为与中世纪人相对照，希腊人首先关注人性的、肉体的东西，而对诸如异教徒的占星术、基督教的天堂和来世等则兴趣索然。希腊建筑艺术反映了一种没有牧师的秩序世界，其艺术主题大都取材于知足常乐的城市人的类型。这种以城市人的类型取向的希腊建筑方式完全摆脱了神话的内容和功能，从而开启了文艺复兴时期人文主义的世界尺度和艺术标准。

古希腊建筑风格特点主要是和谐、单纯、庄重和布局清晰。而神庙建筑则是这些风格特点的集中体现者，同时也是古希腊，乃至整个欧洲影响最深远的建筑。特别值得一提的是，古希腊建筑史上产生了帕特农神殿②、宙斯祭坛③等一批旷世艺术经典之作。这些雄伟壮美的建筑以自身的尺度感、体量感、材料质感、造型色彩以及建筑自身所承载的绘画及雕刻艺术给人的心灵以巨大强烈的震撼，它强大的艺术

---

① 欧洲哥特式建筑风行于12—16世纪。在意大利文艺复兴时期，哥特式（gotisch）原是对一种艺术风格的贬称，实际上它与哥特人毫无关系，16世纪时的艺术思潮是崇尚古代希腊罗马，由于对于这种迥异其趣的艺术样式很不以为然，便断然斥之为半开化的野蛮民族风气。实际上，作为中世纪西欧教会建筑的一大光辉成就，哥特式教堂是人类智慧的结晶，它在建筑工程史上写下了辉煌一页。

② 帕特农神殿，是古希腊雅典娜女神的神庙，兴建于公元前5世纪的雅典卫城。这座神殿是迄今现存最重要的古典希腊时代的建筑物，一般认为其建筑成就是多立克柱式发展的顶端，雕像装饰是古希腊艺术的顶峰，此外还被尊为古希腊乃至雅典民主制度的象征。

③ 宙斯祭坛（帕加马），公元前2世纪初希腊化时期的建筑，是希腊古代建筑艺术典范之一。位于今土耳其西部沿海，是当时帕加马王国的欧迈尼斯二世为颂扬对高卢人的胜利而于前180年前后建造的因其规模宏大和艺术水平之高而被称为古代七大奇迹之一，堪与古典时期希腊雕刻相媲美的艺术杰作。

生命力经久不衰，世代相传。这些建筑物的梁柱结构，它的建筑构件的特定组合方式以及艺术修饰手法，深刻而久远地影响了欧洲建筑达两千年之久。

古希腊建筑无疑是西欧建筑的开拓者。尽管如此，通过比较分析，布洛赫还是把古代埃及金字塔与中世纪哥特式教堂誉为一切建筑物的典型：他把前者命名为"死亡之晶"（Todeskristall），而把后者命名为"生命之树"（Lebensbaum）。在建筑房屋时，建筑师很少采用活生生的素材，建筑工人也很少保留任何生命的标志或痕迹。后一种情况尤其适用于古埃及建筑。埃及建筑的伟大式样是静止（Starre），但在这坟茔般的沉寂中，偶尔也会闪现一丝生命体的闪光。例如，在建筑柱头上刻有美丽的莲花和纸莎草[1]，太阳符号中刻有生动的蛇。在构图严密的设计中，这些生命迹象令人倍感压抑沮丧，毫无热情绽放之意，不过看上去，轮廓却依旧分明，线条依旧清晰可见。那么，如此静寂、严格的建筑物象征怎样一种社会形态和尊严（Würde）呢？

> 建筑的严格性与专制主义的社会形态相吻合，它表明名门望族的无上尊严和官廷礼仪的严格有序。也许正是由于这个缘故，在埃及艺术中，几乎毫无例外地描写了前呼后应的"活生生的"民众场景。但是高贵的造型艺术却排斥对生命状态的具体描写。我们必须尽可能从立体几何角度接近人物面无表情的休息姿态。君王和上层人物的雕像千面一孔、矗立如山。究其原因，是因为匠人通过一尊尊石头抒发君王和上层人物福星高照、万寿无疆的愿望。这些人物的身体被描画得井井有条，每一个活动都定格在停留状态或立正姿态。甚至，有些人看上去，就像蹲坐的色子一样，一动不动地摆在那里。一句话，静止就是他们的荣誉、骄傲。[2]

---

[1] 纸莎草（Papyros），一种水生植物，直立、坚硬、高大，像芦苇一样生长在浅水塘中。其叶从植物底部长出，覆盖了茎的下部，可高达2米左右；茎部不长叶子，可高达4米左右；花朵呈扇形花簇，长在茎的顶部。纸莎草原生于欧洲南部、非洲北部以及小亚细亚地区。纸莎草是古埃及文明的一个重要组成部分，古埃及人利用这种草制成的纸张，是历史上最早、最便利的书写材料，曾被希腊人、腓尼基人、罗马人、阿拉伯人使用，历经3000年不衰。

[2] E. 布洛赫：《希望的原理》，第844页。

如果说，希腊的塑像意味着某种活着的肉体，令人联想起鲜活的、蓬勃的、健康的某种生命体，那么埃及的塑像则再现某种死亡的肉体。可以说，通过赋予魔力的能量，埃及的塑像进入自身沉寂的死亡，激励活着的死亡。正如黑格尔所言，埃及的塑像仿佛是死者居住在其中的水晶，即在金字塔中躺着的死者仿佛是一件完成品。死者处于极度隐蔽状态，不受任何生命组织的妨碍或干扰。

金字塔不仅表现了中央集权制的狂热君王崇拜，也表现了国家与民众的血肉相连、浑然一体。不过，通常埃及的建筑艺术既被视为一种宫廷礼仪艺术，也被视为一种类似送葬仪式的艺术，一则借以凸显现存王朝的太平盛世；二则借以凸显超自然东西的永恒不灭。这正是一种静止性艺术乃至死亡的艺术。在此，既不留下任何生命组织的余像，也不重新赋予任何生命动机。在用玻璃制造的空荡荡的墙壁中，即水晶形态中，一切东西都静静地等候死亡。但是，除了这种"静止性"（Starre）和"严格性"（Strange）之外，在埃及建筑物中，也不乏超越单纯渴望的某种东西。无论从哪一方向看，金字塔都呈现严格的三角形面貌，这一点特别意味深长、耐人寻味。实际上，金字塔建造者的目的很简单，那就是，把它建造得固若金汤、密不透风，以致任何人也无法进入放着坟墓的石冢，即上、下、左、右均看不出出口到底在何处。金字塔呈现带有缓坡的土丘或立方体形状，远远看去，好似石器时代的巨石坟墓。

鉴于埃及中王朝以后，金字塔规模渐渐缩小，在死后的法老议墓上面建造硕大无朋的屋顶无疑是一件极其艰巨的任务。然而，角的尺度、小阶段、三角形状的水准仪，凡此种种，都巧夺天工，令人叹为观止。此外，新王朝时期，埃及人开始把尸体放入石雕小型金字塔中。根据金字塔文本获悉，埃及人这样做有助于死者在日落日升之际，凝望太阳。由此便可一窥金字塔建筑占星术信仰的宗教底蕴：

  作为建筑物，金字塔旨在如实地描写宇宙本身。就此而言，金字塔与基于占星术信仰的宗教建筑物，例如凯尔特民族的圆形石柱、大石台乃至巴比伦阶梯塔等毫无二致。即使是巴比伦阶梯塔也是天体的摹本。作为一座天国之山的象征，它在 7 座行星的阶梯中，上升天际

7次。在埃及，阶梯金字塔由来已久。最早的金字塔开始于萨克卡拉（Sakkara）地区的6座塔型建筑，但是，到第四王朝时，三角形建筑开始高奏凯歌，例如胡夫金字塔①高耸入云，其高度几乎与斯特拉斯堡大教堂持平。尤其是，正方形之上四个侧面三角形有规则地朝向天国，其形态巧夺天工，技艺高超绝伦。②

英国考古学家C-P. 史密斯③在《伟大金字塔的目的》一书中，试图一劳永逸地揭示胡夫金字塔的亘古之谜：他利用当时已知的宇宙之谜，力图证明金字塔是布局匀称的某个宇宙的轨道。例如，该金字塔的门角、轴向、垂直轨道等全都指向特定星座，其高度与当时所推测的地球范围完全吻合，特别是墙壁的倾斜与北极星（Alpha Draconis）的角度分毫不爽。

值得注意的是，后来的埃及学家L. 布查德特④、历史学家E. 迈尔⑤等人完全否定金字塔与天文学之间的连带关系。然而，一些业余心灵学家则坚持认为，金字塔是宇宙方位的设定，本身承载着漫漫宇宙的具体密码和信息。与此不同，希腊历史学家普罗塔克⑥则以流行的希腊浪漫主义观点看待古代埃及。但是，在解读金字塔之谜时，他却仍然以约定俗成的传

---

① "胡夫金字塔"（Cheopspyramide），现位于开罗市郊，古埃及第四王朝的第二位法老胡夫，又名基奥普斯（Cheops）下令修建于吉萨的著名金字塔。一般认为，它始建于公元前2554年。最近，英国剑桥大学的凯特·斯宾斯提出它有可能始建于公元前2480年。据他考证，修建金字塔时，建筑者用金字塔上空的某些星星做参照，用来确定正北的方向。胡夫金字塔由230万巨石搭建而成，有些巨石一块就重达40公吨，整座塔重约600万公吨。这些石头几乎全都是通过水路从阿斯旺和图拉运至吉萨的。金字塔基座面积为13英亩，高481英尺，宽756英尺。因为长年的侵蚀，现在的高度已经降到了455英尺。金字塔的四个侧面的坡度为51度52分，十分精确地指向东西南北四个方向。古希腊历史学家希罗多德宣称，金字塔共动用了10万劳工修筑，但是现代考古的发现却表明实际上可能只动用了2万—3万人。整个工程浩大，前后持续了至少20年。
② E. 布洛赫：《希望的原理》，第845—846页。
③ C-P. 史密斯（Charles Piazzi Smyth，1819—1900），1846—1888年任苏格兰皇家天文学家，他以许多天文学创新以及吉萨大金字塔的金字塔学和计量学研究而著称。
④ L. 布查德特（Ludwig Borchardt，1863—1938），德国埃及学家，1913—1914年，领导一支德国探险队在阿玛尔纳发现了雕塑匠图特摩斯的家，从那里出土了著名的尼弗尔蒂提半身胸像。
⑤ E. 迈尔（Eduard Meyer，1855—1930），德国古代历史学家、埃及学家、古代东方学家，被誉为最后一位尝试古代普遍史的历史学家。
⑥ 普罗塔克（Plutarch，46—120），希腊历史学家，著有《希腊罗马英雄传》等。

说和既定事实为根据：金字塔无非是通过集中某一尖端，把天国设定为一个核心地点，以照射地上非生命组织的休息（Ruhe）。对此，布洛赫深有同感，有例为证：

> 卡尔纳克神殿①对星罩、向下的墙壁、柱子和地面等都被赋予某种同一的休息秩序，整个神殿都笼罩在一片植物装饰之中。它标志着潮水泛滥的尼罗河。神殿柱子的尺度和数字都十分精确，深刻表达了当时人们宗教信仰的象征意义。神殿的壁画、遗物等暗示着关于地上天国的强烈图像，从而使其成为充满异国情调的、经验上可陈述的金字塔侧面。实际上，围墙的外部就像金字塔一样向下倾斜。但是，与尼罗河畔堤坝不同，神殿外部的倾斜面并非仅仅出于某种实质性理由。在这个世界上，许多建筑都利用倾斜面，但是，以金字塔方式建造起来的建筑物实属罕见。然而，在此，就像幼发拉底河畔的堤坝一样，神殿的墙壁奇特而精确地固守金字塔的角度。一句话，在狂热的几何学化中，全部埃及艺术都表达了自身的乌托邦：作为被预感的完满性，埃及建筑艺术是复制了宇宙变体的、死亡的结晶。②

但是，在建筑史上存在另一种截然不同的建筑类型。这就是中世纪哥特式建筑。与埃及建筑形成鲜明对照。中世纪建筑艺术坚决拒斥"无生命的石头"，顽强破坏坚硬的边缘棱角。这是基于基督教生命观的一种建筑艺术，其基本特征是，兼收并蓄、活学活用，以彻底打破静止僵化的建筑艺术。但是，基督教梦寐以求的理想是永恒的生命。而哥特式建筑恰恰以"永生"（ewiges）为基础，形成了那个时代最激情、最丰富的建筑艺术。哥特式建筑之所以不拘泥于直线或曲线，也是出于这一永生的生命观。

13世纪，哥特式建筑艺术进入鼎盛期。这个时期的匠人尽可能把建

---

① 卡尔纳克神殿（Karnak）位于卢克索以北5公里处，是古埃及帝国遗留的最壮观的神庙，以其浩大的规模而闻名世界，迄今保存完好的部分占地多达30余公顷。卡尔纳克神殿共有三部分：供奉太阳神阿蒙（Amun）的阿蒙神殿；供奉阿蒙妻子——战争女神穆特（Mut）的神殿；孟修神殿。神殿两旁满是狮身人面像的甬道则直通卢克索神殿。整个建筑群中，包括大小神殿20余座。院内有高44米、宽131米的塔门。大柱厅宽102米、深53米，其中共有134根巨型石柱，气势宏伟，令人震撼。其中最大的12根高23米、周长15米，其上足可容纳50个人站立。

② E. 布洛赫：《希望的原理》，第846—847页。

筑物建造得富丽堂皇、高耸入云，以此表达他们渐渐摆脱当时封建秩序的渴望。不仅如此，匠人还通过哥特式建筑表达他们摆脱陈腐的僧侣秩序、建设繁荣的新城市的渴望。哥特式建筑样式是最灿烂、最富于动态的艺术，其本身就是新城市的秩序形象。与这种新的建筑样式相比，罗马式建筑样式偏重调和与圆形，以致成了诸如"隐蔽之城"的一种封建的封闭样式。例如，尽管罗马式建筑通常开有一扇通向外界的小窗户，但整个建筑都被浑圆的墙壁所封闭直至堵死。

与这种封闭的罗马式建筑不同，哥特式建筑是一种开放的、无限延伸的建筑：

> 在此，生命组织的搏动象征着永无止息、自我超越的过程。在基督教形态的不安状态中，这种搏动就像搅动泡沫的旋涡一样讴歌胜利的赞歌。各式各样的植物、动物肉体，甚至怪物都被运用于哥特式装饰之中。这些生命体无拘无束、自由自在，但绝不像尘封的遗物一样被当作阴影装饰于建筑之中。①

布洛赫形象地把哥特式建筑的内外面比作充满生命力的一片森林。实际上，在这片一望无际的森林中，树枝被收容于石头组织中，建筑物的尖端以某种十字花装饰而告终。无数的飞箭装饰向上齐发，好像在讲述猎手所向披靡、无坚不摧的意志。刺有飞箭的柱头好像在详细讲解狩猎行为本身。唯有顶盖与这种无限的垂直方向相冲突。所有墙面均配有高高的窗户，以自身的高度金光闪闪，好像在讲述令人惊异的古老传说。与朦胧可怖的夜光不同，令人虔诚而陶醉的日光则温柔地射进大教堂。就像向内的渴望一样，向上的渴望也是一切建筑物的尺度。换言之，哥特式建筑艺术的这种"高度趋势"（Hochtendenz）赋予一切建筑物以明晰的尺度和秩序：

> 在哥特式建筑中，具有病态欲望的灿烂图像本身占据大部分空间。一方面，石匠艺术把各种模型点缀得像渔网一样纠缠不清；另一方面，石雕装饰则把整个墙壁、门廊装饰得分外妖娆、

---

① E. 布洛赫：《希望的原理》，第847页。

美轮美奂。所有窗户都饰有鲜艳夺目的圆形花格和绚丽多彩的玫瑰图案。如此形成的拱顶已不是圆形穹顶，而是惊人的动态激情。从教堂中堂传出的激越合唱扣人心弦。罪与忏悔，沸腾的恶魔的美，温柔的、弯曲的灵魂的国度相互碰撞。从而，这一切都把大教堂建筑物中所描述的众多类型和物体变成现存基督教冒险的完整石化特征。①

哥特式建筑艺术无异于一个急速旋转的"兴奋"（Erregung）旋涡，这是迄今任何艺术都未曾体验过的高峰体验。哥特式建筑中的奢华装饰不是抑制兴奋，而是激发兴奋，赋予兴奋以一种正当性。这与希腊人那种宁静的、有组织的规则性形成巨大反差。诚然，在希腊伊奥尼亚石柱上通常也饰有各种绚丽多彩的图案，但这些图案旨在衬托柱子与柱顶过梁之间的协调一致。

不过，如前所述，埃及建筑的最重要特征是"死亡的结晶乌托邦"，与此相对照，哥特式建筑艺术的最重要特征则是"生命的搏动乌托邦"。埃及建筑艺术把一切装饰、甚至把盛开的充满生命力的装饰均视为一种反常的东西。与此不同，在哥特式建筑艺术中，所有装饰本身都蕴含着人的欲望，都从建筑学视角象征着兴奋、陶醉、欢呼等。

尽管哥特式建筑致力于表现有组织的、超越的生命充盈，但它并不全盘否定与生命组织无关的内容。实际上，中世纪哥特式建筑同样体现出很高的几何学知识水平，例如，尖形穹顶、尖塔等被细化为统一的大小和间隔。诚然，我们惊异地发现，斯特拉斯堡大教堂②尖塔镶嵌着一个个形状

---

① E. 布洛赫：《希望的原理》，第 848 页。
② 斯特拉斯堡教堂（Straßburger Münster），法文是圣母教堂（Cathédrale Notre-Dame），坐落于法国斯特拉斯堡（Strasbourg）市中心，是中世纪（11—15 世纪）最重要的历史建筑之一，也是欧洲最著名的哥特式教堂之一。始建于 1176 年，直到 1439 年才全部竣工，前墙于 1277 年动工兴建，三道门廊饰有精致雕像，高 142 米的尖塔是在 1439 年加建，巧夺天工，极负盛名。中殿华丽典雅，其中的彩绘玻璃窗（12—15 世纪）及天使之柱（约 1230 年）气势恢宏，还有精镂细雕的讲坛（1484 年）以及著名的席伯尔曼（Silbermann）风琴等更加令人赏心悦目，流连忘返。教堂内有一个一层楼高的天文钟（Astronomical Clock），自 1547 年鸣钟报时，可说是斯特拉斯堡文艺复兴时期的精神象征。大教堂的正门饰以耶稣事迹"最后的审判"为题的浮雕以及精工镂制的圆形玫瑰窗和本堂的彩绘玻璃塔顶，俯瞰四周，全城秀丽的景致、壮丽的森林和绵延的山脉尽收眼底，一览无余。

各异的雕塑品，而在尖塔侧面还镶嵌着弹簧模型，尖顶则镶嵌着赫然醒目的十字花模型。显然，在此所谓的三角形意味着与金字塔作斗争的某种兴旺的生命力，即渴望生命的一种尖塔。总的来看：

> 如果说埃及建筑模仿基于星相神话的宇宙，那么哥特式建筑则基于富于生气的生命组织。哥特式建筑具有一种动态性，即肩负着传播基督教精神的陶醉使命（Betrauschung-Auftrag），后来，这种使命为巴洛克艺术所发扬光大。因此，哥特式建筑艺术充分表明截然不同于埃及建筑艺术的特征：埃及建筑艺术强调花岗岩中的休息，而哥特式建筑艺术则设定复活行为，即定位于重新寻找生命，从而象征性地规定一切教会建筑的个别特征。特别是，在哥特式建筑中，植物装饰与诸如神庙奇迹一类的庭院息息相关，具有浓厚的神话意义。于是，中世纪后期，也就渐渐形成了超越意义上的那种植物园。①

诚然，哥特式建筑艺术不仅部分地呈现出三角形、圆形等非组织性类型的几何学规则性，也包含若干宇宙关联性。例如，圆形窗户象征黄道十二宫（Tierkreis），其他地方则被誉为幸运女神的轮子。枝状吊灯象征重重叠叠的行星范围。但是，通过密密麻麻的戒子之光，枝状吊灯更加精确地模仿"天国的玫瑰"（Himmelsrose）。箭、窗户以及搏动中的一切空间都各就各位、秩序井然，以至于以后的任何建筑都无法与之相匹敌。

无论从比例还是形象上看，哥特式建筑都在没有硝烟的战争上高奏凯歌，淋漓尽致地反映了世界的悖谬本身。哥特式建筑的平面图酷似被钉死在十字架上的基督之身，例如，祭坛部分等于耶稣头部，十字花象征神秘的喉头，而玻璃窗则象征天国耶路撒冷墙壁上的宝石。

哥特式建筑历史悠久，期间石匠行会不断更替，建筑规划更换频繁。因此，历代建筑样式与最初的象征形态不尽一致，各部分建筑也时常被替换。尽管如此，哥特式建筑艺术的最高规范依然保持不变，这就是基督教的某种魔力形态。难怪，奥古斯丁别开生面，试图"从教会和主耶稣之身的类型和形象中"（in typo et in figura ecclesiae et corporis Domini）寻找哥特式建筑的充盈性。然而，具有悖谬意义的是，哥特式大教堂意味着基

---

① E. 布洛赫：《希望的原理》，第848—849页。

督教秩序与宇宙秩序的不协调乃至冲突。这一点正是中世纪石匠精确地赋予建筑基础的真理本身，亦即古埃及建筑所指明的那个建筑乌托邦的方向。哥特式建筑匠人渴望借助于滚动的石头，让基督的身体从坟墓中死而复生，让基督的崇高精神永世相传。总而言之：

> 作为死亡的结晶，埃及建筑艺术意味着被预感的完备性，而哥特式建筑则意味着复活的单纯面貌以及对新生命的渴望。因此，哥特式建筑象征着必定驱逐死亡的坚定意志。对抗死亡的意志——这是作为被预感的完备性的生命之树，是对基督复活的逼真模仿。就像埃及建筑艺术是石头本身之中的生成的意志（Werdenwollen）一样，哥特式艺术是生命之树，诸如基督葡萄藤之中的生成意志。①

埃及建筑样式与哥特式建筑样式属于两种迥异其趣的模仿艺术，但是，岁月悠悠、沧海桑田，昔日的辉煌早已湮没于历史之中，留给今人的仅仅是悠悠的古思和遥远的回忆。除此之外，其他发达的建筑样式历史地改变了这两种建筑样式。埃及建筑艺术与哥特式建筑艺术代表两种截然不同的建筑样式、风格和宗教态度，各自表明建筑形态的决断性。两种类型代表旨在最出色、最极致地描写完整空间的建构尝试：一是借助于结晶而形成宁静的死亡；二是借助于生命之树和共同体而形成有组织的至高点。

除了典范的埃及建筑样式与哥特式建筑样式，布洛赫还依次考察了古往今来的其他建筑艺术模型。从宗教史上看，对更美好生活的建筑学之梦源于埃及的太阳崇拜。与此相对照，就像人类共同体一样，哥特式建筑试图用岩石和岩壁大胆雕刻出更美好的生活。

建筑师有理由追问，建筑物究竟能够维持多久？因为住户不仅关心是否有房可住，也关心住房本身的舒适惬意。因此，我们必定考虑实用价值的意义或艺术产业的意义。那么，建筑艺术与既定社会的具体现实状况具有怎样一种密切的关系？尽管某些个别建筑折射出当权者的威严和财阀的影响力，但是，总的来说，就像造型艺术一样，建筑艺术与既定的可视世界是紧密结合在一起的。建筑师试图从可视世界的自然形态（naturhaften

---

① E. 布洛赫：《希望的原理》，第 849—850 页。

Formen）着手，建造与人的本质相称的艺术品。总体上，尽管建筑师无法把自身的模型预先安排在某处，但他可以把个别物件，例如，鸟蛋、蜂窝、鸟巢当作现实模型。对此，布洛赫回顾说：

> 很久以来，建筑师将形形色色的有机体标本运用于建筑装饰中，例如，老鼠簕属植物①、莲花、贝壳等。远古的树墩用于装饰石柱，洞穴用于装饰穹顶，岩石平板用于装饰柱顶过梁。迈锡尼的狮子门就证明了这种起源。当然，力量与重量的分配以及静力学的基本规则属于某种合乎自然的法则。很久以来，建筑匠人无异于技术师。其实，在基础和个别事项方面，除了音乐领域之外，所有其他领域均涉及数学和物理内容。除了音乐领域，数学和物理学是为一切学科领域所必需的知识。尽管如此，迄今建筑师还必须从某种模型出发，发明和发现与建筑作业的全体性相称的房屋全体。②

在固定不变的直接性中，建筑师的模型属于某种不可视的、想象中的东西，它并不直接存在于外部世界之中。尽管音乐具有类似造型艺术的数学、物理学基础，但是，与建筑相比较，音乐无需世界的直接模型，它只需用声音来想象那种或许以后才会出现的空间领域的和谐。

正如迄今所考察的一样，从同一宇宙看，如果没有古代东方建筑的影响，就根本无法想象建筑中的空间和谐。实际上，巴比伦和埃及的建筑之所以巧夺天工、井然有序，皆出于某种宇宙尺度的建筑艺术。天文学的和谐理论带给人们无数关于宇宙尺度的信任。但是，在音乐领域里，令人惊讶的是，这种理论不是促进而是阻碍了音乐本身的发展。在异教徒的国度，人们多半信仰亘古如斯的宇宙尺度，这种信仰从一开始就促进了作为客观性的建筑艺术。对宇宙尺度的信仰赋予人们在直接的客观世界中绝对无法发现的宇宙礼物。

正因如此，自古以来，与星相神话相关的几何学要素以及非有机体结晶体等对建筑艺术产生了极其深远的影响。这些要素不仅反映在寻求大小形态的崇高愿望之中，也反映在以古典主义命名的宇宙秩序之中。建筑匠人尽可

---

① 一种植物名称，古埃及建筑匠人曾用该植物的叶子来装饰科林斯式石柱。
② E. 布洛赫：《希望的原理》，第 850—851 页。

能从自身的生活中发现最美丽的个别形态，而且尽可能照搬这种形态。在整体侧面，他们把一切规划得尽善尽美，并从几何学侧面将其体进行系化。麻雀虽小，五脏俱全。鸡蛋虽小，反映静态模型。我们可用现代里流线推测鸡蛋的轮廓。因此，古典主义时代的艺术家纷纷把波浪之线甚至蝮蛇缠绕之线视为最美丽的几何之线。画家、美学家霍加斯①在《美的分析》中认为，事物曲线乃是"一元性与多样性的渗透乃至相互作用"。后来，德国戏剧家莱辛根据霍加斯的艺术理论完成了自身独特的市民戏剧理论。

19世纪艺术家竞相仿效古典主义，提出了各种新潮的艺术理论，其中流行甚广的当属"黄金分割"理论。所谓"黄金分割"理论，又称为"黄金律"，是指事物各部分间一定的数学比例关系，即将整体一分为二，较大部分与较小部分之比等于整体与较大部分之比，其比值为 1 : 0.618 或 1.618 : 1，即长段为全段的 0.618。在此，0.618 被公认为最具有审美意义的、最能引起人的美感比例的比例数字。为了证明这一理论，以德国心理学家赫尔巴特（J. F. Herbart，1778—1841）为核心的形式美学派依次分析了动植物结构、结晶结合状态、行星的排列秩序、物质的化学混合以及地球表面形态等。尽管他们的分析不乏牵强附会、抽象空洞之处，但他们确实发现了既定领域的某种比例美与和谐，并把这种和谐应用于造型艺术。根据这种"神圣的比例特性"（divinae proportione），16 世纪的瓦萨里②、帕乔利③、维尼奥拉④等人十分推崇同时代人维特鲁维的建筑学和文艺复兴时期的几何学。

不仅如此，当时的人们还对柏拉图的埃及著作《蒂迈欧篇》⑤顶礼膜

---

① 威廉·霍加斯（William Hogarth，1697—1764），英国画家、版画家、讽刺画家。代表作有《征服墨西哥》（又名《印度皇帝》）《乞丐歌剧之一场景》《妓女生涯》《浪子生涯》《文明结婚》等，色调新颖，技巧娴熟，均被复制成版画并广为流传。

② 乔治·瓦萨里（Giorgio Vasari，1511—1574），意大利画家、建筑师、美术史论家，著有《艺苑名人传》。

③ 卢卡·帕乔利（Luca Pacioli，1445—1515），意大利数学家、修道士、画家、现代会计之父，著有《算术、几何、比及比例概要》。

④ 维尼奥拉（Giacomo Barozzi da Vignola，1507—1573），意大利建筑师，在《建筑五大柱式的规则》一书中，他以更简单的模矩关系诠释古典五大柱式，并提供了更精准运用古典柱式的方法。

⑤ 《蒂迈欧篇》（Timäus）为柏拉图的晚期著作，是阐述他的思想的一篇重要文献，探讨了载体与理念、宇宙与自然、理性与必然、造物主与生成等问题。

拜，试图从中发现"结晶思辨"（Kristall-Spekulation）的蛛丝马迹，以描画世界建造者的几何学基本特征。从这部著作中，人们不仅发现了他们或"工匠"（Demiurg），而且发现了世界建造者的几何学成果。在此，柏拉图特意说明了几何学的基本要素，恰恰从三角形到各种各样的多面体中，揭示了宇宙本身的生成、演化过程。归根到底，一切几何学形态中的模型（Modell）不是个别事物的孤立样本，而是贯穿整个宇宙的普遍规范。

在建筑学中，几何学方式成为"神圣的比例特性"本身的秩序基础。根据欧几里的几何学，当时的建筑匠人得以建造一座座可视的、均衡有致的建筑物，其造型协调逼真，构思细腻完美，给人一种极其强烈的震撼感。此外，埃及建筑艺术指给我们永恒的乌托邦乃至古典主义方向。这一方向不仅指明了埃及艺术的鲜明特征，如永恒稳定、威严肃穆、呆板僵直等规范统一性，也指明了家、结晶以及规范中潜在的星相神话要素。因此，法国建筑师列杜①并非无缘无故、毫无背景地建造诸多立方体、球体、金字塔、椭圆形等建筑物。

但是，对于布洛赫来说，唯有罗马建筑才是古典主义艺术的最强有力的样本。特别是，在罗马建筑家维特鲁维所倡导的建筑三项要求（坚固性、有用性和优美性）中，既蕴含着深奥的天文学要素，也蕴含着神秘的宇宙学要素。在《建筑十书》第 9 卷中，他专门阐述了意味深长的天文学星相神话，例如不仅谈到黄道十二宫、七行星，还谈到天体位置对地球的影响。维特鲁维斯后一个世纪，罗马建筑艺术发生巨变：一是北部意大利伊特鲁里亚重新接受了宇宙几何学；二是罗马人全盘引进了"太阳神话"（Heliomythos）。

罗马"万神殿"（Pantheon），又译为"万神庙"，位于意大利首都罗马市中心，是迄今保存最完好的古罗马建筑代表作。在罗马市中心有一个中央竖立着高大的尖顶方碑的喷水池，方碑基座雕有古罗马神话场景，这一喷水池所在地就是罗马万神殿的前庭。万神殿始建于公元前 27—前 25 年，建筑师不详，被米开朗基罗赞叹为"天使的设计"，神殿内埋葬着意大利历

---

① 克劳德-尼古拉斯·列杜（Claude-Nicolas Ledoux，1736—1806），法国启蒙时代最杰出的建筑师之一。在长达数十年的设计生涯中，他的"绍村盐场"（La Saline de Chaux）具有不可替代的地位。他的绍村理想城不但被誉为工业时代的第一座理想城市，而且被视为现代最引人遐想的理想城市。列杜通过这一理想城市方案，将他心目中的理想社会改良方案付诸实践。

代君王以及拉斐尔等文化名人。公元 80 年一场大火灾，使万神殿的大部分建筑被毁，仅存一长方形的柱廊，有 12.5 米高的花岗岩石柱 16 根，这一部分后被作为重建的万神殿的门廊，门廊顶上刻有初建时期的纪念性文字，从门廊正面的 8 根巨大圆柱仍可看出万神殿最初的建筑规模。由于 608 年万神殿被献给教会作为圣母的祭堂，所以它在中世纪消灭罗马异教痕迹的清洗行动中逃过一劫，成为罗马时代独创的建筑物中保存最好的遗迹。

罗马"万神殿"穹顶洞穴酷似天上穹顶，它将日光、空气和雨水等自然元素引入室内，以便体现出神殿伟大和永恒的乌托邦意义。从技术的角度看，古罗马的万神庙用的是石材，内部又没有壁画等涂料，加之室内的地面上相应设有排水孔，因而雨水等对建筑来说并没有什么大的影响。从使用的角度看，罗马万神庙室内是一个直径达 40 多米的半圆穹空间，每当穹顶开敞的圆洞直径约 9 米，如果人们不是刻意站在穹顶开洞的正下方，就完全不必担心会被雨淋着。这种充满异教徒意味的"可视的规范世界之家"，可谓史无前例、绝无仅有。布洛赫对万神殿，特别是对其独一无二的曲线之美赞不绝口、推崇备至：

> 因为在任何舒适惬意、超视觉的建筑物中，我们都见不到源自万神殿的那种卓越的曲线之美。它出类拔萃、鹤立鸡群，让今天被视为珍宝的那些希腊建筑、罗马储藏室、蓄水池、喷水池等皆相形见绌、无地自容。万神殿曲线美被构想得炉火纯青、魅力四射，恰恰在这里我们发现了悠久的美学价值。斯帕伊罗斯万神殿（Sphairos Pantheon）渊源于古老的家庭寺院、圆形祭坛、维斯塔神庙中的钟形圆顶。如果没有异教徒自然神话的影响，就无法建造罗马大马戏场，甚至无法建造罗马圆形剧场。与希腊建筑相比，大部分伟大的罗马建筑物都占有硕大无朋的空间，在诸如远古的"地上之神"（chthn）与"天上之神"（uranus）之类相会的意义上，这些建筑物把地球和宇宙构造加以巧妙的规范化。①

在此，为了理解建筑学的基本样式，布洛赫提醒人们注意历代建筑的背景，例如，宗教意识形态、乌托邦、社会中介作用以及既定社会基础的

---

① E. 布洛赫：《希望的原理》，第 853 页。

基本知识。暴君尼禄的"黄金之家"（das goldene Haus Neros）后来成了无数奇迹之城的模型。根据苏维托尼乌斯①的描述，黄金之家的穹顶正对着星空的孔眼。尼禄之家的穹顶配有乌木环状物，就像宇宙一样，春夏秋冬，永无休止，昼夜不停地运转。

罗马圣天使城堡②的笨重的圆柱体与圆形剧场的圆柱体有着十分密切的联系。当时，人们按照哈德良皇帝的旨意，有意识地建造了圆柱体建筑，万神殿配置了圆形穹顶、星星圆花窗、装有七行星的壁嵌、空中鸟瞰的太阳眼等。毫无疑问，这一切配置都正确地反映了宇宙全体及其条理。因此，狄奥·卡西乌斯③不假思索地把万神殿誉为惟妙惟肖的"天的比喻"。

进言之，斯多亚学派关于星相神话的宇宙学说同样给罗马时代的建筑对象打上了深刻的烙印。当然，从立体几何学上看，罗马时代的建筑物并不像埃及金字塔神殿那样精确无误。罗马人的宇宙观具有异教徒特色，是一个不受任何干扰的、自然形成的完美天国。但是，后来出现的基督教的所谓基督逻各斯神话却使作为宇宙统治者的星相神话归于销声匿迹。

作为宇宙象征物，万神殿的圆形穹顶承袭了伊斯兰寺院的基本建筑样式。因为就像相信来世即将来临的基督教一样，神殿的伊斯兰建筑者根据《圣经》也相信，这个世界即将归于消失，并且期盼最后审判日之后的新秩序的到来。在此意义上，斯宾格勒断言，万神殿不是欧洲大地上最初的回教寺院，而是"最后的纯粹星相建筑物"。

但是，与此不同，耶路撒冷的奥马尔回教寺院、圣索菲亚大教堂、亚琛卡尔一世宫廷礼拜堂等圆形穹顶的核心结构具有某种截然不同的意义。这种结构不是遵循星相神话中的"世界圆形"（Weltrund），而是建造世

---

① 苏维托尼乌斯（Suetonius,？—130）罗马作家，著有《罗马十二帝王传》，记述了罗马社会及自恺撒到图密善等12个皇帝的生平概况，描写生动感人，行文朴实流畅，是古罗马文学中一部罕见的帝王传略作品。此外，他还著有《名人传》，是一部古罗马比较经典的文学作品。

② 圣天使城堡 Castel Sant Angelo），位于意大利台伯河畔的圣天使城堡，建于公元135—139年间，是一座皇帝陵园，战争期间被用作防御性堡垒。圣天使城堡与梵蒂冈只有几百米之遥，为此，在教皇受到战争威胁时，这里曾经是教皇的避难所，它与梵蒂冈之间有一条暗道相通，遇到危险时，教皇可通过这一通道从梵蒂冈进入这座堡垒。中世纪以后，圣天使城堡曾经作为要塞、教皇的居所和监牢。据说590年发生瘟疫时，这座城堡上曾出现用剑驱散瘟疫的天使，圣天使城堡因此而得名。

③ 狄奥·卡西乌斯（Dio Cassius, 163—235），罗马史学家，年轻时成为罗马官吏，在非洲等地任总督，曾执笔80卷历史著作，现仅存若干残篇。

界之外的神或世界之内的神。换言之，基督教努力建造神，其结果圆形穹顶形态日渐没落直至灭亡，留下的仅仅是微不足道的拱点圆形形态而已。因此，上述建筑的圆形穹顶可视为关于神的拯救，意味着未来的救世主反对现存的世界。

与此相对照，"世界的完备性"（Weltvollkommenheit）标志着人与神之间的建筑结构关系，它首先以星相神话为榜样，包含形形色色的巨大形态。拜占庭建筑不再把宇宙和世界加以形象化，而是试图把救世主形象化。这样，拜占庭建筑艺术的严密性最终完全摆脱了埃及建筑艺术的严密性。

从此以后，家（Haus）意味着另一个彼岸领域，因为建筑结构不再带有世俗异教徒特征。在基督教社会中，建筑师开始渴望超尘脱俗，试图根据超世俗标准来建造房屋。人们不是强调家中的主人本身，而是强调《圣经》作品中的造物主。《圣经》赞颂万能的造物主，特别是讴歌唯一神。实际上，基督教的所谓造物主图像，不是源自圣经图像而是源自异教徒图像。但是，这种图像移花接木，更新观念，最终演变为犹太—基督教图像。但是，布洛赫注意到异教徒的创始说神话有其深远的古埃及宗教根源：

> 并非任何地方都出现关于创世说的异教徒神话。无论希腊神话还是北欧传说或巴比伦神话，都没有把至高无上的神指明为世界的创造者。创造世界者乃是全知全能的神，这一规定正是古代埃及宗教的基本规定。这一规定源自宗教文化名城孟菲斯即埃及宗教艺术的核心。在此，有着神圣不可侵犯的雕刻家的雕刻作品，有着作为古埃及人守护神的最高神。在古埃及帝国中神职阶级行使十分强大的权力。普塔[①]是与解放之神耶和华（Exodusgott Jahwe）绝对异质的神，是雕刻

[①] 普塔（Ptah），在埃及众主神的地位中仅次于太阳神拉和全埃及神阿蒙。他原是孟菲斯（原埃及首都）的主神，尽管孟菲斯成了埃及的首都，但是普塔却一直没有成为全埃及的主神。普塔是埃及古老的创世神与造物主，创造了火，发展了艺术、工艺、建筑、文化等。同时，普塔也是工匠的守护神。以手持饰有生命圣符"安克"（ankh，古埃及的一个神秘符号，象征生命及诸多神秘的力量）节杖的男性木乃伊形象出现。几乎所有的孟菲斯男性神灵都被看成是普塔的化身，会在他们的名字前面加上普塔的名字。普塔也守护着法老王的统治，据说有一次亚述帝国攻打埃及，普塔把全国的老鼠聚集起来，让他们破坏敌人的军备，使敌人不战而退。普塔曾以"天火"形态使一头母牛受孕，生下了一头小牛，这头小牛叫"神牛阿匹斯"，是普塔的化身，他的一切行动都预知着未来，是埃及最神圣的动物。阿匹斯每隔一段时间就会死去，之后又会重新出生。普塔与妻子赛克麦特（Sekhmet），儿子尼费尔迪姆（Nefertem）构成孟菲斯三柱神。

家由衷信仰的最高之神的名字，甚至孟菲斯的雕刻艺术家之神也属于这种作为世界造物主的化身。基督教来临之后，我们只有依据耶和华之中的普塔概念才能正确地理解建筑匠人的艺术作品。因为建筑匠人唯有根据这一概念才能捍卫《圣经》和基督教所谓世界乃至构筑宇宙的意向。①

5世纪，神职法典规定了《创世纪》第一章；8世纪，耶和华主义者则进一步保存了创世说。就其本质而言，这种创世说与埃及孟菲斯的宇宙进化论如出一辙、相差无几。巴比伦人对《圣经》神话有着深远影响，以至于他们仅仅把匡正秩序的神纳入《圣经》之中。从而，唯一神把耶和华之中的"普塔"概念更加系统化。巴比伦国家之神，亦即秩序之神马杜克②被补充到创世神普塔之中。于是，最卓越的宇宙创造者转变为最卓越的宇宙统治者。这一切都以天地之水、地球形态等观念圆满完成于创世纪时期。

这样一来，世界的入口（der Eingang der Welt）或所谓世界的完备性就被植入到《圣经》之中。这时，因为有了埃及的普塔创世模式和巴比伦的马杜克秩序模式，《圣经》作品中的世界已不再需要"从现存东西中解放出来的神"，从而圣经作品开始记载诸如尼罗河泛滥一类的大洪水、赋予时间以规则的天体运转等。此外，关于统治、区域的类型规划和秩序规定也与创造之日并行不悖，依次被载入《圣经》普塔之作中。概言之，众所周知的《圣经》"创世纪"是同埃及创世之神、巴比伦世界秩序之神一同形成的。圣经中的天地图像不是凭空杜撰的，而是从传说角度把埃及之神的宇宙形象卓越地移植到非异教徒的建造物中。对此，布洛赫援引《圣经》为证：

  在圣经《阿摩司书》《约伯书》《诗篇》等记载中，建立在古代宇宙神学基础上的建筑图像，并没有转达任何上述解放对象的信息。

---

① E. 布洛赫：《希望的原理》，第855页。
② 马杜克（Marduk），巴比伦城邦之神，在希伯来《圣经》里又叫米罗达（Merodach），意思是"太阳之牛"，是水神、风暴神、生育神、正义神、创世神等，他不仅创造了万物，也创造了美索不达米亚第一座城市以利都。

这些建筑与其说是对星相神话的宇宙大空间，不如说是对其他希望、其他平面图赋予更大价值。《阿摩司书》第9章第6节云："那在天上建造楼阁，在地上安定穹苍，命海水浇在地上的，耶和华是他的名。"第104篇《诗篇》赞颂作为铺张毛毯的穹苍，作为装有护板的地面。《约伯记》第38章第4—6节曰：耶和华为了立大地根基，拉准绳，为了安置地的根基，安放地角石。同样，耶和华向人传达地上寺院设施与世界的完备性之间的某种类似性。全知全能者居住的场所与天国相吻合。外部神圣场所与大地、宫廷与大海、七臂状灯架与七星各自一致。甚至所罗门的寺院也令人联想起与周围环境相衬的数字，而部分建筑则唤起神圣的几何学的图像。在祭坛神殿和金字塔中，这种状况是众所周知、家喻户晓的。从根本上说，这是天国耶路撒冷星相神话的神话星辰的残余。①

不过，就像古代圆形窗户上的黄道十二宫一样，这种类似性和吻合并不能传达太大的意义。从表面上看，拜占庭的圆形窗户与天国穹顶有着亲缘关系，但从本质上看，却具有某种不可调和的异质性。尽管如此，陌生要素依然补充原初意义。进而普塔的宫廷突变为解放的教会，而解放的教会最终表现出特有的建筑面貌。

以神的启示为基础的"放射"（Emanation）流入哥特式建筑的象征之中，这与宇宙的反作用，即具有实体形态的万神殿等截然不同。因为在基督教意义上，光的流出与神相遇，与第二个永恒时间及未来世界相遇。由此可见，从宗教史上看，更美好生活的建筑之梦蕴含着源远流长的古埃及的一种意识形态，即迄今世界的解放。在埃及人和巴比伦人那里，占统治地位的信仰是太阳崇拜。在那里，人们将太阳奉为神，每当金色的太阳升起在东方，光芒万丈，人们就向东方匍匐跪拜，奉献虔诚。对于他们来说，东方不仅是世界的源头，也是地上乐园的方向。但是，《圣经》和基督教反其道而行之，反对埃及人和巴比伦人的东方膜拜，他们毋宁选择日薄西山、夕阳斜下的西方。

整个中世纪建筑处处诠释奥古斯丁的三一基督教神学信仰。中世纪建筑师从未描写中央集权秩序，更没有建造诸如埃及金字塔一类的神庙和神

---

① E. 布洛赫：《希望的原理》，第856—857页。

殿。相反，哥特式建筑赞颂地方分权的自由，例如，重视即将人关注"神的孩子们的自由"（Freiheit der Kinder Gottes），致力于外显这种自由。恰恰在这里蕴含着哥特式建筑的激进意义。就像人类共同体一样，这种建筑物乃是从某个岩石和岩壁上刻出的新生活的一种建筑尝试。据此，布洛赫进一步概括了哥特式建筑所蕴含的希望图像——"活生生的水、生命之树、新天新地"：无比新鲜的、永恒常驻的生命图像：

> 哥特式建筑物的希望图像是活生生的水、生命之树。这是《启示录》最后一章传给中世纪人们的话。希望图像是新的天国、新的地球。建筑匠人预先推定这种可期待的空间，努力把一种预取的神圣空间纳入哥特式建筑中。试看，熠熠生辉、高耸入云的哥特式建筑，那里承载着垂直取向的、龙腾虎跃的尖塔和飞箭、向内照射、装饰一新的玻璃窗等。借助于此，建筑匠人建造了截然不同于埃及太阳崇拜的世界和几何学建筑世界的某种基督教世界。从而，他们相信，中世纪的信仰变得坚如磐石。[①]

由此可见，古代建筑虽然形态各异、风格多样，但其本质类型不外乎是结晶意志的变体和生命之树意志的变体。问题在于，在宗教意识形态消失之后，在后期资本主义虚无主义建筑艺术终结之后，诸如结晶、树木一类的空间还能否焕发青春活力，重新发挥应有的作用。按照布洛赫的观点，从古至今，这两种建筑艺术可谓"鱼和熊掌不可兼得"，始终表现为一种非此即彼、二者择一的选择。但是，在希腊建筑中，这种二者择一的建筑美学却不受意识形态掣肘，彼此相安无事、处之泰然。因此，重要的是通过某种具体的一元性，克服这两种建筑艺术：一方面，未来的建筑艺术必须保持并显现高度充沛的生命力；另一方面，必须把包容生命装饰的结晶秩序当作必不可少的内容。

第三节　个别建筑范例与现代建筑模型批判

布洛赫把埃及建筑与哥特式建筑称作建筑史上一对并驾齐驱的乌托邦

[①] E. 布洛赫：《希望的原理》，第 856—858 页。

范例，即"死亡之晶"和"生命之树"。那么，他对现代建筑，尤其是对晚期资本主义体制下的建筑持怎样一种看法呢？

今天，摩天大楼（Earthscraper）鳞次栉比，耸立在世界各大城市的地平线上，远远望去就像满载旅行者的列车一样翘首以待、整装待发。有时，这些建筑看上去像医院住院室一样宽敞明亮，但一经细细品味，就像特制的大铁箱子一样毫无人气；有时，这些建筑看上去像一艘迷失的航船——平平的甲板、圆舱、舷梯或船舷——闪闪发光，渐渐消失在南太平洋遥远的天际中。

一个世纪以来，钢制建筑、混凝土立方体、平顶屋建筑、玻璃幕墙建筑等来势迅猛，风靡全球。现代建筑分外扎眼，令人咂舌，犹如来自外星的怪物，似乎与历史毫无联系。现代建筑[①]内外均无任何装饰，仅仅沿袭极端四角形的浅薄模样，似乎预示某种难堪的告别。究其原因，这与资本主义"利润原则"密切相关，在利润原则驱使下，现代建筑家们不是创造性地继承古代建筑样式，而是拙劣地模仿古代建筑样式。

不过，只要人的幻想还存在，就有建筑乌托邦存在。人们很早就异想天开，渴望建造一种没有窗户的全封闭房屋。这种房屋清一色由钢材制成，其中没有人工照明、通风设备，整座建筑成了刀枪不入的"坦克房屋"（Panzerhaus）。在建造期间，建筑师们唯一关注的是阳光、外部前景和外部因素。或许，由于这个缘故，现代人才热衷于建造由空调系统和玻璃幕墙相结合的封闭式建筑，总想把房屋变成闭锁的安全的空间。但是，一方面，这种全封闭型建筑隔绝了人与自然空气的直接接触，使得室内闷热、流动空气太少或空气干燥、气味不好，导致通风不良，容易触发各类疾病，例如头痛、身乏，还有人出现恶心、食欲不振、嗜睡、鼻炎、眼睛不适等症状；另一方面，这种全封闭型建筑采用自然光线较少，一般使用模拟日光灯和荧光灯，其中的紫外线会加速光化学氧化，产生室内的化学烟雾，致使各种眼病和呼吸系统炎症的发病率增加。

应当承认，现代早期建筑艺术的基本特征是"开放性"，建筑家们纷

[①] "现代建筑"一词有广义和狭义之分。广义的现代建筑包括20世纪出现的各色各样风格的建筑流派的作品；狭义的现代建筑常常专指在20世纪20年代形成的现代主义建筑。在一些英文文献中，常用小写字母开头的 modern architecture 表示广义的现代建筑，以大写字母开头的 Modern Architecture 或 Modernism 表示狭义的现代建筑。

纷致力于扬弃以往幽暗的石雕建筑样式,试图通过轻便的玻璃窗大大拓宽住家的视野。但是,这种"开放性"也诱使建筑家们把内部空间与外部世界混为一谈。一旦室内温馨气氛消逝无踪,这地方也就变得空虚乏味了。此外,建筑并不是地下墓室,建筑至少应是保护居民安全的要塞。如果外部世界强盗横行,群魔乱舞,那么即使把窗户建造得硕大无朋、一览无遗,又有什么用呢?然而,建筑主人却不惜挖空心思在大门上标新立异、大做文章:

> 更令人匪夷所思的是,建筑主人构想安装一扇直达地面的玻璃大门,为的是采集到充足的温暖阳光。但是,外面若有像盖世太保一样的人窥探这座房屋,那么建筑主人从一开始就不会设想安装这样巨大的玻璃门了。再者,如果没有第一次世界大战所使用的堑壕以及第一次世界大战期间不堪一击的马奇诺防线①,那么所谓万无一失的地下城市规划也就不会风靡一时。换言之,如果世界太平无事,人们就会构想"铲土机城市"(Earthscraper),而拒斥摩天大楼了。②

后来,人们便重构阳光之上的某个城市。这并不是现实之城,而是飞行在城市上空的装饰性的逃避图像。在一根高高的桅杆上,像扯起一面战旗一样,扯起一座圆形模样的房屋,或者像真实的气球一样,将其牢牢捆绑在钢丝上。一旦钢丝被拉断,空中之家就会飘离上空,周游世界。但是,这种空中建筑只不过是一种游戏形态而已,所有五花八门的构想都无异于痴人说梦:比如在洞穴中,在木桩上随意安家乐业。

在晚期资本主义社会,建筑家们已"无家可归",很难成就任何一项纯粹的建筑规划。因为在这种社会背景下,人的生命价值一落千丈、跌入谷底,一切艺术都归于表面化,要么呈现一种赤裸裸的、无遮蔽的东西,要么呈现出一堆僵死的、无灵魂的东西。现代建筑家们试图根除形形色色

---

① 马奇诺防线(Maginotlinien),第一次世界大战后,法国为抵御德军入侵,在其东北边境地区构筑的防御体系。以法国陆军部长马奇诺的名字命名。马奇诺防线的建成,使希特勒德国军队不得不避开德法边境正面,另选进攻法国的方向。1940年5—6月,德国主力通过阿登山脉,从马奇诺防线左翼迂回,在蒙梅迪附近突破最薄弱的达拉第防线,一举占领了法国北部,接着进逼马奇诺防线的后方,使防线彻底崩溃,成了毫无价值的东西。

② E. 布洛赫:《希望的原理》,第859页。

的浮华装饰品，以此一扫19世纪所谓腐朽艺术的"霉味"。可是，建筑家们却发现，越是横扫过去建筑艺术的腐朽成分，就越是感到内心贫乏、一筹莫展："万岁！我们再也想不起什么了！"其结果，在雅致的长毛绒古风椅子与冷冰冰的不锈钢椅子之间，在文艺复兴时代古色古香的邮局与现代花里胡哨的"蛋箱"（Eierkiste）之间，人们再也想象不出更好的建筑样式。"现在已再没有可供避难的角落，剩下的只有配有媚俗灯光的流行建筑而已。"

然而，物极必反。洛斯[①]在欧洲，赖特[②]在美国率先奋起反对现代大城市及其高层建筑样式。他们把大城市比作"杀人城市"，诅咒摩天大楼是丑陋的、仿制的"恶性肿瘤"。为此，他们强烈呼吁以人为本，把大城市分割成适于普通民众居住的小城市，让生活复归于日常的、有机的、充满人情味的小型住宅。

1908年，洛斯发表《装饰与罪恶》一文，提出"装饰就是罪恶"的建筑艺术口号。他认为，所谓外部装饰是一种文化上的退化，它既不经济也不实用。1910年，洛斯在维也纳"斯坦纳住宅"（Steiner Haus）中展开一连串"空间计划"住宅观念。后来，这一住宅观念在维也纳的"摩勒住宅"和布拉格附近的"缪勒住宅"中达到极致。1920—1922年，他将他尚未发展完全的"空间计划"应用于集合住宅中，将立方体造型转变成阶梯状阳台断面。1920年他设计了一个出色而经济的集合住宅方案，即"干草山社区"（Heuberg），被誉为战后通货膨胀时期都市求生的典型策略。这个方案把阳台住宅与温室及分配租地整合为一，可供屋主种植自己的食物，从而成为20世纪20年代德国许多集合住宅聚落普遍采用的方案。对于赖特来说，"美丽的建筑不只局限于精确，它们是真正的有机体，是心灵的产物，是利用最好的技术臻于完成的艺术品"。赖特设计的建筑作品类型大多是别墅和小住宅。从19世纪末到20世纪初的10年中，赖特在美国威斯康星州、伊利诺州和密执安州等地，陆续设计了为数众多的小住宅和别墅。这些住宅大多为中产阶级所有，因此基本都在郊外，用

[①] 洛斯（Adolf Loss，1870—1933），奥地利建筑师，1933年流亡美国。
[②] 赖特（Frank Liyod Wright，1987—1965），美国建筑师，建筑艺术以其草原式风格和有机建筑著称，其设计理念被誉为20世纪建筑艺术的革新范例，迄今他的许多作品仍是建筑师们争相模仿的不朽之作。

地宽阔、环境优美,材料大多使用传统的砖瓦、木头和石头。主要建筑作品有威利茨私人住宅(1901)、马丁私人住宅(1904)、罗宾私人住宅(1906)等。

不过,此时也不乏大唱反调的建筑师,例如,现代建筑艺术的激进分子和主将勒·柯布西耶①就对"居住机器"(Wohnmaschine)情有独钟、大加赞扬。他的一些设计和结构当时不被人们接受乃至否决,但在以后却被其他建筑师推广应用,如逐层退后的公寓,悬索结构的展览馆等,他在建筑设计的许多方面都是一位先行者,对现代建筑设计产生了广泛而深远的影响。1926年,勒·柯布西耶把自己的建筑理念概括为"新建筑五点":第一,底层架空:主要楼层离开地面,独特支柱使一楼悬空;第二,屋顶花园:将花园移往视野最广、湿度最少的屋顶;第三,自由平面:根据空间的需求来决定各层墙壁位置;第四,横向的长窗:根据立面处理各楼层之间的协调关系;第五,自由立面:大面开窗,以获得良好视野。

20世纪20年代,勒·柯布西耶充分发挥这些特点,设计了萨伏伊别墅等一系列与传统建筑迥异其趣的住宅建筑。他与瓦尔特·格罗皮乌斯一道赋予"新现实派"② 以"工程师艺术(Ingenieurkunst)"要素,并推崇其为反传统的"进步艺术"。但是,结果却适得其反,这种艺术旋即将建筑静止化,使其变成一堆锈迹斑斑的废铁烂渣。

布洛赫承认,现代建筑大胆唤起了超现代的东西,在不同程度上丰富了建筑艺术的内涵,如抽象性、精神性、象征性等,但是,他尖锐地指出,现代建筑总体设计显得平庸呆滞,造型简单、色彩单调,主题千篇一律,形象古板乏味,令人生厌。以贝瑞和勒·柯布西耶的建筑作品为例,布洛赫试图在现代建筑装饰中寻求某种普遍的人性精神:

> 现代建筑憎恶所谓装饰的华丽辞藻,一味仿制19世纪糟糕的建筑式样,越发机械地依样画葫芦。最终,法国混凝土建筑师奥古斯特·

---

① 勒·柯布西耶(Le Corbusier,1887—1965),法国建筑师,他与瓦尔特·格罗皮乌斯、密斯·凡·德罗并称为现代建筑派或国际形式建筑派的主要代表和旗手。主要作品有《巴黎郊区萨伏伊别墅》《巴黎瑞士学生宿舍》《马赛公寓大楼》《廊香教堂》《印度昌迪加尔》等。

② 新现实派(neuer Sachlichkeit),德国19世纪20年代艺术和文学流派,反对表现主义,试图客观地反映现实生活。

贝瑞①干脆断言:"装饰总是隐蔽建筑中的某种结构缺陷。"在此,不时表现出古典主义的讨人喜欢(Möchte-gern)倾向,其中也不乏某种浪漫主义的因素。因为贝瑞和勒·柯布西耶等人的建筑物既部分地承载着几何学的形态,也部分地承载着作为市民义务的宁静感以及抽象的人性。勒·柯布西耶《闪光的城市》(La ville radieuse)这一纲领到处寻找某个希腊的巴黎。他的《关于城市的城市规划构成要素》(Les éléments urbanistique constitutifs de la ville)就充分说明了这一点。也就是说,勒·柯布西耶试图在雅典的墙壁上描画某种普遍的人性精神。他的《寺院庭院大理石中人的声音》就是他的代表作。②

在此,希腊的城市国家变成闻所未闻的抽象的荒凉城市的典型。不过,建筑要素并未区分成纯粹机能意义上的人的存在(Etre humain)。这些不屈不挠的机能主义者充其量只是私下里抽象地促进城市规划。但是,所谓"人的存在"的单纯口号最终会把现实居民制造成机能性房屋和城市中的规范化的蚂蚁。于是,居民将蜕变成"居住机器"中异质的、异化的有机体。一旦人们生活在那里,现实的人们就会完全被剥夺自身的自由空间、舒适的宿舍以及心中的家乡。

为什么现代建筑会造成上述满目荒凉、无家可归的悲惨局面呢?根本原因在于,现代建筑物脱离生活实际,无视既定状况。具体而言,现代建筑所谓"纯洁性"(Reinheit)原则出于全盘拒绝装饰艺术,既缺乏批判继承意识,也缺乏想象力和创新意识;第二,现代建筑的所谓"明亮性"(Heiterkeit)原则受制于"鸵鸟政策"(Vogel-Strauß-Politik),既不愿正视现实,也不敢面对险情。其结果,作为永恒的机能性建筑,现代建筑大都割断现代与古代的联系,沦为没有灵魂的、空洞的表面建筑。例如,现代建筑大都镶嵌着庞大的玻璃幕墙,人们尽可一览无余,但却空空如也,其中任何附加物、任何装饰物都无法开花结果。

---

① 奥古斯特·贝瑞(Auguste Perret,1874—1954),法国建筑师,发展钢筋混凝土结构的先驱,早年曾在巴黎美术学院学习建筑,未毕业即随其父在巴黎从事营造业。1922—1923 年在巴黎附近勒兰西建造的圣母教堂对建筑的发展和革新影响很大,解决了建造大体量钢筋混凝土结构建筑的问题。第二次世界大战后,任勒阿佛尔市重建工程总建筑师,著名的建筑有市政厅和圣约瑟教堂等。

② E. 布洛赫:《希望的原理》,第 860—861 页。

不过，值得一提的是，保罗·希尔巴特德①的弟子布鲁诺·陶特②的钢筋玻璃建筑作品。1914年德国科隆博览会出现了一座集艺术、科学和设计于一身的不朽艺术作品，即"玻璃亭"。这是一座用五光十色的玻璃镶嵌板搭建而成的拱型建筑，是由布鲁诺·陶特设计的。陶特的建筑灵感恰恰来源于德国幻想作家保罗·希尔巴特的作品。希尔巴特不是建筑师，而是一位作家，专好作奇思异想之语。由于受了他的启发，并且有现代材料以资使用，陶特就用了七彩颜色和怪异形状，创造出了一座极其富于想象力的建筑。在这座"玻璃亭"的束带层上，铭刻着诸如"彩色玻璃消弭仇恨"之类的一些希尔巴特的文字。新材料和新技术满足了布鲁诺·陶特的奇思异想，他的设计后来常被人们常提起，被誉为西方表现主义的代表作。

布鲁诺·陶特的建筑理念充满奇幻的乌托邦方案，不仅象征建筑师改造世界的梦，也象征着改造人类思想意识的梦。他的玻璃建筑努力把表现主义主观性与现代艺术的抽象性融为一体，勾画了所谓"天上之家"（Haus des Himmels）的梦幻图像。平面图由7个三角形组成，墙壁、屋顶和地面均由玻璃组成。从外面看，"天上之家"华灯初上，灯火通明，通过眼花缭乱、如梦如幻的室内照明散发出璀璨繁星一样明亮的光芒。受到"泛宇宙论者"希尔巴特的启发，陶特坚信玻璃建筑的普适性，认为可以把整个地球塑造成一个无所不包的水晶宫（Kristall）。为了实现新的透明性，他不惜从保罗·克洛岱尔③的诗篇《宣告》中寻找理论支撑：

> 在神性之光的波涛中
> 明智的建筑师有计划地
> 像一只过滤器一样
> 垒起建筑材料
> 并且在整个建筑物上
> 授予一片珍珠之海

---

① 保罗·希尔巴特（Paul Karl Wilhelm Scheerbart, 1863—1915），德国表现主义幻想作家，笔名库诺·屈费尔（Kuno Küfer），以其散文诗《玻璃建筑》（1914）著称。

② 布鲁诺·陶特（Bruno Taute, 1880—1938），德国建筑师，擅长用钢筋和玻璃建造房屋，表现科技的工艺寓意以及建筑作品的开放性和透明性，强调一种走向一种非压抑的感性渴望。

③ 保罗·克洛岱尔（Paul Claudel, 1868—1955），法国诗人、剧作家、外交家，主要作品有《黄金头》（1890）、《城市》（1892）、《正午的分割》（1907）等。

陶特建筑纲领的核心思想是最现代化的建筑材料与数的神秘性（Zahlenmystik）的结合。所谓"数的神秘性"，其基调是星相神话，其中还掺杂着色彩美学的因素。在陶特的建筑中，流露出某种冒险尝试，即出于"无"又引起徒劳的埃及金字塔的冒险尝试。此外，在他的建筑中还散发着出于"无"的哥特式建筑的光线。遗憾的是，这光线并不具有任何特定的内容，而仅仅像离弦的火箭一样不可遏止地向上喷涌。在他的建筑中，纯粹的目的形态与毫无联系的过剩激情采取一种典型的二元论态度：彼此平行发展，互不干扰。他的作品中的机械样式似乎漠不关心地解除一切重量，但是，越是坚决地卸掉压载，幻想就越是变得"无家可归"（heimatlos），甚至腐化堕落。

古代建筑充分体现了维特鲁维奥建筑学意义上的三大原则："有用性"、"坚固性"和"优美性"。特别是，在古代建筑中，美及其幻想渗透建筑核心，无论全体还是部分，都被装饰在形象之中。与古代建筑相对照，在陶特的建筑中，目的形态与幻想是不可调和的。陶特建筑中的幻想（Phantasie）出于他的艺术灵感，但它仅仅适用于表现主义画家，而不适用于现代建筑师。现代建筑师并不寻求周围市民阶层的"无"及其环境关系，换言之，现代建筑师并不认同所谓没有艺术的工程或脱离地球的"宇宙原则"。

综上所述，布洛赫对现代建筑式样持强烈的批判态度。鉴于资本主义利润挂帅原则，现代艺术家的创作首先顾及自身作品能否获得相应的利润。现代建筑的症结在于缺乏想象力和创造性，其结果，现代建筑循规蹈矩、墨守成规，一味仿造极端浅薄的四方形模样。那么，从艺术层面上看，现代建筑的出路何在呢？现代建筑必须打破邯郸学步、亦步亦趋的创作模式，大胆批判、继承和创新包括埃及建筑、哥特式建筑等在内的过去时代辉煌灿烂的建筑样式：

> 现代建筑的唯一意义在于发现作为时代现象始发点的船舶之家。恰恰在这个地方，存在借以颠覆现代建筑样式的尺度。这一尺度取决于新社会中人与自然的和谐关系如何开花结果，取决于这种和谐关系在建筑学平面图和各种美丽装饰中如何获得具体化。不言而喻，我们不可过度地依赖历史，不可丑陋地复制建筑样式，但是，我们可以大

力吸收过去的文化遗产。现代建筑师不可浪漫主义地把自身的艺术创造精神束缚在过去时代一成不变的建筑式样上，我们不应再建像四角形箱子式的低俗建筑。相反，我们应耐心净化、细心维护迄今被保存下来的一切建筑艺术。与此同时，我们应当大力弘扬建筑美学中所有初始性的根源价值。并且，今后还要拓宽一条永远美丽、充盈泛滥的艺术创作源泉，从而使人们能够意识到建筑艺术作品与机器之间的本质区别。①

与昔日建筑相比，现代建筑并非漆黑一团、一无是处。相反，其中也蕴含着某些有趣的建筑乌托邦特性。1914年，陶特在德国科隆博览会上所创作的"玻璃亭"（Glasmuseum）被当作西方现代表现主义的代表作。玻璃亭有一个多面玻璃的小圆顶玻璃砖砌墙，小室的其他墙面上，贴满了彩色马赛克画面，中间还有一段阶梯状的流水池。光从玻璃屋顶照进来，射入水池，再反射到墙面上，经由玻璃砖和马赛克的无限反射，使房间里充满绚丽多姿的光的舞蹈。在亭内，陶特使用各种"彩色"玻璃并巧妙地运用光来烘托这种彩色，好像是刻意表现玻璃与光的嬉戏。

布洛赫把陶特玻璃建筑的核心视为指向"透明性"（Durchsichtigkeit）的一种乌托邦价值形态。但是，他同时指出，"玻璃建筑想要成为充满人情味的真正的建筑形态，它就必须作为建筑与人之间的一个中介，不断追问人的问题，即作为水晶它究竟暗示什么、答复什么"②。如果未来的玻璃建筑能够成为这样一个中介，那么建筑匠人就会在自己的作品中创造那种散落在海岸线上的"珍珠之海"。但是，到那时，这珍珠之海却是不可透视的、一去不复返的暗号，即装饰得像图画般无比美丽的充盈性。

第四节 未来城市规划：埃及式立体几何与哥特式装饰的结合

进入19世纪以来，城市彻底改变了模样，以致城市建筑渐渐陷于一派无政府状态：一排排城市如雨后春笋拔地而起，一座座摩天大楼直冲云

---

① E. 布洛赫：《希望的原理》，第862—863页。
② 同上书，第863页。

霄，一幢幢住宅楼铺天盖地。

在布洛赫看来，建筑是更美好生活的空间形态。但是问题在于，这样一种空间形态在后期资本主义社会里已变得不可能了。为此，未来建筑应努力回溯建筑传统，返璞归真，创造性地接受埃及建筑和哥特式建筑的优秀精华，将基于水晶的几何学特征和基于生命力的装饰特征有机地结合起来，唯其如此，它才能焕发新的青春活力，为更美好的生活提供应有的空间形态。

如果房屋与其他物品血肉相连，同生共存，它就不会给人一种翘首以待、整装待发的难堪感觉。有鉴于此，杰出的建筑师必须反躬自问建筑与希望的关系，必须积极物色共同作业场所、适当的住宅区环境以及优美协调的城市规划。城市不是过眼烟云、转瞬即逝，而是作为希望的鲜活记录铭刻在建筑中。因此，建筑师需要长久精心地规划城市，使其永远承载着过去、今天和明天的希望。

城市规划由来已久，尤其在19世纪频繁被提上议事日程。但是，随着时光的流逝，20世纪城市规划一再付诸东流。究其原因，尽管市民社会为了利润的缘故，高度重视成本核算和控制，但由于整个社会生产的无政府状态，经济无序竞争，畸形发展。在某种程度上，现代工业城市和住宅区的扩张应归功于开发商胆大包天的"建筑投机"（Bauspekulation）。如今，工业城市像仙人掌一样层层叠叠，住宅区像蜂窝一样密密麻麻，这充分表明，城市规划多么杂乱无章，毫无美感可言。到处都是荒野不毛之地，到处都是堆积如山的建筑用大理石。条条道路蜿蜒逶迤，仿佛通向虚无。城市仿佛诉说自身特有的痛苦和劫难。此外，周围其他空间就像乱哄哄的赌场一样人为地给城市添加花里胡哨的装饰。

与此不同，在早期资本主义社会，各城市自行成长，从不竞争，呈现另一幅千姿百态的景象。也许，由于当时一定程度上推行有计划的生产方式，城市规划致力于与自然地貌的融合，讲究量体裁衣，比例协调。

城市规划最早源于古希腊。早在亚历山大大帝以前，建筑师们就已经草拟了从尼罗河到喜马拉雅山广袤地区的宏伟城市规划。流传至今的古代建筑物足以表明，古人对城市规划倾注了多么大的心血。古代建筑是古代社会与文化的缩影和见证，每当我们凝视它们的时候，一股浓浓的幽古之情就涌上心头，令我们顿生一种难以名状的惶惑、憧憬和亲近感。受到设计家希波达莫斯①的启发，亚里士多德提出了建筑规划与政治规划相结合的城市规划构想。按照这一构想，城市规划涉及上上下下、方方面面，因此建筑师必须从全社会视角奠定城市规划的基础，以文化、公益、私有财产等为标准，"分割国土"（dairedis），建设家园式城市。

当然，历史上也不乏一些反常的奇异城市规划。例如罗马帝国初期，恺撒擅权之后，造了一个封闭的、按完整规划建造的广场。它的后半部是围廊式维纳斯庙，广场成了庙宇的前院。维纳斯是恺撒家族的保护神，因此，广场俨然是恺撒个人的纪念碑。广场中间矗立着恺撒的骑马青铜镀金像。恺撒广场率先定下了封闭的轴线对称布局，并规划了以一个庙宇为主体的新型广场类型。不过，诸如此类的城市规划只不过是恺撒个人狂热的一部分，无论在规划，还是方法上都会激起建筑师的愤恨。相传，在建设马其顿都城时，建筑师蒂诺克拉特（Dinokrate），向亚历山大大帝推荐理想的城市方案，特别强调城市环境与人体健康。日有所思，夜有所梦。有一天，两人做了一个栩栩如生的建筑之梦：

> 有一次，亚历山大大帝和蒂诺克拉特作了一个很逼真的梦：他们劈开希腊圣山阿陀斯（Athos），建造了一座众多居民居住的巨大雕像。这幅巨像左手握有一座城市，右手握有一只碟子。就像尼亚加拉瀑布一样，这只碟子汇集山上的全部泉水将其倾倒在大海里。这个城市规划既是理想和幻想的产物，也是深思熟虑的产物。因为亚历山大大帝梦中的建筑如此雄伟壮丽、绚丽多姿，使任何一座巴洛克新贵族建筑都相形见绌。②

例如，奥古斯都皇帝③用大理石替换了罗马的地砖，而后君士坦丁一

---

① 希波达莫斯（Hippodamos），公元前5世纪米利都出身的希腊建筑师和设计家。据传，他于公元前497年重新设计并，重建了城市米利都。
② E. 布洛赫：《希望的原理》，第864页。
③ 恺撒·奥古斯都（Casar Auguster, B.C.63—A.D.14），罗马帝国初期的皇帝，原名盖乌斯·屋大维（Octavius）。

世①则把拜占庭变成了京城。特别值得一提的是，中世纪人们别具匠心，以"自身固有的方式"丰富多彩地规划了城市。早期中世纪人们高瞻远瞩、放眼四方，围绕一座座城堡规划移民区。法国南部、德国东部的殖民城市甚至标明一种有计划的重复性规划。

直到 18 世纪末，人们坚持理论联系实际，构想了许多合情合理的建筑乌托邦方案，这种方案与资本主义的生产无政府状态形成鲜明对比。例如，在法国大革命以前，城市大众大都属于中小个体商人，受生产方式束缚，在城市规划方面，人们习惯于化整为零、条块分割，试图从数学角度把城市分割塑造成诸如棋盘或圆形建筑一类的东西。于是，个别建筑显得像炮弹一样鼓鼓囊囊，甚至在弯弯曲曲的"景观"②（Veduta）路上，人们也大胆构筑众多建筑物。

但是，当时个别巴洛克建筑的平面图与集体规划是严格对称的。在此，占统治地位的并不是洛可可建筑师加利—比比恩纳③的庭院，而是凡尔赛宫庭院和笛卡尔式庭院。换言之，"对称性"（Symmetrie）这一建筑规则在洛可可建筑中已销声匿迹。在那个时代，人们却别出心裁，以巴洛克方式把德国的曼海姆建造成像一座棋盘一样的城市。值得注意的是，歌德通常对巴洛克艺术十分轻蔑，但在《赫尔曼和与多罗塔》（*Hermann und Dorothea*）一文中，他对曼海姆大加赞美之词，称其为阳光明媚的、富于人性的城市。不过，布洛赫发现，歌德所欣赏的恰恰是曼海姆建筑中非同时性的反古典主义基调。实际上，这些建筑是一种洛可可建筑，与秩序井然、热情奔放的巴洛克建筑相对立。④

巴洛克时期（1600—1750），社交界关注两个主题：一是爱情和热情；二是数学。当时建筑师们把这两大时代主题均应用于建筑领域，既构筑雄伟的城堡，又构筑壮丽的宫殿和教会。著名的巴洛克建筑师有巴塔

---

① 君士坦丁一世（Constantinus I，280—337），罗马皇帝，世界史上第一位信仰基督教的皇帝，曾在 313 年颁布米兰诏书，承认基督教为合法且自由的宗教。330 年他将罗马帝国的首都从罗马迁到拜占庭，将该地改名为君士坦丁堡。

② 15—18 世纪，西欧城市建筑中高而突出的景观处。

③ 朱塞佩·加利-比比恩纳（Giuseppe Galli Bibiena，1696—1756），意大利设计师、绘图员、建筑师、工程师和剧院巴洛克画家。

④ 参见 E. 布洛赫《希望的原理》，第 865 页。

萨·纽曼①、韦尔施②、埃欧桑德③等，这些人作为军事工程出身的建筑师，在修筑军事设施方面同样发挥了出类拔萃的艺术想象力。在布洛赫看来，巴洛克建筑艺术的底蕴和灵魂是浓厚的浪漫主义、丰富的想象力、兼容并包的开放性，以及永无止息、变幻无穷的运动：

> 巴洛克艺术以其惊人的耐力忍受了陶醉、市民计算、反宗教改革、军事几何学之间的这种并立共存。然而，最终人们接受了文艺复兴方式，更积极地接受了后者，即市民计算（Kalkül）和军事几何学（Militärgeometrie）。特别是，在城市规划领域，杰出的建筑师们将17世纪登峰造极的世界图像加以机械化，并在统一的对立状态中将其形象化。因此，巴洛克艺术有效地抑制了自身过分的有机体装饰。这个时代的数学有助于修正对称性与规格之间的动态性，从而得以实施功能概念、微粉和微分学以及无限性的风景画。④

与此同时，布洛赫进一步探讨了巴洛克艺术的哲学精神。巴洛克艺术的世界图像是一种有机体的世界图像，这种图像与笛卡尔、斯宾诺莎意义上的机械世界图像有着本质区别。在建筑规划中，巴洛克哲学尽可能注重结晶明晰性，并尽可能凸显几何学特征（geometrico）。为此，一方面，强调有机体的"超载性"（Überladenheit）；另一方面，强调数学的"房屋立面"（Fassade）。在此意义上，可以说，在建筑等领域里，"巴洛克艺术"首先呈现出典型的"哥特式"特性，即明晰性（Klarheit），而在哲学领域，"巴洛克思维"则首先呈现出典型的"埃及式"特征即结晶性（Kristall）。

此外，在《新贵族巴洛克》一书中，这种结晶存在很容易与秩序倾

---

① 约翰·巴塔萨·纽曼（Johann Balthasar Neumann，1668—1745），奥地利巴洛克建筑家，在萨尔茨堡、维也纳等地均有他的建筑作品，代表作有《维尔茨堡官邸》《奥古斯都堡与猎趣园阶梯空间》《波昂十字山朝圣教堂阶梯空间》等。

② 韦尔施（Johann Maximilian von Welsch，1671—1745），德国巴洛克建筑师、设计师和军事建筑师，代表作有《最有趣的颐和园》（美因茨）。

③ 约翰·埃欧桑德（Johann Eosander，1669—1728），德国建筑师，代表作有弗里德里希一世宫殿等，其建筑风格介于后期巴洛克与古典主义之间。

④ E. 布洛赫：《希望的原理》，第865页。

向、西班牙特色结合在一起，这一点甚至表现出一种完全不同于巴洛克时代国家小说中理想建筑的形态。托马斯·莫尔通过一幢幢单个的房屋、低矮的建筑以及松散的庭院城市，描画了自由主义社会乌托邦，即最优秀的国家典型。与此相对照，康帕内拉通过规划集群住宅、高层房屋、高度中央集权的城市图像，构想了权威主义的社会乌托邦。例如，中心墙、宇宙壁画、圆形基础等充分显示数学的精确性，甚至受制于星相神化的秩序乌托邦。

自巴洛克城市规划出台以来，所有普遍的几何学要素都被视为市民理想城市，所有数学取向的城市计划都被视为城市建筑的一般口令。但是，也有例外。19世纪后半叶，并未出现任何城市规划的具体纲领。通过个人利润原则，建筑师们不仅勾销了城市规划，甚至也完全终止了城市规划。这之后，垄断资本主义时期，建筑艺术渐趋埃及结晶式要素，注重建筑设施、建筑构架、国家图像等。除了个别奢侈的别墅、华丽的街道之外，与哥特式城市图像相关的图像一扫而光，全都销声匿迹。其结果，德国古色古香的城市失去了哥特式城市图像的厚重感、安宁感，失去了神秘而不规则的曲线、深沉而惬意的充盈性。资本主义社会绝不容许这种看似眼花缭乱、纷繁复杂的曲线（Winkligkeit），它所关注的是如何从精确的几何学角度不断再生产城市。

如今，几何学城市（Stadtgeometrie）已成为"一切新的城市构想的乌托邦"。总体上看，几何学城市与无政府状态的偶然经济形成鲜明对照。但是，问题在于，这种城市对偶然经济所造成的人的异化、人的灵魂丧失等现象却置若罔闻、熟视无睹。但是，人心渴望扬弃不端正的生活态度，树立明确的人生观。1505年，弗拉·焦孔多①首次设计了这种人文城市。按照他的设计，梦的城市是一个圆形城市，城市中间矗立着穹顶教会和圆形广场，城市周围是四通八达的街道，教会建筑散发的光辉普照在大地上，大街小巷始终沐浴在温暖之中，无计其数的奇花异草争相斗艳、竞相开放。1593年，马库斯广场的设计者文森佐·斯卡莫兹②设计了他心目中

---

① 弗拉·焦孔多（Fra Giocondo, 1433—1515），意大利建筑师、古董商、考古学家和古典学者，曾刊行建筑师维特鲁维奥的建筑图书，对建筑领域产生了巨大影响。

② 文森佐·斯卡莫兹（Vincenzo Scamozzi, 1552—1616），意大利建筑师、建筑理论家，著有《普通建筑学》，他所设计的意大利帕尔马诺瓦城（Palmanova）是具有文艺复兴特色的"星状城市"。

的"理想城市"——多角星状城市。整座城市都与辐射状的矩形（Rechteck）紧密联系在一起。城市中心是一座定向建筑，由此伸展出八条道路，每个地点都配有大门，在矩形网络中，道路继续延伸下去。为了建造理想城市，毕拉内吉①引进了早期古典主义建筑理念，他不仅借助"对称性"理解土地、建筑面貌，也借助"对称性"理解房屋特征的装饰形态。然而，随着市民社会的发展，建筑中的这种对称性要素却日趋衰落，直至不见踪影了。因此，人们有理由把毕拉内吉称作"罗马废墟的恢复者"。有趣的是，苏俄建筑艺术深受毕拉内吉的影响，以致其城市规划打上了他的建筑乌托邦理念的烙印。例如，苏联建筑师西多罗夫（Sidorow）对毕拉内吉推崇备至，称其为"建筑领域的思想家"，并从他那里，广泛吸取了广场布局、尖塔结构、高度比例等基本要素。

但是，在布洛赫看来，在近代建筑乌托邦历史上，写下浓重一笔的当推法国革命建筑师列杜②，在代表作《绍村盐场》中，列杜把一个匪夷所思的理想城市变成了一个布局合理、条理清晰的现实建筑。

作为一个半圆形的庞然大物，绍村盐场是一家设施全面的工厂，在建筑物内部设有办公室、接待室、厨房、面包房、教堂等。所有的工人都住在里面，实现了行政、宗教和政治职能的高度统一。更具人性特色的是，在工厂里还为工人建立了活动和休息室，充分考虑到工人的实际需要，并把这种需要巧妙地融入建筑结构中。为了安全和卫生起见，所有建筑都呈现分散布局。这个由 11 座楼房组成的半环状建筑，呈现出设计者多姿多彩的艺术想象力与实用技艺的巧妙结合。绍村盐矿厂房围绕经理楼而呈半圆形分布。坐落在盐场中央的经理楼，是一座装饰俭朴的十字形建筑，正面为高大的列柱廊，一根根廊柱是由圆形和方形石块逐次交叠而成，棱角分明。柱廊上方为带眼孔窗的三角墙。

经理室的窗户被誉为"经理之眼"，从这里能看到厂区的任何地方，同时也可被别的地方看到，以便监督调整整个盐场的运行。经理室两侧的

---

① 毕拉内吉（Giovanni Battista Piranesi，1720—1778），意大利版画家、建筑师，主要作品有铜版画《罗马的风景》《建筑》等。

② 列杜（Claude-Nicolas Ledoux，1736—1806），18 世纪法国最重要的建筑师，法国大革命时期革命性的建筑师。他所设计的《绍村盐场》（La Saline de Chaux）是他的"理想城市"构想中唯一得以兴建的建筑，也是法国近代工业建筑时期最杰出的建筑，体现了启蒙运动的设计理念，是建筑业发展史上一体化建筑的典范。

宽敞建筑是制盐车间，这些车间与经理室一道构成绍村盐场区域的核心部位。盐水通过2000多米长的木制地下管道从盐田流到这里，经过许多道工序，最后被制成盐粒。车间两侧是两栋职工楼，楼后是马厩。车间对面的平房是铸造、铁匠、桶匠和工人住房。经理室对面是门房。它位于盐场的路口处，具有古代风格的陶立克式廊柱与岩石的奇妙结合，岩石棱角分明，晶莹剔透，类似盐粒结晶。下面墙上的砖石也是凹凸起伏，好似水波荡漾。整个建筑被赋予一种神秘朦胧之感。

总之，列杜大胆想象、标新立异，以其高昂的激情和古典主义风格设计了人类的未来城市。布洛赫对这座城市规划中所表现出的首创精神和艺术成就予以很高评价：

> 与拿破仑帝国时代的艺术样式相比，列杜并没有热烈标榜古典主义，他只是把古典主义加以多方面、多层次的形象化而已。列杜设计了理想城市"绍村"（Chaux），可以说，这是一座指向未来的城市，根据居民不同职业，这座城市被划分为公社。微观上，城市建筑物呈现自由样式；宏观上，城市建筑呈现一元性。由此产生独立而一体化的园亭建筑系统（Pavillon-System）。列杜恰恰以某一城市为中心，扬弃了无限扩张的圆周建筑。他的建筑宗旨要求任何地方都要有一个劳动中心地，其周围建筑首先应当表明其存在的必要性。所谓理想城市，应当拥有与各种居民职业相称的多种建筑类型。例如，伐木工的家、田野守护者的家、商人的家等。在理想城市中，甚至还有"热情之家"，这是一个类似寺院形态的家，适用于那些渴望性解放的人。此外，还有"为了女性尊严的家""和解之家"等。①

与此同时，布洛赫也指出了这座城市规划中的一些弱点和不足。例如，尽管上述住家呈现立体几何形状，比较适宜民众居住，但也有一些局限性。在个别方面，这座城市建筑乌托邦允许若干自由，但总体上，像一切新时代的城市规划一样，也强调整体秩序。在他的城市规划中，他发展了一种几何学的比喻手法。作为几何学的引导者和埃及建筑的诱惑者，这种手法指给同时代人某种秩序乌托邦。因此，他的整个园亭系统的基础是

---

① E. 布洛赫：《希望的原理》，第868页。

诸如康帕内拉太阳城一类的军事几何学。的确，在此也不乏星相神话因素：伐木工之家位于金字塔穹屋顶之下，田野守护者则居住在像地球一样的球形之家中。总体上，清醒之家（ville naissante）围绕着一个令人联想起行星轨道的椭圆形运转。

在列杜设计这座理想城市时，正值法国大革命正如火如荼、方兴未艾之际。在此意义上，他的理想城市规划是对未来美好生活的预先推定和展望。列杜把建筑师命名为"神的竞争者"（Rivalen Gottes），这里折射出对神的权能的蔑视和对人的创造性的自信。就像普罗米修斯盗火给人类一样，人也不惜冒犯神的旨意来创造世界。但是，作为某种完成的东西，如此大胆创造的世界最终却乖乖地依偎在几何学的宇宙秩序中，这是列杜所始料不及的。正像毕拉内吉把古典主义题材与理想城市的几何学结合起在一起一样，列杜把共济会的反抗与埃及建筑题材结合在一起。尽管他们城市规划的基调是乌托邦的集体主义，但是内部蕴含着某种"结晶的、太结晶的城市乌托邦要素"。由此可见，布洛赫的建筑乌托邦不是批判源自埃及建筑的立体几何学要素，而是批判近代建筑中对哥特式有机生命要素的全盘否定和抹杀。

为了人类的未来，陶特、柯布西耶等人另辟蹊径，运用世俗化的星相神话题材，构筑了"宇宙中的定居"（Einschwingung in den Kosmos）。实际上，在近代各种装饰艺术中，这种星相神话（Astralmythos）经常改头换面重新出现，并且一再被用于外部偶像崇拜中。在"斤斤计较的资本主义状态"中，星相神话从数学计算角度起作用，在"自由竞争的经济以及文化无政府主义状态"中，星相神话则从浪漫主义的多情善感角度起作用。正因如此，人们魂不守舍、心醉神迷，被眼前的结晶严密性所深深吸引。几何学的权力之所以与计算和算计并行不悖，也是出于这个缘故。几何学的力量至少赋予人们一种超然于当下混乱生活的感觉。

但是，现代某些时髦的建筑题材往往把现存建筑样式变成十分陌生、恍如隔世的题材。例如，个别原创性的建筑题材别有用心、借题发挥，试图赋予工程师艺术建筑样式某种意味深长的乌托邦意义。于是，在建筑领域，工程师艺术便发挥某种实用指南的作用。尽管这种建筑艺术貌似新的建筑乌托邦，但是，这种假冒艺术对建设更具体的社会有百害而无一利：

> 因为这种工程师艺术的实质是步古代埃及结晶建筑的后尘，力图

剥夺乌托邦的"有机体要求"(Lust zu entorganisieren)。结晶几何学的建筑乌托邦恰恰与所谓新的建筑学，即抽象的技术本身相联系。不仅如此，在技术领域，这种建筑乌托邦还以其特有的方法传达众所周知的。例如，丧失了朝霞的家、没有活力的僵死的城市图像，清一色由铁棍、铁皮组成的建筑，其他单纯几何学地仿造的建筑等。这一切已不再与人相关，而仅仅与脱机体的机械相关。这种功能化的建筑仅仅反映并凸显自动售货机的冷酷商品世界而已。这种世界充其量属于商品社会、异化社会，只会进一步加剧人的劳动分化和抽象的技术。①

特别是，通过玻璃形象、抽象排列等手法，工程师建筑持续不断地渗入非欧几里得几何学世界，以期满足空间形态的和谐性、完备性和独立性。因此，这种建筑空间的野心无非是越俎代庖，试图表现只有经验事实基础才能表现的独特空间。例如，表现主义创造某种激昂的、升腾的物体的空间面貌，这种尝试无异于一种非分的实验。表现主义艺术家热衷于制造一种与时间空间视点完全不相容的空间视点。同样，追求诸如超立方体存在形态一类的抽象建筑，有时也转而寻求不再是有机体的孤立的秩序，但是，这种秩序与人类中心主义这一中间宇宙思维相去甚远。与其他空间一样，表现主义艺术所渲染的激昂的物体空间，也属于欧几里得几何学的三维空间。因此，如果建筑师接受欧几里得几何学所蕴含的泛几何学，建筑学就会象征性地接受某种深层次的暗示，就会预先获得某一良好的方向。

然而，表现主义的空间形态频繁地、过分地把纯粹的主观主义融入虚空之中。在这种空间中，表现主义试图解决与人的主体相应的、与客观相符的表现问题。艺术是一种表现、一种实验，这种试验形成于"结晶自我之林"(Ichkristallwald) 这一抽象的工作形态。成长中的市民社会不约而同地把巴洛克艺术中的矫揉造作视为一种合法的风格，"矫饰主义"②

---

① E. 布洛赫：《希望的原理》，第869页。
② 矫饰主义(Mannerism)，一译"风格主义""形式主义"，一般用来指称文艺复兴盛期之后、巴洛克之前(1520—1600)的意大利艺术风格。当时，一群模仿拉斐尔、米开朗基罗绘画风格的画家，由于他们的作品有过度修饰、不够均衡、神经质的倾向乃至矫揉造作的气息，人们便以"矫饰"一词来形容这些画家只知模仿表象，而领会不到大师作品风格的精髓。矫饰主义代表画家有邦弗尼托·切利尼(Benvenuto Cellini, 1500—1571)、安哥诺罗·布龙齐诺(Agnolo Bronzino, 1503—1572)、帕米加尼诺(Francesco Parmigianino, 1503—1540)等。

（Manierismus）艺术反对柯勒乔①、丁托莱托②、格列柯③，甚至米开朗基罗④的艺术风格。文艺复兴全盛时期的后几年，矫饰主义艺术家们对于古典的绘画原则，诸如优美、和谐、理性等已渐感厌倦，转而追求画面中不安定、扭曲、变形等质素，有意识地拉长或改变文艺复兴时期人们习以为常的那种匀称的人体比例。因此，这个时期的画家们在绘画中不是拘泥于传统原则作画，而是致力于表现内心世界的思维与感情，力求笔法精致、感情冷漠、色彩刺目等艺术特色。因此，在建筑艺术中，布洛赫不是正视死亡的明晰性，而是凸显人性原则及其充盈性特征，重树生活之树和结晶秩序：

> 矫饰主义艺术弘扬艺术情调以及表现价值的至上主观性，并把这种主观性十分大胆地融入技术模型之中。于是，今天便出现了"结晶中的哥特式"（Gotik im Kristall）这样一个惊人的问题。归根结底，我们应当把一切结晶存在都解释为埃及艺术所标榜的那种死亡的明晰性。尽管如此，近代建筑物的结晶要素与某种特殊的人性有着密切的关联。那么，如何才能明晰地重树人的充盈性呢？如何才能通过真正的生命之树，通过人性装饰来实现某种建筑学的结晶秩序呢？⑤

布洛赫承认，在埃及建筑乌托邦与哥特式建筑乌托邦之间进行一种辩证综合是一项十分棘手的工作，甚至是一项愚蠢的、危险的、空想性模仿。但是，他相信，在社会总体建筑领域里，肯定存在尚未出现的更高的

---

① 柯勒乔（Correggio, 1494—1534），16世纪意大利文艺复兴时期画家、壁画装饰艺术的开拓者，作品题材多为圣坛画、小型宗教绘画等。主要作品有《基督离开圣母》《圣母升天》《从良的妓女》《爱的系列》等。

② 丁托莱托（Tiatoretto, 1518—1594），16世纪末意大利威尼斯画家，代表作有《基督受刑》《背十字架》《在彼拉多面前的基督》《浴后的苏珊娜》等。

③ 埃尔·格列柯（El Greco, 1541—1614），西班牙画家，出生于希拉克里特岛，被誉为"艺术家中最伟大的艺术家、西班牙画坛的灵魂、天才的疯子"。他的题材多为宗教题材，画风古怪殊异，强调事实性、流动性、动态性，画中形象夸张、造型怪诞，代表作有《阿尔加斯伯爵的葬礼》《托莱多景色》《拉奥孔群像》等。

④ 米开朗基罗（Michelangelo Buonarroti, 1475—1564），意大利文艺复兴时期画家、雕塑家、建筑师和诗人，代表作有梵蒂冈西斯廷礼拜堂的《创世记》天顶画和壁画《最后的审判》等。

⑤ E. 布洛赫：《希望的原理》，第870页。

第三种建筑形态，即既呈现静止性，又呈现充盈性的建筑乌托邦。那么，在建筑领域，有谁能够肩负起建构这第三种建筑形态的重任呢？布洛赫的回答是："马克思主义"。在过去的一切抽象乌托邦中，主观自由（托马斯·莫尔）与建造秩序之间的二者择一是建筑形态的基本内容。与以往形形色色的抽象的乌托邦不同，马克思主义是具体的乌托邦的创见，它代表未来的良知，拥有希望的知识。由于这一新颖性和独特性，马克思主义将动员人类一切进步力量终结现存旧的秩序，恢复人的充盈性的本真位置。换言之，马克思主义将通过自由与秩序之间的创造性综合，建立一个自由基础上的高度民主的秩序国度：

> 现代建筑热衷于"宇宙中的定居"，追求所谓没有任何主体性和辩证法的自然秩序。但是，马克思主义超越这种没有任何中介的赤裸裸的摹写状态（Abbildlichkeit），而把具体的自然趋势把握为"宇宙中的人化"（Humanisierung in demKosmos）。一种无阶级社会的空间艺术绝不会停留在诸如结晶一类的抽象特性之中。在毕拉内吉、列杜等人的城市规划中，已经蕴含着某种警示性的适当空间。这是一种崭新的未来建筑乌托邦形态，尽管它还披着一层薄薄的古典主义伪装，但它把抽象的或者没有人的结晶形态的建筑形态远远地甩在了后面。①

然而，未来孕育在过去和现在之中。在未来人类的新家乡中，非形式主义的玻璃雕刻品和玻璃建筑本身有可能转变成某种未知的建筑形态或空间形态。从宇宙学视角来看，通过人的丰富想象力和崇高表现力，奇异的曲线和立体几何学本质上能够成为一种新的建筑形态。恰恰在这种新的建筑形态中，建筑的结晶性与人的充盈性交相辉映、相得益彰，最终把人类对美好建筑的预先推定付诸实施。在这种新的建筑形态中，一方面，建筑要素又被融入"奔向宇宙的外向垂直线"（extravertiertheit zum Kosmos）；另一方面，建筑要素又被融入"奔向家乡的排列之线"（zum Lineament einer Heimat）的回归曲线。于是，永恒的宇宙与人类的家乡同生共存、相辅相成。

---

① E. 布洛赫：《希望的原理》，第871页。

因此，从表面上看，建筑意味着"居住、舒适和健康"，但从本质上来看，建筑则意味着某种"人类家乡的生产尝试"。无论构筑最适于居住的住宅，还是寻求比例均衡、装饰华丽的建筑物，都出于"家乡"这一生产尝试。根据黑格尔的理解，建筑的课题就是把与人的机体无关的自然转变成与人息息相关的人工自然，进而将其运用于人的固有精神之中。在他看来，作为一种精神存在，人的主体彷徨苦闷，到处寻找可居住的家乡，并以亲缘方式命名它所遭遇的东西，例如，建筑形态中的直角、曲线、屋檐、穹顶、尖塔等。

建筑乌托邦既是某一地理乌托邦的开端，也是终结。所谓地理乌托邦意味着"地上乐园之梦"，其目的在于从地球的缝隙中寻找金灿灿、亮晶晶的宝石。就像闻名遐迩的哥特式建筑一样，伟大的艺术作品伴随着催人潸然泪下的悲伤的神秘，其中久久回响着沉重而美丽的声音。在出于若干基本元素的埃及卡尔纳克神殿的列柱大厅①与巴黎圣礼拜教堂②之间，在这里出于石头的我们的家乡图像与那里出于支撑结构和充满光辉的建筑图像之间，不仅存在着巨大的建筑空间，也存在着巨大的人性资源。

但是，永远守望我们的区域、预先被建造的家乡意味着什么？这区域、这家乡意味着与建筑结构有关的"某一更美好世界的平面图"（die Grunderisse einer besseren Welt）。正是在这里浮现一种作为包罗万象实体的美的形象。作为无可代替的框架，这种形象使得其中的具体形态千姿百态、各领风骚，例如，墙挂绘画作品、壁龛雕塑作品等，其中蕴含着一种浓重的、深沉的家乡的音讯：

> 古往今来，所有包罗万象的建筑都在传达家乡的音讯，至少从艺术角度都在亲近家乡。一切伟大的建筑物都以其自身特有的方式承载乌托邦。因为伟大的建筑物预先准备人类最适宜居住的空间。凡是伟大的建筑物都是人的生命的重要空间形态，都是为实现这种空间形态

---

① 卡尔纳克的阿蒙神殿及其列柱大厅（Säulenhalle）修建于埃及新王国时期（公元前1550年至公元前1070年），长1.5公里，宽0.8公里。这里曾经是埃及最神圣的场所。

② 圣礼拜教堂（Ste. Chapelle），法国巴黎中心最具代表性的哥特式教堂，由法国国王路易九世捐助，大部分建筑完工于1248年。当时路易九世打算用圣礼拜教堂来保存耶稣受难时的圣物，如荆冠、受难十字架碎片等。圣礼拜教堂最著名的当推玫瑰玻璃窗，玫瑰窗巧夺天工，不仅色彩绚丽，而且风采神秘浪漫。

而设立的人的创造物。这些建筑物的使命就是把有机体的、人性的东西转变成结晶，把结晶一类的要素融入艺术作品之中，进而融入人的冲动、人的特性以及充盈性之中。如果通向自由秩序的条件不再是部分条件，那么就会重新敞开通向建筑乌托邦之路。于是，物质构成和有机体装饰就呈现出一元性。我们就能接受真正的装饰礼物。这样，从一开始，就会展开一条真正的建筑之路。于是，我们就不再区分埃及式建筑与哥特式建筑。"结晶"与"生命之树"就不再是二者择一，不再是混淆不清的特征或彼此孤立的特征。①

结晶是建筑的框架、休息的视域。在无所不包的框架和普遍的明晰性中，诸如"生命之树"一类的装饰是唯一不变的实质性内容。伟大的建筑艺术反映和预示更美好的世界，而它所映现的美好世界是一个非神话的、近距离可接触的世界。因此，在布洛赫看来，这种伟大的建筑艺术履行着这样一种神圣的使命：反映并预示"源自石头的生命力"。② 在未来建筑形态中，"埃及式结晶"可用作理想建筑物的框架，"哥特式生命之树"可用作理想建筑物的内容，从而建筑形式与建筑内容珠联璧合、相得益彰，达到尽善尽美的统一。

第五节　意志与自然：技术乌托邦

在代表作《希望原理》第 4 部（构建）《一个更美好世界的概观》（*Grundriss einer besseren Welt*）中，恩斯特·布洛赫畅想医疗技术、社会制度、技术、建筑、地理学、艺术和智慧中的乌托邦前景③，着力探讨了医学乌托邦、社会乌托邦、技术乌托邦、建筑乌托邦、地理学乌托邦以及文学、艺术、宗教中的至善和乌托邦。在此，我们拟围绕其中第 37 章 "意志与自然的关系，技术乌托邦"，集中探讨布洛赫关于"技术乌托邦"

---

① E. 布洛赫：《希望的原理》，第 872 页。
② "源自石头中的生命力"（vivis ex lapidibus），这是布洛赫引自中世纪早期一首赞歌的一句话。
③ E. 布洛赫：《希望的原理》，法兰克福/美因，苏尔卡姆普出版社 1959 年版，第 523 页。

(die technischen Utopien) 问题的基本观点和独特见解。①

正像席勒早已所言："如果人驯化、看守火，火的力量就是仁慈的"[席勒：《钟之歌》，(*Das Lied von der Glocke*)]，而管理火并使其有益于人的生活的正是技术。但是，如果这种技术管理毁坏火及其本质要素，将给人类带来巨大灾害。因此，布洛赫强烈要求不断反省使用技术是否单方面地破坏自然事物的存在根据？在他那里，这种要求恰恰成为他反省工业革命之后资本主义社会及文明价值的出发点。

布洛赫对发明和技术的看法很明确。他试图把雅可布·伯麦、谢林传承中的"能生的自然"(natura naturans) 或作为独立主体的自然概念嫁接到近代实证自然科学所理解的自然概念上。② 布洛赫努力发掘一种适合自然特性的生产方式，而这种自然观与市民社会中那种无情统治、征服和压榨的自然观截然不同。根据他的自然观，自然中存在单凭机械论绝对无法接近的某种本源趋向，这正是自古以来被称作"能生的自然"的自然主体概念。这种自然主体乃是物质的乌托邦潜能，就像人作为小宇宙自成世界一样，这种自然主体也使人在其中居住舒适、感觉惬意。

根据这种人与自然和谐共生的自然观，布洛赫批判性地追问，工业革命后的技术发展是否破坏和疏远了自然，以至于动摇乃至瓦解了人的生存条件？换言之，人类技术发展的成就是否满足了人对幸福与美学的需求？对此，他的回答是：

> 在各个领域，市民技术取得了全胜。然而，与此同时，管理却很糟糕，设计不佳："工业革命"既不具体地关涉人类，也不具体地关涉自然物质。工业革命从一开始并且经常使人类陷于新的不幸境地。悠闲的手工业使从业者面临失业困境，英国工厂中的生活像地狱般阴森恐怖，虽然传动带上的劳动变得更为清洁，但是，并未使其变得更愉悦。③

---

① E. 布洛赫：《希望的原理》，法兰克福/美因，苏尔卡姆普出版社 1959 年版，第 729—817 页。

② I. 费切尔：《人类幸免于难的条件：进步还可以拯救吗？》，法兰克福/美因，苏尔卡姆普出版社 1985 年版，第 160 页。

③ E. 布洛赫：《希望的原理》，第 808 页。

因此，为了消除这类严重威胁和不良后果，布洛赫认为，必须从哲学高度重新审视人与技术的使用问题，并且尽可能地修正人对自然的态度，改变传统自然观，重树新的自然观。

17—18 世纪，西方技术发明上升为占统治地位的意识形态。弗兰西斯·培根（1561—1626），这位"现代实验科学的始祖"极大地激发了资本主义发展的活力，但客观上也促成了资本主义生产过剩和经济危机，加大了贫富悬殊、两极分化、弱肉强食、社会对立等不公平现象。这种矛盾冲突潜移默化，遂成为 19 世纪末 20 世纪初世界性经济大危机的直接契机。

在巴洛克时代，卡尔·弗里德里希·闵希豪森（Karl Friedrich Münchhausen，1720—1797）曾发表了轰动一时的技术发明题材小说，其内容匪夷所思、滑稽荒谬，只不过是将若干技术内容附加于巴洛克时代的"规划者"（Projektanten）而已。实际上，这个时代的规划者当推贝斯勒（Beßler）、奥尔弗雷乌斯（Orfyréus）、麦斯托斯（Mystos）等富于冒险和开拓精神的博士，这些人一边从事细工、制表、磨光、医疗、占星术、炼金术等活动；一边撰写技术题材的小说。在布洛赫看来，这些人的技术开发规划倾向恰恰如实地反映了资本主义的肤浅面貌。

然而，伴随着战争技术的高涨，和平的技术使用便退居后台。早在第二次世界大战之前，随着技术"延期偿付"（Moratorium）时代的到来，人们对技术的关注就已经淡漠了。资本主义导致"机械的脱有机化"（Entorganisierung der Mashine），而核能的发现和非欧几里得技术（nicht-euklidische Technik）的开发则大大促进了"自然的生产力"（Produktivität der Natur）的抽象化。①

市民社会和资本主义技术招致对机器的不信任。所谓"机器结合了本身具有抵抗力的两个以上的物体，在某种条件下，它能够以机械能为手段自己运作。"② 早期制造工具大都仿效人的身体姿势，但是逐渐开始人机分离，此时机器不再像肉体的一部分一样起作用，但在工作效率、作业质量、操作性能及自动化诸多方面却取得了惊人的进步。于是，机器被视为某种非自然的、非人的东西，进而"机器乃有机体的投影"这一想法

---

① E. 布洛赫：《希望的原理》，第 771—778 页。
② 同上书，第 772 页。

最终也归于抛弃了。

众多化学家们的研究逐渐聚焦于原子上。1919年，卢瑟福（Ernest Rutherford，1871—1931）发现了元素的嬗变现象，从理论上证明了通过分裂最重的原子核，如铀的原子核，可以获得核能。然而，帝国主义国家却把这种巨大的核能滥用于战争杀人武器的开发上：

> 如果人类和平使用核能的话，就能让广袤的荒地、撒哈拉沙漠、西伯利亚冰冻之川和南极地带变成绿浪滚滚的万顷良田。如今通过脱有机化的尖端科学技术，我们能够遨游太空，进入另一个无限大的宇宙。布洛赫颇为乐观地写道：在不远的将来，人类凭借量子理论、相对论、新引力理论等所谓非欧几里得技术，将可以进入新世界。①

但是，布洛赫又意识到，在这样的非欧几里得技术尝试中恰恰潜伏着前所未有的危险（Gefahr），即这个世界有可能蜕变为纯粹由数学公式所支配的荒凉空间。实际上，市民社会的意识形态把自然的构成要素，乃至自然素材关系仅仅解释成异己的、脱有机化的、抽象的"陌生性"（Fremdheit）。布洛赫也像马克思一样强调，"资本主义的技术、工业和生产只会导致公众的死亡和不幸"②。市民社会的技术希望就丧失了其与自然的血肉联系，因而市民社会的意识形态不可能迎来基于非欧几里得技术的新的乌托邦。因为在资本主义生产无政府状态以及高额利润驱动下，资本主义列强滥用核技术，制造核武器，滥杀无辜，以致核能成为屠杀、破坏、恐怖的代名词。资本主义世界对核能等尖端技术的滥用是由其侵略本性造成的，唯有当揭露资本主义损人利己、以邻为壑的邪恶行径时，技术才得以重见天日，重新接受身份验证，凭借其睿智来重现具体的、现实的乌托邦特性。

只有在社会主义社会，技术才能被用作生活的工具，从而自然素材才有望"被中介为某种绝非绝对陌生的，而是可亲可近的东西"③。与资本主义经营方式和生产目的不同，社会主义经营和生产的目的并不是为了追

---

① E. 布洛赫：《希望的原理》，第775页。
② 参见马克思《1844年经济学哲学手稿》，人民出版社2000年版，第126页。
③ E. 布洛赫：《希望的原理》，第776页。

求最大利润，而是为了满足人民的生活需要。因此，同样的现代技术，对当下资本主义社会来说是坏东西，但对未来的社会主义社会来说却是好东西。在"理想的社会主义社会"，核技术等尖端技术将广泛应用于工业、农业、畜牧业和医学等非军事领域，将为促进生产力、改善生活并造福人类开辟广阔的道路。

布洛赫认为，尽管现代技术的脱有机化现象已到了无以复加的地步，以致完全摆脱了有机体和人类中心主义的宇宙生物圈，但他并不认为现代技术业已达到与人类主体全然无涉的地步。正如恩格斯指出的那样，利用技术，"开始制造出某一化学物质时，自在之物就变成为我之物了"①。就像自然与历史在同一关系中相关联一样，脱有机化也必须通过辩证的合目的性而与客体相关联。一方面，脱有机化必须与神话学上的假定的"能生的主体"（natura naturans）相结合；另一方面，脱有机化必须与"自然的主体"（Subjekt der Natur），即与自然客体相关的"核心—动因—内在性"（Kern-und Agens-Immanenz）相结合。

因此，布洛赫指出，只有人类实现"自然巫术的最后预见"，即兑现培根所谓人的意志与自然的中介以及"自然之中并与自然一道的人的国度"（regnum hominis in und mit der Natur）时，现代技术的脱有机化才会得到真正的祝福，才会有光明的未来。因此，问题在于，在脱有机化中，如何才能将主体、原料和法则联系起来。②

随着金钱万能的资本主义社会的到来，一切财富都变成了抽象商品，而后重新变成了资本。文艺复兴时期的自然哲学家布鲁诺（Giordano Bruno，1548—1600）、培根曾率先论及"质的自然概念"，但是，自17世纪以后，这一概念却销声匿迹，踪影全无。伽利略、笛卡尔、康德等认为，人们只能认识数学地创造的东西，并且只能理解机械地可理解的东西。照此说来，燃气、蒸汽、电等只不过是劳动力的量，其价值仅仅取决于物理—技术尺度和生产费用。因此，市民社会的技术实质上仅仅与某种纯粹商品关系、异己的、外部作用的自然力相关，而与作用力和萌发中的"自然基质"（Substrat der Natur）却完全无涉。

在市民社会中，虽然人工完成的技术还被应用于自然，但抽象技术的

---

① 参见《马克思恩格斯全集》第21卷，人民出版社1965年版，第317页。
② E. 布洛赫：《希望的原理》，第777—778页。

发明却越来越游离于自然或现实之外：

第一，市民社会的技术试图抽象地将原料、原材料一概加以排除。但是，这种尝试在理论上是错误的，在实践上也是行不通的。任何一种生产都无法完全割断自身同自然的联系。跟其他商品一样，虽然通过化学生产可以改变原材料的特性，但使其成为可能的材料还必须从自然中获取。正因如此，如果把某种自然能量应用于实际生产领域，促成迄今闻所未闻的效应和新的劳动形态，那么非欧几里得知识就会在某种程度上与自然趋于一致。

第二，市民社会的技术甚至试图将自然法则加以排除。但是如果将自然法则仅仅视为被思考的事物或假定模式，就会陷入只重主观想象、无视客观法则的主观主义、信仰哲学的泥沼。在齐美尔、罗素那里，所谓"对自然和自然法则的自由概念"，被理解为"由事件或认知行为构成的纯粹逻辑结构"，而在这种情况下，自由被认为是纯粹主观的东西，即其中任何毫不反映现实事物的东西。但是，在布洛赫看来，这种观点同样是站不住脚的。因为一切被认知的法则都反映着诸过程之间客观现实的可能性，而人本身始终处于被中介的自身意识和意志之中。

> 与此相对照，黑格尔则对自然运动的内在必然性持某种敌视立场。他不是把自然法则视为对具体自然素材内部的渗透，而是把这种主宰视为旨在利用自然的人的知性的奸诈"诡计"（List）。因此，他与其强调自然的必然性，毋宁强调科学技术的必然性，从而默许或认可人的后者对自然能量的"攻击、毁灭、复归和扬弃"。尽管黑格尔的"诡计"概念十分敏锐，也不无道理，但就自然或基于人的活动的技术而言，这个概念却是一个抽象的、不完全的概念。有鉴于此，布洛赫把黑格尔的技术概念归结于一种地地道道的"资本主义技术概念"（der kapitalistische Begriff der technik）。①

那么，应如何克服上述市民技术与自然及其法则相脱节的现象，将技术与自然重新置于世界过程的同一个联系之中呢？

根据文艺复兴时期的世界观，他阐述了马克思《神圣家族》中关于

---

① E. 布洛赫：《希望的原理》，第 782—783 页。

"自然中的生产的东西"（das Herstellende in der Natur）："在物质的固有的质料特性中，运动是第一个特性而且是最重要的特性，——这里所说的运动不仅是机械的和数学的运动，而且更是趋向、生命力、紧张或者用雅可布·伯麦的话来说，是物质的痛苦［Qual］。"① 在这种物质和运动概念中，即在"涌出的泛神论的基质"概念中，呈现出充满神话残余的"能生的自然"的轮廓。

布洛赫明确认为，市民社会的技术势必会朝着残酷剥削自然、无情利用自然这一方向展开。然而，在他看来，一旦技术的脱有机化深入逼近世界过程的本质必然性，它就有可能接近"自然—动因"。技术与自然能量和趋势的联系也正是技术所指向的自然本身的"超自然化"（Übernaturierung），在此，这种超自然化要求技术成为自然中的居民。② 一旦因技术发展而失去过去的本性，人们就试图通过技术重新寻觅这种本性。正像泰勒斯认为一切事物都蕴含灵魂一样，列奥纳多·达·芬奇、布鲁诺，乃至谢林也认为事物中蕴含生命。

因此，在不同时代，他们都不约而同地勾画了充满生命的、鲜活的自然景象。但是，在这种情况下，主体依然阙如，因为在量的思维占统治地位的地方，主体总是被排除在外。由于非欧几里得物理学，不仅自然法则归于相对化，自然法则本身也逐渐丧失其基础和关联性。如今具有决定性意义的是，市民社会的技术概念不应继续把自然当作抽象理解的对象，而应把它当作一个有血有肉的、活动的、生动的主体，即自然主体。

因此，布洛赫摊出一个古老而常新的形而上学问题：是否存在自然主体？迄今人类一直把自然当作亘古如斯、业已存在的既定对象，然而，这个自然能否作为一个自我运动的、独立存在的主体？布赫回溯全部哲学史（上自古希腊哲学、文艺复兴哲学、阿拉伯哲学学派，下至近现代德国哲学），努力寻求这个问题的确切答案：

> 无论诸如普罗提诺一类的流溢论者，还是诸如布鲁诺一类的泛神论者，都把自然存在理解为某种自我作用的存在。这就是源远流长、历久弥新的"能生的自然"（natura naturans）概念。大体上，在存在

---

① 参见《马克思恩格斯全集》第 2 卷，人民出版社 1957 年版，第 163 页。
② E. 布洛赫：《希望的原理》，第 784 页。

者当中，在最内在的层面上存在着从质料上可称作"自然的主体"（Subjekt der Natur）的某种东西。①

最初，作为自然主体的能生的自然依然带有浓厚的神话要素，以至于这种自然往往被视为以唯心方式从虚无中产生的心灵的东西。但是，与此相反，在率先使用这个词的阿威罗伊（Averroes, Ibn Roschd, 1126—1198）那里，"能生的自然"与"创造性的质料"（schoepferische Materia）是紧密联系在一起的。由此出发，他提出了"能生的自然"（natura naturans）="所生的自然"（natura naturate）这一著名等式。不过，在此神话残余又改头换面，有可能重新作为泛神论的恶灵（Pantheistischer Vizliputzil）出现。事实上，自然主体问题也曾作为世俗化的女神伊西斯（Isis）出现。换言之，自然主体曾被描述为呼风唤雨的精灵或具有自我生育能力的女神。在近代，这一神话观念转变为对自然潜能的表象。

莱布尼茨（1646—1716）把能量规定为既是一切单子的"核心意向性"（Kern-Intensitaet aller Monaden），又是一切核心自身的"阐明倾向性"（Explizierungstendenzen）。显然，在此，莱布尼茨将能量等同于单子的"内在性"（Inwendikeit），将客观意义上的主体性等同于"潜在的自然规定性"（dynamische Naturbestimmtheit）。在他那里，虽然自然的主体问题可以复数化为无数个别的单子，但恰恰在这无数的单子之中栖息着作为"原始形式"（Urform）的、众所周知的"能生的自然"。在他的主体概念中，诸客体与"精灵崇拜"（Animismus）或"心灵的东西"（das Psychische）截然不同。列宁敏锐地意识到了这一点，他指出，莱布尼茨有意识地划清能量与心灵的东西的界限，从而在某种意义上，坚持能量与自然主体性之间的统一性。②

对于布洛赫来说，历史的主体无疑是从事劳动的人，它是随着经验—有机体，特别是经验—社会有机体的成熟而出现的，然而，迄今这种历史

---

① E. 布洛赫：《希望的原理》，第 786 页以下。布洛赫的"自然主体"概念来源于亚里士多德左翼传统即阿维森纳、阿罗威伊等阿拉伯学派到布鲁诺、伯麦的泛神论以及谢林哲学的质料概念：质料对于形式占有优势地位。参见 E. 布洛赫《唯物主义问题，它的历史与实质》，法兰克福/美因，苏尔卡姆普出版社 1972 年版，第 479—546 页。

② 列宁："实际上，在能量概念中，例如，在运动概念中，隐藏着尚未存在的某种主体要素。"参见列宁《哲学遗稿》，柏林，狄茨出版社 1949 年版，第 308 页。

主体从未成为业已实现了的存在。

因此，作为某种假定的潜在存在，自然主体依然带有无数趋势和潜势。因为在最后的审判台上，这个自然中的潜能主体始终是在现实的东西中尚未发现的"此在冲动"（Daß-Antrieb），即"最内在的质料动因"（das immanenteste materielle Agens）。①

德国化学家莱辛巴赫（Karl von Reichenbach，1788—1869）认为，人的生命受制于某种类似磁场的"世界之气"（Welt-Od）。作为光、磁、电等能量，所谓"世界之气"即是心灵学上的"原始光线之力"（Urstrahlkraft）。这力量既是像梦游症一样起作用的机械冲动素材或血浆的原因，也是闪耀在圣人头顶上的光环。威廉·赖希（Wilhelm Reich，1897—1957）把这种气的流动表述为"倭格昂"（Orgone）这一新概念。倭格昂能是由"有机体"（Organismus）与"性欲高潮"（Orgasmus）二词合成的小宇宙，即人的肉体所充满的能量。世界之气酷似新婚之夜新郎新妇亲身感受到的那种"生物学的宇宙潜能和性欲高潮的能力"。

青蛙在交配时，全身泛起天蓝色；雷雨交加时，帆船桅杆上电光闪闪，这都是倭格昂能的作用。尽管这种倭格昂能的存在曾被伪造为商业素材，或为心灵学骗子所滥用，但它本身却属于科技之梦的领域。②

同一时期，康德认为，恰恰在物理法则的关联性中存在着连接一切的"先验主体"（transzendentales Subjekt）。这一点与"我思必能伴随我的一切表象"相联系。与此同时，主体并不完全流入自然的机械装置，但是某些部分却被编入自然的机械概念。不过，最后的主体作为所谓先验的东西却带有最少的经验—有机要素。在此，自然不是一种"内在的客观性"，而是一种"外在的客观性"（die äußerste Objektivität）。这样，在康德的先验哲学中，自然并未完全销声匿迹，而是以外在于人的形态继续存

---

① E. 布洛赫：《希望的原理》，第 786 页。
② 同上书，第 738—739 页。

在。因此，康德的自然概念表现为一种规范概念，它只可从本体论角度思维，但不可从学问角度对其加以认识。尤其是，这些基本概念与诸如"某种内在的自然目的""理性存在者的国度"一类的终极目的结合在一起。毫无疑问，这些概念是披着朦胧的目的论外衣的"可思维的自然主体"（ein denkbares natursujekt）概念。

对于康德而言，因果说明对于思考自然的内在能力是不可或缺的，但它还必须通过规范性的规定加以补充。由此出发，我们可以把呈现出类似于某种人的意志的东西设想为自然这一"具有自身能力的技术"。与此相反，如果我们不赋予自然这种作用，我们就必须考虑到，自然的因果性只不过是盲目的机械论的因果性而已。当然，在此康德尚未表明自身对技术的基本立场，因为他所提出的"仿佛"（als-ob）这一规定不是指向无机自然而是指向有机自然。但是，问题在于，人的技术所指向的这种卓越的合目的性是否与自然过程的生产相联系？此时，对我们来说这个可中介的自然主体问题便从单纯的规范设定中呈现为某种盲目的机械论的因果性。这样一来，虽然对"仿佛"的规定没有像机械论那样严格，但比它严肃郑重得多。①

自然主体是否作为业已实现了的东西而存在，这个问题至今依然悬而未决。显然，这种自然主体必须呈现为在一切东西中可现实化的"冲动天赋"（treibende Anlage）。然而，恰恰在这个地方，莱布尼茨的能量这一"萌发的不安定性"（inquiétude poussante）决定性地取代康德作为神学思维的一切规范性的东西。自然本身既不显现主体也不显现客体。

> 然而，就像马克思主义在劳动着的人之中发现了自我创造历史的主体以及借以社会主义地完成其主体的方法一样，马克思主义也能够通过技术，在自然过程中深入到尚未显现的、未知的主体中去。具体地说，用社会视角自我中介的主体来代替那个作为纯粹阴谋家和剥削者的技术家，从而这种主体就与自然主体的问题一道成长，并得到中介。②

---

① E. 布洛赫：《希望的原理》，第785页。
② 同上书，第787页。

一方面，从社会视角把握了的主体栖身于一切技术—物理形态之中，并以这种形态为后盾，彻底克服单纯抽象的、外部的主体，全力推进某种具体的、深层次的工作；另一方面，栖身于一切物理形态中的意志重新创造以此中介了的某种新的主体，而这一新的主体与上述社会性地把握了的主体一道发挥构建性的"共同作用"（Mitwirkung）。因此，只有充分尊重能生的自然或最高的自然，人的主体的技术意志才能实现人与自然的真正中介。

总之，在布洛赫看来，意志技术（Willenstechnik）必须与自然现象的策源地（Herd）及其法则结成具体的同盟关系。与此同时，人的主体的电子（Elektron des menschlichen Subjekts）必须与可能的自然主体相中介，惟其如此，才能形成人与自然的"共同生产力"（Mitproduktivität）。在技术的脱有机化过程中，唯有这种技术的具体乌托邦才有望能够阻止市民社会日益恶化的物化现象。因为"具体的技术乌托邦"（konkrete Utopie der Technik）与具体的社会乌托邦是紧密联系并结合在一起的。

可是，自然主体的共同生产力或同盟技术何以可能呢？

现代物理学还原论用机械论分析一切现象，试图把各种各样的能量领域还原为唯一的基本自然力，即不考虑所研究对象的特点，简单地用低级运动形式规律代替高级运动形式规律。但是，布洛赫认为，不能像电磁光理论（elektromagnetische Lichttheorie）或磁场法则那样把一切自然现象完全还原为某种单纯的东西。在原子的结构中，能量负荷、能量节点（Energieknoten）、场（Feld）等都属于能量阶段的固有概念。

关于一切作用能量及其根源的新用语都不是对某物的中介，而是对某物的抽象描述。因为能生的自然作为自然动因并不直接地渗透自然，而是在量化了的状态中个别地得到保存。自然的生产力不是与所生的自然相关，而是与能生的自然相关。也就是说，就像能生的自然一样，为了使物理学也能够辩证地与一种自然之核发生关系，它就必须与内在于自身及其创造物中的那个质之核发生关系。

布洛赫相信，就像存在"人的主体的电子"（Elektron des menschlichen Subjekt）一样，也存在"意志技术的电子"（Elektron der Willenstechnik）。[①]

[①] E. 布洛赫：《希望的原理》，第 788 页。

在人的内心中，无疑存在诸如军人精神、殉道士信仰、绝对出神的陶醉幻觉状态、瑜伽境界、乌托邦理念等能量一类的特定内在能量。这是内在于自然的一种人的潜在活动领域，而这个领域既是无边无际的，又是无限地开放着的。通过从主体——客体双重向度显现自身，这个领域逐渐回归到自然的可能主体的根据，从而履行乌托邦的历史功能。① 由此出发，布洛赫提出了"可能自然主体的共同生产力"（Mitproduktivität eines möglichen Natursubjekts）或"具体的同盟技术"（konkrete Allianztechnik）问题。②

这一问题由来已久，始终困扰着古往今来大多数哲学家的心灵。尽管帕拉塞尔苏斯（Paracelsus，1493—1541）用语或名称带有神话和中世纪的神秘要素，但它为了"想象"这一主观能量动因，紧紧地围绕客观上可能的联结点乃至"世界"概念。单凭机械论绝对无法把握自然的生产活动和趋势。与机械论的抽象真理相比，他的自然概念中的所谓泛神论要素（Pan）更加贴近自然现象或生产动因。在布洛赫看来，帕拉塞尔苏斯的自然概念是一种神话符号，它标志着机械论思维所完全无法理解的神秘领域。恰恰在这个神秘领域，派生出了黑格尔和谢林的自然哲学。

在帕拉塞尔苏斯那里，自然概念是一切拯救的材料、处方和唯一的药房，当他把这一概念表现为某种友好的东西或乌托邦视角可亲近的东西时，他就已假定了自然的共同生产力。犹如人作为小宇宙从世界中苏醒过来一样，人也向宇宙敞开心扉，倾诉衷肠。自帕拉塞尔苏斯以后，人们开始探索相互作用的事物的根源，试图中介人与非人之间的关系。③

---

① E. 布洛赫：《希望的原理》，第 802 页。
② 关于布洛赫"自然的共同生产力"概念的详细讨论，参见 A. 施密特：《自然的共同生产力批判》，载 B. 施密特（编）《恩斯特·布洛赫〈希望的原理〉的材料》，法兰克福/美因，苏尔卡姆普出版社 1978 年版。
③ E. 布洛赫：《希望的原理》，第 806 页。

康德把艺术"天才"(Genius) 归结为某种类似自然的创造能力，而这种能力是按照必然性来创造某物的。① 艺术天才追求美，他像自然一样创造完美的事物，但是，技术智能仅仅是一种附加能力，即消解材料，并重新组装。只是由于自然的缘故，康德才会设想"某一自然之中的主体"，从而把这种主体等同于内在的"自然的技术"(Technik der Natur)。尽管康德部分地接受了牛顿的自然机械论，但是，这种传承并不能阻止《判断力批判》中，他对自然或超自然（natura supernaturans）的反思，以及有关自然主体的假说。

在谢林的自然哲学中，自然主体与自然趋势占据核心地位。他把文艺复兴时期"能生的自然"概念表现为"原始生产力"(Urproduktiviät)。他认为，只有"未参与的部分观点"(unbeteiligte Teilansicht) 才会把自然视为既成的产品，而思辨物理学却把自然视为创造自然的东西或趋势。因此，从机械学视角完全无法把握思辨哲学所提出的问题：

> 我们把自然仅仅理解为活动着的东西。因为所谓的哲学思维活动与静止不动的东西完全无关。对自然进行哲学思维就是抛弃看似封闭的、僵死的机械论，注入自由的生命力，使其自由自在地发展。②

与此相反，在黑格尔那里，自然乃是无法自我约束和把握的巴库斯神。一旦自然在既定历史中被控制，它就会找到本来的精神，从而旋即被抛弃。现在才终于显现面目的自然，正是现在才终于显现面目的历史，这种自然位于未来的地平线上，在这个地平线上，同样得以形成寄希望于未来的关于具体技术的中介范畴。

资本主义和机械商品无情地破坏了昔日都市的美丽和想象的剪影，在此，取而代之的是，阴森森的地狱建筑和穷困潦倒的劳动阶级队伍。抽象的资本主义并没有发现将技术本身和自然结合在一起的联结点。我们只有在"同盟技术"中，才能发现与生产技术所产生出的自然相一致的那种同盟技术（Allianz-Technik）。这样，同盟技术既是借以扬弃"没有暴力

---

① E. 布洛赫：《希望的原理》，第810页。
② 同上书，第806页。

的技术"(Technik ohne Vedrgewaltigung)的唯一根据,也是借以扬弃"经济危机"(Ökonomische Krise)和技术事故(technischer Unfall)的唯一根据。

这一点尤其明显地表现在"人的自然化与自然的人化"这一马克思的自然王国概念上:"自然界的人的本质只有对社会的人来说才是存在的;因为只有在社会中,自然界对人来说才是人与人联系的纽带,才是他为别人的存在和别人为他的存在,只有在社会中,自然界才是人自己的人的存在的基础,才是人的现实的生活要素。只有在社会中,人的自然的存在对他人来说才是自己的人的存在,并且自然界对他人来说才成为人。因此,社会是人同自然界的完成了的本质的统一,是自然界的真正复活,是人的实现了的自然主义和自然界的实现了的人道主义。"①

马克思认为,私有财产不仅导致人的个性异化,甚至导致自然事物的异化。凭借人的智能,我们大量生产并安全使用诸如蒸汽、电气等能源。显然,一旦这种工具与能源之核紧密结合在一起,就会使人如虎添翼,大大促进了生产力的发展。然而,市民社会的技术并没有把技术管理、技术与自然的关系引向正确的互利双赢轨道。在人与社会的中介状态中,脱组织化的技术所生产的商品尚无人问津,更没有形成人工的需求。历史表明,所谓工业革命,并没有促成市民技术与人的革命或自然素材的具体联系,而是造成了"人吃人"的不幸(das Elend)。

> 无论是资本主义早期还是晚期,资本家都仅凭"狡诈技术"(List-Technik)来发展生产力,从而引起极度的抽象性(Abstraktheit),即人与自然的非中介性(Unvermittelheit mit den Menschen und der Natur)。迫于利润冲动,传递系统招致旨在破坏一切人的劳动力和商品的"可恶"(Verhäßlichung)。在抽象的资本主义技术统治下,技术找不到趋向自然的入口,因此,市民社会的机械世界(bügliche Maschinenwelt)就处在失去的东西与尚未获得的东西之间。②

市民社会的技术是近代工业的产物,它在近代工业中有其深厚的基

---

① 参见马克思《1844年经济学哲学手稿》,人民出版社2000年版,第83页。
② E. 布洛赫:《希望的原理》,第808—809页。

础。近代工业不仅孕育了人剥削人的社会秩序,也孕育了人对自然的统治关系。与此相适应,市民社会的技术以其不可理喻的经营方式一再重复这种剥削性—掠夺性的市民—社会关系。"迄今为止,我们的技术就像敌人土地上的占领军一样置身于自然之中,而且,它对这土地内部的东西一无所知。对于它而言,事物的质料是超越性的。"① 问题在于,市民社会的技术从诞生之日起就已被嫁接在机械论思维上,因此为了不为这种嫁接技术所异化,为了使自然本身内在地成为完满的治疗剂、完备的处方和唯一的开方处,新技术,即同盟技术必须时刻假定自然的共同生产力。

与市民社会的技术形成鲜明对照,同盟技术不再掠夺自然、压榨自然,而是通过与自然的协调一致,共同造福社会和人类,不断为人类文明的进步发展做出贡献。② 正如革命运动的主体努力依存于"共同生产"这一客观的历史关系一样,技术也依存于"乌托邦地亲密无间的自然的共同生产"。迄今为止,市民社会的技术并未与自然的内在力量相中介。作为一系列确凿的证据,布洛赫列举了各种技术灾难和经济危机。③ 当然,作为马克思主义哲学家,布洛赫坚信,在未来理想的社会主义社会中,技术必定会向同盟技术转变,从而决定性地克服掉自身的抽象性乃至灾难性后果。实际上,布洛赫试图把人类奠基在自然之中。"因为将事物转变为财物,或者不是赤裸裸地统治自然,而是将自然顺势利导为能生的自然和超自然,这正是具体的技术所关涉的那个更美好世界的坚实基础。"④

在自然现象的变化中,机械动力限制这种变化的出发点和始点等,遗忘本真的生产和生产关系。但是,为了具体的革命,客观上与技术世界的

---

① E. 布洛赫:《希望的原理》,第 814 页。
② I. 费切尔认为,在此布洛赫把自身的自然哲学与马克思主义有机地结合起来。如果说本雅明从弥赛亚主义市郊打破历史运动中的直线—渐进趋向或解放趋向,那么布洛赫则通过自然哲学概念,进一步补充和发展了历史唯物论概念。参见 I. 费切尔《人类幸免于难的条件:进步还可以拯救吗?》,慕尼黑,皮珀尔出版公司 1985 年版,第 161 页。
③ I. 费切尔强调,尽管在《希望的原理》中,布洛赫尚未论及生态灾难问题,但是,他在此已经暗示了抽象的自然统治和自然剥削所酿成的工业灾难问题,并提出了同盟技术这一应对概念,强烈要求克服抽象剥削关系的灾难性后果即生态灾难。布洛赫警告,抽象的技术思维将导致一种二者择一的末世论极端的开端即"一切或虚无",从而势必酝酿比生产灾难严重得多的大灾难。参见 I. 费切尔《人类幸免于难的条件:进步还可以拯救吗?》,慕尼黑,皮珀尔出版公司 1985 年版,第 162 页。
④ E. 布洛赫:《希望的原理》,第 817 页。

变化相适应的东西必须建立在人类历史的客观生产趋势之上。同样，为了具体的技术，客观上与自然现象的变化相适应的东西必须植根于客观世界的生产趋势之上。根据一般见解，自然并不具有适用于自然的固有的生产性。因此，为了不致使"生产性"这一自然的生产消失殆尽，就应当承认"生产"这一自然的固有生产性。越是扬弃抽象的、外形的技术，越是赋予共同生产力和中介的同盟技术，就越是能够重新发现凝固了的自然的形成力。

对此，布洛赫这样描述道：

> 自然并不是短暂即逝的地方，而是依然空空如也的工地，对于尚未恰当地存在的人类之家而言，自然仍是完全不恰当地存在的建筑工具。对建筑家而言，如此可疑的这种自然主体的能力乃是作为具体幻想的、人的乌托邦幻想的客观乌托邦的相关概念。因此，人类之家不仅位于历史之中，存在于人的活动的根基中，而且尤其位于被中介的自然主体的基础以及自然的建筑工地中。这一自然概念并不是人类历史的界限概念。在这种情况下，尽管自然持续地存在于历史之中，同时始终环绕着历史，为人的王国（regnum hominis）提供活动场所，但是，自然应当作为某种中介了的善（Gut）无异化地指向恰当的东西。①

在布洛赫看来，迄今技术在自然之中就像驻扎在敌国中的"占领军"一样，对那里的内情一无所知。对于这种技术而言，事物的质料难免会呈现出一种漠不关心、麻木不仁的超越状态。

在市民社会中，经济技术与技术思维这两种必然性像两匹脱缰的野马一样盲目地、不受控制地、未经中介地偶然相遇。难怪迄今自然的核心力量几乎未曾受到中介，自然之中发生的一切事件的原因依然朦胧不清，其中缺乏任何明确的联系。迄今技术仅仅部分地与某种未完全自由化的自然，即徒然对抗"无"的、不具有对立面貌的某种自然相一致。换言之，技术思维的进程显现为一种合法运动的偶然相遇及其外在的、鼠目寸光的步伐。

---

① E. 布洛赫：《希望的原理》，第 807 页。

总体上看，市民社会的经济和技术有其共同点，那就是二者均与现存的材料缺乏任何明晰的中介。市民社会的技术以机械论和亲和力为基础，因而比抽象的资本主义经济要坚实得多。与此相对照，经济危机是资本主义生产方式和交换方式，即自身内部变动不居的矛盾的必然产物，其发展绝不是偶然的。这两种危机均源自与其行为基质中介了的人的抽象关系。因为自然原因本身尚未与它自身相中介，所以技术思维总是作为决定性的非中介性（definitive Unvermitteltheit）蕴含着危险的无（das bedrohende Nichts），并且在其一切没落中，这种混乱一再重复那种命悬一线、一触即发的实验。①

尽管市民社会的技术本身飞速发展，但是，这种技术最终无法扬弃人与自然之间的矛盾。在资本主义制度下，市民社会的技术人（homo faber）以及它所生产的物品素材之间缺少协调一致的中介，即连接性的纽带。因为在资本主义内部，人的创造性劳动绝对无法与生产力、自然质料本身中的趋势—潜势相联系。在市民社会中，这种关系是一种赤裸裸的抽象关系，而在这种关系中一同起作用的自然质料凶多吉少、前途未卜，绝不可能是任何具体的祝福（Segens）关系。

不仅如此，近代资本主义所孕育的欧美技术还缺乏对自然之美的中介关系，这也绝不是偶然的。与此相对照，同盟技术乃是一种具体的乌托邦技术，它不是在对自然之母的盘剥和压榨中，而是在与"自然之流"（Naturströmung）或自然母腹的休戚与共中，孕育和中介处于休眠状态的创造物。因此，这种技术的出发点是以社会变革为前提，端正人与自然的关系，进而在人与人之中得以具体化的东西，但是，问题在于，"迄今从未出现这种通向可能的自然之门的阶梯。"② 与市民社会的技术观相反，马克思主义的技术观与这种无情剥削、残酷压榨自然的"驯兽师"的技术观实行最彻底的决裂。在未来社会主义社会中，历史的主体，即劳动着的人本身将成为历史的主体力量，从历史中扬弃自身命运，于是，人有幸与自然亲密接触，与自然打成一片，破天荒第一次逼近最深邃的生产

---

① E. 布洛赫：《希望的原理》，第813页。
② 同上书，第813页。

主人。

布洛赫以本生①所设置的海德堡大学纪念碑为例,说明了人与自然之间互为依存、互为制约的关系。在这座纪念碑的左面是象征压倒性自然力的被缚的巨人,右面是象征自然这一斯芬克斯的隐蔽的女人。这意味着什么? 如果自然不是被隐蔽,巨人也就不会被捆缚。在此,巨人的桎梏与女人的棉纱布被用作同一内容的隐喻。

> 迄今诸如本生、赫尔姆霍兹②、爱因斯坦、海森堡一类的自然科学家持续反省自然的本质存在。事实上,新物理学的发展不断破坏人与自然的古老的亲缘关系。与此遥相呼应,片面的、掠夺性的自然经营战略使人日益无视自然与社会的有机关联性。③

现代物理学既远离微观宇宙与宏观宇宙之间的一切关系,也远离自然辩证法或主客辩证法。贝克莱④的主观唯心论对自然采取极端敌视态度,极力否定事物的内在联系和客观规律性。由此派生的学问是自然科学的、非自然哲学的社会学知识。归根结底,金斯⑤、爱丁顿⑥的不可知论,罗素的所谓混沌世界等均属于晚期资本主义意识形态。由此出发,完全外在于自然内容的技术则二重性地制造人工制品。这一点恰恰从侧面揭示了永远隐匿的自然与被缚的巨人之间的连带关系。

一方面,脱有机化导致技术的空前抽象化;另一方面,技术的空前抽象化导致人与自然的日趋分离。其结果,技术丧失了其固有的家乡,变得

---

① 罗伯特·威廉·本生(Robert Wilhelm Bunsen, 1811—1899),德国化学家,是光谱分析领域的先驱,与人合作发现了铯和铷两种元素。1855 年发明了以自己名字命名的本生灯。

② 赫尔姆霍兹(Hermann von Helmholtz, 1821—1894),德国物理学家、生理学家兼心理学家,主要著作有《生理光学纲要》等。

③ E. 布洛赫:《希望的原理》,第 815 页。

④ 乔治·贝克莱(George Berkeley, 1753—1685),通称为贝克莱主教,爱尔兰哲学家,著有《视觉新论》(1709)、《人类知识原理》(1710) 等。

⑤ 金斯(James Hopwood Jeans, 1877—1946),英国数学家、物理学家、天文学家和科学普及作家,著有《气体动力学理论》《理论力学》《辐射和量子论》《天体演化学和恒星动力学问题》《天文学和天体演化学》以及通俗读物《环绕我们的宇宙》《流转的星辰》等多种。

⑥ 爱丁顿(Arthur Stanley Eddington, 1882—1944),英国天文学家和物理学家,著有《相对论的数学理论》(1923)、《恒星内部结构》(1926) 等。

无家可归，丧失了自身社会学和物理学的亲密基础。究其根本，脱有机化渊源于市民社会一种非分的欲求，即从世界中具体地获取更多的附带力量。因此，为了密切与自然的有机关系，重树与能生的自然的中介关系。技术必须面向自然、亲近自然。就像社会政治自由探究社会进程的原因一样，技术也应从自然政治视角考察自然进程的特定原因。

技术与本质自然之间的中介构成技术自然哲学的反像（Gegenbild）。为此，恩格斯把这种中介进一步规定为从人与人之间关系的"必然王国"（Reich der Notwendigkeit）向"自由王国"（Reich der Freiheit）的革命性飞跃。在此，恩格斯主要强调"外部的社会必然性与物理必然性之间的平行关系"。① 相比之下，布洛赫则强调，不论在社会领域还是在物理学领域，必然性都是盲目的、破坏性的。在他看来，为了抵御这种破坏性力量，必须中介这两个领域的自然力。作为历史的创造者，人能够自我中介。人必须通过将自身的固有意志社会化而成为社会的主人。在物理学领域，人应着手中介迄今尚未明了的自然法则的生产根据以及条件根据。恩格斯认为，迄今人们仅仅在想象中，而不是在现实中将这两个领域区别开来，以至于常常混淆主体与自然之间的手段、基础等中介行为。相比之下，布洛赫则强调，"在社会自由中形成的主体存在以及在与被认知的自然法则的和谐中形成的自然存在是相互依存的"②。

市民社会的技术仅仅致力于探索外部的、表面的法则，因而自然的必然性总是趋向抽象的技术发展乃至崩溃的厄运。为了阻止这种厄运，技术必须与自然相中介，人必须在自然中指向从社会视角可形成的现实存在。这意味着事物转变成财物，或者"支配性自然"（natura dominate）为"能生的自然"（natura naturans）或"超自然"（natura supernaturans）所代替。对此，布洛赫满怀信心地写道：

> 如果说地球的心脏由黄金构成，那么这心脏本身尚未被发现，最

---

① 参见恩格斯："社会力量完全像自然力一样，在我们还没有认识和考虑到它们的时候，起着盲目的、强制的和破坏的作用。但是，一旦我们认识了它们，理解了它们的活动、方向和作用，那么，要使它们越来越服从我们的意志并利用它们来达到我们的目的，就完全取决于我们了。"《社会主义从空想到科学的发展》，载《马克思恩格斯选集》第3卷，人民出版社1995年版，第437—438页。

② E. 布洛赫：《希望的原理》，第816页。

终当人们以技术工作进行探究之时，就能够决定性地拥有其财物。①

在布洛赫看来，归根结底，技术的抽象化源自技术的脱有机化。为了克服这一现象，当务之急是加快实现"自然与人的意志的中介"（Vemittlung der Natur mit dem menschlichen Willen）。借助于这一中介，人类第一次有望实现"自然之中以及与自然一道的人的王国"（regnum hominis in und mit der Natur）。② 在某种程度上，可以说，唯有马克思"人的自然化"（Naturalisierung des Menschen）与"自然的人化"（Humanisierung der Natur）这一共产主义的自由王国公式才实现了这一远大目标。在《经济学哲学手稿》中，马克思写道："自然界的人的本质只要对社会的人来说才是存在的；因为只有在社会中，自然界对人来说才是人与人联系的纽带，才是他为别人的存在和别人为他的存在，才是人的现实的生活要素；只有在社会中，自然界才是人自己的人的存在的基础。"③

布洛赫坚信，通过"同盟技术"（Allianz-Technik）这一全新的技术，人能够实现自身与自然的有效中介。但是，为了最终实现这一中介目标，人类必须超越近代实证主义的机械自然观，努力回溯哲学史，积极倡导像雅可布·伯麦或谢林所强调的作为自然主体的"能生的自然"。作为合乎自然特性的生产方式，这种自然观与近代工业中那种统治、压迫和剥削自然观截然对立。与能生的自然观相一致，同盟技术不再是充满暴力和血腥味的、欺骗性的狡诈技术，而是借以摆脱技术灾难和经济危机的充满友爱和和平气息的盟友。

凭借同盟技术，人类得以现实地生活在大自然的温暖怀抱中，与大自然同床共枕、朝夕相处。于是，人与自然的关系不再是那种奴役性的"自然支配而是能生的自然和超自然"（natura naturans und supernaturans statt natura dominata）。这样，技术与自然是须臾不可分离的，唯有在与自然的中介或结盟中，技术才能为人类奠定一个更美好世界的基础，并且，唯其如此，人类才能获得技术自由。

---

① E. 布洛赫：《希望的原理》，第 817 页。
② 同上书，第 778 页。
③ 参见马克思《经济学哲学手稿》，人民出版社 2000 年版，第 83 页。

第五章

绘画与歌剧中的理想国度

第一节　静物画、塞特拉和玫瑰小说：华托、伦勃朗、基洛姆·德·洛利斯

美存在于一切事物之中，美浮现于一切画家的构图中。

画家作画意味着他出现于另一个地方。画家专注于美的类型，试图通过自己的作品把对美的感受定格在其中。这种审美心境只可意会而不可言传。因此，艺术作品的形象化是以画家的艺术自我和内在体验为前提的。在这运动着的色彩背后中，艺术自我成为一只指示某物的手。借助于这只运动着的手，画家的内在美感被移入到画面中。从一开始，画家的才能就表现在将一种形象安排在艺术秩序中，但是，它并不是预先发现或设定非构想性的东西。因此，所谓"内在性"（Inners）标志着某种意味深长的东西，即表明一种审美立场。通过这种内在性，自我与作品得以对话。正是由于这个缘故，我们不仅需要专注凝望作品，还需要侧耳倾听画中之话。绘画作品向我们讲述画中呈现的事物。这是亲切感人的话语，此时，五彩斑斓、辉煌灿烂的某物愉快地起作用。

布洛赫特别强调，花（Blume）与毯子（Teppich）在活跃周边环境方面的作用。画家的手忽而轻柔地接近画面，忽而敏捷地离开画面。画笔轮廓必须明晰，画笔涂抹部分必须五颜六色。在画面上，必须渗透光。艺术家使用精巧的笔触，特别是，把自身的才能传授给弟子，使他脱颖而出。因此，会话练习室的学生总是把花和玻璃当作对象来作画。优秀的作品到处渗透着花的光彩。在毯子上，均衡地、绚丽地描画鲜花。毯子细细地、纯粹地指给我们花的海洋。一旦人们注视毯子上盛开的鲜花，周围事物就像是一幅幅鲜活的、直观的风景画：

现在事物惊奇地变成另一种颜色。花和毯子使周边事物变得生气盎然。起初，被描画的事物像刚刚出生的小生命一样宁静安逸。在它上面覆盖着干净透明的桌布，在餐桌碟子上摆放着水果和鱼肉。但是，这些东西转瞬即逝。随后，由于画面色彩变化和转向，模糊的物体令我们继续联想起亚麻布、瓷器以及果汁等。无论什么样的香皂，只要它是细心描画的香皂，它就闪烁柔和的光辉。无论多么充满阳刚之气的钢花也无法与描画在蓝天中的闪电相媲美。同样，在毯子上，即便是多么零星散乱的东西，只要附加某种清一色的光彩，它就变得无比亲切、协调。在此，一切都互不干扰、互不影响。一切各尽其才、相辅相成。因为作为全体，各种事物都通过色彩而获得重生。在此，色彩好比原始的生面团（Urteig），它并不关涉实际生活中事物的异质性，而是把各自形象化的东西如实转移给"色彩的命名者"（farbigen Nenner）。①

最初显现的白色令人联想起裙子或茶杯，红色令人联想起龙虾或玫瑰，绘画系的大学生首先通过鲜花学习描摹静止的生命或宁静的生命。在他那里，宁静的生命成为献给自身的花环。不言而喻，承载一切的花环本身就会形成令人欣慰的伟大。在绘画中，"邻近"（Nähe）具有狭窄拥挤的特征，微笑的平面神奇地集合在一起，形成易于了解的圆周。画家在小小平面上画入某个此在。在现实生活中，这种此在很容易腐烂发霉，但是作为图画的模型却格外友善、暖意融融。以静止画为例，布洛赫烘托出静物画（Stilleben）中画家恬静而温馨的愿望图像：

试看荷兰的室内画。在此所描绘的都是房间、街道等。市内到处点燃着壁炉，室外呈现一派温和的春光。荷兰画家维米尔②、

---

① E. 布洛赫：《希望的原理》，第930—931页。
② 维米尔（Jan Vermeer, 1632—1675），荷兰画家，现存作品共有36幅，分别藏于德累斯顿画廊、爱丁堡国立苏格兰陈列馆、海牙莫里斯皇家绘画陈列馆、卢浮宫博物馆。其中早期的作品多取材于宗教和神话，如《基督在马太和马利亚家中》《狄安娜和她的女伴们》等，以后他改变题材，主要画风俗画，表现城市风景和市民的日常生活，画幅不大，却精心描绘，且特别讲究光、色和空间比例。代表作为《花边女工》《读信的少女》《代尔夫特风光》等。

梅曲①、皮耶特德②等集中表现了这种舒适安逸的市民之家。这绝不是对腐烂发臭的家的表现，而是对快乐的、甜蜜的家的表现。女人低声朗读书信，或者跟丈夫促膝交谈。母亲一边削苹果，一边望着院子里孩子们游玩。老妇女沿着街道的高墙散步，墙外面，高高的山墙从斜面静静地向里窥探。除此之外，什么也没有发生。室内笼罩在一片静谧之中。只有鸽子飞翔在由建筑所环绕的封闭的庭院上空，仿佛与这种万籁俱寂的周遭在进行一次心与心的对话。通过不同的斜面照射的光，将寂静划分成重重倩影，杳无人声。③

阿姆斯特丹《一杯啤酒》的酒店显示出明亮的小房间。墙上挂着一幅画：在宁静的气氛中，一个妙龄女郎漫不经心地斟满酒杯。向右看去，敞开着一扇门，晨光从那里照进居室内。窗外，呈现出生气勃勃的春天的外景。尽管画面中没有过分渲染强烈的阳光，但从斜面照射的内部灯光却分外耀眼。这样，画中的所有空间都包容对象，它之所以存在，仅仅是为了表现邻近。市民悠然自得的表情、墙上黄铜造壁灯、红色的瓷砖、棕色的靠椅等。画面处处都旧貌换新颜，修葺一新的房屋里充溢着一种清新的氛围。在皮耶特德的画里，人们可以眺望遥远的山谷，一所幸福的小卖店像一座宝库一样神秘莫测、令人神往。

从远处看，荷兰静物画大都取材于家乡的日常生活，承载着市民朴素的道德风俗。但是，从近处看，这些画仿佛是为出远航的船员预先定做的。一个漂泊大海、久别故乡的船员凝视着微小而鲜明的画面，倾听远方家乡亲人的呼唤。与此相对照，在一幅诸如此类的静物画中，墙上则悬挂着一幅世界地图，但是省略了波涛汹涌的大海。也许，凭借荷兰在世界贸易中的优势地位，当时大部分荷兰家庭都拥有富足而安逸的生活。

在这一大背景下，皮耶特德尤其擅长描画高雅别致、充满情趣的房屋。在他的画里面，一再出现风花雪月、男欢女爱场面：窈窕淑女与情意

---

① 梅曲（Gabriel Metsu, 1629—1667），荷兰画家，擅长描绘市民安逸而宁静的家庭生活，主要作品有《音乐教习》《画家与妻子》《老酒徒》《二重唱》等。

② 皮耶特德（Pieter de Hooch, 1629—1683），荷兰画家，早期作品大都取材于小酒馆、士兵等市民家庭，擅长表现充满阳光的室内空间，后期风格变得粗犷，颜色较暗，代表作有《妇女与士兵饮酒》《夫妇在早晨》《房间中的女人们》等。

③ E. 布洛赫：《希望的原理》，第931页。

缠绵的绅士出双入对、翩翩起舞，或相拥进餐、一道欣赏音乐演奏。圆形入口、壁炉柱子等说不上富于感情或情调高雅，它们都是蓝色的或灰色的，但是，人物衣服却都是红色的，散发出强烈浓重的情感气息。尽管在庭院画中，也不乏侏儒、象牙等模型，但是，绝没有诸如病态、野蛮、喧闹和干扰等一类的图像。落地大座钟报道着夜的来临：梦的使者、爱的使者。仿佛烦恼、忧虑、困扰、苦闷等在这个世界上都被一扫而光。于是，一切都归于满足，一切都归于平静。

近在咫尺的风景显得如此安稳、如此温存。但是，遥远之处却不是这样。毋宁说，"隐蔽"（verschleiterte）正是遥远之处的特征。遥远之处与一种探询的目光联系在一起。远方诱惑着人们，因为那里一直蒙在神秘的面纱中。此时，远方唤起人们某种莫名其妙的"性爱渴望"（erotische Sehnsucht）。因此，在绘画作品中，画家描写了许多旅行启程或恋爱旅行场景。其实，画家描画性爱场景本身就是一种不可阻挡的诱惑。

布洛赫以华托①的代表作《发舟塞特拉》为例，描画了这种微妙的性爱诱感：

> 显而易见，这幅画的题目本身就已经是乌托邦的题目。一群少男少女带着一颗颗躁动不安的心，翘首等待驶往孤岛的游览船。虽然华托算不上是名垂美术史的卓越画家，但是，他却留下了出类拔萃的作品本身。当时，他只是为了打发无聊而创作这部作品的。尽管如此，华托的作品却以富于感情、意味深厚的笔触令人惊讶地显现了人的渴望。在此，性爱感受得到了精巧的凝缩和升华，尽管这种感受不乏与世隔绝的感觉，但它淋漓尽致地表现了典型的洛可可艺术氛围。②

华托一共画了三幅同一题材的画。第一幅描画了他对田园剧《三姐

---

① 华托（Jean Antoine Watteau, 1684—1721），法国18世纪洛可可时期画家。他的作品喜剧色彩浓厚，而且散发出一种浓郁的富有哲理的爱，而且大都有背景相衬托。主要作品除了《发舟塞特拉》之外，还有《威尼斯游乐园》《吉尔》《热尔尚画店》等。

② E. 布洛赫：《希望的原理》，第933页。

妹》（*Trois Cousines*）舞台装置的特有印象。由于受到歌剧作曲家奥芬巴赫①《佩里绍莱》的影响，这部作品中，人物的安排显得有些笨拙呆板，感情含蓄内敛。另外，时间分段也不够分明，空中气氛缺乏巨大的期待感。

从第二、第三部作品的设计上看，传统色彩显得更浓。这部作品渊源于养鹿场、牧场或神秘的女人闺房等老一套题材。通常诸如此类的设计图都旨在从荒淫无耻的宫廷生活中寻求感官刺激，迅速唤起长期被压抑的性欲，以排遣令人难以忍受的寂寞和无聊。然而，与寻求这种浅薄低俗的感官刺激不同，华托的作品以审美视角奇异地寻求人的正当欲望。当然，单纯的性爱主题千篇一律，有时无聊得要命。然而，在华托的画中，明晰地展现出一个激动人心、意义深远的现代主题："爱的航行"（Liebesfahrt）的原型。

特别引人注目的是，他在巴黎所作的第二幅作品高水平地融会了希望之梦和集体图像。神秘的风景围绕着年轻夫妇，公园的轮廓依稀可辨。爱的小舟期待夜色中的海面，矫健的海燕在远处拍打着浪花在飞翔。远山在落日余晖中渐渐隐匿踪影。从孤岛蜿蜒伸延而来的夜景似乎预告迟早都会降临的享受的快乐和舞蹈的脉动。

华托的第三幅作品完成于柏林，不过，这部作品并未显示出特别完美的艺术性。因为画中的装饰品乃至珠宝司空见惯、并无新意。第三幅作品着力刻画前景和爱的游览船。尤其是，小舟上一个裸身双翼的小天使正扬帆出航。小舟内部显得十分宽广，桅杆上挂着小爱神拯救之帆（Amorettenssegel），船帆指向渐渐模糊不清的背景，有意识地暗示这条小船将驶向迷人的爱之岛。在船帆周围玫瑰红色与天蓝色交相辉映。这表示这是一次幸福而甜蜜的航程，悬挂承诺的旗帜正要驶往爱之岛。

但是，在此仅仅暗示爱的小舟即将驶往塞特拉。或者，在此不再讲述乘船出航本身，而是仅仅微弱地闪现预期的幸福。这正是华托作品与其他画家作品的区别所在：恼人的期待与模糊的幸福。纵观其他相关画家，他

---

① 奥芬巴赫（Jacques Offenbach，1819—1880），德籍法国作曲家，古典轻歌剧创始人之一。他的3幕喜歌剧《佩里绍莱》（*La Perichole*）以梅亚克、阿勒维根据梅里美的独幕剧《奇异的马车》（*Le Carrosse du Saint-Sacrement*）为脚本撰写，故事描述了18世纪秘鲁流行歌手佩里绍莱和皮奎洛（Piquillo）这一对恋人的爱情故事。

们大都把塞特拉描画成情侣业已到达的地方，并且借助于不堪入目的色情画面渲染赤裸裸的肉欲和感官生理特征。

接着，布洛赫以鲁本斯①的代表作《爱的花园》为例，进一步探讨了伟大作品所特有的色彩特征和形态特征。收藏于西班牙马德里普拉多美术馆的这幅画，以其作者伟大的创造力传达了类似日常幸福的"安宁感"（Ruhe）。但是，在这部旷世杰作中，全然没有刻意表现爱意浓浓的塞特拉，确切地说，从一开始塞特拉岛就无影无踪，扑面而来的是一幅幅有血有肉的、充满情欲的画面：

> 在鲁本斯的作品中，美丽丰满的女人们围在圆形建筑屋前，以黄褐色炫耀丰盈浑圆的身姿，两边一对男女各着红色和黑色的服装。画面上方，诸爱神鼓翅振飞，占据着很大空间的爱神们胖乎乎的胴体，甚至大门的石头也都展示翻云覆雨的性爱氛围。右角上，女人硕大的乳房奶汁如潮水般喷涌。女人的双乳无异于两眼永生的喷泉。这部作品充分表明，及时享乐是一种爱的象征，即性行为是超时间的永恒的快乐。从而，爱的花园就完全变为性的快乐。鲁本斯别开生面，以生存纪念碑方式表现了这种永恒的快乐。就像女人的两条肉墩墩的大腿一样，大厅前的石柱预示爱的丰满果实。②

然而，乔尔乔内③的《入睡的维纳斯》、戈雅④的《裸体的马哈》等

---

① 鲁本斯（Peter Paul Rubens, 1577—1640），法兰德斯派杰出画家、版画家。他擅长神话、历史、宗教及风俗画，同时，也精于肖像画及风景画。1600 年，鲁本斯远赴意大利，在威尼斯，他临摹了提香、丁托列托及维洛罗纳等人的作品，将大师的造型与构图观念充分消化理解后，纳入个人风格之中。主要作品有《四位哲学家》《卸下圣体》《劫夺留奇波斯的女儿》《玛丽的教育》《玛丽抵达马赛》《爱的花园》《优美三女神》等。

② E. 布洛赫：《希望的原理》，第 934 页。

③ 乔尔乔内（Giorgione, 1477—1510），意大利文艺复兴时期艺术家、威尼斯画派画家。他的作品富有艺术感性和想象力，充满诗意的忧郁，最早使用"明暗造型法"及"晕涂法"，主要作品有《暴风雨》《三位博士》《尤迪丝像》《入睡的维纳斯》等。

④ 戈雅（Francisco de Goya, 1746—1828），西班牙浪漫主义画派画家，肖像画是他的绘画艺术所取得的最高成就之一。他的画风奇异多变，从早期巴洛克式画风到后期类似表现主义的作品，他一生总在改变，虽然他从没有建立自己的门派，但对后世的现实主义画派、浪漫主义画派和印象派都有很大的影响。主要作品有《基督受难图》《裸体的马哈》《着衣的马哈》、版画组画《狂想曲》《查理四世全家像》《德·巴赛尔像》《萨坦吞吃自己的孩子》等。

绘画中依然保持塞特拉（Cythera）周围的耀眼的爱的光芒。在戈雅所描画的乳白色的枕头中，我们可以确认某种充满淫欲的、冰凉的肉色。无独有偶，在塞特拉岛上，我们同样也能发现这种心醉神迷的情欲动作。在戈雅的这幅画中，我们能够切身感受到某种赤裸裸的肉欲冲动，这是对快乐欲求的真实写照。通过画面所描画的情欲图像，画家试图唤起我们快乐的图像。塞特拉让人感受到，这个世界上值得留恋的只有一种东西，那就是女人美丽的身材和香喷喷的肉香。远方总是令人遐想联翩，仿佛触手可及，从而不断开拓我们的视野。远方无遮无蔽、意境幽远，总是预示着某种丰盈的对象。即使图画中的前景被遮蔽在浓云迷雾中，也同样袅袅雾气，令人憧憬。这里总是提供关于广度的尺度。一旦在我们的视野中，渐渐展现她那神秘的面容，远方开放的愿望风景（Wunschlandschaft）就会闪亮登场、一览无余。

大体上，通过窗户、拱门以及巴洛克式庭院的敞开洞穴，愿望风景闪现出天蓝色或草绿色。远处的风景豁然开朗，仿佛我们身临其境，停留在高山之巅。但是，随着时间的流逝，人们开始使用作为巨大船舶的世界画面。尽管观察者只是借助于窗户来向外眺望，但是，画面中的高度本身与一扇敞开着的窗户相等。这样，展望之线就能够把一致之点置于无限的地平线和水平线中。进而言之，中间部分连接的视线超越水平线继续延伸下去，从而使画中的面貌包含着某种新的东西。那不是别的什么东西，那正是一种任人自由想象的圆形空间。从中世纪以来，绘画作品就清晰地展现出一幅辽阔无际的"愿望广度"（Wunschweite）。布洛赫首先以扬·凡·艾克①的代表作《巴黎的圣母》（*Pariser Madonna*），说明了这种愿望广度。在此，前景服务于风景。画家居高临下，从房屋窗户的高度凝视风景，有意识地凸显透视图中的"消失点法则"。在此，布洛赫注意到，画家开始把他深入洞悉的对象转化为一个平面，利用一切空间乌托邦情绪勾画所有细微末节：

---

① 扬·凡·艾克（Jan Van Eyck，1385—1441），文艺复兴初期尼德兰画派杰出画家之一，擅长描画人物、室内与风景融于一体的画。主要作品有《根特祭坛画》《教堂中的圣母》《凡·德尔·巴利以圣母子》《玛格利特肖像》《阿尔诺非尼夫妇像》《罗林宰相的圣母》《圣巴巴拉》《妻子像》等。

在圣母与她的捐赠者之间,画家的视线穿过华丽大厅的三个拱门。因此,尽管画面被石柱遮蔽,但敞开了以此为框架的充满宝物的远景。凡·艾克动员一切空间乌托邦的情绪,出色地描画了所有细微末节。由于这种乌托邦的情绪,画家能够轻而易举地承载某种乌托邦视域的深渊。那里,一座城市映入眼帘:山墙、尖塔、大教堂、带有阶梯的宽阔广场、生气勃勃的小桥、小舟驶过的小道,上面坐落着高耸入云的官殿。茂密的树林层层叠叠、郁郁苍苍,环抱着有无数钟塔的官殿。在这一切景色的背后,绿色丘陵的世界逐渐变成一个可望而不可即的地平线。那里,被白雪覆盖的山顶被一缕黎明燃烧得通红。在其背后,似乎失去了乌云的天际无限地朝我们铺展开来。①

这是一个完美的"梦的国度"(Traumland)的图像,尽管在延长线上连续出现想象的现实。因此,这幅图像与当时易于接近的布鲁日、马斯特里赫特、里昂等城市国家的图像迥异其趣。在反映无限性的教会壁嵌画作中,画家的视点如实地表现了所谓没有墙壁的、无遮无拦的哥特式城市图像。这之后,自然风景画在皮耶罗·德拉·弗朗切斯卡②那里得到进一步发展,并在文艺复兴时期的绘画中,重新突出了新的视域价值。

然而,文艺复兴时期的艺术巨擘达·芬奇却赋予前景这一梦的价值以完全开放的独创性,以神秘的色彩非凡地将远景形象化,使其作品意境清新、志存高远。这是在雕刻作品中完全无法表达的方式。达·芬奇尤其擅长通过画中人物的躯体动作和姿态的多样变化来表现人的不同心灵和情感,如约翰在祈祷、耶稣在为约翰祝福、天使在指点约翰、圣母伸出手作出抚爱姿态等。这些人物的纤细动作、手势都反映出不同人物的独特心理活动状态。由于画家秉承马萨乔创立的明暗画法,并运用这种画法描绘岩洞圣母,这使整个画面上洋溢着凝重的空气和深邃的空间感。

适逢33岁,达·芬奇正客居米兰,用蛋彩绘制了这幅圣母画,用岩

---

① E. 布洛赫:《希望的原理》,第935—936页。
② 皮耶罗·德拉·弗朗切斯卡(Piero della Francesca,1416—1417),意大利文艺复兴初期著名画家。弗朗切斯卡的作品综合了伯鲁内列斯基的几何透视学原理、马萨乔的造型方法、安吉利科和威涅齐阿诺对光线和色彩的应用以及弗兰芒画对社会现实准确和细腻的描绘风格。他的作品非常重视透视,把它看成是绘画的基础,曾撰写《论绘画中的透视》,主要作品有《鞭打基督》《基督受洗图》《基督复活》等。

洞作圣母子的环境，有画中景和画外意：圣母子在大天使护卫下暂歇于岩洞，有一种不受世俗干扰的安全感；选择岩洞作背景，源自画家对古佛罗伦萨采石场马雅诺的记忆，岩洞的意蕴在于宗教传说中圣者诞生的洞穴，内含黑暗与光明，即指神的光辉是以圣母子为载体转化为人及其苦难的，让神圣的光明穿破黑暗，照亮世界。

在几乎无法分辨的对象中，只有一丝光亮留下了模糊不清的轮廓。他的作品《岩洞中的圣母》到处呈现出洞穴的一片黑暗以及哥特式锯齿形棱角和鱼刺状。一方面，这幅画中的人物组合为主体金字塔式构图，画家运用明暗画法塑造形体、渲染人物形象的情感和画面气氛；另一方面，在这幅画中，岩洞被破坏得一塌糊涂，主人公的目光漫不经心地扫视一条令人恍惚出神的溪谷。

同样，达·芬奇的另一幅画《圣母、圣婴和圣安娜》中的人物也都被严格地置于金字塔构图之中。画面上仿佛被蒙上一层薄雾，圣母女两人就在这种迷雾一般的环境中相对地微笑着。加上画家选用的是青灰色画纸，因而炭笔所形成的朦胧感，又夹杂一种月光下的神秘感。与此相对照，这一构图背后的风景显示一幅粗糙而破碎的群山景象。在画面整个背景中，一半为浓雾所遮蔽；另一半则显示出依稀可辨的物体模样。换言之，宏观上多少显示出可辨认的对象，但在微观上却显示出某种不可规定的彼岸之物。

在数百年来一直被誉为最名贵的肖像画——《蒙娜丽莎》中，远方的神秘背景得到了令人惊异、别具一格的描画。画家通过梦一般的背景刻画了前置人物的鲜活表情特征。但是，这种背景同时又使人物失去活生生的肉体特征。因为蒙娜丽莎的服装轮廓与后面背景的群山轮廓是同一的，背景的沉重之梦蕴含在主人公的眼皮之中。在她的难以揣摩的神秘微笑中，蕴含着从周围流溢的神秘的、悖谬的、不透明的余韵。在此，风景如同主人公一样重要。尽管这两个角色并非同一的象形文字，但它们都包含着十分近似的要素。

在布洛赫看来，达·芬奇的高明之处在于，他从哲学视角表现世界图像，把画家的完美渴望本身与自然的全体性有机地结合在一起。所有的部分都有摆脱全体性的渴望，但这种渴望却与自然并行不悖。因此，人只能是全体世界的模型。遵循这一部分与整体、人与自然的统一理念，在《蒙娜丽莎》中，风景与女主人公融为一体、浑然天成：

因此，远方的风景就是"蒙娜丽莎"这个人物。在最微弱的光亮中，她就是最富于幻想的锯齿状的山峦。例如，她周围的一汪湖水、绿色的原野以及奔腾的河水等都是她的幻影。蒙娜丽莎就在那里注视着这边，同时凝视着远方。在蓝绿色的烟雾的光芒中，伸展着的、全体的谜团蒙上了一层神秘的面纱。①

那么，从一开始就笼罩在浓雾中的神妙场所究竟在什么地方？画家怎样才能使这个地方变得更宽广、更让人一目了然？布洛赫的回答是，借助于就近的反射之光。实际上，画面上照射黑暗基础的光亮本身，仅仅是源自背景的模糊光亮以及从外部渗透进来的反射之光。因此，画家一旦描画黑暗的基础，事物本身就会不知不觉地变成令人陌生的东西。

在荷兰画家伦勃朗②的作品中，这一点再次得到了印证。伦勃朗尤其擅长描画就近反射的远方的图像。甚至他作品中的莎斯姬亚③也被置于一种黑漆漆的空间之中。与此相对照，戴着黄金头盔的男子却在黑暗中默默地凝视远方，仿佛为夜的神秘光亮所深深迷惑。通常伦勃朗不是从纯粹技法角度把光亮的空间画成闪烁不定的东西，也不是把它设定为平平淡淡的东西。对他来说，承受光亮的空间是一座浮雕，画家有意识地把明亮的部分提升为十分粗糙的部分。相比之下，低矮部分、靠近的素材部分或者被画成幽暗模糊，或者被填满古铜色的涂料。从而，一方面，映入眼帘的是阴森可怖的黑暗场景；另一方面，映入眼帘的是作为单纯反射之光的光的稀奇和珍贵。这正是漫漫长夜中受到祝福的微弱的光彩。

---

① E. 布洛赫：《希望的原理》，第 936 页。
② 伦勃朗（Rembrandt Harmenszoon van Rijn, 1606—1669），17 世纪荷兰杰出画家，画作体裁广泛，擅长肖像画、风景画、风俗画、宗教画、历史画等。伦勃朗一生留下 600 多幅油画、300 多幅蚀版画和 2000 多幅素描，几乎画了 100 多幅自画像，主要作品有《木匠家庭》《夜巡》《音乐晚会》《蒂尔普教授的解剖课》《亚伯拉罕和艾撒克》《亨德里契娅在河中沐浴》《浪子的归来》等。
③ 莎斯姬亚·凡·优伦堡（Saskia van Uylenburgh, 1612—1642），伦勃朗的第一任妻子，她曾在一些著名的油画作品中担当模特。

在伦勃朗的作品中，夜与色彩、光与色彩交相辉映、相得益彰。换言之，他的描写方式是尽可能把画面的基本色调变得幽暗，同时动员复杂技法在其上面涂抹色彩。他的第一部凯旋之作是一幅殉难画，即收藏于慕尼黑的《基督的葬礼》。这部作品完成于1663年，作者试图把自己的容颜融会在出场的主人公中，以便在作品中体现最纯洁、最自然的信念。在这幅画中，人与事物孤独地占据着黑暗空间的广度。在阴郁的世界及其背后闪烁着某种内在之光。这种光与色彩就像一道猜不透的谜一样照射周遭，令人惶惑不安、无所适从。这无异于最后一束火焰的悖论。伦勃朗作品中的"光"既不是强烈的日光，也不是柔和的人工光源。在此，所谓光并不是对现存世界及其超世界的反映，而是对现存世界及其超世界的赠与。由于这个缘故，在他的作品中，漆黑的空间无情地耗尽了迄今所探讨的远方及其宇宙视域中业已开放的视点。

通常，画家们用明亮的色彩描写既定现世，用阴暗的色彩描写来世。与此不同，伦勃朗的绘画色调始终是模糊不清的，这一点格外引人注目。从他作品的模糊色调中，布洛赫试图捕捉既非此岸亦非彼岸的东西，亦即某种变化了了的可能性。

当然，布洛赫也注意到伦勃朗作品中的另一面，即世俗现象。例如，在《夜巡》《卡塞尔的废墟》中，伦勃朗把长矛、城墙、乌云等现象世界视为风景画的基础。在《夜巡》中，有个脚手架深深伸入画面中。与此相对，肖像画或以基督为题材的画作从外部显示未经划分的黑暗，并从内部显示非宇宙的孤独感。成年之后，伦勃朗就没再画风景画，究其原因，为了表现宇宙永恒不灭，他不得不用某种深藏不露的、阴郁的黑暗来填满画面的空虚背景。

尽管如此，在伦勃朗那里，黑暗的背景仍然笼罩在一片金色或蓝色中，人物也处在一种黑色和金色的渐隐法的远景之中。光在幽暗中起作用，在此，表面也得到了色层法的处理。在这个世界上，伦勃朗的"悖谬之光"一次也未曾出现过。尽管尽力使用反射之光，但很难说，这就是源自天国之光的古代形而上学。恰恰在最近之处的深度中，伦勃朗感受到不断溢出的孤独，并把这种孤独应答为"希望的远景之光"（Perspektivenlicht der Hoffnung）。唯有借助于觉察而被中介的东西才是伦勃朗的光。这正是伦勃朗的画作所具有的独特的异国特征，它造成某种童话般的遥远场所的奇异反响。在那遥远的地方，人们可以生动地想象某种易于接受的、易于倾听的对象。在伦勃朗的画作中模糊地显现微光。由此可见，画家何以特别偏爱绸缎、珍珠、宝石、黄金、头盔等反射物体。在布洛赫看来，伦勃朗绘画中的"希望之光"具有超越某种东西的特征：

> 伦勃朗关于莎斯姬亚和犹太人的作品不可避免地包含阿拉伯要素，同样，出于这个缘故，远方的光传达遥远的神秘国度的讯息，即东方。即使在夜间，超凡脱俗的巴格达也烧得通红。而且，深渊之光既不具有地上世界的要素，也不具有天上世界的要素。相反，光仅仅显现那里的神秘存在而已。人们长久感悟慕尼黑的基督复活之画。在下部边缘上，耶稣闪烁微光。在画面中，这微光摆脱了天国之光，尽管它暗淡，却压倒天国之光。在此，天国之光只是照耀降临在地上的那个天使的背影。东方之光（Ex oriente lux）这时才徐徐出现，试图游离于尸体而闪烁自身的微光。①

概言之，虽然伦勃朗作品属于世俗作品，但这些作品是在上述特定背景中构思的。这些作品的色彩源自乳香、没药（Myrrhen）、金子等素材，从而创造自身独特的远景：具有微光的"空房间"（Hohlraum）。

众多作者不仅在绘画作品中，而且在文学作品中描写了愿望风景。布洛赫由绘画转向文学，依次探讨了海因泽的《阿尔丁格勒与被祝福的岛》、基洛姆·德·洛利斯的《玫瑰小说》和让·保罗的《巨人》等文学作品中人的生命的愿望领域。

绘画传达给我们瞬间映入眼帘的东西，与此相对照，诗作则告知我们依时间顺序进行的故事。特别是，当诗作源于某种可期待的绘画类型，例如，静物画、出航和广阔地域的绘画作品时，情况更是如此。因此，德国戏剧家莱辛在美学论文《拉奥孔》中，曾专门从空间性与时间性视角解释了绘画艺术与文学艺术的差异。

首先，布洛赫从"思乡"（Heimweh）视角看待静物画的"诗的类型"。在诗的类型意义上，所谓静物画无异于田园诗（Idylle）。在那里，

---

① E. 布洛赫：《希望的原理》，第 938 页。

物以稀为贵，最微小的东西被视为最杰出、最珍贵的东西，例如在安徒生①的作品中，钳子、厨房、蜡烛等栩栩如生，工作室本身就是一则美丽的童话，因为在那里一切器具都活灵活现，富于自身生命力。欧洲古代的田园诗由古希腊诗人特俄克里托斯（Theokritos）首创。他流传下来的诗作描写西西里美好的农村生活自然风景，清新可爱。古希腊的田园诗对后世欧洲带有贵族倾向的诗歌产生了很大的影响：

> 田园诗的生命力在于把我们引向简朴的厨房。人们在那里无忧无虑地交谈，大体上呈现温和的命运生活。当然，就像人们所描画的静物画一样，田园诗也仅仅伴随安逸感。对于绅士来说，田园诗之所以特别需要，是因为他暗示着某种量入而出、恰如其分的生活。田园诗最初源自牧羊人或牧者，这绝不是偶然的。起初，那些饱食终日、无所事事的达官贵人借此附庸风雅，美化过眼烟云的富贵生活。后来，市民田园诗追逐风花雪月、阳春白雪，仅仅短暂地局限在特殊利益阶层。属于毕德麦尔小组的小市民作家以及乡土诗人，全都把田园生活当作愿望对象。就像久别故乡的游子一样，人们纷纷接受充满乡土味的东西，或者把乡下庭院当作"柔和的充满新生命气息的东西"来接受。例如，那种白天蜜蜂嗡嗡作响，晚间茶壶发出嘶嘶声的乡间生活。②

德国诗人福斯③的叙事诗《路易丝》淋漓尽致地表达了这种浓浓的乡土氛围和思乡的冲动。与此大异其趣，在英国作家哥尔德斯密斯④的小说

---

① 安徒生（Hans Christian Andersen，1805—1875），丹麦作家，诗人，以其童话故事而闻名世界。他最著名的童话故事有《小锡兵》《冰雪女王》《拇指姑娘》《卖火柴的小女孩》《丑小鸭》《红鞋》等。
② E. 布洛赫：《希望的原理》，第 939 页。
③ 福斯（Johann Heinrich Voss，1751—1826），德国诗人、翻译家，1805 年任海德堡大学教授，他的叙事诗《路易丝》发表于 1795 年。
④ 哥尔德斯密斯（Oliver Goldsmith，1773—1813），英国诗人、剧作家、小说家，长诗《荒凉的村庄》发表于 1770 年。这是一首怀念过去的田园诗，所写的村落名叫奥本（意思是"金黄色"），可能是根据他童年时代所熟悉的爱尔兰农村利索伊而写，也可能是诗人幻想中的英国农村。作者对近代工业社会持强烈的批判态度，由于受到 18 世纪后半叶资本主义发展的影响，过去幸福而美好的农村变得荒芜萧条，人口减少，农民流离失所。

《威克菲尔德的牧师》则散发出淡淡的地方特色。远方仅仅呈现一片长满茶叶的原野景象，外面的风把烟囱吹得呼呼作响，老婆、孩子、热炕头，给人一种特别的舒适和温暖感。邪恶的幽灵顶多能缩成一只小枭，而邻居却拥有作为安乐的盐和面包。

如果说田园诗表现的是特定乡村空间的美好生活，那么有关"解放"① (Exodus) 和"塞特拉"的文学类型则表现特定空间的美好生活和一种无拘无束、自由自在的激情生活。尤其是，南国提供的愿望风景是："琉特美妙的音乐/甜蜜的葡萄酒/亲爱的朋友/美丽的姑娘/紫色夜/火炬照亮的柱子"。

但是，布洛赫指出，首先注意到南国充满爱欲和肉欲生活的作家并不是温克尔曼②及其弟子，而是18世纪维兰德③以及随后活动在南部德国的作家。不仅如此，像 E. T. A. 霍夫曼一类的浪漫主义作家也未曾改变其对南方国度的爱欲图像。在此，德国作家们尤其把意大利视为荡漾美丽音乐的、充满爱欲激情的国度。一句话，令德国作家心醉神迷的并不是阿波罗的大理石，而是从一切羁绊和屈从中解放出来的自由奔放的厄洛斯的爱欲。

在此，布洛赫特别关注德国作家海因泽④的小说《阿尔丁格罗以及受到祝福的岛》中所弥漫的洛可可氛围。这部小说发表于1787年。一方面，这部小说包含丰富的考古学内容；另一方面，这部小说包含极其好色的乌托邦形象。在这部情欲作品中，海因泽满腔热情，直观形象地抒写了关于"神圣之春"(Ver sacrum) 的愿望之梦：

---

① Exodus, 此词原指旧约圣经《出埃及记》，意为"出走""逃脱"，此处引申为"解放"。
② 温克尔曼 (Johan Joachim Winckelmann, 1717—1768)，德国美学家，他的希腊美术史研究对歌德、莱辛、黑格尔等都产生过巨大影响。
③ 维兰德 (Christoph Martin Wieland, 1733—1813)，德国洛可可诗人。他的诗作浪漫，富于鲜明的幽默格调，代表作有《阿加松》(1766—1767)、《奥伯龙》(1780) 等。
④ 海因泽 (Johann Heinse, 1779—1803)，德国小说家、美术批评家，维兰德的弟子。1787年去意大利旅行后发表小说《阿尔丁格罗以及受到祝福的岛》，这部作品由于蕴含着康德的道德主义理念，从而具有重要的文学思想价值。

梦总是深入生命之中
使节日变得无比神圣
人们眼中噙满了喜悦的泪水……
最高贵的巴库斯的暴风为大厅所陶醉
就像塞内加尔和莱茵河雷鸣般的瀑布
人们已不知从何处回归全知全能的永恒之美……
永驻之春、大海和陆地的美和肥沃
以及水与空气的甘甜纯净。

维兰德认为，如果没有淫乱之神，萨蹄尔①就没有优雅妩媚，同样，如果没有优雅妩媚，也就没有萨蹄尔。不过，在海因泽的"塞特拉小说"中，着力描写的并非好色淫荡的萨蹄尔，而是充满酒神精神和古代性（Antiké）的狄俄尼索斯。在他的笔下，主人公阿尔丁格罗并非温饱思淫欲，整日耽于感官快乐，而是振奋精神、励精图治，在帕罗斯岛和拿索斯岛上建设一个理想国家。

除了快乐女神之外，谁也不能侵犯具有多种面貌的洞穴和寺院。自古希腊牧歌诗人特俄克里托斯以来，阿卡狄亚②一直是古代牧歌所渴望的乌托邦的逃避场所。但是，久而久之，时过境迁，这一渴望场所转变成了富于魔力的情欲之岛。在此，闷热的夜晚沉浸在缠绵悱恻的牧歌的气氛中。因此，海因泽的"塞特拉"也就笼罩在以往中世纪牧歌文学的神秘氛围之中。最后，在文艺复兴时期，牧人文学在意大利重新繁荣昌盛起来。例如，塔索③的《阿敏塔》脍炙人口，完美地描写了牧羊神法翁（Faunen）、仙女、萨蹄尔等。这里到处都有牧人的合唱，他们歌唱：魔法变出的美丽的树林/丘比特之箭/凉爽的狄安娜寺院/自由恋爱的黄金时代等。

直到中世纪，古代牧人文学还局限在多愁善感、玩物丧志的伤感层面上。但是，自文艺复兴时期以来，这种文学体裁开始渐渐表现出另一种重要特征。当时的牧人文学反映了对古代黄金时代、东方传奇地域的强烈渴

---

① 萨蹄尔（Satyr），色欲之神，希腊神话中半羊半人的森林之神，象征着色欲和放荡。
② 阿卡狄亚（Arkadien），古希腊地名，风景优美，居民多以牧羊为生，风俗纯朴，富于田园牧歌情调。
③ 塔索（Torquato Tasso，1544—1595），意大利诗人，代表作除了田园诗《阿敏塔》（1573）之外，还有叙事诗《解放了的耶路撒冷》（1575）等。

望。"塞特拉"（Cythera）这一虚构的维纳斯岛的独创形象恰恰出现在文艺复兴时期。当时人们把牧歌视为热带地方固有的艺术特征。从而，在对萨拉逊帝国花园的记忆中，在对萨拉逊样式以及哥特样式的记忆中，人们重新发现了令人梦牵魂绕、富于魔力的庭院面貌。在布洛赫看来，塞特拉与玫瑰小说之间有着奇特的依存关系：

> 远方的塞特拉若隐若现，可望而不可即。那不是什么别的，而是爱，因为爱正是塞特拉的本性使然。因此，塞特拉只能在爱的花园中才能含苞绽放。在东方这一充满渴望的热土上，十字军骑士实现了这种梦想，因此无数牧人文学都憧憬东方爱的庭院，用美丽的鲜花装扮这个地方，从文学视角将回乡之梦加以形象化。鉴于上述理由，塞特拉的基本图书只能是关于玫瑰的哥特式小说（Roman de la rose）。①

尽管在海因泽的小说中，塞特拉的空间具有甜蜜的牧歌特征，但是关于玫瑰的哥特式小说是在自由奔放的萨拉逊恋爱文学，以及欧洲骑士的遗产中成长起来的。与所有洛可可文学作品相比较，塞特拉的主要作品不仅更富于斯多亚派悖谬的自然主义，而且更显现为充满异国情调的爱的国度的故事乃至"爱的艺术"（ars armandi）。

"所谓'玫瑰小说'，肇始于13世纪末基洛姆·德·洛利斯②，终结于让·德·梅恩③。这部诗篇的主人公就是诗人本身，诗人动用几近两万行的诗句讴歌通向快乐本性之路。诗人四处漂泊，历经艰险，终于到达了爱的庭院。这时，一个名叫"闲云野鹤"的女子，凝视着他，笑盈盈地开了大门。诗人一见钟情，忘乎所以，旋即被射中了爱神之箭，成为一个情深义重的阿曼特④。由于爱，他内心受伤。真挚的"款待"（Bel-Ac-

---

① E. 布洛赫：《希望的原理》，第941页。
② 基洛姆·德·洛利斯（Guillaume de Lorris, 1210—1237），13世纪法国作家，1230—1240年间，作者执笔玫瑰小说，其主题是宫廷恋爱，以玫瑰象征贵族妇女，写一个诗人苦苦爱上玫瑰而受到环境阻碍的故事。
③ 让·德·梅恩（Jean de Meung, 1240—1305），法国民间诗人，基洛姆·德·洛利斯死后，他续写了玫瑰小说下卷，约一万八千句。叙述诗人在理性和自然的帮助下，终于获得玫瑰；并以理性和自然的名义批判了当时社会的不平等和天主教会的伪善，表达了下层市民的社会政治理念。他认为，人必须服从神所创造的自然，结婚或恋爱只不过是以生殖为目的的行为而已。
④ 阿曼特（Amant），法语，意思是男性恋人。

cueil）把他引进无数玫瑰竞相开放的花园。但是，这里隐藏着不可告人的诡计。玫瑰周围高耸着不可逾越的城壁。"危险"（Danger）以及他的部下坚守城门，让人望而却步。诗人饱蘸哀怨之笔抒发阿曼特的巨大苦难，以表达自身火热的爱情渴望。

但是，在《续篇》中，"自然神甫"（Genius）却告诫主人公要坚韧不拔、知难而进，动员一切爱的军队向前推进。在令人心碎的爱的呼喊中，混杂着神的父亲朱庇特、圣洁的处女维纳斯、耶稣的神秘主义以及淫荡至极的唯物主义等。在此，自然规定人的行为准则。但是，这些准则不是以来世彼岸或教会规范为基础，而是以人的内心即现世此岸为基础。自然神甫反对人的纯洁，宣扬"兽奸"。他警告说，谁不遵循自然的戒律，谁就会沦落地狱。在穆罕默德式的卓越的锡安山登天堂中，肯定生命的人们必将承蒙耶稣和美丽女子的光辉，享受永恒的幸福。

在爱的花园里，阿曼特从自然神甫的话中获得勇气。他受到爱神维纳斯的庇护，他走向塞特拉岛某个十全十美、倾国倾城的隐匿少女。"嫉妒""羞耻""害怕"等给她制造了无数障碍，可是，"亲切""坦率""善良"，特别是"郑重"（Courtoisie）的儿子"款待"等把玫瑰从要塞解放出来，把她投入了阿曼特的怀抱。这就是关于玫瑰的小说，或者，这就是一早就怀抱着爱的艺术。玫瑰本身是粉面桃腮、羞涩柔弱的女性比喻，她在哥特式塞特拉中，形成快乐乌托邦的惊人基础。

让·德·梅恩详尽叙述了人的种族繁衍义务。这方面，有诸多讨论、诸多故事，例如，讽刺文学作品、天文学的故事、唯物论的自然哲学、地理学的童话、金钱循环的学说、古典英雄故事、仆人的起源、柏拉图的"共产主义"乌托邦，等等。这一切故事和讨论都与"爱的共同所有"相关："在共同体中，一切女人都与一切男人结成关系；在共同体中，一切男人都与一切女人结成关系。"其实质是，在这种共同体中，没有私有财产，没有私人信念，也就无所谓私利之争，大家都全心全意为城邦服务；所有孩子都是国家的孩子，因此所有孩子都按需分配，所有女人都是城邦的女人，因此所有女人都按需分配；所有男人都是城邦的战士，因此所有战士都按需分配。整个城邦在一位先知式的独裁者领导之下，各司其职、各取所需。

但是，布洛赫强调，无论如何，14世纪社会秩序都预告了某种社会乌托邦的闪光。让·德·梅恩的诗篇部分地触及了成长中的市民阶级对人与自然一视同仁的态度,并且部分地表达了市民阶级对自由恋爱的强烈心声。通过塞特拉这一独特的文学作品类型,梅恩的诗篇得以不胫而走,沉重地打击了封建婚恋等级体制。从艺术构思上看,塞特拉故事是一种基于某种地理乌托邦的"虚构远景",具有永久的诱惑力,令人浮想联翩、心潮澎湃:

> 在有关塞特拉的故事中,远方到处都占有一席之地。但是,这个地方依然处于隐蔽状态中。不过,一旦出现在我们眼前,远方就会成为从内部闪光的巨大的陌生之岛。这种地理形态不仅是南国,也是北国的"虚构远景"。君不见,伫立在海岸线上,凝视茫茫大海的感觉就属于这种远景。在这种背景中,无拘无束的水平线以及所有肯定的图像都深入人心,让人神思浩荡。每当浓雾被驱散,辽阔无际的大海就显现出自身的本来面貌:东方国度和乌托邦世界的极北之地。但是,那里并不因此就仅仅带有北方的特色,恰恰相反,正如我们已经感受到的一样,这地方始终被蒙在神秘的面纱里,在半敞开的大门之间,袅袅婷婷、羞羞答答,散发出浓郁的东方香气。①

与塞特拉的玫瑰小说相比,让·保罗②的《田园风光》别具一格地采用异国题材,构思精巧,形态舒展,别有一番风味。作者时而立足脚下,探讨地下世界;时而极目远眺,表现变幻不定的大千世界。在此,作家利用奇异性、陌生化以及世界的崇高壮美,隐喻地表现了超凡脱俗的文学对象,在他的浪漫之笔下,甚至连意大利及其蓝天白云也被描写成烟雾弥漫的阴郁空间。让·保罗的文学作品大都以风景为主题,着力刻画"夜"和"东方"的二重图像。当然,这种图像是通过《圣经》而得到重新中介的。

尽管让·保罗充分意识到,走向田园风光就是走向深渊,但他义无反顾,向着远方一往无前。"在一望无际的田园中间,矗立着环抱着不透明的大门和窗户的尖塔。其间,孤独的时钟独自喃喃自语,仿佛时间之波被

---

① E. 布洛赫:《希望的原理》,第 942—943 页。
② 让·保罗 (Jean Paul, 1763—1825),德国浪漫主义作家,代表作除了《田园风光》之外,还有四卷本古典巨著《巨人》等。

铁杆一点点分割成片断。当时钟敲响 12 点 45 分时,仿佛有谁在树林中睡眼惺忪、愤愤不平,侧耳倾听始终嘀嗒作响的回声。"

但是,在此作者并不是抱怨阴曹冥府,而是大书特书维苏威火山的壮美风光:"不知不觉天亮了。一个阴郁而寒冷的冬天,我们到火山峡谷、烟气腾腾的隘口旅行。周围就像一座烧焦了的、荒凉的城市。我走遍一个个洞穴,穿过一座座山崖,终于向一座火药厂进发,那里到处耸立着火药塔,轰隆隆的机器整夜运转不止。我走啊走,终于到达那火之国度的峡谷,即与某座火山相连的、火花飞溅、烟气烘烘的巨大峡谷。这座峡谷清晰地映入我的眼帘。"这座火山口的风光蔚为壮观,宛如迎接最后审判日的庄严工厂。世界支离破碎,地域之河冰冻三尺,时代的残垣断壁汇合成巨大的山脉。但是,这一切并不像邪恶的幽灵一样被耗尽、被消灭,相反,在湛蓝的晴空下,瞬间孕育 12 个雷鸣之月,顷刻间,无边无垠地燃烧的烟气化作通红的火球向上喷涌,雷鸣混合着愤怒的吼声,沉重的地狱之云一下子升腾为滚热的烟气。突然,清晨吹来的阵阵海风卷走脚下活跃着的所有火焰的帐篷。

在让·保罗那里,夜的战栗、荒凉的废墟以及阴曹冥府是对否定的无限性的愿望图像。在他的作品中,这幅图像被描绘成一条深不可测的"遗忘之河"(lethe),然而,阴间越是深邃,阿波罗的光明、芬格洞穴的无限阳光就越是灿烂地照射世界。在让·保罗的另一部作品《巨人》中,主人公阿尔纳诺在阿波罗明亮的白昼里,久久地凝望远方:"阿尔卑斯山脉就像昔日世界中的结拜兄弟般山连山,高高升起的太阳迎着冰山擎起盾牌。巨人们围上了绿色森林腰带。山麓是绵延起伏的山丘和郁郁葱葱的葡萄树。在葡萄藤拱顶之间掠过阵阵晨风,仿佛在与纤细的人工瀑布嬉戏。阿尔巴诺感受到填满山顶湖水的那条瀑布沿着峭壁飞流直下。他的心田填满了栗子树林的阔叶树。……他自己画起圆圈,注视高高的天空、低矮的峡谷、灿烂的太阳和盛开的花朵。巨大的自然在同一高度升起沸腾的火焰,在制高点上光芒万丈。就像跳跃的心脏一样,创造某物的地震在地球的深处激烈跳动,仿佛要向山脉和太阳发起突围。"

布洛赫提醒人们注意,让·保罗的《巨人》中的意大利地区完全不同于歌德、海因泽作品中的直观世界或当下能够目睹的地区。作者把意大利描写成这样一个奇异的地域,在那里,远方的魔力持续地赋予巨人以重要意义。因为永恒的自然特性只不过是一种比喻而已。春花秋月、风花雪月等自然现象在预感和希望之中赋予巨人以十分夸张的视野。例如，主人公阿尔巴诺误以为，诸侯的庭院是"奥地利地域"（Terra australis），以至于欣喜若狂，大呼：美哉！壮哉！"可是，俯瞰那下面，火一样的朋友啊！瞧，以你青春洋溢的新鲜乳房根本无法度量的魅力四射的利拉尔（lilar）！在我们面前，你是那么以温柔的音调响彻的音响。那不就是渐渐破晓的某个第二世界吗？某种敞开的黎明不是在你面前展开吗？高耸的胜利大门、窃窃私语的迷宫、受到祝福的群岛等等。当月亮西沉之际，皑皑白雪仅仅覆盖在小树林、胜利拱门以及喷泉的银色水珠上。在所有湖水和峡谷中喷涌的黑夜，不正是在影子之国的祝福原野上四处漂泊吗？在天空的影子之国中，可以看到这里的大千景象：地上奥大赫地①河岸未知的地理形态、月桂树丛以及迷人的杨树林岛。"

在布洛赫看来，异国风光的永久魅力标志着伟大的自然符号，启示着人与自然的同一性。换言之，陌生的异国风景以各种形态吸引人们。从中，人们热衷于探索其他奇异的生命存在，借此暂时摆脱自我同一性。这一瞬间，人们恰恰从陌生的远方感受到伟大的自然符号。在那里，我们从乌托邦视角接受这种符号，于是，陌生的斯芬克斯渐渐明亮起来，这就是说，通过某种神话的、与人类相似的各种图像，自然之中的神秘意义可以被破解、可以被获取。这是早晨的黎明乃至傍晚黄昏的颜色转变，是对前景之色的凌空眺望：

    文学作品中的早晨的黎明以及傍晚黄昏的红光转换为前景之色，试图跳越并超过地平线或水平线的圆线。这正是前景的意向。在夜的神秘氛围中，世界的巨大之谜试图猜对某物。在高高的山顶上，深远的某处借助掠过的浓雾展现自身的面貌。从而，人能够观望山那边自身所渴望的另一个世界。我们所追求和渴望的宇宙对象无边无际。宇宙不仅处在混沌之中，而且总是处在重新被填满并因这种充盈性而活动不息的无限性之中。②

---

① 奥大赫地（Otaheite），即塔希提（Tahiti），又译作大溪地，法属波利尼西亚最大岛屿，法属波利尼西亚首府帕皮提的所在地，位于南太平洋东部。1767 年英国海军瓦利斯（Samuel Wallis）船长来到塔希提（当时一般称作奥大赫地），将本岛命名为国王乔治三世岛，接着1768年，布干维尔（Louis-Antoine de Bougainville）又来到岛上，宣布本岛属于法国。

② E. 布洛赫：《希望的原理》，第 945 页。

第二节　美学中的愿望风景与前景：马奈、修拉、塞尚、高更、乔托

根据美学艺术的愿望风景与前景观点，布洛赫对古典主义的静观美学进行了系统批判。古典主义静观美学一向把美学对象视为固定不变的图像乃至无动于衷的愉快。布洛赫认为，这种古典主义的艺术对象完全排除了美学对象和与审美主体的"愿望"（Wunsch）。事实上，愿望并不是一成不变的图像，所以通过纯粹"静观"（Betrachtung）并不能把握这种变幻无常的愿望。所谓纯粹的静观美学以及物化理论仅仅致力于既定的某种东西，以致这种美学和理论绝不能成为可能之物和美的东西的有效载体。

再者，作为愿望的表达方式，话语（Wort）一旦指向远方，它就会瞄准某物。话语处于某种紧张状态，呈现任何地方都不确定、不可觉察的预感。数百年前，诗人们就开始通过诗的话语表现了某种艺术前景（Perspektive）①。因此，布洛赫强调，如果有人把这种难以限定的诗的本性仅仅予以浪漫主义的理解，那是片面的、错误的。愿望的运动原本就具有趋势特征，并且始终停留在这一趋势特征上。如果从艺术中剔除愿望的运动，艺术就会变成一具僵尸。古典主义者往往否定艺术创造者行为中的某种意志，从而把艺术归结为基于快乐和直观的享受手段。古典主义者及其追随者的错误恰恰在于阉割了"意志"这一艺术家的本性，消解了"愿望"这一艺术的本性：

> 按照古典主义美学理论，艺术的意志充其量是上床睡觉，而这种鸡毛蒜皮之事又被看作始终如一的目标。艺术并不具有自身的愿望领域，故绝不能通过愿望图像而规划一种充满激情的艺术对象。这样，刚刚诞生的市民古典主义美学并不是希望乃至意志，而是观赏乃至享受。在此，所谓美的形式通过荒唐的幻影把素材的机能彻底埋葬。在此，形式对于素材及其趋势同样漠不关心、麻木不仁。②

---

① 德文 Perspektive，又译作远景、展望、前途等。
② E. 布洛赫：《希望的原理》，第 945 页。

在西方美学史上，纯粹静观美学肇始于康德其人。康德把美界定为"对单纯对象想象的无动于衷的享受"。在康德来说，所谓"美"仅仅衍生于单纯想象的图像之中，从而，美的对象是否实际存在，抑或美的对象是物质存在还是非物质存在均无关紧要。因此，布洛赫指出，康德所理解的美的概念并未摆脱传统美学僵化的抽象范畴的窠臼，并且，后来通过叔本华的悲剧美学理念，静观美学发生突变，带上了特有的形而上学特征：

> 叔本华主张通过上述"无动于衷的享受"（interessloses Wohlgefallen）来摆脱人的生命意志，来发展美。这样一来，存在就作为可怕的东西被保留下来，但是，观看却首先在艺术这一纯粹的世界之眼中受到祝福。在叔本华那里，艺术就是把祝福显现在现象之中。因此，艺术到处都达到目的。叔本华的纯粹世界之眼完全属于古典主义美学，而且这种美学也显现在对自我抑制的音乐的被动接受之中。①

按照古典主义美学理念，美并不直接涉及当下此在和未来此在，它完全超然于丑陋肮脏的现实世界。叔本华顺势而为，通过"纯粹世界之眼"，进一步把"美"仅仅局限在单纯的静观形态上，以致把美的东西一味缩小为对某种静观的说明形态。其结果，美的对象被完全限制在某种封闭的、被阻断的领域里。这种艺术只不过是一种"寂静"（Quietiv）艺术。它既不能赋予我们任何呐喊，也不能赋予我们任何安慰之歌。退一步说，即使是一首以某种安慰为目的的歌曲，它也是以某种意志的不安为前提的。然而，凡是静观美学占支配地位的地方，世界都被正当化为一种美的现象，即理想主义的被动之美，从而被置于为某种圆形的、完美的向度所限制的图像之中。尽管静观美学也曾反对纯粹形式主义，致力于某种与历史有关的丰富内容，但终究没有摆脱掉冥想慰藉的空想特征。在布洛赫看来，黑格尔美学中的所谓"美丽的花环"也是如此。

在美学史上，形式主义只不过是脱离现实、牵强附会的某种抽象的艺术图像而已。不过，它源远流长，既不会被历史长河中断，也不会为历史进程所干扰。正因如此，形式主义越发陈腐不堪、贻害无穷，带有不可救

---

① E. 布洛赫：《希望的原理》，第945—946页。

药的思维的封闭性。一句话，形式主义被凝缩在死气沉沉、毫无紧张感的僵化框架中。

与形式主义美学如出一辙，静观美学总是以同一尺度处置不同事物。由于这种美学不分青红皂白、削足适履、生搬硬套，其后果十分严重。让布洛赫感到迷惑不解的是，这种美学有时堂而皇之，竟然以现实主义面目出现。例如，在著名马克思主义美学家 G. 卢卡奇那里就表现出这种倾向：

> 有时，基于理想主义圆形的抽象图像也出现在卢卡奇的理论中。然而，这只不过是与辩证唯物主义格格不入的、十分陌生的东西，即解构性（Auskonstruierheit）而已。与此相反，当我们凝视现实的总体性时，必须反思尚未完结的世界和现实。必须重新整理有关类似过程的敞开的现实的丰富性理论。因此，无论从内容还是从形式上看。艺术连同其理论绝不应像一件封闭的物品那样进行包装。并且，艺术也不应单纯地理解为一种假说过程，而应在现实过程中，努力寻找与未来前景相称的某种东西。①

根据美学理论的趋势—潜势说，布洛赫强调，艺术理论必须扬弃内容和素材上的封闭性。归根结底，艺术乃是一种发生于艺术对象的趋势和潜势之中的表现。因为先现所面对的到处都是某种不确定的前景，所以艺术绝不能成为一种全体性。艺术家首先把艺术规定为一种真实的先现（Vor-Schein），但是，与宗教先现图像不同，艺术先现是内在地完成的一种图像。一方面，就像艺术形象一样，艺术把艺术素材激发为行为及其状况；另一方面，就像艺术意义一样，艺术把艺术作品所涉及的痛苦或幸福转变为实际行动。这样，我们终于到达上述先现。借助于此，尽管我们还不能捕捉既定艺术课题，但我们通过把握作品内在的移行可能性、浓缩的本质可能性而超越既定艺术课题。

先现美学不仅与静观美学相对立，而且也与理想主义的校正美学相对立。因为先现美学既不同于单纯再生产既定静态现实的美学，也不同于单纯复制完满现实的美学。世界通过一切文化功能而变化，因此，在艺术批

---

① E. 布洛赫：《希望的原理》，第 946 页。

评领域，不能把某种不可到达的、僵死的规范看作检验艺术作品优劣的尺度。例如，在一幅优秀的森林素描画中，通过某种戏剧化的历史行为等本质，画家把世界理解为一种现实基础或客观现实的可能性。由于先现图像的预先显现功能，艺术地形象化的森林以及历史事件等能够超越远处的艺术主体。

那么，艺术家怎样才能到达先现本身？在此，重要的是艺术家坚持不懈、持之以恒，从美的视角描述辩证地可分割的、开放的空间。何谓"从美的视角"（äschetisch）？那就是，艺术家不应埋头致力于直接的、自然的或直接的、历史的现象，而应专心致志于内在地成就的、唯物主义意义上的更真实、更本质的意义。

基督教的先现图像源自末世论，而这种末世论的前提就是彻底否定现存世界，建构一个与现存世界截然不同的基督教世界。按照基督教的末世论，这个世界终将爆炸，并在启示录意义上归于消失。与此相对照，艺术先现不假于外，反求诸己，在艺术作品中内在地日臻完成。从一开始，新的未来生活的痕迹就存在于艺术作品之中。换言之，艺术并不直接地毁灭世界，而是在启示录界线上推动世界的另一种形象，使世界旧貌换新颜。尽管美的幻影游离于生命领域，但是，先现本身依然处于现实视域之中，因此，美本身固结在现实领域里，并且与生命一道拥有同一的向度。

在乌托邦的预先规定意义上，现实视域中的先现意味着某种"尚未存在的东西"，这种先现也就不是市民美学意义上的尽善尽美、登峰造极的空洞而抽象的家乡。艺术家不是创造遮蔽一切的艺术享受，而是创造已知希望质料的某种关系，因为艺术家总是按照艺术课题的乌托邦尺度和等级来挑选、限制和区分先现，并用一定的表达方式，有规则地给它命名的。

任何美学理论都无法回避"认识的关系"（Beziehung zur Erkenntnis）以及"已知希望的质料"（Materie begriffener Hoffnung）关系。最终，古典主义美学也无法回避这种认识关系和质料关系。事实上，古典主义美学至少把这种关系表达为客观的、理想主义的关系。例如，席勒在致卡利亚斯（Kallias）的信中，就把美界定为"显现中的自由"。在此，尽管某一对象的直接意义被置于抽象的图像之中，但是，自由的概念已经完全摆脱了所谓的"艺术游戏领域"。

同样，在康德关于美的概念中，也不时闪现出热情的火花。但是，康德超越形式主义的地方不在于他表述了"美"是什么，而在于他阐明了"崇高"（Erhabenheit）是什么。在康德看来，美的东西通常无非是一种仿佛（Als ob），而崇高的东西充其量也不过是一种假定。因此，它不仅拒绝把美的东西规定为存在成为可能的特性，更否认崇高的东西产生于对存在的渴望。用他的话来说，当自然显露崇高的面貌时，人们通过观望自然，使自然中的"无限性"（Unendlichkeit）理念浮现出来，由此产生一种崇高感。在此，重要的是，所谓"无限性"指的是某种"预感"（Ahnung），亦即我们行将享受的对未来自由的预感。严格地说，崇高本质上是一种渴望概念，它决定性地突破了形式主义的重重羁绊。

在布洛赫看来，诗作对象所唤起的图像并不是某种封闭的抽象图像，而是与物质深层部位相一致的可能图像。在诗作对象本身中，这种图像显现一元性、全体性和诗的对象本身。如果我们考察古代美学对"崇高"范畴的理解，就不难发现，它早已突破了所谓"无动于衷的享受"。按照古代美学的崇高范畴，所谓"和谐的古典之美"概念本身就是令人可疑、令人忧虑的，因为这种概念抹杀了崇高与惊醒的意义关联性：

> 实际上，古希腊人在具有宗教特色的伟大艺术中，鲜明地表现了崇高这一概念的自由特征。因为某种不可反驳的崇高因素是"惊醒"（Schrecken），它是从辩证思维的高昂情绪中突变而来的。从文化方面看，所谓"惊醒"属于事实性意志；从客观方面看，所谓"惊醒"属于物质的深度。①

透过解析崇高与惊醒的意义关联性，布洛赫进一步揭示了崇高中的两个共存因素：其一，令人毛骨悚然的、戏剧化的某种客观因素；其二，令人高度信任的、现实化的某种客观因素。戏剧性的、令人惊醒的内容预示我们必须坚持的未来自由。这种自由意识绝不能由微小琐碎的东西来规定。歌德说："令人毛骨悚然的东西正是人的最佳品。"这表明，古典主义美学否定崇高的自由特征，一味标榜所谓"无动于衷的享受"，这是抽象的、空洞的和站不住脚的。

与古典美学崇尚"无动于衷的和谐"相对照，先现美学强调客体自身

---

① E. 布洛赫：《希望的原理》，第949页。

的意义方向中的"对象前景"。一旦前景掀掉"无动于衷的享受"这一形式主义的概念台布（Begriffstapete），直抵灵魂深处的感动，就会体验到惊心动魄的战栗。例如，近在咫尺的纠结、某个时代的潜势、人物境况和主题前景中的隐德莱希等都能引起诸如此类的战栗。根据趋势—潜势说，布洛赫进一步挖掘主题中的"前景隐德莱希"。在艺术和科学中、在行动和行为中，艺术家最重要的莫过于把握客体、顺应客体的发展。客体就像兴奋剂一样刺激某种新的现实，同时，也像胚芽一样触发未来的现实。

因此，"或然性"（Wahrscheinlichkeit）是艺术的条件。但是，在或然性领域内部，通常蕴藏着并非源自外部现象的某种至高无上的东西。换言之，前景的背后隐藏着"艺术的黄金基础"。这是一个与先现范畴相吻合的某种可能性的愿望领域。从本质上看，尽管现实可能的愿望图像有着等级和要素之分，但是，这种图像始终处于艺术之窗中。凭借杰出的艺术作品，愿望图像甚至照耀尚未存在的某个新世界，即歌德意义上的"浮士德天国"。先现位于这样一个地方，在那里，最终形象化的艺术对象与人们最初所盼望的内容趋于一致。

但是，愿望从一开始就以某种接受为前提，唯其如此，愿望才是与人相关的东西。例如，在绘画作品中，那种感人至深、冥思遐想的愿望总是蕴含于美的再生产之中。艺术作为改变世界的再生产，不仅拓宽世界的幅度，而且增加世界的总量。在此意义上，斯卡利格①有理由把艺术家比作盗火给人类的普罗米修斯，把诗人称作"古老的神"（alter deus）、"创造者"（factor）。如果说，演员只是机械地复述现存的东西，那么诗人则是创造某种新东西及其基础，仿佛侍奉"第二神"。继斯卡利格发表《诗学》以来，培根、沙夫茨伯里②、克洛普斯托克③，到狂

---

① 斯卡利格（Julius Caesar Scaliger, 1484—1558），意大利出生的法国古典学者，著有《植物论》（1556）、《诗学》（1561）等。

② 沙夫茨伯里（Earl of Shaftesbury, 1627—1713），英国启蒙主义哲学家，一神教的代表人物，受到罗克的影响，它试图证明道德本质，他认为，像美的体验一样，道德乃是自然地赋予人的东西，与末世论的宗教无关。他的哲学思想对伏尔泰、歌德、卢梭等人都发生过很大影响，代表作有《人、礼节、意见及其时代特征》（1771）等。

③ 克洛普斯托克（Friedrich Gottlieb Klopstock, 1724—1803），德国叙事诗和抒情诗诗人，他的代表作《涌诗》（1771）构思了激越的音乐语言，热情讴歌祖国与爱、友谊和信仰，对青年歌德、荷尔德林、里克尔等产生了深远影响，其他代表作还有6部喜剧。他的代表作《救世主》（1773）仿效弥尔顿的《失乐园》，宗教感情丰富，蜚声文坛，先后被译成世界多种文字。

飙突进时期的赫尔德尔、青年歌德都十分重视诗人的天职和人的愿望。他们都不约而同地通过"天才规定"（Geniebestimmung），树立"灵魂的创造者"。但是，这与叔本华静观冥想的"世界之眼"截然不同，因为在后来的古典主义者那里，"世界之眼"变成了镇静一切艺术家、使其昏昏欲睡的手段。

一方面，从生产层面上看，"显现中的自由"绝不是幻觉，而是客体向现实存在的变化；另一方面，在人的深度意义上，艺术作品恰恰合乎实际地表现了这一变化。艺术作品以"先现"这一自身特有的方式把世界引向人的深渊。这样，在艺术作品中，如实地预示并探讨某种本质性的东西，而我们为了更美好的生活，进一步接触这种本质性的东西的诞生及其存在（Sein）。在艺术作品中，任何形式主义都无立足之地，因为艺术作品所特有的形式完美性并不是独一无二的。

希望风景（Hoffnungslandschaft）发生于令人惊醒的愿望图像之中，从而这种风景成为美学的欧米加（Omega），即黑格尔意义上的"有限性之中的无限性"。这是试图把乌托邦—现实主义冲动与奇特品质统一起来的人的努力。艺术宛如暴风雨前夕的海燕，艺术预示希望的领域。艺术借助于象征（Symbol）获得某种"目标特征"。在此，象征的功能不同于比喻的功能（Allegorie）：前者借助于某一具体事物的外在特征，抒发艺术家某种深邃的思想或表达事物的某种特殊意义；后者则借助于某一不同于其他事物的自身异质性要素，确认自我统一性。尽管在艺术作品中，象征和比喻被交替使用，但由于人的一元性和全体性，艺术更受惠于象征。

从生产美学出发，布洛赫既强调艺术作品的现实批判功能，也强调艺术的现实肯定功能：

> 一方面，内在地看，艺术作品批判地再现否定性的现实；另一方面，内在地看，通过推至极致的艺术对象显现肯定性现实。借此显现的东西正是先现中某种积极的东西，即天国（Paradiso）。不过，直到马克思那里，地上天国才成为可到达的部分，而且这之后它不再是仅仅停留在先现中的艺术冒险中。我们所能到达的天国部分——如今它已被付诸构建。因此，这种实践与单纯观望美丽事物的那种寂静态

度迥然不同。①

基于上述愿望风景与前景理论,布洛赫再次回到绘画作品上来,依次探讨了塞尚、修拉、高更、乔托等人作品中的"星期日图像"(Sonntagsbilder)。作为一种绘画主题,所谓"星期日图像",就是一种没有虚构的、无忧无虑的、悠闲自在的生活图像。人生苦短,生活艰辛。人们渴望走向野外,伸伸懒腰,凝视白云蓝天,尽情呼吸新鲜空气。星期日作品就是包含星期日欲望的作品。17世纪画家特尼瑞斯②创作了这样一幅画:在椴树下,一个游手好闲之徒握着啤酒瓶,祈愿幸福,啰里啰嗦地嘟囔着什么。在永恒的星期日,人们无须为一日三餐疲于奔命,因为餐桌上摆满了喝不完的酒和饮料,吃不尽的熟肉和烤肉。瞧,在特尼瑞斯的画作中,前部分画有一个农夫、一个骑士和一个学者。农夫和骑士酒足饭饱、睡意沉沉,学者则睁着眼、张着嘴,似乎在等待烤熟的鸽子肉,或者他对身后与刀叉放在一起的猪肉垂涎欲滴。

那么,在星期日图像中,艺术家追求怎样一种道德情操和精神风貌,进行怎样一种思想飞跃?这方面,从最粗野的绘画到享乐主义的幸福观可谓见仁见智,莫衷一是。布洛赫以马奈③的《草地上的午餐》为例,探讨了五花八门、形形色色的星期日图像:及时寻欢作乐的日子、充满宁静美的日子、消除了一切忧愁的日子。画面辽阔、色调迥异,反映一般市民阶层与上层达官阶层的身份差异。

1863年,马奈的《草地上的午餐》一经展出,便引起了惊世骇俗的轰动,他直接表现星期日生活环境,把全裸的女子和衣冠楚楚的绅士画在一起,从画法上对传统绘画进行大胆的革新,清除了传统绘画中精细的笔

---

① E. 布洛赫:《希望的原理》,第951页。
② 特尼瑞斯(David Teniers the Younger, 1610—1690),17世纪弗兰芒画家,与卢本斯、凡·扬·艾克齐名,以风俗画著称,作品大都以市场、街头、酒店为背景,迂回地表现了市民日常生活,代表作有《一名年轻绅士的肖像画》《守卫房间》《河畔小酒店》等。
③ 马奈(Edouard Manet, 1832—1883),19世纪印象主义画派创始人之一,他的富于革新精神的艺术创作态度深深影响了莫奈、塞尚、梵·高等新生代画家,进而将绘画带入现代主义的轨道。受到日本浮世绘及西班牙画风的影响,马奈大胆采用鲜艳明亮的色彩,舍弃传统绘画的中间阴暗色调,将绘画技法从追求三元次立体空间的传统束缚中解放出来,向二元次的平面绘画创作技法作出了革命性飞跃。主要作品有《草地上的午餐》《奥林匹亚》《吹短笛的男孩》《福利·贝热尔的吧台》《卖啤酒的女侍》《左拉像》等。

触和大量的棕褐色调，代之以鲜艳明亮、对比强烈、近乎平涂的概括的色块，这一切都使得墨守成规的官方学院画派无法忍受。此画构图精巧，把人物置于同一类树木茂密的背景中，中心展开了一个有限的深度，使中间不远的地方那个弯腰的女子，成为与前景中三个人物组成了古典式三角形构图的顶点。在技法上，把绘画作为二度表面的主张又向前推进了一步，对外光及其深色背景下的出现作了新的大胆尝试。因此，此画无论在艺术技巧还是在历史意义上都是一个创新。

那么，布洛赫又是如何评估这幅旷世之作的呢？在他看来，马奈可能在乔尔乔内的《田园合奏》①一画中获得了关于人的愿望的灵感。在这幅画中，演奏的是6/8拍子的田园曲，女人们脱得一丝不挂，男人们则默默地享受音乐。马奈仿效这一场面，尽管他的画中并没有音乐，也缺少威尼斯的黄金色调，但是，从中有意无意地将享乐主义庭院加以形象化，使得与印象主义相称的温柔之光，从树与树之间的空隙中悄悄地渗透进来。光亮笼罩着一双男女：一个赤身裸女，一个正要入浴的裸女，两个穿着黑衣服的男人。草地上的午餐沐浴在温煦的阳光下，到处充溢着法国式的奇异浪漫风韵，整个画面原原本本地呈现草地上宛如伊甸园般的圣洁的美好时光。这里，到处都渗透着一种超凡脱俗的纯粹感和卓越感、发自肺腑的生命享受、自然而然且无忧无虑的真诚等人性欲求。布洛赫对这幅《草地上的午餐》予以很高评价，称其为"星期日图像"的光辉范例：

> 从整体上看，这种类型的场面如实地反映了教堂落成节日的快乐氛围以及享受休息日时感受到的市民生活的悠然自得、随遇而安。森林路、林荫道、某种想象的寺院和山谷，凡此种种，都可命名为"星期日图像"。一句话，该画的主体就是直接摆脱了一切痛苦的那个彼岸世界。当然，在19世纪，艺术家在绘画中已不再探讨这种主体了。鉴于迄今所能感受到的纯粹性、当下性，马奈的《草地上的午餐》无疑是一部罕见的例外之作。在实际生活中，作为小市民的艺术家不会再喜欢马奈的情趣幼稚的星期日图像。只有真正的、一流

---

① 乔尔乔内的代表作《田园合奏》，又名《乡村音乐会》。近年来，据大多数学者考证，此画出自提香手笔，收藏此画的巴黎卢浮宫目前也把此画作者改为提香。

的艺术家才会令人惊讶地与模型一道把漂漂亮亮的星期日图像纳入自身的绘画中。①

应当承认，理想与现实之间总有很大差距。实际上，与画面所呈现的如诗如画的市民星期日景象相比，市民实际星期日并非那么值得期待，也不是那么丰富多彩。也许，正是出于这种距离感，修拉②的作品就对马奈《草地上的午餐》一画的主体进行了否定性修改，描绘了另一幅星期日图像："变得乏味的快乐生活。"

例如，他的新印象主义杰作《大碗岛星期天的下午》就属于这种大胆的主体创新，画面上的大碗岛是位于巴黎附近奥尼埃的一个岛上公园，也是巴黎人盛夏理想的避暑胜地。画面上，聚集了许多周末来这儿游玩的人们。画家刻意把画面分成了被阳光照射的部分和处于阴凉中的部分，使画面构成了鲜明的明暗对比。画面上的人物有的站在那里茫然地欣赏风景；有的懒洋洋地躺卧或坐在草地上自娱自乐；有的成双成对地寒暄；有的面对湖面独自沉默……几只小狗在地上游逛。

在布洛赫看来，这是一部独一无二的"无聊马赛克"，它所探讨的正是一种"无忧无虑、游手好闲的生活"（il dolche far niente）。这幅画并不能唤起任何憧憬或渴望，而仅仅表现出对无聊生活的一种距离感和无奈感。表面上，这幅画描写了巴黎附近市民们欢度周末的场景，但其描画从头至尾散发出某种辛辣的讥讽味：前部分的人物呈现一幅空洞的面容，其余人物则呈现出一种笨拙生硬的垂直面貌。看上去，这些人物就像玩具箱里的布娃娃一样，试图强烈地改变僵化凝固的快乐。苍白的河面上，漂浮着点点帆船、赛船、游船等。

尽管画面背景是星期日下午的享乐，但其氛围与其说是阳光普照的世

---

① E. 布洛赫：《希望的原理》，第 952—953 页。
② 修拉（Georges Seurat，1859—1891），法国新印象主义画家，曾师从安格尔的学生亨利·莱曼（Henri Lehmann），学习古典主义绘画，后来又专门研究过光学和色彩理论，并为之做了大量的实验。他的作品捕捉光和色，将二者在黑色与白色的映衬中复活起来，从而创造出有利于形体塑造的阴影，充满神秘色彩的光亮，显露强烈生命力的世界的浓厚灰色。修拉的艺术成就主要在于，他率先把对比法则、点彩法、纯色和光学调色法等技法引入绘画领域，使画面色调分外明亮、异彩纷呈、赏心悦目。在世界绘画史上，他的《大碗岛星期天的下午》具有里程碑式的地位，被誉为承前启后的"新印象主义"代表作。

界，毋宁是坟茔似的地下世界。整个画面都笼罩在一派无聊气氛中，全然找不到幸福的踪影。空间明亮却显得潮湿。在此，星期日的大碗岛图像只不过是没有任何表情的感觉对象而已。那里，只是一个饱食终日、无所用心的国度，那里仿佛彻底失去了劳动的世界乃至一切世界、一切客体。其结果，这幅画展现了一种没有任何理由、无以言表的无聊，从中人们仿佛感受到安息日内部那种地狱般的距离——乌托邦感。换言之，在修拉的画笔下，星期日不再是休闲之日、享受之日，不再是被祝福的地方的回赠，而是无法逃避、挥之不去的折磨之日。一句话，星期日下午成了自杀式的风景。此外，因为从中并未显示主体回归自身的任何决心，所以根本谈不上是一个值得期待、称心如意的休息日。

马奈的《草地上的午餐》是极其罕见的例外，它以无拘无束的艺术形式保留了文艺复兴时期的崇高音韵。与此相对照，"无忧无虑、游手好闲的生活"中的"星期日乌托邦"乃是彻头彻尾的"非星期日"（Nicht-sonntag），是19世纪市民"星期日乌托邦"的真实写照。自修拉以来，人们只在星期日之夜的歌剧中，才能领略到昔日节日的宏伟画卷和华丽场景。一方面，人们把行将到来的节日确认为对阴间冥府景象的一种被动向往；另一方面，在冷酷无情的艺术作品中，人们把星期日的辉煌节日确认为对彼岸世界的富于魔力的向往。例如，马雷斯①主要致力于在景观上设置人形，他的贫乏而严格的画作令人联想起对一种没有痛苦和贫穷的彼岸世界的向往。

他试图把"流派与个性"放到越来越次要的位置上，只是为了着眼于"艺术问题"的解答。

众所周知，在古希腊图画中，到处呈现纯洁的身体动作、淡淡的微笑和孤独的优雅感。例如，在橙色森林所建造的栖息地中，一个耸立的人物采摘金苹果，深情地送给某个人，充分表达了某种可视的戏剧效应。但是，自修拉以后，随着以马奈《草地上的午餐》为代表的享乐主义绘画类型的告终，象牙塔式的赫斯柏利提斯②庭院便逐渐淡出舞台，取而代之的是关于"休息"（Ruhe）这一最活跃的绘画新类型。这一艺术新类型不

---

① 马雷斯（Hans von Marées，1837—1887），德国画家，主要画有意大利风景和肖像画，代表作有《狮身人面像》等。
② 赫斯柏利提斯（Hesperiden），古希腊神话中，看护金苹果的诸女神。

仅主导了 19 世纪后半叶的绘画主题，而且在 20 世纪也是一个家喻户晓的绘画素材。

这方面，布洛赫把法国印象派画家塞尚①的作品视为"休息"这一新艺术类型的开山之作，称其为"星期日的理想风景画"：

> 塞尚的作品以听天由命、顺其自然的格调描写了乡村旖旎的微观世界，并把美的对象限制在单纯的纪念碑式的自然的伟大之中。他的画作中的主题是对星期日采取的最简洁的泰然自若。这是合乎事实的具体态度，也是纪念碑式的态度。尽管塞尚的描述还不够充分，但是，他通过秋收的果实、通过有节制的风景画以及多立式仙境等真实地表现了星期日的休息内容。②

布洛赫认为，塞尚的主要艺术成就在于大胆而严格地把静物移入居住地区，那个地方是充满幸福的成熟之地。当然，画作中的收获物，例如苹果、柠檬、橙子等还不能说是日常能够见到的水果，尽管这些水果描画得十分审慎、确切和逼真。毋宁说，这些水果是过分舒适感的证物。可以说，在他那里，赫斯柏利提斯庭院转变为欢乐的节庆餐桌。

塞尚毕生几乎致力于静物画，因为他的艺术宗旨就是如实地把休息的世界载入微小的形象之中。他的静物画与雕像相似，其中收获了丰盛的果实和谷物。他的作品描画了人间仙境以及手捧谷物的谷物女神克瑞斯（Ceres）。塞尚把现实图像限定在单纯的片段上，使其井然有序。此外，塞尚还从建筑学视角精巧地构筑了令人惊异的对象以及乡村风景。例如，在《水仙女》中，众多裸体既像墙壁一样层层叠叠，又像石柱一样高耸入云。不仅如此，一排排树木就像拜占庭建筑一样秩序井然，而阔叶树的

---

① 塞尚（Paul Cézanne，1839—1906），法国画家，后期印象派的代表人物。塞尚毕生追求表现形式，对运用色彩、造型均有新的创造，被称为"新艺术之父""现代绘画之父"。他曾经参加印象主义画派的活动，但后来逐渐鄙弃印象主义者追摹自然界表面色光反射的做法，提倡按照画家的思想和精神重新认识外界事物，并且在自己的作品中依照这种认识重新组构外界事物。塞尚毕生献身于风景、肖像和静物等主题，几乎参与了所有主题的再创造以及各种景色、物体和人物的再现。主要作品有《埃斯泰克的海湾》《静物苹果篮子》《缢死者之屋》《圣维克多山》《玩纸牌者》《浴女们》等。

② E. 布洛赫：《希望的原理》，第 954 页。

背景就像建筑中的壁龛一样凹陷。

在名作《沐浴者》中，作为背景的弯曲树干令人联想起左边和右边的哥特式建筑，而诸裸体则令人唤起一种沿着树干向上升腾的美妙感觉。花中间以及底部的裸体则采取一种怡然休息的姿势。这幅画十分生动地表达了星期日人们寻欢作乐的愉悦景象：美丽的海滩、肥美的草场、静静的水塘、迷人的乡村风光、天边的白云等自然景象有力地烘托出这一美好时光。为了人与事物的构图排列，画面设置了彼此不同的形态、彼此不同的重量等。通过确定的笔法和确切的形态，使得一切事物都按照一定的秩序各就各位、各司其职。

应该说，自乔托以来，在利用色彩与均衡方面，塞尚达到了无与伦比的艺术高度。这方面，他的纯粹风景画《埃斯塔克海湾》就是一个卓越范例：古铜色的屋顶、蓝绿色的树木、淡绿色的海湾、淡蓝色的天空、紫黄色的丘陵等不约而同地显示表面一元性及其理想。在这部风景画中，色彩自然而然地造就地质学构造这一卓越的基本模型。布洛赫不无感慨地说，这是"超凡脱俗的风景"（Ataraxie），即斯多亚学派所谓"心灵的恬静"。例如，塞尚的静物画大都取材于远离城市的喧嚣和冲突的宁静乡村。在远离发达的资本主义的偏僻农村中，塞尚恰恰发现了自身取之不尽、用之不竭的创作题材和美的对象。在洞悉乡村风光的基础上，他把整理得干净利落的环境和秩序移入他的不朽画作中。

在他的绘画作品"曲艺"（Äquilibrium）中，塞尚卓有成效地设置了生命的休息场面，其形象之逼真、造诣之精湛、水平之高超，简直令一代宗匠乔托汗颜。是的，在他的画作中，星期日这一乌托邦图像完全超然于这个世界，它仅仅显现在某一乡村海岸这一罕见的形式严密性中。因此，在他的作品中，星期日并不是一周中的某一日，而是"广义上的一切日子"。

如果说在欧洲各类艺术题材早已司空见惯、毫无新意，那么，艺术家就不得不背井离乡，离开欧洲到异国他乡寻找新的艺术灵感和题材。在布洛赫看来，高更就是这样一个远走他乡，找寻画魂的画家。高更43岁时，弃子离家到了塔希提岛①，在此他拼命作画，直到1903年他因麻风病

---

① 塔希提岛（Tahiti），南太平洋中部法属波利尼西亚社会群岛中向风群岛的最大岛屿。塔西提岛拥有2座被侵蚀的古火山堆：塔西提努伊和塔西提伊蒂，由塔拉瓦奥地峡连接在一起。总面积1042平方公里。帕皮提（Papeete）位于西北岸，为本岛行政中心，也是法属波利尼西亚的首府。

去世。

1606年，塔希提一经被发现就被誉为天国一样的地区。当库克船长首次发现塔希提时，就萌生了置身于新天新地的梦。后来通过卢梭、福斯特①等人的介绍，塔希提一夜之间获得了新的知名度。在高更之前，自然科学家亚历山大·封·洪堡（Alexander von Humbuldt）已在《自然的见解》中描写过太平洋温暖的气候，以及北欧人对太平洋诸岛的关心和对太平洋热带地区生活的憧憬。自卢梭以后，人们对长篇小说中的异国生活日渐表现出异乎寻常的好奇心和由衷的喜悦。但是，只有通过高更的一系列直观画作，加勒比海地区圣皮埃尔的《保罗与维尔吉亚》的故事、《印度的茅屋》等才获得了自身的价值。

实际上，高更逃避欧洲，周游世界，试图寻找"远离一切痛苦和贫困的另一个原始的世界"，而他也确实发现了这样一个他心中的世界。就是说，塔希提给了高更无比温暖而幸福的色彩，他把星期日图像重新纳入到被遗忘的南方国度中。热带乐土的梦想、优美与神秘，令高更心驰神迷。他努力探寻那片原始的、未开发热土的纯真和美。可以说，塔希提是高更毕生的生活寄托与精神家园。他把"野蛮人"理想化，因为在他看来，唯有受本能引导、接近自然的人才是艺术创作的真正源泉。此时，他不再使用传统的补色。他喜欢并用橘红色与红色、绿色与蓝色、紫色与暗褐色，并喜欢将靛蓝色当作黑色来使用。在色调上，尽管此时画作比起从前显得阴沉些，但在构图上已变得更为直接而大胆。

在塔希提期间，高更创作了众多与该岛居民以及与宗教相关的绘画作品，其中代表作既有抒写当地宗教反思和自我反思的史诗作品：《我们从哪里来？我们是谁？我们往哪里去？》，也有描画单纯美与原始美的范例：《两位塔希提妇女》，以及色彩运用的范例：《我们朝拜马利亚》等。布洛

---

① 福斯特（Johann Georg Adam Forster，1754—1794），德国博物学家、民族学家、旅行作家和记者。早年，他陪同其父参加太平洋科学探险队，包括詹姆斯·库克的第二次太平洋航行。他的环球航行报告，大大促进了波利尼西亚民族学的研究，被认为是现代科学的旅游文学的奠基人之一。

赫认为,就艺术成就而言,也许高更①比塞尚略逊一筹,但他是一个最富于人情面孔的、"具有温暖的感性的画家":

> 高更描画了与资本主义社会相距甚远的,即非同时性的异国领域的塔希提。看上去,高更的艺术对象全都像天国里的对象,例如,花朵下面的一对孩子、年轻的启示和等待他的姑娘。椰子树下毛利人的茅屋、唾手可得的果实等。一切都被置于古铜色的宁静之中。尽管南太平洋诸岛上人们的皮肤属于巴黎人所能见到的褐色,高更却在这个地方把神秘的夏娃剥得精光,让忧郁的氛围隐匿了踪迹,或者使之变成沉默乃至异国的空虚。在高更面前,乐园般的天国展现了为了我们的自然,吃喝玩乐国度的基础背景,但是在绘画中,并无多少这方面的反映。尽管塔希提的星期日付出了原始性的代价,人们还是赞扬这种原始性,因为正是这种原始性确保了无忧无虑的生活。至少,高更的绘画说明了这一点。②

根据愿望风景与前景理论,布洛赫把高更绘画中的塔希提岛空间理解为一种无阶级的理想社会,即古代的"黄金时代"。但是,由于业已到达的塞特拉本身带有过分感伤主义的距离感,市民时代的绘画无法表现超乎古代神秘星期日图像的内容,即无力拓展新时代的星期日图像。

自高更以后,市民时代的绘画主题骨子里总是有那么一种对世外桃源的多愁善感的情愫。"无可奈何、听天由命",这就是作为逃避主义的星期日图像。换言之,这个时代的画家们大都仅仅满足于从二元论意义上把

---

① 高更(Paul Gauguin, 1848—1903),法国画家,与塞尚、梵·高同为美术史上的"后期印象派"代表画家,现代绘画的奠基人之一。他的绘画初期受印象派影响,不久即放弃印象派画法,走向反印象派之路,追求东方绘画的优美线条、明丽色彩的装饰性。他的画作色彩单纯而强烈,用笔粗犷豪放,富于东方绘画风格的艳丽装饰性。他的一系列塔希提岛作品把强烈的主观感受、浓郁的色彩与土著居民纯朴的风土人情融合在一起,给人一种特殊的美感和艺术魅力。他作品中的象征手法以及色彩的运用对20世纪现代绘画各个流派,特别是野兽派和表现主义有深远影响。他的画作不仅为20世纪艺术发展带来了新鲜活力,也给世界人类大家庭增添了无比的勇气与喜悦。主要作品有《布道后的视觉》《不列塔尼牧人》《黄色的基督》《在沙滩上的大溪地女人》《我们从哪里来?我们是谁?我们往哪里去?》《两位塔希提妇女》《我们朝拜马利亚》等。

② E. 布洛赫:《希望的原理》,第956页。

星期日与平日划分开来，而完全缺少那种无视任何旨在化痛苦的日子为安逸星期日的坚强意志。尽管有些人把中世纪视为较为幸福和相对均衡的时代，但是，他们把所谓的中世纪和平景象看作与此岸世界完全无关的彼岸世界。

诚然，中世纪绘画以彼岸世界的安息和幸福为题材，但事实上这些绘画也并非与此岸世界毫无关系。即使在描写来世天国的中世纪绘画中，也不乏投射此岸世界的微光明，例如关于城市、乡村、爱情和春天等作品。因为中世纪一些艺术家相信，凭借虔诚而神圣的创作，可以承载画家自身的愿望场所。在此，只有那些在十字路口彷徨不定、心意不决的人才受到排斥。对于真正的艺术家来说，绘画乃是对旧秩序的警告，预先描绘的神圣素材有助于匡正那些正在晃动的生活框架。

但是，对于中世纪画家而言，从一开始，"透视画法"（Perspektive）以及世界发展的可能性是陌生的、异己的。中世纪的规范绘画根本不了解人的丰富表情（Espressivo），而它所采取的基本技法是平面表现法。无论是"丰富的表情"还是"透视画法"都源自主体的感情及其间距。出于宗教信仰，中世纪绘画凝神关注无条件的场所，即天国，而所谓距离感或投影只不过是单纯的紧张感而已。对于这些绘画而言，最重要的莫过于描绘早已决定了的、由于基督的丰富性而改变了的东西。

任何外部自然要素都不能提供宗教精神，不过，通过圣徒的传说可以把这种精神加以形象化。布洛赫认为，这方面最杰出的范例当属乔托①的壁画。乔托的作品问世于中世纪初期，由于这个缘故，他把自己的绘画概括为中世纪初到基督之末时期关于宗教等级制和圣徒传说关系的绘画。乔托把一切都置于"信仰"这一基点和场所，并且根据信仰原则来规划和构筑一切运动。在他的壁画中，即使是飞翔的天使也会以固定的图像采取

---

① 乔托（Giotto di Bondone，1267—1337），意大利文艺复兴时期杰出的雕刻家、画家和建筑师，被誉为意大利文艺复兴时期的开创者、"欧洲绘画之父"。乔托绘画的创新意义在于发明了一套直接观察自然，以再现客观现实的绘画实验方法，由此开创了早期绘画的科学时代。他所塑造的宗教人物不再是中世纪的幽灵，而是犹如雕像般的浑厚的、有血有肉的、有人情味的世俗男女；在画面艺术处理方面，力求在平面上再现立体空间的效果，空间具有凝重的空气感和深度感，画中形象具有体积感和质量感；在人物安排上，善于突出主体形象，具有强烈的视觉吸引力，这种表现方法后来成为欧洲绘画的典范。主要作品有《金门相会》《犹大之吻》《哀悼耶稣》《逃亡埃及》等。

某种休息的姿态。在他的壁画中,从未出现任何偶然的事件或纠缠不清的群众,所有的美术对象都占有自身恰当的位置。在乔托那里,自然本身仅仅是一种装饰或点缀,并无实质意义。对此,布洛赫这样评论说:

> 自然秩序仅仅是这种秩序的边缘而已。与中国风景画中自然的神秘特征截然不同,乔托的自然只不过是一种表现手段或群山线条一类的装饰而已。在他那里,这种装饰用作填充人物边缘的手段。例如,帕多瓦的壁画《乔阿基诺之梦》《逃往埃及》等就是范例。在设计内部画面中,外部建筑仅仅充当坐标系统的作用。因此,柱廊、阳台、御座、大厅等无非是从精神视角凸现宗教精神的陪衬而已。例如,佛罗伦萨的壁画《寺院内的扎哈里亚尔》《约翰的升天》等就是范例。①

于是,在乔托的理想空间中,不仅出现了"极度的休息"景象,也出现了"神秘的重力"景象。例如,乔托的代表作佛罗伦萨圣十字教堂的《阿勒斯的圣弗兰茨》就深刻地表达了这种极度的安逸感和神秘的沉重感。特别是,这幅画在水平垂直轨道上淋漓尽致地表现了坐着的僧侣内在冥想的强度以及中间部位圣徒的真挚而狂热的姿态。在此,与人的肉体不同,天使们不是被动地占据自身的空间,而是能动地创造自身的场所。在此,并非天使们为空间所环绕,而是空间为天使们所环绕。在这种独一无二的空间中,一切神圣的东西都创造某种新的场所,而艺术家则根据如此发生的事件的重要性,运用黄金分割理论将画面构图严格地分割设定。

这样,在乔托的作品中,除了极度的休息和神秘的重力这两个特征外,还表现出第三特征,即"价值等级"(werthaften Hierarchie)。与此同时,在对出场人物进行一番斟酌之后,乔托把这些人物系统地排列在自己所设定的空间之中,然后,根据宗教价值,再把这些人物的实际生活重新划分为若干等级或阶段。这意味着心灵的等级越高、圣徒的业绩越大、信仰者的地位越高,等级划分就越现实,就越具有概念真实性。

同时代的人把乔托的价值等级说当作"自然主义"予以接受。在他

---

① E. 布洛赫:《希望的原理》,第 958 页。

们看来，乔托大胆抛弃古希腊人矫揉造作的格调，引入了特殊的"自然崇高感"。在进入市民社会之际，人们对乔托的艺术成就推崇备至：细腻的画面技法、清晰的故事情节、别具一格的人物特征，如此等等。但是，布洛赫发现，当时这种自然主义的绘画模式曲高和寡、知音难觅，仅仅唤起了拜占庭画家契马布埃①等少数人的认可和共鸣。实际上，在哥特式艺术的存在多样性和存在等级中，绝无乔托那种自然主义的表现。哥特式艺术中的多样性远离了自然主义技法，更多地讴歌光明和胜利。

从哲学立场上看，乔托的"价值等级说"与托马斯·阿奎那的"存在等级说"完全吻合。托马斯·阿奎那认为，因为神具有最普遍、最完备的特性，所以神是最实在的存在，只有神才从事创造行为。按其本性，天使们有别于神，因为天使们并不具有进行创造的质料。他还认为，人的灵魂是独特的实在形式，是永生不灭的。人以及一切被造物都蒙受神之爱，而神的超自然的恩宠激励人。根据这一存在等级说，托马斯·阿奎那把存在阶段的价值规定等同于实际现实中的存在程度。作为一种奇特的乐观主义的神学体系，他的思想贯穿于中世纪鼎盛期一切概念的正当性。

由此可见，托马斯·阿奎那的存在等级说不仅是他关于存在论证明的唯一前提条件，也是乔托绘画艺术的哲学基础。例如，在作品中，乔托有意识地把衣服、岩石等画得平平淡淡，使其呈现一种两维格调，但是，现实却给人一种向排列中心成长的感觉。不过，在此，现实中心未必与画面中心完全一致。乔托恰恰以这种存在等级方式最迫切、最强烈地保持了自身客体的空间等级。在他说来，存在的等级乃是源于信仰的基本价值力量，是借以表现"休息"（Ruhe）和"重力"（Schwere）的特殊手段。在他那里，鉴于"必要的唯一性"（Unum nessessarium），甚至外部要素作为合乎自然的特性或建筑物也拥有上述价值力量。那么，乔托的作品孕育怎样一种基督教乌托邦类型呢？从乔托史诗般的《圣经》作品中，布洛赫发现了一种强大的乐观主义因素：

---

① 契马布埃（Giovanni Cimabue，1240—1302），原名塞尼·迪·佩波（Genni di Pepo），意大利画家，被视为乔托之前最杰出画家。契马布埃改变了肖像学笔法、绘画技巧和形体，从而确保了从拜占庭艺术向哥特艺术的过渡。他的形象艺术语言展现了一种新的绘画风格：勃起的感性、透明的色调、优雅的线条、逼真的面部表情等赋予画中的圣徒以人性和自然的魅力，与前拜占庭绘画僵化呆板的圣徒形象大相径庭。主要作品有《耶稣受难像》《圣方济的圣母像》等。

乔托按照信仰价值排列圣徒的生命价值。这样，在发生圣徒传说的地方便成为画家意向的中心。诚然，在其他作品中也曾出现过《逃往埃及》中所运用的山脉线条，但是，在这幅画中，这种线条却以漫游的人们的背景和轮廓反复不已。山脉线条与漫游的人们一道奔向永恒之中。然而，这一切都仅仅发生在圣徒传说的国度里。这一点与所谓文艺复兴时期意义上的前景毫无关系，而只不过是拥有成功的等级以及诱向这方面的排列而已。乔托壁画的基督教乌托邦将真正的生存之物形象化为一种最真实、最人性的东西，而这种东西恰恰承载着均衡的存在价值和比例这一强大的乐观主义因素。①

随着市民时代托马斯主义的乐观主义的消退，乔托的特殊乌托邦世界转变成单纯"神话学"的乌托邦类型。换言之，尽管乔托的特殊乌托邦世界随同中世纪封建神权主义而告终，但在新的时代背景下，他的世界建构方式改头换面、重装上阵，再现一种内在的宗教功能。例如，在格吕内瓦尔②那里，基督世界不是以罗马教会的教堂为中心来找到自身的本来面貌，而是通过再洗礼派教徒而找到自身的本来面貌。在此，圣徒传说发现独一无二的爆炸性面貌和悖谬性真理的核心："反抗和叛逆。"③

后来，在蒙娜丽莎的背景以及巴洛克艺术的远方核心中，出现了作为单纯预感前景的明亮世界。文艺复兴时期的艺术家和巴洛克时期的艺术家已不再相信既定的"愿望风景"或中世纪基督教所谓的"圆满的拯救说"。但是，这一点并不反驳愿望的乌托邦内容。乔托壁画中并没有间隔感、距离感和无限的运动感等重要的表现方式，它仅仅承载永恒的和平这一休息内容。

由于这个缘故，从乔托的壁画中，人们可以跟进纪念碑式的领域，探寻终极领域中的恰当尺度，尽管在此会不时流露出飞跃性的间隔或神话学上所窥见的概念的实体化现象。因此，在画面上呈现一切运动的金色基础，即和平，甚至《逃往埃及》《阿勒尔的圣弗兰茨》等作品也呈现一幅

---

① E. 布洛赫：《希望的原理》，第 959 页。
② 格吕内瓦尔（Mattnias Grünewald，1455—1528），16 世纪德国宗教改革运动时期的画家，代表作有《基督复活》等。
③ 参见 E. 布洛赫《基督教中的无神论》，法兰克福/美因，苏尔卡姆普出版社 1968 年版。

永久和平的景象。这些作品通过创造性地构筑异质性内容,成功地获取了同质性内容,从而使当下性、休息、空间构图、纪念碑式强度等要素渗透到价值场所的一切对象中。这一切都成为坚决校正日后一切秩序的光辉范例。

总之,在布洛赫看来,乔托壁画中的"休息"这一不朽的主题意味着某种"校正手段":

> 这种休息绝不是具体地可到达的鲜活对象,不过,壁画的内容也不是蓄意向人施加影响,以便直接保障实质性的存在价值。以托马斯·阿奎那为首的众多哲学家率先强调闭关自守和与世隔绝。然而,作为一种校正手段,乔托的壁画却不属于固定不变的存在论,恰恰相反,乔托的壁画传达这样一种非此即彼的生存抉择内容:不是运动而是休息,不是一般时间而是典范空间,不是时间乌托邦而是空间乌托邦,不是前景而是完满到达的形象等等。①

在文学作品和绘画作品中,圣徒传说及其理想国度并不仅仅局限在特定历史状况上,实际上,这种传说通过严密的体系而被编入某种终极等级中,从而不断显示其等级价值和存在价值。换言之,圣徒传说源远流长,它与此岸世界的终极事件即"向何—为何"绝非南辕北辙、风马牛不相及。正是在彼岸与此岸的这种联系和一致中,后人虚心接受乔托壁画中所表现的生命的意义和精神的不朽。

第三节　歌剧和清唱剧中的奢华和仙境:《费加罗的婚礼》《阿伊达》《尼伯龙根的指环》

与绘画一样,在歌剧(Oper)和清唱剧(Oratorium)中,也承载着对更美好世界的梦。从人的愿望出发,布洛赫回应了这样一个既无知又抱有偏见的质问:"为什么马克思主义者喜欢市民歌剧和清唱剧这类奢华的艺术题材?"

音响分明飘浮在空中,但究竟怎样滞留在空中并不是很清楚。当作曲

---

① E. 布洛赫:《希望的原理》,第960页。

家作曲时，他通常以这种浮动的方式创作完全不同的文本。不过，音响比任何颜色、任何语言都富于表现力，从而能够最出色地表现错综复杂的内在感情。总的来看，音乐伴随着指挥棒随风飘荡，它并不停留在大调或小调上。音乐凭借永不枯竭的、持久开放的光，渲染爱与痛苦，表现激情向上的精神。有时音乐带给人们无比真挚的歌声，于是，音乐把迈向坟墓的沉重步伐转变成迈向希望的坚定步伐。

音乐犹如一盏路上的灯，不断照耀艺术素材，促使演奏有效地利用和超越这些素材。在此意义上，布洛赫把音乐形象地比作尚未形成的"道路"（Weg）和"出口"（Ausweg）。因为旋律总是悬浮在空中，所以除了一些伟大的弦外之音外，音乐并不给我们提供任何现成的解决方案。在此意义上，布洛赫把音乐的本质规定为一种"慰藉"与"前恰假象"：

> 音乐的历程甚至比诗歌的历史还悠久。与其他艺术题材相比，音乐游离于对象。但是，如果所谓对象不是存在于感情或思维的视域，而是存在于情绪的视域之中，那么在这种情况下，音乐就强有力地与对象发生关系。如果考虑到一切情绪都通往解决方案，音乐就意味着某种独一无二的东西：在一切艺术中，音乐通过唤起无以复加的炽热情感，带给我们最强烈的慰藉，从而传达关于"江口的先现"（Vor-Schein Mündung）。[①]

从形态上看，歌剧属于比较随意的艺术题材。歌剧的终止和结尾仅仅宣示"灿烂之光以及灿烂之光的可视特征"。就像清唱剧一样，歌剧也并行使用人的声音和各种乐器。尽管如此，歌剧却能够把声乐与器乐协调一致起来，充分发挥其效用价值和音乐形态。此外，在舞台上，歌剧直接表现某一事件。在歌剧舞台上，歌唱中的乐器正是摆脱了清唱剧的表演演员。自巴洛克全盛期以后，歌剧被用作宗教仪式或节日庆典，上流阶层借此显示自身的高尚存在和威严身份。此外，与交响乐的结尾部分相比，歌剧的结尾部分有时也仅仅响彻令人窒息的音乐，但它更倾向于高歌主人公的"幸福"（Glück）和"胜利"（Triumph）。

早在文艺复兴时期的佛罗伦萨，艺术家就开始利用歌剧来演奏比较冷

---

① E.布洛赫：《希望的原理》，第969页。

漠的音乐剧。尽管大都选择悲歌题材,但至少在开头部分十分明亮地描写了自己心中的国度。佩里①《欧律狄克》一剧的结尾十分温柔多情。蒙台威尔第②的《奥菲欧》③描写了一对恋人的命运多舛、生死两重天的感人故事。

在音乐中,奢华极致的巴洛克歌剧尤其需要一种升华和飞跃,即"通过粗野而走向高尚"(per aspera ad astra)。可以说,再没有什么装饰比巴洛克歌剧更丰富多彩、更扣人心弦;再没有什么节日仪式比巴洛克歌剧更豪华奢侈、更眼花缭乱。相比之下,清唱剧甘拜下风,因为它还不具备歌剧那种渐渐变强(Crescendo)的表现技法。但是,通过瞬间调节声音强度,作曲家尽情试验音响阶段变化以及突然对照技巧。例如,通过充分显示戏剧效果,独唱歌曲造成一种垂直和音,从而有可能出色地表现胜利的终止效应。除了基本第三和音外,还有那不勒斯首先采用的第六和音也用以呈现这种眼前胜利瞬间的和音。在巴洛克歌剧中,这个第六和音乃是最强有力的表现形态。

确切地说,歌剧始于17世纪初的佛罗伦萨,其主要艺术特征是一种

---

① 佩里(Jacobe Peri, 1561—1633),意大利作曲家,C. 马尔韦齐的学生,1598 年根据诗人 O. 里努奇尼的脚本,他写出了音乐戏剧《达佛涅》,其曲调模仿古希腊的朗诵风格,给人以深刻印象,1600 年他与 G. 卡奇尼合著的歌剧《欧律狄克》也获得了巨大成功。虽然《达佛涅》的音乐早已失传,但在音乐史上却是第一部单声部的抒情音乐戏剧,因而标志着歌剧的正式诞生。

② 蒙台威尔第(Claudio Monteverdi, 1567—1643),意大利作曲家、歌剧创作的革新者,1607 年创作《奥菲欧》。当时还没有所谓"歌剧"之名,一般称作"关于戏剧的戏剧"(dramma per musica)。他的音乐犹如人的躯体,富有鲜明的个性和炽烈的热情,从而将巴洛克音乐推向高潮。他注意吸取前人的经验,巧妙地运用传统的复调音乐手法,把乐曲的形式固定在歌剧中,并明确规定音乐的表现手法必须服从于戏剧情节的需要。他的歌剧感情色彩浓厚,重视对人物心理方面的刻画,并首创以管弦乐队来伴奏歌剧,为音乐的展开提供了广阔的余地。他一生共创作了九部牧歌集、二十一首宗教牧歌、二十一首三重唱、十五首三声部谐谑曲、十首二声部谐谑曲、近百首宗教作品,主要歌剧作品有《奥菲欧》《坦克雷与克罗伦达之战》《尤里适斯回国》《朴比的加冕》等。

③ 《奥菲欧》(Orfeo)故事源自希腊神话传说,但直接素材取自意大利古老的牧歌剧。主要叙述新婚的奥菲欧(半人半神的音乐家)马上便失去了其爱人尤丽狄西,奥菲欧怀着悲伤到阴界去请求释放尤丽狄西,他的真情感动了阴界之后,地狱之王也同意把她放回到人间,但奥菲欧在踏出阴界之前必须耐住性子不回头看尤丽狄西。可惜,在回到人间之前,奥菲欧忍不住回头看了一下尤丽狄西朦胧的身影,结果一切都无法挽回,她归于消逝无踪。原来,神话故事到此结束,但是为了以喜剧收场,蒙台威尔第最后又加了一幕,让太阳神阿波罗下凡,将奥菲欧接回天堂。

宁静的古代牧歌特征，正是这种特征原原本本地反映了古代宁静的田园牧歌风貌。但是，与此不同，巴洛克歌剧（Barockoper）则侧重表现庄重的大团圆部分。巴洛克歌剧本身业已失传，还有长篇小说、悲剧，甚至当时的诗歌也没有得到重新阐明。相比之下，巴洛克建筑和雕刻作品得以保存下来并得到了后世很高的评价。对于同时代艺术类型评价如此殊异，甚至大相径庭，这在艺术史上可谓绝无仅有。

但是，在歌剧成熟期，在持续的表现力、持续的雄壮感等技法上意见严重分歧，以致各派分道扬镳、另立门户。例如，斯卡拉蒂①的《泰奥多拉》、普塞尔②的《狄多与阿尼亚斯》以及亨德尔的《朱利亚斯·恺撒》等名作都从不同视角表现了歌剧的独特表现力和雄壮感。即使在今天人们也无法重现这些作品所特有的伟大的音像背景和全体图像。在此，布洛赫以福克斯《登上神殿的阶梯》为例，描写了这种震撼人心的音像背景和全体图像：

> 1723 年作曲家福克斯在布拉格为皇帝加冕创作了盛大庆典歌剧。为了演出这部歌剧，除了调用一百多位歌手外，还动员了二百多人。遗憾的是，如今我们再也听不到这种作品中的大规模的音像和独具匠心的丰富感。但是，无论好坏，歌剧形态本身的建构技巧决不会忘掉巴洛克那种赏心悦目的光彩。歌剧从摇篮转向诗意，然后再转向奢华。③

例如，斯卡拉蒂就充分利用咏叹调这一惊人的表现方法：歌手拉长间隔，首先拖长第一音，然后接续令人感动的音调。后来莫扎特在《女人皆如此》中嘲笑了这种矫揉造作的表现方式。不过，直到韦伯④为止，作

---

① 斯卡拉蒂（Giuseppe Domenico Scarlatti，1685—1757），意大利那不勒斯王国作曲家、羽管键琴演奏家。一生创作 40 多部歌剧，主要作品有《皮罗与黛梅特廖》（1694）和《十人团的垮台》（1697）、《自由的凯歌》（1707）、《蒂格拉内》（1715）和喜歌剧《光荣的胜利》（1718）等。
② 普塞尔（Henry Purce，1659—1695），巴洛克早期英国作曲家，他的《狄多与阿尼亚斯》被视为 17 世纪英国的代表性歌剧。
③ E. 布洛赫：《希望的原理》，第 970—971 页。
④ 韦伯（Carl Maria Von Weber，1786—1826），德国浪漫主义歌剧的创始者、作曲家、指挥家和钢琴家，主要歌剧作品有《森林女郎》《自由射手》《奥布龙》等。

曲家大都沿用斯卡拉蒂的咏叹调。莫扎特也不例外，不仅在创作诙谐歌剧（Opera buffa）的时候而且在创作严肃歌剧（Oper seria）的时候，莫扎特都动用盛大的夸张场面。其实，这一切都源自巴洛克歌剧。例如，捧腹大笑的日常戏剧场面、大团圆中令人毛骨悚然的场面等都带有显著的巴洛克歌剧特征：《依多美尼欧》①中的暴风场面、《蒂托》②中修道会建筑物纵火事件等。这两部歌剧算不上是莫扎特的巅峰之作，因为天才人物的仙境不是表现在这类歌剧的庄严结局中，而是表现在诸如《费加罗的婚礼》一类的花园音乐中。不过，正如巴洛克歌剧所刻意追求的一样，即使是《魔笛》这样的旷世之作也以胜利的音响、胜利的国度而告终。在此，为了具体的演奏，莫扎特把"全部舞台转变成一轮光芒四射的太阳"。

在蒙台威尔第的《奥菲欧》中，阿波罗神总是"成人之美"，在历经一切牺牲厄运之后，重新把奥菲欧与欧律狄克置于幸运的星座之上。由此可见，歌剧具有某种彻头彻尾的乐观主义面貌。一切卓尔不群的作品总是确认这样一个颠扑不破的真理："历经艰险，终成大业。"所有歌剧杰作都无一例外是乐观主义作品。19世纪，市民阶层为显现自身的存在而奋斗，他们全盘接受了歌剧这一题材和乐器。斯蓬蒂尼③、梅耶贝尔④乃至瓦格纳均接受了巴洛克歌剧的节日庆典等艺术形式，渲染热烈、喜庆、欢乐的氛围，力求表现出重大事件的一定感情倾向。为此，他们在其歌剧作品中，千篇一律地套用齐声高奏的喇叭，人声鼎沸、欢呼雀跃等场面。此外，为了衬托庄严的结局，甚至在彬彬有礼、慷慨仁慈的假面具下，不惜

---

① 《依多美尼欧》（*Idomeneo*），莫扎特三幕歌剧，编号 K. V. 366. 1780 年夏天，莫扎特受慕尼黑宫廷剧院负责人席欧伯爵（Count Seeau）之邀，根据萨尔斯堡主教书记瓦雷斯果改编自丹舍特（Danced）原著的剧本《依多美尼欧》谱写而成。剧情为克里特国王依多美尼欧参加特洛依战役后返国的故事。

② 《蒂托》（*Titus*），莫扎特在写作《魔笛》期间，用较短的时间完成的另一部歌剧，1719 年 9 月 6 日为雷奥波二世加冕而作，首演于布拉格。这部歌剧从情节到音乐都并无特别动人之处，但剧情交织着权位与爱情、爱情与友谊、叛乱与和平、惩罚与宽恕等诸多矛盾因素，尤其是女主人公维泰莉亚性格错综复杂，色彩丰富多样。

③ 斯蓬蒂尼（Gaspare Spontini, 1774—1851），意大利作曲家、指挥家。主要作品有《固执己见的妇女》《假女哲学家》《弥尔顿》《贞洁的修女》《费尔南·科尔泰》等。

④ 梅耶贝尔（Giacomo Meyerbeer, 1791—1864），德国作曲家。代表作有歌剧《埃及的十字军》《北方的明星》《非洲女》《先知》等。《非洲女》中的咏叹调《啊！美丽的人间天堂》、《先知》中的管弦乐选曲《加冕进行曲》等脍炙人口、流传很广。他的歌剧场面恢宏豪华，效应显著。

寻求新的刺激、冒险和挑战。令人感到可悲的是，这种危险的倾向也表现在交响乐这种高雅曲子的结局中。如同歌剧作曲家一样，交响乐作曲家在作曲时也热衷于排列戏剧性的高潮和低潮。

不过，大体上，布洛赫对19世纪后半叶的艺术，尤其是歌剧艺术持否定态度。究其原因，在极乐瞬间，歌剧题材要求某种"突发奇想"（Einfall），然而，19世纪歌剧受"例行性情绪"（Routine des Effekts）掣肘，因而完全丧失了这种应有的突发奇想。此外，这个时期的艺术作品多半与充满铜臭气的资本主义制度结合在一起。艺术家昧着良心，与富人投桃报李、沆瀣一气，以致亵渎了艺术的神圣使命。按照瓦格纳的说法，"所谓情绪就是发出声响的沉默大师"。但是，正像那些肆意杜撰的大作一样，19世纪的歌剧大都浅薄无聊、无病呻吟。尤其是在歌剧内部，作为存在和非存在的情绪急转直下，但仔细看却是空穴来风，只不过是诱人陷入莫名的巨大情感爆发、巨大的行动后果和最后的风景画而已。

那么，歌剧中的情感怎样才能发挥其应有的恰当效果呢？布洛赫认为：

> 唯有音乐为视觉舞台演奏时，情绪才能发挥恰当的效果。试想，芭蕾以及与芭蕾结合在一起的"巴库斯之日"① 的无我之境。在此，乐器所演奏的爱情花园具有欢乐气氛的遗产，在此，在大部分情况下，装饰本身作为淫荡而色情的东西从一开始就十分诱人。这与乘船驶向塞特拉的优雅而谨慎的航行相距甚远。尽管听起来这种惊人的美的旋律恍如隔世，因为在"巴库斯之日"前后，在奥芬巴赫《巴库斯之日序曲》中，在其弥足珍贵的艾弗斯（Evoès）以及奥菲欧最新协奏曲中，完全是另一番情形。在"巴库斯之日"中，以粗犷而富于魅力的笔触描写了巴洛克爱情花园以及魔力之岛，这一点尤其出色地表现在巴黎的《汤豪舍》中，这是一部尽情探讨快乐的旷世之作。这是淫荡至极的色情狂的深渊，淋漓尽致地表现了地下世界深处痛苦

---

① "巴库斯之日"（Bacchnale），指酒神巴库斯的喜庆之日。意大利语称作 barcarole，特指威尼斯人乘坐冈朵拉浪漫之船泛舟戏水。关于"巴库斯之日"的代表作有瓦格纳《汤豪舍》（*Tannhäuser*，1845）第一幕和奥芬巴赫《天堂与地狱序曲》（1858）。

灵魂的叹息。从岸边响彻水妖软绵绵的醉人歌声，周遭风光旖旎，春色撩人，仿佛是崇高的秩序与地狱的玫瑰混合在一起的耀眼妓院。①

然而，比"巴库斯之日"更声名狼藉的是，海边林立的五光十色的礼炮，这一幕出现在歌剧情节发展的顶点，即终结部的情景再现之中。例如，梅耶贝尔、瓦格纳等把这套陈规俗套具体表现为各种仪式、祈祷场面、结束语等。应该说，在歌剧的发生时期（statu nascendi），那些用以渲染氛围的场景，例如，齐格蒙特爱的痛苦、齐格琳德的长剑之歌、沃丁神（Ordin）接待战死者英灵的殿堂等在所难免、无可厚非。尽管迄今歌剧中仍不乏这些陈规俗套，但它们毕竟是故弄玄虚、无病呻吟，与真正的歌剧先现的愿望图像领域毫不相干，充其量是润色喧哗和骚动的修辞学而已。

但是，布洛赫对梅耶贝尔同时代的歌剧作曲家威尔第②的作品予以了很高的评价。因为他大胆突破上述陈规俗套，创作了比较自由的音乐，揭示了人物内心世界丰满深厚的愿望底蕴。他的作品《阿伊达》③就是这方面的光辉范例。第二幕中，《凯旋进行曲》激昂雄壮、威震四方，表现了拉达梅斯战胜埃塞俄比亚军队后率领军队凯旋故里的宏伟场面，令人震撼。这段音乐首先军号吹出的凯旋进行曲庄严辉煌、激昂雄壮，表现了凯

---

① E. 布洛赫：《希望的原理》，第 972 页。
② 威尔第（Giuseppe Verdi, 1813—1901），意大利伟大的歌剧作曲家，一生创作了 26 部歌剧，擅长用意大利民间音调，管弦乐的效果也很丰富，尤其能绘声绘色地刻画剧中人的欲望、性格、内心世界，因之具有强烈的感人力量，使他成为世界上最受欢迎的歌剧作曲家之一。主要歌剧作品有《伦巴底人》《厄尔南尼》《阿尔济拉》《列尼亚诺战役》《弄臣》《游吟诗人》《茶花女》《假面舞会》《阿伊达》《奥赛罗》《法尔斯塔夫》等。
③ 歌剧《阿伊达》（Aida）是威尔第晚期所作的三大歌剧之一，其规模宏大，气势磅礴的场景将大歌剧的特征和抒情的特点有机地融为一体，完美地体现了音乐的旋律与歌剧的戏剧性，显著地增强了音乐的戏剧表现力，是一部世界歌剧史上的经典之作。《阿伊达》描述的是埃塞俄比亚公主，由于战败被迫在埃及做女奴的阿伊达，与埃及军队统帅拉达梅斯相恋。在拉达姆斯与埃及公主结婚的前夜，阿伊达的父亲要她从拉达姆斯口中套取军情。拉达姆斯不慎泄露军情被发现，以叛国罪被判处活埋于寺庙地牢之中，阿伊达潜入地牢与拉达姆斯共赴死难。故事跌宕起伏、感人至深，浓缩了忠诚与背叛、爱情与战争的人类永恒主题，自 1871 年首演以来，在世界歌剧舞台上常演不衰，是举世公认的十大经典歌剧之一。《阿伊达》是威尔第第一部充满激情的力作。无论是人物性格、戏剧结构，还是音乐旋律，甚至舞台美术较之以前的剧作都有了新的突破。这部伟大的歌剧作品融汇了作曲家在音乐、戏剧、舞美等诸多方面的成就，无可争议地成为世界歌剧作品中的典范。

旋而归的士兵威武雄壮、英武洒脱的姿态。不过，最后，在埃及女王安内丽斯（Amneris）向胜利者授予花环的瞬间，有关音乐显得虎头蛇尾，不合情理。

此外，在根据莎士比亚剧本作曲的《奥赛罗》中，一系列场面，例如，奥赛罗与黛丝德蒙娜之间的恋爱场面，七女神飘然过海、渐渐缩小的房间以及日益沉沦的世界等布局精巧、构思别致。相比之下，齐格蒙特与齐格琳德之间的高潮场面却激情澎湃、火花四溅，但仔细听起来，不过是蹩脚的重现而已。尽管前面做足了铺垫，但最后高潮部分的处理显然并不能满足观众的口味。尤其是，在充满威尔松之血的颂歌中，全剧徐徐落幕，令人不知所云，看起来就像鸡肋一样，索然无味，这也再一次暴露出了作曲家在情节设计上的单薄和缺乏新意。

同样，对瓦格纳的歌剧及其成就，布洛赫也持一种批判态度。① 在歌剧《特里斯坦与伊索尔德》中，瓦格纳全然没有利用钢琴，他宁愿另辟蹊径，力图打造非同寻常的歌剧。瓦格纳原本就是一个优秀的钢琴教师，善于用流畅飘逸的钢琴旋律捕捉朦胧夜色的宁静而神秘氛围。可是，布洛赫发现，在表现《黎恩济》到《尼伯龙根的指环》等的高潮部分时，瓦格纳墨守成规，照搬照抄，竟然沿袭了十分老旧、毫无生气的表现方式。② 除此之外，在瓦格纳的歌剧中，"撒旦天使"（Satansengel）神通广大、法力高强，不过，在布洛赫看来，它无法无天、失去制约，以致挥拳暴打天才作曲家：

> 在资产阶级中间，撒旦天使旨在再现巴洛克歌剧的灿烂余晖，即再现业已退出历史舞台但重新唤起世人新鲜关注的浪漫的封建主义与德国人之间千丝万缕、藕断丝连的联系。从瓦格纳那里，我们充分认

---

① 有关这方面评述详见 A. 闵斯特《恩斯特·布洛赫早期著作中的乌托邦、弥赛亚主义和启示录》，法兰克福/美因，苏尔卡姆普出版社 1982 年版，第 170—180 页。

② 瓦格纳的《黎恩济》首演于 1842 年，而《尼伯龙根的指环》于 1876 年为新建剧场而作，前后只用了四天时间。代表作《特里斯坦与伊索尔德》（*Tristan und Isolde*）首演于 1865 年慕尼黑，共三幕。第一幕，故事发生在浩瀚大海中独行的孤船上，汹涌的大海是特里斯坦与伊索尔德这对恋人激愤心情的象征；第二幕，特利斯坦与伊索尔德充满狂喜与柔媚、情欲与致命诱惑力的二重唱，使全剧推向异常激动人心的高潮；第三幕，凝视着死去的爱人，伊索尔德心驰神摇，一曲"伊索尔德情死之歌"终了，她扑倒在特里斯坦的怀里，沉入到永恒的黑暗之中，也沉入到永恒的爱之夜中。

识到，某种"江口光芒"（Mündungsglanz）及其错误的艺术图像究竟具有多大危险。①

凭借音乐力量以及音乐之中的某种天才力量，真正的先现总是出现在愿望领域中。这种艺术绝不是依靠很强的吹奏来制造热闹场面，哗众取宠，博得听众笑点。浅薄的歌剧往往不加分别地生搬硬套歌剧传统，用很强而快速的音乐节奏描写戏剧高潮（Höhepunkt）。因此，从一开始，这种歌剧就回避描写超级暗淡的低潮（Tiefepunkt）。尽管平庸的歌剧热衷于制造极端豪华的惊人场面，但故弄玄虚，毫无悬念，难免给人一种老套和空泛之感。究其原因，这主要是因为囿于上述窒息灵魂的陈规俗套，关闭了一片风格清新、个性鲜明的新天地。

布洛赫并不一概否定歌剧的豪华氛围和惊人形态。只要歌剧不是从一开始就引入约定俗成的"跳跃"（Schwung），而是循序渐进，水到渠成，其第一音阶的三和弦就能发挥自身固有的作用，一跃成为有充分理由的高潮。例如《纽伦堡的名歌手》②最后一幕中萨克斯与众人的合唱《醒来吧》就很好地说明了这一点。实际上，当一天的事务推向高潮之后，强力合唱必然能够打动全然蒙在鼓里的听众的心弦。不仅如此，在格局中，也不乏更加细腻而缜密的早晨的黎明图像。这时的高潮可以是摆脱陈规俗套的间歇，它显示一种若有所思的宁静情景。当主人公珊塔与荷兰人初逢时响起的定音鼓就是范例。此外，《纽伦堡的名歌手》中五重唱乃至复活节受难日原野场景中的小提琴音响也是范例。但是，《在诸神的黄昏》中，平庸的旋律只是随着单调的拍子尴尬地延续着，最终，这种令人昏昏欲睡的旋律就像巨大的曲线一样，与响彻的欢呼声一道消失在天际。当诸神进入战死者英灵殿堂时，他们纷纷表现出惊人的夸张面孔，令听众莫名其妙地感到，仿佛他们借用音乐来诠释战死者无处可逃、无路可走的罪与罚。对此，布洛赫不无感慨地写道：

> 在伟大的歌剧作品中，这些内容都是合情合理、不可或缺的。歌剧所固有的基本光彩、作品中显现的悲剧内容和幸福图像——浮现在

---

① E. 布洛赫：《希望的原理》，第 973 页。
② 《纽伦堡的名歌手》1868 年首演于慕尼黑，是瓦格纳唯一一部喜歌剧。

听众的脑海里，并以对话式的语言响彻在遥远海洋的上空。……因为这些作品从时间视角表现人类的愿望国度，而在这种国度中存在一种崇高而杰出的时间。如果我们有幸接触所有歌剧中最激动人心、激情澎湃的伟大的《费多里奥》，我们就因心中腾空升起的音响而感受到犹如置身于大海之上喷薄而出的无上喜悦。在此，这种不可范围的激情重又归为低沉的音调，渐渐流逝为行云流水般的休息之歌。但是，这种逐渐流失的音调依然充满着惴惴不安的情感。因此，在此所再现的歌声具有特殊的温暖感。在更广泛的意义上，基本三和弦表现出近乎撕心裂肺般的强烈尖啸声，因此，它比基本的和弦感危险得多。①

在向观众展现灿烂夺目的愿望领域之前，通常歌剧展示作为前阶段的清凉的旋律。布洛赫以格鲁克②的《俄尔甫斯与欧律狄克》为例，尤其是仙境场景中的轮舞曲：《多么纯洁的天空覆盖着大地》营造了温馨、浪漫的氛围，使听众身心舒展、自然，享受到一种纯净清凉的美。格鲁克继承那不勒斯音乐派的超感官音响，并通过扣人心弦的地狱合唱戏剧性地表现了兴奋与厄运的对立冲突。不仅如此，在此，音乐还运用缓慢的伦托（Lento）作曲而成。主题旋律如泣如诉、感天动地，诗意的仙境出现了。俄尔甫斯仰望纯洁的天空及其更温柔的光辉，这时响起轮舞的明亮大调，然后是优美的合唱。就在这一时刻，俄尔甫斯张开双臂接受了欧律狄克温柔的拥抱。

在歌剧中，尤其在清唱剧（Oratorium）中，这正是"休息"（Ruhe）的杰出模式。格鲁克的《俄尔甫斯与欧律狄克》算得上是这种休息杰出模式。正如《古兰经》所言：只有和平、和平，再没有什么东西比和平更壮丽威严的了。人们把音乐的经典现象（die klassische Erscheinung）称作"到达风格"。只要这种古典现象还不延伸到清唱剧领域，这种现象就不会在某种戏剧形态即行为形态中兴旺发达起来。恰恰相反，清唱剧完全栖息在"内在的休息"（tranquillitas animi）之中。

---

① E. 布洛赫：《希望的原理》，第 974 页。
② 格鲁克（Christoph Willibald von Gluck，1714—1787），德国作曲家，年轻时师从捷克作曲家、管风琴家车尔诺霍尔斯基钻研音乐。1750 年重返维也纳后任维也纳宫廷乐长及歌剧指挥，与意大利诗人卡扎比基合作的歌剧《俄尔甫斯与欧律狄克》1762 年首演于维也纳。

因此，布洛赫尤其推崇帕莱斯特里那①的圣乐剧，高度评价了他在复调弥撒曲宗教表现力方面取得的辉煌成就：

> 他的纯粹彩虹音响早就活跃在他的青年时代的世俗牧歌之中。②他的音乐将突然的单纯性引入富于教义核心语言的弥撒曲中，从而使牧歌顿时变得欢欣鼓舞、喜气洋洋。作曲家的节奏适合于律动的最小尺度。此时，全然没有使用半音阶法，以便让观众感受到特殊的断裂或距离感。旋律和复调音乐变得通体透明、闪闪发亮，四个乐章意味深长，充分表现压倒性的单纯性。单声音乐持续不断，不时以纯粹的三种音把观众引向无尽的回忆和狂热的陶醉之中。这种单声音乐由荷兰人传承下来，与复调音乐相反，这种音乐风格独特，表现手段丰富多彩，享有特殊的荣誉。③

帕莱斯特里那试图寻找圣采齐莉（die heilige Cäcilie）所听到的那种永恒的回响。相传，圣采齐莉④曾听到天使们优美的合唱，这种"被祝福的倾听"（auditio beatifica）无异于"对神的祝福的显示"（visiobea-tifica Dei）。这与但丁、托马斯·阿奎那的理想相一致。此外，对被祝福的神之音的倾听与奥古斯丁的音乐理想即"永恒的时间序曲"（Praeludium vitae aeternae）相吻合。帕莱斯特里那音乐的基本特征就是把中世纪一切理论和教诲全都还原为世界的音乐理想，尽管这种音乐局限于关于天国的虔诚宗教理论。

总之，在布洛赫看来，帕莱斯特里那的艺术成就聚焦在"天使的合唱"这一愿望图像上，他的音乐恰恰以这种方向奠定音乐理论基础。与此相呼应，奥古斯丁率先将心灵忏悔和宗教皈依引入教会赞歌之中。换言

---

① 帕莱斯特里那（Giovanni Pierluigi da Palestrina，1525—1537），意大利文艺复兴时期作曲家，一生创作105首弥撒曲、50首牧歌、250多首经文歌。他的音乐以流畅的旋律、完备的和声、严格的对位法、富于安定感的乐曲构成等，将文艺复兴音乐推至极致。生前，他由于在复调音乐方面的突破和贡献而获得了"音乐王子"美誉，在他死后不久，出现了"帕莱斯特里那风格"，成为复调教会音乐的标准。
② 牧歌（Madrigal），16世纪流行的多声部的圣乐剧，多为二重唱或三重唱。
③ E. 布洛赫：《希望的原理》，第975页。
④ 圣采齐莉（Cäcilia，约200—230），罗马基督教圣徒，处女和早期教会烈士。她是教堂音乐施主。她的标志是管风琴或小提琴，作为烈士标志的剑和玫瑰。

之，他率先把充满天国和音和占星术的神秘赞歌（Psalter）转变为充满阳光和生机的天使之歌。于是，对天国和音的赞歌由抽象的、空洞的行星形体主题转变为与神合一的具体人体主题。天使的歌声接受并赐福给神所拯救的那些信徒。一切人间的声音都从这种天国的声音中汲取灵感，洗涤心灵，净化灵魂，变得更加超凡脱俗、更加虔诚、更近神性。奥古斯丁以此敞开了一扇从人间通向天国之门。用他的话来说：这正是"我们的肉体（人间）移向非肉体（天国）的永恒的时间序曲"（praeludium vitae aeternae, ut a corporeis ad incorporea transeamus）。

奥古斯丁就这样用音乐语言描写了中世纪音乐直观中的某个梦中仙境。不过，布洛赫发现，他的这套音乐理论有其深远的历史渊源，可上溯至6世纪狄奥尼修斯①的著作。狄奥尼修斯认为，全部音乐都是用天使的语言创造的。音乐就是划分等级的阶梯化的传说。因此，音乐的使命是探寻天国与人间的和谐统一。根据他的音乐理论，美丽的音乐来自天国，首先成为"天体音乐"（musica mundana）这一宇宙和谐，然后成为"人间音乐"（musica humana）这一灵与肉的和谐，然后重归天国。这是一个从天国到人间，从人间到天国的创造性的循环历程。当然，这一切都基于占星术的神话。可以说，在此，某种天文学理论接受了基督教的永世之光。

尽管狄奥尼修斯的"天国音乐"（musica coelestis）对现实音乐的影响微乎其微，但对上述帕莱斯特里那的音乐实践却产生了重大影响：

> 罗马教皇庇乌斯四世在一则通谕中写道："正是生活在这地上耶路撒冷的某个约翰唱起令我们万分感动的灿烂之歌。这音乐正是使徒约翰在天国的耶路撒冷从预言的出神状态中听到的音乐。"在此，天使的合唱是实体化的神话，不啻是天国的玫瑰。所谓天国的玫瑰仅仅适应于巨大的人的希望领域以及这种希望的历史所要求的空间，而绝不适应于麻木不仁、充耳不闻的从来的天国。自帕莱斯特里那以来，任何音乐都未敢再现作为被祝福的所有物的这种天国的音乐。帕莱斯

---

① 古希腊最高法院法官狄奥尼修斯（Dionysius of Areopagite, ? —?），相传，生活在公元6世纪初，著有《狄奥尼修斯文献》，这部文献将基督教教义重新解释为新柏拉图主义。根据这部文书，天使被分为三级：第一级，宇宙由神、天使、人组成；第二级，被创世界是神的自我发现；第三级，一旦人意识到对神的认识是不可能的，他便达到与神的神秘合一。

特里那恰恰用美妙的声音保存了一切神圣感（Sanctus）以及荣誉感（Gloria），并唤起神的使命和神的旨意。即使在最羞怯的、最微弱的曲调中，帕莱斯特里那的音乐也绝不反映某种确定的意向。①

那么，贝多芬的音乐又怎样呢？在布洛赫说来，贝多芬的音乐简直独一无二、无与伦比，无异于令人洗耳恭听的临终之言，但它始终赋予人的希望以祝福的承诺。"我要扼住生命的咽喉，让它无法使我完全屈服。"作为生命的不可抗力，他的音乐魅力不可阻挡，具有不可理喻的自然结果和六翼天使②的魔法力量。他的"到达的音乐"（Ankunftsmusik）恰恰运用音乐表现了不可阻挡的、终于到达的愿望。正当莱奥诺蕾预感到最高的瞬间，急忙给弗洛列斯坦解开锁链的那一瞬间，奏响起意味深长、划破天际的小号声。但是，在戏剧场面中，这种到达及其国度，哪个地方也不蔓延至英国的领域。同样，贝多芬《第九交响乐》中的合唱《他必将居住在星星之上》也充满着惊人的神秘感，而这种氛围容易为康德所谓神的假定的纯粹经验怀疑所笼罩和打动。在此，神秘的合唱并不到达超越的完满性。歌手无法自始至终都用单纯的嗓音表现完满性。因此，音乐必须凭借强烈激越的尺度，来显示天国的存在确定性是如何归于没落的。

尽管如此，为了渴望的情绪以及渴望的解决办法，音乐将富于多种意义的音调撒向浩瀚的天空，使音乐鉴赏者脚踏大地、遥望天空，神情沮丧、万念俱灰。音乐用有组织的乐音置换趋势性的对象，从而对某种成功的东西显示最强烈的先现图像。尽管这种先现尚未具体化，但它绝不是可望而不可即的神话，而是人所能实现的诗意仙境。遥远的乌托邦通过音乐与我们自身直接接触。于是，咫尺之遥的音乐领域，使我们有幸了解到重新人化的那个遥远的世界的意义。在此意义上，布洛赫揭示了音乐所特有的一种悖谬性的前景：

---

① E. 布洛赫：《希望的原理》，第 976 页。
② 六翼天使（Seraphim），又叫炽天使，神最亲近的御使，也是所有天使中级别最高者，被形容为在天界飞翔，似神的有机体。犹太教和基督教中，他是直接和神沟通的角色，是个纯粹只有光及思考的灵体。

音乐具有这样一种悖谬性的前景，那就是，音乐对象越是接近希望图像这一地平线，即越是远若天涯，它就越是宏大地、切近地出现。帕莱斯特里那的音乐中的"休息"如今也变得捉襟见肘。因为贝多芬使得音乐更充满源源不绝的愿望图像和意志存在；但是，另一方面，帕莱斯特里那是音乐校正罕见的缓慢的结局，使其此起彼伏、交相辉映，汇合成一条音的洪流。这样，音乐就能够宁静而恢宏地表现乌托邦的"到达"（Ankunft）。①

第四节　音乐精神中的无限前景：克莱斯特理想风景、西斯廷圣母像

那么，在音乐精神中，从艺术角度表现的幸福（Glück）具有怎样的特征呢？与众所周知的幸福空间不同，在此既不存在人们所熟悉的那种偏狭也不存在隶属于宏大的广度。但是，恰恰在这种偏狭与广度之间存在第三种特征，即在音乐中所能感受到的某种"深渊的深度"。

所谓"深渊的深度"这一范畴将洞穴与广度、内部与前景紧密结合起来，使之相互包含、相互超越。内部（Interieur）不啻是一个悖论，它把我们诱向临近家乡等舒适安逸的地方。尽管这地方偏狭，但它包含着某种重要的视域。在此，空间构成、建筑住宅以及内部空间等图像自发地参与一系列强有力的规划：即想方设法坚守广度，将自身视域加以实体化，任何内部都不停留在狭小空间中。任何重要的牧歌情景都不会贪小失大，都不因有限幸福而放弃一切幸福。在室内空间以及牧歌情景中，存在一种与宇宙截然不同的要素或颠倒了的宇宙面貌。室内风景与汇集着某种黄金时空的宇宙可以与微笑的无限性相媲美。

与此相反，那些满载巨幅远景的图像，例如，"关于无限延伸的前景"（Perspektive von Unendlichkeit）等并非仅仅默然地向无限延伸。当憧憬远方的风景或远眺茫茫大海时，我们的神态绝不是茫然若失、滑稽可笑的，同样，当翘首仰望遥远的天国时，我们的神态也绝不是无牵无挂、令人可笑的。相反，辽阔无垠的庄严感或人迹罕至的空间的秘密使得我们返回到最切近的内在"泉源"（Brunnen），感受到一种温暖的家园感。究其

---

① E. 布洛赫：《希望的原理》，第977页。

原因：

> 无限的东西与邻近的东西是难解难分地结合在一起的。在此，遥远的、孤立的深渊重新化为深邃的洞穴，而深渊的东西则扩张为某种无边无际的广度。例如，图勒（Thule）这一天涯海角王宫的巨大广度就属于这种广度。①

在布洛赫看来，克莱斯特②的《海景》（Seelandschaft）一文就通过某种极端隐秘的手法表达了无边无际的大海的广度。他援引克莱斯特《对弗里德里希③海景的感受》一文，表达了这种超越"人性界限"（terminus humanitatis）的大海的伟大和神秘：海，海，伟大而神秘的大海啊！

> 在阴郁的天空下，大海无限地伸展着。我凝视着水平线边缘，仿佛凝视着无遮无拦的荒地一样的大海的波涛，这种感觉多么美妙，多么心旷神怡。这时，我被一种神奇的感受所俘获，简直美不胜收。此时，我思绪万千，一股幸福的感觉涌上心头：我逾越了水平线，重新回到家乡的怀抱、我渴望超越大海的彼岸，但是不能如愿以偿。我们之中一些人丧失并渴求生命的一切：从波浪的细语中，风的呼啸中，云的流逝中，鸟儿孤寂的鸣叫声中，他们倾听生命的音响。与这种悄无声息的表现相称，大胆地说，我内心所要求的东西正是自然允许我做的一切的中止（Abbruch）。但是，在这幅画面前，我的思绪是决堤的海，像潮水般奔腾不息。在图画与我自身之间，我发现了什么东西，尽管我应当在图画中发现这东西。这正是我内心的某种无法阻挡

---

① E. 布洛赫：《希望的原理》，第 978 页。
② 海因里希·冯·克莱斯特（Heinrich von Kleist, 1777—1811），德国伟大的剧作家、小说家、诗人。代表作品有剧作《破瓮记》《洪堡亲王》，小说有《米夏埃尔·科尔哈斯》《智利大地震》《伯爵夫人 O》等。克莱斯特擅长描写人的认识能力的混乱及其冲突，写作风格独领风骚，独立于当时的浪漫主义风潮。
③ 弗里德里希（Caspar David Friedrich, 1774—1840），德国浪漫主义风景画家。他提倡写实与象征寓意，在其作品中山川树木、日月大海都被赋予人格化的特色，具有浪漫主义的色彩，他用色丰富，笔法绵密细腻，画面氛围忧郁浓重，具有抒情诗般的境界。代表作有《孤树》《山上的十字架》《海边修道士》《海上升明月》《树上的乌鸦》《窗前的妇女》《海边的两个男人》等。

的情愫以及图画传达给我的某种中止或孤立。因此，我成了一个方济各托钵僧，图画成了海边的一堆沙丘。这样，再没有什么场所比世界上的这个地点更可悲、更不安的了。在死亡的广阔领域里，生命的唯一微光乃是孤独源泉之中的孤独的中心。这幅画包含着两三个秘密对象，它们就像爱德华·扬①的《夜思》一样呈现一幅启示录的情调。由于这幅画探讨单调而无垠的大海的景象，前景部分仅仅显现一个大致的框架而已。因此，给图画观赏者就留下了一种被剪断了一只眼皮的印象。毫无疑问，画家在自身的艺术领域开启新的篇章。我深信，画家的脑海中出现了对周围 1 平方米沙丘的联想。试想，某个海岸有座沙场，在小灌木丛上，一只乌鸦鼓起翅膀，放飞梦想？就像奥西恩②的古风一样，这幅画古色古香、栩栩如生。是的，有谁用粉笔描画自身固有的风景以及现实的大海，他就会深信这道风景惟妙惟肖、真假难辨。我会相信这道风景。画家妙手生花，活灵活现，让狐狸和豺狼发出绝望的悲鸣。毋庸置疑，这幅画逼真形象，简直让人拍案叫绝，它包含着一切可称道的、最强烈的风景画面。③

就像我们在科凯斯特的短文中所能感受到的一样，无限的东西是世界归于消逝无踪，而人对孤独而阴郁的感受，则导致对邻近一切视觉的丧失殆尽。在他的上述短文中，这两种情景交替出现，在水平线上形成一道位置和倒影勾勒出来的优美曲线，水平线位于图片上方接近边缘的地方，给了前景倒影足够的表现空间；前景天空的倒影十分清晰，在色彩上形成了碰撞，顿时让色彩明晰鲜艳起来。然而，弗里德里希的画风并非从一开始就让人产生这种色彩艳丽、如梦如幻的感觉。恰恰相反，为了表现对广阔之地的持续向往，他根据透视法有意识地将远近对象分割开来，乍看上去，彼此之间并不存在任何中间世界。不过，当克莱斯特直面这幅画作时，就无法摆脱某种说不清的惶惑感。在他的心目中，这幅画独创性地发

---

① 爱德华·扬（Edward Young, 1683—1765），英国诗人、剧作家和文艺评论家，代表作有《关于生命、死亡和永生的抱怨或夜思》（1742—1745）等。

② 奥西恩（Ossian），传说中的盖尔族的诗人和 3 世纪英雄。他是芬恩·麦克库尔（Finn McCool）的儿子。奥西恩在诗歌和小说上形成了奥西恩风格，其作品在爱尔兰和苏格兰流行了几个世纪。

③ E. 布洛赫：《希望的原理》，第 978—979 页。

挥一种反作用，以致遥远与切近、中心与边缘等惊人地连接成一条曲线。布洛赫进一步刻画了这条曲线的乌托邦意蕴：

> 克莱斯特无声的末世论情怀新鲜地保存了深渊之中生命的微光。在这种深渊中，人与自然同生共存，但是，各自已不再带有本来的面貌。因为一旦观察者观望画作，他的眼睛就旋即消失了。观察者与图画的间隔一同消失，而在站在外面的人那里，图画则像"被撕碎的眼皮一样"中止自身。不仅如此，图画对于大海也中止自身。因为克莱斯特以向往之心凝视大海，但画作中却恰恰缺乏这种向往。换言之，观察者被替换为"托钵僧"，而大海突变为"沙丘"，进而托钵僧与沙丘融为一体，成为"孤独圆周中的孤独中心"。①

尽管深渊绝不会出现在现实中，但在观察者的视域中它却作为一种"真正的奥西恩风格"在起作用。诚然，这种莫名的体验蕴藏着源自"图勒"②的无上幸福，但这种幸福永远都不能体系化为某一场所的幸福，因为这种幸福不可能重新成为人与自然的一体或合一。进言之，由于这种幸福的至高境界，在某一世界之末的边缘，狐狸和豺狼竟然发出绝望的悲鸣。

克莱斯特的短文《对弗里德里希海景的感受》十分简洁地表现了某种渴望的核心。对此，布洛赫追问，在水天相连、浩浩森森的海景中，具有若干神秘对象的"主体之家"（Subjekt-Haus）究竟是什么？这个"主体之家"无非是与孤独的中心一道保留在圆周之中的唯一的东西，亦即不具有任何陌生要素的、单纯的对象本身。克莱斯特就像谈论当下直观中的客体之家一样谈论无限前景中的主体之家。在关于绘画的一切叙述中，克莱斯特仅仅叙述某一图画：即通过深度扩张自然对象，感受来自大自然的威力和挑战，从而达到主客之间的奇异一致。这种特征使得画面充满一种阴郁的没落感，仿佛置身于耶路撒冷的神奇之夜乃至夜的诡异迷雾之中。

灯塔底下无亮光。在最近的孤立对象中，我们不仅看不见任何东西，

---

① E. 布洛赫：《希望的原理》，第979页。布洛赫的上述引文：克莱斯特《对弗里德里希海景的感受》，收录于 H. v. 克莱斯特《选集》第3卷，慕尼黑，1982年版，第327页以下。

② 图勒（Thule），系指古代世界可居住人的最北地区。

甚至连喘息的机会也没有。克莱斯特的叙述直达人性的底层，但并未勾勒一轮明亮的太阳。除了无休无止的狂风巨浪，别无其他。他的大海风景恰恰通过这种核心情感和强有力的体验叙述，向我们传达某种源自深渊的幸福和天际的音讯。这不是别的什么，这正是伟大的绘画作品在特有的水平线中展示的东西。人与遥远之处合为一体，远景从"蒙娜丽莎"加倍回返近邻。在对"图勒"这一世界之末的展望中，近邻的前景得到了不可抑制的扩展。

克莱斯特率先表现了绘画空间中的一切人性和超越性，但是，这种表现源远流长，贯穿于各个时期的绘画空间中，所不同的仅仅是采取了一种比较传统的表现手法和抒情方式。布洛赫以拉斐尔的《西斯廷圣母》①为例，揭示了这种传统的绘画空间：

> 拉斐尔的《西斯廷圣母》是一幅最大胆的画作，其中承载了最深厚的风景。这里并未占据所谓确定不移的舞台，即某个南部地域的空间，但也不占据根据事件进程多样排列的结构，即北部地域空间。当然，这里隐约呈现出南部地域的空间氛围，从拉斐尔的画作中，我们可从几何学视角眺望完备的一元性，不过，这种一元性并不仅仅局限在画面人物的特定场所中。②

实际上，画中主人公既不在远处，也不在近处，很难断定圣母身处此

---

① 《西斯廷圣母》(Sixtinische Madona)，拉斐尔于1512—1513年间为纪念教皇西克斯特二世而重建的西斯廷教堂内的礼拜堂而绘制的作品，长2.65米，宽近2米，画中人物和真人大小相仿，为拉斐尔"圣母像"中的代表作，它以甜美、悠然的抒情风格而闻名遐迩，现为德国德累斯顿茨温格博物馆古代艺术大师馆收藏。这幅祭坛画塑造了一位人类的救世主形象。圣母决心牺牲自己的孩子，来拯救苦难深重的世界。画面像一个舞台，当帷幕拉开时，圣母脚踩云端，神风徐徐送她而来。代表人间权威的统治者教皇西斯廷二世，身披华贵的教皇圣袍，取下桂冠，虔诚地迎接圣母驾临人间。圣母的另一侧是圣女渥瓦拉，她代表着平民百姓来迎驾，她的形象妩媚动人，沉浸在深思之中。她转过头，怀着母性的仁慈俯视着小天使，仿佛同他们分享隐秘的思想和无比的幸福。人们忍不住追随小天使向上的目光，最终与圣母相遇，这是目光和心灵的汇合。圣母形象是全画的中心。这幅画中的圣母被誉为圣母画中的绝品，画中的圣母一扫中世纪以来的圣母像中那种冰冷、僵硬、不可亲近的模样，将圣母描绘成一个美丽、温柔、充满母性的意大利平民妇女，她的脸上洋溢着坦然的骄傲；为自己手中怀抱着的基督，她的脸上又洋溢着深厚的带有牺牲精神的母爱的笑容，因为她将要把心爱的儿子奉献给人世。

② E. 布洛赫：《希望的原理》，第980页。

岸还是身处彼岸。画中的帷幕（Vorhang）散发着一种神秘莫测的光芒（Aura），人们简直无法辨认圣母究竟在帷幕之前还是在帷幕之后。看上去，圣母降中有升，仿佛一边从天国下降，一边从尘世上升。一句话，圣母所处的地方既是被劫持的地方，又是返乡的地方。因此，万人敬仰的"光荣的圣母"（Madona gloriosa）的最显著标志是一种悬浮状态，一种类似浮士德的那种神秘的温柔，以及对神秘莫测特性的某种接受性的内在世界。

我们从圣母之画中能够把握某种超越的愿望场所，因为在此交织着内部空间与外部空间，主题最终指向被拯救的彼岸世界。在此意义上，绘画乃是一种再现行为，即在另一个地方诞生我们本来面貌的行为。例如，在模糊不清的圣母之画中，拉斐尔的绘画场所呈现出"渴望诞生于别的场所的某种完备的此在"。在此，主人公所处的位置位于世界各地设法渗入家乡之中的那个愿望领域。

从一开始宗教艺术就是不断扬弃既定感性现象的艺术。因此，在宗教艺术中，我们总是触及一条根本无法逾越的界限：如果没有具体的形象，宗教艺术就得不到美的表现。在宗教艺术中，美、崇高、庄严等统统停留在"先现"之中。卓越的艺术作品旨在完整无损地创造世界，以表现巨匠所创造的这个世界的圆满性。这样，突入图画中的客体，既是从人与世界的一体状态中分离出来的特性，也是从宗教艺术的具体形象中突围出来的特性：

> 在绘画作品、歌剧作品、文学作品等广阔的愿望领域里，这些特征以自身特有的方式，从地理学视角油然而生，魅力四射。卓越的艺术作品总是披着神话的伪装或为神话的光环所遮蔽。但是，这些艺术作品并不为神话自身所决定或中止。因为从质朴恬静的田园风景到神秘狂野的荒原面貌，这些作品都出色地形成并排列人的幸福场所。①

艺术先现就这样从遥远的地方向我们宣示关于幸福的美学意义，并将其集中于某一终极框架中。克莱斯特所想象的幸福远景如此辽阔、如此崇高，以至于连狐狸和豺狼也被感动得直发出绝望的悲鸣。不仅如此，这种

---

① E. 布洛赫：《希望的原理》，第 981 页。

幸福如此深远，以至于足以满足内心沸腾不息的渴望，将自然的断绝或孤立的心灵转移到某种没有异化的、开放的世界。对于这种乌托邦自身中的乌托邦而言，无位置的风景恰恰是图像假象中一道最亮丽的空间特征。但是，无论何时何地，愿望图像都地老天荒、亘古如斯，所以一切幸福都已存在于其中。

总之，真正的艺术使命在于不断传达现实图像中的光芒。希腊人正确地将伴随子夜而来的一天设定为黑暗前的"黎明"（Morgenröte），将灿烂颜色设定为徽章上的"标志"（Schild），并将其作为一个艺术再现对象。从一开始灿烂夺目的愿望图像就扎根并生长于这个世界上，但它尚未自然分娩、瓜熟蒂落。作为"如何预示某物"这一根本问题的答案，艺术把尚未形成的、孕育发酵之中的可能性预先塑造为现实的理念，指明未来的乌托邦图像，使其可能性变为现实，使其幸福开花结果。

第五节　风景、乌托邦和家乡：沙夫豪森莱茵瀑布、《理想风景》

在20世纪西方众多自然—风景美学思想中，布洛赫的"风景—暗码"学说独树一帜。布洛赫强调自然美的重要性，有意识地把它描写为人化的感性自然的先现基础。风景乃是自然暗码在场的解释，作为人与自然之间的中介机构，风景具有某种原型功能。自然美之所以对人发挥某种中介效应，全在于自然本身的乌托邦特性。

在艺术美中，自然美的复制本身包含某种乌托邦的先现，在这种先现中，风景指向"尚未"，并对乌托邦的和解目标内容起到暗码中介作用，从而使人与自然的关系得到新的规定。人类奋斗的目标内容与自然过程的目标内容是一致的，其象征就是家乡，即"尚未有人到过的地方"。家乡是无所不包的哲学—艺术概念，泛指在"至善"概念下能够设想的一切社会乌托邦。浮士德形象是最高的主体范例，也是乌托邦之人的最高范例。

自歌德时代以来，寻求自然魅力、自然崇高和美一直是西方美学的一个主旋律。进入20世纪以来，西方世界回归大自然、寻求一方人间净土、尽享天地深情的渴望日趋高涨。与这种渴望相呼应，有关自然风景、乌托邦和家乡的美学研究也水涨船高，各种出版物如雨后春笋般涌现。① 在众多关于自然—风景美学思想中，布洛赫的"风景—暗码"学说独树一帜、别开生面。通过揭示风景在人与自然之间独特的暗码中介作用，布洛赫阐明了风景美学的独特理论意义和社会实践价值。

按照布洛赫的美学理念，美学经验发生于人与世界的相互作用过程中，人注视现存世界及其历史过程，并按照这一透视法来揭示源自美学接受的认识。艺术家就是通过艺术创作来表达"世界的百科全书"关系及其一个更美好世界的梦，这种艺术创作导致了艺术家与感知物（Perzipienten）之间的互动关系和相互影响。艺术作品本身具有某种媒介功能，因为作为一种可能未来视域的预先推定，艺术缺乏一个借以规定普遍道德规范的机构。因此，只要美学经验不超出单纯的日常生活经验，它就无法带来某种沉思冥想的享受，因此，美学经验需要某种表态，即要求超出自身的美学意义，要求实践中的实际兑现。艺术具有特殊的"时间性"（Zeitlichkeit），所以对艺术作品的接受将改变观察者的识别力。

然而，布洛赫把"非同时性"（Ungleichzeitlichkeit）概念导入美学接受领域，使其超出有限的时间性意义，进而全面扩展成旨在统摄一切乌托邦构思的概念。非同时性具有两方面的含义：一方面，在黑格尔意义上，把历史理解为"一致与矛盾的统一"；另一方面，把历史指明为可继承的遗产，即"不朽性，因为历史从未完全形成，所以在人与人、人与自然的关系中保持颠覆的内容。"② 对于艺术作品而言，非同时性意味着观察者对艺术作品的接受是不受时间限制的，从而现在、过去和未来就分别成为接受、保存和预取艺术作品的契机：在填满的瞬间经验意义上，观察者接受艺术作品；在现存剩余遗产意义上，观察者保存艺术作品；在幻想意义上，观察者预先获取艺术作品。

---

① 参见 R. 费希讷《自然作为风景：论美学风景的兴起》，法兰克福/美因/波恩/纽约，1986 年版；M. 斯姆达编：《风景》，法兰克福/美因，1986 年版；G. 乌埃丁：《文学是乌托邦》，法兰克福/美因，1978 年版；H. 魏格曼：《乌托邦作为美学范畴》，斯图加特，1980 年版；W. 乌姆博斯：《关于与自然的交道：幻想与理想之间的风景》，法兰克福/美因，1978 年版；G. K. 博斯鲍伊尔：《家乡艺术运动与家乡小说：世纪转交之际的文学社会学》，斯图加特，1975 年版，等等。

② E. 布洛赫：《这个时代的遗产》，扩充版，法兰克福/美因，苏尔卡姆普出版社 1962 年版，第 125 页。

在艺术所显现的本质中，包含着作为全体的未来世界，因为先现的实质并非仅限于艺术品领域，也是因为艺术的暗码性（Chiffriertheit）与世界一般相互协调。

文学创作凭借自身的形象性而把现实可能的象征地带把握为迄今为止的哲学。但是，哲学以严密的概念接纳这个地带，认识到这一地带关系重大。但是，两者即现实主义的文学创作与哲学都是开放的：世界本身是完满的现实暗码和现实象征，是事关重大的完满的事物的标记。事实上，世界全然以自身的重要性指向其"意义"的趋势和潜势，指向人及其事务完全可接受的某种意义。①

然而，想要实现这一意义，主体必须"凭借全部实验而走向人道的意义—榜样"，即不是致力于作为业已指明的结果，而是致力于作为"中介了的可完善性"。这种可完善的本性寄希望于一个非异化的世界，即可能的社会形式和人与自然之间的某种和解。因为"自由王国"意味着世界与自然的相互关系，这对于两者的先现（Vorschein）的显现是必不可少的。自然美的特性成为人和自然共同前景目标的信号，因此布洛赫反对黑格尔把艺术美与自然美对立起来，从而抬高前者，贬低后者。黑格尔对自然美（Naturschoene）的作用熟视无睹，将其列入象征艺术形式中的劣等现象，甚至将其规定为艺术美的贬义过渡因素：

在黑格尔那里，自然美作为未经探讨的东西消极透顶，因为它本身居住在外在层面上。这样一来，18世纪的自然梦想就消逝了。在这一点上，黑格尔同样表明是地方文化爱国者。在美学上，在他那里，自然美时常表现为毫无意义的东西，时常作为阴森可怕的东西在那里；放荡不羁的酒神，他栖身于城门前，惧怕阿波罗的寻找者……在美学上，他把在康德那里还是一种美的尺度和目的的自然美归结为艺术美的近似阶段或初级阶段；它本身似乎必定是不完美的。②

---

① E. 布洛赫：《希望的原理》，法兰克福/美因，苏尔卡姆普出版社1959年版，第277页。
② E. 布洛赫：《主体—客体：对黑格尔的解释》，法兰克福/美因，苏尔卡姆普出版社1962年版，第277—288页。

与黑格尔相反，布洛赫强调自然美的重要性，他有意识地把它描写为人化自然的感性的先现基础；这种人化自然不仅仅是建立在主观想象力的基础上，而是建立在自然现实本身所固有的类似物基础上的。这是为自然本身所推动的一种理解能力，其根本特征是把自然美理解为与历史过程固结在一起的永恒之美，只有在美学接受及其实现中所发生的自然距离中，主体才能觉察到自然之美。因此，对自然的觉察不仅是对世界的能动获取，也是主客相互交融的过程。美学接受经验当然牵涉到自然特性的历史重要性。对此，布洛赫从风景意义方面予以描述。

既然"风景"（Landschaft）[①]概念是一个美学概念，它就已经预示了主体对自然的某种反思性理解。尽管此词也表明某一地区（Gebiet），但此义可用其他概念，如"乡间"（Land）、"地带"（Gegend）等来加以精确表述，所以这方面的含义是次要的。"风景"一词就是"Land"一词与后缀"-schaft"的结合，这种用法有助于在艺术描写或美学经验中有意识地捕捉某一自然片断。观察者眺望风景是一种有意识的精神过程，这一过程必须以人与自然的主客分裂为前提，同时还需要把风景变成某种主体渴望的意义象征。在艺术形象媒介中，风景观察服务于一种美学再现：人与世界相互依存、和谐发展。但是，自然之所以变成风景，其基础在于自然本身的特性。自然被视为风景，是由于自然自身的本质因素，它首先激发观察者的兴趣，从而吸引住了他的目光。换言之，美学经验不是主观自生，而是由自然显现造成的。

因此，在布洛赫看来，人与自然交互关系的美学反思成为风景现象讨论的出发点。艺术家凭借对自然的部分描写可以体验到作为统一的自然，但这样的美学经验不是发生于自然界的事实过程，而是发生于业已美学造型化的风景之中。在此意义上，"浮士德漫游"暗码适用于布洛赫的视觉方向。浮士德漫游象征着一种从狭隘视域向辽阔视域的飞跃，即向"被填满的存在"的视域的飞跃，而在这一视域飞跃中发生各种美学经验："奥尔巴赫酒店，甘泪卿的爱、皇宫和海伦娜、自然民族的自由根据等，而这些经验通向'逗留'之路上的停泊地，或者栖息在至高瞬间。"[②]浮

[①] 德语 Landshaft，又译作风光、景色、地方、地形、地区等。
[②] E. 布洛赫：《图宾根哲学导论》，法兰克福/美因，苏尔卡姆普出版社 1970 年版，第 50 页。

士德借以腾云驾雾的魔衣乃是美的象征、艺术的造型，浮士德漫游中的每一个停泊地都有助于扩大视域，引发新的美学体验。

在眺望自然时，艺术观察者既对自然保持距离，同时又反思这一距离。在此，这种眺望并不涉及漠然的自然惬意或沉思性的沉湎，相反，它涉及辽阔的视域之内主体与自然的美学交往。这种经验的必要条件是，像浮士德漫游世界一样，艺术观察者也超越日常世界，凌驾于日月星辰之上。"漫游"（Wandern）意味着开始异国奇邦之旅，象征着试图理解人和世界的过程特点：

> 一个人在漫游时，他顺便参观访问。但是，这方面他同样会自愿地与丰富多样的田地、牧场、森林、山脉打交道。同样，他无疑会学到何谓迷失，何谓路途，而最终接待他的那个家绝非不言而喻的，而是历尽艰险，排除万难而达到的。①

布洛赫发现，从席勒的诗作《散步》（*Der Spaziergang*，1795）中，可以隐约地经历到这种绝妙的体验。漫游者远离城市的喧嚣，寻觅自然的宁静，但他对自然同样保持一定距离，以便扩大自身的世界视域。对于自然而言，这个抒情自我不是抱有任何未经反思的纯粹沉思关系，而是抱有源自历史发展的一个疏远关系，所以他对风景的观赏目光总是一种中介的目光。越过"塑造的城市"，走向草地、牧场、森林和"田园山谷"，这条路有助于把自然感反思为历史性回顾，因为被觉察到的自然总是某种被人所加工过的自然。例如，在古典理想主义美学概念中，席勒对自然的规定也完全是从自由与必然之间的矛盾出发的。他凭借风景描写来描述自身的自然观点，在理性之路上，这种自然观成为一种富于人性的自然观。由于这一独特的优越性，自然风景就成为历史发展意识中人与自然的可能同一性的感性经验。因此，布洛赫认为，诗作中的漫游之路就是"通过风景把人引向历史的"②。

风景乃是人与自然之间的中介机构，它具有某种原型功能。根据人与

---

① E. 布洛赫：《图宾根哲学导论》，法兰克福/美因，苏尔卡姆普出版社1970年版，第49页。

② E. 布洛赫：《希望的原理》，第49页。

自然的乌托邦规定,布洛赫把这种功能界定为"和解"(Versoehnung)。按照他的哲学概念,人和世界同属于原始自然,甚至社会也是由一种特殊物质形式发展而来的。在自然、人和历史的关系上,人作为主体占有优先地位,人通过劳动改造自然、创造历史。但是,布洛赫反对把自然还原为纯粹地可支配的生产资料。与其说自然是人的寓所、家乡,不如说自然是架设万有的穹顶、包容一切的视域。

据此,布洛赫把人的远景目标和世界过程归结为马克思的基本公式:"人的自然化和自然的人化。"但是,同时他超越了马克思的公式,因为他从一种目的论的、人与自然的共同生产性(Mitproduktivität)出发,把某种自然主体和过程理解为一种类似自然的、未完结的过程。在他看来,人的历史是自然历史的延续与自然的人化风景:

> 因此,既非自然在开始凋谢,亦非人的历史在开始凋谢;在具体的历史性中,尤其是在环境、技术中,自然仅仅是作为一种过去的存在与人联系在一起的。相反,就像最终显现的历史一样,最终显现的自然位于未来视域之中。自然不是一劳永逸的完结,而是还根本没有腾空的施工现场,对一个还根本不宜居住的现存人类之家来说,它还是根本不宜使用的现存的建筑工具。一个类似问题的自然主体能力,即这个人类之家的共同塑造,恰恰是作为具体幻想的人的某种乌托邦幻想的客观—乌托邦关联物。①

因此,布洛赫孜孜不倦地从事自然研究,构筑一种人化自然的风景—乌托邦美学概念,以便打破自然科学根深蒂固的狭隘框架。在所有自然美学关系学科中,只有艺术的、哲学的或技巧的塑造,才有助于表明风景概念的根本特征。因此,风景术语与某种乌托邦可能性范畴的特性是联系在一起的。因为自然一旦成为风景,它就有能力成为实验场地,所以,他的著作中,风景概念适用于一切乌托邦领域,即地理学的、建筑学的、医学的、美学的和社会政治等各个领域。

自文艺复兴以来,风景的乌托邦特征得到了历史的证明。早在16—17世纪的古典乌托邦主义者那里,风景被视为主体内在世界的超越者的

---

① E. 布洛赫:《希望的原理》,第 807 页。

经验。在乌托邦与风景之间的相互关系上，主体通过风景感受到某种超出现存事物的东西，从而在当下意识境况中专注于未来事物。但是，在此与传统乌托邦一道，风景仅仅发挥一种否定现存事物的功能。

然而，除了对现存事物的批判功能之外，风景和一切乌托邦都有一个共同特征："动身"（Aufbruch）和"走出去"（Hinaustreten）。因此，在绘画中，远方要素和视域扩展就与旅行一道出现在虚构的乌托邦中。这种表象动机是一种超越界限的愿望，即渴求并确信一个更美好的人的未来形态。无论是在乌托邦中，还是在风景描写中，无限性思想都被吸收到人的经验范围中来。与此同时，未来不是让人相信上帝的全能，而是让人相信自身愿望图像的开放空间。优先权始终在主体及其渴念方面；乌托邦与风景之间的差异则清楚地体现在对客体和自然的理解上。

近代启蒙运动反对蒙昧、神权，倡导科学、进步。在这一进步信念意义上，F. 培根等人把自然解释为独立自主的客体，提出了学习自然、发现自然的口号。布洛赫把这条发现之路称之为"概念王国之中的发现之旅"，即"经验—演绎法"的发现之旅。培根明确主张自然与运动是不可分的，他把运动看作自然的固有特性，"第一个特性"。在《新工具》中，培根列举了自然的诸多运动形式，如"反抗运动""连结运动""自由运动""吸收运动"等。

然而，在资本主义社会的发展进程中，培根的"质的自然观"越来越受到冷遇，最终被遗忘殆尽。自然的实用制造（Natzbarmachung）思想以及技术中介关系把自然还原为财源，并将其置于赤裸裸的商品交换法则之下。

> 这样一来，资产阶级的技术恰恰处于一种纯粹的商品关系中。即处于与家园相异化的关系中。技术越是利用自然力由外部操纵自然，它就越是由套马走向内燃机；或者原子能的紫外火神越是站稳脚跟，它的内容关系就越是微不足道。无论如何，市民社会都已经处于某物的根基中，即抽象地涉及自身的思维和行动的那个事物根基中，也就是说，还剩下一种起作用的自然根基，在此，这种根基是外在于关系的、通常称之为作用力和种子的东西。①

---

① E. 布洛赫：《希望的原理》，第 778—779 页。

因此，在市民社会里，风景就变成自然统治的一种预先推定，而在这种统治中，主体自由源自自然征服和奴役。出于物化世界的渴望，主体在自然中到处寻找自身的自由，同时又坚持对自然的统治要求。于是，陷入一种自然统治—主体自由—自我奴役的怪圈。

为了纠正现代世界抽象思维的科技发展，布洛赫要求继承自然的乌托邦基础（Substrate）遗产。他反对康德的技术观，因为康德把技术理解为统治自然的可能性；他也反对黑格尔的技术观，因为黑格尔把技术理解为知性对自然统治的诡计。因此，他不是诉诸于康德、黑格尔的自然概念，而是诉诸于浪漫主义的自然概念。在启蒙的市民社会里，根本无法发展人与自然的质的新关系，因此，浪漫主义者强烈反对启蒙主义的自然概念。他们拒绝在社会获取意义上理解自然概念，所以，他们把目光转向一种"未被人开垦的自然"。布洛赫解释说，浪漫派恰恰出于这一"未开垦的自然"态度，创造了一系列具有乌托邦功能的艺术作品。他们平行地思考过去与未来，因为遥远风景的魔力"凭借大自然的暗码"而发生一种乌托邦的接受功能。

但是，他发现，浪漫主义者对自然的渴求流露出某种倒退性的怀旧思想，因为对过去的愿望重新把他们引向臆想的彼岸，试图在自然中获得变相的补偿性安慰。他们寻求所谓未触动的、完美的自然，实际上是寻求业已存在的自然。因此，在回归意义上，风景图像被构想为一幅多愁善感的、未开垦的、贞洁的自然图像。事实上，这样的怀旧梦否定了时间距离的不可逆性，以致重新让人听命于上帝的律令。

一方面，布洛赫反对启蒙主义思想家的启蒙的挑战趋势，即热衷于自然的纯粹技术交往；另一方面，布洛赫也反对浪漫派一味退行的渴求趋势，即专注于遥远过去的贞洁自然。一方面，他拒绝让地球完全听命于基督教诫命的观点；另一方面，他拒绝改头换面的宿命论，即禁绝对自然采取任何行动。在《希望的原理》中，他强调，人是不能没有技术的，问题是要学会控制技术。"无论是在美学上，还是在道德上，破坏机器都是不合时宜的。因此，一个新社会不能放弃技术成就。"[①] 人类只有解决"命运的强制"（Schicksals Zwaengen），才能与自然确立一种真正解放的

---

① E. 布洛赫：《希望的原理》，第 809 页。

关系，而且只有在这种关系中，人的思想才能跟自然相匹配，发现自身的位置，才能通过中介机构把艺术作品的乌托邦根基与乌托邦思想紧密地联系在一起。在这方面，我们必须肯定社会主体的特殊意义，因为只有当社会主体克服了旧社会的母体时，才能谈得上人与自然之间的一种同盟（Allianz）：

> 唯有当这个社会主体把劳动着的人当作历史创造者来加以领会时，它才能扬弃历史命运，它才能接近自然世界中的创造发源地……在潜在的创造性自然母腹中，自然成为包装和中介，这一点最具体地属于具体的乌托邦。但是，这一具体的乌托邦必须从人际关系的具体化着手，即必须以社会革命为前提。否则，就不会出现人与自然可能同盟的阶梯，更谈不上这种同盟的门户。①

社会变革乃是人与自然得以共同作用的前提条件，而且只有当二者结成同盟时，世界才会变成美好的家乡。但是，家乡乌托邦必须建立在主体—客体交互作用基础上，即不仅基于主体能力，也基于自然趋势。鉴于自然乌托邦对世界家乡发展的重要意义，布洛赫主张把自然哲学传统阐明为自然理解。他的自然哲学把握了所有神话传统中的自然图像，因而他能够把哲学概念扩展为内容广博的美学经验成果。乌托邦和解基于一种美学关系：虽然自然造成质的显现因素，但并不把乌托邦思想之内的意向目标加以固定化。这样，他的自然哲学成为一种乌托邦风景理论。风景就是自然暗码的在场的解释。

根据艺术创作中的透视功能，布洛赫描述了人与自然之间的紧张关系。在风景画中，人们常常发现这类概念的基础，因此，有必要探讨一下风景与绘画之间的系统关系。

直至17世纪，风景画（Landschaftsmalerei）才开始蓬勃发展，人们才开始普遍接受作为表述美学自然观的"风景"词义。然而，作为背景或装饰的风景却早在中世纪初就已出现了。风景画凭借透视画法想给观赏者造成这种印象：他仿佛可以进入所描画的风景中。这方面，绘画风格不是受制于某种令人信服的故事，而是取决于地形地貌（Topographie）。图

---

① E. 布洛赫：《希望的原理》，第813页。

画的作用在于描绘某一目标场所，以便让观察者按照自身的关系追问所描绘的空间。这样，艺术地复制某一自然片断，往往导致风景画的同一关系，因而进一步导致概念构造。通过透视形态，凸显了空间意义和图像视域。因此，在艺术史上，占领深度空间与视域发现是联系在一起的；作为内在者的界墙形象（Limesfigur），这一视域通常发生在图像的主体中心化途程上。意大利文艺复兴运动奠定了绘画的直观性，它成为观察者确定视点上的图像形式。

于是，产生了一种飞跃性冲动，即由表面图像越过概念表象的几何形象突入三维事物的绘画，由此开始了数学、哲学和神学领域里的变革。文艺复兴运动不仅为早期资本主义经济发展铺平了道路，还促使各个生活领域里的大觉醒、大发现。

布洛赫认为，艺术作品中的透视作品同样源自文艺复兴时期的艺术发展。在他看来，这一时刻透视多功能的发现归功于地理大发现，因为这一大发现打破了中世纪固定不变的世界界限的表象，使人放眼世界，感受到了地球的无限辽阔："看起来，透视画法展现了一种全新的画法，这种画法与辽阔世界所形成的贸易往来以及哥白尼的世界对象完全相称。透过茂密的森林，人们亲历了一幅无限风光，例如，在扬·凡·艾克（Jan van Eyck）城市景色的眺望中。世界越来越被人类占领，自然越来越被人类占领，此岸的刺激格外有趣，而彼岸的刺激十分乏味，因此发生了价值翻转。"[①] 显然，这样的发展是一个旷日持久的过程，虽然历经几个世纪的变迁，但许多风景画依然保持某种舞台特点。不过，视域一再成为远近关系紧张对峙的象征。这样一来，宗教思想中的上帝的无限性就被带入人的经验范围里：

> 因此，在自身的隐德莱希界限上，艺术不是毁灭，而是不断推动世界形态、世界风景；因为只有美学错觉才离开生活，而美学先现则恰恰是一种生活美学，因为它处于现实本身的视域之中。[②]

[①] E. 布洛赫：《哲学史中的中间世界》，载《莱比锡讲座》，法兰克福/美因，苏尔卡姆普出版社1977年版，第178页。

[②] E. 布洛赫：《希望的原理》，第948页。

布洛赫指责古典美学目光狭隘，因为这种美学想要看透世界中的当下存在，试图突出世界过程的本质图像。但是，近代资产阶级美学与某种主观性因素相联系，所以它本身提供了超出其狭隘视界的出发点。为此，他特别强调，唯心主义美学的内在性恰恰包含一种"预示我们未来的自由"。也就是说，艺术孕育思维模型，而这种模型有助于表明目标指向性。这一模型是一种过程痕迹，只要它在崇高范畴中被表达为可能性，美学中的"漠然惬意"思想就得以突破。

众所周知，在《判断力批判》中，康德凭借"崇高"（Erhabenen）范畴表述了人与自然之间的美学关系。布洛赫解释说，这一表述充分表达了近代主体的情感世界对不受支配的自然世界的反应经验。这一崇高感唤起两种不同类型的反应：在数学领域里，崇高感造就人对伟大自然主体的一种苛刻想象力，而这种想象力把追求全体统一的理性列入议事日程之内。面对压倒性的自然暴力及其动态性崇高感，主体首先被体验为无力而渺小的存在，但这之后渐渐证实了自身独立自主的理性理念。但是，布洛赫注意到，康德十分关注主体问题，因而他跟歌德一道，限制崇高的内涵，强调崇高范畴的惊恐（Schrecken）和敬畏（Schaudern）因素。在美学经验上，惊恐和敬畏不仅指向主体，也指向客体：

> 因为崇高感的一个不可否认的因素是惊恐，这种感觉可以辩证地转变为崇高；而且，惊恐在主观方面具有实质性意志，正如在客观方面具有物质性深度一样。因此，歌德会说道：敬畏是人性最好的一部分；因此，在崇高中不仅引起诸如戏剧一类的那种客观性，也引起诸如崇高的信任一类的客观性，即引起我们未来的预感，指明伟大事业，或其中包含着的自由。①

这样，他与康德相左，并不是一味把崇高感归结为主体，而是将其视为艺术描述的目标指向（Zielgerichtetheit）。目标指向"接近某一时代的趋势—交织、潜势—内容，并且指明这个时代人之中的、境况中的远景—隐德莱希命题"②。凭借客体的内在规定，愿望风景（Wunschlandschaft）

---

① E. 布洛赫：《希望的原理》，第949页。
② 同上。

形态被标明为"类趋势—乌托邦现实主义"。

总之，艺术具有积极的造型功能，不仅表达当下的尚未与客体相中介的自然形态，也指点自然主体暗含的内容，从而显现可能未来的先现。风景是主客关系的象征，风景凭借视域而构成远近关系，它不仅能够表达非同时性的自然关系，也能够表达某种尚未来临的世界的先现图像。

在艺术史过程中，自然描述的变换和修改，表明与自然关系变化相平行的其他精神史和社会发展。也就是说，对于异化的资本主义生产方式和交换方式来说，每一种社会关系的变换都取决于某一自然关系的变换。布洛赫尤其关注这类关系的变换，因为在此某种"有目的的基本状况"在起作用。经验的紧张程度恰恰反映了人是自然的一部分。这种连带关系突出表现在一种"获得了质的内容的自然关系中"[1]，而在这一关系中美学种类的形象首先得到艺术家的接受和理解。

人与自然相互依存、相互趋向、相互渗透，这种互动意义在艺术中被充分表现出来，因为美学经验所奠定的距离感（Distanz）使自然美的反思观察成为可能。在这一点上，自然有可能以"质的—被获得的自然图像"保持社会实践的某种反思外延。这是完全可能的，因为对自然的这种获取正在全力进行之中。自然是过程，自然与人是协同关系，也是介入关系。只有自觉地介入自然，并与"贞洁自然"亲密接触，才会发生人与自然之间的和解。只要细心观察作为风景的自然，就可以体验到这种人与自然的介入—协同关系。例如，在自然风景花园的构成中，在对自然理想风景的形象描绘中，或在其文学创作的描写中，都可以觉察这种和解关系。

因此，在艺术美中，自然美的复制包含某种乌托邦的先现，在这种先现中，人与自然的关系得到了新的规定。在最佳和解状况下，风景指向尚未（Noch-Nicht），对乌托邦—和解目标内容进行暗码性中介。人不可能静观自然，也不可能远离自然，实际情况是人对自然进行干预。但是，这种干预不是索取或挑战，而是促膝交谈、关怀备至。因此，这种干预只能表述为某一主体渴求的客体化，它有助于人和自然的继续发展。

自然是"能生的自然"，因此，布洛赫不是把自然还原为一种静态客体，而是看作未完结过程之中的一种驱动性、创造性的动因。他严厉抨击

---

[1] E. 布洛赫：《文学论文集》，法兰克福/美因，苏尔卡姆普出版社 1965 年版，第 450 页。

了近代资本主义的技术扩张与征服计划，要求人以"同盟技术"（Allianz-Technik）形式迁就自然。但是，人与技术的具体的同盟条件是，人作为自然的一部分，必须超越物化的社会结果，人作为能动的主体必须发现与世界的某种质的亲近关系。进言之，自然过程与人的历史过程是辩证地交织在一起的。对于一个异化社会而言，这意味着："这个作为自然—主体所假定性地标明的东西还只是布局和潜势；因为对这个最内在的物质动因，即对现实一般中的尚未显现的事实—动力而言，自然中的动态主体概念乃是终极机构中的同义词。"①

为了成就这样的洞见，人们需要一种经过修正的、外在于"机械论领域"的自然图像，即从世界观上摆脱机械唯物主义的自然图像。为此，布洛赫着手构思一幅新的、质的自然图像，以克服当今技术化世界中对自然的日益疏远和破坏。就像在黑格尔和谢林那里一样，在他那里，歌德对自然的理解至关重要。歌德让他顿开茅塞，悟出了一条新思路："浮士德的文艺复兴路线。"如何为辩证唯物主义带来可能收益。尽管他意识到了所有神秘主义的残余，例如这种残余就附着在"能生的自然"概念上，但是，唯有这种解释才能真正地把握人与自然的相互关系。"要格外小心无数神秘主义在一种喷涌的根基中作祟，同样要格外小心某种泛神论的余孽在某种能生的自然概念中捣乱。"② 歌德示范性地给他指出了一条通达自然之路，即一条既与科学结合又与艺术相结合的道路。

歌德是一位自然研究者，但又始终是一位诗人。在他那里，自然本身是人的朋友，也是人的导师；自然是人的渴慕场所，同时又是独立于人的命运起作用的场所；自然是艺术的基础，又是科学的基础。自然凭借自身在自然美中的显现，披露自身的法则，不仅唤醒人的理论认识的需要，而且唤醒人的艺术描绘的渴望。因此，艺术可以成为对自然的诠释，因为它来源于人的理智生活；认识一般可以通达自然，因为它的显现能够查看存在的本质。在他那里，有限与无限不是被一道深渊分开，相反，二者是相互构成、互相过渡。世界是可认识的，人的认识界限是历史的、相对的。这种美学概念的基础是可知论，即从主客统一体出发，并没有不可逾越的认识界限。

---

① E. 布洛赫：《希望的原理》，第 786 页。
② 同上书，第 783 页。

除了指出认识的主观界限之外,布洛赫还强调认识的客观经济—社会条件。这方面,他跟歌德完全一致:认识不能脱离客观实际,否则它就成为无源之水、无本之木。原则上,两人都肯定世界的可认识性,因为主体的认识能力是建立在世界与自我之间相互关系的基础上的。这是一种天赋—假定关系。主体与客体互为条件、相互规定,这是通过感性知觉可经验到的。

自然对人的知觉是敞开心扉的,因为人是自然的一部分。在歌德看来,自然的类似过程与认识主体的过程是相互制约的,所以自然科学与美学自然感是联系在一起的。这种自然与艺术、画家与风景之间的连带关系,也充分体现在艺术作品对观赏者的效应上,例如,布洛赫就通过解释歌德的油画《理想风景》,指出了这种效应。在这幅画中,"歌德本人的记忆"恰恰通过主题化而获得了一种人与自然关系的暗码特性。①

这幅图画如此优美、如此诱人和富于启发性。其中,歌德刻意表达了一种明朗而柔和的环境。在此,描画了伸向远方的文本,其中可以读出"微言大义"。② 自然之路、自然尺度表现某种恰似深渊的东西,即某种自始至终专心致志的东西。例如,《浮士德》中就描写了这种源自深渊的"青春活力":"敬畏是人性中的最佳部分/世界也珍爱有加/激动,深深感受到庞然大物/啊,我们的生活进程。"但是,这种青春生活不会被淹没在圣母哀歌里,相反,在《浮士德》中,青春生活意气风发,引吭高歌。作为曙光,它从夜晚走近;作为曙光,它贮存而成熟:"欢乐图像迷惑我/热血青春,莫非早已退潮?/内心深处涌现最初爱人/曙光女神之爱,轻快的活力刻画我/对骤然感受,最初印象,绝无会心的目光/这目光炯炯有神,凝神专注每一个爱人。"

从艺术理论上看,所谓"理想风景"(Ideallandschaft)概念标志着17世纪一种风景画形式,而这种形式随后渐渐发展成为罗马巴洛克绘画的典范。这种绘画的基本要素是形象地塑造风景,其构图为一种纲领性绘画理念服务。

上述歌德的《理想风景》创作于1787—1788年,即画家逗留于西西里岛期间。此画集中体现了画家所觉察到的美丽风光:蓝天/白云/阳光/

---

① E. 布洛赫:《文学论文集》,第534—535页。
② 同上书,第536页。

森林/神殿/碧水/天鹅……画家抚今追昔，回眸青春时代的美好时光，在此意义上，此画成为解读自然的直观理念构画图。风景的"理想"就在于人与自然的可能同一性的中介之中。此画特有的透视图像表明歌德绘画的独特氛围：

> 歌德凭借感性直观语言把握世界，赋予世界以可塑的隐德莱希；那里，到处都是隐德莱希所预示的存在和音乐氛围。①

音乐象征雕塑，雕塑象征声响。在这幅画里，"整个神殿都在歌唱/所谓理想是白云飘飘/晴日当空/没有时间的空间/没有气候的客体"。其中，所有歌德的活动，所有超越的象征都一一兑现。他的隐德莱希归功于白云。

杰出的绘画在于"画中所传达的现实存在的预兆"，在于强调背景，在于把图画前景作为一种有害的空间来描述。于是，图画内容的成就在于对图画前景（Vordergrund）的忽略，因为前景还不能称作风景，它太接近观赏者。在此，歌德确定了自己的自然经验，而他的记忆有助于形象地表达这一经验；这幅风景获得了人与自然关系的暗码特性，并以透视方式表达了作者对遥远愿望风景的渴慕。在"瞬间光景"中，"敞开的遥远未来"造成人与自然同一性的林中空地（Lichtung），从而成为某种企盼风暴的特征。

歌德的《理想风景》把若干时间有机地结合在一幅画中，以此显现了画家的多重情感世界。由于混合白天时间，可以辨认早晨和傍晚，甚至可以辨认其他不同的历史时期。风景仿佛是时间平面借以聚焦的场所，其中既有过去的希腊，也有未来的希腊。时间平面的混合，有助于观赏者按照填满的瞬间来说明和把握愿望图景，从而对他（她）来说，画家的渴念动机是完全可理解的。布洛赫把这种突破时间的空间称作开罗式（Kairo）式空间，称作歌德梦幻般的自画像形式，其实质是创造和造成一种"有崇高感的空间"。因此，"在歌德的自画像中同样象征性地表现了'埋入世界里的终极状况'，即人的、人性的现象。"②

---

① E. 布洛赫：《文学论文集》，第 537 页。
② 同上书，第 535 页。

他的这一解释表明，风景形态在很大程度上包含一种希望的中介机构，歌德凭借一幅风景画表明了这一中介机构：在这幅画中，画家把自身特有的知觉、自然表象及其渴望构思得惟妙惟肖，以至先现存在一览无余地映入自然中，并通过雕塑形态而得到了明晰的解释。就人与自然的和解而言，如此栩栩如生地被塑造的暗码成为预先推定的长远目标的蓝图。因此，风景不仅是绘画的中介机构，也是一切艺术乌托邦的中介机构。

在观看瑞士沙夫豪森莱茵瀑布时，布洛赫进一步反思了自然觉察与艺术之间的关系[①]。自然被观赏者感知，从而它在艺术作品中得到觉察。自然事件在观赏者的目光中变成一幅风景画，于是它就得到了人工描画。

在布洛赫看来，自然美的力量之所以对人发挥某种中介效应，全在于自然本身的乌托邦特性。在这方面，他清醒地意识到，神化"自然崇高感"的危险，所以他设法克服这种神化。他认为，对自然的单纯感动（Ergriffenheit）还不是主客关系的批判反省，必须把这种纯朴感动与某种进步思想联系起来，以便把质的自然美的自律性与人的乌托邦的渴望聚集在一起。

但是，为了实现这一目标，观察者的世界—自然表象，即反思和知觉方式就必须与整个生活世界的关系一体化。布洛赫描述了一位风景鉴赏家的独特眼光，这眼光深受风景画和抒情诗的影响：例如，"强烈的瀑布史前景""嘶嘶作声的水蛇""原始水日日珥"等等。于是，文本就成为变相例证，而自然景象就变成风景诗。但是，这里有个危险，那就是唤起一种激情体验，导致否定客观现实。因为视角所接受的仅仅是自然引发的无意识观点，而"正常的"观光者的理智观点却被置身事外。

对于观赏者来说，正是客体的这种显现的质与和谐的先现相中介，自然本身才导致某种片面和遗忘，即导致感知者把事件觉察为片断，遗忘了具体化的范围。布洛赫特别强调，自然与觉察是主客互动过程，所以不应该从单纯主体出发构思风景效应。在这方面，历史上曾经交替出现两种与个体目光有关的风景效应理解力。19世纪，人们的自然兴趣表现为"复式簿记"，即一方为技术性的风景体验，另一方为感伤性的风景体验。例如，"五光十色的避暑方式和全体的力学"[②]。但是，自20世纪以来，人

[①] E. 布洛赫：《文学论文集》，第 427—433 页。
[②] 同上书，第 431 页。

们的自然观发生了一次巨变，导致一种经过修正的自然兴趣。由于人们对日常生活深感悲伤和忧郁，精神生活越发黯然失色，也就引发了对自然的另一种需求，这种渴求见诸自然刺激的类似物中：

> 这样，我们今天对无穷尽现象的需要与日俱增，而这种渴求胜过假期休息，更胜过单纯的"漠然观察"。恰恰是令人感兴趣的东西、非休息的东西正以自身尺度日益攀升，正如人的生活越发空虚、虚无缥缈一样；正如自然为新的逃逸、新的惊异目标服务一样。于是，人的自然兴趣开始走向人与自身、人与无拘无束的东西的新中介，同时在其自然视域上走向新的日益逼近的世界。①

尽管自然日益受到技术上的加工制作，但是它并没有失去这一过程留下的痕迹，即它的刺激乃至它的感性吸引力。自然因其"崇高"，总有力量成为人们渴念的对象。布洛赫举例说，商品世界的产品如潮水般入侵自然领域，饭店、旅游车、纪念品货摊等如雨后春笋般出现。这不仅是由于自然现象的刺激，也是由于其富有魅力，以致人们突破了习以为常的美感接受方式。在知觉因素中，自然美挑动对象本身中所固有的某种惊异（Staunen），它能够超越所有主观感受状态。正是自然的这一惊异能力导致感动。"简言之，一个人不仅仅是对这种魅力津津有味，在他的美感接受中也发生某种变化。他不是简单的观察者，而是震惊者，从而变得富有责任感；在有关遭遇的震惊之余，他还寻求对象本身中明确地客观化的东西。"②

那么，在何种方式上，布洛赫的观察方式适用于每一个现代主体，从而可以使之理想化呢？他着力刻画了当代世界风景的具体化痕迹，确立了当代社会中主体与工业的风景关系，但是他没有进一步追问其他方面，例如，当代社会境况中的乌托邦渴望是否倾向于错觉，从而倾向于自我欺骗？例如，今日各种广告怂恿某种"纯粹自然"的伤感情绪，每一个工业品都当作自然代用品来出卖，这一切同样是出于消费者实际的自然眼光。在丰富多彩的自然万象中，主体所注视的仅仅是他所投射给自然的特

---

① E. 布洛赫：《文学论文集》，第428页。
② 同上书，第431页。

性，以至于知觉变成陈规俗套，鼠目寸光，仅仅以消费者的眼光跟轰动性事件眉来眼去。布洛赫意识到，自然有时诱人逃避世界，耽于一种"完美世界"的倒退之梦，但有个问题依然悬而未决：对"新的惊异"这一事件能力的评价，是否低估了感性经验所构成的异化力量及其破坏作用，例如，当代五花八门的意识工业就由于利用这种异化力量而归于腐化堕落。

但是，布洛赫反思自然并非为了分析某一自然现象，而是为了解释某一艺术作品。他的现实—乌托邦的艺术解释旨在中介和克服某些作品的直观印象，因为这类作品只能使观众满足于"观看"（Schauen），却全然感受不到某种尚未在场的存在（Noch-Nicht-Anwesenden）的当下性。像歌德一样，他也确认，任何艺术描述都无法捕捉自然的崇高和美丽，自然现象及其体验的无穷性（Unerschöpflichkeit）恰恰表明人与自然之间的透视目标关系。

自歌德时代以来，人们就意识到自然本身具有与社会变革相匹配的情绪陶冶作用。自然指点独一无二的风景作用，所以在自然美中显现出主体与客体之间、人与自然之间的相互依赖关系，而在艺术作品中，这种相互依存关系成为某种同一性的象征。

这就是说，"美"或"善"的问题不仅仅是主体问题，而是客体问题，即在客体中存在其内容上的相称物：

> 因为某物之所以称作善的，是因为它为人所渴望，它之所以为人渴望，是由于它在对象上是值得渴望的。[①]

然而，在文艺人工描述中，如何正确地估计到人的作用，这是个尚未解决的问题。只要自然与现代主体的渴望相适应，它就在主体的观看行为中，凭借生活环境而超越一切有条件的接受态度。不过，在传统美学批判理论中，主体对自然事件效应表象的批判仅仅涉及个体评价，而布洛赫的自然反思则涉及关于自然的文学创作。因此，按照他的自然反思，作家的接受式美学经验同样预示自然中成功的先现世界，即人的世界家乡。

根据布洛赫的"尚未存在的存在论"，人类奋斗的目标内容与自然过

---

① E. 布洛赫：《希望的原理》，第 1567 页。

程的目标内容是一致的，其象征就是家乡，即"尚未有人到过的地方"①。在布洛赫那里，"家乡"（Heimat）是无所不包的概念，其内涵泛指在"至善"（hoechsten Gut）概念下能够设想的一切。

对于成功的主体—客体中介（Subjekt-Objekt-Vermittlung）来说，家乡概念是一个暗码，因为实现家乡必须以人与自然的过程为前提条件，因为"从前称作上帝、后来称作上帝王国、最终称作自由王国的东西不仅构成人的历史的目标理想，也构成自然形而上学的潜势问题"②。在这一解释中，"家乡"乃是一个目标范畴，在一个世界家乡意义上，它包括了人的、指向自然的一切社会乌托邦。作为未来定位范畴，家乡与某一具体场所无关，家乡标志着动员所有现存的社会力量，以积极的行动，即用我们的双手把世界变革为一个有人类尊严的世界。

显然，这样一个家乡概念不是描绘任何一个具体的安乐乡，而是按照自然发展趋势指明人的愿望表象及其显现。家乡是一个过程，它与自然的潜势目标相一致，并且家乡的发展与主体行动是紧密联系在一起的。在此意义上，家乡的实现与每一个个体的教养、自由和发展是分不开的。布洛赫坚持在主客中介图式中解释个体的教养史。对于个体而言，某一"成功的生活"表象显现在"被填满的瞬间"体验中。这种体验就是尚未兑现的幸福诺言，即关于未来家乡的一幅图像。

在个体那里，个人生活中的突破性事件成为难忘的幸福体验，因为这种体验突破日常生活的连续性，在乌托邦状态中，获取自身的类似物，并且在这种状况中，兑现幸福的诺言（Gluecksversprechen）。这种兑现乃是开放的美学视域。在这一视域里，内在的先现指向艺术。在独一无二的瞬间图像中，激进乌托邦的预先推定功能在于把经验过程中艺术作品的突出地位奠定为同一性。所谓"被填满的瞬间"是一个象征意向，预告至高幸福即将来临，而希望则恰恰包含着这一幸福的内容基础："瞬间—永恒—至善"：

然而，逗留—但是（Verweile-doch）作为在场的真理出现，作为在场之在的真理无非是在近处不再消逝的存在，即作为某种未触动的

---

① E. 布洛赫：《希望的原理》，第 1628 页。
② 同上书，第 1566 页。

终极状态的存在出现：你应该在瞬间中把握永恒，唯其如此，才能把握至善的边缘。①

于是，在世界过程中，某一可能幸福的先现图像成为人的行动的发动者，但是，这一行动只有借助于经验才能卓有成效。这是人类发展的一个契机，布洛赫用"旅行"（Reise）一词隐喻这一契机。旅行意味着，在行程中，环境变迁与个体变化互为条件，从而引发实践活动。布洛赫援引歌德的《浮士德》，解释了"知识旅行形式"的暗码。在此，包含一种动态行动，即主人公的希望不断超越界限，以便实现个性，兑现理想。在他那里，浮士德形象就是主体范例，他迫于瞬间体验，探索真理，追求理想，永不满足。因此，他代表家乡旅程上典范的带头人：

> 他绝对是个超越界限者，但是当他超越界限时，他却全面充实自身所体验的知识，而且最终在自身努力中得到拯救。这样他意味着乌托邦之人的最高范例，他的名字依然是最好的、最富有教益的名字。②

根据一往无前的浮士德形象，布洛赫进一步展现了浮士德的思想动机，并从瞬间体验出发，构思了人对乌托邦的向往。这个"被填满的瞬间"动机成为浮士德与靡菲斯特激烈竞争的动因。浮士德的愿望渴望着尚未此在的存在，而他的自然直观则渴望人与自然的同一性。在固定词组中，他的渴望找到了恰当的表述："要是我对瞬间说：停留一下吧，你多么美呀！"山涧、树林、岩石、荒漠皆亘古如斯；月亮与星光，小鹿与幽林，纷纷万象中，皆见永恒美；天荒地老，人类精神是不朽的，它宛如太阳，用肉眼来看，它像是落下去了，而实际上永远不落，永远不停地照耀着。

这样，歌德著作中的"竞争"（Wette）就成为追求自身生活目标的象征，而这种追求与世界自然是一致的。浮士德动机是乌托邦之人的卓越

---

① E. 布洛赫：《希望的原理》，第 1563 页。
② 同上书，第 1188—1189 页。

化身。他处于过程之中，正如每一个人都处于"尚未规定之中一样"①。而且，一再追问，未来他会成为什么。他的榜样在于，愿望趋向"自我"的实现，由此趋向"我们"的实现。因此，浮士德体验是人生目标内容的实验（Experimente）：一方面，在这一实验中，人的幸福在途程中成为现实，人的渴求在冲动中得到确认；另一方面，这种实验唤起一种新的谋划，因为愿望图像永远都不会得到满足，匮乏感作为推动力始终存在下去。换言之：

> 浮士德情节是某种辩证旅行，在此，业已达到的每一种乐趣都为一种固有的、从中不断增长的新的欲望所删除，而且业已实现的每一次到达都通过新的、与其矛盾的运动所否定，于是若有所失，美妙瞬间拖欠着。②

根据哲学的未来定位，布洛赫在浮士德形象中发现了哲学思想的文学中介。文学创作成为成功的预先推定的先现。因为它使对世界之谜的解答与瞬间充满结合在一起。浮士德形象源自艺术作品的多样性，在此他的辩证旅行与黑格尔的《精神现象学》并驾齐驱。"在持续不断的校正中，浮士德的辩证世界旅行只与一件东西为伍：黑格尔的精神现象学。"浮士德与世界一道改变，世界也与浮士德一道改变。在不断更新的层面上，永无休止地进行试验、本质化，直至自我和他者得以完全协调一致。在黑格尔那里，这一过程称作"主体—客体、客体—主体的相互上升的规定，而这种规定永无止境，直至主体和客体不再为某种陌生者所累"。③

布洛赫之所以对比分析歌德和黑格尔，是因为《浮士德》提出了一个美学中介问题：世界能否与人一致？浮士德形象无疑是隐喻单个个体的乌托邦追求，但为了阐明这种追求的哲学根据，必须解决历史的、普适于人类的、合乎自然规律的关系问题。因此，布洛赫密切关注浮士德的求知欲与黑格尔的世界精神之间的某种平行关系，因为二者作为"艺术原型"，都超出自身界限（Grenzueberschreitung）而侵入主客中介领域，从

---

① E. 布洛赫：《希望的原理》，第 1093 页。
② 同上书，第 1192 页。
③ 同上书，第 1194 页。

而超然于所有世界经验之上。

布洛赫的作品解释是有选择性的。他首先估价《浮士德》诗作冲口而出的弦外之音,由此刻画与自身思考相适合的那些要素。因此,对他来说,所谓"自由根据的自由人民"(Freies Volk auf freiem Grund)的极乐之国,无非是家乡的象征性描绘。浮士德的盲目性和无知成了自身的掘墓者;对他来说,所谓的抵达上帝恩宠第一国度的说法纯属无稽之谈。在他那里,这个绚丽多姿的国度仅仅作为象征显现,即象征一种解放的生活环境,象征自我与自我的和解、自我与我们的统一。通过自我向我们(Wir)的过渡,彰显出人的乌托邦特征,因为正是在我们之中,"至善"找到了自身的表达。于是,《浮士德》的最后情节包含了实现因素,因为此时的浮士德业已突破了个人幸福的小圈子,开始致力于人类的幸福事业。他诉诸人类,强有力地说明了"道德之弓"(Bogen zur Moral)的威力。借助于此,诗作结尾明确地指明了人类的目标意向,即显现独特的乌托邦——人性接近特征:

> 事实上,人类的每一个愿望图像都表现出这一目标内容,所以布洛赫把浮士德的知识旅行动机与黑格尔《精神现象学》的概念旅行动机一并加以考虑。他把两部作品联系在一起,其共同纽带是它们特有的动力学特征:即世界史的"不安宁意识"和"变动不居的风景"。这一联系环节乃是"主体与客体之间暴风雨般的劳动史和教养史"。①

这种结合清楚地表明哲学与文学之间共同的知识兴趣背景。乌托邦国度乃是每一个"狂飙突进文学"的概念。在歌德《浮士德》的"出游"(Ausreise)和黑格尔《精神现象学》的"世界过程"(Weltlauf)中,这一概念获得了启程因素和到达目标。这样,辩证旅行结构把个人思乡与世界过程紧密联系在一起。正像歌德和黑格尔的作品所表明的一样,在布洛赫的《希望的原理》中,这种辩证旅行结构也有相似物。

这一旅行结构表明了现存世界的狭隘以及人对这个世界的不满,揭示了人对瞬间体验和"充实生活"(erfüllten Leben)的强烈渴望,同时

---

① E. 布洛赫:《希望的原理》,第 1195 页。

凸显了美学思维中艺术与哲学的联系方式。在自身的中介功能中，艺术旨在先现地把握趋势内容，从而诚实地保持和继承哲学反省所必需的那种文学遗产。因此，在描述浮士德的知识旅行与世界史的关系时，布洛赫把世界形象地称作一个"变动不居的长廊"（Wandelgalerie），其中展现迄今为止的全部世界实验，同时凭借变动不居的风景来描述知识旅行的隐喻体验。

浮士德凭借一款"魔衣"，黑格尔凭借"概念七里鞋"开始周游世界，以此艺术地表明了主客渗透在多大程度上追寻过程目标。与两位先哲同行，布洛赫也开始了世界之旅。他超出作品范例，一再回溯世界史的过程关系，他把这一旅行标示为批判认识方法的基本模型：

> 在浮士德—规划中一再出现投入性结果：现实的现在——历史上的分支形态领域——即消息灵通却未满足的生存，其主体—客体—主体计划是辩证—乌托邦物质真理的体系。而且瞬间事件，推动一切、包含一切的瞬间留下这一计划的良知，留下作为事实的到达或最初追求本身。①

在布洛赫的哲学思维中，艺术乃是美学经验的表达手段，因此艺术既包括"较高"艺术作品，也包含"日常形式"，例如"魔衣""概念七里鞋"等。童话通常使用魔法手段，例如主人公多半狡猾而且富于理性，从而得以突破固定不变的秩序；美学距离（Distanz）总是服务于基础目标，它使人类精神及其显现于艺术暗码和自然中的目标内容，获得同等权利的意义。这样，美学就达到了对世界的一种新的知觉，而这种知觉的目光就是未来可能性的踪迹和趋势。正因为注意到艺术对乌托邦思维的中介作用，意识到艺术体验、哲学反省及其在世界关系中的地位，布洛赫才把自己的美学著作理解为一种"类似趋势的乌托邦—现实主义美学"（Tendenzhaft utopisch-realistische Äschetik）。

---

① E. 布洛赫：《希望的原理》，第 1220 页。

第 六 章

文学作品中的爱情图像

爱是无可比的，爱是永不止息。爱情是永恒的话题，亘古如斯，只有开始而没有结束。当少男少女情窦初开，当年轻人步入了婚姻的殿堂，当老夫老妻相依相伴，爱情都像影子一样围绕他们每一个人，爱永远是他们的守望、慰藉和幸福，是他们的软肋、牵挂和伤痛。因爱而生，因爱而死。爱情真的很伟大，它值得一个人一辈子去探究，一辈子去追求。布洛赫以充满诗意、浪漫的抒情语言，形象逼真地刻画了文学作品中的爱情图像。

第一节 肖像画的魔力：帕米娜画像、《少年维特的烦恼》

在一个温柔的早晨，一个春风拂面、花儿开放、鸟儿鸣叫的早晨，爱悄悄地爬上了少男少女的心。当一个人尚未找到自身爱的对象时，爱却早已描绘了它的图像。在可爱的形象栩栩如生地出现之前，爱已经模糊地想象了它所爱的女人或男人。在年轻人的梦中，时常出现某种迷人的眼神、某种花一般的容貌、某种婀娜多姿的走路姿态，甚至觉得所提到的恋人看起来一定是一副灿烂的样子。这样，恋人的特征就历历在目，总也挥之不去。而且，外部刺激必定与这种特征相适应，否则，这种刺激就不会作为一种爱的火焰被熊熊点燃。布洛赫用"温柔的早晨"标明了这种外部刺激的时空背景：

> 因此，在此，外部刺激不仅仅是在被某人吸引之后才第一次被点燃，而是出自内在爱好，从一开始就做好了被点燃的准备。这就是

说，虽然某一未来恋人形象的特征还看不清楚，但是，可以清楚地、有选择地打听到这个形象的特征。一个完成了的恋人外表就这样飘忽不定，并朝着少男少女所期待的、甚至朝着期待的方向进展。清晨，一个有着妩媚的目光、美丽的容颜的恋人翩翩走进甜蜜的梦中；有一天，心爱的人含情脉脉地站在门前的远处。好多少男少女很早就狂热地选择了心中的理想恋人图像，因此，这幅图像会持久地发挥作用。①

有时，对这幅恋人图像的选择发生在家庭中，即发生在父母的个别特征中，有时发生在大街上所邂逅的某个人身上，有时发生在一幅描摹的面孔中。在此，大多数的恋人图像都停留在内在形态上，这是关于一种无人知晓、遥不可及的东西的梦。少男少女们朝思暮想心中的恋人图像，并长久地独自爱恋梦中的恋人。

如果男人显现在梦中的一幅图像中，那么他就会在姑娘的脑海中清楚地表现出来。因此，从前姑娘们相信，在安德烈亚斯之夜②可以看到她们未来的男人。或者，她们跑到女巫那里打听桃花运，那女巫先让她们陶醉在一种恐怖的好奇心中，然后在所谓手相中指给她们看未来的丈夫。海尔布隆的小凯蒂与格拉夫·维特·封·斯特拉尔③的相遇别开生面，独树一帜，他们的关系超越时空，灿烂夺目地显现在令人联想起梦游症的除夕之夜。艾尔莎·封·布拉曼特陷入同样的狂喜，目不转睛地凝视她的骑士。甚至，王宫里的海伦娜首先也以这种图式出现。

但是，这之后，通过世俗化的手段，主人公会更多地体验到某种魔力，渐渐在脑海里浮现关于恋人的本真的肖像。这多半是出于意愿，但有时也出于性爱魔力所强制的非意志。这种不可抗拒的魔力从美丽异性的剪影、相片一直延伸到尚未知晓的女人的代表性绘画。此外，原创性作品能使一个人特殊的气息所提升的感情陷于重重危险，甚至使之变成某种危

---

① E. 布洛赫：《希望的原理》，法兰克福/美因，苏尔卡姆普出版社1959年版，第369页。
② 安德烈亚斯之夜（Andreasnacht），指11月30日，圣·安德烈亚斯祭日。
③ 两人系德国剧作家克莱斯特（Heinrich von Kleist, 1777—1811）的喜剧《海尔布隆的小凯蒂》中的人物。除夕之夜，美丽的女子海尔布隆的小凯蒂做了一个奇异的梦，梦见天使牵着风度翩翩的格拉夫·维特·封·斯特拉尔走进了她的房间。于是，她对他一见钟情，心甘情愿地把身心献给了这个未来的新郎——格拉夫·维特·封·斯特拉尔。

险。最初，人们有理由通过某种童话来命名如此出现的爱的媒介。

通过格林关于忠实的约翰的童话，我们可以了解到这种爱的媒介："我死后"，老国王对忠实的约翰说道："你应当指给我的儿子看我的整个城堡，但你千万不要指给他看长长的过道里的最后房间，那里藏着黄金屋顶的公主画像。如果他看见这幅画，他将感受到自己对她的炽热的爱，以至于昏厥而倒下，由于这个缘故，儿子将陷入巨大的危险之中。"尽管如此，年轻的国王还是偷看了被禁止的绘画，而且，义无反顾、不怕危险，直至赢得心仪的情人的青睐，并把她领回家。

因此，这是由于肖像画发生爱的魔力。尤其是，这种魔力与其他类似的魔力不同，它不是被描绘的图像击中某种现实的东西，而是翻转过来，被描绘的图像击中观察者。从被描绘的客体出发，观察者感受到性爱气氛，催生想象的翅膀。通过绘画这一凸透镜，一个遥远的太阳的魔力霹雳般地击中前面的人，于是，阳光就在他那里，激起巨大的乌托邦的骚动。

> 通过描绘了的图像的预先推定，赋予观察者这种爱的陶醉作用。与格林童话里的描写相比，在源自《一千零一夜》的卡拉夫王子和图兰朵公主的故事中，这一点得到了更详尽的描写。卡拉夫王子想要无动于衷地观察这幅危险的图兰朵画像，而且他的态度带有几分必胜和凶残的特征，甚至在这幅画像中，他巴不得发现某种错误或瑕疵。然而，卡拉夫王子却马上陷入某种爱的烈火中，这烈火恰恰来自内心燃烧的先现图像（Vor-Schein）。这个中国人的题材由东方传入欧洲骑士那里，成为他们的梦中形象，后来逐渐演变成所谓加里恩的阿玛迪斯（Amadis von Gallien）的逸事。[①]

加里恩的阿玛迪斯乃是欧洲梦幻骑士的原型，有一天他见到奥丽亚娜画像，但她不是中国公主，而是英国公主：尽管如此，肖像画的魔力充满着东方韵味的温柔的爱。受到这幅画的魔力驱使，加里恩的阿玛迪斯历经无数冒险，冲破艰难险阻，奔赴这个当时闻名于世的国度。此外，他还觐见古巴比伦的苏丹，拜会地狱幽灵，直到与奥丽亚娜终成眷属，结为伉俪。奥丽亚娜投入骑士的怀抱是由于他付出的超乎寻常的代价。在寻找夫

---

① E. 布洛赫：《希望的原理》，第370页。

人的全部路程中，阿玛迪斯始终收藏着"图兰朵"（Turandot）作为图像所许诺的礼物，而且在赢得了夫人之后，他也没有抛弃这一许诺的礼物。

在剧本《玛丽亚·斯图亚特》（1801）中，席勒将玛丽亚·斯图亚特塑造成了一个文学世界中永不凋零的"高贵女性"形象，典范地体现了他的悲剧理念、思想意识、生活信念和对所处时代的是非判断和价值取向。玛丽亚·斯图亚特（Mary Stuart），苏格兰女王（1542—1567）以及法国王后（1559—1560），1587年她被处以极刑，罪名是被怀疑卷入一起重大阴谋。她的一生充满了悲剧色彩，因此成为苏格兰君主中最有名的一位。在《玛丽亚·斯图亚特》中，作为高贵女性图像的玛丽亚·斯图亚特，以及一幅绚丽图像的魔力照射出耀眼夺目的光辉：

> 有一天
> 当我环顾主教的房间时
> 一幅女性画像赫然映入眼帘
> 激动人心、伟大神奇的魔力
> 强有力地攫住我至深的心灵。
> 我情不自禁，呆呆地站在那里
> 主教对我说：您理所当然
> 为这幅画像所深深打动。
> 这是世上活着的女性之中最美丽的女性
> 也是最值得万人悲伤的女性
> 为了我们的信仰她忍受一切悲痛
> 她受苦受难的地方正是您的祖国。①

这样，莫迪默尔久久凝视法国的玛丽亚画像。从这幅画像中，照射出天主教的感性的和超感性的光彩，而这种光彩令某个骑士心醉神迷，以至于错把苏格兰女王看作天国的玛丽亚。但是，哥特式以及巴洛克式骑士小说中的女性肖像和乌托邦却保留了下来：热情与虔诚的图像崇拜相结合，即与某种急剧替换的、世俗化的玛丽亚崇拜相结合。换言之，这种爱的激

---

① E. 布洛赫：《希望的原理》，第371页。

情使骑士成为珀尔修斯，使他奋力解放安德洛墨达①，正是这种英雄救美的爱的激情使骑士成为十字军东征的斗士，使他奋不顾身，历尽艰辛也在所不辞，勇敢解救被囚禁的美丽女人。

现在，骑士们的旅行早已隐匿了踪迹，然而，在莫扎特那里，巴洛克艺术这一远征题材依旧以惊人而纯粹的方式余音缭绕、久久回响。例如，莫扎特的《魔笛》②。不言而喻，在"塔米诺之歌"中，小画像也为此成为一幅不同凡响的画："这幅画美丽动人。"这幅画中的女性就是帕米娜，她赋予一切梦中的爱情以最甜蜜的形态，而且，通过自身先现的音乐，她表现出最真实的爱情形态。

帕米娜的精致小画像就在塔米诺的手中，从而紧紧地为他所环绕，并且被深情地隐藏在最温柔的框架里。在他的超尘脱俗的美丽之歌本身中，帕米娜含情脉脉地凝视着少年，无论作为他的富于魔力的图像，还是作为他的爱情音乐图像，她都深情款款，行走在塔米诺面前。借助于越来越强烈的粗犷旋律，源自《魔笛》的小画像重现在瓦格纳《漂泊的荷兰人》③这一图兰朵题材中。他的画像令年轻的姑娘森塔（Senta）暗暗着迷，使她的整个心灵充满了爱的希望：作为视觉形象，画像令人忧郁地挂在门扇上；作为音乐形象，画像处于超自然的舞蹈歌曲之中。由于执着的偏爱，瓦格纳的新巴洛克音乐完全改变了这一魔力。在《罗恩格林》④中，在艾尔莎看见罗恩格林之前，他的幻影还远没有显现为一幅光彩照人的画像。

---

① 珀尔修斯（Perseus），希腊神话中达那厄和宙斯的儿子，安德洛墨达（Andromeda）系埃塞俄比亚公主。相传，珀尔修斯从海怪手中救出了她，并与她结婚。

② 《魔笛》，莫扎特临终前最后一部作品，1791年首演于维也纳，剧本出自共济会员施坎奈德尔和基塞克之手。

③ 《漂泊的荷兰人》，瓦格纳从诗人海涅1834年改编的民间传说《赫伦·封·施勒贝勒夫普斯基的回忆》中获得灵感而创作的歌剧。故事发生在18世纪挪威的一个村落。荷兰人向天神挑战而受到天谴，终生驾着"漂泊的荷兰人"号船在海上漂泊，除非找到一个真诚爱他的女人。森塔终日面对"荷兰人"的画像，突然见到他本人，一下子堕入情网。但是，森塔的情人艾里克对森塔苦苦追求。荷兰人以为森塔对自己不忠，返回船上，扬帆出海。森塔跑上悬崖，大呼她对荷兰人的爱是忠贞不渝的，于是跳入海中。荷兰人得救了，和森塔一起双双升上天堂。

④ 《罗恩格林》，三幕歌剧，瓦格纳编剧并谱曲。故事来自中世纪德国叙事诗《圣杯骑士罗恩格林》《帕西法尔》及其他传说。1850年8月28日由李斯特指挥首演于魏玛国民剧院。故事发生于10世纪初叶的安特卫普。

与此相比，在《纽伦堡的名歌手》①中，当埃娃（Eva）与准备比赛的瓦尔特·封·斯托尔津相遇时，他则间接地显现为一幅似曾相识的画像。"我很早就在画像中看见过他，一想到这里，我就马上心如刀割，在大卫图像中，丢勒大师把他描绘给了我们。"具有典型意义的是，在歌剧巴洛克建筑物上，总是比舞台剧更频繁地悬挂图兰朵的画像。

  这样的范例举不胜举，这些范例无一例外地刺激人们做梦，并给人以某种许诺。在此，无需强调图像激发梦，甚至也无需强调这种图像本身的出类拔萃。是的，甚至在遥远的童话、歌剧题材中，我们也能体验到某种温情脉脉的乌托邦的生动照片。陀思妥耶夫斯基在作品《白痴》中，通过主人公罗果津的叙述，让梅什金公爵听到娜塔莎·菲利波夫娜的故事，让他看见她的美丽的画像。他久久注视着图像中她的痛苦的但是又大胆无畏的表情，情不自禁地把姑娘的图像放在嘴唇上热烈地狂吻起来。②

这张照片体现了陀思妥耶夫斯基文学世界中一个人的全部矛盾，体现了内心痛苦中，对美的"警告"（Menetekel）。③ 这幅图像不仅激发起梅什金公爵发现这个女性的意愿，而且也激发起他通过爱来解除她脸上痛苦的表情的意愿。她的画像，不仅使他思念她的超凡脱俗的美，而且使他思念她的纯洁无邪的童年时光。对于一个生病的圣者或贤明的傻子来说，他完全有理由借助于这幅女性图像向她敞开心扉、倾诉衷肠。然而，被陶醉者除了要经常面临笼罩情人的那种危险之外，还要亲身感受情人的痛苦，尽管这个情人本身离他十分遥远，身处异国他乡，与爱相距甚远。这一点除了造成她的绝世之美外，还造成她的最深远的诱惑。甚至在不幸的、矜

---

 ① 《纽伦堡的名歌手》，瓦格纳的三幕歌剧，亦是当今世上最流行及最长的乐剧剧目，通常需五小时完成。该剧于1868年首演于慕尼黑。故事发生于16世纪中叶德国的纽伦堡。城镇里的金匠波格纳（Poger）宣布：他会将女儿埃娃（Eva）嫁给仲夏节歌唱大赛的优胜者，而那人必须是一位名歌手。然而，埃娃早已与年轻骑士瓦尔特（Walther）相恋了。书记官贝克梅瑟（Beckmesser）亦有迎娶埃娃之意，他也参加了歌唱比赛，但瓦尔特得到名歌手鞋匠萨克斯（Hans Sachs）的襄助，终于打败对手贝克梅瑟，赢得美人归。

 ② E. 布洛赫：《希望的原理》，第372页。

 ③ Menetekel，源自《圣经》，指自动出现在墙上的文字，这文字预言了古巴比伦帝国的灭亡。

持的图兰朵公主的画像后面，处于蛟龙暴力状态下的那个"安德洛墨达"的原型也仍然起作用。

可是，如果这个令人陶醉的偶像并不停留在任何文学作品中，甚至也不停留在最优秀的雕像中，那么情况会怎样呢？如果这幅偶像根本就不是为美女所描画，而是为爱情的魔力所描画，情况又会怎样呢？在布洛赫看来，后一种情况恰恰发生在上述源自肖像魔力的偶像中，并且这种偶像仅仅发生在主人公最纯粹的梦中女性中。例如，在最忠实的做梦者那里，就存在这种最纯粹的梦中女性：例如，在杜尔西内娅与唐·吉诃德①那里。

> 因此，唐·吉诃德心中的杜尔西内娅正是所有图像情人的集中体现。她既是警告性的梦中图像，也是完美的乌托邦图像。唐·吉诃德的故事被解释得十分滑稽可笑：以可笑的不幸来描写不幸的幸福图像。把一切性爱的纯粹梦中存在浓缩为原始现象，直到使杜尔西内娅成为不可发现的女性（fremme introuvable）。但是，这幅情人的图像也创造了幸福生活处境中的第一个强有力的清醒之梦。在此，梦中情人这一意象（Imago）不仅被替代，而且被打发到未知的陌生领域里。②

对于唐·吉诃德而言，杜尔西内娅始终虚无缥缈，"犹抱琵琶半遮面"，但他坚信她不是乡野村姑而是他心目中的梦中情人，为了赢得她深情的一吻，他赴汤蹈火，在所不辞。

第二节　相遇与婚姻：《佩雷格里纳之歌》《大海的女人》

与此不同，当做梦者确实观察到女性的时候，她的图像又是短暂易逝的。于是，在他的脑海中，同样移动着某种事件图像，即获自第一印象或

---

① 《唐·吉诃德》，文艺复兴时期西班牙作家塞万提斯（1547—1616）的代表作。唐·吉诃德是一个理想主义者，他的显著特点是脱离实际、耽于幻想。杜尔西内娅是唐·吉诃德的梦中情人，为了赢得虚无缥缈的她的芳心，他不惜去巴塞罗那参加与"星月骑士"的决斗。

② E. 布洛赫：《希望的原理》，第 373 页。

最后印象的图像。因此，尽管第一印象可能会十分短暂，但在记忆中，它却作为原始印象本身持续不断，并不断被勾勒、染色。换言之，对暂时的、消逝着的东西的目光充满痛苦地、不充分地保留下来，但在记忆中留下的却是形象化的、决定性的东西。

  然而，如果他遇见单相思的、冷冰冰的、令人窒息的爱，那么，他会为了忘却内心痛苦而宁愿迅速向情人挥手告别。于是，心中留下的就不是第一印象，而是最后印象，即用少许漂亮的面目特征装饰了的某种错过的幸福图像。①

在两种情况下，这种印象都作为记忆图像得到保存，尽管如此，除了经历过的幸福之外，这种印象最终并非一无所有，相反，它仍旧处于可能存在过的充实之中。这种病态的意象会重新存在于这种光环之中，并且会重新与某种最人性的爱的类型相联系。正如海涅的诗句所云：

  我伫立在黑暗的梦中
  久久凝望着她的图像。②

这首诗就以这种毫无结果的方式进入极度悲哀的气氛之中。默里克③的《佩雷格里纳之歌》同样描写了这种缠绵悱恻的神秘存在，但是，它不是多愁善感，而是震撼人心地描写了这种存在：

  啊，昨天，在一处明亮的少年大厅里
  在纤巧地插上的蜡烛的闪光里
  当我在响声和玩笑中忘记自己的时候
  你款款而至，哦，令人怜悯而美丽无双的悲痛图像

---

① E. 布洛赫：《希望的原理》，第 373 页。
② 这首诗出自作者的《还乡曲》(Die Heimker, 1823)，后收录于作者的《爱之书》(Buch der Lieder, 1827)，参见海涅《选集》五卷本，第 1 卷，柏林/魏玛，1968 年版，第 64 页。
③ 默里克（Eduard Mörike, 1804—1875），德国诗人、小说家。他的诗歌大部分赞美大自然，有些是用民歌风格写的抒情诗和叙事谣曲，还有一些是幽默的田园诗和牧歌。他的作品《佩雷格丽娜之歌》(Peregrina-Lieder) 象征爱与死亡，用朴素的民谣风格讴歌了自然的灵感体验。

> 这是你的精灵，你轻轻地坐在餐桌旁
> 我们陌生地坐在那里，忍住沉默的痛苦
> 突然，我忍不住大声抽泣
> 手牵着手，我们不得不离开了这所房屋。①

这是一幅活生生地存在过但未曾实现的愿望图像，这幅图像是爱的痛苦象征，在现实生活中它并不存在，但在诗人脑海中它却永不消逝。这幅图像仿佛是清晨暮色中漫游的、永远复归、永远分离的瞬间影像。在默里克的《莫扎特》中，这种同一的图像动机，即永远流浪的"开始"（Anfänge）得到了重复，尽管这一图像动机太过虚弱，但是同样得到了不可名状的把握。②

在小说中，佩雷格里纳的诗人讲述了一位年轻的新娘（另一个幸运的新娘）与莫扎特的相遇以及这次相遇的残照："不知谁刚刚清扫并整理好了大房间，不一会儿她穿过房间走上楼去。只有房间刚刚拉上的绿锦缎窗帘才容许柔和的暮色，她抑郁寡欢，静静地站在钢琴前。就在几小时前，他还站在钢琴前，这一切对她恍如一场梦。她陷入沉思，长久地凝视着他最后触摸过的键盘，然后，她轻轻地盖上琴盖，她妒火中烧，索性拔出钥匙，以免另一个人的手重新把它打开。"在此，仿佛为某种短暂而意味深长的现实所环绕。此外，在此至少预示着她的思想图像、她的乌托邦图像，而这些图像正是通过未成就的爱而获得的。因此，对于她来说，他的图像仿佛是短暂的、再也寻找不到的意象，而这种意象也与源自支离破碎、残缺不全的现实激进地混合在一起。黑贝尔就这样抒写了关于未知女人的一首悲伤之歌：

> 现在我的眼睛再也不能辨认你
> 尽管你从前走过我的身旁
> 我听见你的名字为陌生的嘴唇所提及

---

① 这首诗收录于作者《选集》，第1卷，慕尼黑，1967年版，第748页。
② 1855年默里克发表了中篇小说：《莫扎特旅行布拉格》（*Mozart auf der Reise nach Prag*）。

> 你的名字本身并不告诉我你的什么，
> 可是，你永远活在我的心中
> 就像一种声音活在寂静的空气里
> 我不能给出你的任何体形
> 可是，在我内心的坟墓里
> 你的整个体形绝不会被撕裂。①

是的，甚至就成功的爱情而言，在自身开端中，也零星地散布着即将来临的或姗姗来迟的东西的图像。这种图像奇异地被精巧的偶像迷住，但是，这之后，在涌现着的早晨里，这种偶像就消失不见了。在《克莱采奏鸣曲》② 中，托尔斯泰让某个姑娘的红色皮带闪闪发亮，恰恰在此点燃爱的火花，即使是后来的禁欲回忆也没有遗忘这个皮带。例如，在歌德的《少年维特的烦恼》中，与无比幸福的闪光一道，主人公维特的绿蒂（Lotte）空间陷于完全瘫痪：

> 绿蒂笑盈盈地站到前面，袖子和胸口上扎着蝴蝶结，轮廓鲜明、楚楚动人。她手里拿着黑面包，孩子们围绕着她。她把黑面包分发给孩子们，她的手势轻柔优雅，浑身洋溢着纯真的女性气息，她走在熠熠生辉的"善"的舞台上，显得婀娜多姿、光彩照人。在优美的开端中间，这个图像凸现出来，接着，还作为秘密的订婚形态保留下来，从而，美丽的女性形态就保存在自身未触及的风景之中。③

在此，没有任何一种小画像像那个帕米娜图像一样吸引眼球、扣人心

---

① 弗里德里希·黑贝尔（Friedrich Hebbel，1813—1863），德国剧作家，以现实主义悲剧而闻名。他尤其擅长揭示笔下角色的复杂心理动机，特别是女性角色，他也创作喜剧、抒情诗，以及轻快的日记。黑贝尔的主要剧作有《犹滴》（1839）、《玛丽亚·玛格达莱娜》（1844）、《阿格妮斯·贝尔瑙厄》（1851）、《吉格斯和他的指环》（1856）、《尼贝龙根三部曲》（1862）等。

② 《克莱采奏鸣曲》（*Kreutzersonata*），贝多芬（Ludwig van Beethoven，1770—1827）所作的10首小提琴和钢琴奏鸣曲中的第9首。俄国作家列夫·托尔斯泰据此写了一篇同名中篇小说《克莱采奏鸣曲》（1882—1886），晚年的托尔斯泰有清教徒的心态，他怪癖地认为性爱是肮脏的，音乐也是堕落的。人除了生儿育女，性爱是不合理的，是不能维护的污秽，应该加以禁止。托尔斯泰反对婚姻，因为在他看来，结婚以后，男女双方互相诱惑对方，存有难以调和的冲突。

③ E. 布洛赫：《希望的原理》，第375页。

弦，但是，在燃烧的爱中，帕米娜图像本身是凭借第一次目光而形成的，而且就像《纽伦堡的名歌手》中五重奏合唱团歌唱的一样，在这样的框架中，也以最富于情感的方式创造出"最宠爱的梦，天国般的黎明"。

　　一旦男人赢得了朝思暮想的女人，环绕她的虚构故事就像洪水一般退潮，然而，这一切都不会消失殆尽，因为太多的初始图像会不情愿地化作人的肉体。男人对情人一见钟情，女人对情人牵肠挂肚，但是，如果男人比女人更多地心怀梦的图像，那么他的初始图像也就更多地化作肉体。少男少女们天真烂漫，男欢女爱，不时堕入童话时代的爱河中，对此，他们的心灵现实往往显得虚弱不堪，从而他们的爱情卖弄自己、太出风头：一般畏惧实现；特别地憎恨结婚。在此，令人再次联想起莱瑙，他永远在荒凉的海洋上，仅仅与心爱的情人图像相交往。

　　例如，就虚构的但同样可把握的形态而言，我们也会联想起E. T. A.霍夫曼笔下的宫廷乐队队长克莱斯勒。① 克莱斯勒在爱情中仅仅看见辉煌的天国图像，而在婚姻中却仅仅看见打碎的大汤碗，但是，他不想用辉煌的天国图像交换破碎的大汤碗。"经历过的瞬间"和特洛伊的海伦娜的物化行为都以同一的方式浪漫地做曲线攀登，但是，作者从病理学角度描写这种图像，使之变得敏锐并使读者认得出这种图像。

　　挪威作家易卜生（Henrik Johan Ibsen，1828—1906）的《大海的女人》（1888）讲述的是一个叫艾莉达的女子疯狂迷恋大海、迷恋一个陌生水手的故事。当丈夫终于得知她向往大海，向往自由之后，答应还给她自由，让她自己重新选择。可是，此时，她却突然发觉自己向往的并不是真正的自由，此刻的身心才是彻底自由的，于是，她作出了一个让她丈夫很惊讶的决定：选择继续留在他身边，并开始试着接受丈夫的孩子。开始女主人公艾莉达·万格尔就把这种不可实现的初始价值情结加以物化，因而毁了自身的婚姻生活。当然，在性格上，艾莉达·万格尔疏远家庭，亲近大海。她总是一往情深地眺望大海，眺望她的初恋陌生男人，眺望他在遥远的大海之中所形成的剪影。但是，在此，本质性的东西是无限制的诱骗图像，这是一幅非现实的图像，但是，它却极其顽强地对抗自身面前呈现为"狭隘峡湾"的那个现实。

----

　　① 这里提到的人物系E. T. A.霍夫曼（1776—1822）未完成的长篇小说《公猫摩尔的人生观，附乐队指挥约翰·克莱斯勒的传记片断》中的主人公。

甚至像易卜生一样的后期自然主义或半截子浪漫主义作家，也以特别富于教益的方式热情赞美或夸张地描写了作为纯粹的"早晨价值"（Morgenwert）的爱。例如，在《爱的喜剧》中，主人公法尔克与施万希特之所以舍弃放荡不羁的生活方式，恰恰因为他们彼此真诚爱慕、心心相印，因此，他们的"青春之爱"就没有在婚姻中，即在落叶沙沙作响的现实中枯萎凋零、消失不见。当然，这有点夸张，但不比在此重复的、无所不包的话题，即有关美涅劳斯对他的埃及海伦娜的妻子天花乱坠、不着边际的话题。①

此外，瑞士诗人、小说家施皮特勒（Carl Spitteler，1845—1924）在长篇小说《意象》（*Imago*）中，也全景式、多角度描写了如痴如狂的梦中英雄和美丽绝伦的托伊达（Theuda）。一方面，她是一个忠实于自身的内心图像，鄙弃世俗情欲的女人；但是，另一方面，她委身与一个位高权重的"总督"结婚，仿佛成了"一块剪掉了的面包"。然而，爱慕她的那个幻想诗人却不愿承认这个现实，他宁愿抛弃这个现实，以使颠倒了的世界重新变好，为此，他最终由一个感性的和超感性的求婚者重新转变成彻头彻尾的超感性的求婚者。

然而，托伊达的意象是不可实现的，与施皮特勒所说明的不同，对此诗人缪斯无法忍受。在爱情与婚姻中，也恰恰暗示许多关于实现的一般问题，这就是通过经历过的瞬间黑暗及其效应而发生的"渐弱音"（Descrescend）。

源自饥饿的痛苦的产生先于事物（ante rem）的纯粹的梦的图像，这样，梦的图像显现某种不可见的状态，特别是显现比现实的东西更高的可能现实。乍看上去，很正常，多才多艺的宫廷乐队队长克莱斯勒本身全靠敌视一切愿望之梦的反浪漫主义者维持生活，全靠现实的律师维持生活。② 在此，布洛赫引用一段黑格尔的话，印证了那句古话："婚姻是爱情的坟墓"：

---

① E. 布洛赫：《希望的原理》，第376页。
② 事实上，从1810年到逝世，E. T. A. 霍夫曼一直过着一种二重生活：白天是法学家，夜间是艺术家。

即使是一个与世界有过诸多冲突、被迫四处流浪的人，最终他也多半会寻找某一职位，遇见他的姑娘并与之结婚，从而，他跟其他人一样成为庸人。妻子操持家务，儿女满堂。如今，这个昔日天使般美丽的独一无二的女性差不多跟所有女人一样变成了所谓令人讨厌的女人：身为主妇，快快不乐。婚姻使她变成悍妇，从而结婚后留下的无非是无尽的内疚、悔恨而已。①

但是，在这种比德麦耶尔式的庸俗习气之外，这方面，也许还真实地保持着好些值得玩味的东西。在婚姻这一阶段上，这就是与过分形象化的内容连在一起的那种"实现的忧郁"（Melancholie der Erfüllung）。在先于事物的爱之梦中，或者在事物的初始梦想之中，正是这种实现的忧郁充满疑虑地把爱的愿望击退，从而使这种愿望作为遥远的爱而被与世隔绝，或被物化。在现实生活中，正因为自身的虚构性，本质上仅仅包含遥远之爱的那种虚构图犹如一缕青烟转瞬即逝、无影无踪。人们越是确切地感受到这种虚构图像的幻灭，就越是鲜活地记起抽象的乌托邦。其实，这正是关于乌托邦神经症的一个根源，也就是关于清醒之梦中遗留物的根源，在初始标志中，即在现实的纯粹首字母中图像凝固的根源。

然而，与此不同，情况有时是这样的：虚构的图像并不封锁即将到来的未来。虚构的图像不仅在自身中得到保存，而且想望在肉体和血液中得到保存。只要先现不是仅仅在自身中主观地滋生蔓延，而是充分地被对象本身一同激起，那么这一点就成为事物本身的进程。因为在对象中，某一业已瞥见了的恋人意象完全能够指明或许不无理由的那些面貌特征。然而，并非每一个爱的对象都有力量通过意象而在想象中把握恋人意象，进而使之向着自己走过来，甚至在易于接受的气质的情况下，或者原型与自身的图像在外表上相似的情况下，也是如此。

特别是，当生动的恋人图像作用显现鲜明的明证性时，在客体本身中，就肯定蕴含某种不可抗拒的诱惑，也就是说，在客体自身中，某种可靠的愿望图像至少以这样的方式显现，并且作为这种愿望图像的力量，它能够发挥作用。也许，在现实中，帕米娜所处的境况与塔米诺图像中显现的境况截然不同，但是，她所唤起的乌托邦的意象正是她自身固有的图

---

① E. 布洛赫：《希望的原理》，第 377 页。

像。于是，对于性爱而言，尤其有效的是适用于一切人的意象：这些人为心中的意象所魂牵梦绕、心驰神往，他们是富于诗意天性（poetische Naturen）的人，他们与生俱有某种强有力的客观幻想部分。在良好的气氛中，这些人能够借助想象力把握看似并非毫无根据的东西，并且通过现实的可能性，使之作为先现散发出来。因此，在客体中，尽管爱可以成为某一客体自身的愿望图像，但是，爱矢志不渝，对爱的对象始终保持忠诚。所以，有时趋向自我超越的素质能够超越先天的、既定的东西。这样，对客体方面的考验就借助客体来实现。这样，意象也就找到了宿营地。

如果通过某一图像无力曝光恋人意象，或者如果只有男情人具有诗意天性，情不自禁地陷入毫无根据的潮水般的非理性之中，情况会怎样呢？如果是这样，那么对他来说，实际上一切女人都好像是海伦娜。于是，在广义上，不可避免地显示出恋人图像的灾难。于是，在黑格尔所揭露的悍妇面前，抽身而去的不仅仅是爱的青春。万不得已时，不幸的婚姻只知道一种拯救手段，那就是呈现索然无味的、日复一日的家庭生活，而这种生活只不过是无动于衷的炼狱中的影子而已。

与幸福的婚姻不同，在这种不幸的婚姻中，不再出现过去感受过的那种美妙的爱情。在幸福的婚姻中，为检验某种构成性地存在过的梦的图像留下空间，亦即为展现梦的图像留下了空间。这时，某种新鲜（Frisches）旋即得到检验，这种新鲜能够消除这一领域里初始之梦与冷漠无情之间那种全然习以为常的、太习以为常的二者择一。根据浪漫主义心理学，乌托邦的东西绝对不会局限在阿尔法上，这样，接踵而至的事物字母表也许仅仅是某一业已众所周知的疑难路程。

> 确切地说，婚姻同样具有自身的特殊乌托邦，并且其中包含着某种光环。婚姻与爱的早晨并不重合，因此，婚姻决不会与爱的早晨一同消逝。这种乌托邦恰恰源自爱的意象的检验，而且它的诗情总是拥有某种散文，当然，拥有最深背景的家的散文。家（Haus）本身就是一种象征，尤其在一切封闭性中，家是一种开放的东西的象征。家作为背景拥有家乡象征的目标希望，而这种象征恰恰借助于大多数愿望之梦而得到保存，并位于一切梦的终点。在爱的早晨图像面前，这种希望并不让步，这正是希望的独创性所在。恰恰相反，在《少年

维特的烦恼》中,这种希望业已向绿蒂的图像(Lotte-Bild)倾诉了衷肠,这是秘密订婚的风景,同时也是善的行为的闪闪发光的戏剧风景。①

当然,在此爱情愿望图像不是狂热图像,而且,它本身从来都不是婚姻的一个要素。在爱的两心倾慕中,人已经摆脱了狂热。爱的愿望图像不是任何性的、社会的忧虑图像,更不是在市民阶层中把婚姻变成市民机构的那种合理化的性欲。由于初始规定的期限,与工艺美术行业相比,婚姻缺少经验,然而,作为市民阶层内部的一种反抗,婚姻反对预先推定的庸俗习气。相反,婚姻意象恰恰围绕两个人设立家这一发展空间,并通过自身的许多锦绣前程来超越庸俗习气。这一点尤其表现在社会主义社会里,在社会主义社会,家庭无须再设立摆脱生存斗争的避难所,而是使之继续运转为一目了然的团结互助。由于伙伴关系,夫妻成为家里的永久客人,根据特殊差异,这一本性充满着紧张对峙,尽管如此,这完全不是戏剧性的,而是史诗性的。幸运的是,在此保守的切斯特顿②说得很在理:"一夫一妻制这一事物之所以取得成功,是因为按其本性,它完全是非戏剧性的事物。试想,本能信任的悄然成长、共同的创伤和胜利、老习俗的积累、老玩笑的日臻成熟等。总之,健全的婚姻是一件非戏剧性的事物。"

尽管如此,婚姻与作为单纯道德补遗的爱相距甚远,与爱相比较,婚姻表现出某种奇异的新颖:性爱智慧的冒险。因此,婚姻乃是这样一种成败参半的圣餐仪式的实验,这种圣餐仪式既不能在性爱中被发现,也不能在诸如迄今显现的某种社会共同体一样的事物中被发现。这样,婚姻作为一种具体的乌托邦,显现某种友好而严肃的人的生命内容。这样,婚姻的检验不仅是检验初次相遇的瑰丽的帕米娜图像,而且是结束对她的爱的检验。确切地说,正是关于水火试验的音乐为塔米诺手中的帕米娜图像添加

---

① E. 布洛赫:《希望的原理》,第 379 页。
② 切斯特顿(Gilbert Keith Chesterton, 1874—1936),英国作家,其写作活动涉及小说、评论、神学研究、随笔等各个领域,同时他还是新闻界的著名撰稿人。主要作品有长篇小说《诺廷山上的拿破仑》《星期四的男人》;系列侦探小说《布朗神父》以及众多短篇小说、随笔、政论等。

了乌托邦的魔力。①

现在，音乐不再标志并意味着新娘，而是标志并意味着婚姻。不再标志并意味着狂热，而是标志并意味着恰恰被称作"婚姻"的"爱的友谊"。帕米娜本身引导忠诚的音乐，或者远远超越这一意象所唤起的单纯的着魔状态。②

在夫妻生活中，婚姻有助于夫妻双方开启并经受真理的考验，从而在日常生活中，坚毅地与异性交友。温馨之家的客人，细腻而炽烈的差异中的安宁的统一，因而这一点成为婚姻的意象和光环，恰恰由于这个缘故，人们义无反顾，纷纷走进婚姻的殿堂。然而，众所周知，时常人们断定自己上错了车，找错了伙伴，这些人万念俱灰、追悔莫及，以至于把婚后的一切规则归结为束缚性的规则。在他们看来，如有例外的幸福的话，那几乎是纯属偶然，而且，能够兑现最初所期待的远大真理的婚姻实属罕见、不足挂齿。因此，婚姻不仅比全部新娘之歌现实，也比全部新娘之歌深远。婚姻拥有自身的乌托邦，其深蕴、高度一点也不亚于爱情：

只有在这种婚姻形态中，"家"这一纷繁复杂的、隐秘的愿望图像才会不知疲倦地工作，这正是对令人满意的意外惊喜和成熟的展望。爱的痛苦比不幸的婚姻要好一千倍。在不幸的婚姻中，留下的仅仅是无尽的痛苦和徒劳无益。但是，比起婚姻这一伟大航海冒险，爱的大陆冒险之旅则心不在焉、精神涣散。婚姻是永恒的航海冒险，婚姻到老也不终止，即使一方死亡也不终止。③

因此，布洛赫把"恋爱"喻作陆地上的冒险之旅，而把"结婚"喻作驶向茫茫大海的冒险航海。

---

① 按照布洛赫的见解，一方面，音乐以熊熊烈火表现塔米诺的恋情；另一方面，音乐以潺潺溪水表现塔米诺与帕米娜的婚姻。
② E. 布洛赫：《希望的原理》，第380页。
③ 同上。

第三节　婚姻乌托邦与爱的成像:《冬天的故事》《贝雅特丽采》

迄今为止，人们总是把婚姻这一航船描绘得绚丽多彩，从中闪烁双重耀眼的光芒。婚姻的两种神话乌托邦以尘世和超尘世的颜色把自身显现出来。一种神话乌托邦可标明为"崇高的一对"，这是贵族式的和异教徒式的；另一种神话乌托邦则作为基督圣体整理婚姻。尽管在母权制社会之后就马上出现了"崇高的一对"（hohes Paar）范畴，但迄今这一范畴还没有引起足够的重视。

这时，崇高的一对发展了关于婚姻的最本真的愿望图像，不仅在婚姻当事者的心目中，而且在他们的观察者的心目中，两人的结合都成了最美满的婚姻图像。在此，瑞士法历史学家、考古学研究者巴霍芬（Johann Jakob bachofen, 1815—1887）在其代表作《母权》（Das Mutterrecht, 1861）中，试图把人类社会划分为三个发展阶段：妓女母系社会、婚姻母系社会（母权）和父系社会。他的《母权》一书充满着诗意表现和直观表达，对20世纪古代神话学的浪漫主义研究发生了深远影响。巴霍芬以引人注目的方式研究母权制社会，他总是把女人或男人（母权制社会或父权制社会）设立为既定社会的顶点。巴霍芬把每个女人和男人都想象为内在地浓缩的图像，亦即女人是一个优雅的、允许善的行为的人，而男人则是一个强健的、主导善的行为的人。但是，只有两人的结合才成为祝福本身。男女结合显现为温柔与严厉、仁慈与权力、妓女与预言者的统一，在此，这一切都具有月亮与太阳、地球与太阳这一星相学的和神话学的背景。

> 女人拥有灿烂夺目的月亮女神，或者拥有古老而明智的大地女神；男人拥有光芒四射的光的存在。在崇高的一对中，月亮和太阳可以或者应当共同作用于人的天空，并给予人们无限的安慰和温暖。崇高的一对的光环围绕着伯里克利与阿斯帕西娅[①]、所罗门王

[①] 伯里克利（Pericles, B.C. 495—B.C. 429），雅典黄金时期（希波战争至伯罗奔尼撒战争）具有重要影响的领导人。阿斯帕西娅（Aspasia, B.C. 470？—B.C. 410），希腊雅典的高等妓女，伯里克利的情妇，文学及哲学沙龙主持人。

（Salomon）与莎芭女王（Saba），围绕着赫利俄斯人安东尼与伊西斯人克勒奥帕特拉，围绕着西门·马古斯①与海伦娜等。②

最后，作为"潜能"（Dynamis）与"智慧"（Sophia）的化身，耶稣时代的诺斯替教派信徒西门与出身于泰卢斯的妓女海伦娜结婚。对于他们来说，世界的拯救在于重新获得这种原始的男人图像和女人图像。耶稣时代的西门和海伦娜崇拜贯穿于整个中世纪，影响极其深远，而且，后来由于混淆男女，张冠李戴，这种崇拜被保存在浮士德、荷马与海伦娜的关系之中。

与此相对照，在晚期古希腊罗马时期，同样为崇高的一对范畴提供了富于冒险的范例：西西里太阳神巴尔的祭司埃里加巴尔（Eleagabal）皇帝与卡塔吉斯月亮女神塔米特的女祭司举行大婚，结为伉俪。换言之，白昼与黑夜、巴尔与塔米特百年好合、融为一体。在此，还渗透着其他星相神话（Astralmythos），例如，巴比伦的星相神话促使婚姻当事者以神本身的名义举行"神圣的婚姻"。当月亮女神把自身闪耀的形象性（"原初根源与寂静""光与生命""概念与智慧"等）分发给男人和女人时，太阳神就生活在"灵知"（Gnosis）之中，这样，太阳神就停留在"卡拉巴教"（Kabbala）之中。

基督教跟没有女人的神父在一起，基督教不容许或者不确定地容许尘世崇高的一对。然而，诺斯替教派和卡拉巴教的犹太教却与此截然相反。约1650年，冒牌弥赛亚沙巴蒂·萨维③把跟泰勒斯的海伦娜一样的妓女萨拉迎娶为妻，并将其拥戴为身旁"第二个具有神性的人"。是的，塔米诺和帕米娜图像（来源于希腊根源）、浮士德和海伦娜图像（自西门·马库斯和泰勒斯的海伦娜图像以来就发挥作用）等都是诗意地领会太古的结婚的。这样，就在性爱上固定了的

---

① 西门·马古斯（Simon Magus），圣经人物，称作"术士西门"，即妄自尊大，想以金钱购买神的恩典的人，参见圣经《使徒行传》第8章。

② E. 布洛赫：《希望的原理》，第381页。

③ 沙巴蒂·萨维（Sabbatai Zevi，1612—1676），土耳其犹太教牧师，犹太教卡拉巴教的狂热主义者，曾活跃于东欧地区。1648年自称犹太教救世主弥赛亚，并预言地球末日即将来临。1676年被降职弟子处以火刑。

男女两人身上，"崇高的一对"范畴想要显现出某种奇异的东西，即在宗教礼拜中，至少在外部天空中没有同时出现的东西：想要借助于天上同一的强度，月亮与太阳同时显现在天空中。①

是否"可怜的纳税人民"（Misera contribuens plebs）也想到这种梦的图像，这一点尚不确定。也许，他们仅仅满足于凝视神人所生的后代——"半神"（Halgötter）。然而，在品行端正的人们之间，这样的男女结合图像还是通过每个年轻人的婚姻的神圣光环来进行的。在通俗文学作品中，这幅图像则明确地保存在诸如王朝配偶一类的婚姻上，例如，强盗与强盗夫妇、太子及其高贵的夫人等。不仅如此，还凭借消逝了的贵族背景，凭借消逝了的星相神化赋予婚姻以强烈的反光。最美丽的妇女以及与此相应的均衡艺术的伙伴长期致力于性爱的完满图像，而这种幻想恰恰源自优雅与力量浑然天成的夫妇图像。

如上所述，基督教不再从神学角度论证崇高的一对，不过，这一活生生的夫妻神话继续活在浮士德—海伦娜传说中，也继续活在"帕米娜—塔米诺合一"（歌德在有关作品中探讨过《魔笛》第二部）之中。是的，在《西东诗集》②的《苏雷卡书》中，歌德就把婚姻看作"我们欢乐的图像"，并把它与初升的月亮和太阳联系起来，进而把初升的月亮的纤细所意味的东西与初升的太阳所意味的东西的粗犷的威力有机结合起来：

> 苏丹做得到
> 为了命名忠实人群中的最勇敢者
> 诱使至上的世界绝配
> 终成眷属。③

---

① E. 布洛赫：《希望的原理》，第382页。
② 《西东诗集》，是歌德受波斯诗人哈菲兹（Hāfez, Shamsoddin Mohammad, 1320—1389）影响而创作的诗集，共12卷，收入诗歌二百五十余首。这些诗歌描绘了无与伦比的美人，还汇聚了诗人对爱情的体验，对时代、对历史、对人生的深刻观察和思考，许多诗篇闪耀着智慧的光芒，此外，还有大量的格言诗。
③ E. 布洛赫：《希望的原理》，第383页。

男女性爱的统一得到了如此本质性的强烈表现，而且，即使天体的一切运动归于停止，它也不会休息。在更充实的意义上，这种人的统一是亚当与夏娃、男人与女人的统一、太阳与月亮的一种圣事。但是，这方面基督教并没有位置，这不仅仅是因为它是没有女人的神父，而首先是因为它是非星相神话的宗教。换言之，在月亮和太阳有规律地沉没的世界里，基督教并没有任何位置。尽管这只是外表，但婚姻的宇宙乌托邦与基督教一道沉没了。

但是，这方面出现旨在许诺、约束他人的第二种内在面貌。献身与实力、女仆般的奉献与神圣不可侵犯的领导权不应仅仅是世俗范围内的事情，而应是与世界之外的事情相联系，并在世界之外的事情中得以完成的事情。因此，婚姻的核心意义是女人与男人婚后形成的基督的圣体。在这一点上，同样具有随着婚姻才开始的某种图像，而且在婚姻中，借助于感性的和超感性的光辉，拥有作为自身性爱许诺的那个家。今天，数百万人依旧相信这样一种婚姻圣事，即他们是在天国永结同心的，而且，即使人世沧海桑田，这种婚姻也至死不渝。通过结婚，配偶本身实现一件圣事，作为儿童灵魂的创造者，他们本身已经与神建立了一种血肉联系。

教皇庇护九世①再三提醒，尽管婚姻是一件空洞的事情，但一切婚姻本身都是一件圣事。并非因为婚姻使人变得神圣，而是因为婚姻本身是神圣的，即婚姻需要牧师的共同参与。进而言之，婚姻是一件独一无二的圣事，一方面，它不是教会本身给予的圣事；但另一方面，它是只有通过教会的批准才臻于完成的圣事。当然，据说，对信者而言，通过全体人员的圣事（Sacramentum plenum），在婚姻中浮现一座巨大的金矿。"因我们是他身上的肢体，就是他的骨、他的肉。为这个缘故，人要离开父母，与妻子联合，二人成为一体。这是极大的奥秘，但我是指着基督和教会说的。"②

---

① 庇护九世（Pius IX，1792—1878），第 257 任罗马教皇（1846—1878 年在位），意大利人，原名乔瓦尼·马利亚·马斯塔伊－费雷蒂（Giovanni Maria Mastai-Ferretti），通过强调玛丽亚受孕的纯洁性，强化了玛丽亚崇拜思想。

② 《以弗所书》，5 章 30—32 节。

《所罗门之歌》①记载了苏拉米特对所罗门的爱。这首歌抒写了比葡萄酒更芬芳的乳房，描写了友人下入自己的花园中，在园内放牧群羊，采集蔷薇花的景象。②如此炽热的婚姻之歌转变成教会的观点，并且，富于寓意地表现为基督教与自身共同体的爱的交谈。换言之，婚姻既表现为身体方面头脑的献身，又表现为借助于头脑的身体的纯化。

尽管亚当和夏娃犯有原罪，但是，人的身体是基督的四肢、圣灵的寺院。③因此，婚姻总是植根于基督以及共同体的婚姻之中，而这种婚姻之所以能够扩大乃至长久影响，是因为它的器官和映像就在于理性的创造物中。性爱交往和忠诚就以这种婚姻图像与宗教交往、社会交往紧密结合在一起，尽管这种交往只不过是与来世有关的基督教共同体形态中的交往。在使徒保罗那里，婚姻成为源自血统和出身的男信徒与女信徒的结合，以便在新的神的图像中彼此混为一体，并在新的家庭中，隶属于新的神的图像。"性合作社"（Geschlechtsgenossenschaft）成为根据理想的宗教礼拜合作社。

然而，针对这一奇迹的葡萄酒，创造物强力注入水和不幸，尤其是，完全不属于基督教形态的社会更是热衷于此道。在晚期罗马社会里，在封建社会里，在资本主义社会里，基督圣体恰恰没有在社会关系中清楚地表现出来。然而，在避难所中，毕竟关于葡萄树桩、葡萄枝蔓的乌托邦还在起作用，因为在阶级社会内部，家庭作为避难所想要坚守婚姻的非对抗性特征、家长制特征，而且表现出强烈的外在于世界的逃避特点和初始特点：

> 尽管如此，基督教的婚姻乌托邦有过这样一种爱的乌托邦，即极端重视婚姻本身，约束性地强化婚姻图像。至少，家长制这一基本特点以及作为"头脑的"男人被列入宽松秩序的爱的共同体中，在这种共同体中，不应该再有统治；在两人之间，不应该再有任何孤独。

---

① 所罗门（Salomon，B. C. 965—B. C. 926），大卫的儿子，以色列王。《所罗门之歌》又叫《雅歌》，拉丁文的意思是"赞美之歌"，希伯来原文的意思是"歌中的歌"。《所罗门之歌》的创作背景是希伯来君主制的黄金时代，国王似乎是在赞美他自己的婚姻，新娘是一位叫苏拉米特（Sulamith）的美丽乡村姑娘。
② 参见《旧约圣经》，《雅歌》，6章2节。
③ 《哥林多前书》，6章16—19节。

"不是唯一的基督徒就不是基督徒"（Unus Christianus nullus Christianus），在此，这一隐秘的集体原则反映着婚姻的"信、爱、望"。①

在基督信仰中，这个信、爱、望不仅仅是对自己的信、爱、望，更多的是对家人的信、爱、望，对亲戚朋友的信、爱、望，对上司的信、爱、望，对同事的信、爱、望，对员工的信、爱、望。换句话说，就是对人际环境的信、爱、望。

在做梦者那里，总有一种梦会成为现实，因此，这种梦并非总是停留在模糊的记忆中。即使这种梦想不会被带入坟墓，它所发现的爱的躯体也会慢慢衰老。死亡并不能切断爱，但是它可以切断对它而言是可视的、活生生的某种东西。我们追随源自第一印象的探矿叉（Wünschelrute）②，从而发现梦寐以求的纯正黄金，可是蹉跎岁月，我们已垂垂老矣。但是，这之后，清醒梦想重又制造生动的画像，于是，它留下挥之不去的爱的"成像"（Nach-Bild），即作为实现了的但又不是实现了的爱。

布洛赫寻求蕴含在"成像"这一昔日恋人图像中的乌托邦要素。从心理学上看，这一图像源于没有实现了的爱的朝圣者幻影（Peregrina-Vision），这种幻影美丽诱人，从未远远地、可能地向昔日恋人图像实现告别。因为幸运的恋人可以通过死亡而成为朝圣者，只要死亡对这对恋人而言是陌生的，只要死亡仅仅是在表面上把两人隔断，那么情况就是如此。毫无疑问，在此存在漫无边际的自我欺骗。例如，在通俗文学作品中，就弥漫着在记忆中或在所谓爱的祝福中滋长起来的这种自我欺骗。在任何地方都没有谈到这种漫画，甚至也没有以比较客观的方式谈论神化的记忆。相反，如果在有生之年还不能形成对象，那么任何爱的成像都是可疑的。然而，恰恰在自身的光辉灿烂中，爱的成像却是确实可靠的。

正如在朝圣者的幻影中一样，在这种情况下，从记忆中一再出现

---

① E. 布洛赫：《希望的原理》，第384—385页。
② 中世纪一种探宝器械，据信，可用来寻找金矿或水源。

希望，不仅如此，从成像中还出现某种许诺。泰奥多尔·施托姆①的中篇小说《三色紫罗兰》两次围绕这个问题进行了讨论。在儿童时代，主人公内心就激荡着永不满足的、记忆犹新的愿望图像，他用玫瑰花点缀死去的母亲画像，无论继母怎样责怪，他都忘不了自己的亲生母亲。成年后，他心中汹涌着另一幅图像。他第二次结婚，可他脑海中久久浮现死去的妻子的图像。他要么踽踽独行；要么把自己关在孤寂的书房里，与桌上两个死去的女人的画像为伍。在朝向花园的窗户旁边，有条小路伸向小屋，可他很久没再踏进这座小屋。就在那里，回眸的目光消逝了；就在那里，成像时而消逝，时而复活："天空布满乌云，月光一丝不泄，在小花园下，茂密的灌木好似一团黑漆漆的东西。在黑色的金字塔形状的针叶树之间，小路一直通向小屋。在这密密麻麻的针叶树之间，一块块白色的砾石闪烁不定。在这难以排遣的孤独中，男人向下瞧去，从他的梦幻中，突然浮现一个可爱的人影，这人影不再是活着的人。他看见她在小路下漫游。他觉得自己在走近她的身边。"施托姆笔下的主人公就这样屈服于死者的诱惑，于是，出现某种本真的、完全棘手的不忠实：在梦幻中，抛弃第二个妻子，与一个影子通奸。②

值得注意的是，在伟大的文学作品中，很少出现这种令人惴惴不安的成像。如果由于一个罪犯，仅仅出于葬礼后的筵席而摆设结婚宴席，这对于复仇者哈姆雷特来说，问题该有多么严重。然而，莎士比亚的《冬天的故事》③ 却充满了性爱成像的力量，这种力量始终在国王的罪责意识中起作用：在赫美温妮的立像前，国王深感悔恨，并内疚难当，心中充满了

---

① 泰奥多尔·施托姆（Theodor Woldsen Storm, 1817—1888），德国小说家、诗人，全名汉斯·泰奥多尔·沃尔特森·施托姆。主要作品有抒情诗《1848年复活节》《在1850年秋天》和《离别》（1853）；短篇小说《一片绿叶》（1853）等；中篇小说《茵梦湖》《迟开的玫瑰》《在大学里》《三色紫罗兰》《木偶戏子保罗》《普绪刻》《淹死的人》《双影人》《骑白马的人》等。

② E. 布洛赫：《希望的原理》，第 385—386 页。

③ 莎士比亚《冬天的故事》（*The Winters Tale*），是充满牧歌情调的 5 幕剧，主要情节取材于1588年出版的罗伯特·格林的浪漫田园诗《潘多斯托：时间致胜》。剧情大意是，西西里国王列昂特斯怀疑王后赫美温妮与人私通，将她投入监狱，并勒令把婴儿帕笛塔丢弃到一个荒无人烟的地方。有一天，他听到王后赫美温妮死去的消息，万分悲痛。但是，宝丽娜不仅救出公主帕笛塔，而且使赫美温妮塑像复活，让她与列昂特斯破镜重圆。

对她的思念之情。只有在这里，在莎士比亚深奥而轻快的戏剧中，国王才通过深刻的诙谐使她回心转意，他千方百计投入过去，以便把她重新变成当下。只有在这里，某种过去的、非过去的生命塑像才重新成为活生生的塑像。

    这是童话中的解决办法。在实际生活中，通常围绕"性爱成像空间"（Nach-Bild Platz），到处都有棘手的纠纷。这个令人从中焦虑不安的"性爱成像"空间只不过是对昔日恋人图像的记忆而已。在此，另一种美丽爱情的"性爱成像"空间很容易诱使人们畅饮女巫端上来的迷魂汤。①

  然而，我们必须区分错误的成像与正确的成像。错误地付诸实施的成像将导致新生活图像的终结，并把过去的生活括入虚假的现在之中。可以说，在心灵的透镜中"反复映照"的那一切缺点就是这种错误的成像。与此相反，恰当地经受考验的成像可能是最富有成果的，这种成像既不意味着借助于回味的回心转意，也不意味着对死者的盲目崇拜。因为正确的成像在过去中期待、迎接某种尚未形成的东西，并在这个领域里，散发出永不消逝的光芒。于是，死去的恋人迁出单纯的记忆，意象不允许徒劳地怀念恋人图像，相反，它像一颗星星一样，从未来闪闪发亮。

  歌德的《潘多拉》（为节日创作的戏剧），创作于1807—1808年间，1817年付印。潘多拉（Pandora）的意思是"美丽完美女人的化身"，因"潘多拉的盒子"而出名。古希腊语中，"潘"是"所有"的意思，"朵拉"则是"礼物"，"潘多拉盒子"即为"万恶之源"。据传，宙斯命令赫尔墨斯把潘多拉带给普罗米修斯的弟弟埃庇米修斯做他的妻子，并送给潘多拉一个密封的盒子，里面装满了祸害、灾难、瘟疫等。潘多拉禁不住诱惑，打开了宙斯送给她的盒子，不料，各种灾祸纷纷从盒子里飞了出来。从此，各种各样的灾难充满了大地、天空和海洋。但是，还有一种说法是，为了挽救人类命运，智慧女神雅典娜在该盒子底层悄悄放入唯一一件美好的东西："希望。"因此，只要人在，希望就在；人活着，也就希望着。

---

① E. 布洛赫：《希望的原理》，第386页。

在歌德的《潘多拉》中，透过现存世界的具体性，埃庇米修斯注视爱情的成像，尽管这种注视是透明的。在此，消逝了的潘多拉以近乎现实的面貌出现：

> 她千姿百态，飘然而至
> 她飘荡在河水上，她漫游在原野上
> 依照神圣的尺度，她发出光芒和强音
> 仅仅是完善形态，纯化内容
> 赋予对象和自身以至高的威力
> 她给我显现青春形象和淑女形象。①

但丁9岁时爱上一个名叫贝雅特丽采的8岁小女孩，那小女孩长大后跟别人结了婚，而且不幸早逝。但是，但丁始终爱恋着她。他不仅为她写了处女作诗集《新生》，而且在《神曲》中让她成为一位仙女，凭借她自身的力量，由炼狱进入天堂。在但丁的《贝雅特丽采》（*Beatrice*）一诗中，这种性爱许诺找到了自身最寂静的威力。在但丁看来，他与贝雅特丽采的神圣相遇乃是他与完美性的持续相遇。在神圣的死亡中，照亮彼岸世界，亲身走向这个未来、迎接这个未来，并期待、感受和完成这个未来。

在此，爱的相遇总是如此不可理解地发生类似安慰（Troshaftes）的东西。在此，爱的成像源自恋人，而这个恋人正是昔日恋人"贝雅特丽采"。因此，这幅昔日恋人图像很少作为某种许诺而告终。为了这幅图像的缘故，可靠的忠诚重新树立希望，但它不仅在坟墓一旁树立希望，也在当下之中树立希望。

第四节　象征形态中的白日梦：潘多拉的盒子

梦想是来自宙斯的礼物。有梦者事竟成。然而，我们不可否认，一切梦都具有这样一种特征，那就是：

> 对它而言，愿望图像多半都以徒劳无功而告终。因此一切梦都无

---

① 参见 E. 布洛赫《希望的原理》，第387页。

法忘记这一缺失的东西。也正因如此，在一切事物中，梦处处坚守敞开的大门。当令人愉快的对象似乎畅通无阻时，这扇大门至少是半敞开的大门，而这个半敞开的大门就叫作希望。如前所述，没有无恐惧的希望，也没有无希望的恐惧。在飘忽不定之中，希望与恐惧相互维持对方，更何况希望还能够借助于勇敢者压倒勇敢者。①

可是，希望也许是骗人的鬼火，它或许是某种内行的东西，某种在自身中预先思考了的东西。例如，总是引人注目的潘多拉神话就是通过一个女人，但以极端恶魔般的方式把希望带给人类。潘多拉像帕米娜一样温柔体贴，像海伦娜一样妩媚可爱。但是，由于邪恶或邪恶的意图，潘多拉被派往人间，而且，就像在亚当和夏娃的原罪神话里一样，她以普通的蛇的面貌出现。宙斯为了报复盗取火的普罗米修斯，把她派往人间。她是一个充满诱惑力的绝美的女人，但是，当她把装满危险礼物的闭锁盒子送给普罗米修斯的时候，他严词拒绝了这份礼物。可是，埃庇米修斯（名副其实的"后觉者"）却禁不住这份礼物的诱惑，这样，潘多拉便打开了她所带来的盒子。

根据赫希俄德②描述的神话，从那时以后，人类就遭到了这只盒子所包含的各种各样的灾祸的侵袭：疾病、忧虑、饥饿、畸形等纷纷飞出来了。在"希望"飞出来以前，宙斯只是出于所谓怜悯才最终关闭了盒盖。但是，这是一个充满矛盾的神话或神话版本。因为希望（宙斯也想要以此来安慰普罗米修斯所创造的人类）超然于他们的弱点之外，处在一些明显的灾祸中间。在赫希俄德的版本中，希望与灾祸的区别仅仅在于，它始终停留在盒子里，也就是说，它恰恰没有在人类中传播开来。但是，赫希俄德的传说难以自圆其说，除非希望作为灾祸涉及自身的欺骗性，并且涉及仅仅表现自身的那种无力感。

因此，古人塑造了 elpis③一词，并赋予该词以温情脉脉、面带神秘面纱、逃之夭夭等特点。这样，就像把恐惧、害怕远远甩在后面一样，斯多

---

① 参见 E. 布洛赫《希望的原理》，第 387 页。
② 赫希俄德（Hisiod, B.C. 800—B.C. 700），继荷马之后古希腊最早的诗人。主要作品有《工作和时日》《神谱》等。赫希俄德重新整理荷马的史诗，重构了希腊神话，他忠实于荷马的表述，但同时致力于维护宙斯的秩序。
③ 希腊语 elpis（望），是一个中性词，词意为等待、推测、假定和预见等。

亚派学者也想把希望远远甩在后面。但是，让人永志不忘的希望（Spes）却仍然在起作用。对此，安德烈亚·皮萨诺①在佛罗伦萨洗礼厅的大门上予以形象的描绘：尽管希望长有一双搏击长空的翅膀，但它久久坐着等待；尽管希望鼓起强健的翅膀，但它却像坦塔罗斯②一样，双臂无助地朝向某种不可企及的恐怖。

因此，希望比回忆贫乏得多，就确定性而言，希望显示的是某种灾祸。尽管希望千姿百态，但它缺乏牢固基础，这是肯定的。然而，即使是没有牢固基础的希望也不能被列入世界的一般灾祸范畴之下，即不能把希望与疾病、忧虑等范畴相提并论。更何况，有牢固基础的，亦即与现实的可能性相中介的希望与灾祸、甚至与鬼火相距甚远，不可同日而语。至少希望是半敞开的大门，从而令人愉快的对象尽可畅通无阻地出入，正因为这一扇半敞开的希望大门，世界绝不会变成监狱，世界也绝不应该作为监狱存在。

古人苦苦寻找希望，寻找的时间越长久，就越渴求希望。然而，以后的希腊神话版本（歌德的《潘多拉》也学会了这个版本）不是把潘多拉带来的嫁妆描写为各种不幸的容器，而是把它描写为装满一切财富的容器乃至神秘的盒子。在这个版本中，潘多拉盒子乃是潘多拉自身，即"一切才能"，其中充满了一切刺激、礼物、幸福的赠礼等。根据希腊神话版本，当这个盒子被打开时，这一切美好的东西都飞了出来，但是与罪恶不同，一切美好的东西恰恰都飞走了，从而在人们当中未能传播开来。然而，在盒子里至少留下了独一无二的财富，即希望。希望使一无所有的人鼓足勇气，面对尚未出现的东西，坚强勇敢，永不放弃。在希望消逝的地方，世界中悬而未决的过程也必定丧失殆尽。

这样，长此以往，唯一正确的是潘多拉盒子的第二个版本。因为希望是留给人的唯一财富，希望并非一开始就是业已成熟的财富，但它也绝不是业已毁灭的财富。

---

① 安德烈亚·皮萨诺（Andrea Pisano, 1270？—1348？），意大利建筑家、雕刻家、炼金术士。

② 坦塔罗斯（Tantalus），主神宙斯之子，因泄露天机而被罚永世站在长有果树的水中，水深及下巴，口渴想喝水时，水即减退；腹饥想吃果子时，树枝即升高。

从主观上和客观上，我们都可以把希望的基本特征标明为半敞开的大门以及基督降临节的黎明。希望这一半敞开的大门是未完成世界的盒子以及显现自身潜势的那个带有各种火花（暗码、肯定的象征等）的空房间（Hohlraum）。就存在的东西之中最令人喜爱的历史象征而言，潘多拉盒子犹如一间小室深邃地温暖地打开自己；不仅如此，像陆地旁的舱房一样，潘多拉盒子点燃家的承诺之光。凭借存在之物中最强烈的风景象征，潘多拉盒子犹如敞开的大海，热情地打开自己。当阳光渗透天空，天色破晓之际，地平线上布满了夹杂着暴风雨的傍晚的云雾，甚至还布满了黄金色的早晨的云雾。在傍晚前，我们怎能不赞美这样一个壮美的一天。这两种风景同样也是哲学的前景，归根结底，这是对于希望的唯物主义的某种开放的回答，是对新的总体世界的渴望和献身。这一总体或全有依然处于过程及其趋势之中，并且，凭借乌托邦的终极状态要素日益接近潜势中的过程前线。幻象及其从未存在过的财富从潘多拉盒子中统统飞走，但是，现实的、有根据的希望却保留下来。在希望中，人成为人之为人，世界成为世界之为人的家乡。①

在此，布洛赫用"舱房"和"地平线"两个词形象地刻画了希望哲学的两个目标前景：一是，"期待陆地目标，眺望茫茫大海的舱房"；二是，"展望暴风停息后早晨灿烂的地平线"。这样，作为具体的乌托邦，马克思主义最大限度地抛弃幻象的乐观主义，同时最大限度地孕育抉择的乐观主义。因此，已知的希望要素并不脱离总体上有分寸的，即自然地停止的马克思主义的理论—实践。的确，机械唯物主义比马克思主义真实。但是，如果机械唯物主义把一个同样愚蠢的世界乃至半个狭隘的世界单纯地解释为机械的世界，那么它就是不真实的。按照机械唯物主义的观点，世界在无目的地运动着，所谓运动无非是关于生成与灭亡的旧的循环运动，并且锁定在永远同一的必然性的链条上。

但是，世界并非如此。在世界中，发生着继续进行的矛盾，在世界中，更美好的生活、人化、为我之物等正在现实地成为可能，在世界中，发展和向前的发展可能性等拥有自身的位置。现实地敞开的世界乃是辩证

---

① E. 布洛赫：《希望的原理》，第389—340页。

唯物主义，而这种唯物主义并不具有任何机械论的外壳。就像机械唯物主义一样，辩证唯物主义与作为创造者的知性的唯心主义、作为造物主（Demiurg）①的精神的唯心主义、僧侣世界观、来世本质等也相距甚远，可谓天壤之别。而且，辩证唯物主义与个体的静力学，尤其是与唯心主义一道所崇奉的那个世界的全体毫无共同之处。

马克思在《〈政治经济学批判〉导言》中说过："希腊神话不只是希腊艺术的武库，而且是它的土壤，是希腊艺术的素材。"② 希腊神话是人类童年时代的美丽的诗，具有永久的魅力，希腊神话成为希腊艺术最重要的特征。在众多希腊神话中，《潘多拉盒子》可谓魅力四射，独树一帜，始终具有耐人寻味、扣人心弦的张力。这不仅因为这则神话美丽迷人，更因为它提出了人类永恒的命运问题："希望还是绝望？"

相传，提坦神的儿子普罗米修斯盗取天火送给人类，从此人类学会了使用火。为了惩罚普罗米修斯的"大逆不道"，万神之父宙斯把他制造的完美女人"潘多拉"送给普罗米修斯的弟弟埃庇米修斯做他的妻子，并送给她一只神秘的盒子。在古希腊语中，"潘"是所有的意思，"朵拉"则意味着"礼物"，潘多拉即"诸神送给人类的礼物"。

古往今来，大体上，希腊神话《潘多拉盒子》有两个版本：一是"绝望"版本；二是"希望"版本，一字之差，意义迥然不同。按照绝望版本，人类在劫难逃，注定归于毁灭；按照希望版本，人类与希望同在，危险增长的地方，希望也在增长。

根据绝望版本，潘多拉成为埃庇米修斯的妻子之后，就迫不及待地打开了宙斯带给她的那只神秘的盒子的盒盖。不料，藏在里面的各种灾害，例如，疾病、疯癫、悲愁、罪恶、嫉妒、奸淫、偷窃、贪婪、瘟疫、死神等就像一股黑烟似地飞了出来，迅速蔓延到人间。从此，人类永无宁日、苦海无边，人类辉煌灿烂的黄金时代也就此宣告结束。据此，潘多拉被喻作"苦难的渊薮"，"潘多拉的盒子"则被等同于"一切灾难的传播者"。

然而，根据希望版本，当宙斯送给潘多拉一个密封的盒子，往里面装满祸害、灾难和瘟疫等的时候，智慧女神雅典娜为了挽救人类的命运而在盒子底层悄悄地放上了唯一美好的东西："希望"。因此，即使人类饱受

---

① dēmiourgos，柏拉图哲学用语，原意为"巧匠"。
② 参见《马克思恩格斯选集》第二卷，人民出版社1995年版，第711页。

灾难、瘟疫和祸害的折磨，心中也总是抱有美好的希望，总是朝向美好的未来。因此，只要人活着，他也就希望着。于是，希望成为人类自我激励、自我超越的最重要的人类学—存在论范畴。

古人苦苦寻找希望，时间越长久，就越渴求希望。因此，以后的潘多拉神话版本，大都沿袭希望版本，尤其是歌德的《潘多拉》另辟蹊径，不是把潘多拉带来的嫁妆描写成各种不幸的容器，而是把它描写成装满一切财富的容器乃至神秘的盒子。

歌德的《潘多拉》(为节日创作的戏剧)创作于 1807 年，1821 年付印并于 1829 年增订，在这个希望版本中，潘多拉盒子就是潘多拉自身，即"一切才能"，充满了一切刺激、礼物、幸福的赠礼等。根据这个版本，当盒子被打开时，尽管里面包藏的一切邪恶的东西都飞了出来，但是与罪恶不同，在盒子里至少还留下了独一无二的财富，即希望。希望使一无所有的人鼓足勇气，面对尚未出现的东西，坚强勇敢，永不放弃。在希望尚存的地方，世界上悬而未决的过程仍在继续发展。因此，人本质上无非是可从未来规定的存在。人类的前途取决于学习希望。

在歌德的《潘多拉》中，埃庇米修斯已不再是那个愚蠢而贪恋美色的男人，而是一个老实厚道的、知冷知热的男人，潘多拉也不再是那个狡猾而贪图虚荣的女人，而是美丽纯洁的"完美女人的化身"。埃庇米修斯透过现存世界的具体性来注视爱情成像。尽管这种注视是透明的，但是，在此早已消逝了的潘多拉的成像却以近乎现实的面貌出现：

> 她千姿百态，飘然而至
> 她飘荡在河水之上，她漫游在原野上
> 依照神圣的尺度，她发出光芒和强音
> 仅仅是完善形态，纯化内容
> 赋予对象和自身以至高的威力
> 她给我显现青春形象和淑女形象。①

在古希腊人那里，"潘多拉盒子"首先是通过白日梦来表现的。正因如此，在《希望的原理》第 22 章《象征性形态中的白日梦：潘多拉盒

---

① E. 布洛赫：《希望的原理》，第 387 页。

子,剩下的遗产》中,具体地考察了这一神话插曲如何历史地被接受的历史过程,据此指出,在尚未完成的世界中,也存在某种否定性的肯定的闪光。

没有无恐惧的希望,也没有无希望的恐惧,潘多拉神话就是通过一个美女,以极端恶魔般的方式把希望带给人类。就存在的东西的历史象征而言,"潘多拉盒子"犹如一间"小室",深邃地温暖地打开自己;不仅如此,潘多拉盒子像陆地旁的"舱房"一样点燃在家的承诺之光。凭借存在的东西中最强烈的风景象征,潘多拉盒子犹如敞开的大海打开自己。当阳光穿透天空,天色破晓之际,地平线上布满了夹杂着暴风雨的傍晚的云雾,甚至还布满了黄金色的早晨的云雾。在傍晚前,我们怎能不赞美这样一个壮美的一天。

错觉及其从未存在过的财富从潘多拉盒子中统统飞走,但是,现实的、有根据的希望却被保留下来。在希望中,人成为人之为人,世界成为世界之为人的家乡。在此意义上,马克思开启的希望哲学是一种"战斗的乐观主义",它最大限度地抛弃错觉的乐观主义,同时最大限度地孕育抉择的乐观主义。因此,马克思主义哲学"将成为明天的良心,代表未来的党性,拥有希望的知识"[①]。

自潘多拉打开盒子之后,世界就一直动荡不定。但是,因为雅典娜留下的最后美好的东西——"希望"还留在盒子里面,所以世界不至于万劫不复。"没啥也别没希望",只要这个世界上还有"希望"存在,人类就有奔头,就有未来,就有拯救。希望永远存在,人生也绝对充满了美好的希望。在此意义上,潘多拉是美的造型,而"潘多拉盒子"是希望的象征。

然而,有句德国谚语说道:"希望和等待使人变傻。"无独有偶,有句意大利谚语也附和着说道:"谁靠希望生活,谁就死于绝望。"与此遥相呼应,在地狱入口的题词上,意大利诗人但丁以这样一种威胁性的口吻写道:"请进,放弃一切希望!"乍听起来,这些见解振振有词,其实不然。因为谁希望,谁就怀疑;谁绝望,谁就期望,所以希望与诸如傻子、死亡和地狱一类的阴暗面并无必然的联系。在此,无论是德、意谚语,还是但丁格言都把希望描绘得一片漆黑,完全剥夺了人借以幻想的任何空

---

① E. 布洛赫:《希望的原理》,第5页。

间，扼杀了所有面向未来的期待、推测和想象。

在古希腊，与现代的解释不同，"希望"（Ελπίδα）一词并不涉及任何积极的情绪，作为一个中性概念，"希望"仅仅意味着对未来的一种期待情绪。但是，即使是作为中性概念，在远古时期，希望也遭到了怀疑主义者的质疑、讥笑和谩骂。例如，约公元前7世纪赫希俄德就嘲笑希望是"空洞的""毫无价值的"。自那以后，这一修饰语就始终伴随着希望概念。

令人费解的是，晚期希腊诗人完全接受了这种希望概念，例如，抒情诗人品达①就谈到希望和期待的"厚颜无耻""放荡不羁"，"希望"好比娼妓，摇首弄姿，招摇撞骗。在《埃阿斯》（Aias）中，悲剧诗人索福克勒斯②同样以讥讽的口吻谈到希望和期待，在他看来，希望和期待无非是凡人的智慧而已，因为只有凡人通常仅仅热衷于"空洞的希望和无望的等待"。公元前3世纪之交的伊壁鸠鲁警告人们提防对未来的每一个期待，因为在他看来，这些期待肯定属于某种希望和忧虑，而希望和忧虑必定扰乱灵魂的安宁。公元2世纪，罗马皇帝奥勒留③告诫人们："如果你对某物感兴趣，只要这是可能的，就让空洞的希望来帮助你自己。"可悲的是，在近代启蒙主义诗人席勒④那里，希望不仅是虚妄不实、徒劳无益的东西，也是不可思议的东西。因为在他看来，希望不会与白发老人一道被埋葬，希望好比厉鬼，即使在坟墓里跑得很累，累得要死，它也要在坟墓上树立希望。

然而，尽管品达诋毁希望"厚颜无耻""放荡不羁"，他有时也告诫人们要面向"美好的希望"，追求崇高的生活。在《俄狄浦斯王》中，索

---

① 品达（Πίνδαρος，B. C. 518—B. C. 438），古希腊抒情诗人，被誉为古希腊九大抒情诗人之首，传世之作共有四十五首三千四百二十八行，主要是赞美奥林匹亚等竞技胜利者的颂歌。

② 索福克勒斯（Σοφοκλης，前496年—前406年），古希腊剧作家，古希腊悲剧的代表人物之一，和埃斯库罗斯、欧里庇得斯并称古希腊三大悲剧诗人。主要作品有悲剧《俄狄浦斯王》《安提戈涅》等。

③ 奥勒留（Marcus Aurelius Antoninus Augustus，121—180），全名为马可·奥勒留·安东尼·奥古斯都，拥有恺撒称号（Imperator Caesar），是罗马帝国五贤帝时代最后一个皇帝，161年至180年在位。

④ 席勒（Johann Christoph Friedrich von Schiller，1759—1805），德国诗人、哲学家、历史学家和剧作家，德国"狂飙突进运动"的代表人物。主要作品有《强盗》《阴谋与爱情》《唐·卡洛斯》（1787）等。

福克勒斯也借助合唱指挥的话说道:"我有希望!"诸如此类的令人鼓舞的话表明,人对未来不仅仅是可以期待中性的或邪恶的东西,而是可以期待美好的东西。其实,这种观点很接近《旧约圣经》关于希望的解释。

在《旧约圣经》里,"上帝"与"希望"是同义词。希腊哲学家们在"准备乃至关怀"意义上使用"希望"(Ελπίδα)一词,而以色列人则在耶和华神的"诚实乃至忠义"意义上使用"希望"一词。以色列民族的尘世事业就是服从神,听从神的旨意,走向一个牛奶和蜂蜜如同泉水涌流的国度。在此,希望意味着许诺,即可以静静入睡的"希望之乡"。但是,在广义上,希望被表述为信仰、忍耐、期待,亦即"信、望、爱"。尤其是,信仰(Glaube)与愿望一脉相承、难解难分,因为按照《圣经》信仰,希望的必要条件始终是对耶稣基督的信仰体验。显然,这种希望仅限于基督徒,故不具有普适性。如果有人不信耶稣基督,例如,异教徒就没有希望,就没有得救。因此,基督教的希望仅仅存在于耶稣基督的复活中,存在于创世主的永生之中。在此,希望与理性是截然对立的。

《旧约圣经》把希望与神联系在一起,从而使希望包含了一种信任因素,神许诺信徒将从一切邪恶中得到解脱,因此,希望超越所有尘世的当下和未来,指向信仰所承诺的唯一神。在此,希望不是寻求微不足道的日常愿望的实现,而是寻求包罗万象的救世事件的实现。由于这个缘故,希腊语言并未在"信任"与"信仰"之间做出严格区分。例如,对于《圣经》而言,对神的信任就是对神的信仰。于是,基督徒同样把希望理解为对神的信任,这是一种无条件的信任或信仰,它不会为任何未来预测的或然性所动摇。对此,保罗在《罗马人书》中写道:"因为我们得救,还是在于希望。所希望的若已看见,就不是希望了;那有人还希望所见的事物呢?但我们若希望那未看见的,必须坚忍等待。"他以亚伯拉罕为例,形象地说明了希望的信仰底蕴:亚伯拉罕相信神以及神的契约承诺,而神恰恰因为亚伯拉罕对神的无条件信仰而宣布他的正义。亚伯拉罕所信任的正是那种使死人复活,使无变为有的神,因此他在走投无路、无可指望的时候,因信任而仍有指望,就得以"作多国的父"。

总之,《圣经》里的"希望"存在于在场的神与不在场的神之间的紧张对峙之中,存在于确信不移的信仰与尚未实现的希望之间的紧张对峙之中。由于此,在《圣经》里,希望概念总是变幻不定,不仅回归内在要素而被特殊化,甚至还被修正或取代,其结果,作为基督教的德性,希望丧失了其本真的意义,历史神学也难免陷于无根基的危机之中。

如上所述,直到20世纪初,"希望"一直是哲学的边缘概念,可以说,2500多年的西方哲学对于了解"希望"主题并无任何实质性的贡献。但是,希望不仅是人类学的主题,也是存在论的主题。哲学并不能也不应该对"希望"保持沉默或视而不见。值得欣慰的是,20世纪德国马克思主义哲学家恩斯特·布洛赫敢为天下先,率先把"希望"(Hoffnung)置于哲学的核心概念,从人类学—存在论视角重新界定了"希望"的具体内涵。

在一切情绪活动以及只有人才能到达的情绪中,希望是"最人性的东西"。与此同时,希望与最辽阔的、最明亮的视域相关联。在最基本的类冲动萌芽中,希望已经是超出单纯的类似冲动的东西,它已经吸收了充满幻想的想象能力和思想上的预先推定能力。希望是最卓越的人的冲动,希望同社会劳动、概念构成和意识一道构成属于我们人类学特性的基础。想象的人乃是希望中的人。人类历史不仅是一部阶级斗争史,也是一部包括希望、计划、预先推定、诗作、教育、哲学论述、政治计划和斗争等的历史。希望和展望对于每一种政治理念都具有重要意义。

布洛赫把希望称作"原理",因为他不是把它理解为"美德"或一般的"情绪",而是把它理解为"尚未存在的东西"的母腹和导线。因为希望意味着某种尚未存在的东西,即存在于自然之中的"尚未形成的东西",存在于人之中的"尚未被意识到的东西",所以布洛赫把自然称作"可能性之中的存在者",并且谈到人的"自我扩大冲动"。人与自然相互作用、相互一致,实现马克思意义上的"人的自然化和自然的人化",从而扬弃主体与客体、人与人、生存与世界的异化,最终奔向尚未形成、尚未成功的人类的"新家乡"。在所有生命表达方式中,例如,在饥饿和冲动中,在梦中、童话中,在旅行的魅力中,在社会乌托邦中,在音乐和宗教中,布洛赫都发现了这种希望的"先现"。

按照他的希望观,马克思主义恰恰表达了一种"已知的希望",即被辩证—唯物主义地理解了的希望,因为马克思主义让世界的未来前景掌握人类,并动员人类积极投身社会变革和政治变革去造就世界的未来前景,因此只有马克思主义的社会主义原则才能提供世俗的更美好生活的梦想和要求。在此意义上，预先推定—希望—梦不仅仅是马克思主义的范畴，也是革命的现实政治的范畴。马克思主义就是一种"希望哲学"，而希望哲学代表着一种"想象的良知和想象的希望的形而上学"。

毋庸讳言，希望会成为失望，而且会成为深深的失望，甚至会让人名誉扫地。因为第一，希望是开放的，它并不寓居于现存事物之中，而是寓居于未来的事物之中；第二，希望是具体的、被中介的东西，它不同于确定不移的事实。因此，"希望与可失望性是直接联系在一起的：希望具有挫败本身的不可靠性；希望不是确信"。但是，希望总是革命的，如果没有希望，那么任何行动都是不可能成功的。面对失望、挫折和失败，"战斗的乐观主义"不是抛弃希望，不是抛弃希望的目标，而是审视、斟酌希望本身的阻碍、拖延、拐弯、挫败等因素，重构希望的"预先推定的意识"。

希望是人类展望未来、纵览全体的原理和范畴。人类是不能没有希望的。没有希望，就没有梦，没有梦就没有努力，就没有成功，就归于灭亡。希望永远和人类在一起，在此意义上，布洛赫认为，"一个马克思主义者无权成为悲观主义者"①。

第五节 《痕迹》：现代童话

1929年世界经济大危机爆发，这一年恰逢布洛赫（Ernst Bloch, 1885—1977）离开维也纳来到了柏林。在维也纳期间，他对这座大都市的悠闲而富于动感的生活感到十分惬意，但是，他对那里日益甚嚣尘上的反犹主义特别反感。在柏林，他很快融入了当时的文化名人圈子，其中有贝托尔特·布莱希特、齐格弗里德·克拉考伊尔、汉斯·埃斯勒等一大批老朋友。此外，他的第三本书，一本哲学—文学论集《痕迹》由保罗·卡西勒出版社出版，令布洛赫始料未及、喜出望外的是，此书比他的第二

---

① 参见 E. 布洛赫《一个马克思主义者无权成为悲观主义者（1976）》，载 A. 闵斯特编《直路的白日梦：与恩斯特·布洛赫的六次谈话》，法兰克福/美因，苏尔卡姆普出版社1977年版，第101—120页。

本书《托马斯·闵采尔》(1921)① 更受读者和评论家的好评。

如果说，同一时期 W. 本雅明在《单行道》(1928)② 中构思了一种对位法的写作技巧，那么，在《痕迹》中，布洛赫则构思了不同题材、象征和关键概念的混合用法。借助于此，读者可以驾轻就熟，深入浅出，易于通达人的生命和生存的谜一般的神秘侧面。这个生命和生存（Exiszent）的侧面是一个陌生的、强大的世界，它完全不同于人为地"去魔法"的那个世界，即一个由于阶级剥削和压迫，而深陷生存意义危机、丧失了生活意义的世界。虽然这部作品不是一部系统有序的文集，但涉及题材十分广泛，涵盖陌生、惊异、成长一类的题材以及与此有关的其他短篇小说形式，例如，犹太教法师故事和哈西德派犹太教运动故事。这些不同形式的哲学文学题材，凭借寓言、短篇故事和其他短篇小说说明了日常生活中现代生存的此在意义。

《痕迹》大都取材于"小人物""小事情"。但是，由于题材新颖，情节紧凑，这些故事令人忍俊不禁，引发读者阵阵好奇和惊异。然而，这种惊异（Staunen）与柏拉图哲学中的惊异有着截然不同的功能。在柏拉图那里，惊异乃是哲学思维活动的真正开端，而在这里惊异显现为某种"不可思议和猛然觉醒"，同时动摇相对和谐的社会秩序。这种惊异必然导致某种批判意识和实践意识，而这种批判的实践意识本身又重新动摇科学秩序、政治秩序和社会秩序。

1931 年 5 月 17 日，克拉考伊尔在《法兰克福日报》上发表书评，把这部作品形象地称之为一部"现代童话"、一部后尼采式的中篇小说和箴言体故事、一部藏有日常生活故事和短篇小说的"小宝库"。③ 这座宝库深藏不露，很少发光，但处处表现出哲学家的大作家天赋。作者往返于德国、南部意大利、法国乃至突尼斯，以自身特有的趣味、眼光和风格描述了自己动荡不定的生活。但是，与同一时期 M. 普鲁斯特的《追忆逝水年华》(1913)④ 不同，布洛赫的《痕迹》不是多情空余恨，念念不忘一去

---

① 参见 E. 布洛赫《作为革命神学家的托马斯·闵采尔》，法兰克福/美因，苏尔卡姆普出版社 1969 年版。
② 参见 W. 本雅明《单行道》，柏林，恩斯特·罗沃尔特出版社 1928 年版。
③ 参见 S. 克拉考伊尔《布洛赫的〈痕迹〉》，载《法兰克福报》，文学期刊，63 卷，第 20 号，1931 年 5 月 17 日。
④ 参见［法］普鲁斯特《追忆逝水年华》，李恒基、徐继曾等译，译林出版社 1989 年版。

不复返的青春年华，而是满怀希望，翘首以待新的人的相遇、新的友谊、新的哲学理论和意义境况。

在这部作品中，布洛赫已经放弃了早年构思的庞大的价值论体系，开始转向一种乌托邦弥赛主义哲学，以便努力追寻自我同一性（Selbstidentität）意义上的"痕迹"（Spuren）。《痕迹》的一个重要主题是，可能发生的"附带"（Nebenbei）、看似无关紧要的"小事情"（kleinen Dingen）、莱布尼茨意义上的"微知觉"（kleinen Perzeptionen）等。对这些仿佛微不足道、无关紧要的东西，作者体察入微，绘声绘色，其观察之敏锐、描述之细腻一点也不亚于本雅明的《单行道》。1974 年，在接受法国记者 J. 马尔尚的采访时，布洛赫表达了寻求"痕迹"究竟意味着什么？在他看来，在轶事、故事等艺术形式中，活跃着它的哲学的本质要素，因此，寻求微小对象、寻求附带艺术也就意味着寻求乌托邦的事物、自我相遇和世界相遇：

> 就平凡的体验、纪事和历书故事而言，存在两种人格类型。一种故事创作得如此短小精悍，以至于一个人在床上，在夜里，在入睡前就能一口气把它读完。故事结束了，一切都解决了，一个人关上灯，酣睡不醒，尽管这个人不是随便任何一个人。但是，也存在另一种故事，在讲述这个故事时，这故事并没有结束，相反，它拥有一种剩余，一种"觉察"（Merken），正如黑贝尔所说，这使得这个故事的意义成为可能。在黑贝尔这位前所未有的伟大的讲故事者那里——在约翰·彼得·黑贝尔这位《莱茵区情人的小钱箱》的作者那里——也有这样的故事。但是，这个故事并非为了无条件地消解"觉察到的"事情，相反，是为了遗留某种僵硬物。这就是某物的一个痕迹，北美西部未开发地区某一故事风格的痕迹，库珀、卡尔·迈和格斯塔克尔①风格的痕迹。因为在某个人那里，如有什么事情发生，这事情就意味着某物；这里就留下某物的一种痕迹。现在，在这样的故事或微小的个人体验中，这种痕迹被发现了：在伟大的语言中，在伟大的

---

① 格斯塔克尔（Friedrich Wilhelm Christian Gerstäcker, 1816—1872），德国旅行家、小说家，著有《阿肯色州的监管机构》（莱比锡，1845）、《密西西比州图像》3 卷（莱比锡，1847）、《黄金》3 卷（耶拿，1858）等。

事件中，伟大的、纪念碑式的作家不仅观察不到，也无法观察到这种特殊的东西。格斯泰格尔有一部美妙的故事，它看上去根本就没有任何伟大的意义；但是，在此人们能够结识被离异的东西，而这种被离异的东西恰恰蕴含在痕迹里。①

正如卡夫卡《城堡》中的人物一样，布洛赫《痕迹》中的人物也在这个荒唐的世界中寻求意义并赋予意义。在"世界之家"中，人与人物形象并非一帆风顺、称心如意，而是命运多舛、前途未卜。面对凶神恶煞般的厄运，他们感到前途一片迷茫，只能睁大眼睛模糊地预感到某种惊心动魄的维度。他们旨在发现迷宫出路的所有努力都归于徒劳，归于失败，最终只留下一堆神秘莫测的"暗码""符号"，即支配城堡世界的纷乱"密码"（Codes）。在一个不断陌生化的陌生世界中，人和人物形象变幻不定、杂乱无序。

然而，与卡夫卡小说的人物形象不同，布洛赫笔下的故事人物形象并非仅仅拥有某种刺激反应形式，即仅仅模糊地无意识地感受到路上的阻力。相反，他们强烈地意识到不断"酝酿的世界过程"本身的意义。在他们看来，世界的意义尚未查明，"世界之谜"（Welträtsel）尚待破解。因此，就像在"被经历到的瞬间黑暗"的主体存在状态这一延长符号中一样，在世界之路的迷宫中，出现一块前院一样的地方，就在这个地方，乌托邦存在的一道道光束透过"世界之谜"的层层迷雾照射进来。

另一方面，在《痕迹》中"境况"（Lage）一章的开头部分，布洛赫以敏锐的马克思主义视角证实了大城市中的贫穷、不幸、被剥削和边缘化景象。例如，在一则小故事中，有这样一段对话："我问道：您在做什么？我在省灯，穷妇人说道。很晚了，她还坐在黑漆漆的厨房里。这毕竟比吃饭时省灯更容易些。因为它不是对每个人都提供足够的光亮，穷妇人跳了起来。您在休息和离开时，也为主人工作。"② 作者以同情和怜悯的

---

① E. 布洛赫：《将世界改造到可理解的程度》（1974），载 A. 闵斯特编《直路的白日梦：与恩斯特·布洛赫的六次谈话》，法兰克福/美因，苏尔卡姆普出版社 1977 年版，第 57—58 页。

② E. 布洛赫：《痕迹》，新扩充版，法兰克福/美因，苏尔卡姆普出版社 1969 年版，第 21 页。

笔调描写这些被社会边缘化的小人物的遭遇，通过描述他们日常琐碎生活中的烦恼、欲望，表现他们的生存现实和对一个没有剥削、压迫和异化的美好世界的憧憬。

此外，在《游戏形式，痛苦》中，布洛赫生动地描写了 7 月 14 日法国国庆之夜在巴黎主要街道上发生的一起事件：当一个资产者的汽车司机开着一辆小汽车想要冲过载歌载舞的人群时，街上舞动的市民群情激昂、义愤填膺。从中，布洛赫强烈地意识到，以往马克思主义工人运动的盲点在于：一是很少关注在夺取社会主义胜利过程中，"新人乌托邦"（Utopie des neuen Menschen）的重要作用；二是很少关注法国大革命时期，在市民背后隐藏着"资产者"这一重大事实。

后来，在《这个时代的遗产》（1935）中，布洛赫详细探讨了德国魏玛共和国时期，马克思主义政党对德国法西斯主义崛起所犯下的严重错误。"在希特勒的胜利面前，共产主义政党的所作所为是完全正确的，只是它的无所作为是错误的。"① 换言之，面对纳粹煽动性的恐怖主义的宣传机器，左翼政党患上了不可救药的"社会主义幻想的营养不良症"，袖手旁观、无所作为，从而错过转机，导致左翼的全面失败。

《痕迹》的另一个主题是哈西德派②故事中犹太教法典的智慧，作者以充满会意的眼光看待世界上被命运抛弃的一切。例如，在《坠入现在》一节中，作者把这种命运多舛的世界及其遭遇加以典型化。有一次，布洛赫听到这样一则耐人寻味的哈西德故事：

在一座小城的教堂里，几个犹太人争吵得不可开交，简直令人生

---

① 参见 E. 布洛赫《这个时代的遗产》，法兰克福/美因，苏尔卡姆普出版社 1962 年版，第 19 页。

② 哈西德派（Chassidismus），犹太教的一个虔修派和神秘运动，18 世纪起源于波兰犹太人。他们反抗严格的律法教义和塔木德法典，而赞成以一种比较欢快的崇拜方式让普通人得到精神慰藉。美名大师托夫（贝西特）开始宣扬哈西德主义的教义，他认为上帝是无所不在的，对神虔敬比做学问更重要，他的门徒被称为哈西德派（即虔诚派）。约在 1710 年多夫·波尔创立第一个哈西德教团，不久在波兰、俄罗斯、立陶宛和巴勒斯坦也纷纷成立了许多小社团，每个分社由一个"义人"（zaddik）领导。其共同的礼拜仪式包括大声呼叫、纵情歌舞以达到狂喜入神状态。1772 年正统派犹太教把他们逐出教会，但哈西德派继续蓬勃发展，到了 19 世纪，哈西德主义已变成一种极端保守的运动，在大屠杀中，大批哈西德派信徒罹难，但残存者在以色列和美国仍积极活动。

厌:"如当天使来临,人们希望什么?拉比说道:如果他能摆脱他的咳嗽,他就已经很高兴了。第二个人说道:我希望我的女儿结了婚。第三个人喊道:我压根就不想要女儿,我想要一个接管我的生意的儿子。最后拉比转向昨晚跑过来的一个乞丐,现在他衣衫褴褛、可怜巴巴地坐在长凳后面。你究竟想要什么,亲爱的,你不想吧?如果你什么也不想要,上帝会抱怨的。"乞丐答道:"我希望我是一个伟大的国王,并且希望拥有广袤的土地。在每座城市里我都想拥有一座宫殿,而且在最美的宫殿里想拥有由玛瑙、檀香和大理石建造的我的官邸,我想坐在一尊宝座上,就像所罗门一样,我的敌人惧怕我,我的人民爱戴我。但是,在战争中,我并没有所罗门那样的幸运:敌人破门而入,我的军队被打败,所有城市和森林都被付之一炬。敌人已经出现在我的官邸前,我听见街上的喧嚷。我头顶王冠,手持权杖,穿着紫衣、衬衫和鼬皮大衣,一个人坐在王位厅里。当人民喊着要喝我的鲜血时,我抛弃了身上所有显赫贵重的东西。我脱掉衬衫,扔掉所有华丽的服饰,夺窗纵身跳进庭院。为了活命,我穿过城市、骚乱、旷野,越过我的燃烧的大地。我走啊走,整整走了十天,我来到一个谁也不认识我的荒僻边境,我来到素不相识的其他人那里,他们对我一无所知,对我也没有提任何要求,可是他们救了我,从昨天晚上起,我就坐在这里了。"停顿了很久,气氛压抑得令人窒息。这个乞丐突然跳起,拉比目不转睛地望着他。"我得说,"拉比缓慢地说,"我必须说,你是一个很奇特的人。当你失去了一切时,为何还想要一切?你到底还有什么财宝和美好的东西?"拉比问道。乞丐重新坐下:"我现在已经有了一件衬衫。"①

因此,事情的结局是一个幽默,对此,布洛赫在与J.马尔尚的谈话中继续评论说:"但是,这里蕴含着某种别的东西,这东西正是'觉察'、注意、痕迹解读以及引人注目的形式,恰恰在这种形式中觉察才得以被解释。引人注目的是,在此提出了这样一个问题:"当天使向你走来时,你希望什么?回答是:'我希望我是一个伟大的君王,拥有一个帝国。'这种回答也是语法上的一个愿望式。此外,这种回答也进入历史性的现在

---

① E. 布洛赫:《痕迹》,新扩充版,第98—99页。

时:'人民喊着要喝我的鲜血,我夺窗冲出',而不是'我夺窗冲出,人民喊着要喝我的鲜血';不是过去时,而是一个历史性的现在时,而这种现在时如今继续运转,不受干扰地继续运转,直到结束句:'而从昨天晚上起我就在这里了。'这是真正的现在时,当下的标志。"①

在此,布洛赫的描述明确地暗示了过去与当下的辩证法。尽管在《痕迹》中业已规定了哈西德拉比故事所特有的弥赛亚的意义,但是,这里的描写结构同样表现出 M. 普鲁斯特《追忆逝水年华》、罗曼·罗兰的《约翰·克里斯多夫》等世界其他文学巨著的一般特征。不过,与这些文学巨著不同,布洛赫的描述不是从现实当下的体验直接地跳进现在之中,而是始于一个愿望式,一种奇异的形式。然后,由此产生"现在"(Jetzt)和"在此"(Hier)的登陆。与此相对照,在其他情况下,所有故事、每部长篇小说,特别是侦探小说都始于现在时。在所有传记或英雄描述中,例如在罗曼·罗兰的《约翰·克里斯多夫》以及在关于贝多芬生活的描述中,我们都发现进入现在和在此的这种突变。在 M. 普鲁斯特的《追忆逝水年华》中,从现实的当下体验中,恰恰出现这种进入现在时的直接跳跃。然而,这里的进程正好相反:

> 在这种不显著的、微小的东方—犹太故事——这故事没有任何声响,通常也不具有任何文学价值——中,开始某种前所未有的东西,开始某种主要见之于遥远对象中的东西,即像所有其他房屋一样,不仅是其他长篇小说,而且所有文学作品都存在一种相反的建筑方式。人们可以把这一点与威尼斯的多根官相比较,在底层下方是所谓简朴的装饰物(拱形),墙上方是富丽堂皇的浮雕,而在这种奢华中蔓延充满诗意的扩建。在此,我们拥有一种诗意的下层建筑,确切地说,不仅拥有一种诗意的下层建筑,也拥有一种愿望倾向的、白日梦倾向的下层建筑,而且从上面着手修建城墙:"从昨天晚上起我就在这里了。"因此,借助于登陆现在而激起一个十分奇异的形式,不仅激起语法上值得思考的东西,也激起理论上值得思考的东西。这是关于痕迹的一个小范例,其中可以发现相当简单的、哲学上相对轻松的东西。这东西从小事情开始,并以奇异的情绪结束。那么这一过程是从

---

① E. 布洛赫:《将世界改造到可理解的程度》(1974),第 59 页。

何处知道关于我的东西的呢?这也许就是痕迹以近似方式所表明的东西,而且为什么被称作痕迹的原因吧。这里,某物在运动,或者某物在继续运动,以至于人们无法简单地熄灭床头灯舒适地躺在一边,心满意足地入睡,相反,这种运动镌刻某物,从而使这种运动成为历史中的一个"刺激"(Stachel)。当然,当出现这种刺激时,它依然是清晰可见的,不仅在我们的观念中(例如在这种历史中),而且在称号上引导人们在现在登陆(Landung im Jetzt)。①

其实,早在第一次世界大战期间,尤其在维尔茨堡求学期间,布洛赫就潜心研读过巴尔·舍姆·托夫②的哈西德短篇小说和故事。在《单行道》中,本雅明经常提到隐秘的"符号"(Zeichen):我们四处乱走,四处寻觅,试图破译符号,但是,这些符号里隐藏着我们所不知道的、不可破译的秘密。同样,在《痕迹》中,布洛赫也通过比喻(Allegorien)、象征、密码等手段解读这个世界的神秘深奥的象征意义。在《城堡》③中,卡夫卡揭示了世界的荒谬和现实的异化:土地测量员K满腔热情,渴望进入城堡为人做点好事,但他枉费心机,一次次被拒之门外。城堡对他而言,就像海市蜃楼,可望而不可即。然而,他必须进入城堡内,此外别无出路!于是,他与城堡当局反复周旋,终于发现了统治城堡的"规则",即一大堆官僚机制运作的内幕。同样,在《痕迹》中,布洛赫也揭示了一系列用以证明或接近亲缘关系的"指示器"(Indiktoren),这一点不仅支配着主人公的命运,也成为推动故事情节发展的内在动力。

但是,《痕迹》中占主导地位的情绪并不是对遥远乌托邦的期待情绪,而是对途中(Unterwegs)乌托邦的期待情绪。在此,旅行不是偶然事件,而是生活本身。在《痕迹》中,故事主人公走不仅走遍欧洲各地,有时甚至远行中国。布洛赫喜欢用此在的"国际火车站"(Bahnhofshaftigkeit)这一术语比喻源自旅行的基本生存体验。在此,这种履行的生存体验获得了某种叙述—格言—隐喻的语言结构布局。由于这一独到而精当

---

① E. 布洛赫:《将世界改造到可理解的程度》(1974),第60页。
② 巴尔·舍姆·托夫(Baal Shem Tov, 1698—1760),真名伊斯雷尔·本·埃雷泽(Israel ben Eliezer),犹太神秘拉比,被认为是哈西德犹太教的创立者。
③ 参见[奥]卡夫卡《城堡》,汤永宽等译,上海译文出版社1980年版。

的语言结构布局，布洛赫《痕迹》中的人物形象在所有感觉层面上都赢得了一种"启程体验"（Abreiseerlebnisse）：

> 显然，所有的人都已经无可奈何，即使是最亲密的、最内秀的人也都走到出口处，从车厢下到站台，或者，相反地，交头接耳，互相攀谈起来。看上去，留在后面的人好似一只鸡蛋，而出发的人好似一支箭，这两伙人密闭地隔绝开来，彼此具有不同的内容、曲线和形态。对此，启程的人多半心花怒放，留下来的则抑郁寡欢。但是，当到达目的地时，他们都处于同样的处境和心境中。不过，这样一来，情况就发生了变化。客人被新的日子迷住，这似乎让宾客有机会讲解新的日子。人们注视十分陌生的到达之地，一艘谁也不会期待的大船，这样，在一片失望的可能的空虚中，同样混合着某种特殊的、与我们相关的现象。在旅行的自豪中，幸运已经显露出死亡的骄傲，在此，显然充满着某种到达的凯旋。尤其是，当这艘船带着音乐到达时，在通俗文学作品（不是小资产阶级的）中，常常隐藏着关于一切音响复活的欢呼的（可能的）某种东西。①

在布洛赫那里，旅行并不意味着无目的的漫游，而是意味着"知识的旅行规划"。对此，S. 马库恩这样评论说："布洛赫以各种方式阐明了旅行（Fahren）与经验（Erfahren）是同一回事，进而他明确地把经验理解为经历（Er-Fahrung）。"从字义上看，旅行即意味着体验，无论从地理上、隐喻上，还是精神上，都是如此。他将浮士德的世界旅行与黑格尔的《精神现象学》中的精神的经验旅行等量齐观，并且将这种思考的前历史上溯至神秘的旅行崇拜。席勒的《散步》不是浪荡子的散步，而是眺望历史的世界之旅。

在布洛赫看来，打个比方说：

> "当一个人旅游时，他就顺便参观一下。"但是，在此，这个人同样超越自身，更多地了解江河湖海、森林山岳等。某种扭曲的、不正确的漫游意味着原封不动地停留在那里。这种漫游仅仅改变该地

---

① E. 布洛赫：《痕迹》，新扩充版，第131页。

区,而不是改变自身或与该地区一道改变。一个人越是需要内在地体验自身,他就越是需要通过外部体验,更深刻、更广泛地修正自身。就像他自身在各个旅行阶段得到更新和修正一样,在主客交互关系的体验中,他的脑海中产生作为疏远或亲近的内在应答的对映形象。①

在日益陌生化的世界中,布洛赫的《痕迹》恰恰根据这种辩证"现象学"的描述,不断扩大主体的体验空间,着意澄清生存的意义。在他的《痕迹》中,这种辩证描述以对哲学"惊异"(Staunen)的独特洞察而结束。哲学思维活动始于惊异。自柏拉图以来,哲学思维活动的所有"惊异"都聚焦在存在与无的问题上。在《痕迹》以及后来的《希望的原理》中,布洛赫率先把哲学中的"惊异"阐明为清醒意识的前阶段:当"惊异"显现为批判意识的时候,它就成为实践的一个重要因素。于是,在世界过程中,惊异借助于"可能性"(Möglichkeit)范畴而与有待查明的"尚未"汇合在一起。

挪威作家汉姆生(Knut Hamsum,1859—1950)在书名叫《潘》(*Pan*,1894)的故事中,对迄今所有人与自然境况问题都给出了一个十分奇特的回答。故事描写一个叫克兰的退伍官员在一个荒僻地方的所见所闻。有一天,一个年轻的姑娘造访他。她问克兰:"在这高原上不是很寂寞吗?"克兰:"您只要想想,有时,我看见蓝色的苍蝇。是的,听起来这一切都很可怜,我不知道它是否理解。"姑娘:"但是,我理解这一切。"克兰继续说道:"是的,是的,有时我看着青草,而青草也许也看着我。我们知道什么?我凝望着一株单个的草茎,它可能稍微颤抖一下。我觉得它是某种有灵性的东西。我在想,这里只有这种草茎和颤抖!而且,这是一棵挪威云杉,所以它可能有个分枝,这也让我思索一阵。但是,有时我在高原上也遇见人,出现这种情况……""是,是,"姑娘一边说着一边起身。飘落第一滴雨。"下雨了",克兰说道。"您只要想想,下雨了。"她也这样说道,然后走开了。

就像汉姆生在《潘》中所持的立场一样,布洛赫在《痕迹》中也不是在千里眼、小精灵、大天使中,而是在简单的草茎、云杉树枝中,寻找关于惊异的哲学意义内容:

---

① S. 马库恩:《恩斯特·布洛赫》,汉堡,赖因贝克,1977年版,第36—37页。

难道树枝不是亘古如斯，这般不可名状地若有所思吗？这一切的片断不都是难以言表的吗？这树枝的"存在"不正是悬挂在"无"之上，而在这种无知中，它仿佛并不存在或仿佛不是这般存在，这一点没有使它倍加惊奇吗？这一单纯的惊异问题难道不是通向它希望在其中发现一切的那个"无"吗？就像看不见的、黑暗的东西是世界的根据一样，由于震动，由于希望，其他一切东西恰恰能够"存在"，即从而那样极力成为我们自身的"存在"。人们无需抱有任何疑问，而只需在惊异中顿生疑惑，就会变得很"幸运"：存在加幸运。从中一个哲学家受到的心灵的震动将远远大于从纯粹的、神秘的知识中受到的震动。自柏拉图以来，这种惊异对于哲学家就是事业或开端；但是，在此究竟多大程度上保持了开端的指南？……毕竟哲学上的开端从未完全长出新芽新蕾。它在伟大的体系中，继续发挥着意味深长的作用。这正是古老的形而上学区别于单纯的世界解释这一算题谜语的显著标志。哲学也一再与青年相联系，在那个古老的世界之谜的问题上，形而上学重新造成不安宁和严肃性：时代智慧在于早期的、天真无邪的、新鲜活泼的17岁时的原始惊异。因此，在女孩和男孩之间，不时会有几句会心话，那是一种本能晨练。于是，许多巨大的世界之谜就不能完全遮盖某种并不显眼的秘密。①

"为什么有某物，而不是无？"这是一个令人惊奇的问题。对于十二、十三、十四岁的孩子来说，这是十分典型的问题，而且在几乎所有这个年龄段的人那里，都会出现这个惊人的问题。但是，一个人一旦想到"只有无"这个问题，他就会追问："为什么不是无，而是没有某物？"恰恰由于这个圆圈，人们很难走出"世界之谜"（Welträtsel）的迷宫。但是，在此无人回应、没有任何答案的小问题，不仅是我们大家都正要说出的事情，也是通过我们现在所能提供的答复而被忘得一干二净，甚至置之一旁、无人问津的问题。

"为什么有某物，而不是无？"这一源自17岁少男少女的原始惊异指向一个我们尚不熟悉、从未涉足的全新地域。这个陌生的地域不仅包括十

---

① E. 布洛赫：《痕迹》，新扩充版，第217—218页。

分强大的对象,而且把我们带入引人注目的惊奇和提问。鉴于扑朔迷离,难窥其奥,布洛赫套用一句神学用语——"刚刚经历过的瞬间黑暗"标明了这一超越一切存在者的陌生地域,并从解释学视角探讨了这个原始地域:

第一,"刚刚经历过的瞬间黑暗"(das Dunkel des gerade gelebten Augenblicks)、"现在和在此的黑暗"(das Dunkel des Jetzt und Hier);第二,"尚未被意识到的知识"(das noch nicht bewußte Wissen)以及与此相适应的"尚未成功的东西"(das noch nicht Gewordene)。这两个乌托邦特性的简要说明都变成最切近的定义规定,但是二者都凝固在"尚未"(Noch-nicht)的范畴之中。

这个"尚未"范畴进入我们所有人的"白日梦"(Tagträume)中。当一个小职员下班回家时,会做令人毛骨悚然的白日梦:他杀死了上司。他也会做更美丽、更明亮的白日梦:他成了亿万富翁。但是,这种白日梦并不是弗洛伊德意义上的那种夜梦的前阶段,而是涉及一个特有的领域;并不是涉及诸如弗洛伊德无意识一类的"不再"(Nichtmehr),而是涉及仍然还拥有某个存在的"尚未"(Noch nicht),即一种"尚未存在"(Noch-nicht-Sein)。①

在世界过程中,"尚未被意识到的存在者"和"尚未形成的存在者"关系到基于某物的、作为趋势的某种东西:一方面,这东西还根本不在那里,我们对此一无所知;但是,另一方面,借助于"尚未",我们可以清楚地勾勒正在酝酿的、临产的胎儿图像:"希望"(Hoffnung)。在《希望的原理》(1959)② 等后期著作中,布洛赫把希望称之为"原理"。因为在他看来,希望不是单纯的"美德"或一般的"情绪",而是"尚未存在的东西"的母腹和导线。因为希望意味着某种尚未存在的东西,即存在于自然之中的"尚未形成的东西",存在于人之中的"尚未被意识到的东西",所以布洛赫把自然称作"可能性之中的存在者",并且谈到了人的"自我扩大冲动"。

在这一根本哲学构想下,布洛赫把生命的首要事态理解为"匮乏"

---

① E. 布洛赫:《关于乌托邦的精神》(1974),载 A. 闵斯特编《直路的白日梦:与恩斯特·布洛赫的六次谈话》,法兰克福/美因,苏尔卡姆普出版社1977年版,第167页。

② E. 布洛赫:《希望的原理》,法兰克福/美因,苏尔卡姆普出版社1959年版。

(Mangel)。借助于"匮乏"这一直接的生命事态的规定,可以显现希望哲学特有的维度和底蕴。因为在此所谓"匮乏"并不意味着"单纯的无",而是意味着当时必不可少的"某物的匮乏"。因此,作为人与对象世界关系的直接事态,"匮乏"标明一种初始的、根源的人类学范畴。一方面,布洛赫把这种初始的匮乏状态表述为"经历过的瞬间黑暗"(Dunkel des gelebten Augenblicks)。布洛赫把"经历过的瞬间黑暗"表达如下:人借以感受生命中最高幸福的瞬间乃是黑暗,这种瞬间之所以黑暗,是因为在瞬间中实现了的渴望变得朦胧不清、不甚明了。①

由于当下瞬间的极度匮乏状态,生命的主体还不能确切地洞悉自身存在的当下本质。布洛赫把这种人的朦胧的生存体验表述为"实现的忧郁"(Melancholie des Erfüllens)或"实现的窘迫"。生活在"现在"(Jetzt)和"在此"(Hier)的瞬间就被规定为某种笼罩在当下直接的非透明性和黑暗之中的东西。布洛赫指出,这种生命乃是"尚未在此""亦未显现出来的"东西。"现在"和"在此"拥有世界存在的一切不协调图像,并作为最缺乏体验的东西存在下去:

> 并不是最遥远的东西而是最切近的东西处在黑暗之中。因为这恰恰是最切近的东西、最内在的东西。在这最切近的东西中,恰恰隐藏着此在之谜的结节。②

但是,在布洛赫看来,这是面对黑暗瞬间的恼人的空虚和匮乏,但这种空虚和匮乏并不是永远都无法认识的自在之物。它只不过是"依然"保留在黑暗之中而已,此在之谜恰恰藏匿在这一瞬间之中。所以,一方面,"黑暗"暗示此在世界尚未获得自身的固有本质;另一方面,"黑暗"证实渴望到达终极本质的那个乌托邦意志早已内在于瞬间之中。值得注意的是,在此,"经历过的瞬间黑暗"并非纯粹个人的主体体验,而是对客观黑暗的真实描写,是对世界和历史自身理解的规定。这是因为黑暗的实质内容不仅构成人的自我理解的匮乏,也构成世界自身的匮乏。

在此意义上,哈贝马斯强调,"从根本内容上看,布洛赫的'经历过

---

① E. 布洛赫:《希望的原理》,法兰克福/美因,苏尔卡姆普出版社1959年版,第338页。
② 同上书,第341页。

的瞬间黑暗'与马克思的历史哲学观点十分吻合。"在马克思那里,历史开始于一种事实性强制(Gewalt),即人的本性受制于外部世界物质存在条件的强制。这样说来,历史恰恰植根于"异化"这一黑暗之中,世界历史就是人类扬弃并克服这种异化(黑暗)的过程。① 一旦人意识到某物的匮乏,他就会积极谋求某物,它就朝着特定对象行动,这时候他就到处都与尚未形成的世界相遇,到处都感受到对"尚未被意识到的东西"的惊讶。从对世界的惊讶中,人意识到自身的"无知"(Nicht-Wissen),并探寻克服这种无知的具体途径。此外,通过这一探寻过程,人开始扬弃自身单纯的此在状态。

布洛赫《痕迹》一书哲学思维的出发点是对人的关注。由此出发,他从直接的生命基础中重新追问人的本质。这一追问不是停留在传统形而上学的框架上,仅仅满足于概念思维的外在知识和现成结论,而是直抵人类学基础,探究平凡的日常体验和肉体感觉。布洛赫认为,与自身的哲学任务相联系,新的唯物论,不仅要阐明作为问题的人和作为尚未显现回答的世界,而且要阐明作为问题的世界和作为尚未显现回答的人。早在《乌托邦的精神》(1918—1923)中,他就特别强调,追问我们自身以及追问尚未成就的家乡就是"我们的问题"(Wirproblem),就是乌托邦哲学的终极根本目标。②

布洛赫的《痕迹》所收录的作品大都是表现主义小品,短小精悍,脍炙人口,字里行间渗透着对日常生活的细腻描写和生动刻画。鉴于这一表现主义艺术灵感及其解释经验,T. 柯尼弗(Tibor Knief)认为,布洛赫的总体美学态度无异于眺望世界的表现主义直观,他将其归结为一种非理性主义态度。③ 然而,我们的考察表明,布洛赫的表现主义立场自始至终都根源于一种"先现"(Vorschein)理念,而这种理念与古老而常新的人性理念,例如"爱、谦卑、尊敬、纯洁、和平、兄弟情谊"等是紧密联系的,因此,柯尼弗将布洛赫的总体美学态度断定为一种非理性主义是完

---

① 参见 J. 哈贝马斯《理论与实践》,法兰克福/美因,苏尔卡姆普出版社 1978 年版,第 160 页以下。

② E. 布洛赫:《乌托邦的精神》(1923),法兰克福/美因,苏尔卡姆普出版社 1964 年版,第 260 页。

③ 参见 H. 佩措尔德《新马克思主义美学Ⅰ:布洛赫—本雅明》,杜塞尔多夫,施万出版社 1974 年版,第 124 页。

全错误的，也是没有根据的。

特别是在早期著作《痕迹》中，布洛赫集中观察了朴素的日常生活和特殊经验。恰恰通过这种看似素朴琐碎的艺术题材，布洛赫从哲学理性高度重新反省既定事物的先验体系，力图在具体的生命视域下，积极协调人与自然的关系，促使人与自然从反目成仇的对立状态转变为相互协同的统一状态。这样，布洛赫的哲学人类学理念不仅成为贯穿他的全部存在论和历史哲学的一条主线，也成为他的艺术哲学的初始意义和根本旨趣。换言之，布洛赫从普遍生命分析和人的直接存在规定中，寻求乌托邦存在论的根据和历史哲学的合法性。

> 在此，哲学返回到我们即将遭遇到的神秘的生命，返回到柏拉图之后所决定的、以事态和开端所明确了的那个惊讶。但是，迄今哲学究竟在多大程度上忠实于这个开端指向的方向呢？几乎没有一个哲学家抱有第一个答案之后就成为问题的惊讶。①

布洛赫把初始"惊讶"（Staunen）视为与世界自身的客观排列图像相对应的主观相关物。这样，在"惊讶"中尚未知晓的是，对于未来的含蓄知觉以及试图摆脱不安状态的超越意志。正因如此，匮乏和"惊讶"等人类学的规定就能够奠定乌托邦意识的超现实定位。

根据布洛赫的后期著作《希望的原理》（1959），"包罗万象的冲动存在"（Umfängliches Triebwesen）② 乃是借以把握人的存在本质的主题。这种无所不包的"冲动论"不仅揭示了人的自发的世界构成的客观意义，也揭示了"希望"这一人类学—存在论范畴所蕴含的主观意义。"社会的根源乃是劳动着的、进行创造的、改造现实的和超越现实的人。当人领会这一根源，同时无放弃、无异化地把存在奠定在真正的民主之上时，世界就会出现只在童年时代出现而尚无人到达过的某个地方：家乡。"③

换言之，当人与自然相互作用、相互渗透，结成一种人与自然的

---

① E. 布洛赫：《痕迹》，新扩充版，第217页。
② E. 布洛赫：《希望的原理》，第49页。
③ 同上书，第1628页。

"同盟关系",扬弃主体与客体、人与人、生存与世界的异化,从而实现马克思意义上的"人的自然化和自然的人化"[①] 的时候,人就会最终奔向尚未形成、尚未成功的人类的"新家乡"。在所有生命表达方式中,例如,在饥饿和冲动中,在梦中、童话中,在旅行的魅力中,在社会乌托邦中,在音乐和宗教中,布洛赫都发现了这种希望的"先现图像"(Vorschein)。

---

① 参见马克思《1844年经济学哲学手稿》,人民出版社1990年版,第87页。

第七章

舞蹈、电影和戏剧中的愿望图像

　　舞蹈是人类最古老的艺术形式之一。①"跳动着的大地，现在用脚来解放吧。"布洛赫援引贺拉斯②这句名言刻画舞蹈的激情特征和解放作用。舞者为什么要跳舞？在布洛赫看来，跳舞不只是强身健体，更是修身养性。从某种意义上讲，跳舞犹如旅行，因为跳舞的动作也是想要改变一下某个地方，并且想要动身去别处。跳舞时，我们自身与舞伴或团体结合在一起，从而成为像车船、飞机等一样的交通工具。每当跳舞时，身体按拍子扭动，飘飘然，轻微陶醉，同时幅度不大，适可而止。尤其是在跳舞时，男女舞伴若即若离，时而交叉，时而重叠，这种动作使人联想起翻云覆雨的性爱动作。但是，这种动作是交际舞的一个基本特征，因为舞姿越是粗野销魂，身体就越是能显示出性感魅力。

　　因此，布洛赫又援引莎士比亚的《仲夏夜之梦》③中的一段台词来描写舞蹈的生命之美：

---

　　① 作为表现生活的娱乐方式，原始舞蹈伴随着狩猎劳动、娱神祭祀、战争、求偶等人类生存奋斗、生命活动而产生并逐步发展成为人类交流思想情感，传达美感和展现力量的精神与肉体活动的艺术形式。

　　② 贺拉斯（Quintus Horatius Flaccus, B.C. 65—B.C. 8），古罗马著名诗人、批评家。诗歌作品有《讽刺诗集》2 卷、《长短句集》、《歌集》4 卷、《世纪之歌》、《书札》2 卷。他的美学思想见之于写给皮索父子的诗体长信《诗艺》。上述布洛赫引文出自贺拉斯：《颂诗》，I，37。假日公园里游园会的各种民间舞蹈等；娱人——专业性舞蹈艺术，如剧场演出的舞蹈作品，歌舞剧作品等。原始舞蹈表现生活，伴随着狩猎劳动、娱神祭祀、战争、求偶等人类生存奋斗、生命活动而产生并逐步发展成为人类交流思想情感，传达美感和展现力量的精神与肉体活动。

　　③ 《仲夏夜之梦》，威廉·莎士比亚青春时代最后一部也是最为成熟的喜剧作品，同时也是他最著名的喜剧作品之一。

可是，这一切夜的现实，
还有它的一切意义都同时改变，
证明多于想象的游戏。
由此成为十分持久的全体，
然而，稀奇美丽一如从前。

第一节　芭蕾舞与表现主义舞蹈:《垂死的天鹅》《阿莱城姑娘》

舞蹈激情澎湃，令人如醉如痴。舞蹈是生命的兴奋剂。但是，这一点并没有穷尽舞蹈的全部含义，因为舞蹈动作可以模仿其他的步伐或回转动作。例如，在众多方面，俄罗斯所保存的民间舞蹈姿态妩媚多姿、动作恰如其分，从而赋予劳动之后的快乐应有的外形。但是，在性爱舞蹈中，也具有某种扬弃了的、与众不同的东西，显然，这是我们可感觉得到的，也是我们明显地感受到的东西:

> 舞蹈使人完全不像白天，至少不像平日一样动作，它出色地模仿那种失去了的、或从未占有的东西。舞蹈表现舞者旨在优美地完成动作的愿望，它用眼睛、耳朵乃至全部的身体表达这一愿望。因此，舞蹈仿佛就是现在。在此，无论是轻盈的、诙谐的舞蹈还是严谨的、优雅的舞蹈，身体都以不同的姿态出场，并且进入不同的空间。在这件事上，存在某种不可思议的冲动，这种冲动促使跳舞者越发剧烈地跳个不停。[1]

但是，在一切节奏被摧毁的地方，身体姿态也容易遭到扭曲。自1930年以来，人们还没有见过比爵士舞蹈更粗野、更卑劣、更愚蠢的舞蹈。当时，人们把"吉特巴"（Jitterbug）、"布吉伍吉"（Boogie-Woogie）讥讽为一种放荡不羁的痴呆，而且，这种舞蹈还带有刺耳的音响伴奏造成的持续不断的喧哗和骚动。这种美国的先锋舞蹈动作震惊了整个西方国度，以至于"吉特巴""布吉伍吉"根本不被视为舞蹈，而被视为令人作

---

[1] E. 布洛赫:《希望的原理》，法兰克福/美因，苏尔卡姆普出版社1959年版，第457页。

呕的垃圾。人们认为跳这种舞的人不仅会被玷污身体，而且头脑也会变得空虚。这种人不仅对自身所隶属的那些剥削者知之寥寥，而且，对自己为谁艰苦劳动，为什么送死也一无所知。

但是，说起真正的舞蹈，狭义上，作为某种道德纯化运动，它是在相同的道德崩溃中产生的，而这种道德崩溃在很大范围内带来了美国的污秽垃圾。然而，这种纯化运动并非仅仅针对爵士乐，究其原因，爵士乐早在第一次世界大战前就已经产生了。与同时代艺术产业改革相关联，这种舞蹈纯化运动对准19世纪温和道德崩溃状态，对准那个时代令人作呕的社会现象，于是，在此爵士乐便摆出一副终结了的、令人可憎的面孔。

伊西多拉·邓肯①的新舞蹈学院，以及此后达克罗兹②的新音乐学院都试图从人的肉体中展示出某种人的美丽图像。然而，在这样做的同时，这类学院难免着手兴建高屋顶建筑物，也就势必极端彰显舞蹈艺术家的世界观：

> 在众多新舞蹈学院中，我们应当记住洛兰学院（Loheland-Schule），因为这所学院特别想望自然的舞姿。这所学院的学员在跳舞时，有意识地关注和模仿步伐轻盈和身体健壮的动物。他们意在居高临下，一劳永逸地消除导致主人与奴仆关系的那种合目的地隐匿或冻结了的态度。跳舞的人四肢自由自在地活动，不再拘泥于礼仪规范，甚至也不想与骑士风度有任何共同之处，而是仅仅灵活地"围绕身体中心表演"。③

在观众当中，既有妇女也有男人，特别是第一次世界大战后，在德国，人们喜爱边照看镜子边跳舞，在镜前、在镜中，跳舞的人一边学习，

---

① 伊西多拉·邓肯（Isadora Duncan，1877—1927），美国女舞蹈家，现代舞派创始人。根据希腊风格，邓肯赤脚跳舞，开辟了抒情舞蹈的新领域。她的充满灵感和激情的舞蹈充分表现了人的感情和灵魂。主要作品有舞蹈《马赛曲》、贝多芬的《第七交响乐》、门德尔松的《春》和柴可夫斯基的《斯拉夫进行曲》等。

② 达克罗兹（Emile Jaques-Dalkroz，1865—1950），瑞士音乐教育学家，首创达克罗兹音乐教育法，其教学中心是节奏，教学目标有三：第一，训练内在精神与情感的控制能力；第二，训练肢体反应与表达能力；第三，训练快速、正确、适当以及感性地感应音乐的能力。

③ E. 布洛赫：《希望的原理》，第457—458页。

一边转动。当时的装扮时尚是一个新潮的波西米亚人,一个某种程度上充满自然风格的、修长的、酷似击剑者的人,以此人们作为一个自由自在地调教的人出现。

在人们唯一能够自然地活动的地方所出现的舞蹈是民间舞蹈（Volkstanz），在那里,这是人们人工寻求的、随时都可以找得到的最佳舞蹈。只有这种民间舞蹈才真正地拥有坚实的立足点,然而,腐化堕落的市民阶层的休闲舞蹈却一再丧失这一立足点。不仅如此,为了记起所谓的"身体中心,为了架设好身体",民间舞蹈也不需要任何艺术行业。在资本主义大城市化的滚滚洪流中,农村地区得以保存纯朴的民间舞蹈,并且在新的时代条件下,得以进一步发扬光大,这是一个奇迹：

> 资本主义进程不仅毁灭了传统服装,也踩躏了节日习俗。但是,农村地区依旧长久地保存了民间舞蹈。与此相对照,一种社会主义的家乡之爱使民间舞蹈复苏,并使它变成了活生生的现实。民间舞蹈到处都泛起艳丽的民族色彩,如果它是真正的民族舞蹈,它就是绝对不可转让的,民族舞蹈可以被视为所有表达纯洁的、借助集体力量得以表述的各种冲动和愿望之景象的证据和尺度。①

无论是德国的农村华尔兹舞（Lädler）、西班牙的波列罗舞（Bolero）、波兰的克拉科维克舞（Krakowiak）、还是俄罗斯的戈帕克舞（Hopak），其形式都是严格的、可理解的,而且重要的内容都是超出日常劳累的身心快乐。泰然自若和自由奔放的舞姿表明："在这里我是人,在这里我可以成为人。"② 特别是,一个人与大家组成团体,按节奏整齐地翩翩起舞。单个的小伙子和姑娘一定要随时走到别人前面跳舞,所有舞蹈都有助于表现像"格鲁吉亚山鹰"一样的崇高的传奇英雄。但是,本质上,它们都停留在一个团体（Gruppe）上,力求重新捕捉动作或结束动作。任何民间舞蹈都显示出这种一致性,从中人们可以记起公共牧场、公共耕地时代以及古老的哑剧形式。

芭蕾舞起源于宫廷舞蹈,在根源上,它与民间舞蹈相距甚远,但是,

---

① E. 布洛赫：《希望的原理》,第458页。
② 语出歌德：《浮士德》第1部,第940行。

它与以放松运动而自鸣得意的那种新舞蹈的艺术行业并不一致。芭蕾舞既与以自身身体为中心进行表演的罗兰学院的新舞蹈艺术行业相对立，也与所有类似人工自然一样波动的艺术行业相对立。与民间舞蹈不同，芭蕾舞①对自然保持距离，但某些肢体动作也源于对自然界动态动作的模仿：

> 芭蕾舞一点也不向往自然，但是它向往某种优美的、庄严沉着的态度，这种态度与洛可可时代和法兰西帝国时代②相符，尤其是与高雅的痛苦和冷静的欢呼相符。在纱布和香粉构筑的云雾中，仿佛这种痛苦和欢呼的表达无声地指向挺拔而坚韧的脚尖。古典芭蕾舞致力于某种相当精神化的手势，这种动作有助于表达人的内心世界，或者这种动作更好地与围绕其身体中心的单纯圆圈相对照。因为古典芭蕾舞描绘诸如肉体重心一类的人的内心风景，因而也应当标明缺乏重力的人的内心风景。另外，芭蕾舞还拒绝立足点。③

正如这种十分人工化的舞蹈所标明的一样，在此，引人注目地出现与机械要素相关联的轻快的精确性。在这一点上，克莱斯特④试图证明木偶剧与芭蕾舞相当接近。按照他的观点，机械师必定置身于他的木偶的重心，并且使他的木偶做曲线运动。但是，"这种木偶具有反重力的优点"。如果木偶剧否定立足点，那么它比芭蕾舞所追求的精灵的灵魂表现方式获得了更完美的成功。"木偶需要立足点，这就好像精灵为了掠过立足点而需要立足点一样，并且就像为了通过瞬间阻力焕发其四肢的活力而需要立足点一样。我们之所以需要立足点是为了借此休息，从舞蹈的疲劳中得到回复；显然，这个瞬间本身并不是任何舞蹈，借助于此，除了尽可能使舞蹈行为变得无影无踪之外，并不能进一步着手实施任何事情。"

---

① 芭蕾舞（Ballett），欧洲古典舞蹈，由法语 ballet 音译而来。芭蕾舞孕育于意大利文艺复兴时期，17 世纪后半叶开始在法国发展流行并逐渐职业化，并在不断革新中风靡世界。芭蕾舞最重要的一个特征即演员表演时以脚尖点地，故又称脚尖舞。其代表作有《天鹅湖》《仙女》《胡桃夹子》等。
② 法兰西帝国时代（French Empire），指 1800—1830 年间拿破仑一世和三世统治时期。
③ E. 布洛赫：《希望的原理》，第 459 页。
④ 克莱斯特（Heinrich von Kleist, 1777—1811），德国剧作家和短篇小说家，主要作品有《洪堡的弗里德里希王子》（1810 年）、《破瓮记》等，1840 年分四次发表了《论木偶剧》一文。

从这方面，克莱斯特进一步论证木偶剧的优点：在人的自然的优雅中，木偶剧所缺乏的意识造成了众多混乱。因此，他的论点绝不针对非理性的偏见，而是针对木偶剧所从属的那个机械特性，亦即针对赋予木偶剧以精确性和优雅的机械特性。在认识的其他方面，即在从头至尾完整测量意识和认识之后，认为这种完美的优雅应当重新归于人。

　　如今，芭蕾舞与这样一种充分的测量也还相距甚远，芭蕾舞的完整理智（Ratio）表明，在此，事实上是借助于那种完美的优雅进行表现、塑造，而且，看上去这种完美的优雅就像木偶剧一样消除了重力。这就是芭蕾舞的优雅的解决办法，尽管这种解决办法不是任何机械概念，而是一种数学概念，确切地说，是出于荣誉感而采取的立场。芭蕾舞的冷静理智就这样集妩媚与精确于一身：

　　　　因此，芭蕾舞充分考虑到与富于表现的、本质性的东西有关的精确性，在这方面，巴甫洛娃①的《垂死的天鹅》就是一个范例。在这部芭蕾舞剧中，女主人公展现了某种雪白的、纯洁的、老朽的东西。在日本芭蕾舞中，甚至一场会战也仅仅通过登场人物的若干有节制的、富于特征的扇子动作得到精确的表现。芭蕾舞是每一个深思熟虑的舞蹈的学校。②

　　在苏联，特别是在19世纪三四十年代，五彩缤纷、质朴无华的民间舞蹈以及其他农村舞蹈百花争妍、竞相开放，这绝不是偶然的。特别是，用实践理论家莫伊谢耶夫③的话来说，如果没有这种民间舞蹈，苏联芭蕾舞的当今表达方式是根本不可能实现的。同样，随着愿望情绪及其后果，拥有哑剧和戏剧手段的民间舞蹈，以及绝无戏剧要素的芭蕾舞均可用于同

---

① 巴甫洛娃（Anna Pavlova，1881—1931），俄罗斯芭蕾舞蹈家，以出神入化的控制能力、柔美优雅的风格和看似毫不费力的舞蹈动作著称。她在《垂死的天鹅》中的独舞表演最为成功，此外，她在《吉色勒》《天鹅湖》和《唐·吉诃德》中的表演也出神入化、备受赞叹。

② E. 布洛赫：《希望的原理》，第460页。

③ 莫伊谢耶夫（Igor Alexandrowitsch Moissejew，1906—　），苏联舞蹈家，1943年建立民间舞蹈学校，培养专业民间舞蹈演员，致力于民间舞蹈与古典芭蕾舞技巧的相互融合。他编导的主要作品有《俄罗斯组舞》《卡德利》《乌克兰组舞——春节》《爱沙尼亚组舞》《刀舞》以及民间舞剧《游击队员》《集体农庄的节日》等。

一的"舞蹈叙事诗"。因为芭蕾舞也受到混合形式的引导，所以苏联的芭蕾舞并不会表现出任何语体的失当。在行动塑造中，将民间舞蹈富于手势的表达方式与芭蕾舞有节制的精确性逼真地结合起来。

不破不立。恰恰在一切东西瓦解的地方，呈现出一条新的异域之路。甚至洛兰舞蹈学院的舞蹈也依稀包含着这条道路，它通向具有强健步伐的、美丽的、架设好的动物世界。但是，围绕身体中心的表演并不充分，还不能充分满足人们心中躁动的狂热欲望。于是，市民社会的大部分青年人开始追求某种粗野放肆的"态度"。

在此，全然没有反对资产者的人的图像的骚乱。不仅如此，青年人表面上的骚乱也没有成为法西斯主义的对立面。这里，即在舞蹈的反映中，存在奇特的教养，存在一定程度上也容易被误解的、肤浅的非理性的东西。从中，青年人与无拘无束的另类生活关系密切，并且试图到处寻求未开化的异域。

当他们打扮得像无法辨认的风俗画一样，并以这样的面貌跳起因佩考夫舞（Impekoven）的时候，他们的丑态就更加庸俗透顶、不堪入目。同样，在一所人智学舞蹈学校（anthroposophischen Tanzschule），一群出身于良好门派的伊斯兰教男女僧侣们婆娑起舞，跳起所谓的"全身和谐舞"，样子平庸至极，简直叫人发疯。

但是，用当时的流行语来说，这种舞蹈却十分富于"宇宙特色"。据说，在跳舞的僧侣的身体中，可以产生所谓以太肉体（Atherleib），此外，他们还借助所谓的宇宙生成力来吸收太阳斑点和交织。为此目的，这些人多半按照诗作字面意义来跳舞，这样所谓象征性的动作就与每个诗句的元音相适应。这是一种最乏味的天文学训练，但是，这种训练却连同全部人智学一道起着十分平庸而非理性的作用。

在地理学意义上，森特·玛赫莎①所提供的舞蹈风景显示一片十分陌生的异域。但是，同时也显示出一片十分远古的区域。这种舞蹈是从民间艺术角度，尤其是从艺术行业角度和神话角度得到装饰的。尽管这是完全错误的，但是，这是按照异国的愿望复制了印第安人的、暹罗人的和印度人的舞蹈。

---

① 森特·玛赫莎（Sent M'ahesa, 1883—?），本名艾尔泽·封·卡尔斯贝格（Else von Carlsberg），生平履历不详，1910—1930年间，欧洲最负盛名的表演舞蹈家。

舞蹈图像中的玛丽·魏格曼①或者真正的表现主义者与迄今作为非理性的小市民是无法进行比较的。魏格曼最大限度地向前推进了舞蹈的表现界限，在这种超前的舞蹈及其想象的场景方面，许多东西都仅仅是暗示性的，但是，她的舞蹈却很少是抽象的，也完全不是空洞的。在嘹亮的锣声中，风景围绕新的舞蹈伸展开来。在此，这风景看上去充满了阴间冥府与巴格达相互交融在一起的独特情调。人们可以说，在这种独特的情调中，移动着夏卡尔②所注视的那个霍夫曼的世界。当魏格曼跳起比才的《阿莱城姑娘》之舞时，仿佛她自己就在阿莱城之中，而且，她的舞蹈极大改善了霍夫曼的世界，这世界乃是圣—桑③《死神之舞》（Danse macabre）的风俗画。

此外，魏格曼创办了自己的舞蹈学校，以其烟雾和火焰般的天性参与了表现主义的阴面。除了表明自身乌托邦的耀眼光芒或明亮之外，表现主义还具有双重特征：既有着了魔的特征和飞翔的特征，又有飞翔的特征和着了魔的特征。在这种模棱两可的意义上，一切舞蹈都具有某种狄俄尼索斯的特征，不仅原作的仿制品是如此，原作本身也是如此。尼采倡导一种意气风发、斗志高昂的舞蹈的人生。如果没有尼采，也许就永远不会出现新型舞蹈。狄俄尼索斯就在那里，他走到地下征召杀人者来跳舞④，而且对于这种舞蹈来说，最终，黑人雕像本身仅仅是通向金发野兽的一条弯路而已。其他的狄俄尼索斯就在那里，他赞扬那种反对沉重精神的舞蹈。当然，他在含糊的酒神颂歌中，赞扬生命之神，反抗把一切变小和变质的机械特性："我的明智的思念出于我自身而呼喊、发笑，真的，在山上诞生的这个野性的智慧！——我的伟大的呼啸翅膀的思念。"⑤

---

① 玛丽·魏格曼（Mary Wigman, 1886—1973），德国舞蹈家，表现主义者舞蹈先驱，她拓展了舞蹈艺术，使舞蹈能反映内心活动，她的很多舞蹈作品的配乐使用原始乐器演奏，具有极强的穿透力。1920年，她在德国德累斯顿成立一所舞蹈学校，"二战"后在西柏林开了一间舞蹈工作室，主要作品有《陶醉之舞》《魔女之舞》《飞翔的风景》等，著有《舞蹈语言》（1963年）。

② 夏卡尔（Marc Chagall, 1887—1985），俄国超现实主义画家，作品色彩明亮而华丽，作品大都以"爱"为主题，想象力丰富，充满幻想，主要作品有《我与乡村》《生日》《双宿双飞》等。

③ 圣—桑（Camille Saint-Saens, 1835—1921），法国作曲家，主要作品有《动物狂欢节》《死神之舞》《第一大提琴协奏曲》《引子与回旋随想曲》等。

④ 此处暗指希特勒第三帝国非理性的野蛮和暴力。

⑤ 参见 F. 尼采《查拉图斯特拉如是说》，第三章《旧榜与新榜》。

在其短暂的终结中，这种呼啸的翅膀也不是让人部分地思念遥远的海洋，而是让人承受附近法西斯主义的血泊。作为这样一种呼啸翅膀，法西斯主义的血泊已经歌唱自身的帝国主义前提了。尽管如此，在狄俄尼索斯乃至表现主义中依然隐藏着多义性，如果没有这种生命之神的激情，即使充满异国情调的舞蹈也不会陷入如醉如狂的状态中。在狄俄尼索斯乃至表现主义意义上，舞蹈并不是装饰舞蹈，也很少是典型舞蹈，而是一种生命舞蹈，即借助于潜行、气喘、蹲伏等动作，不仅想要表现被压制的生命，也想要表现长有呼啸翅膀的被解放的生命。因此，魏格曼的世界无疑是来自表现主义舞蹈的独一无二的、最真实的舞蹈，甚至在这个世界的阴暗面上，也丝毫没有血迹和某个人物形态：

> 她的舞蹈世界富于想象力，充满幻想，努力向上，从自身所遭受的、自身固有的黑暗走向光明。在狄俄尼索斯乃至表现主义意义上，舞蹈并不是装饰舞蹈，也很少是典型舞蹈，而是一种生命舞蹈，即借助于潜行、气喘、蹲伏等动作，不仅想要表现被压制的生命，也想要表现长有呼啸翅膀的被解放的生命。这种类型的原创性舞蹈作品是一份可继承的文化遗产，它使舞蹈再次以全新的面貌出现，即以知道自身"向何而去"的面貌出现。①

总之，魏格曼舞蹈作品以其强烈的冲击力扣人心弦，令人难以忘怀。她的舞蹈表现了内心不可遏制的渴望和力量，让人感受到一种掩盖在文明的假面具下，人类依然拥有的为神秘力量所控制的原始冲动。

舞蹈总是人们出游的第一个、活生生的形态。舞蹈把人们带入一个崭新的世界，这世界与人们所处的、习以为常的老家截然不同。特别是，跳舞的原始人普遍感到自己的身体整个儿被迷住了。他的舞蹈始于如火如荼、恣意妄为的热情，但是，很大程度上，舞蹈本身应该是传导这种热情的工具。因为着了魔的人魂不守舍，心驰神迷，他恨不得马上变成能量，这能量在自身之外，在自身的部落之外，在自身灌木林中的、荒野之中的茅屋之外，简言之，这能量居住在天上。

跳舞的原始人戴上描摹魔鬼的面具，这面具使他在当下能看得见魔

---

① E. 布洛赫：《希望的原理》，第 462 页。

鬼，使他变成树木精灵、虎豹精灵、雷雨精灵等。但是，与此同时，跳舞的原始人以为，他隐藏于这些精灵之中，以此可以把自身的力量拖到周围人们那里。他相信，从发生礼拜舞蹈的那个神圣的广场，秧苗、收获、战争等可以避免自身遭受凶恶的魔鬼的侵害，从而他用有利可图的精灵把自己围起来。击鼓声、击掌声、单调而剧烈的鸣声等使他越发精神恍惚、昏昏入睡，从中惊骇本身又推波助澜，并被纳入这种神志昏迷状态之中。

不仅如此，重要的不仅仅是面具，而是不断移动的舞蹈，恰恰在其动感的跳跃中，面具剧烈颤抖，造成行进中的队列。在此，没有任何动作是任意的，每一个步伐都是经过严格训练的、预先规定的，但是，每个动作都身不由己，就像每一次痉挛都不是任意的一样，而且，着了魔的原始人没有哪一种动作可以由自己作主。具有魔力的舞蹈正是这种的调教的产物，因而它一定是着魔的，并且声称是富有魔力的。这种舞蹈的载体因过分深思熟虑而变得无意识，而且因过分限制而变得无节制。

人们总是认为舞蹈属于黑夜，而且伴随着黑夜降临而开始。的确，希腊人发明了舞蹈的尺度。疯狂的舞蹈动作不仅在他们当中并不适合，在他们的背后也不适合。但是，在他们那里，在众多放荡不羁的女人中，这种疯狂的舞蹈也时有发生，特别在新年，人们会莫名其妙地蜂拥而出。恰恰在运动中，人们别出心裁地创造出某种文化的可视性和秘密，正如歌德所注视、所渴望的一样，在这种文化中，人们按照尺度意愿，精确地创造出几乎谜一般的神秘：

> 在神圣的月光下，众仙女列队，欢聚一堂，
> 当三女神秘密地从奥林匹亚山走下，加入其行列的时候，
> 诗人偷听她们的谈话，倾听她们美丽的歌唱，
> 窥视她们充满神秘动作的沉默的舞蹈。①

但是，在仙女的遥远背后，居家狂乱之女率先演示充满神秘的、狄俄尼索斯式动作的沉默的舞蹈。狂乱之女的臂膀用毒蛇缠绕起来，并且她的

---

① 参见 J. W. v. 歌德《神圣的场所》(*Geweihter Platz*)，载 P. 施达普夫编《歌德诗选》，达姆施特塔特，1967年版，第201页。

混乱步伐召唤带有双性和牛头的巴克斯神。① 然而，就像在狄俄尼索斯深渊上所构筑的原始动作一样，在同一程度上，关于夜之神、丰饶之神、深渊之神的描摹动作却消失不见了。这种狂乱之舞不仅出现在希腊，也出现在近东地区的某些国家：

> 尽管表现形态不尽相同，但有其共同点：放纵的舞蹈仪式、神秘的黑夜祭礼。在母权制和父权制意义上，深渊得到双重构筑。这一点产生了新的、彼此不同的有魔力的舞蹈，但是，它在抛弃放纵生活的尝试中得到了统一。围绕生命之舞的弗季尼亚舞，创造母权制意义上的和阴曹冥府意义上的神，这种舞蹈甚至继续存活在风靡全球的五月之舞中。一对舞伴各自扎着与五月之树连接在一起的长长的彩带，这带子充分反映了舞蹈中紧密交织在一起的生成、消失以及新的生成。一对舞伴借助于彩带舞蹈参与幸运地所想象的、所期望的地下的神秘编织活动。但是，巴比伦的寺院舞蹈却创造父权制意义上的和天王星意义上的神，这种舞蹈再现天上七个行星阶段的某种上升，同时再现摆脱这个领域七个"面纱"的某种动作，从而人的精神纯粹地、完全地到达至高无上的神。②

在伊斯兰教中，特别是在伊斯兰僧侣舞蹈中，至今还保存着对这种不是地下之神而是宇宙哑剧的回忆。在此，舞蹈被视为一种准备工作，在某种程度上，甚至被视为"灵魂的更衣"，这一切仅仅是为了能够参与天堂美女（Huri）乃至天使的轮舞（Reigen）。但是，在伊斯兰教团中，天堂美女不仅被视为天堂姑娘，而且还被视为星星精灵，这精灵操纵全部巴比伦的、全部迦勒底人的命运。伊斯兰僧侣围绕天堂美女旋转，想象着挤进她的温暖的怀抱，试图借此与星辰相一致，进而使星辰的旋转自动反射在自身的舞蹈形象中。不仅如此，他还试图接受星星本身所围绕的那个最初动因（primum agens）的溢出。

在12世纪，伊本·图法伊尔③把这一点说明如下：在同一时期，伊

---

① 巴克斯神（Bacchus），古希腊、罗马的酒神。
② E. 布洛赫：《希望的原理》，第464页。
③ 伊本·图法伊尔（Ibn Tofail, 1105—1185），伊斯兰哲学家、医生。

斯兰僧侣及其教团"把围绕天体的圆周运动当作神圣义务来接受"。借助于此，他认为最终可以把神的运动的余晖拖曳下来，这余晖不再是魔鬼的，而是属于恒星的，它使伊斯兰僧侣对外空有好感，对天文学有好感。不论是母权制神话还是父权制神话，不论是地上神话还是星相神话，其中有一点很清楚，那就是，这一切都试图重塑远古的、放纵的恍惚状态。当然，同样显而易见的是，在这种非基督教的文化中，萨满教因素与白日法则①总是同样重要的。

但是，令人感到棘手的是，作为身体行为本身，舞蹈不再受到世人的欣赏。按其意愿，基督教不仅压制感性舞蹈，也压制宗教舞蹈。在犹太人那里，这种舞蹈作为恍惚状态甚至已经招致异议：舞蹈属于巴尔祭司的可耻行为。巴尔祭司口吐白沫，围着祭坛一瘸一拐地走②，他们拥有自身的伊斯兰僧侣，在扫罗③时代，甚至像伊斯兰僧侣一样，犹太人的"预言家之群"也敲锣打鼓、心醉神迷。正因如此，他们便受到蔑视，而且也正因如此，人们惊讶地问道："扫罗也在这些预言家之间吗？"④ 这样，当时犹太人的"预言家之群"更被视为非基督教地着了魔的人。此外，相传，大卫曾怀着崇敬之情，在约柜⑤前翩翩起舞，对此，不仅公主米甲（Michal）和大卫的妻子觉得这样做贬低身份，大卫自己也承认有失身份，尽管在耶和华面前心醉神迷，倒也不乏神圣的征兆。

但是，在早期基督教以及教会中，恰恰缺少这种神圣性。直到中世纪，作为宫廷舞蹈和民间舞蹈，舞蹈才开始活跃起来，但是，舞蹈也不是供礼拜仪式用的。680年，基督教公会规定："决不允许上演魔鬼所提供的、异教徒发明的游戏和舞蹈。"在基督教这片只允许超越的心灵运动的地盘上，任何身体舞姿也找不到自身的立足之地。尽管天主教神父按规定步伐走在祭坛前，这使人想起罗马的寺院舞蹈，但是，这种沉重的步伐已

---

① 白日法则（das Gesetz des Tags），这里指希腊神话中，宙斯支配天体的法则，后来，这一战争、法律、命运等权能为阿波罗所统辖。
② 《列王记上》18章26节。
③ 扫罗（Saul），古代以色列王（B.C.1021—B.C.1010），扫罗妒忌大卫，但大卫在侍奉扫罗时，与其子约拿单结为莫逆之交，后听到约拿单在与贝里斯蒂人作战中被杀后，大卫曾作《弓之歌》来吊唁。
④ 《撒母耳记上》10章5节。
⑤ 约柜（Bundeslade），指犹太人保藏的刻有摩西十诫的两块石板木柜。

被压缩到最贫乏的象征暗示。不仅如此,天主教仪式的行列笨拙呆板,步态僵直拘谨。因此,在黑死病时期的鞭笞派①那里,心醉神迷的舞蹈仅仅突破了不合常规的生活方式而已。

此外,还有诸如弗拉·安吉利科②所描述的极度快乐的"轮舞"(Reigen):

> 这是一种运动的愿望存在,对于这种舞蹈来说,地上的肉体太重、太笨了。③ 尤其是,被宣称有福的人和天使的运动是被这样规定的,那就是,他们不是在空间里跳起轮舞,而是怀有自身的运动空间,甚至形成自身的运动空间。正如托马斯·阿奎那所言,这地点恰恰适合于高度引人注目的运动乌托邦(运动的完满性),在此,不是天使围绕地点,而是地点围绕天使。天体不是以肉体方式延伸,而是以潜在方式延伸。④

弗拉·安吉利科把天上的舞蹈想象成某种没有步伐、没有距离的东西,即把这种舞蹈想象成无须连续穿越其路程的飞行。进言之,作为非物质的东西,这种飞行轻而易举、毫不费力,并且无须认识任何分离的空间。但是,这样的舞蹈并非为人而制造的。独一无二的基督教舞蹈并不是被想象为地上的舞蹈,而是被想象为天上的舞蹈。然而,与富有魔力的参与(participation magique)不同,这种对天国舞蹈的愿望图像并不能引起人的运动或成为人的运动。

舞蹈艺术,是一种通过人体的姿态与造型来表达内心的情感的艺术。舞蹈艺术形式的创新贯穿着编导者全身心的情感活动和热切的情感冲动。在舞蹈艺术的特定情境里,构成了动作的姿态、节奏、速度、空间走向、动作力度与情感强度的统一所体现的情感倾向,以及动作在运动中的"魅力和效应"。舞蹈艺术通过表现不同的情感层面,通过塑造不同的人

---

① 鞭笞派(Geißler),中古时期一种宗教派别,主张以皮鞭自笞忏悔。
② 弗拉·安吉利科(Fra Angelico,1400—1455),意大利文艺复兴早期画家,多米尼加派修士。他只为教堂作画,而且只画宗教题材画,主要作品有《圣母子与天使、圣徒及捐助者》、《天使报喜》等。
③ 《撒母耳记上》6章22节。
④ E. 布洛赫:《希望的原理》,第466页。

物性格和形象，展示无数复杂的心境和情感冲突，在连绵不断的跌宕起伏中展示人物内心世界、表现人物情感，创造各具特色、生动鲜明的舞蹈形象，给观众留下造型美、流动美、情感美的巨大欣赏价值。

值得欣慰的是，舞蹈艺术形式将是无穷无尽、永远花样翻新的，这使得这门艺术作为一种永无完结的艺术继续起作用：

> 这种愿望图像依然存活在巴洛克时代中，特别是，当画家将其欢呼的、飘浮的天使描绘在教堂拱顶结构上时，这种描画尤其富于生命力。但是，对于一个变成肉体的、没有翅膀的人来说，这几乎是不可实现的愿望之梦。因此，那种把每一个新的舞蹈艺术尝试都视为非基督教的东西，并非是毫无根据的。但是，有些人却偏偏把失重的飞行变成肉体的运动，这一点显著地表现在木偶剧中。此外，与某种彻底的非心灵的要素相似，芭蕾舞全盘接受了失重的运动。这样，舞蹈艺术便作为一种永无完结的艺术继续起作用，即把天上的失重要素转变成地上的肉体运动，进而赞扬肉体的美丽动作。不论是源自民间歌谣的民间舞蹈艺术，还是源自宫廷舞蹈传统的舞蹈（即芭蕾舞）艺术，舞蹈艺术都会继续存在下去。①

然而，舞蹈必须寓教于育、寓教于乐。唯有当奠定观众所喜闻乐见的舞蹈的契机时，唯有当"现在用脚来解放跳动的大地"（nunc pede libero pulsanda tellus）时，才会产生真正崭新的舞蹈艺术。对于自由大地上的自由的人民来说，最实体化的快乐恰恰与攻占巴士底狱及其后果一道出现。在攻占巴士底狱之前，并不存在伴随舞蹈的真正的快乐，而且，如果没有攻占巴士底狱，也不会出现民众载歌载舞、兴高采烈的场面。

第二节　聋哑剧与哑剧：《美狄亚与伊阿宋》《巴黎的火焰》

舞蹈是在三度空间中以身体语言进行"心智交流"的人体运动的表达艺术。舞蹈并不需要任何语言，舞蹈也不需要任何演唱。在空中，在未

---

① E. 布洛赫：《希望的原理》，第 466 页。

知的领域里，舞蹈表明某种超越的东西，这东西处于语言下部或者远离语言。舞蹈处于语言下部，在人们欢快跳舞的地方，特别是在编组跳舞的地方，舞蹈具有传达的性质，就像舌头的代替物一样，多余的四肢辛勤劳累。在诸如法国哑剧中的丑角和哥伦玢娜（Colombine）一类的灵巧人物中，这一特征就已经得到了充分的体现。但是，当所有手势和表情都表现下述内容时，这一特征也就达到了顶点："我爱你"，或者"我恨你"，或者万不得已时："我由于嫉妒而憔悴。"布洛赫把聋哑剧称作"能够无声地并以实际行动指明本真地开放了的革命目标的光芒"。对于他来说：

> 在古代的滑稽戏（Mimus）中，特别是在东亚的滑稽戏中，这种手势和表情极富表现力，且意味深长，其寓意令人惊讶地详尽而充满说服力。这是因为人们更亲近某种所谓"原始手势语言"（Gebärdensprache），也许，这种语言领先发生于有声语言（Lautsprache）。有声语言是思维的基础，而这种语言是建立在无声的、脸部表情这一表现能力基础上，借助于精神的东西发展起来的。①

与无言的动物相比，人至少能够更丰富、更多样地表达某种关系。尤其在滑稽戏中，人可以惟妙惟肖地表达这种关系。只是在出现有声语言之后，手势语言才在人的精神层面上日臻完善起来。在温暖的南方，人们在语言之外，还培养了某种神情表达方式，这不仅因为在南方人们那里更强烈地表现出身体的柔韧性，也因为他们的情绪表达方式并未受到削弱或凋谢。尽管下层阶级不是如此，但至少中层阶级是如此。西塞罗②在他的关于演说家的书中，这样描写了南方人的情绪特征："一切心灵的兴奋生性都出于表情和姿势（quendm vultum et gestum）。"

尽管希腊人并不特别爱好哑剧，但是，在他们来说，心灵的兴奋是与身体的表现是紧密联系的。例如，具有典型意义的是，亚里士多德不是在他的关于灵魂的著作中，而是在他的关于修辞学的著作中，探讨了各种情绪。因为甚至在今天地中海沿岸的人们那里，所谓情绪也首先是在效仿演

---

① E. 布洛赫：《希望的原理》，第 467 页。
② 西塞罗（Marcus Tullius Cicero, B.C. 106—B.C. 43），古罗马著名政治家、演说家、雄辩家、法学家和哲学家。

说家中得到具体的表现和说明的。

意大利传统源远流长，受其影响，巴洛克艺术风格并非根除手势语言，反倒极力夸张这种语言。这样，巴洛克时代便特别辉煌地上演了哑剧。可以说，当时的意大利人，还有法国人培养了与人的姿势和风度有关的某种整体的自然词典。对此，在当时富于理性主义色彩的艺术理论中，巴托①强调指出："不仅非道德的民族，甚至连动物也能立即理解手势语言。如此形成的艺术规范与巴洛克雕像处于相互作用之中，而巴洛克造型艺术同样十分重视富于表现力的姿态。"当时，雕像也矗立在舞台上，而舞台上的演员从巴洛克雕像的出色表现中受益匪浅。当然，恰恰在此表明，每一种复杂的手势连同巴托的"关于自然的自然词典"都必须以训练有素的语言为前提，尽管这种复杂的手势语言排除有声语言，并按照既定的方式被简洁化。

一个人对不公正行为感到激愤，是因为他无力改变这种行为。于是，他便仰天长啸，召唤神的复仇的闪电：诸如此类的内心态度不仅对于非道德的民族，甚至对于动物来说也是绝对无法理解的。是的，这种呼唤复仇的态度很少包含"自然"成分，因此，如果撇开巴洛克时代的官方用语、巴洛克天主教以及由此观察到的宙斯闪电，那么，这种内心态度几乎是不可能出现的。

然而，在任何地方，这般造就了的哑剧都没有装聋作哑，相反，当时的哑剧比任何感叹词乃至长篇激情独白都更意味深长、更有说服力：

> 到了18世纪，哑剧《美狄亚与伊阿宋》②仍在火爆上演，这部哑剧具有极其丰富的感情内涵和情节素材，其效应远远超出伦敦舞台，享誉整个欧洲。在此，舞蹈女神特耳西科瑞③到处都与圣歌女神

---

① 巴托（Charles Batteux, 1713—1780），法国艺术理论家、修道院长，他认为艺术是自然的模仿者，强调音乐和舞蹈的基本模仿对象是情感和激情，主要著作有《统一原则下的美的艺术》(1746) 等。

② 《美狄亚与伊阿宋》(*Medea und Jason*)，希腊神话故事，美狄亚是科奇斯岛会施法术的公主，也是太阳神赫里俄斯的后裔，她对来到岛上寻找金羊毛的伊阿宋王子一见钟情，由此开始了两人恩恩怨怨、两败俱伤的悲剧故事。

③ 特耳西科瑞（Terpsichore），希腊神话中，主管哑剧和舞蹈的女神。

珀丽翰妮娅①，即富于表情的音响女神结合在一起。当时，哑剧表情丰富，感人肺腑，激情四溢，不可范围。②

自那以后，哑剧虽明显趋于衰落，但是它的幼芽嫩枝却并没有完全消失。在无奈的衰落过程中，哑剧依然保持着某种重要东西的残余，至少保留着独特的反响，以无声的游戏引起轰动。然而，无论如何，在观众的梦中，持续出现那种现存运动中可理解的沉默，在以前如此不同的梦的形态中，亦即在夜梦与清醒之梦中，重新出现哑剧的游戏场面。在夜梦中，与声音相比，形态、事件、情节等显现得更为逼真。而且，夜梦中的各种事件本身也独自说话。

在白日梦中，长长的游戏行列和愿望行列无声无息地流走。因为在大多数人那里，视觉想象要比听觉想象更容易些。在白日梦王国中，无声的图像几乎自动地上升，与此相反，演说者与答辩者大多首先要在大脑中吃力地寻找某种东西。从这种压倒性的视觉存在上看，无论是夜梦的波浪，还是清醒之梦的陶醉或意味深长的哑剧都是在提供一面透明的镜子。是的，哑剧所讲述的那个无声的基础同样超出梦而延伸到并非总是健谈的生活领域里，即稳固的大地（terra firma）里。

由于难于启齿的羞耻感，翻云覆雨的性交也是不可讨论的，还有激烈的斗争、庄严的接待以及每一个仪式的长长的路程等，都作为某种原型记忆保留下来：原始哑剧（Ur-Pantomie）在古代以前乃至在古代之外就存在，这种戏剧与舞蹈相似并与舞蹈相重合，具有恒久的无声的魔力。

原始哑剧想要提升同样无声的自然力量：纳瓦霍人③手举火炬，在太阳运行轨道方向上绕圈跳舞，据称，伴随着激越的舞蹈，太阳的图像得以默默无言地升起。春节之际，阿兹特克人④甚至会以哑剧形式表现旧魔鬼与新魔鬼的斗争。在日本，当女祭司表演"神舞"⑤时，通过所有神秘地流传下来的各种传说细节，来竭力模仿太阳的出现。简言之，没有无哑剧

---

① 珀丽翰妮娅（Polyhymnia），希腊神话中，主管乐器的女神。
② E. 布洛赫：《希望的原理》，第468页。
③ 纳瓦霍人（Navajo），美国西南部一支土著部族，为北美地区现存最大的美洲土著部族群。
④ 阿兹特克人（Azteken），原居住在今墨西哥西北部地区的游牧部落。
⑤ 神舞（Kagura-Tänze），日本祭神的舞乐。

的祭礼。氏族共同体必须传达用言语无法表达的那种手势语言所表明的东西。梦也是具有这种寂静的、富于表现力的游戏。在梦中，原封不动地保存着各种形态事件的进行过程。同样，从本真的东西出发，白日梦也会通过自身的动作，描画人所期望的事件进程，从而有意识地继续进行无声的过程。因此，布洛赫把哑剧视为有待进一步发掘、探索和发展的艺术形式：

> 因此，我们也无法完全忘却业已成形的、经过深思熟虑的哑剧。在过去的世纪中，哑剧严重萎缩，以至于沦为对若干风俗惯例的一种粗糙的、滑稽而夸大的沉默表达方式。因此，我们有理由渴望而且能够把哑剧变成富于表现力的、崭新的戏剧形式。①

在这方面，没有什么比电影中的哑剧这一奇特的新颖形式更振奋人心的了。当交叉的双臂和伸展的食指消失在场景里之后，这种哑剧就很快应运而生。阿斯塔·尼尔森②这位第一个伟大的无声电影演员痴迷于电影艺术，她颤动一下眼皮、耸耸肩膀都比数百个平庸的诗人更富于艺术表现力，这时候，沉默无语尚未被视为愚蠢透顶。

自表现主义舞蹈以来，人们同样试图革新哑剧，这样就出现了意义深远的有节奏的比喻。19世纪20年代，诗人保罗·克劳德尔③率先借助瑞典芭蕾舞制造了这种有节奏的比喻。这种哑剧带有明晰的清醒之梦的标题："人及其思念。"在此，回忆与思念在人的周围嬉戏。人从熟睡中起床，为了自身和所有创造物的缘故而翩翩起舞。对此，克劳德尔说明如下："一切动物，无边无际的森林中的一切噪声都分离开来，到这里来，以便一睹人的真面目……因此，在漫漫长夜里，饱受失眠症折磨的发烧病人跟跟跄跄地走出房间，被囚禁的动物一而再、再而三地扑向铁栏杆，但

---

① E. 布洛赫：《希望的原理》，第469—470页。
② 阿斯塔·尼尔森（Asta Nielsen，1881—1972），丹麦女演员，她出演的无声电影主要有《黑色的梦》(1911)、《小天使》(1913)、《哈姆雷特》(1921)、《白痴》(1921)、《朱丽小姐》(1922) 等，有声电影出现后，她只在影片《不可思议的爱情》(1932) 里扮演主角。
③ 保罗·克劳德尔（Paul Claudel，1868—1955），法国剧作家、诗人，主要作品有《黄金头》(1890)、《城市》(1892)、《正午的分割》(1907)、《诗艺》(1907)、《五首崇高的颂歌》(1910)、《人质》(1911)、《战时诗集》(1915)、《战时外集》(1916)、《缎鞋》(1930) 等。

是，这铁栏杆是绝不会被冲破的。"一个妇女悄然登场，像是着了魔一样绕着一个男人转，这个人索性抓住她的面纱角。"但是，她一再绕着他转，这时，面纱开始从她那里展开，直到它像一只蝴蝶蛹一样笼罩他，但是，她几乎是赤身裸体。"

因此，E. 布拉斯①把这类比喻性舞蹈系列命名为富于格鲁吉亚特色的"一张生命的地毯"。这就是文学，但是，他能够从舞蹈系列本身出发来解释舞蹈系列："这种系列是无限地回归的、永不安宁的人的运动。"换言之，由于这是人工化装和完成的，所以最终它是未完成的系列，而且它本身也是重新发生的人的运动：

> 事实上，这类舞蹈系列创造了一系列并非无足轻重的哑剧，而这种哑剧尽管不包含从前的神秘主义素材，但是，同样致力于表现人的渴望及其清醒之梦的形态。②

如果普通人不是按其更一般的心驰神往的渴望来跳舞，而是最终为了建立具体目标并针对这一目标而跳舞，那么情况会怎样呢？这种情况出现在阿萨菲耶夫③的芭蕾哑剧《巴黎的火焰》之中：在路易十六举行举国庆典时，民众攻占了忒勒利宫。他的作品鲜活地再现了这一划时代的历史事件。在宫廷舞蹈的步伐素材与革命的"有希望"（ça ira）④之间的对立中，存在某种完全可理解的行为，这简直是无须任何言语的戏剧。

只要主要情节的意义在身体动作中得到中介，那么这一切都是可能的。因此，哑剧是一种特殊的"光芒"（Aura），它能够无声地并以实际行动来指明本真地开放了的革命目标。"无言地表达故事"（saltare fabulam）：也就是说，滑稽戏的这一悠久的声望恰恰使哑剧没有沉没或变得不可企及。是的，在富于表情的戏剧中，甚至有一半仍在使用"姿势"

---

① 布拉斯（Ernst Blass, 1890—1939），德国早期重要的表现主义诗人、评论家和作家，著有《新音乐的本质》（1922）等。

② E. 布洛赫：《希望的原理》，第 470 页。

③ 阿萨菲耶夫（Boris Asafiev, 1884—1949），苏联作曲家和作家，他的著作包括斯特拉文斯基和格林卡作品研究，作品主要由芭蕾舞和吉他组成，其中包括描写法国大革命的《巴黎的火焰》（1932）以及《巴赫奇萨拉伊的泪泉》（1934）等。

④ ça ira, 法语字面意思是"这将做"。

(Gestus）这一表达方式。这样，实际上即使是在今天，姿势也在制造戏剧（Schauspiel），制造游戏（Spiel）中的"观看"（Schau）。

因此，布洛赫关注的是，如何才能使哑剧中的呆板姿势像电影一样丰富多彩。因为在初期电影中，姿势特别贫乏、粗糙，人物和背景总是闪烁不定，演技似乎拙劣不堪。屈膝求婚者、波浪般起伏的恋人——他们是初期电影中最精彩的部分。

但是，相当发达的电影本身很快赋予堕落的哑剧演员以第一次惊人的支持。对于他们来说，幸运的是，电影不是始于有声而是始于无声。通过无声电影，人们发现了脸部无与伦比的表现力，这是迄今关于明确的身体动作（Gebärden）的未知的宝藏。这种力量的源泉在任何地方都不是很明确，因此，与通常的哑剧相比较，它的效果是无可争辩的，但是，甚至在无言的游戏中，戏剧姿势的效果也是无可争辩的。这种效果在无声电影中有了最佳表现场所：

> 在电影中，一些动作可以直截了当、自然而然地显现出来，因为凝视观众的电影演员可以无拘无束，同时与观众保持零距离的运动。摄影机顺便捎带眼睛，持续地替换观察者的视点，这样，观察者就不再是剧场观众座位上的观看者，而是成为演员本身。①

自从格里菲斯②首次把人的意志深深地刻印在电影情节以来，自从使用这一特写镜头以来，纷纷出现了各种面孔、肌肉戏耍，例如，绽开的痛苦、快乐、希望等。现在，观众通过某个极其孤立的人物的特写镜头，可以体验到看上去就像是肉体化的情绪本身。这种技巧比整个舞台上富于表情的演员给观众留下更逼真、更深刻的印象。

但是，如果没有特殊的演员，也许这一切摄影机的生命就什么也不是。在无声电影中，演员集中磨练身体动作，以求精致、多样化。这条路恰恰从某种细微差别出发，也就是说，从以前哑剧的半截子艺术中，电影

---

① E. 布洛赫：《希望的原理》，第 471 页。
② 格里菲斯（D. W. Griffith, 1875—1948），美国导演，被誉为早期电影发展史上的开创性人物。他的主要作品包括《多利的冒险》（Adventure of Dolly）、《一个国家的诞生》（The Birth of a Nation）、《党同伐异》（Intolerance）等。

获得了特别令人惊异的高雅艺术。如上所述，阿斯塔·尼尔森最先把小型戏剧的身体动作带入无声电影里，从而取得了意想不到的轰动效果，这使电影决定性地远离了通常令人讨厌而声名狼藉的哑剧。通过这种小型戏剧，身体动作根本无法聚焦于微妙的音调（Zwischentöne）或表面上次要的东西，而且根本无法精确地扩大这种次要的东西。①

特别是，通过小型戏剧，演员更无法扮演迅速而易逝的姿态的过渡（例如，递给一只勺子，面对绝望的爱时，眼眉不住地颤动等），是的，在此简直无法扮演这类"瞧，这个人"（Ecce homo）。电影充满着来来去去的、全然映现的愿望运动——超越始终令人眩晕的"梦的工厂"（Traumfabrik）——或者充满着时代所期待的现实趋势运动。但是，为了能够用胶片讲解人物及其情节，这方面需要某种微观的形象化的声调（Tonfall），即不是基于言语而是基于姿势的声调。

在使用言语的谈话舞台上，这样的声调是理所当然的，而且它的效应也是十分惊人的："给你头盔"（Gebt dir den Helm），这是《奥尔良的少女》②中的第一句话。在这句台词中，着力强调了"给"这个词，同时，也敏捷地抽出了不属于"我"的东西。于是，19世纪的全部宫廷戏剧归于终结，只剩羞怯地着了魔的女英雄形象矗立在那里。戏剧重视台词并致力于台词的可视化，与此相比，好的电影则把这种特征与身体和运动联系起来，显然，在这方面，新的舞蹈更富有教益。

据此，这样一个不解之谜终于得到了解答：即姿势如何才能像电影一样丰富多彩。例如，对于表现附带内容的微工艺学来说，电影的效应比哑剧强一千倍。从下意识和预见了的东西中，每一部优秀的、令人窒息的电影都装载着富于表现力的主管部门。进言之，对于批判的社会电影和革命电影来说，更无须杂货店和仿造物。

是的，不仅在人那里，奇异的、新颖的滑稽戏得到强有力的延伸，而

---

① 在布洛赫看来，戏剧主要关注主人公及其事件，而相对忽略周围人物及其事件，与此不同，电影既突出主人公及其事件，也关注周围人物及其事件。

② 席勒的悲剧《奥尔良的少女》发表于1801年，描写的是英法百年战争时期，法兰西农家少女贞德的英雄事迹。贞德（Jeanned'Arc, 1412—1431），被称为"奥尔良的少女"和圣女贞德，是法国的民族英雄、军事家，天主教会的圣女。英法百年战争（1337—1453）时，她带领法国军队对抗英军的入侵，支持法兰西查理七世加冕，为法国胜利作出贡献。后为勃艮第公国所俘，宗教裁判所以"异端"和"女巫"罪判处她火刑。

且在天性沉默的事物那里，这种滑稽戏也同样得到神奇的延伸。但是，如果导演能够赋予事物会说话的能力，那么这也是可以反常地加以讨论的。例如，在爱森斯坦①的《战舰波将金号》中，与船舶一道来回摆动的饭锅，或者在敖德萨港阶梯上，孤立地呈现出来的巨大的、粗野地践踏了的靴子等就属于这种情况。电影《震撼世界的十日》并未显示彼得堡东宫里的摇摇晃晃的卫兵，相反，仅仅显示一座巨大的水晶枝状吊灯轻轻地摇晃起来，然后越发剧烈地震动起来——究其原因，当然是由于隆隆的炮击声，但不言而喻，更是由于凭借超感性的力量。

但是，电影事物中的这一哑剧也首先是从电影人的哑剧那里学来的。如果以前没有阿斯塔·尼尔森独特的睫毛颤动，或者没有她在特写镜头中伸出的握手动作，所有摄影机的艺术都无法表明这样的内容。尤其是在电影中，19世纪的诸哑剧对象全都表现其令人讨厌的、荒诞可笑的事情或阴森可怕的捉迷藏游戏。② 雷内·克莱尔的杰作《草帽》（*Chapeau de paille*，1927）是如此，有声电影《煤气灯》（1943）也是如此。

> 在草创年代，有声电影作为一种形式本身，即当它作为剧场代用品来拍摄时，给人造成这样一种印象：制造有声电影的人，仿佛第二次埋葬通过无声电影更新了的那个哑剧。然而，在对话沉默的地方，有声电影到处都用手势来表演，甚至还出现了一种特殊的额外哑剧形式，即只有借助于有声电影才能达到的哑剧形式。在此，因为人们也是从听觉角度接受电影事物的，所以电影事物借此还获得了全部特有的脸部表情层面。③

可以说，有声电影实现了某种所谓听得见的哑剧的悖论，即与声响相联系的哑剧。通过听得见的银幕、通过毛线、丝线等，用麦克风制造了剪

---

① 爱森斯坦（Sergei Eisenstein, 1893—1948），苏联导演，电影理论家，电影学中蒙太奇理论的奠基人之一。主要作品有《罢工》（1925），《战舰波将金号》（1925），《十月》（1927）等，理论著作有《蒙太奇》《垂直蒙太奇》《杂耍蒙太奇》等。

② 雷内·克莱尔（René Clair, 1898—1891），原名雷内·修梅特，法国演员、导演。他在法国导演的全部影片均由自己编剧，主要作品有《沉睡的巴黎》（1924）、《红磨坊的幽灵》（1925）、《巴黎屋檐下》（1930）等。

③ E. 布洛赫：《希望的原理》，第473页。

子剪裁的声音，而且，制造了由此产生的各种各样的声音。如雨滴拍打窗户的声音、银色的羹匙掉落在石板地面上的声音、嘎嘎作响的家具声，这一切都带有外部世界的微工艺学的标志。不仅仅是电影背景像在无声电影里一样自由移动，而是某种声音背景及其响声也都转变成类似事物的动作。于是，迄今人们所觉察不到的东西可以窥见了，甚至连最轻微的沙沙声也能窃听得到。通过麦克风，有声电影总能捕捉到停留在低声细语中的某种可怕的、阴险的内容，总能捕捉到贴近姿态和信号的动作。总的说来：

> 在川流不息的滑稽戏中，通过摄影术和麦克风，电影能够容纳全部的体验现实，从而电影拥有最强大的镜像、扭曲的图像以及浓缩图像。凭借这些令人眼花缭乱的图像，电影为现代人创造关于朝气蓬勃的生活图像的替代品和富于欺骗性的灿烂生活图像，但是，电影同样创造众多丰富多彩、形象直观的生活信息。①

在制造虚假图像和欺骗图像方面，好莱坞可谓无与伦比、登峰造极。与此相反，现实主义电影本质上是反资本主义的，它不再追求所谓资本主义的最高成就。作为批判的、典型化的希望镜像，现实主义电影必定会表现改天换地的那种白昼滑稽戏（Mimus der Tag）。最终，电影中的哑剧乃是关于现实社会的哑剧，就像这种哑剧表现出来的一样，其内容既是明智的，也是吓人的或鼓舞人心的。从而，电影中的哑剧创造充满希望的内容，许诺充满希望的未来。

第三节　梦的工厂：《色当战役》《亚洲风暴》

日常生活越是单调，人们就越是愿意阅读五光十色的书。但是，一本书要求读者在房间蜷缩苦读，因为一个人不能读着书走出去。只要读者从自身的环境出发，生动地认知阅读过的愿望生活，这种生活就会历历在目、形象逼真。在此，读者究竟怎样解释这种想象的愿望生活是无关紧要的。

---

① E. 布洛赫：《希望的原理》，第 473—474 页。

每个人心中都怀有爱，都想在社交场合一试身手，然而，某种高贵的社交晚会并不是赋予每一个人的。因此，并不是每个人都能完全想象得到这种晚会。与舞台相比，电影更迷惑性地展示这样的事件，借助于漫游的摄影机，电影仿佛是东张西望的来宾观察者本身的眼睛。在大多数情况下，电影更需要一幅银幕，以便观众能够看见荒凉的沙漠和高耸的山脉，例如，蒙特卡洛①、西藏、地中海的游乐场等。

早期电影都是无声电影。② 19世纪，为了欣赏这样的远景，人们开设了独特的视觉娱乐场所，那时，这种场所就已经门庭若市。有一种所谓"皇帝全景"③：八方来客依次坐在按预定路线旋转的立体观测的观剧望远镜前，就在这镜子后面陆续展现来自五湖四海的彩色照片，一声铃声过后，这些照片一幅幅相继消逝。在此，布洛赫把《色当战役》视为这种"皇帝全景"的范例：

尤其是，还有巨大的圆形全景，1883年这幅全景在柏林首映，表演的是《色当战役》④，引起意外轰动。确切地说，仿佛访客身临其境，好像他就是一个现场目击者。蜡人、真实的战场、真实的大炮、描画了的天幕等，从中访客一饱眼福，有幸亲历历史的一瞬间。此外，背景形象也十分出色，与其创作者的名声相称，这就是官廷统一画家安通·封·维尔纳。⑤

正像今天人们激烈争论电影是不是艺术一样，当时人们也对此争论不

---

① 蒙特卡洛（Monte Carlo），摩纳哥的一个行政区，其中位于地中海法国利维埃拉和意大利沿岸的部分被称为富人和名人的国际游乐场。
② 电影（Film）也称映画，是由活动照相技术和幻灯放映技术结合而发展起来的一种现代艺术。电影艺术是一门集文学、戏剧、摄影、绘画、音乐、舞蹈、文字、雕塑、建筑等多门艺术于一身的综合艺术，但它又具有自身独一无二的艺术特征。电影在艺术表现力上不但具有其他各种艺术的教育娱乐特征，又因可以运用蒙太奇这种艺术性极强的电影组接技巧，而具有超越其他一切艺术的超强表现手段，而且影片还可以大量复制放映。
③ "皇帝全景"（Kaiserpanoramen），早期电影艺术中出现的胶片立体镜，因照片看上去酷似皇帝俯视臣下，故得此名。
④ 《色当战役》（die Schlacht von Sedan），色当为法国东北部一城市，位于阿登省马斯河畔，1870年9月1—2日在此发生普法战争的一个重大战役色当战役。这场战役催生了德国第二帝国。
⑤ E. 布洛赫：《希望的原理》，第474页。

休：在平坦的地面上，展现这样一种照片汇编是不是艺术？不过，正如今天人们讨论"电影艺术"的艺术魅力一样，当时人们也讨论"全景"的艺术神情。鄙视这种汇编艺术的人，把安通·封·维尔纳的绘画称作"自然主义的"绘画，相反，赞赏的人则注意到巴洛克艺术中的类似混合艺术，注意到巴洛克式的圣诞耶稣诞生画，注意到耶稣受难的各各他①地点。

1883 年，新式绘画开始凭借蜡像、武器、油画和哑剧来表现"色当战役"。尽管这是对非在场东西的替代体验，但毕竟是一次技术胜利，1870 年还不会存在这种胜利。因为一到夜晚，剧场向导就预示"用电点亮白炽灯"以及"来自弧光的电喷泉"。② 电影不再需要这种设置，它本身完全是崭新的艺术，电影与这种艺术一道，包含着来自新技术的、源于新素材的真正的艺术问题。电影之所以属于艺术，是因为它属于真正的哑剧。尽管如此，在体验生活替代品的时代，电影，正是这个电影并非不受惩罚地得到了发展，现代社会通过眼花缭乱的生活替代品使这个社会的职员分散注意力，或者通过意识形态的"电喷泉"（Electrofontaine）使他们上当受骗。

列宁把电影，尤其是把社会电影和革命电影称作"一种最重要的艺术形式"。事实上，在 20 世纪 20 年代，与美国好莱坞纯粹娱乐片相对应，苏联电影艺术却成为大众政治教育的最重要的启蒙手段：

> 由于这种启蒙工作，苏联电影与众所周知的好莱坞电影相距甚远，以至于苏联电影几乎超越了粗野、虚假的杂志故事。由于美国的缘故，电影成了被亵渎的艺术形式。好莱坞电影不仅提供老套的庸俗艺术作品：例如，情人热烈亲吻的风流韵事，令人胆战心惊的西部牛仔故事等，而且在此已不复存在狂热与灾难之间的任何区别。好莱坞电影毫无例外地利用这种庸俗艺术作品进行意识形态的愚弄和法西斯主义的煽动。③ 当然，在以往美国电影中，有时也不乏社会批判本

---

① 各各他（Kalvarienberg），耶路撒冷城外的小山，据《圣经》记载，耶稣在该地被钉上十字架。
② 参见 D. 斯特恩贝格《全景》，法兰克福/美因，苏尔卡姆普出版社 1938 年版，第 21 页。
③ 从当今视角看，布洛赫的这种观点未免有点偏激。但是，毋庸讳言，20 世纪 40 年代，美国的消遣电影理念与苏联的革命电影理念之间确有一条不可逾越的鸿沟。

身,但是,面对美国资本主义现实,这种社会批判只不过是略施一点狡猾的批判性辩护而已。①

在美国,从一开始电影制作就与商业化的票房利润挂钩,电影艺术的社会批判本身荡然无存,人们充其量只是借助于"艺术的批判之刺来反抗真理"而已。在此意义上,伊利亚·爱伦堡②把20世纪20年代的好莱坞称作一座"梦的工厂"(Traumfabrik),因此,好莱坞仅仅与单纯的消遣电影有关,即与腐败的反光有关。但是,从那时起,梦的工厂遂成为一座毒品工厂,为此目的,这座工厂不仅给人提供"逃避的乌托邦"("天边有座金矿"),甚至给人提供白卫队的宣传。在为法西斯主义愿望所操纵的想象力中,电影全景指明作为黑夜的曙光以及作为喜欢儿童和喜欢民众的莫洛赫神。③

在此,布洛赫对比分析了优秀电影与颓废电影。按照他的审美标准,尽管资本主义电影也不乏身心娱乐功能,但归根结底,这种电影无异于制造"腐败之梦"的梦工厂:

> 资本主义的电影极度颓废,它仿佛是被进攻战技术打败了的士兵。然而,某种上好的工厂、某种批判地鼓舞人心的摄影机、某种从人的计划角度超越梦想的摄影机,无疑具有另一种可能性。过去是如此,现在也是如此。而且,这一点就在现实本身之内。④

在电影中,一再公正地显现的一切无非是那个独特地保持不变的东西。如此众多的失败,如此众多的鸦片,如此飞快的销售额,如此可怜的休闲,等等。我们已经说明,借以拯救电影的那些技术理由:观众对象与主体之间没有距离、没有西洋镜、观察者与现实一道漫游等。甚至在大众

---

① E. 布洛赫:《希望的原理》,第475—476页。
② 伊利亚·爱伦堡(Ilya Ehrenburg, 1891—1967),苏联作家,著有长篇小说《巴黎的陷落》《暴风雨》《九级浪》等,1954年发表的中篇小说《解冻》,在苏联文艺界引起巨大震动。1960年开始陆续发表长篇回忆录《人·岁月·生活》,在苏联及西方引起强烈反响和激烈争议,被誉为苏联"解冻文学"的开山巨作和"欧洲文艺史诗"。
③ 莫洛赫神(Moloch),古代腓尼基人所信奉的火神,要求以儿童作为献祭品。
④ E. 布洛赫:《希望的原理》,第476页。

商品中,室内音乐哑剧也并未完全销声匿迹,相反,在好的电影中,这种哑剧依然占主导地位。好的电影恰恰通过近邻、通过枝节末梢、通过哑剧细节来开放辽阔的世界。此外,凭借电影技术,这一切细微末节也是可实现的,而且,这种细节以及稳固化的分组本身的可推移性与白日梦十分接近、如出一辙。

然而,即使电影技术十分出色,有时也难免遭受挫败。就电影的内容,即电影的特殊素材而言,其形成的那个时代正是资本主义艺术被蹂躏的时代,但是,与此同时,在狭义上,可以说:电影讽刺性地变成了可利用的东西。

因为作为市民社会崩溃的时代,20世纪初也是迄今社会成员的分组(Gruppierungen)和共属性(Zusammengehörigkeiten)趋于支离破碎、流于表面的时代。因此,在绘画及电影领域,无论是在主观上还是在客观上,20世纪初都是可能的蒙太奇①时代。蒙太奇手法的运用使得电影镜头的衔接产生了新的意义,大大地丰富了电影艺术的表现力,从而增强了电影艺术的感染力。因此,布洛赫对蒙太奇予以很高评价,将其视为20世纪电影艺术中最主要的艺术表现成就:

> 由于蒙太奇变成可能,电影人也就无需任意地、非理性地描写客观事件的进程了。确切地说,在现象与本质本身的关系中,电影人能够使电影适应时代的变化。这里正是新的示意领域和物的主管部门,这个领域不仅实际地揭示和分离迄今十分贴近地显现的各种客体,而且实际地揭示和连结市民关系秩序中看似相距甚远的客体②。

与此相应,好的电影总是把这种现实主义地变得可能的可推移性

---

① 蒙太奇(Montage),原为建筑学术语,意为构成、装配。在法语里,蒙太奇是"剪接"的意思,但到了俄国它发展成一种电影中镜头组合的理论。在电影的制作过程中,导演按照剧本或影片的主题思想,分别拍成许多镜头,然后再按原定的创作构思,把这些不同的镜头有机地、艺术地组织、剪辑在一起,使之产生连贯、对比、联想、衬托悬念等联系以及快慢不同的节奏,从而有选择地组成一部反映一定的社会生活和思想感情、为广大观众所理解和喜爱的影片。

② E. 布洛赫:《希望的原理》,第476—477页。

(Verschiebbarkeit)应用于某一电影素材上。这样,苏联导演普多夫金①竟然走到了这一地步,他在《亚洲风暴》(1928)中断言:"电影汇集现实的要素,以便借此指明另一种现实。在电影中,固定在舞台上的那个时空尺度与现实尺度是截然不同的。"正如苏联电影所指明的一样,电影魔力与那个可摄影的历史和现实的透明性是联系在一起的。而且,这一点也充分表明,另一种社会乃至整个世界不仅显现在电影中,也受到当下各种因素的影响和阻碍。这正是源自电影的恰当而绝好的东西,特别是,通过崭新的人物形象,电影使从中所能指明的透明的东西变得更简单容易些。电影艺术与文学、绘画等艺术的显著区别在于它所特有的视听形象的完整性与透明性:

> 电影外观艺术既不是绘画也不是诗歌,但更不是它们当中的最佳范例。但是,这种艺术提供一幅独一无二的图像,这幅图像不仅允许活动、讲述,偶尔还要求一幅特写镜头描述的静止状态。由于这个原因,电影不是众多崇高的艺术领域的各种不同艺术类型的混合图像,尽管莱辛的《拉奥孔》②界定了叙述性绘画与描述性诗歌的区别和界限。也许,在崇高的艺术领域里,叙述性绘画与描述性诗歌是枯燥无味的。莱辛借助于身体把唯一的行为指派给绘画,并借助行为把唯一的身体指派给诗歌。与此相反,电影技术则通过完全不同的身体把行为指明为绘画,即通过活动着的、非静止的身体把行为指明为绘画。由此,绘画描述的空间形式与讲述的时间空间之间的界限也就归于失效。③

在此意义上,布洛赫把电影称之为一幅"自称的绘画"(Soi-disant-

---

① 普多夫金(Vsevolod Illarionovich Pudovkin,1893—1953),苏联电影导演、演员、电影理论家,率先把戏剧中的斯坦尼斯拉夫斯基体系应用于对电影演员的指导。他对电影特性、蒙太奇、电影声音等理论作出了重要贡献,他的电影表演理论对世界电影表演产生了很大影响,主要作品有《母亲》(1926)、《圣彼得堡的末日》(1927)、《活尸》(1929)等。

② 在美学巨著《拉奥孔》中,德国启蒙主义剧作家莱辛(Gotthold Ephraim Lessing,1729—1781)详尽辨析了绘画与诗歌的区别和界限。按照他的观点,造型艺术的使命是同时性地并列描述物体,而诗歌则根据时间之流描写行为。

③ E. 布洛赫:《希望的原理》,第477页。

Malerei），因为电影可以表现全部对象，与舞台图像不同，电影视域如此宽广，足以表现一切绘画的内容。不仅如此，在有声电影中，这幅图像也总是第一性的，因此，一种"自称的绘画"本身现在成为相继出现的行为，一种"自称的诗歌"本身则成为相继出现的身体：与雕像不同，电影里的"拉奥孔"会大喊大叫。无需僵死的鬼脸，电影也能大声呼喊，因为在特写镜头中，电影不是把这种静止指明为僵死状态而是仅仅指明为跳跃的状态，在此，每一种背景都根据前景来旋转。尽管电影仅仅是摄影的艺术，但是，电影的本质乃是愿望行为和愿望风景，在观众席中，这种行为和风景不可抑制地升高上涨。

第四节 戏剧舞台与范例试验：布莱希特、斯坦尼斯拉夫斯基

自古以来，剧场具有强烈的心灵感召力和艺术感染力，每逢节假日，人们就急不可耐地聚集在剧场门口。一种强烈的冲动把他们推向售票处，推向一个没有任何窗户的空间，然而，这种冲动是多种多样的。通常大部分人是出于无聊，例如，只想在某个晚上买东西，那时，他心情很坏，或者精神涣散。然而，时过境迁，如今一部好的作品吸引越来越多的人的注意力，劳动者并非想要以此消磨时间，而是想要以此充实时间。

在歌德的《浮士德》中，那个剧团团长这样描述了看戏的人们的表情：他们鱼贯而入，扬起眉毛悄然坐下；他们个个神采奕奕，惊异万分。在长篇小说《父亲们》（Der Vatter）中，德国小说家布莱德尔①细腻地刻画了《浮士德》里的一段甘泪卿悲剧带给汉堡观众的巨大冲击和轰动效应：

> 恩斯特—突路克戏院坐落在圣·保利区的游艺广场上，是一家

---

① 布莱德尔（Willi Bredel, 1901—1964），德国小说家。生于工人家庭，当过旋工和水手。1917年参加斯巴达克派，后加入德国共产党。1933年纳粹执政后被关进集中营，次年逃出。创作长篇小说《考验》，揭露法西斯集中营里的暴行。西班牙内战期间参加国际纵队，任台尔曼营军事委员。第二次世界大战中参加反纳粹的斗争。主要著有作长篇小说《亲戚和朋友们》三部曲（《父亲们》《儿子们》《孙子们》），通过一个汉堡工人家庭的历史，反映德国工人运动的发展。

名副其实的人民剧院，观众都是些水手、码头工人、鱼商、小贩、妓女，所演出的戏是些滑稽戏和闹剧，大都用汉堡的土语，粗俗、质朴、健康；坏蛋到结局总是在台上挨一顿打，可怜的无辜者则得到解救和拯拔。这样才使观众们满意，他们对喝彩叫好并不吝惜，常在戏演完后，请演员们喝一顿啤酒或递上一条肥大的熏鳗鱼来代鲜花。

在几年前，这家戏院的一位编导忽然想到要把《浮士德》里的一段甘泪卿悲剧抽出来上演一下。也许是那时刚刚缺少一部剧本，也许是他想给民众提供一点比较严肃的食粮。演出也获得了严肃的和全神贯注的欣赏。在甘泪卿良心上苦痛万分的时候，观众席上发出一片高声的悲叹。在演到女孩子们在井畔说长道短的时候，就有几个男子激动地喊道："唷唷，就是这样！这些该死的长舌妇！"到了结局可是发生了一场这家老牌子戏院从来没有碰到过的天翻地覆的骚动；在骚动的过程中，那些愤激而老实的汉堡观众，却对歌德打了一次全胜仗。

当浮士德博士准备把他的甘泪卿丢在监牢里面而自己同他的魔鬼伙伴逃走的时候，虽然天上有一种声音在喊，她是得救了，还是一点也不济事。那些汉堡人，一种公理和正义的感情还在他们心里活着，他们的心房在为着纯洁无辜的人搏动，觉得这种安慰太神秘、太没有保障了。男客们甚至于女客们都极度愤激地站了起来喊道："什么叫得救？……这是胡说八道……！他该和她结婚！……他该和她结婚！……博士滚出来！……他该和她结婚！"

观众和声齐喊道："结婚……！结婚……！结婚……！"

导演匆匆跑到台上来，脸色急得苍白，请求大家安静。他指出，这结局不是他做的，是以前歌德就这样写下来的。

他被大家喝了下去。"什么歌德不歌德！……这都是假话！……他该和她结婚！……结婚！……结婚！"

结果甘泪卿和浮士德博士，后者像一个悔悟了的罪人，走到幕前来。等到大厅上观众静默了下来之后，博士开口说道："请你原谅我，甘泪卿，我把你亏待了。现在我要把事情挽救过来，因此我问你：你愿意不愿意和我结婚？"

甘泪卿低声回答道："愿意的！亨利！"

接着他们就互相握手接吻。

这修改了的最后一场赢得了无法形容的欢呼声。浮士德和甘泪卿必须几次三番地走到幕前来，接受这些现在十分满意了的群众的喝彩声。圣·保利区莺街上的"红莺酒家"老板，特地邀请全体演员去喝免费啤酒。甘泪卿接到一束鲜花；浮士德得到一大把递上台来的雪茄烟。①

观众希望在想象中"得到拯救和解放"，也就是说，想要变得无拘无束。但是，他们并不是直截了当地或单纯地摆脱某物，而是自由地趋向某物。然而，观众之所以趋之若鹜，是出于某种可称作演戏的需求的东西。这种需求进一步扩大为诗意的东西，它不仅与依顺的或虚伪的欲望有关，也与见异思迁的尝试性的欲望有关：

观众与演员本身分享这种欲望，在所有最佳情形中，通过演员，亦即通过寻求演员当时所想象的某种东西，访客得到内在的满足。但是，尤其是，访客乐于注视的并不是演员戏剧式地想象的东西，而是他以及全体剧团演员的感性形象以及对某物的富于表现力的活跃的想象。尽管访客被卷入舞台生活，但他绝非因此就像某个消遣的朋友一样干脆从先前的日常生活中脱身。当舞台为观众准备所谓易消化的精神食粮时，他也不改变自身的品位。这种精神食粮与俗气的艺术作品相区别，因为后者甚至也不能供人消遣，而只是使人痴呆。②

帷幕徐徐升起，"第四墙"③ 消失不见了，取而代之的是开放的舞台空间，在这壮丽的外观后面，引人注目地、轻松愉快地发生某种意义重大的场面。现在观众终于摆脱了经常为日常事务所累的那个视野的狭隘性。奇异的、富于决断性的人们，广阔的舞台，强有力的命运等聚集在一起。

---

① 布莱德尔：《父亲们》，张威廉译，上海译文出版社1984年版。
② E. 布洛赫：《希望的原理》，第478—479页。
③ "第四墙"（die vierte Wand），一般译作第四堵墙，戏剧术语。在镜框舞台上，一般室内写实布景只有三面墙，沿着台口的一面不存在的墙，被视为"第四堵墙"，其作用是试图将演员与观众隔开，使演员忘记观众的存在，而只在想象中承认"第四堵墙"的存在。

观众期待即将发生的事情,并与演员共同经历事情的结果。

观众不仅对即将发生的事情抱有期待,而且更多地受到真假难辨的演员的刺激。演员要求观众对某事做决定,至少决定他们对表演本身是否满意。当一部客观戏剧上演后,观众便报以掌声或口哨,其中表达了这样一种决定:即使是如此好的电影也会遭到挫败。在此表达的不满之声,在此报出的掌声,有时径直传入敞开的舞台中:这种反应十分不同于来自文学读者的那种无声的或充满激情的表态。因为观众之所以表态,是因为他们在舞台上,实际看到了他想要看到的或他不想看到的东西,而这种观众表态远远超出单纯的趣味判断的决定(Entscheidung)。

尤其重要的是,每一个剧场都包含着具有表态能力的正式集会,与此相反,在书架上,却总是只有某一单个读者的书籍。饶有兴趣的是,在布莱希特①那里,这种观众的决定成为他的戏剧理论的要点,而且借助于此,观众的决定完全摆脱了单纯"美味的"(kulinavischen)趣味判断。借助于此,这种决定不仅评判被表现的人物、相遇、行动等,即"它们如何",也评判"它们会如何"。

如同一部戏剧一样,一个人的成功并不取决于他的主观感觉,而是取决于他所获得的客观评价。为此,在导演和行动指南中,布莱希特十分敏锐地观察并深思熟虑地指出观众的决定,因为这种决定总是超越戏剧之夜,持续地延伸开来。特别是,以积极的讲解方式,观众更好地投入日常生活,也就是说,在更大胆的意义上,实际地投身于本该来临的那个事物之中。

布莱希特的戏剧理论对世界戏剧发生过很大影响,其中最具划时代意义的戏剧理论即"陌生化效果"(Verfremdungseffekt)。在德语中,Verfremdung是一个非常富有表现力的词,具有间离、疏离、陌生化、异化等多重含义。布莱希特用这个词首先意指一种方法,然后才指这种方法的效

---

① 布莱希特(Bertolt Brecht,1898—1956),德国著名戏剧家与诗人。年轻时曾担任剧院编剧和导演,并投身工人运动。1933年后流亡欧洲大陆。1941年经苏联去美国,但战后遭迫害,1947年返回欧洲。1948年起定居东柏林。1951年因对戏剧的贡献而获国家奖金。1955年获列宁和平奖金。主要作品有《马哈哥尼城的兴衰》(1927)、《三分钱歌剧》(1928)、《屠宰场里的圣约翰娜》(1930)、《巴登的教育剧》《例外与常规》《圆头党和尖头党》《第三帝国的恐怖与灾难》《伽利略传》《大胆妈妈和她的孩子们》《四川好人》《潘蒂拉老爷和他的男仆马狄》以及《在第二次世界大战中的帅克》《高加索灰阑记》等。

果。作为一种方法，它主要具有两个层面的含义：一是演员将角色表现为陌生的；二是观众以一种保持距离（疏离）和惊异（陌生）的态度看待演员的表演或者说剧中人。布洛赫进一步把这种陌生化效应、规则概括为如下三个方面：

> 第一，观众不再单纯地被引入游戏之中。他神志清醒，并且设身处地思考情节及其演员，然而，他与演员同样处于对立之中。观众独特地"抽着烟不动声色地观察剧情"，这种态度是适当的，但是，这不是大肆发泄其情绪的那个着魔的人，即他不是担心某物的人，而是学会幽默地享受剧情的人。游戏一定要使人感到娱乐，戏剧应当比以往任何时候都使人感到娱乐。是的，在此至少动物的真诚比"在戏剧有可能成为多余的某个地方"更虚假不实。但是，不应使观众所拥有的享受归于消解殆尽，而应对其循循善诱，并使其活跃起来。第二，演员本身决不应该与他所模仿的人物及其情节打成一片。演员始终仅仅是置身度外的指示者，他甚至作为批评者或赞扬者位于具体人物一旁。他的动作不是反映直接的情绪，而是间接地标明另一个人的情绪。不是通过动态的游戏，而是通过叙事的游戏，不是保存概念——摆脱所有演员心灵的展示或所谓戏剧的性情——而是保存生命力、温和的热情和说服力。①

恰恰鉴于叙事模仿风格的公众效应，布莱希特强调："顺便说一下，即使间或提到的东西、间或提到的叙事戏剧也同样不是某种单纯的无戏剧的戏剧，并没有这么一回事：在这里，容许响起理性斗争的呼喊；在那里，容许响起情绪（Gefühl）斗争的呼喊。叙事剧很少会放弃正义感、自由的冲动、正当的愤怒，甚至也不离弃其现存的一般感情，相反，叙事剧试图强化并造成这种一般的感情。因此，对于公众而言，叙事剧赋予他们的'批判态度'并不是足够热烈的。"

但是，演员们的这种客观化的态度与那种客观强调舞台场面的全部艺术手段是相一致的，布莱希特称之为"陌生化"（Verfremdung）。这意味着："作为本身封闭的场景，戏剧作品的特定进程应当通过铭文、噪声背

---

① E. 布洛赫：《希望的原理》，第 480 页。

景、音乐背景以及演员的表演方式等从日常生活、不言而喻的东西以及被期望的东西中得到扬弃或陌生化。"于是，这种陌生化的效果便伴随各种奇异性而出现，即科学的惊呆、哲学的惊讶等，借助于这种惊奇（Staunen），观众不再心不在焉地接受既定现象乃至游戏现象，而是开始主动地提出问题，从而产生充满认知欲望的态度。因此，在擅长陌生化效果的教育剧《演员的忠告》中，布莱希特写道（恰恰把惊讶作为深思熟虑的开端）：

> 普通的东西，你们已经司空见惯。
> 但是，我们要求你们：
> 把不是陌生的东西当作陌生的东西！
> 把习以为常的东西当作不可解释的东西！
> 普通的东西会使你们惊讶。
> 在把日常规则认作滥用的地方，
> 在你们认清滥用的地方，
> 消除弊端吧！[①]

与无结果的文学不同，陌生化造成特别强烈的召唤，从而促使观众对预先推定的后果进行深思熟虑。长久没有变化的东西很容易被视为不可变化的东西，因此，戏剧中所反映的陌生化最终导致这样的后果："从社会上富有影响力的进程中夺走熟悉的印章，即使今天这印章也仍然使社会进程免遭侵犯。"这样，我们就到达了这种规则的第三，也是最后要点：即戏剧乃是"根据范例的试验"（Probe aufs Exempel）：

在这一点上，人物态度和进程应当根据其对生活的有用与否，游戏般地加以深入刻画和详尽实验。可以说，布莱希特的戏剧想要以多种方式创造正确的生活态度。换言之，戏剧乃是一个实验室，即在小型的、游戏形态的舞台中，仿佛是在舞台案件中，实验正确的理论与实践，可以说，这种试验是把舞台案件隶属于试验性的、现实的紧要

---

① 布莱希特：《"例外与常规"后记》，《全集》第2卷，法兰克福/美因河畔，1985年版，第822页。

关头。①

布莱希特的戏剧是处于事物之中（in re），但又先于事物的（ant rem）实验，这意味着它不仅不带有某种仿佛不可实验的概念的现实的错误关系，而且借助于教育学的手段而戏剧性地展示这样的错误后果。不仅如此，布莱希特还试验性地描述了可能的二者择一，借助于舞台上澄清了的结局，每一个这样的二者择一都有了一个了结性的结局。

在布莱希特成熟的戏剧作品《伽利莱》中，类似的艺术风格尤其得到了鲜明的表现。在此，可以提出这样一个问题，那就是为了撰写主要著作的缘故，能否对伽利莱的反复无常采取公正的态度？凭借这一切，布莱希特追求"寓言戏剧"，即在戏剧结构上致力于探究鲜明的、时常简化的范例以及不可避免的决定。观赏布莱希特的戏剧，能够促使人们一再明智地摆脱与继而发生的消息有关的抽象性。他的寓言戏剧的重点在于观众的积极参与，从切身感受中领略剧情的意蕴，从相互交流中发现可能性、创造新意义：

> 布莱希特的戏剧寻求一种独特的行为方式，在这种行为方式中，蕴含着唯一共产主义的，亦即一再重新试验的行为结论，并且，他的戏剧引导人们达到一种实际有用的东西及其理性，并使其对实际生活产生具体的效果。②

与此相对照，戏剧艺术领域中的"图式主义"（Schematismus）意味着，在它可接近的艺术领域，浅尝辄止，敷衍了事，自以为用五六个现成公式或"乌拉—结语"就已经学会了这一点。正因如此，图式主义憎恨作为"范例试验"（Die Probe aufs Exempel）的布莱希特的戏剧理论。

演员本身首先要学习，然后再教观众戏剧，这无疑是不寻常的尝试。演员疑惑地、探究性地看待戏剧，从而转变和翻转剧中人物及其情节。尽管如此，在一切戏剧中业已出现开放的形态，在那里，一个人、一种状况恰恰流露出自身持续的矛盾。只有在某个核心人物作为角色和

---

① E. 布洛赫：《希望的原理》，第482页。
② 同上书，第482—483页。

社会功能单向地、不可避免地行动的地方,才没有这种自相矛盾的易变性。

奥赛罗的嫉妒心根深蒂固、绝不会动摇,而且不会被设想成另一种样子,在所有自身后果和境况中,都会接二连三地产生这种强烈的嫉妒心。① 同样,安提戈涅从母权制角度接受并恪守"虔诚心"(Pietät),在他那里,连这种铁石心肠也很少动摇②,而克瑞翁从社会角度凯旋的"国家理性"也是如此。在此,冲突是不可避免的,鉴于某种解释及其导演的单纯暗示,也许另一种存在可能性、另一种情节可能性、另一种结局可能性是怪诞不经、不可理喻的。

但是,不是存在一系列伟大的多边本性的戏剧以及利用这种多边可能路径的戏剧吗?不是存在《哈姆雷特》吗?或者面对共和制和转制之间在所难免的二者择一,如此名不见经传的、无足轻重的斐爱斯柯③不也动摇不定、喃喃自语吗?难道戏剧不是对业已存在的许多其他可能的版本、事件经过、起点等的各种评价吗?与歌德的《斯特拉》、最初稿本《塔索》相比,完成稿本《塔索》怎样呢?1776 年歌德充满和解性地描写了斯特拉,但在 1805 年却悲剧性地结束了这部作品。歌德在最初稿本《塔索》中,否定散文作家安东尼,肯定狂热诗人塔索;但在第二稿中,他对二人的看法却几乎恰恰相反。

当然,迄今为止的戏剧艺术以及杰出构成的戏剧作品很少涉及某种独特的理论与实践关系,更不涉及某种一再矫正画面而中断的教程。④ 然而,即使是不容改变的戏剧本身,也不是任何寻求范例的试验,而是强调导向最终结果的某种范例。这时,无论寻找恰当的解答,还是逃向恶劣的

---

① 《奥赛罗》(Othello)是莎士比亚的四大悲剧之一,大约写作于 1603 年,1604 年首演于伦敦。黑人勇将奥赛罗与元老的女儿苔丝狄梦娜相爱成婚,后中情敌的奸计,一怒之下掐死了自己的妻子。当他得知真相后,悔恨之余,拔剑自刎,倒在了苔丝狄梦娜身边。后世对于主角奥赛罗的看法不一:一是认为他是位坚强博大和灵魂高尚的英雄,其所以杀害爱妻,只是由于轻信;二是认为奥赛罗并不那么高尚,而是个自我意识很强和性格有缺陷的人。

② 安提戈涅(Antigone),希腊悲剧作家索福克勒斯悲剧《安提戈涅》中的女主人公。安提戈涅是俄狄浦斯的女儿,她不顾国王克瑞翁的禁令,将自己的兄长——反叛城邦的波吕尼刻斯安葬,后被关在一座石洞里,自杀而死,而一意孤行的国王也招致妻离子散的命运。

③ 斐爱斯柯(Fiesco),席勒剧作《斐爱斯柯在热那亚的谋叛》(1783)的主人公。

④ 在我们看来。布洛赫的这一说法未免有点偏颇极端,因为莎士比亚、席勒的戏剧也涉及理论与实践的关系问题。

地方,这种戏剧都利用建议性的格言:"例证"(exempla docent)。尤其是舞台,不管那里有无说教性的评论,它已经变成了一个道德机构。在此,布洛赫有意识地把布莱希特与席勒作一对比:

> 是的,与席勒相比较,布莱希特打算尽可能少地反映道德、教育因素,这一点是出乎意料的。作为友好的唯物主义者、教科书作者和学院歌剧教师,布莱希特却恰恰认为,从一座剧场上看,仅仅热衷于道德说教的戏剧,也许根本就不是戏剧:例如,他认为,"即使把戏剧变成一座市场,也绝不能把它提高到一种崇高的状态。我们必须看到,即使道德的东西也并非令人愉悦,或者说道德的东西即使能使人的感官获得享受,它也并不一定贬低一个人,也就是说,从中道德的东西是可以有所获益的"①。

尽管布莱希特拒斥舞台上的视觉广告和俗气艺术一类的内容简介和社论,但是,这并不妨碍他贯彻他的旧纲领:例如,意识形态塑造纲领,训练有素的剧场决断等。因此,"这些纲领想要尽可能靠近教学场所和公共场所"。不言而喻,剧场可以成为可能的娱乐场所,它应当受到文学作品的影响,而不应受到社论和"乌拉—顺应时势主义"的影响。正是这种广告时势主义根本不需要任何根据范例的试验,因为它反正无所不知,以至于把范例(Exempel)译成唯命是从的模范学生。与此相反,真正的艺术剧场由衷地为道德机关(moralische Anstalt)而感到喜悦,借助于此,有效的启蒙和冲动的深度与艺术享受的深度成正比例。

在此,真正的艺术剧场有理由指向充满感官快乐的剧场假象以及歌剧这一进步的杰作。例如,《魔笛》《费加罗的婚礼》等不仅赋予我们最高尚的艺术享受,同时也赋予我们最积极的人性愿望图像。就像药品与说明书这一中介手段一样,通过进步戏剧的内容,剧场可以中介某种快乐的启发:

> 在表演中,剧场本身作为一种中介起作用:即通过斗争制造某种内容,或从制造了的东西中预先显现某种内容。"因此,对正确立场

---

① E. 布洛赫:《希望的原理》,第484页。

的选择乃是戏剧艺术的另一核心部分,它必须在剧场之外得到选择。就像自然变革一样,社会变革也是一项解放行动。在科学的时代,剧场应当中介的是解放的快乐。"①

至此,我们考察了作为一种中介场所,即范例试验的剧场。概言之,剧场显现为既超然于决断性行动,又位于决断性行动之中的一种决断性行动的寓所。只要根据范例进行这种试验,那么这一目标就一目了然,但是,为了到达这一目标,舞台作为先现舞台,应当从各种矛盾状态中看待人的行为方式。

如上所述,就一切优秀作品而言,观看比阅读更好。因为与读书相比,虽然一个人在舞台前感受不到充分的鉴赏魅力,但是,与观众一道更能感受到观看作出的共同的决定。但是,有时演出也令人惋惜,这时候,我们就会想到阅读比观看更好。只有在这个时候,即当演员们各自分得自己的角色,大致情节不是涉及雅各的一些言行,而是涉及"阴谋家"缪勒的时候,我们才会想到阅读比观看更好。如果一个明星把作品当作借口来体现个人的体态和语言风格,那就更加大煞风景、令人不快。

在布洛赫看来,演出比阅读富于直观的语言表情等特征。此外,在相对朴实无华的表演中,同样因为个人气质,或者通常限于时间,演员在舞台上过快地背诵台词,尤其是当完成美丽的诗句或富于艺术性的乐段时,演员语调语速变得过高过快,以至于使观众不知所云,大有上当受骗之感。在这种单调的机械背诵中,许多珍贵的东西都消失了,就像一场障碍赛跑一样,观众对其缺乏艺术性感到不舒服。与此不同,在慢慢咀嚼戏剧作品时,我们总能想象得到一道丰富多彩的风景:

> 但是,戏剧比读物更具好处,尽管我们可以借助耳目尽情享受读书的快乐。这肯定有个好处,因为一个戏剧脚本写得再精彩,人们也不想把它束之高阁,而是想把它搬上舞台上演。这就像来自奥德赛的影子一样,它们不断拥向血液,以便能够言说,作出回复。② 一般情

---

① E. 布洛赫:《希望的原理》,第484—485页。
② 迄今荷马的《奥德赛》无数次被搬上舞台,通过演出,观众可以感受到作品中活生生的氛围。

况下，一部未上演的剧本不大可能是好剧本，在未上演之前，一部忠实于原作的剧本绝对不可能是最好的剧本，尽管每个剧本被搬上舞台都是在忠实于原作精神的前提下进行创作。在最好的情况下，戏剧演出具有闲聊、反驳等抒情特征，在这些特性中，发生一个接一个的行为、交点图像、登场、退场、浓密的空气等。①

可以说，不仅在席勒、莎士比亚的作品中缺少这些崇高的因素，而且在挤向舞台的通俗小说中，也难觅这些因素的蛛丝马迹。在这个世界上，任何一种戏剧都会提供关于人物、变换场景的可视空间，这种空间正是演员，尤其是导演想要向观众展现的。只要处在情节中，亦即处在戏剧中，伟大的抒情诗就首先在情绪和反省的运动舞台上，简言之，在戏剧舞台上，导演所塑造的是自身从属于其中的那个内倾性格的人的形态。正因如此，不言而喻，仅供阅读的诗篇被视为逃向戏剧的诗篇，布莱希特就写过如此意味深长且真实的诗句：

> 伊丽莎白女王时代的诗篇
> 为我们写下了傍晚的荒原
> 这是任何照明工人
> 都不可企及的荒原本身！②

这句诗行是真的，照明工人并不能到达这诗句，因为伊丽莎白女王的荒原一直诗意地被驱赶到自身最真实的本质。但是，莎士比亚却把这一切诗行都写入戏剧之内，写入《李尔王》的舞台、《麦克白》的舞台。通过伟大的诗作不仅可以到达和超越傍晚的荒原，也可以阐明和讲解傍晚的荒原，这无疑是凭借自然诗作的核心威力③，但是，戏剧作品恰恰把诗意的荒原指明为大地，在这块大地上，戏剧自身固有的作品本身最终得以上演。特别是，这样一部完美的戏剧作品首先也把某种重要的休止（Pause）付诸实施，于是，在戏剧中，这种休止不仅可以出现在字里行间、句子之

---

① E. 布洛赫：《希望的原理》，第485—486页。
② 同上书，第486页。
③ 参见本书第17章中《作为可视的先现的艺术假象》。

间，也可出现在登台演出之间。因此，倾听、敲击、注意遥远的呼唤、某种期待着的东西等尤其寓居在这样的休止之中，在开幕和落幕中均可使用这一重要的休止手段。

例如，在威尔第的《奥赛罗》中，奇妙的小号乐曲预告总督使者的到来，歌剧的这一边或那一边来自莎士比亚戏剧的"休止"这一固有形式。也就是说，与戏剧读物不同，戏剧演出具有感性的体验现实（Erlebniswirklichkeit），从中未曾听见的东西公开地被听见，从中当下所体验的现实的、遥远的东西都历历在目。于是，为人所共知的诗化的、浓缩的东西，圆满地完结的东西就像血肉一样实实在在地出现。

戏剧平面总是通过动作（Mimik）来塑造文学作品。在此，所谓动作乃是"语言动作"、"姿势动作"，以及舞台塑造者所创造的舞台布景的"预感动作"（Auramimik）。在此，舞台框架像一扇窗户一样起作用，透过这扇窗户，世界一直变化到可认识的、可视的和可听的程度。因此，戏剧乃是哪儿都不能直接体验到的一种现实的新机关，尽管这种现实是借助与此有关的戏剧作品展现出来的。

在这种情况下，一切都取决于一个角色所特有的声音。是的，可以说，进行表演的人是一个声音模式，作为金嗓子，他天生就是为舞台而生的。因此，从一开始就存在语言形式，即改变并塑造声调的某种棘手的艺术。现在，建立在语言动作基础上的基本声调，例如，源于布道者，哲学家施莱尔马赫①的出色的表达方式并不是来自某一人物的抽象轮廓，也不是来自某一人物自身的那种陈词滥调。真正的基本声调只能源于登场人物的素质、联系和目标图像，因此，它源于性格及其环境所决定的行为可能性和存在可能性。在此，"性格"（Charakter）不是静态意义上被埋藏的东西、被雕塑的东西，而是标明对某种形成中的行动的规定。只有在这一方向上，才能如实地完成某种戏剧模式，只有从目标图像出发，才能改变戏剧的声音模式。

---

① 施莱尔马赫（Friedrich Schleiermacher，1768—1834），德国神学家、哲学家、解释学家，被公认为现代基督教新教神学的缔造者。自1804年起，施莱尔马赫用22年时间翻译柏拉图著作，著有《论宗教》（1799）、《独白》（1880）、《批判至今为止的伦理学说》（1803）、《基督教信仰》（1821—1822）等。

伟大的导演斯坦尼斯拉夫斯基①就以《哈姆雷特》为例，努力寻求上述"性格"的解释模式。这样，人们在《哈姆雷特》中，就发现了一项崇高的任务："我为父亲报仇。"或者，人们也可发现一项更崇高的任务："我想发现存在的秘密。"但是，人们也可发现一项无上崇高的任务："我想拯救人类。"

根据这一最后的"基本公式"，斯坦尼斯拉夫斯基导演的《哈姆雷特》连同一切障碍一道充分发展了哈姆雷特这个人物。当然，只要通过某种抽象的、不真实的、激情澎湃的高度，导演才把语言动作中的艺术风格从传统中固定下来，那么这种艺术风格就变得十分棘手。鉴于席勒的情况，这一点依然是一个问题：即如何才能把席勒慷慨激昂的诗句加以冷静而低沉地表达？鉴于瓦格纳的情况，不论在歌唱动作中，还是在杂管弦乐中，这都是一个问题。在瓦伦斯坦②的语言本身中，谜一般难以突破的是，死缠烂打的宫廷音乐乐章、令人伤感的或沸腾不息的热情等。尽管在新的拜罗伊特剧场中，这种古老的歌剧似乎想要一试身手，但是，同样谜一般难以突破的是，巴洛克戏剧可以完全背离《尼伯龙根的指环》所使用的声调，尽情表演浅薄的女主人公和胜利的林荫大道。③

在席勒、瓦格纳的原来作品中，这种陈旧性（Verjährtheiten）有其部分根源：两人都使用过分同一的修辞学，亦即时常强制不变的高度。但是，在席勒鲜明的逻辑语言力量中，在瓦格纳鲜明的对位法的表现力中，这种陈旧性同样起着某种调剂性作用。席勒和瓦格纳恢复原状意味着，在席勒那里，台词表现为深思熟虑的、可说的钢琴弹奏，而在瓦格纳那里，台词则表现为可唱的、美好歌唱（Bel canto）的无限旋律。在理查德·瓦格纳那里，音乐仿佛是恢复原状的（resitutio in integrum）、更成熟的案

---

① 斯坦尼斯拉夫斯基（Konstantin Stanislavski，1863—1938），俄国演员，导演，戏剧教育家、理论家，主要执导剧作有契诃夫的《海鸥》《万尼亚舅舅》《三姊妹》《樱桃园》，高尔基的《小市民》《底层》等，著有自传《我的艺术生活》《演员自我修养》等。
② 瓦伦斯坦（Wallenstein），席勒名剧《瓦伦斯坦》里的主人公，历史上确有其人，他是捷克贵族，中古史上30年战争中神圣罗马帝国的军事统帅。
③ E. 布洛赫:《希望的原理》，第487—488页。

例，它更多地发自内心，更多地源自自身时代，因而就像一声春雷一样震天动地、经久不息：他的歌剧演出首先从歌唱动作出发，从而蔓延到歌剧的全部结构。

从这方面看，这一点更加重要，那就是瓦格纳歌剧的演出不仅恰恰适合于盛开的、鲜明的、强有力的东西，而且最终适合于作品的险峻的深度。表情动作连同舞台布景不再抑郁沉闷，散发酸臭味；台词不再发出雷鸣、刀剑叮当、冲浪等令人刺耳的喧响。于是，表情动作和场景都变得温和柔和了。

在演员身体方面，现在表情动作本身在设置语言所中介的戏剧行动，但是，可以说，在身体方面，这种动作本身也设置舞台布景中的事态。正如布莱希特的戏剧以及古代英国和古代西班牙的戏剧一样，这种舞台布景可以是十分简陋的，但也可以是十分奢华的，就像从前的迈宁根剧团①舞台布景和马克斯·赖因哈特②剧团舞台布景的若干范例一样。尤其是，这种舞台布景可以把舞台图像中的文学作品本身像先兆一样扩展开来，而且像斯坦尼斯拉夫斯基的戏剧一样，使文学作品鲜明地反映在舞台上。

斯坦尼斯拉夫斯基强调演员在舞台上的首要地位，发展演员的创作主动性，通过整体演出体现导演的风格。他主张演员与角色合一，不是模仿形象，而是"成为形象"、生活在形象之中，并要求在创造过程中拥有真正的内心体验。为此，他强调演出内容与形式的统一，强调演出各部分之间和谐一致与演出的艺术完整性：

> 对斯坦尼斯拉夫斯基这个人，人们有理由说，他握有通向所有戏剧大门和房屋的钥匙，借助于类似一家之长的威力，他善于理解施托克曼博士出场的那个易卜生戏剧的房间、黑夜避难所的洞穴、沙皇别林狄（Berendij）的巨大房间等。与表情动作相似，在此产生既定的预感动作（Auramimik），这是由舞台布景指导者所创造的舞台

---

① 迈宁根剧团由德国迈宁根市格奥尔格公爵二世所创，1874—1890年间，该团先后在欧洲巡演2594场，引起巨大轰动。

② 马克斯·赖因哈特（Max Reinhardt, 1873—1943），奥地利（后归化美国）戏剧演员、电影导演。

布景。①

演员们并非仅仅在卡尔德龙②的舞台或莎士比亚的舞台上练习这类动作，尽管这类舞台十分简陋，但它同样也借助于标签来暗示某个洞穴、某一森林以及豪华的大厅等，而且也不乏匕首或作为必要道具的绳梯。不仅如此，讽喻的舞台图像还成为这些道具的放大，仿佛是这些道具在空间里的印痕和表现。

斯坦尼斯拉夫斯基的同事涅米诺维奇—丹坚科③以尖锐但充满预感的口吻，将这种表现动作连同舞台布景表述如下："如果人们在某一任意时机，无言地继续上演某一戏剧，而观众能够领悟到舞台上发生的事情，那么，这时可以说，这出戏的导演是很棒的。"事实上，在卡尔德龙那里，匕首同样被用于一种嫉妒剧中；在莎士比亚那里，绳梯被用于富于面部表情的爱情剧中。是的，在卡尔德龙那里，匕首就是自身外部形态中的嫉妒本身；而在莎士比亚那里，夜莺与云雀之间的黎明不再是非本质的现象，而是罗密欧与朱丽叶的爱情及其死亡的外部客观形态。

这种夸张本身并不偏离行动，而是把均质化的事物预兆（Ding-Aura）引入行动之中。就下述台词而言，情况就是如此，例如，莎士比亚让《哈姆雷特》对演员们这样说道："在同一时期，应该充分考虑到戏剧中的必然时机。"④不言而喻，甚至在如此成功的表情动作及其舞台布景中，口语语言依旧是阿尔法和欧米茄。因此，这不是简单同意哑剧或者只是紧急扮演哑剧，而是在涅米诺维奇—丹坚科意义上，使成功的哑剧服务于文学创作。但是，从表情动作的表演上看，剧场乃是文学作品的最佳造型场所，但是，作为一种表情动作的表演，剧场并不取消造型艺术。

在布洛赫看来，一个古老的问题是：实际上舞台扬弃什么，并且为什么目的而扬弃？舞台致力于化妆，此外，还主要致力于用于审慎表演的各

---

① E. 布洛赫：《希望的原理》，第489页。

② 卡尔德龙（Pedro Calderon de la Barca, 1600—1681），西班牙剧作家和诗人，著有200多部作品。他的戏剧作品都是独幕宗教剧，主题强调对王室的忠诚以及荣誉的重要性，并以强烈的宗教情感为特点，最著名的戏剧有《人生如梦》以及《萨拉梅阿市长》等。

③ 涅米诺维奇—丹坚科（Nemirovich-danchenko, 1853—1943），俄国剧作家，与斯坦尼斯拉夫斯基一道创建莫斯科艺术剧场。

④ 引文出自《哈姆雷特》，第3幕2章中的台词。

种装置和灯光照明。因此，舞台比任何其他艺术方式都更具假象（Schein），因为尽管舞台框架与现实相分离，但是，它使自身的假象成为现实的体验。

这一点同时赋予剧场既令人着魔又充满幻想的力量，但是，剧场比任何一种独特的、纯粹的艺术都更强调假象。是的，对于怀有一种不友好的目光的人来说，舞台假象（Bühnenschein）与其说是光彩照人、栩栩如生的崇高形象，不如说是卑鄙龌龊、僵死凝固的蜡人形象。除了爱发牢骚的人，普通观众也时常对舞台假象抱有类似偏见，这些人对舞台假象所映现的某种高贵图像并没有任何现实的体验。

此外，也不乏所谓对戏剧英雄乃至戏剧殉教者的伪造现象。因为人们一旦联想到实际生活当中的诸多虚伪现象，戏子（Kömodiant）的概念便油然产生。但是，在当时，即演戏尚未成为"高尚的职业"的时候，道德假象与戏剧假象之间的区别就已经一清二楚了。戏子无义，虚伪透顶，而演员（Schauspieler）则改头换面，确切地说，可以使自己扮演的角色变得有血有肉。

在戏剧作品中，蕴含着作为乌托邦要素的戏剧幻想和期待感，但是，戏剧作品与现实之间既有区别又有联系。因此，布洛赫把对艺术领域的思想感情规定为"幻象"，据此，他着重探讨了幻想的社会革新倾向和现实超越倾向：

> 就像女总督通过扮演没有实际经历过的角色给人显示新的空间一样，舞台也借助于所上演的文学作品给人显示新的空间，但是，舞台与蜡人形象、所谓生动的形象乃至幻觉（Blendwerk）缺少任何联系。尽管如此，在适当的层面上，依然留下这样一个问题：如果至少不是幻象（Illusion），戏剧还存在吗？在市民美学中，"幻象"一词的使用带有贬义，然而，这一概念与"绝不外在地存在的某物"相关联。在此，作为纯粹的、仿佛是高尚的假象，幻象并不指任何"先现"（Vor-Schein）。[①]

幻象就以这种方式延伸到各个领域里，甚至延伸到所谓纯粹艺术领域

---

① E. 布洛赫：《希望的原理》，第490页。

里，尽管总是带有来自"剧场假象"的回响。E. v. 哈特曼①《美的哲学》一书的内容中四分之三是市侩琐事，四分之一是概括，在此书中，他把幻象视为地地道道的艺术特征，并且把它定义为"对于客观美的假象的主观相关概念"。但是，对于这个假象，幻象实际上并不起任何作用。

第五节　席勒："戏剧舞台作为道德机关"

自康德、席勒以来，美就被定义为关于现实的显现（Erscheinung）的自由，而几乎所有随之而来的美学家都同意这种定义。例如，哈特曼就认为，只要这种"显现"为自身所唤起的那个现实所接替，它就为它所服务的那个目的现实所接替，它就合目的地成为美的东西。但是，令布洛赫感到惊讶的倒不是 E. v. 哈特曼，而是席勒。在美学上，席勒是康德忠实的追随者，可谓尾随其后，亦步亦趋。如果目的现实的自由真的应该是对于主观幻象的客观相关概念，那么戏剧假象就连我们至少将看到的那个幻象也不是。

当席勒自身把美命名为"乐善好施的幻象"时，他所强调的"乐善好施"也恰恰一劳永逸地、决定性地高扬了自身的幻象特征。"戏剧舞台被观察为某种道德机关"，这表明下述这种意义："在剧场，我们把自身还给自己，我们的感觉被唤醒，拯救激情震动我们的本性，使我们热血沸腾、生气勃勃。"总之，所谓单纯的幻象恰恰植根于现实之中，并使其新鲜活泼，而且本身指给我们某种强有力的、可分娩的东西。借助于戏剧舞台上远离幻象的节目，席勒的上述陈述大大活跃了他的早期作品。在他那里，戏剧舞台正是道德机关，因此绝不能把它视为脱离现实的机关。

但是，如果戏剧舞台是这样一个道德机关，那么每一种幻象特征都会与这种机关互不相容。因为没有一种幻象旨在加强实现中的意志甚至趋向现实的意志。例如，某个资产者从另一侧面把现实截然分割为艺术与理想，从而远远超出康德，在一定程度上，势必将满足作为幻象的戏剧。但是，事实是这样的：如果排除艺术中得到的内部意义和外部意义，那么在

---

① E. v. 哈特曼（Eduard von Hartmann，1842—1906），德国哲学家，著有《无意识哲学》，他试图把黑格尔的理性、自我扬弃思想、叔本华的意志观念、谢林的无意识理论等融为一体，构筑自身特有的实证知识。

全部领域里，作为幻象的艺术也许就是谎言。这意味着，市民戏剧艺术恰恰发展了迷惑某物和预见不可能的事物的意图。与此相反，现存的戏剧假象从来都不是幻象的假象，而完全是"正直的图像"，它"处在形成了的东西的延长线中，处在自身成形的、适度的塑造之中"。剧场的演出是无休无止的，确切地说，作为范例机关，恰恰在这个世界的现实可能性中，剧场对这个世界的意志施加强有力的影响。

但是，现在为了使美丽的假象作用于这个世界，我们就不应忘记这种假象。尽管舞台不是幻象或迷惑，但是，在它的彩色的纹章中，同样没有竖起的食指。众多清教徒出身的市民憎恨艺术，至少艺术作品对他们而言是十分陌生的。遗憾的是，在社会主义者那里，这种陌生性同样屡见不鲜，对于他们来说，剧场仿佛不是娱乐的场所，而充其量是带有调皮鬼和模范学生的星期日学校。如上所见，布莱希特恰恰把剧场召唤为训练场所，尤其是，他不是把剧场赞美为无动于衷地享受的舞台，而是赞美为形成意识的舞台。布洛赫反对赤裸裸的"戏剧布道"，因为剧场并不是道德喇叭筒。换言之，剧场必须寓教于娱乐：

> 但是，在布莱希特看来，剧场不应成为毫无装饰的道德机关，至少不应成为纠缠不休、令人厌烦的机关。恰恰相反，在此，道德是通过娱乐来形成的，因此，布莱希特把娱乐视为"我们为剧场发现的最高尚的功能"。但是，由于戈特舍德①好为人师的立场，德国人面孔上的道德机关并没有轻而易举地销声匿迹。为什么剧作家的一再宽容必须恳求得到"幸运之光"？因为在关于德国戏剧的论文中，歌德把演艺人的美丽而开朗的美确立为自己的目标，他这样坦率地承认："也许，德国戏剧始于粗糙而虚弱的、几乎是像木偶戏一样的戏剧。"②

如果说，德国戏剧首先在南部德国获得了某种宁静的进步和发展，那

---

① 戈特舍德（Johann Christoph Gottsched，1700—1766），德国文学理论家、作家，主要著作有《世界的真髓》（1733）、《为德国人写的批判诗学试论》（1730）、《按照古希腊罗马人的规则创建的德国舞台》6卷（1740—1745）等。
② E. 布洛赫：《希望的原理》，第492页。

么它也许借助于不同阶段,在德国各地渐渐达到了强有力的、正当的水平。然而,戏剧历程的第一步却发生在北部德国不称职的人们那里,他们的所有戏剧都枯燥无味、缺乏创造力,他们不是号称"改善戏剧",而是号称"改良戏剧"。在歌德说来,感性剧场与道德机关是两码事,不可混为一谈。这一尖锐的总结性概述与他的下述说法是相称的:即著名的亚里士多德净化理论不是涉及并转向观众,而是涉及并转向戏剧人物。不过,在歌德那里,这一说法并不是针对德国市民启蒙运动的公共福利作出的某种贵族反应。换言之,歌德之所以对世俗化的卑躬屈膝、阿谀奉承深恶痛绝,是因为这种卑劣的态度本身取决于道德机关,最终不可避免地会降低戏剧水平。

总之,如果阿波罗没有缪斯,密涅瓦没有伊壁鸠鲁,那是不可想象的。唯心主义疏远艺术固然不合适,但是,唯物主义疏远艺术则更不合适。然而,席勒借助于舞台所指的东西并非诸如戈特舍德"家庭烘烤面包"一类的枯燥无味、荒诞不经的戏剧,以及以此获得的道德合目的性,相反,它所指的东西乃是舞台以及以此形成的"法庭"。那么,戏剧如何才能有效地服务于夫妇与道德?戏剧作品中,崇高的道德机关又在哪里?

只有通过丰富整个舞台,戏剧才能有效地服务于道德,正如在艺术中经常发生的一样,只有这种艺术地形象化的道德才是最高尚的道德。例如,孤立的完整性处于哈姆雷特的场景中,这场面迫使谋杀国王的凶手原形毕露。社会革命的道德机关处于席勒的《阴谋与爱情》《威廉·退尔》以及歌德的《埃格蒙特》① 中。进言之,借助于嘹亮的布鲁特斯音乐,道德机关处于《费德里奥》中。②

这个"道德机关"(moralische Anstalt)不仅仅是一所机关,因为在布置好的场景中,甚至在恶魔凯旋的场景中,在唤起惊骇的罪恶图像的场景中,舞台也恰恰借助于这一切场景来显现拯救之路,至少显现其日光的

---

① 歌德的悲剧《埃格蒙特》描写了16世纪尼德兰民族英雄埃格蒙特(1522—1568)反抗西班牙统治的事迹。主人公在驱逐外患的斗争中获得人民的爱戴,但他不幸被捕入狱,并判死刑。他的情人克蕾欣是一个平民姑娘,她四处奔走,呼吁人民起义,但终因无法救出自己的爱人而绝望自杀。1810年贝多芬为歌德的悲剧《埃格蒙特》配乐,取名为《埃格蒙特序曲》。
② E. 布洛赫:《希望的原理》,第493页。

标志。

概而言之，德国古典戏剧作品是一种伟大的尝试，它试图从支离破碎的阶级社会中，发展一种完整的、全面的人。当然，这是一种抽象的尝试，因为它纯然建立在信仰和美学教育基础之上，但是，它无疑确立了一个值得注意的榜样。直到今天人们才发现这种榜样的恰当使命，在这种榜样的周围，全然没有空泛的抽象性或极度的悲惨内容。因此，至少像幻象一样，舞台的正直假象不会为目标的"现实性"所接替。相反，这种假象通过娱乐来寻求自身的提升。

当然，一部戏剧作品的意义和效应不仅取决于演员与角色的合一，还取决于观众的接受和参与，以及剧场的直接互动。由于观众鉴赏趣味或水平存在差异，观众对戏剧作品的理解与阐释千差万别，造成不同的期待视界和"价值判断"，以至于一千个观众心目中就有一千个"哈姆雷特"。但是，观众对戏剧作品的接受与现实性是相吻合的，重要的是，通过观察观众对戏剧作品的实际接受水平，可以辨别这种接受的恰当性与不恰当性：

> 优秀的作品反复被上演，但是，这些作品从未作为同一作品反复上演。因此，为了每一个新生代，必须把戏剧作品重新搬上银幕，反复上演。如果另一个阶级占据正厅前排座位，戏剧表演的变化就显得特别刺眼。但是，舞台变化不定，因此显得破烂不堪。尽管如此，舞台也不是更衣室，虽然在更衣室的衣钩上，人们可以随时悬挂新的衣服。①

应该说，某一古老剧作中的任何舞台并不能完全地、激进地被"现代化"。任何情况下，时代的服装都保持不变，既定的作品就在其中演出。当然，也有不相一致的例子。例如，在巴洛克戏剧中，古代英雄穿着十分入时，并且堂而皇之地登台表演。尽管巴洛克戏剧表演古代英雄，但这不是古代戏剧，而是自动记录的戏剧。因此，当巴洛克戏剧将其素材移入特有的市民宫廷人物和冲突时，它还没有歪曲任何古希腊戏剧。

---

① E. 布洛赫：《希望的原理》，第 494 页。

20世纪20年代，考克多①十分巧妙地构思了俄耳甫斯与欧律狄克两个人物形象，尽管这两个人物形象离创造性人物形象相距甚远，但仍然拥有某种深思熟虑的根源，例如，主人公穿着马球衫，戴着角边眼镜，颇富现代气派。这种打扮怪里怪气，但是，也没有引起观众的反感。

然而，偶尔也出现下述一些枯燥无味、啼笑皆非的恶作剧：例如，哈姆雷特身穿燕尾服表演，或者收敛一点，把《霍夫曼的故事》②置于"铬镍酒吧间"（Chromnickel-Bar）里，或者，给席勒的强盗穿上无产者的工作服，给斯皮尔贝格戴上托洛茨基的面具，如此等等。

毕竟，所有这些乔装打扮都是一种附庸风雅的、至少是夸张的离经叛道，旨在逆转早已过时的历史游戏。只有下述不言而喻的事实才是正确的：

> 每一部戏剧都是自身时代的产物，它既不是一场忠实的假面舞会，也不是一场迂腐的语言学家的训诂游戏。因此，舞台需要自身的更新，即需要到处都新颖的、重新增补的某种视野，然而，文学作品及其舞台图像的时代香气在哪个地方都不会挥发殆尽。因为新的视野的党性恰恰需要与文学作品所赋予的意识形态场所相称的人物和行动，尤其是，当憎恨与爱、渣滓与楷模等与作者应该指明的对象不一样时，更需要这种与意识形态场所相称的人物和行动。③

作者根据舞台图像构思文学作品，因此，演员不应全盘扔掉舞台图像，而是为了可辨别性而适度改变舞台图像。例如，为了可辨别性，在舞台图像中偷偷告诉观众现在业已成熟的阶级冲突。因此，我们不应把戏剧风格化，而应把戏剧现实化。正如在舞台图像中所表现的一样，这一点在更新了的舞台照明中，在舞台文本的塑造中表现得更为精确。

在此，除了可以利用早就熟悉了的删除方法之外，甚至还可利用改写

---

① 考克多（Jean Cocteau，1889—1963），法国艺术家，先锋派最成功、最有影响的导演，同时是颇有成就的诗人、小说家、画家、演员和编剧。
② 《霍夫曼的故事》系奥芬巴赫的三幕歌剧，取材自德国小说家 E. T. A. 霍夫曼的小说，其中最著名的是第二幕：《霍夫曼的船歌》。
③ E. 布洛赫：《希望的原理》，第 495 页。

作品的方法。只要文本的好多段落陈腐不堪、不成熟或处于未完成状态，就可以利用改写的方法。但是，作为必不可少的条件（conditio sine qua non），新加工者或补充者必须与作者思想接近、能力相配。例如，卡尔·克劳斯①不仅从千篇一律的老一套中解救了奥芬巴赫②的文本，而且解救了他所中意的这一音乐的全部精髓。布莱希特把伦茨的《家庭教师》观察为一个植物人，而这个植物人从18世纪封建制度的悲惨人物进一步成长为20世纪资本主义制度的悲惨人物。

但是，厚颜无耻的导演、受挫的作者或充满忧伤的追随者想要把古代作品用作拐杖或生产代用品，这时候，问题就立刻变得很棘手。在文学领域里，结束语的补充者热衷于修补未完成的古典作品，例如，一个典型例子是试图修补完成席勒的未完成作品《德梅特里乌斯》。③ 这类文学作品的补充者仿佛是过去世纪称作建筑家的那些可怕的城堡—宫殿修复者。就像后者一样，文学作品的补充者已不多见，与此相对照，大胆的导演一再根据同一个庸俗的政治"见解"，把难以描绘的现实化的内容译成戏剧文本。

无论多么值得称赞，这一切作法都不是旨在作品之镜之中使人看见某一趋势，而是旨在作品之镜之外使人看见某一趋势。例如，某些戏剧表演呈现令人发指的，即前法西斯主义的趋势，这不只令人联想起一台《威廉·退尔》的演出：在自由人的衰弱和润色的名义下，盖斯勒这个专横跋扈的总督竟作为"饶有兴趣"的人物被移入舞台的中心。甚至莎士比亚的喜剧《威尼斯商人》也不得不充当一部反犹主义的喧哗作品。因为即使在最恰当的趋势下，庸俗的政治现实化也会导致一个完全脱离作品的领域，即丧失既定戏剧的领域。

例如，当《玛丽亚·斯图亚特》如此被置于畸形的舞台之上，并使其从这一限度内移动时，这部作品就不再表达任何悲剧内容，而只是表达

---

① 卡尔·克劳斯（Karl kraus, 1874—1936），奥地利诗人、剧作家、评论家和格言作家，主要作品有解剖战争根源的《人类的末日》（1922），法西斯主义的预言书《瓦尔普吉斯的第三夜》（1933）等。

② 奥芬巴赫（Jacques Offenbach, 1819—1880），德国歌剧作曲家，主要作品有《地狱中的奥菲欧》《美丽的海伦娜》（1864）、《霍夫曼的故事》（1881）等。

③ 席勒于1804年逝世，生前未能完成剧作《德梅特里乌斯》，后来包括歌德在内的许多作家试图修补这部巨作，但均未如愿以偿。

伊丽莎白欢呼雀跃的凯旋。因为面对标榜法国天主教新封建制度的玛丽亚，伊丽莎白应当凭借某种无与伦比的戏剧学的重建，体现上升的资本主义制度。尽管从历史上看，这种结局自圆其说，但是，就已知的戏剧而言，最后一幕特别糟糕。尤其是，与19世纪80年代风尚中的某个宫殿修复相比，大有画蛇添足之嫌，非但无益，反而不合适。

在文学作品本身中，像哈姆雷特这样的顶尖人物具有多种意义。只有在这种顶尖人物那里，演员才能夸张地表现也许迄今被忽略的人物特征，必要时，还能够为这种夸张行为进行辩护，说明其理由。然而，演员必须根据莎士比亚的剧本来照明哈姆雷特的性格特征，并且，导演只能进一步发展和完善这一特征。只有借助于这种发展和成熟，才会发生剧场上的变革，最终人们在舞台上反复援引杰作，而这些杰作通过自身的"画廊色调"、博物馆价值等吸引人们的注意力，使人们时常沉浸在幸福之中，感受到一种消逝了的乐趣。

同样，一个戏剧演员绝不能像扮演希特勒那样扮演理查三世①，相反，他应当通过忠实地表现莎士比亚其人及其时代，象征性地澄清理查三世的希特勒式的丑陋而凶恶的本性。至少就拯救的比喻而言，在同一作品中，里奇蒙德②以及围绕他的美好的早晨时光是同样有效的。但是，这种表现必须是意味深长、耐人寻味的，而且，其中不应有所谓"永恒的""一般人的"历史杂货摊。但是，在此所谓"意味深长"，意味着演员必须这样表达和表现古典戏剧：即不是从戏剧中压榨当下，而是使戏剧附带预示当下：

> 古典戏剧包含着暂时地生生不息的冲突、冲突的内容和解决方案，由于这一特点，确切地说，在这一自身冲突和解决方案上，任何戏剧都显示出仿佛超越和统摄暂时的东西的某种愿望。是的，如果精通这种统摄的愿望，那么在诸如照明一类的暗示意义上，即使是当下

---

① 理查三世（Richard der Dritte，1452—1485），英格兰国王，1483年到1485年在位。《理查三世》是英国剧作家威廉·莎士比亚的历史剧，大约创作于1591年，形象逼真地描述了理查三世短暂的执政时期。

② 里奇蒙德（Richmond），莎士比亚《理查三世》中的人物，他意识到理查三世的阴险狡诈、玩弄权术等，在最后场面情不自禁地展开独白。通过这一独白，莎士比亚暗示人与人之间和解与和平不仅是短暂的，也是不可靠的。

撰写了的作品也能够戏剧性地拥有现实的意义。在个人与共同体之间，在对立的两个共同体形式本身之间，存在一个长长的社会过程，这一过程从古希腊的戏剧之始延伸到未来，直到非对抗性的社会为止。当然，在这种非对抗性的社会里，各种矛盾并未完全消逝无踪。这一过程戏剧性地集中在演员这一典型的载体中，正因为这个理由，每一部伟大的戏剧都会成为万古流芳的不朽作品，因为它胜任新的现实性；也正因如此，每一部伟大的戏剧都成为现实的作品，因为它肩负未来的使命：乐观主义的悲剧是透明的。①

在《拉摩的侄儿》② 中，狄德罗让演员说道："众多的东西挡住石柱，上升的太阳普照万物，唯有门农石柱③发出迷人的响声。"与平常的石柱不同，这两根石柱意味着非凡的才能，但是，事实上，这两根石柱意味着黎明时分，伟大的戏剧作品具有持续不断的音效和现实性。也就是说，当导演朝向黎明这个方向时，他能够最佳地设置最好的戏剧。从《被缚的普罗米修斯》④ 到《浮士德》，导演乃是最真实的戏剧。导演并不需要附加的或添加的招贴广告，相反，恰恰需要形象直观的可视化。

至此，布洛赫追问：戏剧作品的新鲜尺度是什么？在他看来，现代戏剧的重要情绪不是亚里士多德意义上的恐惧和同情心，而是"抗拒"（Trotz）和"希望"（Hoffnung）：

> 必须一再重新拟定戏剧作品的新尺度。从重大的新作品的此在中，从对这一作品的理解中，我们肯定能够提取这种新尺度。尤其

---

① E. 布洛赫：《希望的原理》，第 496—497 页。
② 狄德罗《拉摩的侄儿》（*Le neveu de Rameau*），发表于 1801 年，采用对话形式描写主人公拉摩的侄儿和"我"在咖啡馆里的谈话，表现了主人公性格中尖锐的、不可解决的矛盾。1805 年，歌德把这部作品翻译成德文。
③ 门农石柱（Memnos Säule），指法老阿蒙霍特普三世的两尊巨大石像，自 1350 年以来，一直矗立在横跨尼罗河的底比斯墓地上，每当日出时，门农石像发出神秘的响声。
④ 古希腊悲剧作家埃斯罗库写了三部曲：《普罗米修斯》，首演于公元前 465 年，第一部是《被缚的普罗米修斯》，写普罗米修斯盗取火种送给人类，激怒众神之王宙斯，被钉在高加索的峭壁上终日受罚；第二部是《被释的普罗米修斯》，写宙斯与普罗米修斯和解，赫拉克勒斯把普罗米修斯释放；第三部是《带火的普罗米修斯》，写雅典人崇拜恩神普罗米修斯，举行火炬游行。

是，与以前时代的愿望图像相比，社会主义时代的愿望图像更丰富、更现实，从这两种愿望图像的巨大差异中，我们能够提取新的尺度。换言之，我们可以把握到席勒称之为"悲剧对象的娱乐根据"的那种差异。在别开生面的文章中，在随后的"关于悲剧艺术"中，席勒似乎还没有完全摆脱亚里士多德的悲剧定义。①

对痛苦的恐惧以及对痛苦的同情戏剧性地引起一种升华作用，从而众所周知地使观众从痛苦的情绪中解放出来。这意味着，悲剧应当借助于悲剧性的升华作用，使情绪在生命中重新发泄其正常的能量。这就是亚里士多的所谓"净化"和"纯化"的意义。作为这种意义本身，净化和纯化恰恰通过戏剧性地体验到的痛苦而始终包含感动在内。

当然，直到欧里庇得斯，"感动"才被带入悲剧之中，因为在上述意义上，亚里士多德对欧里庇得斯的剧作同样产生了极其强烈的影响。但是，在这种情况下，其前提不仅是从感动出发的特殊的戏剧作品，而且是一种泰然处之的态度：与其抗拒命运，不如始终顽强地忍受命运，即强调命运中的痛苦以及面对命运的失败。

在不可名状的痛苦中，整个古代奴隶社会都采取某种悲剧性的反叛行为，人们并没有注意到普罗米修斯是悲剧领衔英雄，或者至少不相信他是这种悲剧英雄人物，尽管埃斯库罗斯撰写了三部曲《普罗米修斯》，尽管人们知道悲剧英雄人物的境遇比诸神的境遇更好，甚至比命运更好。正如对于我们而言，十分陌生的恐惧或同情的纯化尤其具有悲剧性效果一样，这一点对于戏剧方面的新鲜"尺度"（Maß）是富有启发意义的。

在此，值得注意的是，席勒不愿把"悲哀剧"（Trauerspiel）与"悲剧"（Tragödie）② 严格区别开来，而是笼统地认为两者都必须打动观众。从"感动"（Rührung）出发，亚里士多德建立了他的著名的悲剧目的学说：感动必须唤起恐惧（Furcht）和同情（Mitleid）这两种情绪。对此，

---

① E. 布洛赫：《希望的原理》，第 496—497 页。

② 在德语中，"悲剧"（Tragödie）与"悲哀剧"（Trauerspiel）含义不同。前者指亚里士多德意义上的传统概念，其主题是神的旨意；后者指基督教意义上的惨剧，其主题是拯救之前的偶然惨剧。

席勒仅仅强调同情，但是，在亚里士多德的原著中，我们也发现预先把自身的英雄置于某种痛苦状态的那种人的悲剧。

应当承认，虽然席勒仅仅强调悲剧的"同情"这一情绪，但他同样喜欢亚里士多德意义上的悲剧效果。在席勒之前，莱辛在《汉堡戏剧学》①中，曾为悲剧的效果进行辩护，纯化了亚里士多德的戏剧理论，尽管他同样主张把恐惧还原为与我们自身相关的同情心。但是，与古代社会不同，市民社会是一种富于进取心的、动态的社会，因此，生活在这种社会中的人们只会误解悲剧对象的娱乐这一戏剧根据。如果说古代社会仅仅唤起了带有恐惧和同情的纯粹被动情绪，那么，市民社会则通过悲剧人物，通过希腊悲剧，已经把完全不同的戏剧愿望加以现实化。

反正，恐惧情绪连同命运一道陷落。那么同情呢？在埃斯库罗斯的三部曲《普罗米修斯》以及与此相关的作品中，我们可以感受到这种感动，但是，与"惊羡"（Bewunderung）相比，这种感动要轻微得多。是的，在如此发生了的情绪推移（Affektverschibung）中，在这种最富于本质特征的现实化中，可以觉察到更广泛的、截然不同的情绪。因为激起悲剧情绪的根本原因不再是恐惧和同情，但它也不仅仅是"惊羡"：

> 确切地说，激起悲剧情绪的根本原因是抗拒和希望，现在，这种情绪也见之于悲剧性人物本身之中。抗拒和希望这两种情绪首先是革命形势中的情绪，而且，在所谓命运面前，这两种情绪绝不屈服。在相互扶持的、充满胜利感的人们那里，即对社会主义社会的主人公和戏剧艺术而言，抗拒归于消逝。就此而言，社会不再充满对抗性矛盾的社会，相反，它实质上与团结一致是相称的。但是，对于历经失败的胜利者来说，即对古典传统戏剧艺术的主人公来说，抗拒愈发显得重要。用黑贝尔的话来说，这种戏剧艺术猛烈地震撼沉睡的世界。②

在市民社会的这种挫败中，作为一种战斗的乐观情绪，特殊的希望总

---

① 莱辛的《汉堡戏剧学》（*Hamburgischen Dramaturgie*）发表于1776年，是一部未完成的戏剧理论。从中，莱辛一方面，扬弃了法国的拟古主义戏剧作品；另一方面，又高度赞扬了莎士比亚的戏剧作品。

② E. 布洛赫：《希望的原理》，第499页。

是推动自身的悖论，并且不断塑造悲剧对象的最佳娱乐根据。与此相对照，社会主义戏剧荣归故里，在此希望并不伴随上述悖论。当然，在市民社会里，在莎士比亚的最后一部浪漫剧以及歌德的《浮士德》等作品的意义上，悲剧性的东西也得到了扬弃。

总而言之，作为一种明快的、预先推定的意识，戏剧在其道德的、在其范例的机关中照亮某物。因此，我们不仅在批判的喜剧（Komödie）或游戏剧（Lustspiel）① 中，而且在悲剧中也能感受到快乐。因此，我们恰恰好奇地关注悲剧英雄，甚至为真实的感动而紧张不安。也就是说，当崇高的悲剧作品徐徐沉入浑圆的地平线时，观众充满期望地等待早晨的黎明。

席勒曾经说道："从未着手且哪儿都没有进行的东西决不会陈旧过时。"人们认为，这句话肯定是言过其实。但是，在这句话中，在如此之多的悲观主义的、唯心主义的听天由命、悲观绝望当中，依然隐藏着某种物质的内核。听起来，这句话应当是："从未着手且哪儿都没有进行的东西，但作为人的尊严的事件摆在面前的东西，以及形成这种东西的东西决不会陈旧过时。"

因此，在戏剧作品中，"未来"（Zukunfut）这一生效部分为戏剧作品的新鲜性（Frische）提供本真的尺度，这一点既适用于批判当下的喜剧，或使当下变得舒适惬意的游戏剧，也适用于极力彰显悲剧世界中崇高的人性光辉和深厚的人道主义精神。从戏剧主人公充满希望的效应上，我们清楚地意识到他们的没落并非确定无疑，因为从中未来这一人性的核心因素会冲破重云，冉冉升起，孕育着新的希望、新的收获。

---

① 在德语中，喜剧（Komödie）与游戏剧（Lustspiel）含义不同。前者是与悲剧（Tragödie）相对立的概念，后者大体上指缺乏艺术性的幽默剧。

结　语

迈向更美好世界的艺术

　　至此，我们从理论与实践两方面详尽考察了布洛赫的艺术哲学思想。在他的艺术观中，"希望"（Hoffnung）具有存在论意义和认识论意义，据此，我们重点探究了作为存在原理的希望以及与艺术息息相关的先现（Vorschein）概念。

　　对人的存在的关注是布洛赫哲学思维的出发点，而古往今来人类对于"更美好生活"的希望是他的哲学思维的主题。但是，在以往的哲学中，希望被归结为诸如主观的、朦胧的梦一类的东西，因此，这方面并没有形成认真而严肃的研究。由于这个缘故，人们时常把布洛赫哲学贬低为把存在与希望视为等同的主观主义哲学，例如哈贝马斯就曾指责布洛赫把实践要素的诉求原理当作理论—存在论的根据。特别是，布洛赫的作品本身充满隐喻和寓意，客观上，这种非体系的论述也为这类批判倾向提供了口实。布洛赫的哲学语言是一种原创性、开拓性的表现主义语言，追求强有力的主观精神和内心激情，因此它拒斥陈词滥调和固定不变的体系，对于不熟悉他的语言的人来说，读他的作品简直是如读天书般晕头转向、不知所云。

　　然而，布洛赫在其作品中将自身的思想一步步具体化、条理化。对他来说，现存世界是尚未破解的谜团，是保存尚未存在的秘密的实在暗码或痕迹。在此意义上，他把"一切瞬间存在"都视为一种隐喻，他的早期作品《痕迹》（1929）就是对这种瞬间痕迹的哲学思考。他的主要著作有《希望的原理》（1959）是对这一哲学思维的进一步升华，是把尚未被意识到的存在痕迹提升为意识阶段，由此提出预先推定的意识。不过，布洛赫不是通过思辨哲学中的抽象而空洞的概念扩张这一过程，而是通过直接生活经验中的隐喻和讽喻扩张这一过程的。

在他看来，隐喻式的叙述尤其适合于揭示并探究尚未完成的东西、尚未成功的东西。因为隐喻摆脱了陈腐的文脉公式的羁绊，而可以形象地、自如地表现运动中的现实本身。因此，《希望的原理》反复尝试了各种各样的文学修辞手法，例如从中一再出现的"温柔的早晨""红色的早晨""早晨的蓝色时间"等光的形象就意味着尚未被意识到的个人、社会状态以及尚未耗尽的历史的前兆黎明。布洛赫令人信服地表明，通过这种隐喻和形象化叙述，存在的真理得以在日常体验和琐碎的片断体验中显现出来。他的这种哲学表现主义的叙述方法有助于读者在为生存和真理的搏斗中，获取借以摧毁妨碍个人、集体行为和交往的革命意识。

对于布洛赫来说，世界的本质是充满存在和意识视域的"尚未"的领域，是迄今因为沉默无语（sprachlos）而尚未被查明的领域。在现存哲学讨论中，存在论上尚未查明的未来问题被视为一种悬而未决的、有保留的对象。但是，对于我们来说，只要未来自身拥有意义，他就必须得到命名和探求，在此意义上任何人都无法轻易否定布洛赫提出的"希望"这一最人性的期待情绪。

只要人活着，他就希望着。因此希望并非绝望的时代某一预言家抛出的弥赛亚主义的无助呼救。一方面，布洛赫从存在论视角证明了希望所特有的存在论意义；另一方面，布洛赫从马克思的未来思想[①]出发，证明了希望所具有的普遍的唯物论特征。换言之，存在总是产生作为期待意识的希望，而被意识到的希望则以存在变革方式与当下人的意识相互交织在一起。值得注意的是，布洛赫不是从形而上学先验理性的能力角度，而是从尚未被意识到的艺术想象力角度期待这一交错过程。

在布洛赫那里，艺术是乌托邦意识的最纯粹的表现。艺术表现并预见可能现实中还在沉睡的东西。因此，在他的乌托邦思维中，"想象力"（Einbildungkraft）概念和"艺术的先现"（Vor-Schein der Kunst）概念居于核心地位。由于从人类学—存在论视角廓清了自身概念的内涵，如今乌

---

① 参见马克思"世界早就在幻想一种一旦认识便能真正掌握的东西了。那时就可以看出，问题并不在于给过去和未来之间划下一条不可逾越的鸿沟，而在于实现过去的思想。而且人们最后发现，人们不是在开始一件新的工作，而是在自觉地从事自己的旧工作。"马克思：《致卢格》，载《马克思恩格斯全集》第1卷，人民出版社1979年版，第418页。参见克劳斯·K.伯尔格汉《过去中的未来：关于恩斯特·布洛赫的〈痕迹〉》，比勒费尔德，埃斯特西斯出版社2008年版，第29页。

托邦概念在艺术中被赋予新的使命，从而获得了新的意义。

但是，仅凭传统乌托邦主义者的乌托邦种类规范是无法解决这一新的任务的。例如，按照托马斯·莫尔的做法，乌托邦要么被限定在类似"国家小说"的狭隘的范围内，要么干脆被压缩为某种方位概念。在《希望的原理》一书的"前言"中，布洛赫这样写道：

> 这仿佛是想要把"电"还原为类似琥珀的东西（电的希腊名称源自琥珀，人们从琥珀中首先注意到了电），的确，乌托邦事物与"国家小说"很少有一致之处。因此，为了正确地评价乌托邦所表现的内容，哲学对于一切总体性（有时把总体性遗忘殆尽）而言都是必不可少的。①

艺术乌托邦也是伟大的幻想成就，它尖锐地批判艺术领域占统治地位的虚构媒介，公开显示艺术创作和艺术作品中的乌托邦意向。然而，归根结底，艺术乌托邦仅仅是乌托邦光谱中的重要部分，仅仅是无需自身基础的那个《希望的原理》的可能设计方案。因此，布洛赫把希望原理奠定在人类学、逻辑学、政治学基础之上，同时，凭借全部哲学总体，在历史乌托邦上补上社会乌托邦。② 在这一普遍的乌托邦事物的创建关系中，艺术以及希望和愿望的一系列艺术设计方案（Ausgestaltung）完全摆脱了想象的乌托邦的种类规范，从而扮演承前启后、展望未来的角色。

无论是在白日梦，还是在愿望图像和伟大的艺术中，乌托邦意向最清楚地显示在"想象力的预先行动"中。③ 为此，布洛赫在一切艺术显现形式中，跟踪研究所有乌托邦的痕迹。在他看来，作为愿望情绪（Wunschaffekt），乌托邦事物乃是"艺术产品的基本范畴"。在白日梦的愿望图像中，布洛赫已经注意到了在"尚未被意识到的东西"中所追求的那种"艺术的前阶段"、艺术的能动性。换言之，在"尚未被意识到的东西"中，艺术通过匮乏的现实，表达一种内在的"不满"（Unzufriedenheit），

---

① E. 布洛赫：《希望的原理》，法兰克福/美因，苏尔卡姆普出版社1959年版，第14页。
② E. 布洛赫：《希望的原理》，第36章：《自由与秩序，社会乌托邦概要》，第547页以下。
③ E. 布洛赫：《希望的原理》，第97页以下。

即在错觉或幻想图像中受到批判的东西。在童话中,白日梦作为对未来美好事物的憧憬而被客观化,在幻想诗中,尤其在伟大的艺术作品中,白日梦作为对"某物的梦"而客观化。①

布洛赫认为,在艺术中,可以充满幻想地预先推定现实的可能性。即在现实中还隐匿不见的东西。在此意义上,他强调,幻想(Phantasie)和艺术先现成为乌托邦意识的重要显现形式:"艺术是先现。"② 先现(Vor-Schein)这一概念不仅众所周知,也流行甚广,正因如此,这一概念也最容易招致滥用。在《希望的原理》一书的"艺术假象作为可视的先现"③中,全面评述了先现概念的前历史,特别是,围绕"艺术假象"(Schein der Kunst)概念,揭示了两大敌对阵营之间的不同艺术观。

以柏拉图、马尔塞鲁斯④(Marcellus)乃至清教徒主义为代表的虔诚的"反圣像崇拜者"(Bilderstürmer)、憎恨艺术的哲学家们都对艺术美抱有恐惧(Horror pulchri),起而否定艺术真理。对于他们来说,艺术是欺骗、错觉和美丽的假象,但是,绝不包含真理。与此相反,从康德、席勒、歌德到黑格尔的古典美学则认为,作为"理性的感性显现"⑤,艺术美的假象与真理是紧密联系在一起的。在此,值得注意的是,尽管布洛赫与黑格尔一道坚持艺术假象中的真理,但是,在他看来,黑格尔作为理念的真理是一种完成了的、完结了的和完满的真理。此外,对于黑格尔来说,艺术是其最高命运的一部分,而对于我们则是一个逝去的东西。

在此,布洛赫与席勒更近,因为席勒的艺术假象是"正直的和自主的"假象,真理恰恰在这种艺术假象得到保存和拯救。席勒所谓"真理

---

① G. 乌埃丁:《白日梦、艺术产品和作品过程》,载 G. 乌埃丁、E. 布洛赫《先现美学》第一卷,法兰克福/美因,苏尔卡姆普出版社1974年版,第7—22页。

② E. 布洛赫:《向乌托邦告别吗?》,载 E. 布洛赫《向乌托邦告别吗?》(H. 格克勒编),法兰克福/美因,苏尔卡姆普出版社1980年版,第73页。

③ E. 布洛赫:《希望的原理》,第242页以下。

④ 马尔塞鲁斯(Marcellus, 307—309),罗马主教、天主教第30任教宗,公元303年至312年之间,主持厄尔维拉主教会议,共通过了81条教会法令:以法令的形式强调了独身的重要性,规定高级神职应独身守贞;宣布正式与犹太人决裂,禁止基督徒遵行犹太人的法律和习惯,禁止与犹太人通婚;禁止同性恋;禁止崇拜异教偶像等。这次会议对天主教神学、礼仪等多个方面的发展产生了深远的影响。

⑤ 参见黑格尔《美学》第一卷,朱光潜译,人民文学出版社,第138页。

在欺骗中永生"① 这句话所指的正是这个艺术假象：一方面，艺术假象立足当下，抗拒腐烂的、匮乏的现实；另一方面，面向未来，预先推定美好的、尚未存在的东西。无论是对于席勒，还是对于布洛赫，剧场都是"教育机构的范例"，虽然观众已经意识到并已知道这是一个虚构的错觉场所，即"疯子演戏，傻子看戏"，但观众依旧执迷不悟，趋之若鹜，因为他们在那里期待比"欺骗"更多的东西，也就是说，期待通过艺术假象获得真理。

不过，尽管席勒唯心主义的艺术解释与布洛赫唯物主义的艺术解释之间存在着惊人的相似之处，我们绝不能淡化乃至一笔勾销席勒艺术乌托邦与布洛赫先现图像之间的一个决定性差异。对于席勒来说，艺术假象是从现实中激进地挑选的假象，艺术就是这种"分离的纯粹产物"。② 借助此，虽然艺术实践赢得了对社会现实的一种批判功能，但是，这种乌托邦功能只具有某种相对理念的约束力。由于这种理念在历史上依然是抽象的遥不可及的，所以取消了自身理念的批判功能。与此相对照，对于布洛赫来说，艺术是历史地造成的，但并没有完全被确定。在艺术假象中，通过甄别蜕变现实与自主现实之间的关系，真理得到扬弃，进而艺术假象成为先现，即艺术假象把现实向前推进，使其继续深造，把现实中尚未存在的东西规划为客观的—现实的可能性。艺术是尚未形成的东西（Noch-Nicht-Gewordenen）、可实现的未来的先现。艺术先现的解答是："如何才能使世界臻于完成？"③

为了避免误解，我们有必要进一步阐明布洛赫先现美学的两个方面：艺术的无所不包的潜力（Potentialität）与世界的预期完成（Vollendung）。

正像在布洛赫的乌托邦概念里一样，在他的艺术理论中，主观因素与客观因素是辩证地结合在一起的。在艺术创造性中，乌托邦意识得以具体化，而这种意识的寓言性、象征性结构和暗码向我们指点充满期待的现实

---

① 参见 E. 席勒《全集》第 5 卷，G. 弗雷克、H-G. 戈普费特编，慕尼黑，1960 年版，第 594 页。

② 同上书，第 653 页。

③ E. 布洛赫：《希望的原理》，第 248 页。在此，还应当把布洛赫与 Th. W. 阿多尔诺区别开来：在对现实的批判否定中，阿多尔诺将艺术的乌托邦功能仅仅建立在自律性信条基础上。在他那里，艺术只有在乌托邦意义上才是"否定的否定"。参见 A. 阿尔肯佩尔《拯救与乌托邦：阿多尔诺研究》（*Rettung und Utopie. Studien zu Adorno*），帕德博恩，1981 年版。

的可能性，即预先推定的尚未存在的东西。因此，就像艺术一样，世界及其过程的映像（Abbild）也不是表达业已完成了的社会图像或古代黄金时代，而是指明现实的潜势和趋势，用用 G. 乌埃丁的话来说，"在预先推定中，这种映像使未完结的隐德莱希成为可认识的"①。作为现实的一部分，这种可能性在艺术中必须使"这个运动中的现实的未形成的可能性"成为可视的形成性，即被看见的现实的趋势——潜势。因此，对现实的任何模仿都必须包含生成的要素：

> 这样，重要的文学创作促使我们加速行动步伐，将一种本质性的清晰的清醒之梦带入人的意识中：为此，它希望被改变。②

艺术作为先现指向"总体中的完成"（Vollendung in Totalität）③，怎样理解这句话？在此，布洛赫既不是指宗教先现意义上的超越活动或返回到天国中的觉察，也不是指黑格尔意义上精神重新回到自身，而是指自然的目标概念，即拓展自然的内涵，但并不超越自然本身。在这个世界上，我们尚未遇见这一完成状态，所以，布洛赫称之为"乌托邦的总体"（utopisches Totum）。这是人类预期达到的长远目标，但限于时空关系，对此我们还无法做出内容上的具体陈述，而只能加形式上的若干规定："持续、统一、终极目标。"④

所谓"持续"（Dauer），要求在时间中扬弃时间，所谓"统一"（Einheit）意味着一切矛盾的和解以及终极目标的完成状态。从形式上看，这个乌托邦的总体显得苍白无力；从距离上看，这个乌托邦的总体显得遥不可及。但是，作为人类的终极目标，人类世世代代的梦，即一个没有自私自利、没有不平等、没有异化的和谐的社会，这种总体是可设想的、可期待的，值得为之不懈奋斗的。在遥远的地平线，先行的幻想永不妨碍把这样的完成状态描画为天堂、极乐乡或乌托邦。不仅如此，伟大的艺术先现在同一方向上闪闪发光，预示着"旨在实现世界拓展的、幻想

---

① G. 乌埃丁：《布洛赫的先现美学》，第 22 页。
② E. 布洛赫：《马克思主义与文学创作》，载 E. 布洛赫《文学论文集》，法兰克福/美因，苏尔卡姆普出版社 1974 年版，第 143 页。
③ E. 布洛赫：《希望的原理》，第 248 页。
④ 同上书，第 1564 页。

实验的清醒梦"。①

这样，实践先现（Vor-Schein der Praxis）领先照亮未来可能性的空间，借助于此，它本身已经是一个花枝招展的姑娘，"一个炫耀可能性的节日"。② 艺术理论具有如此众多乐观的合法性，但是为了不让它忘乎所以，布洛赫有所保留地补充说：

> 我们可以把对"完成"的呼唤命名为"没有神的诗歌的祷告"。那么，这东西究竟有多少付诸实践，并且不只是停留在美的先现之中呢？这方面，不是为诗歌所决定，而是为社会所决定。③

众所周知，在恩格斯、列宁、卢卡奇等经典作家那里，"现实主义"（Realismus）概念是唯物主义美学的一块试金石。作为一种反映论（Widerspiegelungstheorie）概念，这一概念可谓既闻名遐迩，又臭名昭著。然而，毋庸置疑，与流行的偏激成见不同，在文艺理论上，反映论具有较好的基础，也较少图式化的弊端。布洛赫居高临下、高屋建瓴，对现实主义概念进行深度批判和扩展，唯物地、辩证地概括了基本要旨：艺术是现实在人的意识中的反映，在创作过程中，这种现实被具体化。对现实的模仿既不应是对现实的表面复制，也不应是对实在的形式抽象，相反，这种模仿应是根据现象与本质的辩证法对社会世界总体进行全面描写。

现实主义描写这一特殊的艺术成就是致力于一种典型形态，用恩格斯的话来说："真实地再现典型环境中的典型人物"④。因此，典型性格只有在社会普遍性中，通过综合才能达到。实事求是就是这种描述，因为这种描述致力于精确把握实在的本质，并且在其合规律性中表现历史过程。这样一来，所谓"客观性"（Objektivität）并不意味着不偏不倚的价值中立描写，而是意味着通过艺术的创造性而意识到，并向前推进某种历史运动。借助于此，现实主义艺术包含着与社会发展客观趋势相适应的某种内

---

① E. 布洛赫：《希望的原理》，第106页。
② 同上书，第249页。
③ 同上。
④ 参见恩格斯《致玛·哈克奈斯的信》，载《马克思恩格斯选集》第4卷，人民出版社1995年版，第683页。

在趋势。于是,现实主义艺术成为历史的见证和要素。

布洛赫的现实主义概念很难融入这一传统,正如他本人与马克思主义始终若即若离一样。就像许多新马克思主义者一样,他也为了扩大现实主义传统而批判传统。在《希望的原理》中,他就表现主义与现实主义的争论发表的一番话是很典型的。他这样说道:"这涉及现实主义",但是,他附加说:"一切现实都有一个视域"①,从而限定其内涵,同时赋予其一种预见未来的意义。如果他采纳镜像隐喻,这种隐喻对他就是一种典型的种类:现实主义艺术是"一面内在的预先推定的镜子"②。布洛赫对现实主义的理解既反对充满形式主义陈规老套的那种理论图示主义,也反对仅仅满足于琐碎事实的那种表面描述:

> 无论黏附在事物上,还是飞越它,都是错误的。两者都是外在的、表面的、抽象的,作为未中介的东西,都没有摆脱掉表面性。③

如前所述,在文艺理论上,卢卡奇是倡导反映论的代表人物,在对表现主义艺术的评价上,他与布洛赫相对立,他认为,表现主义者无非是思想颓废的形式主义者。尽管如此,与卢卡奇一样,布洛赫也反驳每一种"自然主义"(Naturalismus)艺术,认为这种观点总是经验主义地依附于表面事实,一味粗劣地仿造现实,无力典型地、真实地突出所描写的事物的本质。但是,布洛赫与所谓"感情奔放的梦想家",例如表现主义作家之间的关系要复杂得多。在他看来,表现主义作家是一群梦想家,一旦丧失脚下的基础,他们就"凭借各种假象,充满疑虑地、故意地逃往不真实的梦的假象"④。但是,他们是可教导的、可校正的,因为一旦幻想被具体化,艺术就会开启"图像、洞察力、趋势,而这一切在人之中就像在从中被归类的对象一样旋即发生"⑤。

但是,对于布洛赫来说,现实主义并不是纯粹形式上的事情。艺术受制于既定的现实,但是,艺术并非完全为这一现实所决定:

---

① E. 布洛赫:《希望的原理》,第 256 页。
② 同上书,第 950 页。
③ 同上书,第 256 页。
④ 同上。
⑤ 同上。

由此展现出来的并不是孤立的事实和孤立于全体的抽象的直接性这一表面关系，而是关于自身时代的全体性，以及位于过程之中的那个乌托邦的全体性的现象关系。①

通过揭示重要的现象，特别是认知普遍性，这种令人熟悉的社会关系有助于消除恶劣的无中介性。不过，这种社会关系不被应理解为经济基础与上层建筑之间的一种经济学的图示主义（Schmatismus），因为凭借自身的非同时性，上层建筑的意识形态构成物包含某种乌托邦的剩余，而这种剩余则向我们指明某种不满的东西和未偿清的东西的遗赠物。布洛赫同样不满足于现象与本质的辩证法，因为艺术假象也包含先现，没有先现，艺术假象就不能提供任何艺术现实主义：

在删去了展望性的视域之处，现实仅仅显现为业已形成的东西、死的东西，这正是一具腐烂发臭的死者，即在此自然主义者和经验主义者埋葬其死者的那个死者。恰恰相反，在到处都注视展望性的视域之处，现实显现为某种具体的、活生生的东西：即发生于某个未完成世界的辩证过程的道路网。在这个世界上，如果没有宏伟的未来，亦即没有现实之中的现实的可能性，那么这个世界就是根本无法改变的。②

因此，尽管在现实主义概念理解上，布洛赫与卢卡奇不乏一致之处，但他还是扰乱了这一概念所特有的教条主义片面性：

卢卡奇到处都以完结了的、与此有关的现实为前提，在这种现实中，唯心主义的主体因素毫无存在的地盘。但是，为此在唯心主义体系中生生不息的"总体性"……却枝繁叶茂、郁郁葱葱。③

---

① E. 布洛赫：《希望的原理》，第 265 页以下。
② 同上书，第 257 页。
③ E. 布洛赫：《这个时代的遗产》，法兰克福/美因，苏尔卡姆普出版社 1962 年版，第 270 页。

因此，最终布洛赫把卢卡奇的哲学和美学体系比做完结的、固定的、完成了的一种"概念台布"，其用途就是遮盖作为过程开放的、趋势—潜势的、片段的一切。所以，我们可以把布洛赫的现实主义艺术概括如下：在他那里，现实主义艺术不仅仅是全面地模仿总体性，并"感性地显现理念"，更按照长远目标，继续深造（Fortbildung）现实中尚未展开的可能性。一句话，现实主义是"现实加自身中的未来"（Wirklichkeit plus Zukunft in ihr）。[1]

这最后一句引文出自布洛赫的论文《马克思主义与文学创作》，作为唯一一部关于马克思主义与文学创作的纲领性文献，这部论文对于我们总结性地概括其基本思想十分重要。这是 1935 年在巴黎文化保卫会议上宣读的论文。在这次会议上，作家布莱希特与空洞的人道主义展开论战，面对法西斯主义威胁，他一心只想拯救文化，而在场者则热衷于贴标签、打棍子，高喊左翼激进口号："同志们，我们谈论所有制关系吧！"然而，让全场与会者为之愕然的是，哲学家布洛赫谈起了关于马克思主义与幻想。

资产阶级作家视马克思主义美学为意识形态宣传阵地，一向害怕接触马克思主义文艺理论。因此，布洛赫试图证明，马克思主义既没有威胁幻想，也没有穷尽幻想。这是"不必要的忧虑，从长远上看完全不必担心"[2]。马克思主义美学中之所以产生一幅怪诞不经、阴森可怖的图像，是因为一种"古典派的、甚至按配方阉割的现实主义在作祟"，这种现实主义把幻想几乎当作犯罪来进行惩罚，从而反对诸如卡夫卡[3]、普鲁斯特[4]、乔伊斯[5]一类的所有先锋派作家。与此针锋相对，布洛赫主张在

---

[1] E. 布洛赫：《文学论文集》，第 41 页。

[2] 同上书，第 137 页。

[3] 弗兰兹·卡夫卡（Franz Kafka，1883—1924），20 世纪最有影响力的德语小说家，文笔明净而想象奇诡，常采用寓言体，追求梦幻世界、怪诞的风格、崇尚强烈的情感、残酷的画面，背后的寓意高深莫测、悬而未决。他与法国作家马赛尔·普鲁斯特，爱尔兰作家詹姆斯·乔伊斯并称为西方现代主义文学的先驱和大师。主要作品有《城堡》《审判》《美国》《乡村医生》《变形记》等。

[4] 马塞尔·普鲁斯特（Marcel Proust，1871—1922），20 世纪法国伟大的小说家，也是 20 世纪世界文学史上伟大的小说家之一。代表作为长篇巨著《追忆似水年华》，其他作品还有长篇小说《让·桑德伊》、短篇小说集《欢乐与时日》、文学评论集《驳圣伯夫》等。

[5] 乔伊斯（James Augustine Aloysius Joyce，1882—1941），爱尔兰作家和诗人，20 世纪最重要的作家之一。代表作包括短篇小说集《都柏林人》（1914）、长篇小说《一个青年艺术家的画像》（1916）、《尤利西斯》（1922）以及《芬尼根的守灵夜》（1939）。

"真实的现实主义文学创作"中将马克思主义与幻想结合起来：马克思主义批评将真理与意识形态区别开来，校正和引导作者诗一般的澎湃激情，把马克思意义上的"对某物之梦的精确幻想"带入意识中，使其发芽、生根、开花、结果。

在艺术与历史过程中，恰恰不能把作为主体因素的幻想简单当作唯心主义的东西加以诋毁。其结果，会导致真正的艺术枯萎凋零，由此产生出一种表面事实的艺术或图示主义。根据列宁的说法，唯心主义具有片面性，但不是"胡说"。唯心主义可以通过马克思主义的趋势说（Tendenzkunde）加以校正。精确的幻想会促使人们注意现实的实际可能性，作为艺术先现，成为一个新世界的助产士。这样，现实本身就不再被塑造为完结的、美的总体，而是被描写为开放的、片段的过程，于是，这个"没有经历到的可能性"就变成可视的、向前推进的趋势—潜势。于是，通过对世界过程的诗一般的幻想，内外通明，有增有减："减去意识形态谎言，增加具体的乌托邦。"①

除了创新先现、具体的乌托邦、模型（Modell）、片断、象征、新东西等独特概念之外，布洛赫还对"净化概念"（Katharsisbegriff）、"艺术家小说"（Künstlerromans）等概念作出重新解释，为布莱希特、保罗·克利②等先锋派艺术家的诗学艺术提供了规范性美学范畴。在此，我们无意逐一探讨布洛赫美学概念的所有解释性用法，我们宁愿简要勾勒一下布洛赫预先推定意识思维在文学解释及其可能实践中的巨大收益。

布洛赫大大扩展了乌托邦概念，使其预先推定的功能远远超出任何文学艺术种类所能想象的范围，从而在一切文艺形式中均可追踪得到美学先现。艺术作为先现具有双重功能：其一，美学先现批判地对待所描写的现实；其二，预先推定自身中作为可能性还在微睡的东西。因此，艺术在这

---

① E. 布洛赫：《文学论文集》，第 142 页。
② 保罗·克利（Paul Klee，1879—1940），德国籍瑞士裔画家，被誉为20世纪最富诗意的造型大师。曾在慕尼黑美术学校习画，并制作了许多以黑白为主的版画和线画。年轻时受到象征主义与年轻派风格的影响，发表一些蚀刻版画，借以宣泄对社会的不满情绪。后来又受到印象派、立体主义、野兽派和未来派的影响，这时的画风为分解平面几何、色块面分割的画风走向。1920—1930年任教于鲍豪斯学院，认识了康丁斯基、费宁格等，被人称为"四青骑士"。他对色彩的变化有独特的鉴赏力，成熟时期的作品更大量采用多种多样的混合媒材，比如沙子或木屑等，创作出具有特别张力的画作。其画作多以油画、版画、水彩画为主，代表作品有：《鱼的魔术》《玩具娃娃剧场》《亚热带风景》《老人像》等。

里成为先现图像。在最后一部著作《艺术的永恒》中，H. 马尔库塞这样评论布洛赫和阿多尔诺的美学思想："在伟大的艺术中显现的那个乌托邦从来都不是单纯的现实否定原理，而是自身的扬弃，即在阴影中还在碰幸运的未来肯定原理。"①

艺术塑造更美好世界的梦，即"完美性的幻想实验"。一句话，艺术就是"希望艺术"（L'art pour l'espoir）。过去的伟大艺术经受住了意识形态批判的考验，奋力保护了一份珍贵的人类遗产，因而这种艺术是"过去中的未来。"这种艺术要求人之为人的东西，即"人回归自身"的东西。现实主义艺术不是对感性全体的单纯映像，而是对尚未展开的现实的继续深造："现实加自身中的未来。"因此，布洛赫反对自然主义、形式主义以及文化工业产品，因为这些艺术流派及其作品热衷于从表面上复制现实，用空洞的家乡粉饰现实，出于纯粹消费需要，喜欢追逐新奇，卖弄风情。从中，他既没有发现富有意义的遗产，也没有发现乌托邦的实质。只有在伟大的艺术作品中才会显现指明总体的乌托邦功能，如果没有这种总体，就没有任何具体的乌托邦，就不能提供任何有意义的实践。

社会主义如何接替古老的乌托邦？布洛赫的回答是：社会主义通过"具体的乌托邦"来接替古老的乌托邦②，从而用乌托邦功能取代"古老的国家童话"。在艺术作品中，先现成为艺术作品的显现方式（Manifestation）。由此可见，艺术业已率先占据这个乌托邦维度，因而这种维度构成艺术的最重要的品质（Qualitäten）。作为人的最内在本质的形象化，作为对世界过程中潜在希望的获取，先现既是人的"自我相遇"，也是"人与世界的相遇"。这种相遇的中介乃是人与自然的共同生产力（Mitproduktivität），即乌托邦的世界图像这一本真的未来向度的实现。

在此，艺术被规定为新的实验室和分娩室，它试验和孕育尚未形成的东西，追求世界的最完满实现，即"隐德莱希"。在这一背景下，布洛赫追问：在后期资本主义前线艺术应该是什么？如前所述，在伦理方面，艺术是乌托邦意识的显现和尚未形成的现实的象征，这种显现和象征正是对艺术地位问题的富有意义的解答。

布洛赫的艺术哲学着眼于具体的生命现实，但在他那里，生命绝不意

---

① H. 马尔库塞：《艺术的永恒》，慕尼黑，卡尔·汉瑟尔出版社1978年版，第77页。
② E. 布洛赫：《文学论文集》，第16页。

味着固定不变或业已完成的东西，而是意味着生生不息的"预先"或"以后"。因为我们经历着的此时此地始终被笼罩在"尚未"（Noch-Nicht）之中的瞬间黑暗里。布洛赫之所以呼唤艺术，旨在照亮这个最切近、最朦胧的当下瞬间黑暗。因此，艺术先现的功能在于表现现存世界中一直蔽而不明的当下的"匮乏"和"过剩"，对此，我们已经在前述章节中用否定原理与肯定原理予以统摄。进言之，"先现艺术"一边着眼于生命，一边超越生命。这种与生命一道超越生命的艺术充分体现了乌托邦意识的基本特征：超越存在，炸毁存在。这样，对"尚未"世界的潜在美学体验就成为现实中可期待的乌托邦的象征结构。在布洛赫的艺术哲学中，这种结构进一步显现为被"希望的原理"所中介的"尚未被意识到的东西"与"尚未形成的东西"。

艺术形式努力寻求存在的痕迹。1974年，在接受法国记者 J. 马尔尚的采访时，布洛赫表达了各种艺术形式寻求"痕迹"（Spuren）究竟意味着什么？在他看来，在轶事、故事等艺术形式中，活跃着它的哲学的本质要素，因此，寻求微小对象、寻求片断艺术也就意味着寻求乌托邦的事物、自我相遇和世界相遇。[①] 与此同时，布洛赫强调"片断"（Fragment），认为艺术作品不仅涉及艺术生产主体也涉及全部接受主体，不仅涉及生命和自然，也涉及现在和未来，因此揭示其真理内容是最重要的美学实践课题。一旦确认片断艺术作品的真理内容，艺术就能突破现代社会的经验现实，作为真理的实验室发现自我解放的契机。

在布洛赫看来，艺术的乌托邦功能在于实现成功的美学形象化。借助于指向未来的乌托邦功能，美学形象化超越经验存在，得以形成一种重新接受和解释一切时代的另一种力量。

因此，他的艺术哲学强调艺术的乌托邦功能与美学形象化的内在联系，接受合理的典型范例和社会现实批判的意义。一方面，他的艺术哲学要求划清存在与艺术的界限，反对那种把存在的真理完全消融于艺术的美学还原主义。因为存在是真理的本原，而艺术则是显现存在的真理的场所；另一方面，他的艺术哲学要求从生活与时代高度看待艺术，反对那种"为艺术而艺术"的唯美主义艺术观。因为艺术与生活、艺术与时代是不

[①] E. 布洛赫：《将世界改造到可理解的程度》（1974），载 A. 闵斯特编《直路的白日梦与恩斯特·布洛赫的六次谈话》，法兰克福/美因，苏卡尔姆普出版社1977年版，第57—58页。

可分割地结合在一起的。艺术的盛衰荣辱不仅起因于自身的内在向度,也起因于自身时代社会境况的变迁。①

鉴于现代艺术五花八门、各具特色,布洛赫的艺术哲学充分考虑到经验、社会和技术层面上的非乌托邦的艺术前提。他的乌托邦的"先现"概念强烈反对阿多尔诺美学意义上的"崩溃的逻辑",因为这一概念的意义并不是通过全面崩溃、自我毁灭的虚无,而是通过被破坏的片断、匮乏的痛苦和向前的眺望显现出来。换言之,在艺术作品中,"真正的新东西"并不意味着直接的预见或诸如清晰的未来蓝图一类的东西。艺术"犹抱琵琶半遮面",它仅仅通过比喻之中的象征千呼万唤始出来。在此意义上,布洛赫的艺术哲学对现代艺术的各种新形态,表现主义、象征主义、意识流、蒙太奇等均持一种相当开放的态度,因为艺术的乌托邦功能在于不断超越作品本身的内容,追求超越时间和空间的永恒性,关注永无完结的历史新局面。

尽管艺术本身有其自身的界限和范围,但艺术因其乌托邦意义而超越概念化的世界,接受一种旨在超越对象的哲学探究的意义。基于"人与自然的共同生产力",布洛赫的艺术哲学关注蕴藏在人之中的希望和蕴藏在自然之中的希望,并把这种关注理解为乌托邦艺术的真理内容。由此出发,他试图从协作(Hilfe)角度来解决由来已久、不可救药的人与自然的反目状态。人与自然同为主体,互为依存、共生共融,这是存在论视域里全新的"主体"概念和"协同"观点,其非同寻常的意义在于,它一举解除了人与自然之间那种根深蒂固、非此即彼的传统观念:即要么人是自然的主宰,要么人是自然的奴仆。

总之,希望哲学与实践问题如同树木与土壤,紧密相连,相依相偎,是须臾不可分离的。由于这个缘故,布洛赫的艺术哲学同样充分考虑到,希望有可能受挫,有可能触礁,未来也有可能与我们所追求的东西迥然不同。他的艺术哲学致力于用人的内在希望以及尚未决定的现实性来填满因神的消逝而留下的这个时代的空房间。恰恰在这一点上,他的艺术哲学思想敞开了关于生命的新视点。这一视点可概括为"尚未",通过自身所唤起的新的生命态度,"尚未"满载着热切的希望,带着青春的活力、蓬勃

---

① 参见 H. 佩措尔德《新马克思主义美学 I:布洛赫—本雅明》,杜塞尔多夫,施万出版社 1974 年版,第 127 页。

的生机和自信的微笑向我们走来。就此而言，"希望"完全能够获得自身特有的存在论意义，但是，希望是否具有存在论的妥当性仍然是一个悬而未决的实践判断问题。

"存在（Sein）像乌托邦一样在。"希望的本质内容不是希望，相反，恰恰通过使希望开花结果，这一内容才成为无距离的此在、现在时。乌托邦只为人们想要到达的当下而工作，这样，当下最终是最后预期的无距离性，即归根结底是零星地散布在一切乌托邦距离之中的东西。正因如此，我们不能用恶劣的东西和现存的东西来应付、敷衍乌托邦的良知；也正因如此，我们为了看见实际的星星和地球，需要最辽阔地伸展视域的望远镜，而这个望远镜就叫作"具体的乌托邦"；也正因如此，乌托邦并不打算与客体保持永恒的距离；相反，它想要与客体相重合，想要主体与客体打成一片。

因此，我们只能基于这一实践判断来评估布洛赫的先现美学。如今我们生活在一个无边无际、全盘异化的技术文明的世界中。在这人性日益扭曲、精神日渐贫乏的世界上，我们唯有在希望视域下，通过"先现美学"，才能发现某种具有新的理性和自由的人的存在方式。借助于此，我们得以重估迄今物化世界的一切价值，消灭一切剥削和压迫，扬弃一切异化，迈向一个真正民主的、有人类尊严的"更美好的世界"。

附录一

"一个马克思主义者无权成为悲观主义者"
——与 J-米歇尔·帕尔米尔的谈话*

[德] E. 布洛赫/文　梦海/译

第一节　与卢卡奇相遇

帕尔米尔问：德国大学哲学对您的哲学的形成具有重要意义吗？

布洛赫答：不，因为这一哲学根本不再存在。可是，我首先非常感谢一位学者。这并不关乎任何哲学家，而是关乎哲学史家文德尔班。从他那里，我也认识了生活在马堡的赫尔曼·柯亨①和齐美尔。此外，我对大学哲学几乎置身事外。我是一个居住在自身固有哲学大厦的哲学家。

问：在海德堡，您结识了马克斯·韦伯②……

答：是，后来才认识的；但是，这一遇见并不十分重要。我在海德堡

---

* 本谈话最初发表于 1976 年 4 月 29 日、1976 年 5 月 6 日《文学新闻记者》（巴黎）。本文译自 A. 闵斯特编《关于直路的白日梦：与布洛赫的六次谈话》（*Tagträume vom Aufrechten Gang. Sechs Interviews mit Ernst Bloch*，Arno Münst（Hrsg），Frankfurt/Main 1977，SS. 101—120.），法兰克福/美因，苏尔卡姆普出版社 1977 年版，第 101—120 页。

① 赫尔曼·柯亨（Herman Cohen，1842—1918），德国哲学家，曾执教于马堡大学，新康德主义者，试图将康德学说深化为一种逻辑体系唯心主义，借助于此，纯粹思维产生某种认识对象。主要著作有《康德的美学奠定》《康德的伦理学奠定》《犹太教来源的理性宗教》《无穷小方法原则及其历史》等。

② 马克斯·韦伯（Max Weber，1864—1920），社会经济学家、社会学家，曾执教于柏林、海德堡、弗莱堡和慕尼黑。受到奥古斯丁·孔德的社会学，狄尔泰、文德尔班、李凯尔特、齐美尔等人的历史逻辑研究影响，韦伯奠定了社会科学的特殊方法，其核心范畴是经验科学文化之认识目的和素材选择中的"价值自由"。他的"理解社会学"致力于弄清"理想型"的概念形式。主要著作有《经济与社会》（1921—1922）、《宗教社会学论集》（1902）、《科学学说论集》等。

从未正规地学习过。海德堡离路德维希港只有 18 公里远，因此，我每天晚上都不得不回到家。由于此，我去了慕尼黑，除了柏林，这座城市最负盛名。我跟马克斯·韦伯的联系从没有像卢卡奇与韦伯的关系一样紧密、亲密。我听从卢卡奇的劝告，参加了周日下午举行的韦伯的研讨班。此外，在海德堡还有我并不特别喜欢的斯蒂凡—格奥尔格圈子（Stefan-George-Kreis）。1913—1914 年，我尤其与卢卡奇联系密切。我们整天在一起。

问：马克斯·韦伯圈子里的人们十分热衷于政治吗？谁属于这个圈子？

答：不能说他们十分热衷于政治。韦伯是个自由党人，而聚集在他圈子里的人也大都是自由党人。在那里，马克思主义被认为是许多其他趋势之中的一种趋势。并且在这个圈子里，人们还可遇见诸如日耳曼学学者贡多尔①一类的人，一个格奥尔格的弟子，他是极其明显的反动分子。第一次世界大战爆发时，韦伯参与了普遍的战争狂热，并且在 1914 年战争之初，穿着他的后备队军官制服接见了我们。在参加他的研讨班的人之中，有卢卡奇②、雅斯贝尔斯③、拉德布鲁赫④、莱德勒⑤和我。

问：但是，一些参加韦伯研讨班的人明显支持左翼，他们仇恨战争，例如，莱德勒、列维纳⑥，尤其是托勒尔……

答：托勒尔很晚才加入这个小组。那时，他还没在海德堡。

---

① 贡多尔（Friedrich Gundolf，1880—1931），保守的、民族主义的文学研究者和日耳曼学家，曾任教于海德堡大学。斯蒂凡·格奥尔格《艺术之叶》的合作者。主要著作有《歌德》（1916）、《格奥尔格》（1920）、《莎士比亚》（1928）等。

② 卢卡奇（Ceorg Lukacs，1885—1971），匈牙利马克思主义哲学家和文学批评家。

③ 雅斯贝尔斯（Karl Jaspers，1883—1969），德国哲学家、精神病科医生和政治思想家者。

④ 拉德布鲁赫（Gustav Radbruch，1878—1949），德国法学家，法律相对主义和法律实证主义的主要倡导者之一。曾在柯尼斯堡大学、基尔大学和海德堡大学任教，还担任过魏玛共和国政府的司法部长（1921—1923）。主要著作有《法学导论》《法律哲学》（1907）、《英国法精神》（1948）、《法律哲学入门》（1948）等。

⑤ 莱德勒（Emil Lederer，1882—1939），德国社会学家，主要著作有《现代薪金雇员问题》（1912）、《新中产阶级》（1926）、《科学进步与失业》（1931）、《大众状态：无阶级社会的威胁》（1939）等。

⑥ 列维纳（Eugen Leviné，1883—1919），生于俄国彼得堡，革命家，1919 年加入德国共产党，曾担任巴伐利亚苏维埃共和国领导人。

问：您能简单描述一下，您是在怎样一种境况下结识格奥尔格·卢卡奇的？并且，你们的友好关系是怎样形成的？

答：有一天齐美尔告诉我，有人给他派来了一位年轻的匈牙利哲学家，有位叫格奥尔格·卢卡奇的人想参加他的研讨班。那时我还不认识他，齐美尔也不认识，所以齐美尔就请我跟他谈谈，以便对他有个了解。我承认，他最初没给我留下特别的印象，而且我向他传达了这一印象。然后，在布达佩斯我认识了埃玛·里托克①，您知道，我指的是谁吗？

问：知道，一位小说家和格奥尔格·卢卡奇的女友，她用匈牙利文撰写了一篇关于《心灵与形式》的评论文章。我认为，后来她做出决定，为霍蒂（Horty-Regime）政权写了一部长篇小说，从中表达了有关卢卡奇的十分否定的意见。

答：还有关于我的否定性意见！这部小说叫《精神的冒险》。她十分反动，当然非常倾心于战争。有一天，埃玛·里托克问我，我对卢卡奇有什么看法。我告诉她，他没给我留下太深的印象。这绝不是出于恶意。但是，她马上把我的话逐字逐句地转告了卢卡奇，而卢卡奇对此却答道："埃玛，我不认为，一个大哲学家同时又必定是一个善于识人者。"埃玛·里托克把卢卡奇的这一意见告诉了我，我不得不说，她给我留下了强烈的印象。从卢卡奇的这句话中，我看不出任何愤怒、任何报复精神，这令我十分吃惊。这样，我们的友谊先从纯粹道德层面上开始了；因为卢卡奇并不满足于写伦理学著作；此后他还活着。

问：在你们相识之前，卢卡奇就已经对美学问题有了那种系统的兴趣吗？

答：当时，卢卡奇已用匈牙利文撰写了两卷本著作《现代戏剧发展》。我认为，是一位朋友，列奥·波普尔②逼他走上了这个方向。因此，关于《心灵与形式》的第一部随笔其实是给波普尔的一封信。我自己不曾认识波普尔；我结识卢卡奇时，他已经死了。波普尔曾计划写一部美

---

① 埃玛·里托克（Emma Ritook），匈牙利女小说家，卢卡奇的女友。

② 列奥·波普尔（Leo Popper），卢卡奇的朋友，艺术史家，著有受到广泛关注的《大皮特尔·布鲁伊格尔：艺术与艺术家》，柏林，1910年版，卢卡奇在美学中，特别在第七章："模仿自然问题Ⅳ．艺术作品的本真世界"中，多次引用过这篇论文，载于第二卷，第15—233页，特别是第207—209页。（在大皮特尔·布鲁伊格尔的绘画范例中，波普尔特别研究了创作过程的疑难问题。）

学，卢卡奇曾计划写一部伦理学著作。列奥·波普尔死后，在卢卡奇那里，计划趋于成熟，也写了一部美学著作。晚年，他重新考虑这一原初计划，写下了我不怎么看重的巨著《美学》。我们主要在海德堡见面，在此，我们可谓同生共死。我们相处得就像两根连筒管一样。可是，我不是全部时间都在海德堡，而是经常在加米施。如果我们几个星期不在一起，那么我们就会探讨同一个思想问题。恰恰在他放弃思路的地方、转向的地方，我总是能够重新开始。在我们之间占统治地位的精神亲和力如此巨大，以至于有必要在我们之间开辟一条诸如我所命名的"差异自然保护公园"。创建这一保护公园是必要的，以免我们面对马克斯·韦伯和其他人可能发表相同的意见。

问：这种差异在哪里？

答：这种差异只是无缘无故，也无足轻重；例如，它表现在艺术与神话关系的判断方面。如果没有这种意见分歧，我们只会感到无聊。时常发生这种情况，就是我们在同一个问题上有相同的回答。

问：在你们之间，也存在政治态度的意见分歧吗？

答：是，又不是。卢卡奇出身于一个十分富有的大资产阶级家庭。他的父亲是银行家，确切地说是银行董事长，而且，他的许多行为举止令人联想起他的大资产阶级出身。反之，我出身于路德维希港一个小资产阶级家庭，受到工人不幸、社会差别的冷酷等强烈影响。由于这个原因，我很早就对政治感兴趣。我们偶尔讨论马克思与尼采的关系，马克思主义者通常不特别研究这一关系，尤其是因为尼采的"超人"理论。只是1914年战争爆发时，卢卡奇与我之间才出现巨大的意见分歧。我们在较小圈子里跟马克斯·韦伯和卡尔·雅斯贝尔斯谈过这件事。受到狂热的爱国主义浪潮鼓舞，德国爆发了第一次世界大战，它在我们这里遇到了同样激烈的拒斥；因为不仅在巴伐利亚，在我们自身的行列里也确实存在对普鲁士国家的憎恨。由于战争，日益增强的各种政治现象一目了然，这种现象或多或少必然导致了马克思主义，尽管我们仅仅在理论上而不是在与某种实践的结合上了解马克思主义。这一时刻，卢卡奇返回了匈牙利；后来，他在那里当了贝拉·昆（Béla Kun）政府的文化部长。

问：那时卢卡奇尤其热心于克尔凯郭尔①和陀思妥耶夫斯基②。这方面也是由于受到您的哲学的影响吗？

答：我既不知道克尔凯郭尔，也不知道陀思妥耶夫斯基，但在这个领域里卢卡奇是我的师傅。反过来，在黑格尔问题上我则成了卢卡奇的师傅。对黑格尔，他当时还不很了解。因此，在此也留在我们的"差异保护公园"里。关于康德，不必教导，卢卡奇在布达佩斯就已研究过他的著作；但在那里，还没有人教过他黑格尔。

问：在海德堡，卢卡奇结识了他的第一个妻子耶尔耶娜·格拉本科，他把他的《小说理论》题词献给了她。我认为，她是社会革命家，而卢卡奇如此迷恋俄国的陀思妥耶夫斯基，她对此肯定不会一点兴趣也没有。

答：卢卡奇与格拉本科的婚姻是一桩不寻常的婚姻。我也跟出身于波罗的海贵族的女子结了婚。但是，格拉本科与卢卡奇之间并不特别和谐，那时即使在显而易见的问题上，我们的女人相处得也是不很融洽。由于此，我们的友好关系受到了干扰。可是，我们没有在意这件事。卢卡奇的妻子是一个具有无政府主义倾向的、活跃的革命者。1905年革命期间，她在匈牙利参与了爆炸事件。例如，在一次这类行动中，格拉本科冒充某婴儿的母亲，把一枚炸弹藏在这个婴儿躺卧的枕头下面；她的任务在于引爆这枚炸弹，这样她自己就能跟这个婴儿同归于尽。这一点完全以色情方式影响了卢卡奇的伦理学。毫无奇怪，他对陀思妥耶夫斯基的小说如此如醉如痴；因为可以说，格拉本科本身就是一部陀思妥耶夫基的杰作。然而，这未必是一桩婚姻的可靠前提。但是，格拉本科不久便改正了这种无政府主义的性格特征，并且在我们共同修学海德堡期间，其实人们再没有发觉这种性格特征。卢卡奇的第二个妻子是截然不同的，她是一个十分有魅力的人，一个国民经济学家和马克思主义者。在他逝世之前，她很早就逝世了。

---

① 克尔凯郭尔（Soren Kierkegaard, 1813—1815），丹麦宗教哲学家，主要著作有《非此即彼》（1843）、《恐惧和战栗》（1843）、《生活道路的诸阶段》（1845）、《对于哲学断片和非科学的附言的结论》（1846）等。

② 陀思妥耶夫基（Fyodor Dostoyevsky, 1821—1881），俄国小说家，主要作品有《罪与罚》《白痴》《群魔》《卡拉玛佐夫兄弟》等。

第二节　表现主义的现实性：关于维尔、格罗茨、马尔库塞、萨特的谈话

问：您的青年时代，在德国占统治地位的艺术思潮中表现主义是最重要的艺术思潮。与卢卡奇相反，您显然受到了表现主义的影响。

答：是的，对于我来说，表现主义具有根本的重要性，反之，对于卢卡奇来说，它仅仅是一个被蔑视的对象。他一向偏爱新古典主义。在青年时代，他醉心于谈论保罗·恩斯特①，而此人1914年前后是新古典主义的代表，后来最终成为民族社会主义的跟跑者。新古典主义意味着宁静和秩序，结构和严格的形式。这一艺术特征正好是卢卡奇的作品《心灵与形式》②中的疑难问题。

卢卡奇对表现主义缺乏理解，这种态度既是我们的关系破裂的原因，也是其明显淡化的原因。当我在慕尼黑为表现主义欢欣鼓舞时，卢卡奇在这一艺术思潮中仅仅注意到了"颓废"，而否认这一运动的任何价值。因为他原则上对艺术不感兴趣，故我试图向他澄清表现主义绘画的意义，但是我没能说服他。我跟他解释，表现主义的某些因素在塞尚和梵·高的绘画中就已经作为先驱者存在，可是他断然否认这两位绘画大师同意这类"伪币铸造房"，甚至轻蔑地把表现主义绘画与"吉普赛人的撕破之弦"相提并论。与早年的艺术分歧不同，这次关乎一个真正严肃的意见分歧。1918年卢卡奇仍然持这种观点，我们的友谊不得不通过制定一种共同的哲学来进一步深化。首先，我应当撰写关于美学或哲学的篇章，因为卢卡奇不很熟悉音乐情况，而我毕竟研究过音乐史。卢卡奇应当吸取造型艺术。在他看来，无须每次都把我们写的东西让对方看。至此，我们意见一致，关系和谐。而且，我们的友谊在继续发展。在哲学和美学领域，我们共同进步。卢卡奇也希望我们共同写东西，为此他给我写过信，那时我在瑞士的因特拉肯。但是，我意识到这是不可能的，再说我中断了这一工作。

---

① 保罗·恩斯特（Paul Karl Friedrich Ernst, 1866—1933），德国作家，剧作家，评论家和记者。

② 以《心灵与形式：随笔》为题首次由埃贡·弗莱舍尔出版公司出版；柏林，1911年版；新版：诺伊维德/柏林，1971年版。

问：对您而言，表现主义意味着什么？

答：我的书《乌托邦的精神》完完全全被打上了表现主义的敏感性烙印。因为表现主义意欲建立一个新世界，而人的创作目标就是创造一个新人，创造一种新的敏感性（Sensibilitaet）。在《乌托邦的精神》中，我用了十多页篇幅专门探讨了表现主义这一艺术和文学思潮。

问：在您的《乌托邦的精神》中，某些批评家注意到了诸如"表现主义哲学"一类的提法。这对吗？

答：我不是仅仅由于表现主义绘画才写了我的书，但我不知道，是否表现主义画家很好地领会了这部书。古斯塔夫·马勒就十分出色地理解了这部书①。

问：阿多尔诺同时读了卢卡奇的《小说理论》和布洛赫的《乌托邦的精神》，因为他在此注意到了某些类似之处……

答：这是可能的。但是，比这更强烈的是，《乌托邦的精神》与《历史与阶级意识》（卢卡奇的第一部马克思主义的书）之间的类似之处。在卢卡奇的书中，有些可能源于我的书中的语句，反过来，在我的同一时期问世的书中，有些深受卢卡奇影响的语句。在那个时期的卢卡奇那里，人们也可发现诸如乌托邦存在、"被经历到的瞬间黑暗""尚未被意识到的知识"等范畴，甚至客观的可能性等理论。卢卡奇是第一个把我们理念的这些范畴公诸于众的人，然而，这绝不关乎某种剽窃，因为卢卡奇不断表明，他从我这里采纳了某些题目。卢卡奇关于物化、无产阶级的阶级意识，关于罗莎·卢森堡的文章意义重大。并且，他的书在共产主义阵营引起了众多论争。

问：这个时期，最重要的创作当属弗兰茨·马尔克的富于象征价值的《青骑士》②……

答：是的，但对于卢卡奇来说，这仅仅是"涂鸦"。他是从自身的古典主义的理想出发，简单推论出这一判断的。我想要他正视错误，为此经常责备他。但是，格奥尔格对这一切不再感兴趣。在现代艺术方面，他绝

---

① 《乌托邦精神》的一大段都花在哲学史和音乐理论上。参见 E. 布洛赫《乌托邦的精神》，法兰克福/美因，苏尔卡姆普出版社1964年版，第49—202页。

② 青骑士（Blaue Reiter），艺术家团体，1912年成立于慕尼黑，对抽象艺术的发展有重大影响。创始人 F. 马尔克和 W. 康定斯基合编了一卷美学论文集，书名为《青骑士》，原是康定斯基一幅画的名称，后来便成为这个团体的名称。

对是盲瞎的。此外，他的风格也确实打上了新古典主义的烙印。

问：卢卡奇突然转向共产主义，您对此感到惊讶吗？

答：在海德堡，我们生活在独立而完整的思想共同体之中。虽然我不是他的学生，他也不是我的学生，但是我们十分强有力地相互促进。在关于表现主义的讨论中，我们之间才产生意见分歧。我对我在慕尼黑所认识的《青骑士》大加欣赏。但是，卢卡奇却鄙视这类绘画。加入共产党之后，他否定从前他所欣赏的一切，不仅否定克尔凯郭尔，也否定陀思妥耶夫斯基。1914年战争之初，我们感到两人都完全失去了双方。对于我们每一个人的发展来说，这次战争都成了一个决定性的因素。对他来说，或许参加共产主义运动既是思想剧变，也是精神避难。然而，在苏维埃共和国时期，亦即"布达佩斯公社"时期我再也没有看见过他。

问：在您的哲学思维的形成中，犹太教起过某种作用吗？最近，在法国出版了评价您的著作的书①，作者伊曼努尔·列维纳斯（撰稿人之一）断言，您有时借用了东欧犹太民族的民间诗作……

答：这样的诗作只能出自一个虔诚的犹太人之手，但我不是虔诚的犹太人。我的思想深深植根于基督教，而基督教思想是既不能当作神话也不能当作民间诗作来搁置一旁的。《新约》中的作者无一不是犹太人，他们全都是犹太人，甚至连《启示录》②的作者圣徒约翰也是犹太人。为了准确地理解我与犹太教的关系，还必须回顾一下我的童年和家庭。我的父亲是巴伐利亚国王的官员，他跟犹太教毫无关系，并且我本身的成长也与犹太教全然无涉。当我后来在维尔茨堡认识一个具有犹太复国主义倾向的女大学生时候，我才发现了这个世界。在同她一起长时间地、长距离地漫步的过程中，我才通过她真正地了解到了犹太教，而且不是通过马丁·布伯的作品，而是首先通过其他资料才准确地认识到了犹太教。正如我在以色列驻德大使访问图宾根大学时，对他所说那样，我只是适应了犹太教而已。较晚我才开始对犹太教神秘教义和诺斯替教派学说感兴趣，对德国浪漫派哲学和传统也是一样。可惜，也许犹太教仅仅是这一序列中的一个因

---

① 这里指的是《乌托邦——恩斯特·布洛赫的马克思主义：热拉尔·雷诺奉献》一书，巴黎，1976年版；伊曼努尔·列维纳斯引用过此书，引文出处同上，第318—325页。

② 《新约圣经》最末一卷，以启示文学体裁写成。传为使徒约翰被放逐于拔摩岛时所作，但文体和主体思想都与《约翰福音》《约翰书信》完全不同。

素。我出身犹太人,这纯属偶然。

问:在《魔山》中,托马斯·曼曾经以纳塔夫的形象刻画了一个颇为丑陋的卢卡奇的肖像。纳塔夫真的(只是)跟卢卡奇一致吗?或者,在这个人物中还能重新辨认出您吗?

答:在一定程度上,纳塔夫是我们两个人的化身:不仅卢卡奇单单从身体上被描画为矮个子、大鼻子,我也在性格上恰如其分地被描画为狡猾奸诈的人。

问:当您写《乌托邦的精神》时,您正好滞留在瑞士。您在那里经历了怎样的境况?

答:马克斯·韦伯是瑞士《社会哲学与社会理论杂志》的编辑,我受他委托,为维尔纳·桑巴特①和埃米尔·莱德勒所编辑的杂志写一篇关于瑞士政治乌托邦的文章。这篇文章同时也构成了我在瑞士的经济生活基础。这篇文章发表于1918年,但对韦伯的批判,尤其遭到了他的妻子玛丽安妮的反对;因为这篇文章的结尾积极地描述了胡戈·巴尔②的和平主义和无政府主义观点。我当时是和平主义者,激烈的反战者,并对德国持反对态度。在齐默尔瓦尔德会议上,人们争论不休,到底谁应对这场战争负有责任;这种争论代表下述意见:这关乎不同帝国主义列强之间的一场冲突,因而不能说某一列强比其他列强负有更多的责任。可是,在我看来,毫无疑问,这场战争首先是由德国推动的。

问:由于您在这个时期的论著,人们经常把您标明为是"积极分子"。您当时结识了诸如库特·希勒③、约翰尼斯、R. 贝希尔④、库特·

---

① 维尔纳·桑巴特(Werner Sombart, 1863—1941),资产阶级国民经济学家、社会学家,曾执教于布雷斯劳、柏林等地,主要著作涉及资本主义发展史调查以及社会运动和社会主义研究。起初他受到马克思的影响,后来其观察方法从"理解国民经济学"理论走向完形理论,日趋反马克思主义。主要著作有《社会主义与社会运动》(1896)、《19世纪德国国民经济》(1903)、《奢华与资本主义》(1903)、《犹太人与经济生活》(1911)等。

② 胡戈·巴尔(Hugo Ball, 1886—1927),作家、演员和戏剧顾问,达达主义的奠基者之一。最初是个自身时代的尖锐批评者,后皈依天主教。同赫尔曼·黑塞是朋友。主要著作有《德国知识分子批判》(1919)、《宗教改革的后果》(1924)、《逃避时代》(1927)等。

③ 库特·希勒(Kurt Hiller, 1885—1872),德国诗人,和平主义的新闻工作者,著有两卷本自传《反对时间的生命》(1969—1973)等。

④ R. 贝希尔(Johannes R. Becher, 1891—1958),德国诗人和评论家、编辑,政府官员,20世纪20年代在德国鼓吹革命的社会改革的最重要的人物之一。1954年曾出任东德文化部长。

施维特斯①一类的诗人，结识了诸如格奥尔格·格罗茨②等造型艺术家吗？

答：行动主义。对此我只依稀记得。这一切都是十分遥远的事情，而且富于文学色彩。我同施维特斯的关系完完全全是否定性的，而关于库特·希勒，我曾以相当形象的方式发表过意见。他来的正是时候，但来的并不是地方。我从未跟他有过私交。后来，他给我写过一次信，但我没有给他回信。然而，我们属于同一代人。

问：但是，您的乌托邦概念形成于1914年战争爆发这一背景之中，而且形成于您对战争美化所持的反叛态度之中，是吗？

答：在马克思那里，乌托邦理论就业已出现。在教条主义地理解的马克思主义中，恰恰不存在乌托邦理论，但在马克思那里，它是绝对存在的。乌托邦存在，这是形成中的存在，即政治上的未来远见。我只是从马克思主义立场出发发展了这个乌托邦概念而已。

问：现在我还有若干问题，这些问题关系到第一次世界大战（1914）后您的发展。由于您发表了20世纪20年代的论著，您处于立即认识到出于民族社会主义危险的那些哲学家中间。您何时从德国流亡国外，您后来流亡去了哪里？

答：在我的《这个时代的遗产》一书中，许多章节探讨了20年代至30年代的德国。我于1933年，国会选举后不久就离开了德国。新帝国政府马上发出逮捕我的命令。我妻子和我首先去了瑞士的苏黎世，然后到奥地利、巴黎，最后到布拉格。我们知道，纳粹"合并"奥地利后，也会很快占领捷克斯洛伐克。1938年7月我们流亡到美国，我作为自由作家工作。

问：在那里，您遇见了其他德国流亡者，例如，布莱希特③、弗里

---

① 库特·施维特斯（Kurt Schwitters，1887—1948），德国达达派美术家和诗人，以擅长抽象派的拼贴画和雕塑而闻名。约1920年起，施维特斯用日用品在汉诺威自己的住宅中筑造一所"教堂"称为梅尔茨楼，建了16年，不幸被毁于第二次世界大战。

② 格奥尔格·格罗茨（George Grosz，1893—1959），德国画家，其作品特别是漫画对当时社会的腐败作了尖锐深刻的批判，因而被纳粹分子称为"头号文化布尔什维克"。主要作品有《德国，一个冬天的神话》（1919），20世纪20年代作品有系列画《你们看这个人》以及《幸存者》（1944）等。

③ 布莱希特（Bertolt Brecht，1898—1956），20世纪德国诗人、剧作家和戏剧改革家。他的语言简练、精确、直率，是现代德语大师之一。主要作品有《斯巴达克斯》（1919）、《人就是人》（1926）、《屠宰场里的圣约翰娜》（1932），30年代以后的作品有《伽利略传》《四川好人》《大胆妈妈和她的孩子们》等。

茨·朗格①、格奥尔格·格罗茨、库特·维尔②、赫尔伯特·马尔库塞等。

答：是的，我首先再次见到了布莱希特。他生活在加利福尼亚，但常常到纽约，格奥尔格·格罗茨同样如此。格罗茨变化很大。20年代他还是达达主义者，并且对政治很感兴趣。此外，他为皮斯卡托尔③导演的《第二次世界大战中的施威克》画了漫画，它表现了种种可怕的"统治阶级的新面孔"。可是，在美国，格罗茨完全变为资产者。他成了新统治阶级的肖像画家，但仍然画风景、森林和草地；我还认识库特·维尔；弗里茨·朗格我不曾认识，而马尔库塞则是在第二次世界结束之后才认识的。

问：当您于1949年回到德国后，实际上您可在美因河畔的法兰克福与莱比锡之间选择哲学教授职位。您决定去德意志民主共和国。他们谣传说，您当时说道："我不愿为资本主义服务。"

答：这部分是传说。人们从未认真建议我前往法兰克福。可是，在莱比锡，人们给我提供了哲学研究所的领导职位。我也没有发表过您刚才援引的意见；但是，这句话是对的，就我而言是可能的。

问：您的思想颇为强烈地偏离了正统的马克思主义。您与德意志民主共和国政府的关系怎样？

答：开始相当好。我不是共产党员，也不是德国统一社会党党员，但是我的书在德意志民主共和国得以出版。在哲学领域里，存在一些意见分歧。我被视为黑格尔主义者；当时，在斯大林统治下的苏联，黑格尔被视

---

① 弗里茨·朗格（Fritz Lang, 1890—1976），出生于维也纳的电影演员，他的影片表现命运以及人与命运的殊死搏斗，被誉为电影的杰作，主要有《在两个世界中间》（1921）、《尼伯龙根》（1924）、《M》（1931）、《你只活一次》（1937）、《赤色街》（1945）、《声名狼藉的牧场》（1952）、《月亮湾》（1955）等。

② 库特·维尔（Kurt Weill, 1900—1950），德国革命性的社会讽刺歌剧作曲家，师承F.布索尼。早期作品是表现主义的、试验性的和抽象的作品。主要作品有《先驱者》（1926）、《皇宫》（1927）。歌剧《马哈冈尼城的兴旺》1930年在德累斯顿首次上演，被认为是他的杰作。

③ 皮斯卡托尔（Erwin Piscator, 1893—1966），德国戏剧监制人兼导演，以其独特的表现派舞台而著称，史诗戏剧风格的创始人，这一风格又被德国剧作家布莱希特进一步发展。主要导演作品有《代表》《调查》等。

为反动势力的代表。那时我发表的关于黑格尔的书①受到了激烈批判；正值波兰、匈牙利动乱爆发之际，在政治领域里出现了严重分歧。

第三节　左边批判官僚社会主义

问：1956年，有人指控您是某一"偏离分子"小组的重要理论家，而这个小组的前列站着沃尔夫冈·哈里希②。

答：这是对的。哈里希是德意志民主共和国一份哲学杂志的编辑，而我几乎每期都发表一篇文章。但是，这个小组不在莱比锡，而在柏林。它从左边批判乌布利希③，于是人们指控我是这个"左翼偏离分子"小组的"精神指导教师"。

问：什么原因促使您离开德意志民主共和国而移居西方？

答：1961年是柏林墙建立年。我被迫提前退休；我妻子，她是德国统一社会党党员，被开除出党。自从1956年匈牙利起义以来，人们不断指控我是偏离分子和修正主义者。在建立柏林墙时，我恰好在西方度假。当时我决定不再返回，因为我担心再也不能自由地发表意见，并且在德意志民主共和国再也不能出版著作。也存在这种危险，我从莱比锡给我的西德苏尔卡姆普出版社寄不出任何手稿。但是，最终有人给我带过来了我的手稿。

问：同一时刻，卢卡奇也遭到了党的猛烈攻击。

答：是的，甚至遭到了比我更大的攻击。他也被视为非正统的共产主

---

① 参见恩斯特·布洛赫《主体—客体：对黑格尔的解释》，全集，第8卷，法兰克福，1962年版（此书完成于马萨诸塞坎布里奇美国流亡期间，1948年首次在墨西哥以西班牙文出版，然后1952年由莱比锡建设出版社再版。1962年苏尔卡姆普出版了新版，补充了新的内容和材料）。

② 沃尔夫冈·哈里希（Wolfgang Harich，1923—1995），1921年生于柯尼斯堡，纳粹政权的积极反对者，共产党抵抗小组成员。1945年以后在东德从事教学工作。由于他从左边批判斯大林主义和乌布利希政权，他跟布洛赫交上了朋友，1956年因从事"反对德意志民主共和国"及其"工人—农民政权"而被判处10年徒刑。哈里希于1964年被释放并恢复名誉。在他的著作《关于急躁革命批判》（巴塞尔1971年）中，他与"新"旧无政府主义展开激烈论战，收回了从前接近布洛赫的大部分观点，进一步屈从于德国统一社会党的官方观点。

③ 乌布利希（Walter Ulbricht，1893—1973），生于德国莱比锡，木工出身，自1949年10月起任德国统一社会党总书记，1960年威尔海姆·皮克总统逝世后，兼任德意志民主共和国总统。

义者。他的哲学、美学作品在德意志民主共和国遭到了尖锐的批判。1956年,我在东德还跟卢卡奇夫妇见过面,我们进行了一次十分详细而长时间的政治谈话,我们也长时间谈论了卢卡奇所批判和拒绝的乌布利希政权。但是,他无力发展一种能够有助于批判或改变政权的实践方针。

问:卢卡奇是您的青年时代的朋友。可是,后来你们之间常有意见分歧。在他逝世前不久,你们的关系怎样?

答:很好。我题词献给了他一本我的书①,但此书出版前不久他就死了。他是一位出色的朋友。当然,当他20年代在柏林参加正统共产主义时,我们的关系冷淡了下来。在理论问题上,尤其在艺术领域,我们时有意见分歧。当时,卢卡奇的批评尤其在于,我没有选择同他一样的政治道路。

问:您跟"法兰克福学派"理论家的关系,特别是跟阿多尔诺、霍克海默尔的关系也这么好吗?

答:不,不能这样说。我把法兰克福"社会研究所"称之为"社会伪造研究所",而我从未分担法兰克福学派的悲观主义。"法兰克福学派"的作家们既不是马克思主义者,也不是革命者。他们是一种十分悲观主义的社会理论的创立者。我开始跟阿多尔诺交上了朋友,可是,在乌托邦概念上我们从未能够取得一致意见。而且,霍克海默尔最终变得反动了。

问:虽然您的著作深受马克思的影响,也深受黑格尔学派和宗教的影响,虽然您被视为"乌托邦哲学家"和革命的乌托邦主义者,但是您把您的著作描述为完完全全站在马克思的路线上……

答:是的,但是站在哪一种马克思主义传统上?但是,肯定不是苏联的马克思主义传统!不,今天,马克思主义不再是统一的体系,同样人们再也无法谈论某种唯一的社会主义体系。不言而喻,我没有分担苏维埃—马克思主义的观点。但是,还存在法国和意大利……法国共产党选择的路线无疑是理智的。然而,显而易见,如果一个人毕生都使用"无产阶级专政"概念,那么他就无法一下子放弃这个概念。在西方资本主义国家,今天也许不能再像马克思所设想的那种方式来使用这一概念了。

问:马尔库塞代表这种观点,即资本主义工业社会的无产阶级在经济

---

① 这里指的是《唯物主义问题:它的历史与实质》一书,法兰克福,1972年版,题词为"献给青年时代的朋友格奥尔格·卢卡奇"。

上、意识形态上正日益与这个社会一体化，并且"新左翼"太软弱，以致不能以有效方式抵制这种一体化。

答：特别是，马尔库塞与美国工人阶级有关。他总是在革命浪漫主义与深深的悲观主义之间摇摆不定。他与美国的"新左翼"，尤其同那里的学生运动有着十分密切的关系；然而，他跟学生运动已断绝关系，或者学生运动跟他断绝了关系。

问：但是，例如在《本能结构与社会》中，他通过为乌托邦进行辩护，开始接近您所代表的哲学和政治立场。

答：1968 年，我们一起参加了南斯拉夫科尔库拉会议，当时马尔库塞向我表示敬意，理由是，在政治领域里，乌托邦概念同样有助于重新发挥作用。但是，我的乌托邦概念是具体的，亦即与现实中的现存的客观可能性有关，反之，马尔库塞则把乌托邦概念与弗洛伊德，亦即与无意识和梦生活联系起来。在这一点上，我们并不一致，尽管如此，我仍然很尊重他；他是一个十分重要的思想家。

问：在今日德国，您是一位令人尊敬的哲学家。您桃李满天下。您还跟其他哲学人物，例如海德格尔有联系吗？你们两人属于同一代，彼此出生仅隔十年。像卢卡奇一样，海德格尔也是腊斯克①和李凯尔特②的学生。他也欣赏齐美尔。

答：海德格尔对 1933 年纳粹政权抱有好感，这使我们成了政治对手。我只遇见过海德格尔一次，是 1961 年，很偶然。我们两人在一位语文学家那里做客。我们谈论了黑贝尔③，海德格尔曾经对他的作品《莱茵区家

---

① 腊斯克（Emil Lask，1875—1915），出生于奥地利的哲学家，执教于海德堡，在此布洛赫和卢卡奇听过他的课。他深受新康德主义学派的影响，发展了包容所有感性世界乃至超感性世界的一种"普遍范畴学说"。主要著作有《哲学逻辑与范畴学说》（1911）；《判断学说》（1912）；全集 3 卷（1923—1924）。卢卡奇在 1918 年发表的《康德研究》中，详细研究了腊斯克。

② 李凯尔特（Heinrich Rickert，1863—1936），弗莱堡大学哲学教授，而后任海德堡大学哲学教授，新康德主义西南德国学派即巴登学派的创始人，主要致力于把康德哲学进一步发展为"系统世界哲学"。主要著作有《认识对象》（1892）、《自然科学概念构成的界限》（1896—1902）、《文化科学与自然科学》（1899）、《生命哲学》（1920）。1908 年，布洛赫在维尔茨堡的屈尔佩那里，以有关李凯尔特的论文获得博士学位。

③ 黑贝尔（Johann Peter Hebell，760—1826），德国作家，著有诗集《阿勒曼方言诗集》（1803）、散文集《莱茵区家庭之友的小宝盒》（1811），他的作品对后世作家如卡夫卡、布莱希特、F. C. 魏斯科普夫等均产生过巨大影响。

庭之友的小宝盒》进行过一番研究。

问：您对萨特的哲学论著感兴趣吗？

答：是的，尤其是对《存在与虚无》以及他与马克思主义的关系感兴趣。可是，我不赞同他对马克思主义的评价。萨特是一位十分勇敢的人，对这个人我很钦佩。但是，他的最近访谈读物却令我失望。这种读物只会加强我对自传的反感。在萨特那里发生了什么事？他的最近一次访谈只关乎他的日常生活，其中谈到他吃什么，喝什么，等等。但是，人们对其哲学理念体验到了什么呢？我也瞎了，可我仍抱有希望，努力发展新的哲学理念，从不放弃。

问：您的全部著作都关系到乌托邦基本概念，这期间，在法国出版了《希望的原理》第一卷，《乌托邦的精神》的法文版正在准备之中，也就是在那部著作中您以独一无二的方式将马克思与启示录和死亡调解起来。正如您所说，甚至在您的修业时代，就已经阐发了这一"尚未意识到的形成物""尚未的形成物"的存在论，因此您的乌托邦理论看来与1914年战争爆发以及20年代社会—政治关系紧密相关，尤其是与弗里茨·封·温赫①、恩斯特·托勒尔②、伊万·戈尔③所刻画的革命的弥赛亚主义紧密相关。您认为，今天政治上还有可能运用乌托邦这一范畴吗？

答：哲学是真实的，或者哲学是不真实的。乌托邦范畴深藏于马克思主义之中，我只是把它取了出来而已。在我的著作中，确实也能感受到某些基督教的影响，而且，启示录也给我留下了某种印象。我首先分析了乌托邦与世俗化末世论的关系，即在反野蛮、反战争这一有特色的社会乌托

---

① 弗里茨·封·温赫（Fritz von Unruh, 1885—1970），德国表现主义剧作家、作家。主要作品有《军官》(1912)、《决定之前》(1914)、《牺牲之路》(1916)、《一个世代》(1916)、《海因里希·封·安德纳赫》(1925)、《博纳帕特》(1927)、《柏林在蒙特卡洛》(1931)、《零》等。

② 恩斯特·托勒尔（Ernst Toller, 1893—1939），德国剧作家，表现主义戏剧的代表人物之一。主要剧作有《转变，一个人的搏斗》(1919)、《群众与人》(1921)、《被释放的沃坦》(1923)、《熄火》(1930)、《哈尔牧师》(1939) 等。

③ 伊万·戈尔（Yvan Goll, 1891—1950），曾生活在苏黎世、洛桑、阿斯科纳、纽约、巴黎等地，表现主义诗人。他的诗"诉诸犹太人的命运、出生在法国的偶然和称作是印章纸的德国人"。在他的诗作中，表现主义的人类信仰、社会乌托邦思想与一种梦幻的、形象化的语言融为一体，浑然天成。最重要的作品有《赞歌》，莱比锡，1918年版；《裸体躯干雕像》，慕尼黑，1918年版；《埃菲尔铁塔》，柏林，1924年版；《诗作》，达姆施塔特/诺伊维德，1960年版。

邦关系中它与生活和死亡的关系。这整个时代,特别是表现主义为一种伟大的渴念所激励,这渴念乃是一种对新生活的渴念,一种对新人创造的渴念——弗兰茨·马尔克的绘画、古斯塔夫·马勒的音乐所描画的令人热泪盈眶的新人肖像。我当时写的东西今天依然有效。《乌托邦的精神》总是真实的,而我一如既往地确信,在政治上,乌托邦同样是我们时代的基本政治范畴。谁还在几年前就能想象到希腊和葡萄牙的法西斯独裁时代会终结?谁会认为,像越南这样的弱小而勇敢的人民能够击败强大的美国战争机器?

问:鉴于工业社会,特别是美国的发展可能性,马尔库塞表现出一种浓厚的悲观主义。

答:马尔库塞悲观沮丧,但是他的政治发展过程也在于他的心理发展的某种依赖性中。他的生活所标明的痛苦经历对他的政治思维产生了深远影响。我始终将我的生活与我的哲学加以区别。乌托邦并非逃入非现实之中;乌托邦探索现实事物的客观可能性,并为其实现而斗争。《希望的原理》乃是全部人类活动的体现;乌托邦导向一种更美好的未来,导向一个人道的世界。甚至在美国也存在许多为另一个世界而奋斗的人们。

问:在您的生活中,艺术总是起着某种重要的作用。您认为,艺术在我们今日世界中还能起到那种"颠覆性的"作用,即像以前时代一样起到某种新世界的预先推定的作用吗?在此,我想到魏玛古典时期,想到像达达主义一类的艺术思潮和表现主义。

答:在我的哲学思维和政治思维中,艺术无疑起过某种巨大的作用。首先是表现主义,对此,我已经在《乌托邦的精神》的产生背景中指出过了。对于我来说,接受现代艺术立场已不再是可能的了,因为我已失明,无法观看最新作品。然而,表现主义、超现实主义和幻想艺术对我产生过巨大影响;所有这些作品都旨在通过梦和乌托邦来改变世界。在法国,表现主义鲜为人知,为此,法国拥有超现实主义。令人奇怪的是,这两种重要的艺术思潮在两个国家里是彼此十分陌生的。

问:可是,这期间在巴黎举办了恩斯特·托勒尔和弗兰克·韦德金德①的作品展。尤其是在青年人那里,对表现主义的兴趣以及对同时代的

---

① 弗兰克·韦德金德(Frank Wedekind, 1864—1918),德国演员和剧作家。主要作品有:《青春觉醒》(1891)、《地神》(1895)、《潘多拉的盒子》(1904)、《凯伊特侯爵》(1909)、《希达拉》(1904)、《弗朗采斯卡》(1912)等。

人所体现的表现主义的兴趣与日俱增，方兴未艾。

答：是的，但是这么晚才感兴趣！表现主义，这是我们同时代的人，我们的青年人的反抗，一种具有某种新世界希望萌芽的反抗，这种反抗将仍然有效。表现主义的时代远远落在我们后面，但它是特别意味深长的。然而，每一个时代都必然产生其本真艺术，都必然产生其本真的反抗。唯有这种艺术和反抗才能使人类的进步成为可能，而这种进步必将到来，一个人必须相信《希望的原理》。一个马克思主义者无权成为悲观主义者。

附录二

乌托邦是我们时代的一个哲学范畴[*]

[德] E. 布洛赫/文　梦海/译

帕尔米尔问：布洛赫教授，总体上，许多法国人是把您作为"希望哲学家""乌托邦哲学家"等来认识的。您的著作被译成了英文、意大利文、塞尔维亚—克罗地亚文和日文，可是，法国公众迄今只能读到《托马斯·闵采尔》和《痕迹》，您怎样解释您的著作在法国翻译中的这一差距？

布洛赫答：在我看来，这是很难理解的。眼下，我的著作准备出版西班牙文版。因此，人们会认为，我在法语国家里更好地为人们所理解，尽管我感到法国人如此亲近。因为我的好多著作是关于法国大革命和1789年精神的某种反思。在我的《天赋人权与人的尊严》一书中，我详尽地研究了你们的革命意义、你们的理论家，特别是卢梭。为什么这样一部著作偏偏在这个国家里未被翻译，这在其全部影响上可理解吗？我的关于托马斯·闵采尔的书已被翻译，但这是个例外。

事实上，迄今在法国我的主要著作，如《希望的原理》《乌托邦的精神》《基督教中的无神论》等一部也没有出现。《痕迹》是一部片断和观察汇集，没有那些书，这部书几乎是无法理解的。我对法国很感兴趣，而法国人对我几乎不感兴趣。也许，他们甚至对德国人也并非总是理解的那种海德格尔的哥特式文字游戏更感兴趣。《天赋人权与人的尊严》是关于

---

[*] E. 布洛赫：《乌托邦是我们时代的一个哲学范畴》（Ernst Bloch, *Die Utopie ist eigne philosophische Kategorie unseres Zeitalters*, 1970），载 A. 闵斯特编《关于直路的白日梦：与布洛赫的六次谈话》（*Tagträume vom Aufrechten Gang. Sechs Interviews mit Ernst Bloch*, Arno Münst (Hrsg), Frankfurt/Main 1977, SS. 121—126.），法兰克福/美因，苏尔卡姆普出版社1977年版，第121—126页。

希望、消除贫困、废除国家、自由和人的尊严等的一种反思,对此我称作"直路的矫形外科"。所有这些问题都为法国大革命和1871年巴黎公社所普遍重视。对于走上街头奋起反抗、英勇就义的那些法国人来说,诸如权利、正义、自由、人的尊严一类的东西都是无价之宝。

问:您毕生坚持同一的主题,同一的理念。然而,我想请您为我较详细地描述一下您生涯的一些重要阶段,特别是:您是如何能够将马克思主义的严谨与贯穿于您著作中的浪漫主义的热情协调起来的?

答:我认为,我对自己忠贞不渝,这是对的。这是我多半有别于我的朋友卢卡奇的地方。在这一点上,我特别喜欢席勒的一句名言。唐·卡洛斯对女王说道:"他崇拜他的青年时代的梦。"我也恰恰意欲这种梦。我的童年,我是一个在相当压抑的世界中度过的。从我的青年时代起,我就受到了这个世界的深远影响。我的家庭、可怕的学校对我阻碍很大,而且这一切都发生于第一次世界大战的气氛中,发生于革命破产和随后的反动之中。希特勒上台,流亡美国。但是,从此以后人们学会了与之作斗争。一切都很清楚。我与马克思主义相遇,这是由这一切事件所准备好了的。没有任何不一致之处。恰恰相反,这一切有助于我深刻地理解马克思主义。现在我在写一本唯物主义的书①,旨在表明,可以把唯物主义与乌托邦很好地协调起来。

问:您作为"乌托邦哲学家"闻名全世界。您觉得这一概括恰当吗?

答:是的。从前人们为了贬低某事,就说道:"这不过是乌托邦","这是乌托邦"。今天乌托邦成为一个重要的哲学——马克思主义范畴。每个人都谈论乌托邦,好像对它了如指掌,又忘却殆尽,我是第一个重新赋予其以某种意义的人。当我谈论"具体的乌托邦"时,人们就嘲笑我。对于他们来说,这就像一种四角圆圈一样荒谬绝伦。现在甚至社会民主党人也接受了这一概念。在我的《乌托邦的精神》一书中,我想要指出,"乌托邦"一词远不是突然冒出的概念,恰恰相反,乌托邦是我们世纪的哲学范畴。

乌托邦远没有限定在社会领域里;它也存在于艺术中,特别是存在于

---

① 参见《唯物主义问题,它的历史与实质》,全集第7卷,法兰克福/美因,苏尔卡姆普出版社1972年版。

受表现主义影响的诗人和画家中，例如，围绕青骑士①圈子的 F. 马尔克、康定斯基②等。我受到表现主义的强烈而深远的影响，而人们如果不了解这一表现主义的氛围，就很难理解我的《作为革命神学家的托马斯·闵采尔》一书。在乌托邦中，人们重新发现革命、启示录和死亡。这同时也是与自身相遇、与这个世界之路相遇。乌托邦借助诗歌而出现，但它还是某种重要的逻辑图景。

此外，这也不是任何新的理念：它在法国大革命中，在巴黎公社中起到过某种决定性的作用。而且，今天它现存于青年人之中，他们为构筑另一种世界，为改变生活而斗争。乌托邦不是一种神话，相反，如果它关涉我谈过的这一具体乌托邦，那么就表明它是一种客观而现实的可能性。它是一种斗争原理。它暗示新事物的未发现状态。如果历史地考察，它是某种社会力量，甚至在它本身很少被认识时，它也在起某种作用。

问：在范畴上，乌托邦这个概念拒斥过去吗？

答：不，但这取决于哪一种过去。对此，我在《这个时代的遗产》这本书中明确地描述过。社会主义者和共产主义者展望未来，而法西斯主义者和反动分子则攫住过去的碎片。法西斯主义者恰恰热衷于这一反进步的世界。截然相反，乌托邦不仅照亮未来，也照亮当下。请您想想闵采尔、圣西门、傅立叶。另一种乌托邦，即一种更美好生活的乌托邦业已总是革命的。

与此相反，法西斯主义想要借助其虚假的哥特式建筑艺术，借助其血统—土地文学使中世纪的阴影死灰复燃。这一切观点我也在我的《希望的原理》中加以阐明。问题在于，要去理解可能事物在眼下是如何可能的。如果说过去意味着某种反进步的神话，那么人们就必须摆脱过去。法西斯主义站在时代之外。人永远不准后退。然而，并不是全部过去都是死了的。在过去中，发生各种事件，而这些事件包含着未来之光，并且还为我们照亮今天。

问：人们经常把法兰克福学派的理论家，如阿多尔诺与卢卡奇的现实

---

① 青骑士（Blaue Reiter），20 世纪初德国表现主义艺术团体，1911 年由 F. 马尔克、W. 康定斯基创立。

② 康定斯基（Wassily Kandinsy，1886—1944），俄国画家和美学理论家。主要作品有：《在黑圆圈中》《一个中心》《黄红蓝》《三个声音》《紫的优势》《主曲线》《十五》《温和》等。

主义和布洛赫的乐观主义对峙起来。您真的是乐观主义者吗？

答：希望，这不是确信。一个马克思主义者不应传播悲观主义。但是，一个人也不可能是盲目的乐观主义者，在这个世界上存在太多的缺陷、太多的冲突。可是，我因此就应当投降吗？我也是悲观主义者，但是我的悲观主义是一种出于谨慎的悲观主义。无论如何，希望是革命的。一个人从未有过某种安全感；但是，如果一个人没有希望，他就不可能有任何行动。

问：您跟卢卡奇和马尔库塞是怎样一种关系？卢卡奇对乌托邦总是持反对态度。与此相反，马尔库塞今天则谈论一种"乌托邦的终结"。您的立场有何区别？

答：卢卡奇和马尔库塞是我的朋友。我跟卢卡奇经常争论。例如，关于表现主义。他从未喜欢这一运动，而我却倾心于这一运动。此外，我对所有现代派所意味的东西都感兴趣；我热爱现代绘画和贝克特①的戏剧；卢卡奇对此却一窍不通。与马尔库塞有关的是，虽然我俩都谈论乌托邦，但我们的立场是不同的，我的乌托邦是一种具体的乌托邦，而马尔库塞的乌托邦则不是。他是过火的理想主义者。我竭尽所能，力求从当下可见的可能事物，在当下所具有的可能事物。

另外，除了两年之久外，马尔库塞从来都不是乐观主义者。我从未想过，在不现实的乌托邦事物上，像马尔库塞一样走得那么远。马尔库塞喜爱1968年5月法国大学生写在巴黎墙壁上的那句标语："让我们讲求实际，我们挑战不可能的事物！"1968年，在科尔库拉所作的报告中，马尔库塞认为我对乌托邦的看法是有价值的。这使我很高兴，他承认我的理论的真理性；然而，我们谈论的不是同一个乌托邦。我认为，他最近变得太悲观了。我很喜欢他。

问：为什么且在什么情况下，您离开了德意志民主共和国？您在那里还有朋友吗？

答：无论如何都不是在机关工作人员的情况下，而是在一个真正的社会主义的情况下离开的。那里的领导不喜欢我的社会主义概念。他们发现

---

① 贝克特（Samuel Becktt, 1906—1989），爱尔兰小说家、戏剧家，主要用法文写作，获1969年诺贝尔文学奖。主要剧作有《等待戈多》（1952）、《结局》（1957）、《啊，美好的日子》（1963）等。

它太人性了。从大学生时代起，我的妻子就是共产党员、德国统一社会党员。然而，她出于同样的理由而被开除。我本人从来都不是共产党员，但我是同情分子。现在我相信，他们恨我。当我的妻子被开除时，有人问她，她是不是一种"人道的社会主义"的追随者。为了拿这个问题开玩笑，她答道：她主张一种"非人道的社会主义"。

她被开除后，我们在莱比锡又待了几年。我的妻子是建筑师；她失去了工作岗位，因为她被开除出党，并且因为她是恩斯特·布洛赫的妻子。许多人不再跟我们说话，但在那个时代人们也不敢说话，我被开除出柏林科学院。这事发生在1961年以后。那时，我们恰巧在拜洛伊特。柏林墙建立了……我在思考，我的著作还能否继续自由出版，但这可能性很小。当时我的儿子停留在英国，他给我写信说，他再也不会回到东柏林。这对于我是最严酷的事情，我不得不把所有我的手稿留在莱比锡——我的全部生命，我的劳动。我曾准备好回去，只是为了重新找回这些手稿。但有人很友好，把它给我捎来了。自那以后，我再没有回过家。

问：您认为，哲学目前能够起到一种革命作用吗？

答：是的。我对此确信不移，并且我为此而工作。但是，一切取决于关乎哪一种哲学。一种哲学，一种跟法西斯主义合作过，并且仍然与之合作的哲学，亦即赞成人的压迫和剥削的哲学，永远也起不到革命作用！

附录三

希望会成为失望吗？*

——图宾根1961年开讲词

[德] E. 布洛赫/文　梦海/译

我想谈一个也许我们特别面临的问题。简而言之，这个问题是：希望会，确切地说，每一方式、每一级别的希望都会成为失望吗？

毫无疑问，像这样的失望不胜枚举。每一种生活都充满着未圆满之梦，这样的事例比比皆是。在把希望当作纯粹的如意算盘的情况下，这一点甚至是不可避免的。众所周知，就空中楼阁本身而言，其成本微乎其微。它没有地基，主观透顶，其中时常也不是最佳状态。尤其是，这种低级的、未经中介的外部希望多半是不合人意的。在一个梦中，纯粹欲望仅仅自给自足，也根本不为外面世界、横向世界或时髦世界所询问。据此，大多数目空一切的人都斜着身子走路，通常也没有为此感到遗憾。也许，这比一无所有好，然而，一再渐渐暗淡下去，最后会愤世嫉俗、心情抑郁。唯有在此，但在此必然剩下一双无事可干的空手。

于是，希望总是仅仅面向狭隘范围。面向我、你和米勒家的母牛。此外，生活中别无其他。然而，有多少并非如此私人的、公众的清醒之梦的运动恰恰是没有进入水中，而在陆地上游泳的呢？由于盲目逃跑的、跑在前面的、跟跑的希望，一个青年人（不仅仅是这个青年人）易受煽动者的多少诱骗呢？在这种情况下，他投入了多少热烈的感情和错误的蜕变？

---

* 1961年恩斯特·布洛赫移居联邦德国，受聘图宾根大学客座教授。本文系作者于同年11月在图宾根大学的首次演讲，后收录于《布洛赫全集》第9卷《文学论文集》（E. Bloch: Kann Hoffnung Enttaeuscht Werden? In: Ernst Bloch: Literarische Aufsaetze, Frankfurt am Main 1965, SS. 385—392.），法兰克福/美因，苏尔卡姆普出版社1965年版，第385—392页。

哪一种空虚的失望是合乎逻辑的结局，即在事情方面唯一的合逻辑性？每一种狂热的自我欺骗及其所利用的欺骗手段均属此。有这样一个人，他对着现金交出了自己发明的钞票，那上面写着：应于末日审判之日在上帝王国中支付。就千年王国的弥天大谎而言，这一类模式起什么作用？

在巨大的信仰挥霍的历史中，对可怕的有价证券而言，这一类模式又能够起什么作用呢？由于具有莎士比亚式天才的罪犯，同时由于小市民的床头柜的尿臊味，这种信仰被出卖了。这是一幅最丑陋的漫画，描画了基督降临节一般、虚假的弥赛亚、对后天救世主到达的期待——但是，除了鲜血，什么也没有出现。下周二 11 点 25 分上帝光临伊利诺斯州中心，于是人们赶快去迎接他；因此，在芝加哥曾经启动了一种宗教，一种可以说是乌托邦的精神变态。

这是十足的愚蠢，但是，甚至是一部严肃的拯救雕刻作品，如果有谁粗心大意，把它抽象地或毫无控制地带到现实生活过程中，它也会走向其反面。如果这种愿望恰恰是崇高的，例如，餐桌前的纯粹人道主义，目标中不同于法西斯主义本身（一开始就是谋杀和不幸）的纯粹人道主义等，那么它在实践中就根本不会使人丢脸。然而，在所有明亮的、至少在明亮的世界改善中，如果自身目光专注于天空而没有行车时刻表，没有适当的怀疑，那么这种愿望就离下述这一谚语就不远了：希望和等待使人变傻。

因此，某种爱梦想的愿望总会成为失望。无论它现在来自私人圈子，还是来自广大的公众圈子。但是，诸如，稳固的希望，即中介过的、认得路的希望就能看到大功告成吗？现在，这种希望也会成为失望，是的，它必然成为失望，甚至以其名誉担保；否则，它也许就不是希望。可是，这一方式，在此所采取的这些失望方式丝毫也不指向刚才提到的单纯的上当受骗。可以说，在所有软弱的时刻，在所有梦想的飞越中，或者在迅速的英雄行为的仓促中，希望当然会分担失望。但是，这不属于有经验的、特殊的可失望性，因而也不属于有经验的"已知的希望"（docta spes）本身。

也许，与纯粹主观的确信和客观抽象的虚假加号不同，这种可失望性恰恰在自身方面造成一种创造性的减号。就像时常未加中介的、同样令人怀疑的那个天堂悬在圆润的低音小提琴上，或者让它直接与这种天空相邻。有意站在乌托邦精神的入口上，亦即面对已理解的堂吉诃德①的警告。这不仅涉及与事物过程必然相中介的某物，而且尤其（按照这一必不可少的前提）涉及希望本身之问题中的某物本身，尽管这个某物与现存世界并不融洽。

因此，希望绝对会成为失望，第一，因为希望向前敞开着，走向未来的事物，它指的又不是业已存在的事物。由于此，希望不是把重复置于变幻不定的事物之上，而是真正处于飘忽不定之中，所以它既与可变事物有关，也与偶然事物有关，没有偶然事物，就不存在新事物。由于这一应得的部分，所以偶然也足以被规定，它是已经敞开的事物，同时又是继续敞开的事物。此外，希望至少在其中拥有自身的领域，为此付出冒险代价，而不是坐在终老财产上。

第二，但是，与此同时，希望与失望密不可分地联系在一起；希望必定会失望，因为作为具体地中介过的东西，它永远都不会与固定的事实相中介。这些事实（Tatsachen）及其内行性反正都是某一历史事件的主观物化因素或客观物化阻塞。但是，正因为这个理由，由于只是不可收回的事实，亦即业已形成的存在，这一进程乃是历史的、类似过程的进程。因此，在一个尚未存在的领域里，一个还在持续的悬而未决中，尤其在终极内容中，不仅希望情绪与对称物畏惧在一起，而且希望方法论更与对称物回忆在一起。换言之，希望与可失望性直接有关；希望在自身中当然包含挫败的麻烦：希望不是确信（Zuversicht）。

在任何地方，希望也没有被挫败，但在任何地方希望也没有被赢得，因此，希望紧挨着历史过程和世界过程的悬而未决状态。因此，希望处于充满了客观的—现实的—可能性的惯用语句中，不仅作为潜在的拯救者围住了现存事物，也作为危险围住了现存事物。因为的可能事物首先不是业已完满的制约性，而是部分的制约性。由此可见，唯当这种制约性是以现有的现实事物为基础（因而曾以某种现实为基础）时，可能事物才是可靠的。无疑，这种无保证性意味着没有什么东西是绝对可靠的，因此部分制约性不是条件性，故据此每一个期望，尤其是每一个抱有希望的期待都必然含有非理性因素。这里指的是卡夫卡极其形象地加以描写的那种可能性，亦即那种类似于混乱的不协调：一个人自以为受欢迎，结果却遭到驱

---

① 堂吉诃德（Don Quichotte），西班牙文学家塞万提斯所著小说的主角。

逐，一个人指望与人交谈，结果却吃了闭门羹，或者一个人以为大难临头，结果却受到热情的欢迎。

当然，不仅作为希望，而且作为期待，这一类可能性业已是一种完全麻木不仁的咒语，一种混乱不堪的、或者恶魔般地不一致的咒语。但是，这种不一致的咒语与客观—现实可能性序列中的现存的，至少部分地规定过的条件是相矛盾的。然而，在某一相对不一致方面，这是真实的，即由于可能性，被制约的事情是可以实现的，尽管所期待的事情尚需实现的条件，所期望的事情只是部分地存在，离担保过的可靠性还相去甚远。于是，按照客观现存条件序列的精确知识，作为另外的部分补充，主观因素的能动性便而悄悄走来，希望本性也就保持现行的无保证性这一先驱特性。

因此，在此具体的乌托邦恰恰承认永远走在艰难的中途上，在那里有这种本身尚未发现的"真正的存在"，或者有"本真地""一般地"无怀疑的世界的本性。就本身而言，这种类过程走向的乌托邦也不假装十全十美，并且它至少是最近可失望的东西，这不仅因为它关系到每一个确信和担保的持续亏空，也因为本身包含有表面上的法则、此在（Da-Seins）的纯粹付出和十足的可能存在（Moeglich-Seins）。事情难道不是这样吗？正在变成事实的东西仍处在自身的黑暗之中，显得模糊不清，所以，这个变成现实的东西与人先前所希望的东西之间还是有差别的，即使他所希望的内容分毫不差地全部得到实现也罢。然而，留下某种剩余，这种情况仅仅是由于内容方面尚未发现的"真正的、圆满的存在"。而且，归根结底，对这类实现的减号的失望也属于有稳固的希望的荣誉，同样指出其生存论的、本质的要求。

看上去，这一切已经与倒霉有所不同，它只不过是给人增加了一些恍惚的成分罢了。人遇到挫折的时候不会放弃具体的希望，而是像一个叛逆者一样（也就是重新抽象地）把赌注投在迄今被否定的事情上。毋宁说，通过损失，真正的失望同样以内在于自身的某种方式变得聪明起来。这种失望不是通过纯粹的、粗暴的事实变得聪明起来，相反，对它而言稳固的希望是持续有效的：即越是封闭的事实越是变得糟糕。反之，稳固的希望则通过对趋势（Tendenz）的忠实观察而变得聪明起来，在这一趋势中，所谓的事实不是停滞不前，而是不断进展和延伸；在趋势上，希望时常令人难以忍受，但总是按照个别事物的趋势得到校正。

但是，这一点同样适用于其他方面，适用于事情全体：稳固的希望绝不是由于损失而变得聪明起来了。这种希望含有事情的类本质，这样，某种业已形成的恶的事实性就不是由现存存在来校正，而是由趋势所蕴含的潜势来（Latenz）校准。这种事实性——它恰恰死板地理解潜势的这一目标内容，以便越发恶劣地出卖这一内容——得到了最彻底的校准。但是，在此，这一潜在的目标内容，这一完全本真的，即内在地和中心地校准其变形的目标内容首先是稳固的乌托邦。

人道主义是个尚未存在（Noch-Nicht-Sein）的典型例子，人们还不能够体验到它的存在，也不能完全确认它。关于人道主义，我们目前所知的是它的最终的内容，而非确确实实的人道主义本身。不过，人道主义的方向已清晰可见，并且这一方向不依任何条件而改变。尽管这一"真正的存在"的内容还是某种处于潜势之中的内容，绝不是业已清楚地可陈述的内容，但它已经绰绰有余，足以确定非现实人道主义的内容，即现实的人道主义的对立面，例如希特勒或后来的斯大林，亦即所有的尼禄[①]原始现象。按照那条斯宾诺莎定理（见之于未来与潜势的插入语之后），这种现象可读作：Verum nondum index sui, sed sufficienter iam index falsi（既然它不是真理的标志，那么很明显它就是错误的标志）。

由于倾斜的事实（Faktizitaet），现实人道主义的指向性目标内容受到了损害，因此，这一目标内容的稳固乌托邦就挣脱倾斜的事实，挣脱事实之中的虚伪，返回到内在地校正的目标内容和对事情本身的忠实回忆。希望不仅包括本真的希望，即永不静止的、作为坦承的失望，每一个趋势—潜势陈述及其对象本身的部分限定，希望也包含倒退的乃至无法辨认的，或者直到可认识的变化产品方面的那种注视的、真正正统的失望：根据严肃认真的精神、根据其义务，依照自由王国的目标内容可以成为尺度，无疑，在已出现的歉收中，经济—社会的透彻分析尤为迫切。

但是，恰恰在这一向何（Woher）的分析中，为何（Wozu）这一乌托邦总体的在场（因此，机智不会变成愚蠢）也是绝对必要的。而且，这个乌托邦总体不仅是在人类最古老的白日梦中所预示的，也是在推翻（不是虚伪的安装）一切非人的社会关系中所预示的。在这种社会关系中，人是一个卑微的、被奴役、被抛弃、被蔑视的存在。出自马克思本人

[①] 尼禄（Nero，37—68），罗马暴君，在位期间54—68年。

的这一表述（《黑格尔法哲学批判导言》）恰恰使这种变革成为显而易见的希望—判决。这是最终所指定的稳固的乌托邦的力量，作为非草率性，在产品方面，它还会迥然不同地失望。但是，借助于此，这方面不是无节制地而是有尺度地发生，从而这一权力现在最终赢得一种本身最高的、非失望的爆炸力。

然而，由于外部原因，由于陌生，故无法适当地觉察到某种反常性，更不用说有重点地加以对付。事情的真迹恰恰属于这种情况，这真迹总是特别讨厌自身的反常化或全部错过。例如，在人来源于猿的学说中，重要的不是海克尔①或者智慧，而是托尔斯泰②，因此怀念原始基督教、神圣沙皇会议是危险的。在每一个社会主义的纪念日也会这样：例如，在罗莎·卢森堡③那里，事先把握了希望与原理，即人道的社会主义，对于政治制度来说，这是检验其成绩的最可靠的标尺。因此，应该说，稳固的希望作为尺度本身绝不会失望；同样，作为义务这方面也绝不会失望。

仿佛希望必然被虚无化，因而它对当权者及其对立面永远都是一个这样有害的东西。然而，这个第九交响乐不再是可撤销的，真理及其希望永远都不会被埋没；恰恰相反，它校准方向，保留一条有尊严的道路。在此，真理及其希望好像具有天赋，具有人类中的类似天赋的特性；让·保罗④说过，真理及其希望也许会受到压制，但它永远也不会屈服。反之，我们的文化史毕竟是由非尼禄、莫洛赫神⑤的其他东西所填满的，的确，基督之末终究是我们文化史的开端。

没有什么比超越曾经存在过的东西更人性的了。美梦难圆，早已所知。经过检验的希望比任何人都更好地了解这一点。在这方面，希望当然不是确信。首先，根据其所谓的定义，不仅有危险的地方有拯救者，而且有拯救者的地方也生长危险。希望知道，挫败者作为虚无的作用出没在世

---

① 海克尔（Ernst Haeckel, 1834—1919），德国生物学家及作家。
② 托尔斯泰（Lev Tolstoi, 1828—1910），俄国小说家及社会改革者。
③ 罗莎·卢森堡（Rosa Luxemburg, 1870—1919），德国社会民主党和第二国际左翼领袖，德国共产党的创始人之一。
④ 让·保罗（Jean Paul, 1763—1825），德国浪漫主义作家，最出名的是他的幽默小说和故事。
⑤ 莫洛赫神（Moloch），古代腓尼基人所信奉的火神，以儿童作为献祭品，也用来比喻惨无人道的或毁灭一切的暴力。

界中，某种徒劳也潜伏在客观—现实的可能性之中，它本身兼有幸运和不幸。世界过程在任何地方都没有被赢得，但在任何地方也都没有被挫败，并且在地球上，人们尚未把自身的岔道朝向幸福之路上，但也没有决定性地朝向不幸。在其总体上，世界永远是本身苦苦钻研的可能的幸福的实验室。

所以，在普罗米修斯神话中，这样写道："天长日久，刮目相看，甚至秃鹫和那些跪倒在巴尔①面前的人们，也对普罗米修斯的不死感到恐惧。"但是，赫拉克利特说过："如果不期望意外的东西，也就不会找到它。"在此，按照先验的意义上的人的存在，他所建立的关于呼唤（Anruf）的学说称之为超越。这一呼唤与人的尊严相互协调，并且敞开通向客观—现实的可能性那条海洋的通道，这条海洋是实证主义所无法干涸的、思辨理应有规则地行驶的海洋。总之，未来的希望要求某种学习，而这种学习不忘生活的困苦，更不忘精神的漂泊。超越（Ueberschreiten）具有多种形式，哲学收集和思考——没有什么人的东西是陌生的（nil humani alienum）——一切。

---

① 巴尔（Baal），古代腓尼基人信奉的最高神；太阳神。——译者

附录四

恩斯特·布洛赫生平与著作年表

1885年7月8日出生于德国路德维希港（Ludwigschafen）。父亲马克斯·布洛赫系巴伐利亚州铁路管理员。母亲贝尔塔·费特尔性格倔强、体弱多病。双亲都是犹太人，信奉犹太教，但都不是虔诚的犹太教徒。

1898年　在学生笔记上，撰写第一篇哲学论文：《无神论照耀下的世界全体》。在曼海姆城堡图书馆博览哲学著作。

1902年　撰写《关于力及其本质》，想要刊登在《法兰克福报》上，但由于高级中学的惩治诉讼未能如愿以偿。

1902—1903年　与恩斯特·马赫、特奥多尔·利普斯、爱德华·封·哈特曼、威廉·文德尔班等人书信往来。

1905年　毕业于路德维希港高级中学。

1905—1906年　就读于慕尼黑大学，师从利普斯教授，主修哲学、日耳曼学。

1907—1908年　就读于维尔茨堡大学，师从屈尔佩教授，主修哲学，兼修物理学和音乐。

1908年　六个学期之后被授予博士学位，论文题目：《关于李凯尔特的批判讨论和现代认识论问题》（1909年印刷）。

1908—1911年　逗留柏林，期间访问布达佩斯，结交格奥尔格·卢卡奇；参加柏林大学齐美尔的研讨班；在此，结识好友玛加蕾特·苏斯曼。

1911年　逗留德国南部加米施，构思始于1907年的"尚未被意识到的东西"的理论；结识埃尔泽·封·施特里茨基。

1912年　与卢卡奇一道旅行意大利，随后留在马克斯·韦伯执教的海德堡；重归加米施；构思作为客观认识的乌托邦趋势。

1913 年　在加米施，跟里加女雕塑家埃尔泽·封·施特里茨基结婚。在海德堡居住到 1914 年。

1914—1917 年　移居伊萨尔塔尔的格林瓦尔德；在此，完成第一部著作——《乌托邦的精神》。

1917 年　年底旅行于瑞士伯尔尼，受海德堡《社会科学档案》委托，完成关于《瑞士政治方案与乌托邦》的研究（1918 年发表于这家《档案》）。与伯尔尼反战的《自由报》《自由出版社》共同工作。

1918 年　慕尼黑敦克尔—洪堡出版社出版《乌托邦的精神》；着手整理因纳粹而遗失的逻辑学手稿。

1919 年　归国。先留在柏林，后留在慕尼黑。

1920—1921 年　撰写《作为革命神学家的托马斯·闵采尔》；1921 年由慕尼黑库特·沃尔弗出版社出版。

1921 年　埃尔泽·布洛赫逝去。移居柏林。

1922 年　7 月跟法兰克福画家琳达·奥本海默结婚。

1923 年　保罗·卡西勒尔出版社出版《乌托邦的精神》（新版）。

1924 年　逗留意大利波西塔诺。

1925 年　逗留巴黎和土伦的萨那雷，旅行北非。

1926 年　逗留柏林；与 S. 科拉考伊尔、T. 阿多尔诺、W. 本雅明密切来往。

1927 年　与《法兰克福报》合作。与贝托尔德·布莱希特、库特·魏尔、奥托·克勒姆佩勒结成友谊；女儿米尔雅姆出生。

1929 年　逗留奥地利。

1930 年　逗留柏林；《痕迹》出版。撰写作为 20 世纪 20 年代总体批判描述的《这个时代的遗产》。

1933 年　纳粹上台，布洛赫被取消国籍；3 月初移居苏黎世。

1934 年　逗留维也纳；11 月跟波兰罗兹犹太建筑师皮奥特考斯卡（1905—1994）结婚；成为胡戈·巴尔等达达主义艺术家团体的成员。

1935 年　艾米尔·奥普列希特出版社出版《这个时代的遗产》。参加巴黎《保卫文化》会议。加入巴黎反法西斯主义团体。研究物质概念问题史。

1936—1938 年　逗留布拉格；整理手稿：《物质概念的历史与内容》。

正式参与《新世界舞台》。

1937 年　儿子扬·罗伯特出生。

1938—1949 年　移居美国。

1938—1940 年　停留纽约。

1940—1941 年　停留新罕布什尔州马博罗。

1942—1949 年　停留马萨诸塞州坎布利奇；与阿尔弗雷德·德伯林、贝托尔德·布莱希特、利温·福伊希特万格、约翰·黑阿特费尔德和海因利希·曼一道创建纽约曙光女神出版社。牛津大学出版社对《希望的原理》（原书名为《更美好生活的梦》）手稿感兴趣，虽经保罗·蒂里希等人鼎力推荐，但未能签订出版合同。撰写《天赋人权与人的尊严》，研究宗教哲学。《自由与秩序》（《希望的原理》一书的一章）在纽约出版；撰写《主体—客体：对黑格尔的解释》，此书 1949 年由墨西哥城出版西班牙文版。

1948 年　受聘莱比锡大学哲学教授职位。

1949—1952 年　谢绝法兰克福/美茵大学的聘请；携妻子卡萝拉、儿子扬迁居莱比锡；就职后首次讲课：《大学，马克思主义，哲学》；《主体—客体：对黑格尔的解释》出版。《希望的原理》（第 1 卷、第 2 卷由东柏林建设出版社出版，全书预定分三卷出版）。《克里斯蒂安·托马修斯》由建设出版社出版。《阿维森纳与亚里士多德左翼》由吕特恩勒宁出版社出版。

1955 年　获德意志民主共和国民族奖。任柏林德国科学院正式会员。

1956 年　匈牙利起义。波兰骚乱。苏共二十大与脱斯大林运动；参加德国科学院自由—讨论会，发表演讲：《自由，它的历史以及它与真理的关系》。在柏林大学黑格尔逝世 125 周年纪念大会上发表演讲：《黑格尔与体系的威力》。

1957 年　与德国统一社会党发生冲突，被勒令退休，在莱比锡大学日趋孤立；撰写文学、哲学、政治论文。根据 1949 年至 1956 年希腊、中世纪、近代、当代哲学史讲义，完成《哲学史》手稿。

1959 年　前往联邦德国美因河畔法兰克福参加黑格尔大会；首次跟苏尔卡姆普出版社签约出版《痕迹》《希望的原理》。夏天就"结构与起源"题目，旅行巴黎参加"塞里西厅文化中心"会议，在此演讲《关于过程及其形态中的增加者》。《痕迹》《希望的原理》出版。东柏林出版社出版《希望的原理》第 3 卷。

  1960 年　旅行于联邦德国。在图宾根大学、海德堡大学、斯图加特大学讲演。受聘图宾根大学客座教授。

  1961 年　旅行拜洛伊特。与维兰德·瓦格纳相遇，后结成友谊；柏林墙修建，布洛赫决定不再返回莱比锡；接受图宾根大学客座教授，第一次演讲：《希望会成为失望吗？》。讲座与研讨班：哲学的基本问题、文艺复兴时期哲学、叔本华、黑格尔等。自 1966 年以后，中断讲座和连续研讨班。参加国内外众多讲演、学会和会议。《天赋人权与人的尊严》出版。《图宾根哲学导论》出版。

  1964 年　获德国工会联盟第一文化奖。

  1965 年　《文学论文集》出版。

  1966 年　公开抗议美国入侵越南。与特奥多尔·W. 阿多尔诺、马克斯·霍克海默等人成为学生运动的领军人物。

  1967 年　获德国图书业和平奖。

  1968 年　《基督教中的无神论》出版。在特里尔卡尔·马克思诞辰 150 周年大会上发表演讲：《马克思，直路，具体的乌托邦》。

  1969 年　被授予南斯拉夫萨格罗布大学名誉博士学位。

  1970 年　《政治测量》出版。成为路德维希港市荣誉公民。

  1972 年　《唯物主义问题》出版。《从赌博到灾难：政治论文集（1934—1939）》出版。

  1975 年　《世界的实验》出版。被授予巴黎索邦大学、图宾根大学名誉博士学位。被任命为艺术科学院荣誉会员。获齐格蒙特·弗洛伊德科学散文奖。

  1977 年　《哲学史中的中间世界》出版。《趋势—潜势—乌托邦》（全集补充卷）出版。

  1977 年　8 月 4 日于图宾根逝世。

  1978 年　"社会主义局"举办图宾根大学第一个"恩斯特·布洛赫日"活动。

  1979 年　建立图宾根"恩斯特·布洛赫档案馆"。

  1984 年　图宾根市设立"恩斯特·布洛赫奖"。

  1985 年　《斗争，不是战争：政治作品集（1917—1919）》出版。

  从 1985 年起　由路德维希港市颁发"恩斯特·布洛赫奖"。由苏尔卡姆普出版社设立"恩斯特·布洛赫教授职位"。

1986年　创立路德维希港"恩斯特·布洛赫协会"。

1989年　恩斯特·布洛赫死后,在东德被恢复名誉。

附录五

参考文献

A. 中文译名

1. 《恩斯特·布洛赫全集》16卷和补充卷，法兰克福/美因，苏尔卡姆出版社1959—1978年版。

第1卷：《痕迹》（新补充版），1969—1985年版。

第2卷：《作为革命神学家的托马斯·闵采尔》，1969—1977年版。

第3卷：《乌托邦的精神》（1923年补充新版），1964—1977年版。

第4卷：《这个时代的遗产》（补充版），1962—1977年版。

第5卷：《希望的原理》，1959—1973年版。

第6卷：《天赋人权与人的尊严》，1961—1985年版。

第7卷：《唯物主义问题，它的历史与实质》，1972—1985年版。

第8卷：《主体—客体：对黑格尔的解释》，1962—1977年版。

第9卷：《文学论文集》，1965—1985年版。

第10卷：《哲学论文集：客观幻想》，1969年版。

第11卷：《政治测量，瘟疫时代，三月革命前的时期》，1970—1985年版。

第12卷：《哲学史中的中间世界：莱比锡讲课》，1977—1985年版。

第13卷：《图宾根哲学导论》，1970—1996年版。

第14卷：《基督教中的无神论：关于出埃及记和王国的宗教》，1968年版。

第15卷：《世界的实验：查明、实践的问题、范畴》，1975—1985年版。

第16卷：《乌托邦的精神》，1918年传真版，1976年。

补充卷：《趋势—潜势—乌托邦》，1978—1985年版。

恩斯特·布洛赫其他著作：

（1）《穿过沙漠：早期批判论文集》，法兰克福/美因，苏尔卡姆普出版社1964年版。

（2）《哲学基本问题》，第1卷，法兰克福/美因，苏尔卡姆普出版社1969年版。

（3）《阿维森纳与亚里士多德左翼》，法兰克福/美因，苏尔卡姆普出版社1963年版。

（4）《间离》，第1卷/第2卷，法兰克福/美因，苏尔卡姆普出版社1964年版。

（5）《先现美学》，第1卷/第2卷，G. 乌埃丁编，法兰克福/美因，苏尔卡姆普出版社1974年版。

（6）《向乌托邦告别吗?》，H. 格克勒编，法兰克福/美因，苏尔卡姆普出版社1980年版。

2. 谈话、访谈和传记

（1）J. 莫尔特曼：《与恩斯特·布洛赫谈话之中》，慕尼黑，1976年版。

（2）A. 闵斯特编：《直路的白日梦：与恩斯特·布洛赫的六次谈话》，法兰克福/美因，苏尔卡姆普出版社1977年版。

（3）R. 特劳伊布/H. 魏泽尔编：《与恩斯特·布洛赫的谈话》，法兰克福/美因，苏尔卡姆普出版社1975年版。

（4）K. 布洛赫：《来自我的生活》，普弗林根，1981年版。

（5）S. 马库恩：《恩斯特·布洛赫：自我见证与图像文献》，赖因贝克，1977年版。

（6）K. 布洛赫/A. 赖夫编：《思想就意味着超越：纪念恩斯特·布洛赫1885—1977》，科隆，法兰克福/美因，苏尔卡姆普出版社1978年版。

（7）A. 闵斯特：《恩斯特·布洛赫：一部政治传记》，柏林/维也纳，2004年版。

3. 布洛赫研究文献

（1）R. O. 格罗普等：《恩斯特·布洛赫对马克思主义的修正》，柏林，1957年版。

（2）A. v. 魏斯：《新马克思主义，马克思主义追随者中的问题讨论》，弗莱堡/慕尼黑，卡尔·阿尔贝，1970年版。

（3）R. 达姆斯：《希望作为原理——没有希望的原理》，迈森海姆/格兰，1971年版。

（4）H. 佩措尔德：《新马克思主义美学1：布洛赫—本雅明》，杜塞尔多夫，施万出版社1974年版。

（5）H. 佩措尔德：《象征形式的现实性》，达姆施塔特，1982年版。

（6）D. 霍斯特尔等：《恩斯特·布洛赫90华诞：未必总是大理石》，柏林，1975年版。

（7）H. H. 霍尔茨：《恩斯特·布洛赫未完成世界的哲学》，达姆施塔特/诺伊维德，1975年版。

（8）H. 索嫩曼斯：《没有上帝的希望?》，弗赖堡（布赖斯高），赫尔德，1973年版。

（9）A. 闵斯特：《布洛赫早期著作中的乌托邦，弥赛亚主义和启示录》，法兰克福/美因，苏尔卡姆普出版社1975年版。

（10）B. 施密特编：《布洛赫〈希望的原理〉的材料》，法兰克福/美因，苏尔卡姆普出版社1978年版。

（11）B. 施密特编：《布洛赫哲学研讨会》，法兰克福/美因，苏尔卡姆普出版社1983年版。

（12）A-F. 克里斯顿：《恩斯特·布洛赫的物质形而上学》，波恩，赫伯特·格伦德曼，1979年版。

（13）H. 格努格：《文学的乌托邦草图》，法兰克福/美因，苏尔卡姆普出版社1982年版。

（14）G. 弗列戈、W. 施密特-科瓦契克编：《恩斯特·布洛赫——乌托邦存在论》，波鸿，1986年版。

（15）J. 哈贝马斯：《认识与旨趣》，法兰克福/美因，苏尔卡姆普出版社1968年版。

（16）J. 哈贝马斯：《理论与实践》，法兰克福/美因，苏尔卡姆普出版社1978年版。

（17）J. C. 施特罗迈尔编：《乌托邦与希望》，默辛根/塔尔海姆，1988年版。

（18）F. 魏达尔：《艺术作为世界体验的中介：恩斯特·布洛赫美学

的重构》，维尔茨堡，1994年版。

（19）K-O. 阿佩尔：《哲学的转变》第2卷，法兰克福/美因，苏尔卡姆普出版社1976年版。

（20）R. 鲍特涅尔：《系统中的艺术：恩斯特·布洛赫中的哲学艺术的建设性功能》，波恩，1982年版。

（21）The. W. 阿多尔诺：《美学理论》，G. 阿多尔诺、R. 梯德曼编，法兰克福/美因，苏尔卡姆普出版社1970年版。

（22）W. 舒尔茨：《浮动的形而上学》，普夫林根，内斯克，1985年版。

（23）J. R. 布洛赫编：《"我在。但是我并不持有自己。因此我们在形成之中。"布洛赫哲学的远景》，法兰克福/美因，苏尔卡姆普出版社1997年版。

（24）P. 楚戴克：《世界作为现实与可能性：恩斯特·布洛赫哲学中对乌托邦的艰巨辩护》，波恩/博乌维尔，1980年版。

（25）H. 法伦巴赫编：《拯救实验室：论哲学家恩斯特·布洛赫的方法、著作和效应（1885—1977）》，斯图加特，1985年版。

（26）M-H. 文宁格尔：《恩斯特·布洛赫：实践作为希望的场所》，因斯布鲁克，1982年版。

（27）E. 布劳恩：《一个更美好世界的蓝图：论希望政治哲学》，默辛根/塔尔海姆，1977年版。

（28）K-L. 伯尔格汉：《过去中的未来：关于恩斯特·布洛赫的〈痕迹〉》，比勒费尔德，埃斯特西斯出版社2008年版。

（29）G. 乌埃丁：《艺术是乌托邦》，法兰克福/美因，苏尔卡姆普出版社1978年版。

（30）G. 乌埃丁：《贫乏时代的乌托邦：恩斯特·布洛赫研究》，维尔茨堡，柯尼希豪森与瑙曼，2009年版。

（31）F. 詹姆逊：《马克思主义与形式：20世纪文学辩证理论》，新泽西，普林斯顿大学出版社1971年版。

（32）I. 费切尔：《人类幸免于难的条件：进步还可以拯救吗?》，慕尼黑，皮珀尔出版公司1985年版。

（33）H. 马尔库塞：《艺术的永恒》，慕尼黑，卡尔·汉瑟尔出版社1978年版。

B. 原文名

1. Ernst Bloch, *Gesamtausgabe*, 16 Bände und ein Ergänzungsband, Frankfurt/Main, Suhrkamp Verlag 1959—1978.

Band 1: *Spuren. Neue, erweiterte Ausgabe*, 1969.

Band 2: *Thomas Münzer als Theologe der Revolution*, 1969.

Band 3: *Geist der Utopie. Bearbeitete Neuauflage in der Fassung von 1923*, 1964.

Band 4: *Erbschaft dieser Zeit. Erweiterte Ausgabe*, 1962.

Band 5: *Das Prinzip Hoffnung*, 1959.

Band 6: *Naturrecht und menschliche Würde*, 1961.

Band 7: *Das Materialismusproblem, seine Geschichte und Substanz*, 1972.

Band 8: *Subjekt-Objekt. Erläuterungen zu Hegel*, 1962.

Band 9: *Literarische Aufsätze*, 1965.

Band 10: *Philosophische Aufsätze zur objektiven Phantasie*, 1969.

Band 11: *Politische Messungen, Pestzeit, Vormärz*, 1970.

Band 12: *Zwischenwelten in der Philosophiegeschichte. Aus Leipziger Vorlesungen*, 1977.

Band 13: *Tübinger Einleitung in die Philosophie*, 1970.

Band 14: *Atheismus im Christentum. Zur Religion des Exodus und des Reichs*, 1968.

Band 15: *Experimentum Mundi. Frage, Kategorien des Herausbringens, Praxis*, 1975.

Band 16: *Geist der Utopie. Faksimile der Ausgabe von 1918*, 1976.

Ergänzungsband: *Tendenz-Latenz-Utopie*, 1978.

Weitere Werke Ernst Blochs:

(1) *Durch die Wueste. Frühe kritische Aufsätze*, Frankfurt/Main, Suhrkamp, 1964.

(2) *Philosophische Grundfragen*, Bd I. Frankfurt/Main, Suhrkamp 1969.

(3) *Avicenna und Aristotelische Linke*, Frankfurt/Main, Suhrkamp, 1963.

(4) *Verfremdung*, Bd. I/II, Frankfurt/Main, Suhrkamp, 1964.

(5) *Ästhetik des Vor-Scheins*, Bd. I/II, Gert Ueding (Hrsg.),

Frankfurt/Main, Suhrkamp, 1974.

（6）*Abschied von der Utopie?* Gekle, Hanna （Hrsg.）, Frankfurt/Main, Suhrkamp, 1980.

2. Gespraeche, Interviews und Biographien

（1）Jürgen Moltmann, *Im Gespräch mit Ernst Bloch*, München, 1976.

（2）Arno Münster （Hrsg.）, *Tagträume vom aufrechten Gang. Sechs Interviews mit Ernst Bloch*, Frankfurt/Main, 1977.

（3）Rainer Traub/Harald Wieser （Hrsg.）, *Gespräche mit Ernst Bloch*, Frankfurt/Main, 1975.

（4）Karola Bloch, *Aus meinem Leben*, Pfullingen, 1981.

（5）Silvia Markun, *Ernst Bloch in Selbstzeugnissen und Bilddokumenten*, Reinbek, 1977.

（6）Karola Bloch/Adelbert Reif （Hrsg.）, *Denken heiß Ueberschreiten: in memoriam Ernst Bloch 1885—1977*, Köln, Frankfurt/Main, 1978.

（7）Arno Münster, *Ernst Bloch. Eine Politische Biographie*, Berlin/Wien, 2004.

3. Studien zu Ernst Bloch

（1）Rugard Otto Gropp （usw.）, *Ernst Blochs Revision des Marxismus*, Berlin, 1957.

（2）Andres von Weiss, *Neomarxismus, Die Problemdiskussion im Nachfolgemarxismus*, Freiburg/München, Karl Alber, 1970.

（3）Renate Damus, *Hoffnung als Prinzip—Prinzip ohne Hoffnung*, Meisenheim/Glan, 1971.

（4）Heinz Paetzold, *Neomarxistische Ästhetik I: Bloch-Benjamin*, Düsseldorf, Schwann, 1974.

（5）Heinz Paetzold, *Die Realität der Sybolischen Formen*, Darmstadt, 1982

（6）Detlef Horster （usw.）, *Ernst Bloch zum 90. Geburtstag: Es muß nicht immer Marmor sein*, Berlin, 1975.

（7）Holz, Hans Heinz, *Logos spermatikos. Ernst Blochs Philosophie der unfertigen Welt*, Darmstadt/Neuwied, 1975.

（8）Heino Sonnemans, *Hoffnung ohne Gott?*, Freiburg （im Breisgau）,

Herder, 1973.

(9) Ano Münster, *Utopie, Messiannismus und Apokalypse im Frühwerk von Ernst Bloch*, Frankfurt/Main, Suhrkamp, 1982.

(10) Burghart Schmidt (Hrsg.), *Materialien zu Ernst Blochs Prinzip Hoffnung*, Frankfurt/Main, Suhrkamp, 1978.

(11) Burghart Schmidt, *Seminar zur Philosophie Ernst Blochs*, Frankfurt/Main, Suhrkamp, 1983.

(12) Anton F. Christon, *Ernst Blochs Metaphisik der Materie*, Bonn, Herbert Grundmann, 1979.

(13) Hiltrud Gnüg, *Literarische Utopie-Entwurfe*, Frankfurt/Main, Suhrkamp, 1982.

(14) Gvozden Flego und Wolfdietrich Schmied-Kowarzik (Hrsg.), *Ernst Bloch—Utopische Ontologie*, Bochum, 1986.

(15) Jürgen Habermas, *Erkenntnis und Interesse*, Frankfurt/Main, Suhrkamp, 1968.

(16) Jürgen Habermas, *Theorie und Praxis*, Frankfurt/Main, Suhrkamp, 1978.

(17) Jürgen. C. Strohmaier (Hrsg.), *Utopie und Hoffnung*, Mössingen/Talheim, 1988.

(18) Francesca Vidal, *Kunst als Vermittlung von Welterfahrung. Zur Rekonstruktion der Aesthetik von Ernst Bloch*, Würzburg, 1994.

(19) Karl-Otto Apel, *Transformation der Philosophie*, Band2, Frankfurt/Main, Suhrkamp, 1976.

(20) Roland Botner, Kunst im System: *Die konstruktiv Funktion der Kunst für Ernst Blochs Philosophie*, Bonn, 1982.

(21) Theodor W. Adorno, *Ästhetische Theorie*, G. Adorno und Rolf Tiedemann (Hrsg.): Frankfurt/Main, Suhrkamp, 1970.

(22) Walter Schulz, *Metaphysik des Schwebens*, Pfullingen, Neske, 1985.

(23) Jan Robert Bloch (Hrsg.), 《*Ich bin. Aber ich habe mich nicht. Darum werden wir erst*》. *Perspektiven der Philosophie Ernst Blochs*, Frankfurt/Main, Suhrkamp, 1997.

(24) Peter Zudeick, *Die Welt als Wirklichkeit und Möglichkeit. Die Recht-*

fertigungsproblematik der utopie in der Philosophie Ernst Blochs, Bonn/Bouvier, 1980.

(25) Helmut Fahrenbach (Hrsg.), *Laboratorium salutis. Beiträge zu Weg, Werk und Wirkung des Philosophen Ernst Bloch (1885—1977)*, Stuttgart, 1985.

(26) Michael H. Weninger, *Praxis als Ort der Hoffnung bei Ernst Bloch*, Insbruck, 1982.

(27) Eberhard Braun, *Grundrisse einer besseren Welt. Beiträge zur politischen Philosophie der Hoffnung*, Mössingen/Talheim, 1997.

(28) Klaus L. Berghahn, *Zukunft inder Vergangenheit: Auf Ernst Blochs Spuren*, Bielefeld, Aisthesis Verlag, 2008.

(29) Gert Ueding (Hrsg.), *Literatur ist Utopie*, Frankfurt/Main, Suhrkamp, 1978.

(30) Gert Ueding, *Utopie in dürftiger Zeit: Studien über Ernst Bloch*, Würzburg, Königshausen & Neumann, 2009.

(31) Fredric Jameson, *Marxism and Form: 20th Century Dialectical Theories of Literature*, Princeton: N. J., Princeton University Press, 1971.

(32) Iring Fetscher, *Überlebensbedingungen der Menschheit. Ist der Fortschritt noch zu retten*, München, Piper Verlag GmbH, 1985.

(33) Herbert Marcuse, *die Permanenz der Kunst*, München, Carl Hanser Verlag, 1978.

附录六

本书作者关于恩斯特·布洛赫论著目录

著作

1. 《思想就意味着超越——恩斯特·布洛赫与马克思主义传统的创新》，长春：吉林人民出版社 2006 年版。
2. 《真理与现实——恩斯特·布洛赫哲学研究》，上海：同济大学出版社 2007 年版。
3. 《希望的视域与意义——恩斯特·布洛赫哲学导论》，北京：商务印书馆，2016 年版。

译著与译文

1. ［德］恩斯特·布洛赫：《希望的原理》第一卷，梦海译，上海：上海译文出版社 2012 年版。
2. 《暴力的哲学还是哲学的暴力》，梦海译，《现代哲学》2005 年第 4 期。
3. 《体系的时代终止了》，梦海译，《世界哲学》2007 年第 4 期。
4. 《假社会主义不是社会主义——与埃森学生报〈荆棘〉的谈话》，金寿铁译，《社会科学报》2007 年 2 月 1 日。
5. 《马克思，直路，具体的乌托邦》，梦海译，《现代哲学》2008 年第 1 期。
6. 《希望会成为失望吗？》，梦海译，《现代哲学》2008 年第 1 期。
7. 《问题取决于希望》，梦海译，《社会科学战线》2012 年第 3 期。
8. 《作为历史唯物主义范畴的预先推定和希望——恩斯特·布洛赫对历史唯物主义范畴的创造性贡献》，《现代哲学》2009 年第 4 期。
9. 《问题取决于希望》，《社会科学战线》2012 年第 3 期。

10. 《被解除武装的预言家——恩斯特·布洛赫的莱比锡内部流亡岁月（1956—1961）》，《社会科学战线》2014 年第 5 期。

11. 《社会主义理论未解决的课题——与 F. 菲尔马的谈话》，《德国哲学》2011 年卷。

12. 《将世界改造到可理解的程度》，《德国哲学》2015 年卷。

论文

1. 《布洛赫著作中的精神分析批判》，《江苏行政学院学报》2003 年第 4 期。

2. 《思想就意味着超越》，《现代哲学》2005 年第 4 期。

3. 《布洛赫的希望哲学与马克思主义》，《哲学动态》2005 年第 12 期。

4. 《乌托邦——物质之弓》，《哲学研究》2006 年第 2 期。

5. 《对新人、新世界的呼唤》，《文艺研究》2006 年第 2 期。

6. 《能生的自然和自然主体》，《自然辩证法研究》2006 年第 5 期。

7. 《一个更美好生活的梦》，《求是学刊》2006 年第 5 期。

8. 《人类希望与梦想的百科全书》，《社会科学战线》2006 年第 5 期。

9. 《恩斯特·布洛赫：希望的原理》，《社会科学报》2007 年 2 月 1 日。

10. 《风景是人与自然之间的中介机构》，《学海》2007 年第 3 期。

11. 《世界的实验》，《江苏社会科学》2007 年第 2 期。

12. 《我们渴望生活》，《南京社会科学》2007 年第 6 期。

13. 《自然是过程》，《福建论坛》2007 年第 4 期。

14. 《恩斯特·布洛赫哲学体系初探》，《马克思主义研究》2007 年第 3 期。

15. 《论恩斯特·布洛赫的乌托邦哲学》，《德意志思想评论》第三卷，2007 年。

16. 《没有超越者的超越活动》，《马克思主义与现实》2007 年第 3 期。

17. 《恩斯特·布洛赫哲学思想引论》，《马克思主义与现实》2007 年第 3 期。

18. 《世界是拯救实验室——论恩斯特·布洛赫的历史哲学》，《现代哲学》2008 年第 1 期。

19. 《恩斯特·布洛赫：一位马克思主义哲学家——历史定位及其当代意义》，《江苏社会科学》2008 年第 4 期。

20. 《只有创造性的马克思主义才能领会我们的时代——恩斯特·布洛赫与马克思主义传统的创新》，《福建论坛》2008 年第 3 期。

21. 《天赋人权与社会主义的批判继承——恩斯特·布洛赫〈天赋人权与人的尊严〉初探》，《马克思主义与现实》2008 年第 4 期。

22. 《天赋人权与马克思主义——论恩斯特·布洛赫的法哲学概念》，《哲学研究》2008 年第 9 期。

23. 《恩斯特·布洛赫：一位马克思主义哲学家》，《国外马克思主义研究报告》2008 年。

24. 《人是来自自然的乌托邦生物——论恩斯特·布洛赫的哲学人类学思想》，《社会科学》2008 年第 12 期。

25. 《无—尚未—全有——论恩斯特·布洛赫尚未存在的存在论》，《自然辩证法通讯》2009 年第 2 期。

26. 《自我，心灵，无神论——恩斯特·布洛赫与神秘主义遗产》，《社会科学战线》2009 年第 11 期。

27. 《迈向"人的形态"的社会主义——恩斯特·布洛赫与社会主义理论重建》，《社会科学》2009 年第 9 期。

28. 《潘多拉盒子与希望》，《中国社会科学报》2009 年 9 月 15 日。

29. 《艺术与乌托邦——论恩斯特·布洛赫的艺术观》，《马克思主义与现实》2010 年第 1 期。

30. 《马克思哲学—政治思想与 20 世纪马克思主义——恩斯特·布洛赫报告：〈马克思，直路，具体的乌托邦〉解读》，《学海》2010 年第 1 期。

31. 《饥饿·希望·预先推定——恩斯特·布洛赫情绪学说概论》，《哲学研究》2010 年第 5 期。

32. 《家乡在哪里——恩斯特·布洛赫的"家乡"概念》，《中国社会科学报》2010 年 3 月 4 日。

33. 《一位"西马"眼中的马克思》，《社会科学报》2010 年 6 月 17 日。

34. 《思维意味着超越——恩斯特·布洛赫与马克思主义传统的创

新》,《德意志思想评论》第 4 卷,2010 年。

35.《天地均衡:恩斯特·布洛赫的孔子观》,《中国社会科学报》2011 年 1 月 11 日。

36.《无为的福音:恩斯特·布洛赫论老子思想》,《中国社会科学报》2011 年 5 月 5 日。

37.《恩斯特·布洛赫〈希望的原理〉:布局、特征和目标》,《中国社会科学报》2011 年 5 月 19 日。

38.《恩斯特·布洛赫与中国哲学》,《福建论坛》2011 年第 10 期。

39.《哲学表现主义的"新狂飙突进"——评恩斯特·布洛赫〈乌托邦的精神〉》,《文艺研究》2011 年第 12 期。

40.《马克思主义自然过程哲学的新出发点——论布洛赫的"自然主体"思想》,《哲学研究》2012 年第 2 期。

41.《没有上帝的王国——评恩斯特·布洛赫的宗教无神论》,《中国社会科学报》2012 年 4 月 13 日。

42.《现代童话——评恩斯特·布洛赫痕迹》,《马克思主义与现实》2012 年第 5 期。

43.《纳粹的上台与左翼的失败——恩斯特·布洛赫关于法西斯主义理论》,《社会科学》2012 年第 6 期。

44.《物质与乌托邦——恩斯特·布洛赫对物质概念的理解与重构》,《自然辩证法研究》2012 年第 7 期。

45.《生态社会主义:从马克思到布洛赫》,《中国社会科学报》2013 年 8 月 28 日。

46.《批判与获取——恩斯特·布洛赫论黑格尔辩证法的遗产》,《现代哲学》2013 年第 4 期。

47.《关于人类梦想和希望的百科全书》,《文汇报》2013 年 3 月 25 日。

48.《〈希望的原理〉:更美好生活的梦》,《吉林日报》2014 年 1 月 28 日。

49.《追问技术的本质——恩斯特·布洛赫论培根的发明术与技术乐观主义》,《福建论坛》2014 年第 2 期。

50.《新实践理性批判——论恩斯特·布洛赫希望哲学的存在论与元宗教》,《马克思主义与现实》2014 年第 2 期。

51. 《作为无宇宙至善的涅槃》,《福建论坛》2014 年第 10 期。

52. 《同盟技术与共同生产力——论恩斯特·布洛赫"技术乌托邦"》,《哲学动态》2014 年第 12 期,

53. 《马克思主义是具体的乌托邦》,《社会科学》2015 年第 3 期。

54. 《直路的矫形外科》,《江汉论坛》2015 年第 7 期。

55. 《马克思主义是具体的乌托邦》,《社会科学》2015 年第 3 期。

56. 《梦—希望—预先推定》,《广东社会科学》2015 年第 5 期。

57. 《直路的矫形外科》,《江汉论坛》2015 年第 7 期。

58. 《同盟技术与共同生产力》,《哲学动态》2014 年第 12 期。

59. 《反抗与叛逆的基督教——恩斯特·布洛赫的圣经观》,《世界宗教研究》2016 年第 2 期。

60. 《黑格尔哲学与马克思主义的关系——恩斯特·布洛赫对黑格尔哲学的继承与创新》,《社会科学》2016 年第 5 期。

61. 《没有神的神的弥赛亚王国》,《社会科学战线》2016 年第 4 期。

62. 《恩斯特·布洛赫视野中的波斯思想》,《浙江社会科学》2016 年第 2 期。

63. 《音乐是最年轻的艺术——论恩斯特·布洛赫的音乐哲学》,《德国哲学》2016 年卷。